中国软件产业黄金十年

——纪念国发［2000］18号文件颁布十周年

工业和信息化部软件与集成电路促进中心 编著

電子工業出版社
Publishing House of Electronics Industry
北京·BEIJIN

内 容 简 介

本书由成就篇、政策篇、区域发展篇、公共服务篇、技术创新篇、人才篇、知识产权篇、企业篇和展望篇构成，全面总结了“黄金十年”我国软件产业发展的成就和经验，分析了软件产业发展的政策措施，展示了软件公共服务体系建设和人才培养成就，汇集了软件技术的十年创新成果、典型企业以及我国各地软件产业的发展成就，描绘了软件产业“十二五”发展的美好前景。

本书是一部全面了解中国软件产业发展历程、剖析产业发展现状、洞察产业未来发展趋势的综合性、权威性、指导性著作，对各级领导干部、行业主管、专业研究人员以及软件企业具有很强的参考价值。

图书在版编目（CIP）数据

中国软件产业黄金十年/工业和信息化部软件与集成电路促进中心编著. —北京：电子工业出版社，2011.7
ISBN 978-7-121-13950-5

Ⅰ. ①中…　Ⅱ. ①工…　Ⅲ. ①软件产业－产业发展－概况－中国　Ⅳ. ①F426.67

中国版本图书馆 CIP 数据核字（2011）第 129737 号

责任编辑：徐蔷薇　　特约编辑：袁　玺
印　　刷：涿州市京南印刷厂
装　　订：涿州市桃园装订有限公司
出版发行：电子工业出版社
　　　　　北京市海淀区万寿路 173 信箱　邮编　100036
开　　本：787×1 092　1/16　印张：35　字数：896 千字
印　　次：2011 年 7 月第 1 次印刷
定　　价：380.00 元

凡所购买电子工业出版社图书有缺损问题，请向购买书店调换。若书店售缺，请与本社发行部联系，联系及邮购电话：（010）88254888。

质量投诉请发邮件至 zlts@phei.com.cn，盗版侵权举报请发邮件至 dbqq@phei.com.cn。

服务热线：（010）88258888。

《中国软件产业黄金十年》
编委会名单

王　静　海南省工业和信息化厅副厅长
邵玉龙　福建省信息化局副局长
原　诚　黑龙江省工业和信息化厅副巡视员
胡宽广　河南省工业和信息化厅党组成员、副厅长
卜江戎　湖北省经济和信息化委员会主任
苏国平　新疆维吾尔族自治区经济和信息化委员会党组副书记、副主任
曹健华　新疆维吾尔族自治区经济和信息化委员会党组成员、副主任
王玉明　宁夏回族自治区经济和信息化委员会副主任
张佰成　内蒙古自治区经济和信息化委员会副主任
庄建武　新疆生产建设兵团信息化工作办公室党组书记、主任
景广军　广州市科技和信息化局副局长
唐忠德　大连市经济和信息化委员会副主任
董肇胥　青岛市经济和信息化委员会副主任
吴胜武　宁波市信息化产业局局长
刘冬林　厦门市信息化局副局长
陆　健　深圳市科技工贸和信息化委员会副主任
张红宇　工业和信息化部办公厅新闻处处长
阳　军　工业和信息化部软件服务业司综合处处长
孙文龙　工业和信息化部软件服务业司软件产业处处长
王少朋　工业和信息化部软件服务业司软件应用处处长
尹洪涛　工业和信息化部软件服务业司信息服务业处处长
马化腾　腾讯科技有限公司控股董事会主席兼首席执行官
刘积仁　东软集团股份有限公司董事长
张齐春　北京东方通科技股份有限公司董事长
徐少春　金蝶国际软件集团有限公司董事局主席
求伯君　金山软件有限公司执行董事及董事会主席
冯玉才　达梦数据库有限公司董事长
韩乃平　上海中标软件有限公司总裁
贾　栋　北京中科红旗软件技术有限公司总裁
胡崑山　中国软件行业协会副理事长兼秘书长
梅　宏　北京大学信息科学技术学院院长
俞能海　中国科技大学信息处理中心主任

《中国软件产业黄金十年》
编辑部（排名不分先后）

总 策 划：邱善勤
主　　编：邱善勤　陶少华　高松涛
执行主编：王建平　刘龙庚　李　滨
副 主 编：杨东日　王威信　杜　娇　唐仕武　丁和平
编　　辑：张　伟　王　磊　宫彦磊　胡昌军　李　倩　曹　洋
　　　　　曹炳文　戴鸿轶　朱孝忠　于　鹏　武晓岛　游　涛
编　　务：高荣娟　王　莉　宋　瑜　黄文广　张　澜

《中国软件产业黄金十年》
参加编写人员（排名不分先后）

王建平　杨东日　王威信　李　倩　曹　洋　曹炳文　戴鸿轶　朱孝忠
闫　晗　孙　彦　王丽华　李振宁　杨玉璞　杨　旭　赵亚伟　金　华
王　钧　代寒玲　盛　杰　温　晖　把　冉　吴　平　张　俊　刘　斌
李新科　王　威　范晓明　潘　登　周志强　孙瑞生　王晓东　张宝国
孙君斌　邹建华　周继祥　高　强　康　健　王有平　杨　勇　陈文涛
程疆初　应　炯　田智勇　游　春　李海赟　陈绍梅　罗嗣昌　谭冠晖
周朝阳　贾金峰　高建国　苏志杰　郭仕居　叶寿章　税　军　李永福
何　炜　黄治国　侯　丹　肖　玢　唐兰华　杨　旭　张超辉　张鹏华
王兆晔　王　锐　李　健　杨　光　张　坤　朴春龙

序 一

跨入新世纪的头十年，是中国软件产业快速发展的十年，业内称之为“黄金十年”。2010年，全国实现软件业务收入13 364亿元，产业规模是2000年的22.5倍，产业增加值由2001年不足0.3%上升到超过1%，从业人数由不足30万人增加到超过200万人，占电子信息产业的比重由不足6%上升到18%。这一串数据，展示了波澜壮阔的发展历程，展示了产业政策强大的拉动作用，展示了丰富广阔的市场需求，展示了业界同仁努力奋斗的风采。

在盘点成绩、总结经验的同时，要看到我国的软件产业还不够大、不够强，离经济社会发展的需求，离充分发挥在转变发展方式、走可持续的科学发展道路中的作用，离维护、保障国家利益和安全对软件产业发展的需求，还有很大的距离。十七届五中全会明确提出，“十二五”时期要加快发展和提升软件产业，突破软件核心关键技术。国务院为支持软件和集成电路产业的发展，2011年，制定发布了《进一步鼓励软件产业和集成电路产业发展的若干政策》，为产业发展继续创造良好的政策环境。

当前，软件和信息技术服务业正在面临着重大的转变，要把握趋势、服务大局、效果导向。一方面，要高度关注全方位的综合、进一步融合和网络化三个趋势；另一方面，要把发展软件和信息技术服务业与转变经济发展方式、走可持续的科学发展道路结合起来，与节能减排降耗、民生保障、社会管理、公共服务提升等重大需求目标建立可度量的联系。“十二五”时期，全行业要加大研发投入，加快产业创新，提升服务能力，形成提供安全可控解决方案的能力；行业主管部门、广大企业和用户要共同努力，加快形成好的行业规范，反对恶性竞争，形成行业合力。

满足需求、服务大局，“十二五”时期软件和信息技术服务业产业需要大发展，产业规模要从2010年的1.3万亿增长到4万亿，占电子信息产业的比重从18%提高到25%；要把创新发展放在突出位置，逐步具备支撑经济发展方式转变、保障国家安全的能力；要为软件和信息技术服务业大企业的成长创造条件，力争在“十二五”期间形成几个千亿级的企业，几十个百亿级的企业。

本书的编著者们从软件产业发展的多个方面进行总结，力图勾画我国十年软件产业的发展的全景，对我国软件和信息技术服务产业的发展具有很好的参考价值，是以为序。

杨学山

2011年7月4日，于西安飞往南宁的飞机上

序　二

2000 年 6 月 24 日，国务院出台了《鼓励软件产业和集成电路产业发展的若干政策》（国发［2000］18 号），开启了中国软件产业发展的新篇章，这一年也成为中国软件产业发展过程中最重要的里程碑。以此为起点，中国软件产业历经风雨，不断前行。

十年来，中国软件产业实现了跨越式发展。2010 年我国软件业务收入达到 13 364 亿元，产业规模比 2001 年扩大十几倍，年均增长 38%，占电子信息产业的比例由 2001 年的 6%上升到 18%，在全球软件与信息服务业所占份额由不足 5%上升到超过 15%。软件产业在我国国民经济中的地位不断提升。

十年来，中国软件产业发展环境不断改善。《振兴软件产业行动纲要》（国办发［2002］47 号）、《关于促进服务外包产业发展问题的复函》（国办函［2009］9 号）等政策文件陆续出台；各级地方政府越来越重视软件产业的发展，南京、北京、广州等城市已经将软件列为支柱产业。软件产业发展的外部因素和条件处于历史最好时期。

新时期，软件产业呈现出新的发展趋势。第一，随着互联网快速发展及新型网络的构建，软件网络化的趋势愈加明显。第二，软件服务化进程不断加快，正在改变已有的软件产品购置、开发、部署和维护模式，软件企业技术架构、组织结构、商业模式等面临重大调整。第三，软件在情境感知和控制、知识挖掘、自动化开发等方面越来越智能化，显著提高产业效能。第四，平台化加速产业整合，软件和信息服务业的竞争已从单一产品、单项服务的竞争逐步向平台化竞争方向发展。第五，融合化拓展产业空间，各类信息技术、网络、业务之间，信息技术和其他技术之间加快融合渗透，促使内容与网络、产品与服务、软件业与其他行业之间的融合进一步提速和深化。

“十二五”期间，我们要大力实践“科学发展、率先发展”的主题，积极促进软件业和信息技术服务业变大变强，重点培育龙头企业，着力提升创新能力，努力使产学研用结合成为产业发展的支撑模式，加快完善行业规范，履行做大做强软件服务业、全面支撑国民经济和社会发展的双重历史使命，发挥对经济增长的倍增器、产业升级的助推器、发展方式的转换器和新兴产业的孵化器的作用，实现为新型工业化服务、为国民经济和社会信息化服务。为此，要重点抓好以下工作。

一是继续营造良好的产业发展政策环境。日前，国务院颁布了《关于进一步鼓励软件产业和集成电路产业发展的若干政策》（国发［2011］4 号），中央对软件产业的优惠政策将继续延续。作为主管部门，我们将积极协调落实新政策中的各项政策，为软件与信息服务业企业做好服务，并抓紧研究制定软件与信息服务业“十二五”规划，加强产业发展的宏观规划和指导。

二是进一步建设完善产业技术创新体系。国家“核高基”重大专项对基础软件给予了强有力的支持，许多地方也设立了专项资金鼓励软件与信息服务业发展。进一步发挥大学和科研院所的力量，支持以企业为主体的创新体系建设。支持软件与信息服务业公共服务体系建设和发展，推进企业自主创新。

三是大力发展和推广工业软件和行业应用。推动软件与信息服务业与传统产业的深度融合与灵活发展，鼓励优势软件与信息服务业企业整合资源，开展兼并重组。实施一批软件企业技术改造项目，加强工业软件、行业解决方案的推广应用。

四是加快培育新兴业态和新的产业增长点。围绕新趋势下产业发展趋势和需求，加紧研究和部署云计算、物联网、移动互联网、三网融合等环境下的新兴软件技术研发和产品的产业化，扶植一批潮头企业，抢占未来产业发展新的制高点。

五是进一步推进中国软件名城创建工作。创建中国软件名城，是我部创新行业管理方式和产业发展模式的一项重要的创新性工作。通过名城创建，会聚优势资源、营造发展环境、突出城市特色，把软件与信息服务业发展重点与城市功能定位和发展提升有机结合，提升软件对城市，特别是地方支柱产业发展的支撑能力。

站在新的历史起点上，我们要积极总结过去，谋划未来。为此，工业和信息化部集成电路促进中心组织专家学者编写了《中国软件产业黄金十年》，该书系统总结了我国软件产业十年来的发展历程和辉煌成就，详细分析了软件产业的政策、人才、技术创新、公共服务、知识产权等状况，并展望了“十二五”期间和未来十年我国软件产业的发展，为国内外关心我国软件产业的人士提供了有益参考。

2011 年 3 月

前言

2000年6月，我国出台了《鼓励软件产业和集成电路产业发展的若干政策》(国发[2000]18号)。十年来，随着18号文的深入贯彻落实，我国软件产业实现了跨跃式发展，产业规模不断扩大，产业结构不断优化，技术创新能力持续提升，公共服务体系不断完善，人才培养、知识产权保护，以及大企业培育等取得了重大进展，对经济和社会发展、对推动我国两化深度融合起到重要的支撑作用，我国软件产业呈现出欣欣向荣的发展局面。

为回顾历史、总结经验、谋划未来，在工业和信息化部软件服务业司的指导下，工业和信息化部软件与集成电路促进中心（以下简称“CSIP”）组织国内软件领域的专家学者，在全国省市信息产业主管部门、省市软件行业协会及众多软件企业的积极参与配合下，经过大量深入地调查研究、分析整理，编写完成了《中国软件产业黄金十年——纪念国发[2000]18号文件颁布十周年》一书。

编写工作于2010年6月正式启动，期间历经总体策划、内部论证、专家研讨、稿件征集、体系编排、审核校对、专家评阅等多个阶段。工业和信息化部、行业协会和相关企事业单位等领导为本书的撰写提出了很多重要的帮助，工业和信息化部软件服务业司陈伟司长、郭建兵副司长和陈英副司长在本书的筹划、组织和成稿过程中给予了大量的建设性建议。CSIP战略研究专家王建平博士、中国软件行业协会专家委员会副主任吴克忠、北京市公用事业科学研究所自动化室项目负责人佟伟、我国信息安全专家鄱成文、我国企业发展战略研究专家陈飏，以及CSIP从事产业发展研究工作刘龙庚、王威信和杨东日几位专家作为本书执行编审小组成员，为本书的成稿做了大量卓有成效的工作。参加本书编写工作的还有产业界、学术界110余名专家学者（详见编委会名单），他们为本书的成稿付出了大量的心血和艰辛的努力，在此一并表示由衷的感谢！

本书得到了业界大力支持，共征集了来自全国31个省、直辖市、自治区、新疆生产建设兵团、计划单列市和副省级省会城市的120余份专稿，其中来自各省市行业主管部门的专稿45篇，相关行业协会、企业和专家为我们提供了大量的数据材料和丰富素材，合计75份。本书在编写过程中，收集整理了公开发表的产业报告、研究论文、会议报告、学术期刊论文和网络页面等文献中的部分内容，由于时间仓促和条件所限，部分材料未能征得原稿作者的引用许可，在此深表歉意和谢意！

本书由成就篇、政策篇、区域发展篇、公共服务篇、技术创新篇、人才篇、知识产权篇、企业篇和展望篇共9篇构成，系统回顾和总结了软件产业“黄金十年”的发展历程，展望了未来发展的美好前景，内容丰富、信息量大、数据翔实、图文并茂，是国内外各界人士认识、研究、探索中国软件产业发展状况极为难得的宝贵资料。衷心地希望本书的出版能够为我国软件产业的健康快速发展提供有益的参考。

限于时间、条件和水平，本书在编写过程中的错误和疏漏在所难免，衷心希望各界人士给予批评指正！

《中国软件产业黄金十年》编写组

二〇一一年六月于北京

目录

CONTENTS

成就篇

政策篇

区域发展篇

公共服务篇

技术创新篇

人才篇

知识产权篇

企业篇

展望篇

附录

成 就 篇

第一章　我国软件产业发展概览

软件产业是现代经济社会发展的基础性、先导性、战略性产业，具有高成长性、高附加值、高带动性等特点，是信息产业的核心和灵魂，是维持和增强所有产业竞争力的基础，是制约国家安全的决定性因素，对国民生活和社会经济发展起着关键的推动作用。2000年以来，我国软件产业迅猛发展，促进了经济、社会协调发展和先进文化的传播，对改善我国国民经济结构，提高民族产业科技含量，振兴民族经济起着重要作用。十年来，软件产业已经广泛渗透到各行各业，成为产业创新与传统产业升级换代，增强市场竞争力，带动国家经济发展的重要杠杆，对促进工业化、信息化两化融合，优化产业结构，转变发展方式具有重要的支撑推动作用。

一、软件产业生态环境不断完善

政、产、学、研、用及其相互关系构成了软件产业生存和发展的生态环境（见图1），健全的软件产业生态环境是软件产业健康发展的关键因素和重要保障。

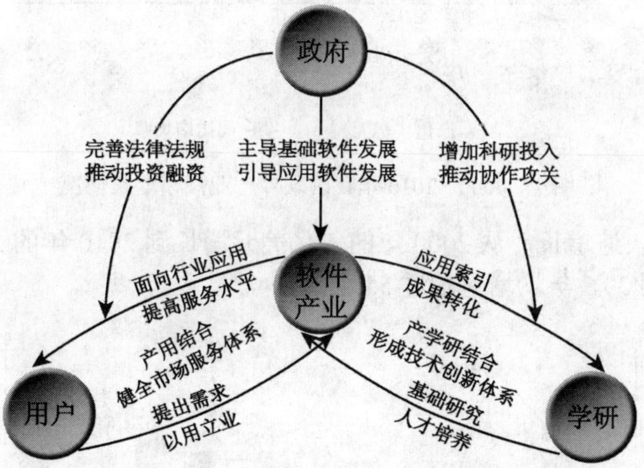

图1　我国软件产业生态环境结构

2000年6月，国务院颁布了《鼓励软件产业和集成电路产业发展的若干政策》（国发[2000]18号，以下简称“国发18号文”），极大地推动了软件产业的发展。为了落实国发18号文各项政策，2002年9月，国务院转发了九部委联合制定的《振兴软件产业行动纲要》（简称47号文）。为贯彻国发18号文和47号文的各项规定，工业和信息化部（原信息产业部）联合相关部门制定了《软件企业认定标准及管理办法》、《软件产品管理办法》、《国家软件产业基地管理办法》、《软件业统计管理办法（试行）》等相关配套政策，引导和推动各地方政府主管部门制定适合本地的政策措施，为我国软件企业的发展提供了强有力的支持。

产业发展关键在人才，为了适应国家发展软件产业的需要，依据国发 18 号文精神，教育部发布了《教育部关于试办示范性软件学院的通知》（教高［2001］3 号），并协同发改委、科技部、信产部等八部门联合出台了《关于加快软件人才培养和队伍建设的若干意见》（教高［2003］10 号），提出了我国软件人才培养和队伍建设的总体目标，以及加快软件人才培养和队伍建设的主要措施。先后成立了 37 所国家示范性软件学院和 35 所国家示范性软件职业技术学院，累计为国家输送各层次软件人才近 200 万名，为我国软件产业的发展提供了强有力的保障。

二、软件产业规模持续快速增长

十年来，我国软件产业的规模以年均超过 30%的速度高速增长，2010 年我国软件产业实现业务收入 13 364 亿元，同比增长 31%，营业收入规模首次突破万亿元大关（见图 2）。

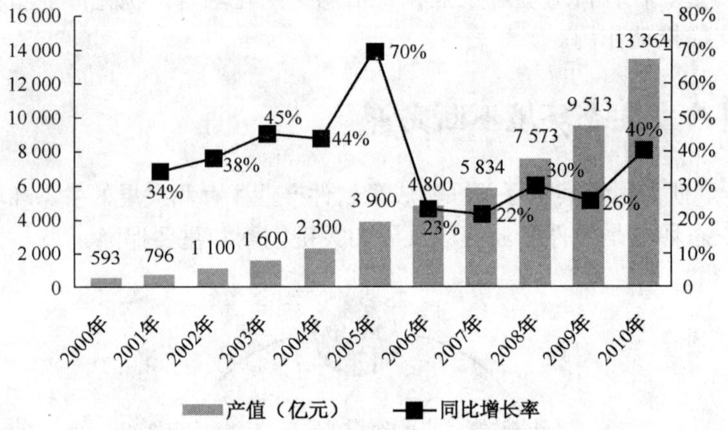

图 2　2000—2010 年我国软件产业规模增长情况

软件出口保持快速增长，从 2000 年的 4 亿美元增长到 2010 年的 200 亿美元，出口额增长了 50 倍（见图 3），年均增速超过 55%。

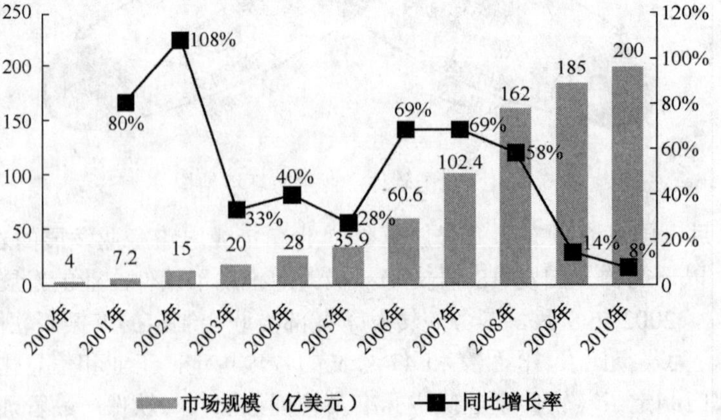

图 3　2000—2010 年我国软件出口增长情况

软件人才队伍不断发展壮大，软件行业从业人员已从2000年的18万人跃升到2010年的200多万人，增长了12倍。

软件产业结构逐步优化，软件服务和系统集成增速超过软件产品增速，占软件产业总收入的比例逐年提高（见图4）。2010年，服务收入增长带动软件业务调整，特别是与网络相关的信息服务发展迅速。其中，信息技术咨询服务和信息技术增值服务收入分别为1 233亿元和2 178亿元，同比增长37.2%和44.6%。软件产品收入4 208亿元，同比增长28.6%。嵌入式系统软件受通信类产品增长放缓影响，完成收入2 242亿元，同比增长15.1%，低于全行业16.2个百分点。受集成电路行业复苏和软件外包市场增长带动，设计开发实现收入593亿元，同比增长73.1%。系统集成和支持服务实现收入2 910亿元，同比增长31.8%。

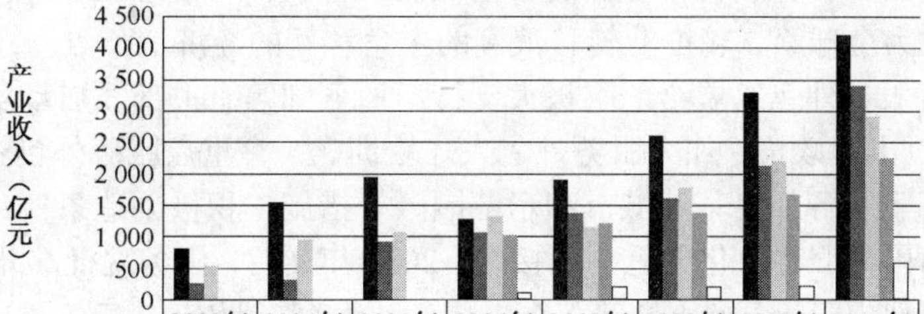

	2003年	2004年	2005年	2006年	2007年	2008年	2009年	2010年
■软件产品	805	1528	1932	1282	1894	2603.3	3288	4208
■软件技术服务	265	303	916	1059	1374	1618.2	2126.3	3411
■系统集成	530	949	1052	1324	1158	1780.9	2202.9	2910
■嵌入式软件				1028	1215	1370.7	1673.6	2242
□IC设计				107	194	201.8	222.2	593

图4　2004—2010年我国软件与信息服务业构成

我国软件企业实力明显增强，在各领域、各行业，一批有特色、有自主创新能力的企业在国家和地区政策支持下不断发展壮大。2010年，工业和信息化部重点监测的软件前百家企业累计完成软件业务收入2 900亿元，同比增长21%，占全国收入的21.7%，实现利润553亿元，同比增长13%。其中软件业务收入超百亿元的企业达到4家，比2009年又增加1家。通过CMM/CMMI2～5级评估的有1 139家，有2 470家企业通过了系统集成商资质评审。

“十五”和“十一五”期间，国家科技部、发改委、工业和信息化部等有关部委整合资源，实施重大专项，支持软件产业自主创新。在核高基重大科技专项中，基础软件列为重点扶持领域，国家“863”计划、“973”计划、国家软件产业发展计划、电子发展基金、国家产业计划等认真组织了对影响全局的操作系统、数据库、中间件等重大项目的研发工作，带动了各级政府和企业用于研发的资金投入。

三、细分领域发展成就

（一）嵌入式软件

嵌入式软件主要包括嵌入式操作系统、开发工具和应用软件等，广泛应用于通信、消费电子、汽车电子、工业自动化、军事/航空和医疗等各个垂直市场。

国产嵌入式软件的研发和普及应用，大大提升了国内制造业和信息家电产品附加值，促进了产业体制和机构的改造。消费电子领域是嵌入式软件重要的应用领域，其产品的主要功能均依靠嵌入式软件来实现，应用产品涉及手机、数码相机、移动互联网设备（Mobile Internet Device，MID）、便携式媒体播放器（Portable Media Player，PMP）等视听设备及各类家电，产品功能不断趋于高端化。伴随数字电视产业的快速发展，数字机顶盒产品应用范围不断扩大，更多的数字电视行业的企业参与数字电视的转换工作和业务模式的创新。

（二）软件与信息服务外包

软件与信息服务外包是信息技术高度发展和专业化分工日趋细化的产物。随着经济全球化、产业结构调整和梯次转移步伐的不断加快，以软件与信息服务外包为代表的现代信息服务业已经成为全球第二轮产业转移浪潮的主角和新的经济增长点。

我国政府对服务外包发展给予了极大支持，商务部等有关部委启动实施服务外包“千百十工程”，通过出台政策、加大服务外包人才培训、培育重点服务外包企业、创新投资促进方式、创建若干服务外包基地城市和示范园区等措施，积极创造条件，力争在短时间内将中国打造成为国际服务外包的重要承接地。2009 年 2 月，国务院批准北京、天津、上海、重庆、大连、深圳、广州、武汉、哈尔滨、成都、南京、西安、济南、杭州、合肥、南昌、长沙、大庆、苏州、无锡 20 个城市为“中国服务外包示范城市”，这 20 个示范城市服务外包企业数量占全国的比例达到 78.7%，合同金额占全国比例为 92.5%。

商务部已联合国家相关部委逐步推行了三大扶持政策：把服务外包视为高新技术产业，在所得税上给予优惠，并对营业税实行减免；国家开发银行提供 50 亿元贷款，支持服务外包企业融资；对国内服务外包取得国际认证资质的企业，对认证费用给予 1∶1 的补贴。2008 年我国软件与信息服务外包产业规模达到 1 567.7 亿元，同比增长 41.2%。

各地方政府纷纷制定实施了一系列财税政策、投融资政策、人才政策、企业扶持政策、公共服务体系政策，对软件外包企业给出了极其优惠的条件，争做中国软件外包中心。2008 年，杭州确定了 3 年服务外包工作的目标。重庆市启动了庞大的“软件外包中高级人才百人深造计划”，意欲成为西部软件外包的“第一城”。此外，北京、广东、江苏等省市均将服务外包作为未来产业的发展重点。这一景象成为中国软件外包热度渐起的缩影。

近年来，我国软件与信息服务外包产业发展水平明显提升，中国品牌越来越得到国际认可，部分自主品牌软件产品进入国际市场，并形成了一定竞争优势；规模持续扩大，2009 年，中国软件与信息服务外包市场规模达到 185 亿美元，2008 年我国承接包括 ITO（信息技术外包）和 BPO（业务流程外包）在内的服务外包协议金额达 38.1 亿美元，同比增长了 1.6 倍；企业实力不断增强，2008 年我国软件与信息服务外包企业数量约 3 600 家，同比增长约 20.0%；企业规模逐渐扩大，一批专注出口外包业务的企业，如东软集团、中讯、大连华信、大连海辉、中软国际、软通动力、浙大网新等快速成长，出口群体逐渐形成，外包层次不断提升；从业人员数量快速增长，素质稳步提升，2008 年我国软件与信息服务外包产业从业人员数量达到 41 万人，同比增长约 36.7%。产业集群初步形成，已经形成长三角、珠三角、环渤海、中西部、东北等产业集群。

（三）开源软件

全球开源软件（OSS）的快速发展，日益改变世界软件产业的发展趋势，全球软件 500 强企业的地位与作用趋于减弱，中小企业对全球软件产业的影响开始增强，也为我国软件产业的发展带来新的机遇。

开源软件既节约信息系统整体成本，又促进基础软件平台多元化，规避软件平台单一化可能带来的商业与安全风险。十年来，我国的软件企业激情投入到开源软件的开发和应用，推出众多中文版 Linux 操作系统、开源办公软件、开源数据库、开源中间件、开源 ERP、开源 CRM、开源网络平台等。

开源操作系统 Linux 发展速度快，是应用最为成熟的开源软件，已经获得政府、金融、电信、邮政等大型用户的认可，并逐步向用户的核心业务层渗透。目前，我国涌现出了一批国际公认的 Linux 新兴企业，每年分别与 Dell、HP、华硕、联想等签订数百万套 OEM 预装协议。龙梦自主开发的 LinuxPC（配龙芯 2E、2FCPU，配 Linux 操作系统）量产已起步，中科红旗、中标软件与 Intel 合作，开发基于 Linux 的 MoblinV2（SDK），支持 OEM 厂商推出的上网本及 MID，也已经开始投放市场。

除 Linux 外，其他开源软件在国内也有很大发展。北京大学开发的构件化应用服务器 PKUAS 已经与 JOnAS 实现对等合并，成为国际中间件联盟 OW2 主推的新一代应用服务器 JO^2nAS。金蝶 Apusic 中间件已全面应用于安徽省新型农村合作医疗系统。Apache、JBOSS 等开源中间件在国内也有大量应用。2008 年，MySQL（商业版）销售合计 2 500 万元。

开源教育培训也大大推动了开源软件的发展。教育部建设的 36 个国家 Linux 教育培训中心，把开源软件纳入正规大学教育课程。中日、中韩、中法、中俄、中芬、中方与欧盟等的国际合作，以及中方与 Debian、Apache、MySQL、Firefox、Eclipse、OpenOffice.org、Gnome 等的合作有力地推动了我国开源软件的发展。

近几年，伴随红旗 2000 等一批我国开源企业对社区的积极参与和贡献，获得了开源社区的广泛认可和尊重。预计到 2011 年，我国仅 Linux 软件市场规模就将达到 5.78 亿元，年均复合增长率为 28.8%。随着开源软件在国内应用的逐步推广，以政府引导、企业探索、应用普及为特征的开源软件产业正迎来前所未有的机遇与挑战。

（四）工业软件

工业软件是专用于或主要用于工业领域，为提高工业企业研发、制造、经营管理水平和工业装备性能的软件。作为“两化深度融合”的切入点、突破口和重要抓手，工业软件在两化融合战略实施过程中处于极其重要的地位，在行业应用领域和管理领域都成为了核心竞争力，不但能够解决生产能力的有无问题，还能提高生产效率和产品质量，降低生产成本，有力推进了我国工业转型升级、保持经济平稳较快发展。

十年来，国产工业软件逐步发展壮大，成长了一批拥有自主知识产权的工业设计软件企业，已经迈入工业软件市场份额的第一阵营，在汽车、工程机械、航空航天、电子、家电、国防军工、装备行业等行业都有广泛的应用（见图 5）。以产品生命周期管理软件（Product Life Management，PLM）领域为例，国内 CAD 的市场规模逆金融危机之势上扬，2009 年达到 11.28 亿元，较 2007 年的 8.78 亿元和 2008 年的 9.64 亿元有较大增长，成长起来了 CAXA、PICAD、中望、浩辰、清软英泰等一批 CAD 公司。

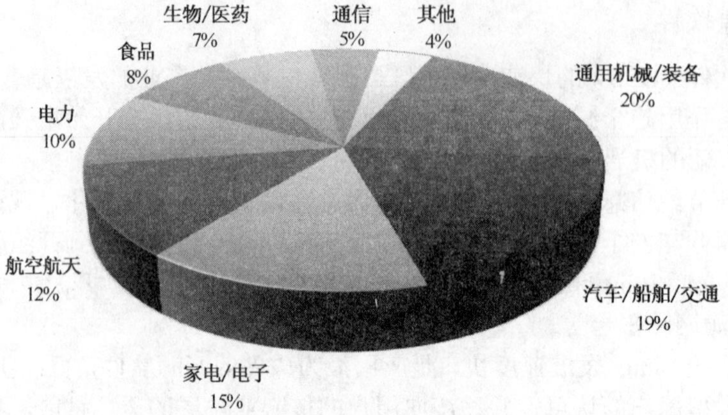

图 5　我国软件企业业务领域分布

我国工业应用领域广泛地应用经营管理软件，许多企业不同程度实施了 ERP、CRM、SCM 等管理系统。2009 年我国管理软件规模达到 334.8 亿元（见图 6），较 2003 年的 113.3 亿元增加了 2 倍，年均增速超过了 20%。各单位对管理软件的选择更为理性，通用化的产品已经不再是市场的主流，行业化、个性化、易用化的产品成为市场热点。

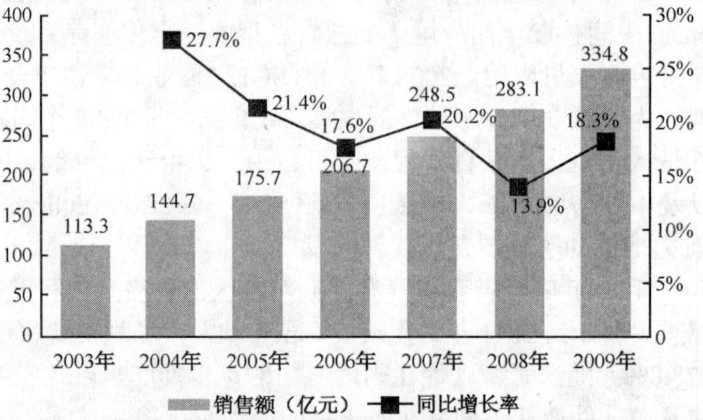

图 6　2003—2009 年我国管理软件市场销售增长

近年来，用友、金蝶、神州数码、浪潮、宝信软件、华胜天成等国内经营管理软件的主要厂商的产品的定位从终端 ERP 市场逐渐跨向高端市场，成为国内市场的主力军。由于国产软件管理软件具有简单易用、实施周期短、风险低、见效快等特点，已为越来越多的国内企业所青睐，甚至一些世界著名跨国集团的在华企业也选用中国本土的软件产品。

（五）互联网应用

如今，互联网已经渗透到中国经济和社会生活的每个角落。电子商务、移动办公、远程教育、远程医疗、网络通信、个人博客等成为越来越多的人们工作、学习和休闲娱乐的重要工具，互联网开阔了人们的视野，提高了人们生活质量和工作效率。目前互联网产业在中国 GDP 所占比率为 7%左右。我国软件产业的主要发展方向早已转向网络技术和应用的开发。

我国网民规模继续呈现持续快速发展的趋势。截至 2010 年年底，我国网民规模达到 4.57 亿人（见图 7），较 2009 年年底增加 7 330 万人；2010 年网页数量达到 600 亿个（见图 8），年增长率 78.6%，是 2003 年的 200 倍；互联网普及率攀升至 34.3%，较 2009 年提高了 5.4 个百分点，位居世界首位。我国手机网民规模达 3.03 亿人，较 2009 年年底增加 6 930 万人。

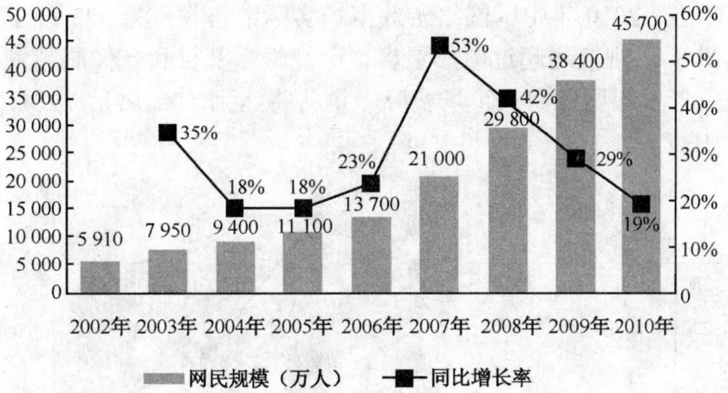

图 7　2002—2010 年我国网民数量变化

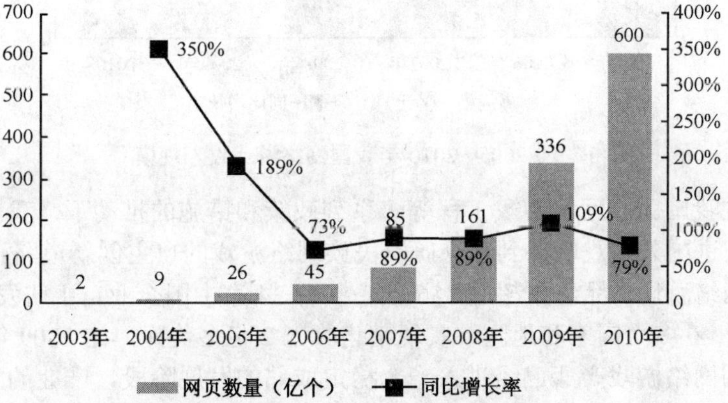

图 8　2003—2010 年我国网页数量变化

截至 2009 年年底，搜索引擎的使用率为 73.3%，用户规模达到 2.8 亿人。2009 年，百度全年营业收入为 44.48 亿元，2010 年全年营业收入为 79.15 亿元，比 2009 年增长 78.0%，2010 年全年营业利润约为 39.59 亿元，比 2009 年增长 146.7%。

在城镇化持续推进和国家政策扶持下，我国电子商务蓬勃发展，庞大的中小企业数量进一步推动互联网商务应用爆发。中国电子商务研究中心 1 月 19 日发布监测报告显示，2010 年我国电子商务市场交易额达 4.5 万亿元，同比增长 22%，其中 B2B 电子商务交易额达到 3.8 万亿元，同比增长 15.8%。2010 年我国网上零售市场交易规模达 5 131 亿元，较 2009 年近翻一番，约占全年社会商品零售总额的 3%。预计在未来两年内网上零售市场交易规模将会步入全新阶段，突破 10 000 亿元，占全年社会商品零售总额将达 5%以上。

（六）国产游戏软件

网络游戏是指以互联网为传输媒介，以游戏运营商服务器和用户计算机为处理终端，以游戏客户端软件为信息交互窗口的，旨在实现娱乐、休闲、交流和取得虚拟成就的具有相当可持续性的个体性多人在线游戏。

自2000年联众创造网络竞技吉尼斯世界纪录始，网络游戏产业异军突起，并迅猛发展，成为新兴的朝阳产业。2010年中国网络游戏市场实际销售收入为323.7亿元，比2009年增长了26.3%（见图9），规模远超过电影票房、电视娱乐节目和音像制品发行三大传统娱乐之和。预计未来五年我国网络游戏市场实际年销售将达到508亿元，2011年到2014年的年复合增长率为19.7%。

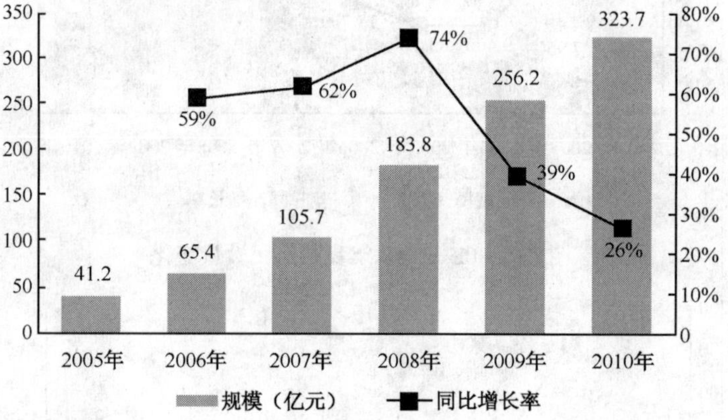

图9　2005—2010年我国网络游戏收入规模

十年来，在我国民族网络游戏工程等一系列政策和措施的推动下，我国网络游戏产业走过了一条从引进国外游戏软件到独立研发民族网络游戏的自主创新道路。2010年中国自主研发的民族网络游戏产品总数超过356款，共有34家中国企业自主研发的82款网络游戏作品进入海外40多个国家和地区，实现销售收入2亿多美元，比2009年增长了111%。

如今，我国网络游戏产业已经进入一个稳定成熟的发展阶段，产业的发展呈现出统一性和协调性，并逐渐形成渠道销售商、点卡销售商、上网服务业（网吧等）和媒体等完整的产业链。占据产业整体链条上最关键地位的网络游戏运营商，变得更加成熟和理智。同时，网络游戏公司与主要电信和网络厂商也建立了非常紧密的合作关系。

2010年市场竞争结构的变化主要体现在3个方面：一是前十大厂商包括深圳腾讯、广州网易、盛大网络、完美时空、搜狐畅游、巨人网络、久游网、金山软件、网龙网络和世纪天成份额总和下降，二线七大厂商包括蓝港在线、麒麟网、光宇华夏、趣游科技、千橡互动、昆仑万维和成都梦工厂份额总和上升，其他厂商份额总和下降；二是广州网易市场份额上升 1.8 个百分点，超越盛大网络，国内市场占有排名跃居第二；三是深圳腾讯市场占有率劲升8个百分点，达到了28.9%，超过了第二、第三名的总和。因此从2010年年末的竞争局势来看，市场表现出的是竞争结构调整，并没有出现明显的集中化趋势，市场的创新环境还未被高度垄断所破坏。

（七）民族语言软件开发

我国是一个统一的多民族国家，55 个少数民族有 50 多种文字，其中大多数都是近代或现代新创的拉丁文字。从 20 世纪 80 年代开始，在国家民委、国家技术监督局、国家科委、电子工业部等有关部门的关心支持和帮助下，集结起各方面的力量协同攻关，使少数民族文字信息处理工作取得突破性进展。

2001 年，西北民族学院开发的藏文软件《藏、汉、英多功能组合软件》通过相关部门专家的鉴定，首先在国内外完成了藏、汉、英系列工具软件与通用软件的研制工作。

2002 年，潍坊北大青鸟华光公司开发出基于 Windows 2000/XP 操作系统的“书林”维哈柯蒙古文公文版、书刊版和报版软件，适合于办公、印刷、出版单位和个人使用。内蒙古大学与相关公司研发的基于 Windows 2000/XP 平台的蒙古文办公软件也进入新疆，开始在新疆人民广播电台等单位使用。该系统由新疆人民广播电台与杭州联汇电子有限公司联合开发，2002 年 3 月通过测试鉴定，是在 Windows 2000 及利用多文种 SQL Server 开发的文稿处理软件。系统具有汉文版一样的维哈柯文的录入、编辑、排版、文件管理、远程网络通信、浏览、检索、查询、打印等功能。

2004 年 8 月，信息产业部启动藏文软件开发专项，组织力量联合攻关。这一藏文软件开发专项已把统一制定藏文编码标准放在首位，包括检测系统、跨平台操作系统、跨平台输入法、字处理软件、互联网浏览器的改造、藏文网站制作和管理工具、藏文电子出版系统等。

2005 年 7 月由中国科学院软件研究所、西藏自治区藏语文工作委员会办公室、西藏大学共同承担完成的中国科学院西部行动高新技术项目《基于 Linux 的跨半台藏文信息处理系统》在北京通过验收。

2007 年 5 月藏文软件开发专项顺利完成并通过验收，标志着我国藏文系列应用软件升级改造工程正式开始推广和应用。

2009 年，工业和信息化部将“维哈柯语言文字软件开发及产业化”列为 2009 年电子信息产业发展基金招标专项，进一步把民族文版软件建设推向深入。

2010 年，工业和信息化部将“蒙文语言文字软件开发及产业化”列为 2010 年电子信息产业发展基金招标专项，将我国蒙文软件升级改造工程进一步推向高潮。

四、软件知识产权保护

随着社会经济的发展，计算机软件的保护日益受到人们的重视。计算机软件作为一种新形式的技术成果，具有作品形式和产品内涵，其产权保护问题已经成为了知识产权保护的重要内容之一。我国政府，特别是 IT 行业主管部门高度重视软件知识产权保护工作。在遵守国际公约的基础上，经过发展与完善，已经形成符合国际规则、体系比较齐全的知识产权法律体系，主要包括《著作权法》、《著作权法实施条例》、《计算机软件保护条例》、《专利法》、《商标法》、《反不正当竞争法》、《关于禁止侵犯商业秘密行为的若干规定》、《互联网著作权行政保护办法》等法律法规。2008 年 6 月，国务院又发布了《国家知识产权战略纲要》。这些软件知识产权保护形式互有不同、互相补充，共同构成中国软件知识产权法律保护体系。中国还通过《海关法》、《合同法》对软件的进出口和软件的研发与贸易行为进行保护及规范。

近年来，我国不断加强知识产权保护的司法和执法工作，依法严厉打击侵犯知识产权的各种行为，创造出了有利于提高自主创新能力的法制环境、市场环境和各方面条件。2005年，中宣部、国家版权局、公安部、信息产业部等8个部门联合启动大规模打击网络侵权盗版专项行动，查办网络侵权案件172件，移送司法机关涉嫌刑事犯罪案件18件，依法关闭76家"三无"网站，没收39台专门用于侵权盗版的服务器，有效打击了网络侵权盗版活动。同时，我国政府率先使用正版软件，2006年在完成政府部门软件正版化工作基础上，并积极推动包括国有企业、外商投资企业和民营企业等的大型企业使用正版软件工作。截至2009年，129家中央企业集团总部已经全部实现正版化，100家中央企业的二级企业基本实现正版化，全国共有10 299家企业列入2009年度完成使用正版软件的工作目标。

五、软件出口

2000—2010年，我国软件出口发展迅速，2000年我国软件出口额为33亿元，2009年达到1 262亿元，增长了37倍，2010年前8个月已经达到了772亿元。2008年受世界金融危机的影响，我国软件出口下降较多。但是，我国很快克服了世界金融危机的影响，2009年软件出口额为1 262亿元，继续保持高速发展的态势。2000—2010年我国软件出口发展态势（见图10）。

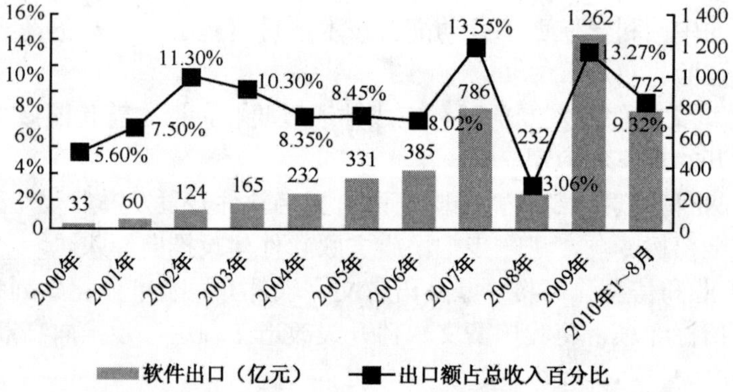

图10　2000年至2010年8月软件业出口情况

报告显示，中国软件出口规模继续扩大，软件产业的技术创新和结构升级不断优化，软件出口企业实力不断增强，在保持对日外包优势的同时进一步开拓欧美市场，软件出口正步入快速发展的良性轨道。2010年我国软件与信息服务外包产业发展迅猛，产业规模突破2 750亿元，其中国际业务收入为55.7亿美元，同比增长33.9%。从软件和服务国际外包市场结构来看，我国和印度的出口地域结构完全不同，印度 60%～70%的软件和信息服务外包来源于欧美市场，而日本是我国最大的软件和信息服务外包出口市场，占我国国际服务外包市场的比例曾经高达70%，近年来我国企业对欧美及新兴市场拓展，使日本市场的比例有所下降，根据工业和信息化部软件与集成电路促进中心历年全国软件和信息服务外包产业调研的结果分析，现在实际下降到大约40%，约为23亿美元。

当前，以服务外包、服务贸易、高端制造业和技术研发环节为主要特征的新一轮世界产业结构调整正在兴起，主要依靠智力资源发展的服务外包产业，成为社会发展的“绿色引擎”。云计算也逐渐成为软件业发展的新趋势，它已吸引了用友、金蝶、中企动力、阿里软件、中国电信、中国移动、金算盘、奥林科技等行业巨头在内的软件公司、互联网公司、电信运营商、IT 服务公司、新兴公司五大势力集团高调介入。

第二章　我国软件企业发展概览

一、我国软件企业发展现状

我国软件业的过去十年是一个硕果累累的年代。用友、东软、金蝶、中标软、达梦、东方通、共创开源、浙大网新、神州数码、金山、协同软件、新中大等一批民族企业凭借其自有知识产权，树立起了中国本土的软件品牌。国内软件与信息服务业的发展因素颇多。一方面，信息化需求的上升拉动软件市场的增长；另一方面，3G（第三代移动通信）等的辐射效应，使部分行业信息化建设与应用架构进一步优化。

（一）我国软件企业区域分布

软件产业发展聚集趋势从过去主要集中在京粤地区转向沿海地区。2010 年，东部地区完成软件业务收入 11 449 亿元，同比增长 31.8%，除京粤两地外，沿海多个省市均呈现快速发展势头，江苏、辽宁、福建、山东 4 省软件收入增长超过 35%，占全国比例比 2001 年提高了 13.4 个、3.8 个、3.1 个和 1.5 个百分点，合计占比达 35%，逐步打破过去京粤两地占全国一半以上的集中局面（两地占比下降为 35.5%）。中心城市成为软件产业发展的主要聚集地，2010 年全国 4 个直辖市和 15 个副省级城市软件收入 10 643 亿元，同比增长 32%，占全国的比例为 80%，增长快于全国平均水平 1 个百分点。在中西部地区中心城市地位更为突出，成都、西安、重庆 3 个城市占西部地区的 90%，武汉、长春 2 个城市占中部地区 30%以上。

（二）我国软件业务收入前百家企业分析

2010 年，工业和信息化部重点监测的软件前百家企业累计完成软件业务收入 2 900 亿元，同比增长 21%，占全国收入的 21.7%；实现利润 553 亿元，同比增长 13%。其中软件业务收入超百亿元的企业达到 4 家，比 2009 年又增加 1 家。企业创新成效显著，据中国版权保护中心数据显示，2010 年全国计算机软件著作权登记量突破 8 万件，“十一五”期间登记量翻了两番，平均增速达 37%，华为、中兴等企业名列前位。同时，在 2010 年年度国家科技进步奖评审中，中控科技、华为、中兴、恒生电子、信雅达等多家软件企业获得科技进步二等奖。

2010 年第九届百家企业软件业务收入前 10 名名单如表 1 所示。

表 1　2010 年（第九届）中国软件业务收入百家企业前 10 名名单

序　号	企 业 名 称	软件业务收入（万元）
1	华为技术有限公司	7 256 789
2	中兴通讯股份有限公司	2 706 625
3	神州数码（中国）有限公司	1 303 956
4	海尔集团公司	817 972

（续表）

序　号	企 业 名 称	软件业务收入（万元）
5	北京北大方正集团公司	624 371
6	熊猫电子集团有限公司	608 600
7	浙大网新科技股份有限公司	490 603
8	浪潮集团有限公司	479 852
9	东软集团股份有限公司	416 606
10	同方股份有限公司	407 066

2010 年（第九届）中国软件业务收入百家企业前 10 名软件业务收入构成情况如图 11 所示。

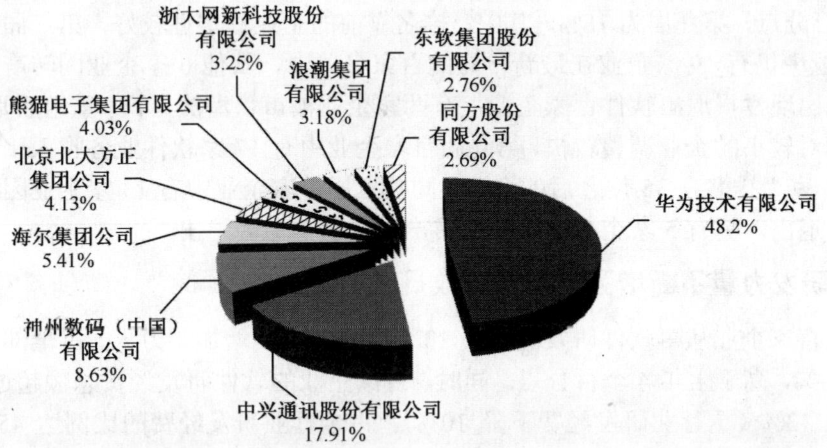

图 11　2010 年（第九届）中国软件业务收入百家企业前 10 名软件业务收入构成情况

工业和信息化部自 2002 年起每年进行软件业务收入前百家企业的发布活动，百家企业的入围门槛逐年提高，平均年均增幅超过 3 500 万元。与第一届百家企业相比，第九届百家企业入围门槛翻了两番。在本届百家企业中，受益于 3G 牌照发放和三网融合加快发展，从事通信领域软件和相关服务的企业数量占 20%以上，新入围的企业中有 5 家属于通信领域服务提供商。国家基础设施投资扩大，金融、交通应用软件和服务增长良好，中国银联联合多家企业打造了移动支付平台，积极拓展新的业务领域。百家企业在物联网、信息安全等方面积极拓展应用领域，云计算、识别软件、RFID 技术、网络和资源安全软件等日益成为行业新的增长点。同时，百家企业的软件研发经费总额超过 330 亿元，比上届增长 13%（全行业研发经费下降 10%），占全行业研发经费的比例达 45%，比上届上升 9 个百分点。第九届自主品牌软件产品前 10 家企业，合计软件产品收入超过 150 亿元，比上届增长 20%以上。

二、我国百家软件企业发展特点及趋势

（一）行业领域日趋多元，产业结构逐步优化

第九届软件业务收入百家企业中，以工业（控制）软件为主的企业有 16 家，比上届增

加 3 家，收入约占百家企业的 8%，对提升工业企业的技术和管理水平日益发挥重要的支撑作用。近期上海宝信建立了全国首个工业软件体验中心，为推进两化融合起到重要的表率示范作用。受益于 3G 牌照发放和三网融合加快发展，从事通信领域软件和相关服务的企业数量占 20%以上，新入围的企业中有 5 家属于通信领域服务提供商。国家基础设施投资扩大，金融、交通应用软件和服务增长良好，中国银联联合多家企业打造了移动支付平台，积极拓展新的业务领域。此外，百家企业在物联网、信息安全等方面积极拓展应用领域，云计算、识别软件、RFID 技术、网络和资源安全软件等日益成为行业新的增长点。

（二）企业更新调整较快，大企业发展相对稳定

由于软件产业竞争激烈，百家企业的更新调整较快，九届百家企业平均更新率达到 25%。随着百家企业规模扩大，抗风险能力逐步提高，企业更新率比最初的 30%左右下降了近 10 个百分点，第九届为 18%。其中，排名靠前的企业稳定性较好，第一届百家企业的前 30 名企业中仍有 19 家企业在最新一届的百家名单中，其他 6 家企业因转产、软件业务收入下降或出现亏损退出软件百家企业，有两家企业被市场淘汰，1 家重组后重新入选。

规模相对较小的企业调整较快，第九届百家企业中有 17 家软件业务收入比上年出现下降，其中 15 家为排名在 35 位之后的企业；同时上届百家企业中有 13 家企业因收入达不到本届门槛而退出，另有 5 家企业因亏损或转产、重组等原因退出。

（三）研发力量不断增强，科研成效日益显著

第九届百家企业从事软件研发的人员 13 万人，比上届增加 1 万人，占全部从业人数的比例达到 39%，高于上年 4 个百分点。同时，百家企业的软件研发经费总额超过 330 亿元，比上届增长 13%（全行业研发经费下降 10%），占全行业研发经费的比例达 45%，比上届上升 9 个百分点。

多家企业积极开展国家重点实验室建设，2010 年首个软件构架技术国家重点实验室在东软设立，中兴也获批设立了移动网络和移动多媒体技术国家重点实验室。企业科研成果丰硕，华为、中兴、大唐、浪潮等多家企业的科研项目荣获 2009 年国家科技进步奖，同时在全球专利合作条约的专利申请量排名中，华为、中兴等多家企业位居前茅。

（四）管理水平逐步提高，品牌效应日趋明显

第九届百家企业中，通过 CMM 三级以上认证的企业达到 58 家，比上届增加 10 家以上，其中通过 CMM 五级认证的企业达到 13 家，比上届增加 1 家，企业管理能力和技术水平进一步提高。企业十分重视产品质量和诚信建设，中国软件行业协会公布的首批信用评价 3A 级以上软件企业中，百家企业占了 80%以上。

企业品牌建设稳步推进。经过多年发展，国内软件产业在财务管理软件、办公软件、游戏软件、工业软件等领域涌现了用友、金蝶、金山、浪潮等多个自主品牌，并在国内市场日益占据重要份额。本届自主品牌软件产品前 10 家企业，合计软件产品收入超过 150 亿元，比上届增长 20%以上。

（五）国际化步伐加快，服务外包能力极大增强

企业出口和外包服务能力不断增强。第九届百家企业出口超过 110 亿美元，比上届增

长 21%，占全行业出口的半数以上，其中外包出口超过 10 亿美元，占全行业外包服务出口的三成。尽管受国际金融危机冲击，2010 年百家企业对日传统外包服务收入增速有所放缓，但企业通过大力拓展国内和欧美外包服务市场，形成了东方不亮西方亮的格局，全年多家企业对欧美外包服务收入增长超过 30%。

百家企业在国际外包服务市场的影响力日益提升，根据国际外包专业协会（IAOP）评选，浪潮、东软、浙大网新等多家企业入围“2009 年全球外包 100 强”，进入国际外包服务提供商的一线阵营。此外，企业还通过大力发展国外研发和营销基地，加快国际化步伐；2010 年以来，东软、用友、金蝶、中控科技等企业纷纷加强与国外公司的战略合作，依托合作伙伴的渠道积极拓展海外市场。

（六）企业并购频繁，产业整合持续推进

近年来，国内软件企业越来越重视通过并购方式加快做大做强，国内创业板 IPO 的启动，为我国软件企业资本运作和上下游整合创造了机遇。据不完全统计，2009 年国内披露金额的大型软件企业并购案超过 40 起，涉及总金额超过 16 亿美元，比上年增长 100%以上。

其中，联创和亚信的合并是近年来国内软件产业最大的并购案，涉及金额达到 7.3 亿美元，是近年来国内软件产业最大的并购案，使新公司成为国内最大和全球第二大电信业务/运营支持系统（BSS/OSS）企业。东南融通并购尚洋信德后，成为国内保险行业排名第二的 IT 服务商。中软收购长城软件，也成为近年来最大的并购案之一。太极等企业股票开始正式上市发行，为提升企业规模和管理层次创造了有利条件。用友、金蝶、中软国际等企业也在国内针对行业软件展开了数起并购，以增强自身的核心竞争力。东软集团则将并购的触角伸向了海外，继 2009 年以 1 200 万欧元收购芬兰 SESCA 旗下 3 家嵌入式开发的子公司后，2010 年又以 600 万欧元收购全球汽车导航软件提供商 ISG 的相关业务。

（七）提升带动作用显著，经济贡献日益突出

百家企业在改造提升传统产业、增进中小企业管理水平、建设软件园区方面，作用不断显现，对经济发展的贡献日趋突出。用友、金蝶等企业通过发展中小型企业管理软件、建立中小企业信息化服务平台等多种方式服务中小企业，在帮助中小企业应对危机和提升管理水平上发挥了积极作用。百家企业在各地建立的研发基地和软件园区日益增多，如华为和中兴在深圳、上海、北京、南京、西安、成都和武汉等地建立了多家研究所，东软、中软、浙大网新在软件外包、医疗应用软件等领域形成了多个特色软件园等，这些企业通过经营模式复制和区域集聚发展促进了各地软件业发展和信息化建设。此外，百家企业在促进传统产业的技术改造和节能减排方面也发挥了积极作用，近期，华为、东软、用友等多家企业被中国企业家俱乐部评为“中国绿色公司百强”。

第三章 我国软件人才十年培养成果

软件产业作为知识和技术密集型产业，其竞争的根本是人才的竞争，其发展在很大程度上取决于人才的素质与结构。在政府主管部门和产业界多年坚持不懈的努力下，目前全社会已经逐步形成普通高等院校、软件学院、职业技术学院、民间培训机构及社会团体、企业认证培训等方式，形式多样的软件人才教育培训服务体系。各类软件人才的素质不断提高，软件人才的合理结构和供应体系不断完善，为中国软件产业十年来强劲发展打下了坚实的基础。

从国发 18 号文颁布实施以来的十年间，我国软件人才的培养步入了快速发展轨道（见图 12）。2010 年，我国软件行业从业人数已经超过 200 万人，其中北京、天津、河北、辽宁、上海、江苏、浙江、福建、山东、广东和海南 11 个东部地区省市吸纳的软件从业人员占全国的 78%以上。

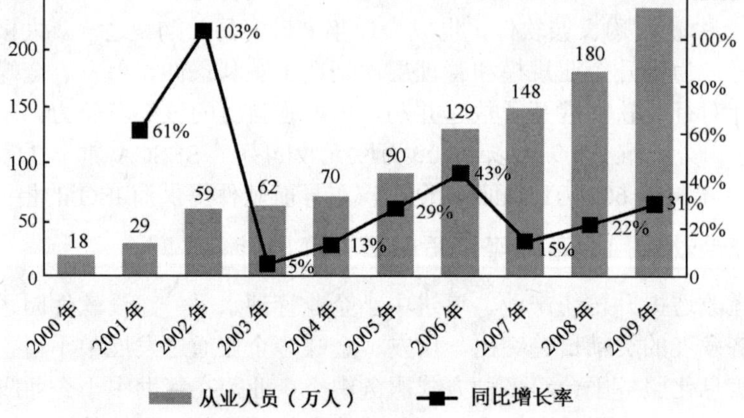

图 12 2000—2009 年我国软件从业人员增长情况

一、软件人才培养回顾

我国软件人才的培养与国家对软件产业的政策是紧密结合的，在国发 18 号文发布之前，国内的软件人才培养主要依靠普通高等院校的计算机专业来完成，许多高校还没有分离出专门的软件人才培养专业，专业设置大多为计算机科学与技术专业，主要侧重于计算机基础理论的教学，与我国软件产业所需要的人才衔接性较差。2000 年，国家颁布了国发 18 号文之后，我国软件产业人才的培养实现了跨越式发展。

根据国发 18 号文中关于人才的培养要求，国家有关部委以国家重点鼓励发展的软件、集成电路、信息安全等信息技术关键行业的战略性和紧缺性人才培养为突破口，实施了一系列具有战略意义的重大改革举措，从 2001 年起至今，先后批准成立 37 所国家示范性软件学院、35 所国家示范性软件职业技术学院，建立了 20 个集成电路人才培养基地，成立了 40 个国家 Linux 技术培训与推广中心，各地方先后批准成立超过 50 多所地方性示范性软件学院，此外，2008 年教育部在高校中批准设立 20 个软件人才培养模式创新实验区。

我国相关政府主管部门和产业各界通过多年坚持不懈的努力，不断加大对软件人才培养的资源投入，目前全社会已经逐步形成普通高等院校、软件学院、职业技术学院、民间培训机构及社会团体、企业认证培训等广泛参与的形式多样的软件人才教育培训服务体系。

二、软件人才培养现状

（一）普通高等院校

在国家的教育体系里，高等教育是主要成分，在为经济建设培养高素质应用型专业人员和高水平研究人才的过程中，发挥关键、重要的作用。从 1999 年起，我国高等教育进入跨越式、超常规的发展阶段，高等教育本、专科招生人数从 1998 年的 100 万人增加到 2008 年的 608 万人，高等教育在校总规模超过 3 093 万人，高等教育毛入学率达到 23.3%，从业人员中有高等教育学历的人数已位居世界前列，我国正加速完成从人口大国向人力资源大国的转变。

高等教育同样也是软件产业人力资源教育培训的主力军，2009 年我国共有普通高等院校 2 000 多所，其中设有计算机科学与技术、计算机软件、软件工程等专业的院校有 1 000 多所，我国软件人才总计有将近 70%来自这些高等院校的软件相关专业，这部分人员已成为我国软件行业从业人员的主体。

（二）国家示范性软件学院

2001 年年底以来，根据国发 18 号文有关人才政策精神，国家教育部和发改委先后从国内重点高校中批准建立了 37 所国家示范性软件学院。国家示范性软件学院是以坚持“高质量，工程化，国际化”为办学理念，以“面向国民经济建设主战场、面向区域经济发展、面向软件领域人才需求，培养高层次、实用型、复合型、国际化人才”为培养目标的高端软件人才培养机构。

软件学院主要从 4 个层次和类型开展软件人才培养。

（1）软件工程专业四年制本科生。学生从参加全国普通高校统一招生考试的考生中择优录取，对他们的培养是在强调计算机、数学、英语等基础知识的同时，在工程组织和管理能力、国际标准认知能力、软件开发技能、软件开发实践、知识产权等方面凸显出与传统计算机科学系培养人才的区别。

（2）具有非计算机专业背景的软件工程专业本科生。这些学生包括两类，一是从本校非计算机专业的二年级本科生中转学；二是从非计算机专业的本科毕业生中招收第二学士学位生。培养目标是既有一定专业技术背景，又有较强的软件开发能力和工程组织管理能力的行业需求的复合型人才。

（3）软件工程专业全日制工程硕士研究生。全日制工程硕士研究生从参加研究生全国统一招生考试的考生中择优录取，对他们的培养目标为：“不仅具有很强的软件基础知识，而且具有很强的软件开发能力，以及较强的工程管理能力的高层次实用型软件人才。”

（4）软件工程专业在职申请工程硕士研究生。此类工程硕士研究生是通过国务院学位办全国工程硕士研究生联合考试的考生中录取和自主命题录取，实行弹性学制。主要为已从事计算机软件行业的人员提供知识更新和提高的机会。

企业普遍认为国家示范性软件学院的毕业生在知识结构、综合素质、上手能力等方面具有较强的竞争力，成为企业的重点培养对象，有一批优秀的毕业生经过一段时间的磨炼已经成为企业的骨干人才，得到了企业和社会的认可。毕业的本科生就业率高达 98%，研究生就业率高达 99%。

（三）国家示范性软件职业技术学院

国家示范性软件职业技术学院以培养具有竞争能力的实用型软件技术人才为主，以解决软件人才的结构性矛盾。通过在办学体制上实行开放式办学，吸收国内外优质的教育资源，开展多种形式的产学结合、校企合作，特别是与国家和地方软件园的联系与合作，同时争取国际国内若干软件企业、公司的支持，共建实训实习基地和技术开发研究室等，进行联合开展技术攻关，以增强办学活力，为我国专科层次的软件职业技术人才培养做了重要贡献。2003 年以来，教育部已批准设立的国家示范性软件职业技术学院有 35 所。

国家示范性软件职业技术学院面向就业、产学结合，培养熟悉现代软件生产流程和规范，胜任软件代码编写、测试岗位工作，能阅读和编写相关软件技术文档的软件程序人员。并针对学生动手能力强的思维模式特点，提炼出以学生职业能力形成为核心的“基础教育、专业教育、实习实训、创业孵化”的“四段式”人才培养模式，通过在校学习、工学结合、校企结合的形式，完成软件程序人员培养。

（四）社会教育培训力量

在全国各地大力发展软件产业的政策指导下，各级政府相关部门和软件企业纷纷加大了对软件人才教育与培训资源的投入，我国软件产业的发展不断扩大软件人才教育培训市场空间，吸引了更多的社会力量和培训机构的参与，作为学历教育以外软件人才培养的重要渠道，社会教育与培训十年来保持较好的发展和增长速度。

1．政府部门

2006 年 1 月，原信息产业部启动了“国家信息技术紧缺人才培养工程”，该工程组织国内众多软件与集成电路企业、研究机构和教育培训机构在全国范围内推出专业人才培养计划，借助社会培训力量搭建学生与企业间挂靠实训的桥梁。培养工程首批设定的紧缺专业为软件开发、软件测试、Linux 技术、软件构架、集成电路设计、嵌入式系统设计、游戏开发与设计、知识产权、电子政务和高级 IT 管理 10 个领域专业，分别通过理论培训、实训、实习、学历教育、认证考试、远程教育等手段进行人才培养。目前 NITE 体系（85331 体系）已经初步建成，包括：八大领域的人才培养标准、五类教学体系、三类人才库、三大支撑平台、一套 NITE 人才培训实施网络。涵盖 61 个岗位人才培养标准、配套的教材、视频及试题，截至 2010 年 8 月底，已经成功培养了 5 万余名优秀人才。

工业和信息化部特别注重对软件高端人才的培养，积极组织国内骨干软件企业的 CEO、CTO 进行国外管理和产品研发培训，组织传统产业中的骨干企业的信息主管（CIO）进行培训，引导企业开展实用的有针对性的人才培训，培养了一批高层次人才。例如，对日高级外包人才的培养上，在工业和信息化部软件服务业司的直接指导与支持下，经工业和信息化部软件与集成电路促进中心（CSIP）与日本财团法人国际信息化协作中心（CICC）积极推进，结合我国对日外包企业的切实需求，针对“对日外包桥梁工程师”这一关键性的岗位，推出了国家信息技术紧缺人才培养工程。

同时，为促进我国软件服务外包产业健康快速发展，加强行业的能力建设，加大对软件服务外包人才培养的支持力度，实施了服务外包“千百十工程”人才培训计划，2007 年商务部从国家商务领域人才培训资金中专项安排了服务外包公共培训资金，用以支持大学生（含大专，下同）增加服务外包专业知识和技能，鼓励大学生在服务外包企业就业的各类人才培训项目。

国家外国专家局作为我国引智工作归口管理部门，为紧密配合国家和地方软件企业的发展需要，已陆续批准设立了大连、长沙、上海、北京、成都、济南、西安、杭州、武汉、南昌、南京 11 个国家软件与集成电路人才国际培训基地，大力组织实施面向企业、面向未来、面向国际化的国际型、高水平软件与集成电路人才与师资的国际化培养。国家外国专家局还通过在中国国际人才交流基金会专门设立的软件产业与集成电路产业引智专项基金，每年通过大力支持高层次与软件科研及实用型人员出国进修、聘请外国软件专家来华讲学和工作，实施全球化人才战略，吸引国外软件技术人员在国内创办企业，极大推动了我国软件产业高层次人才的培养和交流。

2．相关行业机构

中国软件行业协会、科技部火炬中心、中国国际人才交流基金会充分发挥政府与行业组织的引导作用，共同启动中国软件专业人才培养工程（CSTP），2007 年先后在北京、广州、大连、西安、成都等软件产业相对发达的地区建成 14 个中国软件专业人才培养工程教育（实训）基地，并与 30 余所大中专院校合作，在高校中建立软件专业人才职业训练基地，全国性的 CSTP 软件人才培养的骨干网络体系正逐步形成。中国软件专业人才培养工程管理办公室还组织软件企业共同参与，根据职业要求制定软件人才专业方向和培训目标，建立起与之配套的课程体系和教学资源，以指导各基地科学、规范、高效的组织开展软件专业人才培训工作。中国软件专业人才培养工程目前全国在校生人数已达 4 000 多人，首批培训考核通过的 1 300 多名学员在统一的就业服务下顺利进入全国各地的软件企业。

3．软件园和软件企业

近年来，作为各地软件企业聚居的软件产业基地和软件园，为提高企业的服务能力，纷纷在软件人才培训体系建设方面加大了工作力度。如由青岛软件园、青岛市南区联合启动软件人才实训工程（“1.5 学历”），在本科教育第三、第四学年，建立软件园、高校、企业三级实习基地；北京软件产业基地指导北京软件产业促进中心培训学校实施的“第八学期工程”；深圳软件园组织实施“万千百国际创新人才培养工程”；天津开发区与微软公司合作建立天津软件实训基地；西安软件园与 IBM 合作建立 IBM 软件人才实训基地等。

一批有实力的软件企业，也从自身发展需要，成立专门的部门机构负责企业人员培训，通过组织实施多层次、更有针对性的培训计划，为企业战略储备人才资源。如大连华信计算机技术股份有限公司的大连华信计算机新技术培训中心，文思创新软件技术有限公司的文思大学计划，中软集团的中软计算机培训中心。企业在为学员提供培训服务的过程中，也为本企业选拔输送了大量的合格新员工。

4．商业服务机构

商业化运作的社会软件教育培训机构，以其灵活的机制、资源优势和快速的市场服务应变能力，在软件产业人才培养输送和能力提升方面发挥着重要作用。社会软件教育培训机构按业务方向分为软件企业在职人员培训和软件技术职业教育两大类培训服务。

由于国内软件企业的快速成长，企业在职人员对培训的要求越来越高，单纯扫盲式的应用技术类培训认证已经不是需求重点，大批从事此类业务的机构相继萎缩，甚至开始转行；从事企业高级人才创新和管理能力提升培训的机构（如中国科学院计算机所、清华继续教育学院、IBM 全球服务部等），凭借其高校、科研院所，以及国际软件产业技术领导企业等自身的资源优势，在细分的专业服务市场领域依然保持稳定的业务。

随着软件产业的不断壮大，企业规模的扩大导致工程化软件人才缺口的不断扩大，为软件技术职业教育的发展提供了广阔的市场空间，一大批从事软件职业培训的商业机构（如NNIT、北大青鸟 APTECH、达内、东方标准、清华万博、清华 IT、新华教育、武汉思远等）如雨后春笋般涌现，全国范围内各类 IT 培训机构更是不下万家。

（五）其他软件人才培训渠道

国内软件专业人员出国中长期进修，大量海外软件专业人员回国创业，国际化发展的软件企业中，出现外籍软件人才等新兴软件人才培训渠道，十年来也取得了长足的发展，这些新兴渠道不仅从数量上增加了软件人才的总量，更重要的是为我国软件产业健康发展，培养了一大批国际化高层次的软件人才，进一步增强了我国软件产业的国际竞争力。

三、软件人才培养展望

经济全球化给中国经济发展提供了良好机遇，由于在成本、人力资源、潜在市场、产业发展环境等方面具备优势，经济快速发展及制造业的不断增长，使中国成为影响未来全球软件产业分工的重要因素，我们也清楚地认识到，软件人才的成长将直接推动我国软件产业的发展与成熟，国发 18 号文发布十年来，我国软件人才尽管已经形成了多层次的供给渠道，人才供给能力稳步提高，各级各类软件人才教育培训项目百花齐放，但软件人才供不应求、结构性矛盾、高端人才匮乏、过于依赖高等院校正规教育培养等问题，依然是制约我国软件产业发展的瓶颈，未来我国软件人才的培养将在以下几个方面进行展开。

（一）高级软件人才培训

目前主要依托高等院校和科研院所，采取如工程硕士、第二学士学位和其他专业学生转向软件专业等多种方式，主要依托高等院校对学生进行系统全面的知识教育和理论教育，使他们具备较高的基础素质，但相对周期较长，费用较大，在与产业开展深入合作、实现优势互补方面将会进一步加强。

（二）中层软件研发技术骨干人才培训

主要依靠社会培训机构和继续教育学院等提供的在职培训服务，大部分机构能凭借与软件企业建立的良好沟通，根据软件企业的实际需求制定合理的培养方案，提供有质量保证的培训服务，以此获得市场的欢迎。但市场上也存在不少鱼目混珠、弄虚作假的培训机构，很难提供有保障的服务质量，政府、行业等有关部门将加强对软件培训机构的规范、引导，通过制定评估标准，使有质量保证的培训机构能脱颖而出。

（三）基层软件技术工人培训

基层软件技术工人培训将通过社会培训和职业教育两种途径进行。由于基础的软件开发和编程是实践性和规范性很强的工作，注重动手能力，需要在实际软件工程项目实践中得以锻炼。所以企业的参与，通过有针对性的职业培训以培养符合企业实际需要的软件人才将进一步加强。

（四）企业自身人才培训

规模较大、管理规范的软件企业将通过设立自己的培训教育机构，通过请进来、送出去等多种方式，与国内外相关中介培训机构开展合作，借鉴国内外先进的软件人才培训模式，通过组织实施有针对性的培训方案来提高现有人员的能力，为企业发展储备能量。企业也将更注重在业务工作过程中，通过发掘、引导和管理等手段，在实际工作中锻炼培养人才。

展望未来，我国软件产业每年将新增就业岗位超过 50 万个，到 2015 年全行业从业人员将超过 500 万人，通过建立合理高效的高校、软件国际培训基地、示范性软件学院、软件人才教育基地和企业继续教育中心等多层次软件人才培养体系，软件人才的供不应求、结构性矛盾、高端人才匮乏等问题将得到有效解决。通晓国际前沿知识、掌握关键技术、擅长顶层设计的高端软件人才，具备不同专业背景、有市场观念的复合型软件人才，以及具有相当规模和质量、从事软件开发与应用的专业软件人才将明显增加。

政 策 篇

一、政策回顾

（一）政策出台背景

1．国发 18 号文出台前的产业概况与问题

“九五”期间，我国软件产业和集成电路产业坚持走开放式的发展道路，积极适应国际产业分工的大环境，主动面向市场，优化结构调整，产业发展取得了积极进展。国家和地方各级政府大力支持产业发展，实施了一系列促进软件和集成电路产业发展的工程和项目，“909 工程”、“双加工程”、“国债项目”、“移动通信产品国产化专项”、电子工业发展基金等专项和重点科技攻关、技术创新等计划的实施，使我国集成电路产业和软件业在关键技术方面有所突破。“909 工程”的建成，使集成电路芯片生产技术与国际差距缩小，基本掌握了 TFT-LCD、大屏幕投影显示管、片式元器件等新型元器件的大生产技术；微型计算机水平达到国际水平，新产品推出基本与国际同步，高性能计算机、高速路由器等产品技术取得突破性进展；软件技术发展较快，推出了具有自主知识产权的中文操作系统，中文信息处理系统国际领先。2000 年，我国软件产业规模达到 593 亿元。

同时，我国软件和集成电路产业存在诸多制约产业发展的问题。在产业环境方面，与国外相比，我国缺少有针对性的产业扶持政策；在产业自身方面，我国的软件产业刚刚起步，大量关键软件仍须从国外进口，信息安全难以保证；我国集成电路产业规模弱小，新型元器件发展滞后于整机发展，生产企业所需关键设备、仪器基本依赖进口；技术创新体系尚未形成，具有自有品牌和自主知识产权的产品较少，关键技术受制于人，科研成果转化为商品生产的不多，以企业为主体，政、产、学、研、用一体化的技术创新体系在大多数企业内尚未真正建立；人才资源结构性矛盾突出，普通劳动力过剩，管理人才、技术带头人和高层次、复合型人才严重短缺。国有企业没有形成留住人才的机制。软件和集成电路产业作为信息产业的核心和灵魂，却仍然存在诸多制约产业发展的突出问题，成为制约我国信息产品制造业自主发展的瓶颈。

2．产业的外部环境

21 世纪初，国际分工进一步细化，国际竞争日趋激烈，围绕与软件相关的新技术、新产品及应用的竞争加剧，软件产业对世界经济、军事、文化、社会发展的作用日益加大。发达国家为抢占未来发展先机，扩大竞争优势，不断强化软件产业的主导地位，力图在下一轮国际产业分工中占据有利位置。一些发展中国家则将发展软件产业视为跻身信息技术强国和实现国家腾飞的机遇，纷纷加大对软件产业的支持力度，力争在下一轮国际分工和国际竞争中迎头赶上。我国周边国家，如印度，借助软件产业发展的成功，快速提升其在航天、导弹、舰船的发展能力，并积极筹划进军电子信息硬件制造业。

3．政策出台的必要性

从产业的地位和作用来看，软件和集成电路产业是信息产业的核心，是国民经济和社会发展的基础性、战略性产业，是信息化建设的关键环节，也是 21 世纪国际竞争的制高点。我国软件产业与国外先进水平相比存在较大的差距和诸多问题，这种局面如不能尽快改变，

不仅会拖整个信息产业发展的后腿，还会拖国民经济发展的后腿，甚至给国家、社会稳定造成严重后果。在客观分析世界政治经济发展的大环境和世界信息技术发展的新趋势，展望未来一段时期我国社会经济发展的新形势后，党中央、国务院领导同志高瞻远瞩，在他们的高度关心和重视下，做出了要加强鼓励软件产业和集成电路产业发展的重大战略决策，2000 年国务院颁布国发 18 号文，并立即开始实施，我国软件和集成电路产业开始步入快速发展的“黄金十年”。

（二）政策环境优化

国发 18 号文的发布，为优化我国软件产业的政策环境，促进产业在十年中持续快速发展打下了坚实的基础。

1. 国发 18 号文主要内容

国发 18 号文共 13 章 53 条，主要内容包括政策目标、投融资、税收、产业技术、出口、收入分配、人才吸引与培养、采购、企业认定、知识产权，以及行业组织与行业管理等方面，为我国软件和集成电路产业发展提供了良好的政策保障。

政策目标方面，国发 18 号文提出，通过政策引导，一方面，鼓励资金、人才等资源投向软件产业和集成电路产业；另一方面，鼓励国内企业充分利用国际、国内两种资源，努力开拓两个市场，最终实现软件和集成电路产业快速发展，进一步缩小与发达国家在开发和生产技术上的差距。

投融资方面，在资金投入方面，国发 18 号文强调多方筹集资金以加大软件产业的投入，要建立软件产业风险投资机制，鼓励对软件产业的风险投资，在国家预算内安排一部分基本建设资金，用于软件产业基础设施建设和产业化项目。同时，为软件企业在国内外上市进行直接融资创造条件，尽快开辟证券市场创业板，支持软件企业到境外上市融资。对具有良好市场前景及人才优势的软件企业，在资产评估中无形资产占净资产的比例可由投资方自行商定。

税收政策方面，对增值税一般纳税人，2010 年前按 17%的法定税率征收增值税，对实际税负超过 3%的部分即征即退。在所得税方面，我国境内设立的软件企业自获利年度起享受“两免三减半”的优惠政策。国家规划布局内的重点软件企业，当年未享受免税优惠的按 10%的税率征收企业所得税。软件企业进口所需的自用设备，符合相关规定的免征关税和进口环节增值税。软件人员薪酬和培训费用可按实际发生额在企业所得税税前列支。

产业技术政策方面，一是支持企业参与国家重点支持的基础性、战略性、前瞻性重大关键共性软件和基础软件项目开发，产学研结合。二是支持国内企业、科研院所、高等院校与外国企业联合设立研究与开发中心。

出口政策方面，软件产品出口纳入中国进出口银行业务范围，并享受优惠利率的信贷支持和出口信用保险。对年出口额超过 100 万美元的软件企业予以软件自营出口权。海关要为软件的生产开发业务提供便捷的服务。对企业高中级管理人员和高中级技术人员简化出入境审批手续。采取适应软件贸易特点的外汇管理办法，以适应软件企业从事国际商务活动的需要。鼓励软件出口型企业通过 CMM 等国际资质认证，认证费用可由中央外贸发展基金适当予以支持。

收入分配政策方面，软件企业可依照国家有关法律法规，根据本企业经济效益和社会平均工资，自主决定企业工资总额和工资水平。建立软件企业科技人员收入分配激励机制，鼓励企业重奖做出突出贡献的科技人员。允许技术专利和科技成果作价入股，给予技术发明者和科技成果的贡献者。

人才吸引与培养政策方面，国家教育部门要根据市场需求进一步扩大软件人才培养规模，并依托高等院校、科研院所建立一批软件人才培养基地。进入国家扶持的软件园区的具有中级以上技术职称或有重大发明创造的软件系统分析员和系统工程师，由本单位推荐并经有关部门考核合格，应准予本人和配偶及未成年子女在该软件园区所在地落户。实施全球化人才战略，吸引国内外软件技术人员在国内创办软件企业。

采购政策方面，国家投资的重大工程和重点应用系统，应优先由国内企业承担，在同等条件下应优先采用国产软件系统。编制工程预算时，应将软件与技术服务作为单独预算项目，确保经费到位。企事业单位所购软件，凡购置成本达到固定资产标准或构成无形资产的，可以按固定资产或无形资产进行核算，经税务部门批准，其折旧或摊销年限可以适当缩短。政府购买的涉及国家主权和经济安全的软件采用政府采购方式。

企业认定方面，软件企业认定标准由产业主管部门会同有关部门制定。软件企业实行年审制度，组织工作由经上级信息产业主管部门授权的地（市）级以上软件行业协会或相关协会具体负责。软件企业的名单由行业协会初选，报经同级信息产业主管部门审核，并获同级税务部门批准后正式公布。原信息产业部、国家质量技术监督局负责拟定软件产品国家标准。

知识产权保护方面，国务院著作权行政管理部门要规范和加强软件著作权登记制度，鼓励软件著作权登记，并依据国家法律对已经登记的软件予以重点保护。任何单位在其计算机系统中不得使用未经授权许可的软件产品。加大打击走私和盗版软件的力度，严厉查处组织制作、生产、销售盗版软件的活动，国家相关部门要定期开展打击盗版软件的专项斗争。

行业组织和行业管理方面，各级信息产业主管部门对软件产业实行行业管理和监督。信息产业主管部门要充分发挥软件行业协会在产业促进中的作用。软件行业协会所需经费主要由协会成员承担，财政可适当予以支持。软件行业协会必须按照公开、公正、公平的原则，履行其所承担的软件企业认定职能。将软件产品产值和出口额纳入国家有关统计范围，并在信息产业目录中单独列出。

2．政策体系不断完善

国务院颁布国发 18 号文后，我国相关部委相继出台了与国发 18 号文相配套的政策措施。主管软件产业的原信息产业部出台了《软件企业认定管理办法》、《集成电路设计和产品认定管理办法》、《软件产品管理办法》，科技部联合其他部委出台了《关于进一步提高我国软件企业技术创新能力的实施意见》的通知，新闻出版总署等发布了《关于落实国务院归口审批电子和互联网游戏出版物决定》的通知，教育部出台了《关于批准有关高等学校试办示范性软件职业技术学院》的通知，并联合其他部委印发了《关于加快软件人才培养和队伍建设的若干意见》，国家版权局等出台了《关于贯彻落实〈振兴软件产业行动纲要（2002 年至 2005 年）〉打击盗版软件工作安排的实施方案》的通知，对外贸易经济合作部等六部委联合发布了《关于软件出口有关问题的通知》，发改委发布年度国家规划布局内重点软件企业名单。这些配套政策措施的出台，有效贯彻落实了国发 18 号文中相关投融资、税收、技术、出口、分配、人才、采购等方面的政策，为我国软件和集成电路产业发展创造了良好的政策环境。

十年来，以 2000 年国发 18 号文为开端，我国出台了许多鼓励软件服务业发展的重要政策和规划。2001 年国家“十五”规划纲要中提出要高度重视软件产业，2002 年出台了 47 号文《振兴软件产业行动纲要（2002—2005 年）》，2006 年公布了《国家中长期科学和技术发展规划纲要》，2006 年 8 月发布《信息产业科技发展“十一五”规划 2020 年中长期规划纲要》，2009 年出台了《电子信息产业调整和振兴规划》，在这些重要的文件中都把软件服务业作为发展重点。通过系列政策的出台，我国软件和集成电路产业的政策体系日趋完善。

以财税政策为例，在国发 18 号文的推动下，国家财税等相关部门出台了一系列直接针对软件和集成电路产业的财税优惠政策（见表 2）。同时，产业主管部门通过建立完善的工作体系，发布了软件企业认定和软件产品登记备案制度、集成电路设计企业认定，以及公布国家鼓励的集成电路企业等认定管理办法（见表 3），使企业切实享受到了国发 18 号文中的优惠政策。

表 2　我国扶持软件和集成电路产业发展的主要优惠政策

发文单位	政策文号	政策名称
财政部	财税［2000］25 号	关于鼓励软件产业和集成电路产业发展有关税收政策问题的通知
国家税务总局	国税函［2000］168 号	关于明确电子出版物属于软件征税范围的通知
财政部	财税［2002］70 号	关于进一步鼓励软件产业和集成电路产业发展税收政策的通知
国家发改委	发改高技［2008］3700 号	2008 年度国家规划布局内重点软件企业名单
财政部	财税［2008］92 号	国家税务总局关于嵌入式软件增值税政策的通知
国家发改委	发改高技［2007］1879 号	关于发布第一批国家鼓励的集成电路企业名单的通知
财政部	财关税［2004］45 号	关于线宽小于 0.8 微米（含）集成电路企业进口自用生产性原材料消耗品享受税收优惠政策的通知
财政部	财税［2004］174 号	关于停止集成电路增值税退税政策的通知
财政部	财税［2008］1 号	关于企业所得税若干优惠政策的通知

表 3　我国软件和集成电路企业的认定方式及具体优惠政策

认定类型	认定部门	优惠政策	认定管理办法
软件企业及软件产品（软件企业认定与软件产品登记备案指南）	软件企业由工业和信息化部授权各地软件行业协会进行认定。一般是省或计划单列市软件行业协会，2010 年授权 35 家。软件产品实行登记和备案制度，各地产业主管部门负责	增值税：3%。按 17%的法定税率征收，实行即征即退政策 企业所得税：15%。经认定的新办企业，享受两免三减半政策	软件企业：信部联产［2000］968 号《软件企业认定标准及管理办法》（试行） 软件产品：工业和信息化部 2009 年第 9 号令《软件产品管理办法》
国家规划布局内重点软件企业	发改委会同工业和信息化部、商务部和国家税务总局。每年认定一次；2010 年 240 家	企业所得税：10%	发改高技［2005］2669 号——国家规划布局内重点软件企业认定管理办法

（续表）

认定类型	认定部门	优惠政策	认定管理办法
集成电路设计企业	中国半导体行业协会、上海集成电路行业协会、北京半导体行业协会。 2010年共278家通过	比照软件企业	集成电路设计企业及产品认定实施细则
国家鼓励的集成电路企业	发改委、工业和信息化部等部委委托中国半导体行业协会为集成电路企业认定机构	企业所得税：两免三减半或五免五减半	发改高技［2005］2136号——国家鼓励的集成电路企业认定管理办法（试行）

此外，在国发18号文的带动下，我国还重视利用财政资金支持软件和集成电路产业发展，多年来通过“863”计划、“973”计划、自然科学基金、国家科技计划、科技重大专项、产业研发资金等科技专项资金，促进产业中关键、共性、基础性科研活动和产业化。目前涉及软件服务业的专项财政资金主要有电子信息产业发展基金、高技术产业化重点支持专项、服务外包产业专项资金、动漫产业发展专项资金和中小企业发展专项资金等。其中，电子信息产业发展基金持续支持软件和集成电路产业核心领域技术与产品研究开发和产业化，20多年累计投入39亿元，共资助1 859个项目；自2003年列入高技术产业化重点支持专项以来，软件产业连续多年得到高技术产业化重点支持专项资金资助。这些专项资金有效带动了地方政府、金融机构和企业资金投入，对产业资源向软件产业的集聚起到了良好的导向作用，有利于突破产业发展瓶颈，在优化市场结构、规范市场行为，鼓励技术创新，提高产业绩效，推动内需拉动软件产业发展，推动软件产业合理布局及产业集聚等方面取得了显著的成效。

3. 地方配套政策逐步成熟

自国发18号文发布以来，国家层面的一系列支持软件服务业务发展的政策起到了良好的导向作用，直接带动了各地扶持软件产业发展的积极性，各地纷纷出台相应的政策和实施细则，部分省市2001年前出台的配套政策如表4所示。

表4 2001年前部分省市发布的国发18号文配套政策

省市自治区名称	政策名称	文件编号
重庆	重庆市人民政府关于贯彻国务院鼓励软件产业和集成电路产业发展的若干政策的实施意见	渝府发［2001］114号
海南省	海南省人民政府关于贯彻国务院鼓励软件产业和集成电路产业发展的若干政策的实施意见	琼府［2001］60号
四川省	中共四川省委四川省人民政府关于加快电子信息产业发展的决定	川委办［2000］49号
四川省	四川省加快电子信息产业发展的若干政策意见	川委办［2000］89号
湖北省	湖北省人民政府关于鼓励软件产业和集成电路产业发展的若干政策实施意见的通知	鄂政发2001［58］号
内蒙古自治区	关于印发《内蒙古自治区信息产业发展指导意见》的通知	内信领发［2001］1号
江苏省	江苏省人民政府发布关于加快国民经济和社会信息化的意见	苏政发［2001］58号

（续表）

省市自治区名称	政 策 名 称	文 件 编 号
上海市	关于本市鼓励软件产业和集成电路产业发展的若干政策规定	工信厅［2009］54 号
福建省	福建省贯彻国务院关于鼓励软件产业和集成电路产业发展若干政策的实施意见的通知	闽政［2001］16 号
新疆维吾尔自治区	新疆维吾尔自治区软件企业认定标准及管理办法	—
浙江省	浙江省软件产业发展专项资金管理暂行办法	浙财建字［2001］55 号、浙信信［2002］9 号

十年来，我国各省、市、自治区和直辖市结合本地产业发展现状和优势，出台了几十个配套政策或实施细则，这些政策，一方面，贯彻落实国发 18 号文，使国发 18 号文中的投融资、税收、产业技术、出口、收入分配、人才吸引与培养等政策更加具体化，并采取措施落实到实处；另一方面，各地根据地方特色和需要，出台了具有针对性的、更加灵活的大量政策措施，从而在我国形成了软件产业上下联动、共同促进产业发展的良好氛围和格局。

以江苏省为例，江苏是我国在软件服务业投入力度最大的省份之一，除了出台与国发 18 号文相配套的政策措施外，又率先在 2007 年出台了我国第一部地方性软件产业立法的《江苏省软件产业促进条例》，并设立了每年金额达 3 亿元的软件产业专项引导资金。南京市政府 2008 年到 2010 年的 3 年内，投入促进软件服务业发展的资金达到 33 亿元。江苏省出台的相关配套政策与专项财政资金，为江苏软件产业快速发展、进入全国先进行列起了巨大的支撑作用。

（三）政策效果评价

国发 18 号文开创了软件产业发展的“黄金十年”。在国发 18 号文的引领和带动下，全国上下掀起了积极发展软件产业的高潮，各部委、各地方政府纷纷出台了相关配套政策措施，带动了各方社会资源的投入，形成了过去十年中软件产业快速发展的良好局面。可以说，国发 18 号文的发布，造就了一个产业，培育了一支队伍，形成了一套体系。

1. 造就了一个产业

自国发 18 号文发布以来，我国软件产业发展迅速，在产业规模、产业结构、创新能力和市场环境方面取得积极进展。

我国软件产业规模由小到大，产业的作用与地位不断上升。自 2000 年到 2010 年，软件与信息服务业产业规模由 593 亿元增长到 13 364 亿元，扩大了 20 多倍，年均增长 38%；软件出口额由 2001 年的 7.5 亿美元增长到 2009 年的 196 亿美元，是 2001 年的 26 倍，软件产业出口年均增长率是全国出口增长率的 2 倍多；软件产业在信息产业和国民经济中的地位不断上升，软件产业占电子信息产业的比例由 2001 年的 6%上升到 18%，软件产业增加值占 GDP 的比例由 2001 年不足 0.3%上升到超过 1%；在全球软件与信息服务业中，我国软件产业所占份额由不足 5%，上升到超过 15%。产业向软件园区、产业基地和中心城市集聚发展的态势明显，2009 年，国家软件产业基地、国家软件出口基地的软件销售收入占全国的比例已超过 50%，2010 年，广东、北京、江苏、山东、上海、辽宁六省市的软件服务业规模都超过 900 亿元，总计占据全国 73%的份额。

产业结构调整不断加速，对国民经济带动作用不断增强。十年来，我国软件产业结构逐步优化，软件服务和系统集成增速超过软件产品增速，占软件产业总收入的比例逐渐提高，软件产业结构由原来的以软件产品和系统集成为主导，形成了以软件产品、系统集成、软件技术服务、嵌入式系统软件和 IC 设计为主体，更加完整和均衡的产业体系。近年来，随着互联网的快速发展，软件产品的交付模式、商业模式向服务化、网络化转变，云计算、移动互联网、物联网等新技术、新模式、新概念不断涌现，新的产业增长点正在孕育形成。软件产业应用领域不断扩大，对其他产业的渗透作用不断增强，促进了传统产业的结构调整和软件技术服务等新兴产业的崛起，对我国信息化建设和其他关键产业的支撑作用显著，已经成为我国国民经济体系中重要的先导性支柱产业。

产业创新能力持续增强，应用水平不断提升。十年来，我国软件产业的创新能力明显提升，在基础软件、信息安全软件、管理软件等细分领域涌现出一大批具有自主知识产权的软件产品和技术，特别是“核高基”专项的正式启动，加速了国产基础软件产品研发及产业化进程；具有自主知识产权的国产软件取得了一定市场份额，据统计，目前在省级政府软件采购中，国产操作系统占有 25%以上的份额，国产办公软件（套件）已占据 60%的市场份额，国产安全软件占 97%的份额；产品质量和性能明显提升，在电力、邮政等重点行业领域得到了较好应用，适应行业特点、技术先进的工业软件和行业解决方案不断推出和应用，为推进信息化与工业化融合提供了有力支撑；藏文、维哈柯等民族语言文字软件研发和应用推广成效显著，促进了民族边疆地区的经济社会发展；国产动漫游戏软件快速发展，繁荣丰富了文化产业。

市场环境明显改善，知识产权保护取得新进展。打击软件盗版的专项行动为软件产业的发展创造了良好环境，软件正版化工作取得了显著成效，特别是《关于推进企业使用正版软件工作的实施方案》的实施，不仅提高了企业保护知识产权、依法经营的意识，树立了我国保护知识产权的良好国际形象，也有力地促进了民族软件产业的快速健康发展。软件公共服务平台体系初步形成，初步建成了一个辐射全国的公共服务平台体系，具备了一定规模和服务能力。

2．培育了一支队伍

国发 18 号文发布以来，随着产业政策的不断贯彻落实，一批特色突出、品牌知名的骨干软件企业脱颖而出，人才队伍规模不断扩大，有力支撑了我国信息化与工业化的深度融合和国民经济的发展。

大企业培育初见成效，企业实力不断增强。截至 2010 年年底，我国认定软件企业约 2.7 万家。截至 2010 年 8 月 31 日，持有有效资质的计算机信息系统集成企业共计 3 696 家，信息系统集成一级、二级企业 855 家（其中一级 241 家，二级 614 家），持有有效资质的计算机信息系统监理资质的企业共计 273 家。国家规划布局内重点软件企业 2010 年为 240 家。企业实力不断增强，2009 年，我国年收入过亿元的软件企业已超过 1 000 家，其中 50 亿元以上的有 6 家；软件百强企业的门槛由 2002 年的 9 200 万元提升到 2010 年的 3.96 亿元，前三家企业的软件业务收入突破 100 亿元。已有 60 多家企业通过 CMM/CMMI5 级评估，通过 CMM/CMMI3 级以上评估的企业达 800 多家。

人才培养体系日趋完善，人才队伍规模不断壮大。十年来，我国已经构建起以高等院校软件专业为主，社会培训机构和企业培训部门为有益补充的软件服务业人才培育体系。在国发 18 号文相关政策的促进下，我国成立了 37 所示范性软件学院和 35 所软件职业技术学院，改进了软件人才培养方式，加大了培养力度，为软件服务业的健康发展提供了有力的人才保障。软件业从业人数由 2000 年的 25 万人增加到 2009 年的 235 万人，平均每年新增 35 万个就业岗位，吸收大量毕业生就业，成为解决高校毕业生就业较集中的行业之一。我国软件产业人员增长迅速，近几年平均增速约为 25%。我国重视软件人才培训工作，组织了对国内骨干软件企业的 CEO 和信息主管（CIO）的培训，推出了"国家专业人才知识更新工程"和"国家信息技术紧缺人才培养工程"，为培养国内紧缺的软件专业人才起到积极的推动作用。

3．形成了一套体系

国发 18 号文发布后，在贯彻落实政策中，形成了以"双软认定"为基础的、较为规范的行业管理体系和工作体系，为产业的行业管理、企业享受优惠政策，以及规范企业生产经营活动提供了坚实的基础。

在行业管理层面，我国软件产业形成了一套行之有效的管理体系。《软件企业认定标准及管理办法》（试行）和《软件产品管理办法》的颁布实施，奠定了"双软认定"有关工作的规程和规范，为进一步加强软件产品登记备案的监督管理工作，工业和信息化部在 2009 年 4 月发布实施了新修订的《软件产品管理办法》（工业和信息化部令第 9 号），并印发了《关于进一步加强软件企业认定和软件产品登记备案工作的通知》。"双软认定"管理规范的发布，有效促进了我国软件产业的发展，为软件企业享受优惠政策奠定基础。截至 2010 年 7 月底，全国共认定软件企业 26 605 家，登记备案软件产品 87 423 件。我国软件产业发达的江苏省，十年来累计登记软件产品 10 383 个，认定软件企业 2 261 家，其中仅在 2010 年，新认定软件企业 456 家，新登记软件产品 2 052 个，双双创出年度认定数新高。软件企业认定制度的实施，有效规范了软件企业的发展；软件产品管理办法，对软件产品的登记、备案、生产、销售以及监督管理进行了明确，同时也规范了企业生产经营活动，得到了各地方政府部门、行业组织以及广大软件企业的积极支持。

在行业组织层面，形成了目前覆盖全国的、适应软件产业发展需要的工作体系。软件产业主管部门通过对"双软认定"机构采取年度授权的规范管理方式，建立了除青海、西藏、港澳台之外，覆盖全国各省、自治区、直辖市、计划单列市的"双软认定"工作体系，适应了软件产业发展的需要。以协助政府部门组织落实软件产业政策的中国软件行业协会为例，目前发展成为拥有直属会员单位近 700 家、各地分会单位 3 000 多家，覆盖了广大软件企业、研究机构和大专院校等，承担了软件企业和软件产品认定职能及其他行业管理职能，为我国软件产业的各项行业活动，如市场调查、信息交流、咨询评估、行业自律、知识产权保护、资质认定、政策研究等，做了大量的卓有成效的工作。

当然，在看到国发 18 号文对产业发展起到巨大的引领作用的同时，我们也应清醒地看到，由于多方面的原因，国发 18 号文在内容制定和贯彻落实方面还存在一些问题，例如，国发 18 号文的财税优惠政策主要针对软件产品，不能满足现在软件服务化的发展趋势，优惠政策落实中还存在理解不到位、落实不到位的问题。特别是，随着产业的发展，原有国发 18 号文中的相关政策，在税收优惠、创新促进、新兴产业扶持、高端人才队伍建设、知识产权保护、政府采购等方面还不能完全适应产业发展需要。

总之，国发 18 号文作为以国务院名义发布的、内容全面的、纲领性专项产业政策，集中体现了党和政府对软件产业的高度重视，提升了社会对软件产业战略地位的认知度，极大地调动了各方面的积极性，为我国软件产业的发展提供了大方向的指导和全面的政策支持，奠定了我国软件产业发展的政策基础。十年的实践说明，国发 18 号文在优化产业发展环境，促进产业快速发展，培育壮大企业，提升企业创新能力，培育人才队伍和规范行业管理等方面起到了明显的促进和推动作用。同时，随着软件产业在经济发展中的拉动作用日益明显，国发 18 号文对我国拉动就业、促进国民经济发展、推动两化深度融合等方面的影响作用也逐渐显现。

二、新政解读

自 2000 年国务院发布 18 号文以来，我国的软件产业得到了快速发展。被业界称为“黄金十年”，我国软件产业平均保持了 30%以上的增长速度，2010 年产业规模已经达到 13 364 亿元，对国民经济的支撑与带动作用十分明显。在产业规模保持持续扩大的同时，软件出口实现了快速增长。在“核高基”重大专项的带动下，近两年来我国软件产业创新能力得到明显提升，技术实力日渐增强。产业结构不断优化，产业链逐步趋于完善。软件应用水平不断提升，支撑经济社会发展的能力日益增强。

在软件产业取得显著成绩的同时，我们也要正确认识自身的技术实力，认清与国外先进国家间存在的技术差距，这对于我们更好地引导软件产业与集成电路产业未来发展具有现实意义。

在历史车轮迈入 21 世纪后，信息产业已经成为各国争夺科技、经济、人才和军事主导权和制高点的战略性产业，软件产业和集成电路产业作为信息产业中相对独立的产业，同时又与国民经济其他领域紧密融合，为其他产业的提升发展提供了重要支撑，因而成为信息产业的核心和关键，其基础性地位日益突出。金融危机爆发后，全球掀起了新一轮技术革命浪潮，发达国家纷纷出台相关政策，在新能源、智能电网、云计算、物联网等领域展开了激烈角逐。尤其是物联网，带来了计算机、互联网和移动通信之后新一轮的信息技术革命，物联网正成为信息产业领域未来竞争的制高点和产业升级的核心驱动力。

在这一轮以新技术为主导的全球竞争中，发达国家凭借其在信息技术领域方面的领先优势，通过不断加大研发投入，试图继续掌控未来全球高技术领域的主导权。面临严峻的竞争态势，我国高层领导人做出了清醒的认识，进行了积极部署，下大力气推动软件产业与集成电路产业的发展。由于作为组成物联网基础的各类传感器和其中的组网控制等关键技术都与软件与集成电路密切相关，因而加快软件与集成电路产业发展战略意义极为重要。

从全球来看，发达国家和地区，如美国、日本、韩国和我国台湾地区的软件与集成电路产业发展与壮大均离不开政府政策的大力扶持，政府在财税激励政策、投融资政策、鼓励创新政策、知识产权保护和政府采购政策等方面都做了大量细致的工作，同时政府在软件与集成电路产业发展初期进行巨额财政资金投入，确保了上述国家和地区软件与集成电路产业发展经政府初期主导后顺利转向市场行为的常态化发展轨道。由此可见，软件与集成电路产业作为一国的战略性产业，国家强有力的政策引导与资金扶持成为产业发展壮大的重要推手。

2011 年 1 月 28 日，国务院又发布了《进一步鼓励软件产业和集成电路产业发展的若干政策》（国发［2011］4 号，以下简称 4 号文，即“新 18 号文”），在财税政策、投融资政策、研究开发政策、进出口政策、人才政策、知识产权政策和市场政策 7 个方面，延续了原有政策，在有些方面又进一步增强。通过比较分析，新政策具有以下几个显著的亮点。

（一）拓展了软件与信息服务的支持范围

为顺应软件服务化、网络化发展趋势，鼓励服务创新，4 号文显著加强了对软件服务的政策支持，软件与信息服务外包产业得到高度重视。在财税政策上，相比国发 18 号文侧重对软件产品开发企业的税收扶持，新政对从事软件开发与测试、信息系统集成、咨询和运营维护的软件服务企业提出了“免征营业税”的优惠，扩大了此前国家在离岸外包业务免征营业税的政策，对大范围的软件服务企业实行营业税优惠。在市场政策方面，4 号文提出的“政府部门通过购买服务的方式将电子政务建设和数据处理工作中的一般性业务发包给专业软件和信息服务企业”政策，是国发 18 号文中没有的，也是中办发［2004］34 号文（《关于加强信息资源开发利用工作的若干意见》）中“政务部门要积极采用外包、政府采购等方式从市场获取高质量、低成本的信息商品和服务”的具体实现，有利于软件和信息服务外包企业拓展内需市场，培育和做强软件服务企业。此外，4 号文还提出“引导企业将信息技术研发应用业务外包给专业企业”“鼓励大中型企业将其信息技术研发应用业务机构剥离，成立专业软件和信息服务企业，为全行业和全社会提供服务。”这些政策将催生巨大的软件与信息服务外包市场，并促进产业的专业化发展，提升产业核心竞争力。在进出口政策方面，4 号文提出“大力发展国际服务外包业务”“支持企业‘走出去’建立境外营销网络和研发中心”，在新政策的鼓励下，我国软件与信息服务外包企业将加快拓展国际市场步伐，加快国际化进程，提升我国产业的国际竞争力。

（二）增强了对龙头骨干企业的培育力度

4 号文从资金、技术、市场、人才等企业发展壮大的关键要素方面加大了对龙头企业的培育。新政强化专项资金支持和对重大项目建设的投入，投融资政策措施更丰富和完善，国家鼓励地方政府在有条件的情况下，既可以采取设立专项产业资金，也可以采用市场化的方式，成立股权投资基金或创业投资资金，更好地支持产业发展，此外，知识产权质押和风险补偿机制的进一步完善将有利于缓解企业融资难的困境，有助于解决企业做强、做大过程中资金短缺问题；明确提出了要加大对科技创新的支持力度，在技术研发方面，比原有政策增强了对集成电路关键技术的支持，有助于企业掌握自主可控的核心关键技术，提升企业竞争力；在市场方面，新政策进一步规范了市场秩序，强调保护知识产权，大力挖掘内需市场，扶持企业开拓国际市场，为企业发展优化了产业环境，拓展了市场空间；

在人才方面，强化了企业人才的培育、引进、激励政策。特别是新政提出的鼓励加强产业资源整合，防止跨区域重组并购过程中的各种形式的障碍，对培育龙头企业意义重大。这一政策将与我国此前发布的《国务院关于促进企业兼并重组的意见》（国发［2010］27号），以及2011年2月3日国务院办公厅发布的《国务院办公厅关于建立外国投资者并购境内企业安全审查制度的通知》（国办发［2011］6号）一起，加快我国软件和集成电路产业领域企业做大做强的进程。

（三）提升了软件产品及服务的价值

长期以来，我国软件产品和服务的价值被低估。4号文新政从软件生产方、软件流通方和软件消费方3个环节，提升软件产品和服务的价值，知识产权得到进一步保护和利用，正版化得以进一步推广，软件价值进一步凸显。一方面，4号文延续了国发18号文鼓励软件企业进行著作权登记并对登记的软件予以保护的政策，新提出了鼓励企业申请财政资金支持，到国外申请知识产权的政策，同时，延续并扩大了原有财税优惠政策，提出了改善企业投融资环境的政策措施，特别是“利用知识产权等无形资产进行质押贷款”，有利于企业更加重视软件开发和利用知识产权，大大提升了软件产品和服务的价值。另一方面，新政延续了国发18号文中的知识产权保护政策，在打击软件盗版方面，政策导向从专项治理向常态化、法律化和制度化方向发展。特别值得指出的是，国发18号文从禁止软件侵权的角度提出要使用正版软件，而4号文则把软件正版化提到一个新的高度，提出要建立软件正版化的长效机制。软件正版化不仅有利于保护知识产权，而且有利于规范和扩大软件市场，促进我国软件服务业的持续健康发展。

（四）有利于进一步提升产业技术创新能力

为实现关键技术的整体突破，4号文从多个方面提出了着力提升科技创新能力的政策措施。一是加强产业研究方向的引导，国家支持方向集中到对产业发展具有战略性带动作用的技术领域，如基础软件、面向新一代信息网络的高端软件、工业软件、数字内容相关软件、高端芯片、集成电路装备和工艺技术、集成电路关键材料、关键应用系统的研发及重要技术标准的制定等。二是加强国家科技重大专项对战略性新兴产业的发展目标和重点技术领域的支持。三是鼓励设立和建设国家级研发中心，提出由企业牵头建立技术创新战略联盟等政策措施。四是更加重视企业能力的全面提升，新政鼓励企业在标准制定、研发能力、产品质量和品牌建设等方面加强能力建设。

对软件产业而言，虽然4号文已经出台，但是仍然还需要一系列配套政策措施。从国家层面来看，要抓紧时间出台政策的实施细则，这需要多部委通力配合，整合资源，共同协调推进新政策的细化与落实，出台4号文实施行动计划。对地方政府而言，要依托现有产业基础，分析产业特色和优势，按4号文精神和要求，尽快出台配套政策和实施细则。在具体细则的制定方面，特别是有关企业资质认定、技术创新支持等，应重视中小企业的需求，适当降低准入门槛，使广大中小企业能够享受到政策优惠。同时，在重点项目建设和关键核心技术的研发方面，应合理设置条件，选择好重点企业，支持高端业务，扶优扶强，实现政策执行上的可控、可操作。

我国为应对国际金融危机采取的“扩内需、保增长、调结构”的战略决策，以及自主创新的国策使我国经济保持了持续高速发展，国家经济实力和综合实力逐年稳步提升，产业发展的外部环境持续优化，我国已具备发展软件产业所需的长期投资的基础和实力，并拥有其他国家所欠缺的庞大的内需市场，产业发展面临难得的历史机遇。当前，高速增长的软件产业已经成为拉动整个信息产业发展的重要引擎。软件产业作为战略性新兴产业的重要组成部分，肩负着转变经济发展方式，调整产业结构的重大历史使命。通过立足本土市场需求特点，加强自主研发，创新产业发展模式，深入挖掘用户需求，我国软件产业必将迎来更伟大、更辉煌的“黄金十年”！

区域发展篇

第一章 北京市

一、北京市软件产业十年发展回顾

2000年以来，北京软件和信息服务业保持稳健发展的良好态势，初步成为有全球影响力的新兴软件研发中心和软件产业集聚区。

（一）十年内产业规模及增长率情况对比

2009年北京软件和信息服务业实现业务收入2 350亿元，同比增长15%。其中，北京软件产业实现业务收入1 882亿元，同比增长19.6%。自第十一个五年计划以来，北京软件产业业务收入年均复合增长率为21.1%。

（二）十年内产业专利获取领域情况对比

2006年，平均每6家软件企业新增一个国内外申请发明专利；2007年，平均每3.5家软件企业新增一个国内外申请发明专利；2008年，平均每3家软件企业新增一个国内外申请发明专利；2009年，平均每2家软件企业新增一个国内外申请发明专利（见表5）。

表5 2006—2009年北京软件企业发明专利状况对比

	国内外申请发明专利数（件）				拥有有效发明专利数（件）				专利授权数（件）			
年 份	2006	2007	2008	2009	2006	2007	2008	2009	2006	2007	2008	2009
数 量	693	1 266	1 437	1 992	454	662	937	1 654	205	439	885	1 408

（三）十年内“双软认定”执行情况和重点企业数量对比

2009年北京新认定软件企业743家，年审合格的企业2 730家，新登记软件产品2 399个，平均每月新登记软件产品约200件（见表6、表7）。

表6 1999—2009年北京新认定软件企业、产品情况

年 份	产品登记（个）	产品续延（个）	企业认定（家）	企业年审（家）
1999	453	0	138	0
2000	722	0	251	0
2001	1 243	0	407	318
2002	1 189	0	439	636
2003	1 212	0	514	866
2004	1 238	0	549	1 145
2005	1 408	76	542	1 452
2006	1 499	97	671	1 679
2007	1 844	131	834	2 041

（续表）

年　份	产品登记（个）	产品续延（个）	企业认定（家）	企业年审（家）
2008	2 370	195	973	2 556
2009	2 399	225	743	2 730
合　计	15 577	724	6 061	13 423

表 7　北京市历年重点软件企业申报统计

年　份	北京通过数（家）	全国通过数（家）	北京占全国比例（%）
2002	17	106	16
2003	29	172	17
2004	39	164	24
2005	32	157	20
2006	31	152	20
2007	33	162	20
2008	38	186	20
2009	50	186	27
合计	269	1 285	21

（四）十年内园区建设、人才培育和配套设施建设等领域的情况

经过十年的发展，北京软件产业基地在产业规模、基地建设、市场应用、研发能力、发展环境、国际化等方面取得了重大突破，已经成为全国规模最大、发展水平最高的软件产业基地，并且继续保持着全国软件基地的龙头地位。

中关村国家自主创新示范区核心区软件和信息服务业收入占全市的 82%，形成了石景山网络游戏软件、朝阳信息服务、密云数据中心、中关村软件园的软件出口等一批有特色的产业聚集区。其中，中关村软件园作为北京软件产业的核心区，集聚软件和研发企业 180 余家，其中国内自主创新的知名企业 20 余家、世界 500 强企业 6 家、跨国公司 17 家、外包企业 20 家，已形成独立软件开发商、金融信息服务业、计算机与通信一体化、软件与信息服务外包、文化创意五大产业集群。

北京软件从业人员普遍素质较高，学历主要以大学本科为主，占 55%，硕士占 13%，大专以下约占 31%，博士及以上占 1%。自 2006 年起，北京软件从业人员工作年限构成结构有明显变化。2009 年，工作年限在 1 年以内的软件从业人员所占比例为 28%，比 2006 年降低了 10 个百分点；工作年限在 5 年以上的软件从业人员所占比例为 14%，比 2006 年提高了 5 个百分点；工作年限在 3～5 年的软件从业人员所占比例为 17%，比 2006 年提高了 4 个百分点，说明北京软件从业人员的从业经验不断提升。根据市统计局提供的数据，2004—2009 年北京信息传输、计算机服务和软件业的平均薪酬在所有行业排名中仅居金融业之后，排名第二，远高于批发零售业、建筑业等行业。其中电信和其他信息传输服务业的平均薪酬呈现稳定增长趋势。2009 年信息传输、计算机服务和软件业的平均年薪约为 9.8 万元。

在服务体系建设方面，为入驻园区的企业提供了以下服务。

1. 基础服务

基础服务指软件园区为入园企业提供房屋、水、电、气服务和通信服务等（见图 13）。

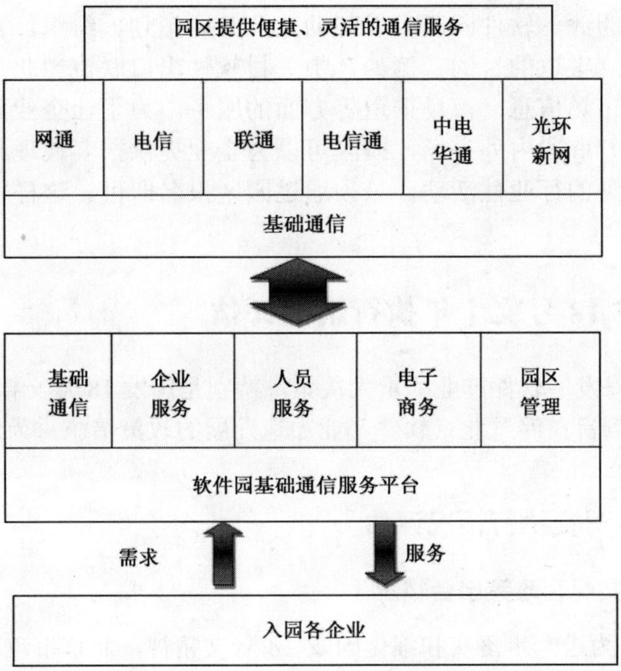

图 13 北京市软件园基础架构

2. 中介服务

单个企业的力量有限，特别是在处理政府公关事务方面显得有局限性。为此，园区就充当了连接企业和政府的桥梁，协助企业了解政府信息，扮演着“中介机构”的重要角色（见表 8）。

表 8 北京市软件园中介服务主要内容

中介服务	主要内容
政策咨询服务	政策咨询、工商注册、税收代理、土地手续办理等
商务服务	财务咨询代理、软件评估、信用等级评定、各类企业资质认证（CMM/CMMI、ISO 系列）、投融资渠道、产品服务推广等
法律服务	政策和法律咨询及代理服务，协助有关仲裁或司法部门实施处理等

3. 人才服务

人才不仅仅是产业发展的主体，同时也是园区发展的主体。为此，北京的软件园区非常重视人才培养和引进工作，为入园企业提供了一系列人才方面的服务，如人才招聘、人才派遣、人才引进、人才管理、档案管理，负责大学生实习培训等。园区有的通过与高校、研究机构和专业人才培训机构开展合作，也有的依靠自身力量设立培训中心，为入园企业提供定制专业人才培训服务，为园区和企业的发展提供专业人力支持。

4．市场服务

软件园区作为专业性较强的产业基地，不仅是政企沟通的中介，还应该是联合企业，建立渠道的纽带。为此，软件园区可以帮助企业共同策划、组织，甚至实施一些活动，达到联合企业，建立渠道的目的。例如，中关村软件出口联盟、北京服务外包企业协会等为入园企业提供市场信息、市场渠道等方面的服务。为了让企业更方便地参加国内外各种展会和论坛，开辟国内外市场，园区可以为企业提供报名代理和组团服务。企业只要想参加各种国内外的行业性活动，只须通过园区报名即可。这样可以提高组团效率，减少成本。

二、北京市国发 18 号文十年执行情况评估

北京市根据国家发展软件产业的重大决策，特别是国发 18 号文精神，整合各方资源，制定和落实了一系列旨在促进北京软件产业加速发展的政策措施，为北京软件产业快速发展提供了重要保障。

（一）国发 18 号文执行情况评估

1．国发 18 号文配套政策出台情况

2001 年 2 月，为进一步落实和细化国发 18 号文精神，北京市政府正式颁布了《北京市关于贯彻国务院鼓励软件产业和集成电路产业发展若干政策的实施意见》(京政发[2001] 4 号)。

2010 年 3 月，面临新的发展机遇挑战和适应时代背景，北京市人民政府印发了《北京市促进软件和信息服务业发展的指导意见》（京政发［2010］4 号），这是北京市近十年来出台的支持软件和信息服务业力度最大、覆盖面最全的政策文件，首次明确提出软件和信息服务业是北京重大战略性支柱产业，并提出北京打造为“全球有重要影响力的软件和信息服务业中心城市之一”的宏伟目标，这无疑将极大地促进北京软件和信息服务业的转型与发展。

2．国发 18 号文税收优惠政策执行情况

北京市国家税务局先后发布了《转发财政部国家税务总局 273 号文中有关税收问题的通知》（京国税［1999］183 号）和《关于鼓励软件产业和集成电路产业发展有关企业所得税问题的补充通知》（京国税［2001］49 号）。

2009 年北京软件和信息服务业增值税退税 45.5 亿元。自 2001 年以来，北京软件和信息服务业增值税退税金额累计达到 199.7 亿元，呈大幅上升趋势，说明政府对北京软件和信息服务业的重视连年加强，积极鼓励并推动北京软件和信息服务业的发展。

3．“双软认定”、规划布局内重点软件企业认定执行情况

2009 年北京新认定软件企业 743 家，年审合格的企业 2 730 家，新登记软件产品 2 399 件，平均每月新登记软件产品约 200 件。截至 2009 年年底，北京经认定的软件企业数量累

计达 5 670 家，经认定的软件产品数量累计达 14 392 件。2010 年 1～9 月，新认定软件企业 517 家，同比增长 7.3%。新登记软件产品 1 668 件，同比增长 3.0%。

国家规划布局内重点软件企业历年累计申报企业 383 家，通过 269 家。其中 2009 年北京占有 50 家，占全国的 27%。

4．财政资金支持情况

2001—2005 年，由北京市发改委、科委、工业促进局（经委）、财政局等共同出资，资金规模为 5 亿元。目前没有专项财政资金设立。

5．投融资政策执行情况

软件企业间的兼并重组日益活跃，华胜天成、亚信、东华软件等一批企业通过兼并重组，迅速成长为新领军企业。北京软件和信息服务业原有的自我积累式增长模式正在被吸收合并式的快速成长模式取代。2010 年 1～9 月，北京市软件和信息服务企业登陆资本市场达到 16 家，上市融资累计超过 136 亿元。企业主要集中在中小板、创业板两大板块上市。至此，北京市软件和信息服务上市企业累计达到 82 家。

6．知识产权保护政策执行情况

为了更好地落实国家有关政策，北京市先后出台了《北京市版权局、北京市信息化工作办公室关于不得使用非法复制的计算机软件的意见》、《北京市人民政府办公厅关于加强知识产权工作意见的通知》（京政办发［2001］47 号）和《北京市人民政府办公厅转发市版权局等部门关于推进政府部门使用正版计算机软件工作意见的通知》（京政办发［2001］95 号）、《北京市人民政府办公厅转发市版权局等部门关于加强计算机软件保护工作意见的通知》（京政办发［2003］54 号）等。

2009 年，北京市软件著作权登记数量位居全国首位，登记数量为 22 055 件，同比增长了 21.47%，占登记总量的 32.48%。2009 年北京软件企业国内外申请发明专利总数、拥有有效发明专利、专利授权均有所增加。其中，软件企业申请发明专利总数达到 1 992 件，比 2008 年增加了 38.6%；拥有有效发明专利数达到 1 654 件，增加了 76.5%；专利授权数达到 1 408 件，增加了 60%。

7．出口、人才等政策执行情况

在出口方面，北京市出台的旨在推动北京软件与服务出口的相关政策，主要涉及对通过 CMM/CMMI 认证实行的补贴政策、为外包企业提供快捷便利的融资担保的绿色通道政策等。

在人才方面，北京市人民政府发布了《关于北京市软件企业高级人才专项奖励管理暂行办法》（京科政发［2001］165 号）、《关于来京投资企业购买经营办公用房申请财政专项资金支持和来京投资企业高级管理人员购房专项奖励实施办法》、《北京市吸引高级人才奖励管理规定》（京政办发［2005］18 号）和《北京市吸引高级人才奖励管理规定实施办法》（京人发［2005］57 号）等。对软件企业高级管理人员和高级技术人员实施专项奖励政策，用于软件企业高级管理人员和技术人员在北京市第一次购买商品房、购买汽车、参加再培训及以现金出资在北京市投资兴办高新技术企业，或给本企业增加资本金的投入。专项奖励政策适用于北京市经认定的软件企业高级管理人员和高级技术人员。截至 2009 年年底，双高人才奖励累计覆盖软件企业 3 715 家次，奖励人员 78 499 人次，奖励金额 8.43 亿元。其中，2009 年软件企业共有高级人才 19 796 人得到双高人才奖励，年平均增长率达 20.76%，奖励总金额为 1.83 亿元，年平均增长率达 17.61%。

8．软件园区/基地建设情况

中关村国家自主创新示范区核心区软件和信息服务业收入占全市的 82%，形成了石景山网络游戏软件、朝阳信息服务、密云数据中心、中关村软件园的软件出口等一批有特色的产业聚集区。其中，中关村软件园作为北京软件产业的核心区，集聚软件和研发企业 180 余家，其中国内自主创新的知名企业 20 余家、世界 500 强企业 6 家、跨国公司 17 家、外包企业 20 家，已形成独立软件开发商、金融信息服务业、计算机与通信一体化、软件与信息服务外包、文化创意五大产业集群。

（二）国发 18 号文执行效果评估

1．经济效益评估

北京软件和信息服务业保持稳健发展的良好态势，初步成为有全球影响力的新兴软件研发中心和软件产业集聚区。2009 年北京软件和信息服务业实现业务收入 2 350 亿元，同比增长 15%。其中，北京软件产业实现业务收入 1 882 亿元（工业和信息化部的统计口径），同比增长 19.6%。自第十一个五年计划以来，北京软件产业业务收入年均复合增长率为 21.1%。

2009 年，北京软件与服务出口实现快速增长，按照合同登记额，全年出口规模达 10.09 亿美元，主要面向美国、日本等，对上述国家出口额占全部北京软件与服务出口的 57.1%。

软件产品增值税返还、软件高级管理人才和技术人才奖励政策是鼓励北京市软件和信息服务业企业发展的重要措施。通过扎实、严谨的工作，调动了软件企业扩大投资、增加人员、开发新产品的积极性。

2．社会效益评估

自第十一个五年计划以来，北京软件和信息服务业从业人员年均复合增长率为 13.5%。2009 年，北京软件和信息服务业从业人员达到 37.8 万人。截至目前，从业人员超过 40 万人，比上年年末吸纳就业新增 3.7 万人。

北京拥有传输、软件、IT 服务、信息服务等各领域的龙头骨干企业，构成信息采集、处理、传输、应用的完整产业链条，已经初步形成了实力比较雄厚、发展后劲充足的骨干企业群体。截至 2010 年 8 月 25 日，全国获得各级系统集成资质的企业总计 3 693 家，北京总计 680 家，占全国总数的 18%。工业和信息化部发布的 2009 年中国软件业务收入前百家企业名单中，北京市 30 家软件企业入围，比 2008 年增加 8 家，以绝对优势位居首位。其次为广东 12 家，浙江 11 家，山东、江苏各 9 家。国家规划布局内北京重点软件企业 50 家，占全国的 27%。

（三）国发 18 号文执行情况评估相关数据调查表

表 9 和表 10 分别显示了北京市软件产业的发展情况和北京市“双软认定”执行情况及规划布局内重点企业数量。

表 9　北京市软件产业发展情况

年　份	2000	2001	2002	2003	2004	2005	2006	2007	2008	2009
产业规模（亿元）	190	261	334	385.3	520	780	1 060	1 263	1 573	1 882
同比增速（%）	—	37.2	28.1	15.4	35	50	23.2	24.9	21.4	19.6
软件出口（万美元）	0.45	0.70	0.93	1.38	2.38	3.03	3.56	4.59	5.35	10.09
同比增速（%）		55.66	33.86	48.16	72.46	27.27	17.48	29.06	16.46	88
就业人数（万人）		7.4	9.3	12.1	15.0	20.0	22.8	24.1	24.5	31
同比增速（%）		19.4	25.7	30.1	24.0	33.3	14.0	5.7	1.7	26.4

表 10　北京市“双软认定”执行情况及规划布局内重点企业数

年　份	2001	2002	2003	2004	2005	2006	2007	2008	2009
软件企业认定数量（家）	407	439	514	549	542	671	834	973	743
软件产品登记数量（件）	1 243	1 189	1 212	1 238	1 408	1 499	1 844	2 370	2 399
规划布局内重点软件企业数量（家）		17	29	39	32	31	33	38	50

三、北京市发展软件产业的主要做法

归纳总结北京市发展软件产业工作的主要任务和在重点领域的主要做法有以下内容。

（一）加强软件和信息服务业管理的组织体系建设，指导行业协会、联盟工作

从全市促进产业发展的体系建设来看，组织召开了全市软件和信息服务业协调工作会议，成立了由市领导牵头的协调领导小组，部署了各委办的具体工作，并组织召开了全市促进软件和信息服务业发展大会。从行业组织促进产业发展的体系建设来看，指导北京软件行业协会开展换届选举，支持北京软件行业协会成立为软件企业提供投融资服务的风险投融资委员会。

（二）做好软件企业优惠政策落实工作，促进软件企业数量、产品数量双增长

软件产品增值税返还、软件高级管理人才和技术人才奖励政策是鼓励北京市软件和信息服务业企业发展的重要措施。通过扎实、严谨的工作，调动了软件企业扩大投资、增加人员、开发新产品的积极性。

（三）大力推进软件企业资本运作，探索软件产业快速成长的新模式

积极探索解决软件和信息服务业轻资产贷款难问题。与中国进出口银行等合作推进软件和信息服务业企业轻资产贷款，为部分企业提供融资贷款服务；与有关部门合作，积极支持软件和信息服务业骨干企业上市融资，2009 年新增上市软件公司 6 家，融资 48 亿元。目前，北京市软件和信息服务上市企业累计达到 82 家。

（四）充分发挥产业联盟的作用，强化“产学研用”联合发展的机制

联合中关村管委会等有关部门支持建立了“中关村物联网产业联盟”，整合了40多家北京物联网相关企业的发展资源，重点发展物联网应用集成的解决方案。2009年年底成立北京市3G产业联盟，加快发展基于3G的增值服务。以自主创新企业为主导的“长风软件联盟”不断壮大，成员企业达到74家，同客户的关系不断紧密，并建立了一批完整的解决方案。

北京市发展软件产业的主要经验和体会包括：落实政策为工作主线，发挥首都优势、优化发展环境、提升创新能力、力推新兴产业，不断促进软件和信息服务业进入新的发展阶段。

（1）抓潮头。支持云计算、物联网、SaaS、移动互联网等新兴技术研发和产业化。密切跟踪、分析产业发展过程中出现的新变化、新情况、新问题，及时应对，科学引导产业发展。

（2）抓重点。开展企业名单化管理，通过建立四个一批工程名单、新业态创新企业名单等企业目录，建立扶大扶强扶新扶快的工作体系，特别是将大企业、大项目、大基地工作有机统一，做到“重点突出，落到实处”，在做大中求转变，在转变中进一步做大，加强引领发展的核心企业群体建设。

（3）抓应用。工业信息化、政务信息化都是软件和信息服务业提供服务的重要市场。要推动政产学研用结合，从技术、市场、推广、应用体验等各环节促进软件和信息服务的应用，深入推进有效扩大软件市场的工作。

（4）抓体系。通过软件和信息服务业领导协调小组，加强对产业的领导和高层协调。同时，抓紧建设由专业促进机构和多种社会中介组织构成的产业服务体系，尤其要增强各相关行业协会和联盟组织的活力，搭建支撑产业、服务企业的大平台。

（5）抓突破。围绕“四个一批工程”的企业，进一步细化企业项目库建设，在项目基本材料齐备的基础上，做到可随时调度为成熟项目。加大与北京市其他银行的合作力度，为企业拓展融资渠道。

（6）抓落实。做好软件和信息服务业发展规划的编制工作。持续开展产业运行监测、研究分析工作，召开一系列规模较大、层次较高、反响较好的研讨会。密切跟踪项目进展情况，协调解决项目建设中出现的问题，部署一批重大示范应用。

第二章 天津市

一、天津市软件产业十年发展回顾

（一）产业规模持续增长

十年来，天津市软件产业保持了良好的发展态势，业务收入从2000年的21.2亿元发展到2009年的201亿元，增长了近10倍，年平均增长率达到28.4%（见图14）；软件出口从2000年的0.3亿美元增长到2009年的6.15亿美元，增长了20倍，年平均增长率达到39.9%。软件产业的快速发展，为天津经济和社会发展做出了贡献。

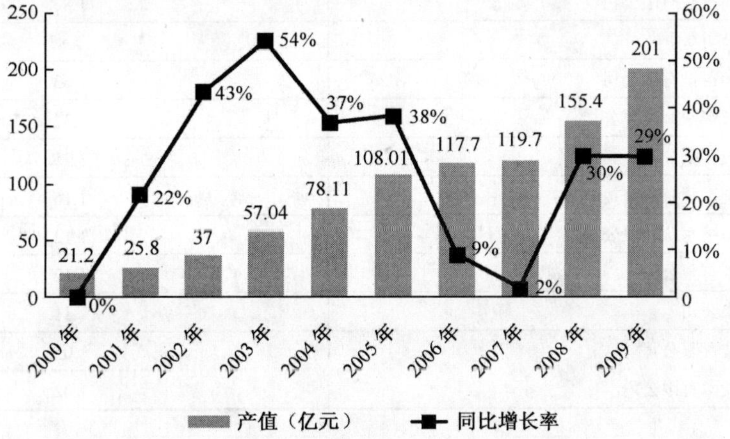

图14 2000—2009年天津软件业务收入

（二）产业结构日益优化

软件产品、软件服务和IC设计在软件业务收入中所占的比例逐年增大。2009年天津实现软件产品收入38.8亿元，同比增长35.7%，占软件业务收入的比例为19.3%；系统集成13.2亿元，同比增长53.5%，占软件业务收入的比例为6.6%；软件技术服务收入24.6亿元，同比增长20%，占软件业务收入的比例为12.2%；IC设计开发收入31.3亿元，同比增长近10倍，占软件业务收入的比例为15.6%（见图15）。

（三）企业实力逐渐增强

全市软件企业逐渐成长壮大，企业总量和规模企业数量不断壮大，高端企业不断涌现，对产业发展的支撑作用明显增强。2009年全市软件企业达到721家，其中收入过亿元的软件企业达到13家（见表11），累计认定软件企业406家。通过CMM/CMMI认证的企业达到12家，其中大宇宙通过CMMI5认证，通过ISO 27000信息安全认证的企业3家。普迅电力在2009年中国软件服务企业信用等级评价中被评为“AA”。

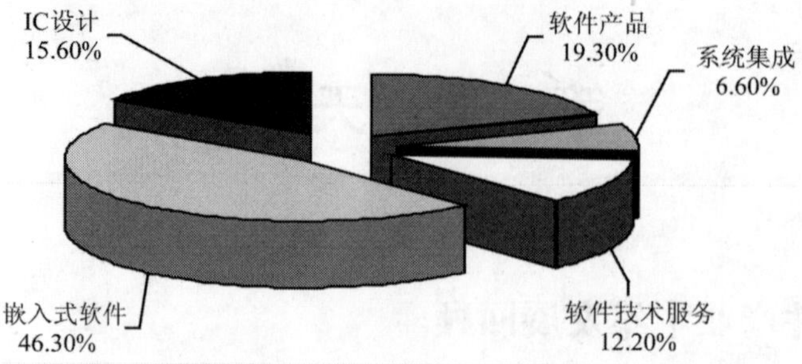

图 15 天津市 2009 年全市软件业务收入构成

表 11 天津市 2009 年软件业务收入超过亿元企业名单

企业名称	软件业务收入（亿元）
腾讯数码（天津）有限公司	14.34
通邮（中国）科技有限公司	1.97
天津天地伟业数码科技有限公司	1.87
易泰达科技有限公司	1.8
卡巴斯基（天津）科技有限公司	1.63
大宇宙信息创造（中国）有限公司	1.32
天津海泰数码科技有限公司	1.25
天津津科电子系统工程有限公司	1.16
天津开发区先特网络系统有限公司	1.12
软通动力信息技术有限公司	1.12
通邮信息技术有限公司	1.11
天津天地伟业科技有限公司	1.03
天津市北海通信技术有限公司	1.02

（四）特色产品不断涌现

天津在数据库、安防、行业应用、超级计算等领域形成一批优势特色产品。目录数据库在我国 CA 安全认证领域中占据 80%以上的市场份额，“天地伟业”商标被认定为“中国驰名商标”，航空器综合训练设备达到国际先进水平，拥有我国首个千万亿次超级计算机。同时，目录服务系统 ITEC-iDS、企业级中文搜索引擎解决方案、津科电子书、子午线轮胎成型机控制系统等在国内市场具有较强的市场竞争力。

（五）载体建设稳步推进

天津不断加强软件园的规划与建设，促进技术、人力、政策等资源的高度集成，加速产业集群和规模经济的形成。截至目前，天津共有滨海高新软件园、开发区软件园、空港保税软件园、中新生态城软件园、西青软件园、武清软件园 6 个软件园，以及分布于区县示范工业园和商务楼宇的软件业群，软件园总体占地面积达到 3 000 亩，建筑面积超过 700 万平方米，投资总额超过 200 亿元。

二、天津市软件产业发展的实践总结

（一）创新人才培养模式

天津积极创新人才培养培训模式，全面构建起政府引导和扶持，高校、社会机构和企业共同参与的多层次人才培训体系。通过整合软件人才培养教育资源，建成天津市大学软件学院，实践面向企业不同层次需求的实用型软件人才培养模式，实现了教育与产业的对接。通过引进和利用知名培训机构，面向在职人员开展专业培训，提高了软件从业人员的技能和素质。依托企业建立了面向毕业生和技术人员的培训平台，为产业发展提供更多的适用人才。十年来，累计培训次数达到 15 万人次。

（二）完善公共服务体系

为进一步完善软件产业发展环境，天津积极鼓励园区、科研院所、企业等多元主体建设公共服务平台。原信息产业部国家软件与集成电路公共服务平台在天津成立分中心；高新区软件园建成了“三体系四库四平台”，即管理服务体系、出口业务体系、技术支撑体系、工程案例库、构件库、开放源码库、工具库、网络基础设施平台、安全支撑平台、应用支撑平台、数据支撑平台；泰达软件园搭建了滨海软件与服务外包公共服务平台，定向服务于软件和信息服务外包企业；还拥有与 IBM 合资建立的蓝泰数据中心和联通数据中心，为软件和外包企业提供硬件支撑平台；西青软件园搭建了面部捕捉和动漫技术开发平台。日益完善的公共技术服务平台为天津软件产业创新发展、高端发展提供了重要支撑。

（三）不断加强资金投入

天津从 2004 年起设立“软件产业发展专项资金”，6 年来累计投入达 5 亿元，带动企业投入 20 多亿元。重点支持了金融软件、智能通信软件、工业软件、信息安全软件等领域项目。此外，天津还设立了软件产业风险投资的引导资金，重点支持具有良好产业化前景的项目，引导企业加大科技投入力度，吸引金融资本和民间资本、外资对天津软件产业的投入；建立了软件企业风险投资补贴和保险基金，同时还建立了风险投资、企业管理、商业规划的咨询队伍，为中小型软件创业企业提供全方位的咨询服务，以降低中小型软件企业的投资风险。

（四）加强政策环境建设

天津从优化软件产业发展环境入手，实行扶持、激励的产业政策，着力营造稳定宽松的政策环境。按照国发 18 号文精神，天津以津政发［2000］79 号文的形式予以颁布实施，文件在投融资、税收、土地使用、收入分配和人才吸引等方面给予了更加优惠的政策。此外，天津还出台了《天津市软件产品和集成电路产品增值税税收优惠管理办法（暂行）》、《天津市规范和促进软件出口暂行办法》、《天津市软件企业和集成电路设计及生产企业高级人才专项奖励暂行办法》、《关于加快天津市软件人才培养和队伍建设实施意见的通知》、《关于印发天津市鼓励软件企业 CMM 认证工作的管理办法的通知》、《鼓励采购天津正版软件补贴资金的管理办法》、《关于印发天津市促进服务外包发展若干意见的通知》等一系列配套政策，为软件产业发展创造了良好的软环境。

三、天津市软件产业未来展望

（一）发展思路

围绕市委、市政府“着力构筑三个高地，全力打好五个攻坚战”的战略部署，以科学发展为主题，以壮大产业规模为目标，以科技型中小企业成长计划为引导，以产业园区和商务楼宇为载体，按照“开放创新、特色发展、定向集聚”的战略举措，聚焦重点领域，实施重大项目，聚集创新人才，搭建服务平台，迅速扩大软件企业群体规模，形成稳固的发展基础；着力引进和培育一批龙头企业，构筑雄厚的发展实力。到“十二五”末，使软件产业成为全市重要的新兴产业，为构筑高端产业高地提供基础核心支撑。

（二）发展目标

到 2015 年，全市软件业务收入超过 1 200 亿元，年均增长 35%左右，占电子信息产业收入比例达到 20%；软件出口额达到 25 亿美元，年均增长 30%以上。软件企业户数超过 1 000 家，其中千人企业、10 亿元企业、亿元企业和上市企业分别达到或超过 10 家、20 家、50 家、5 家。经国家认定的软件企业超过 700 家，拥有自主知识产权的软件产品达到 2 000 件，软件著作权达到 5 000 件。软件从业人员超过 10 万人，其中，本科以上从业人员比例达到 60%以上；研发人员比例达到 35%。

四、天津市软件产业未来发展重点

“十二五”期间是天津软件产业实现赶超的关键阶段，必须把握发展机遇，着力加强产业集聚、领域聚焦、服务支撑、招大育强和人才开发，全面壮大软件产业规模，增强产业竞争力，提升在全国的地位。

（一）推进产业集聚，打造集约化发展格局

按照“突出特色、聚集资源、协调发展”的思路，立足各区域的产业基础和发展空间，着力打造以滨海新区为龙头的软件产业核心区，以周边区县软件园为主体的软件产业辐射区和以中心城区商务楼宇为主体的软件产业特色区，逐步形成定位明确、分工协作、互补配套的集约发展模式。

1．产业发展核心区——滨海新区软件产业基地

产业发展核心区由滨海高新区软件园、开发区软件园、空港保税区软件园和中新生态城软件园，以及分布于中心商务区和滨海旅游区等功能区软件产业集群构成，重点结合滨海新区及各功能区定位，加速高端软件的发展。

产业发展核心区一方面重点发展智能通信软件、IC 设计、金融软件、服务外包、动漫游戏等。另一方面围绕航空航天、石油化工、装备制造、电子信息等先进制造业，以及现代物流、现代金融、旅游业等服务业，重点发展汽车电子、航空电子、船舶电子、石化生产高可靠技术、工艺先进控制技术、旅游管理软件、计算机辅助设计软件等。

2．产业发展辐射区——周边区县软件产业基地

产业发展辐射区由西青软件园、武清软件园和东丽软件园（简称“三园”），以及分布

于区县示范工业园区和商务楼宇的软件企业群体构成，重点依托特色制造业基础，加速软件产业与制造业的融合发展。“三园”重点发展工业软件、服务外包、信息安全、物流软件等，同时要积极承载核心区的产业辐射。软件企业群体重点发展通信电子、消费电子、数控系统、药品辅助分析软件、汽车辅助制造软件、生产过程控制软件、产品生命周期管理软件、产品质量管理软件、业务流程管理软件等，促进工业生产和工业产品的数字化、自动化、智能化发展。

3. 产业发展特色区——中心城区软件产业基地

产业发展特色区由市内 6 区商务楼宇和丰富的工业遗存建筑资源构成，旨在利用信息技术加大对天津特色民族文化资源的开发利用力度，加速集聚一批动漫企业，着力培育一批动漫品牌，将中心城区打造成天津重要的动漫产业聚集区，为中心城区的品质提升提供重要支撑。重点发展动画创意、动漫设计、动漫游戏开发、动漫电影开发，以及动漫主题延伸开发、动漫人才教育培训、游戏制作、电子图书发行、动漫产品出版物及衍生产品研发等，鼓励动漫产业链上下游企业间的合作，形成集设计、研发、生产及衍生产品开发于一体的动漫产业链。

（二）加快领域聚焦，构筑高新化发展结构

以做大规模、做优产业、做强品牌为目标，积极培育一批软件产品，实施一批重点项目，提升软件产业自主发展能力。重点实施 58 个项目，总投资 250 亿元，实现收入 655 亿元。

1. 嵌入式软件

发展方向是进一步壮大嵌入式软件基础和优势，重点发展移动通信基站、数字多媒体通信设备、手机嵌入式、智能识别装置、网关及接入服务器、数据通信设备、智能传感器、妙笔系列产品、屏幕终端监视系统、掌上电脑等嵌入式软件。积极开展符合开放标准的嵌入式软件开发平台、嵌入式操作系统和智能通信软件的开发。到 2015 年，嵌入式软件实现收入超过 250 亿元。

2. 软件服务外包

发展方向是积极承接跨国公司内部的离岸外包业务，拓展服务外包领域和发展空间，重点发展人力资源、公共信息、财务管理、呼叫中心等服务外包，不断拓展软件开发外包、研发设计外包等高端服务外包；加大具有自主知识产权的软件产品出口，提升软件出口和服务外包的效益和质量。到 2015 年，软件服务外包实现收入超过 180 亿元。

3. 数据计算及存储服务

发展方向是重点发展具有自主知识产权的目录数据库和内存数据库软件的研发和产业化，基于云计算的数据存储、数据备份、搜索引擎、数据服务等，以及百万亿次、千万亿次超级计算等。到 2015 年数据计算及存储服务实现收入超过 150 亿元。

4. 信息安全软件

发展方向是重点围绕网络空间安全、网络密码、国际信息安全新趋势等方向，开发数字安防核心产品、通用安全数据库管理系统和基于 3G 的实时音视频监控、远程监控、网

络监控等；推动信息安全加密 SD 卡芯片、固定与移动加密电话系统、涉密网系统规划与集成、数字防伪产品集成、商用密码产品、防病毒关键技术等的研发及产业化。到 2015 年，信息安全软件实现收入超过 150 亿元。

5．工业和行业应用软件

发展方向是重点发展工业智能控制软件、工艺过程分析模拟和优化软件、供应链管理软件、电子商务软件、汽车研发辅助设计软件、药物辅助分析软件、安全检测软件、质量检测软件、电子支付、工业流软件、物流软件等。到 2015 年，工业和行业应用软件实现收入超过 80 亿元。

6．IC 设计

发展方向是重点发展汽车电子、航空电子、绿色能源、先进医疗电子等领域高端应用核心芯片设计，发展集成电路反向分析、集成电路反向设计 EDA 软件等，开发面向物联网、3G、消费电子、智能安防、智能物流等领域的核心芯片、SoC/IP 平台和系统应用产品的设计开发及产业化。到 2015 年，IC 设计实现收入超过 80 亿元。

7．数字内容

发展方向是重点发展面向 Apple、Android、Windows Phone 等高端电子产品的应用软件；鼓励企业充分开发利用天津民族文化资源，大力发展具有天津特色的数字动漫、数字出版、数字音乐、在线音视频、网络游戏、3G/4G 手机游戏、数字视听、数字教育等数字内容软件。到 2015 年，数字内容实现收入超过 60 亿元。

8．新兴软件

发展方向是围绕云计算、物联网、社交网络平台等新兴产业，重点发展基于物联网的传感技术服务业务、SaaS（软件即服务）、PaaS（平台即服务）、IaaS（基础设施即服务）、RFID（无线射频识别）、高效分析优化决策的智慧系统、智能电网、环境智能监测、能源智能管理、移动互联网业务、社交应用等软件。到 2015 年，新兴软件实现收入超过 250 亿元。

（三）强化平台支撑，提升高端化发展水平

按照政府推动、企业主动和社会互动的运作模式，依托软件企业、科研机构、高等院校和软件园区的优势资源，围绕软件企业发展的共性需求，在计算、评测、数据存储等领域，搭建和完善超级计算服务平台、软件测试服务平台和数据存储服务平台，为企业提供基础性服务。同时围绕重点发展领域，依托企业、科研院所、园区的服务资源，搭建和完善 IC 设计服务平台和动漫游戏服务平台等，为相关领域企业提供专业化服务。

1．超级计算服务平台

依托国家超级计算（天津）中心，集成企业计算资源，构建超级计算服务平台，立足天津，面向全国，为政府、教育、金融、电信、工业、气象、石油、科研等多个领域，提供随需应变的高性能计算资源、技术支持和高级技术咨询服务，支持国家和地方政府的重大科学研究、工程和企业新产品研发。

2. 软件测试技术支撑平台

以天津市软件评测中心为主体，建立面向软件企业的软件评测服务中心。提供专用测试工具软件及综合网络测试环境，开展软件功能测试、性能测试和安全性测试，为软件系统和产品的登记、验收、鉴定、定制、网络安全风险评估、信息安全等级评估、信息工程监理、外包服务等提供支持。同时，针对嵌入大型装备中的工业软件提供现场测试服务。

3. 数据存储服务平台

整合天津数据存储资源，构建国际一流标准的网络数据中心，重点提供大规模、高质量、安全可靠的内容分发、容灾备份、系统安全、统计分析、虚拟存储等服务。同时，通过对超大规模存储服务器的数据中心的控制，完成基于自由操作系统和数据库的服务器机群部署，实现数据存储研发管理和数据备份，建成世界先进行列的数据存储服务平台。

4. IC 设计公共服务平台

整合天津大学专用集成电路设计中心和滨海新区集成电路服务中心的资源，完善集成电路服务中心硬件环境，提供主流工具软件租用，MPW（多项目晶圆）流片服务、SIP（硅知识产权）库服务和封装测试验证服务等。通过专业的全方位服务，帮助企业降低创新成本和风险，促进 IC 产业链条的形成。

5. 动漫游戏公共技术平台

整合天津动漫公共服务资源，搭建面向游戏、动漫、影视、音乐、广告、建筑等企业共性需求、服务功能完善、运营模式创新的公共技术服务平台。提供二三维制作、音频制作、合成编辑、集群渲染、动作捕捉、非线性编辑、存储等数字内容制作企业所需共性设备及软件，降低中小企业进入门槛和运营成本，提高产品制作质量和效率。

（四）加强招大育强，加快规模化发展速度

坚持招商引资和自主培育并重，围绕发展重点，引进一批龙头企业，培育一批骨干企业，力争在“十二五”期间推动天津软件产业实现跨越式发展。

1. 实施龙头企业招商计划

以吸引一批软件行业龙头企业落户为着力点，加大招商引资力度，提升产业发展能级。以中科院、工程院、知名高校和中央直属的大院大所等为重点，采取合作成立公司、设立分支机构等多种形式，积极吸引其先进研发成果到天津转化和产业化；以世界软件 500 强、国家规划布局内重点软件企业、全国软件业务收入前百家企业等为目标，积极引进地区总部、研发基地、技术支持中心和外包服务中心等落户；做好落地企业的服务工作，以利惠商、以情安商，进而实现以商招商，加速产业链条的形成。

2. 实施百家企业成长计划

鼓励本土企业联合，并吸引大学、科研院所参与，共同建立产业联盟，共同开展技术攻关、开拓市场、承担重大项目，提高行业竞争力；以无偿资助和贷款贴息的方式，支持中小软件企业成长壮大；对具有一定基础和发展潜力的软件企业，列入重点扶持范围，软件产业发展专项资金通过倾斜支持，帮助企业打通到国内外股权资本市场上市的通道，形成一批优质上市软件企业。

（五）加强人才开发，增强持续化发展能力

构筑政府引导和扶持，高校、社会机构和企业共同参与的多层次人才开发体系。依托天津市大学软件园，整合软件人才培养教育资源，建立面向企业不同层次需求的实用型软件人才培养模式，实现教育与产业的对接。引进和利用知名培训机构，面向在职人员开展专业培训，提高软件从业人员的技能和素质。依托企业建立面向毕业生和技术人员的培训平台，为产业发展提供更多的适用人才。同时，要加大高端软件人才的引进力度，积极开展软件人才国际和国内巡回招聘活动，采取团队引进、核心人才引进等方式，聚集一批掌握关键技术、擅长顶层设计的软件产业领军人才。

五、天津市软件产业发展政策措施

（一）加强责任落实

进一步发挥作用，协调解决软件产业发展中的重大问题，统筹软件资源的分配和布局。相关部门各尽其责，从资金、创新、人才等方面共同推动产业的发展。建立和完善全市软件产业统计体系，做好软件产业运行情况的监测分析。充分发挥软件行业协会等中介机构的桥梁纽带作用，促进天津软件产业健康快速发展。

（二）突出项目支持

发挥财政专项资金的引导、带动和放大作用。坚持项目公开征集、专家评审、政府决策、事后监管，重点支持公共服务体系建设、自主创新产业化和载体建设等项目的实施，并做好项目谋划和储备工作。建立领导总负责、重点项目专人负责制度，加强对项目的服务、监督和管理，加大项目相关部门的协调力度。

（三）强化创新驱动

吸引一批高水平的产业研究机构和高端软件人才，为产业创新提供持续动力。鼓励软件企业设立研发机构，加大研发投入，加强关键技术攻关和创新型产品开发，提高自主创新能力。鼓励企业与大学、科研院所合作，共建市级软件产业研究机构或建立产业技术联盟，形成以市场为导向的研究开发体系和开放式的产学研合作创新体系。

（四）加大政策扶持

贯彻落实好国家鼓励软件产业发展的政策措施，结合天津实际，研究出台相关实施细则。对从企业内部剥离的软件和信息技术服务机构在税收、土地等方面给予支持。在利用财政性资金建设的各类信息化工程中，优先采购天津自主创新的软件产品；对于国内软件企业中标项目，鼓励其与本市软件企业合作。同时，在软件园建设、招商引资、人才引进等方面加大支持力度。

第三章　河北省

一、河北省软件产业十年发展回顾

国发 18 号文和《振兴软件产业行动纲要》的颁布实施，在软件企业的投融资、税收、进出口、收入分配和人才等方面对我国原有的政策及管理框架都有较大突破。为认真贯彻执行国发 18 号文精神，河北省结合实际制定了《关于加快软件产业和集成电路产业发展的若干规定》等相关配套政策，提出了河北省软件产业发展的中长期目标，具体明确了河北省鼓励软件产业发展的各项优惠政策，十年来全省累计减免退税 7.5 亿元。先后出台了《优先发展信息产业的若干政策规定》、《关于促进电子信息产业发展的实施意见》、《利用信息技术改造提升传统产业的指导意见》、《关于加快农业和农村信息化建设的指导意见》、《关于加快物联网产业发展的指导意见》等一系列鼓励软件产业发展和信息技术应用的政策性文件，组织开展了《河北省软件产业发展战略研究》和《河北省信息服务业发展战略研究》等专项课题研究，为产业发展提供良好的政策环境。

（一）产业园区带动作用初步显现

河北省认定的石家庄、保定、廊坊、秦皇岛 4 个省级软件园区，通过建设软件孵化中心、共享服务平台等方式，为企业提供服务，吸引了大批软件企业入园，入园企业总数近 300 家。廊坊润泽国际信息港一期工程、信和服务外包基地、秦皇岛数据产业基地“数谷”大厦、石家庄软件园汉康软件孵化大厦和振新软件大厦 5 个项目先后开工建设，总建设面积 90 万平方米，总投资约 25 亿元。廊坊市围绕构建现代产业体系，大力发展以云计算、数据加工与处理、网络服务为主体的新兴产业，增强服务功能和产业聚集能力，努力打造京津冀电子信息走廊信息服务核心区；秦皇岛已建成并投入使用 11.5 万平方米软件产业基地，正在加快建设占地 6.4 平方千米的数据产业基地，着力打造“中国数谷”和“数据产业创新示范区”，建设集数据传输与服务、软件与信息技术研发、数据产品生产于一体的数据产业集群。通过积极推动电信增值业务和公共信息服务平台在经济社会各领域的信息化应用，促进电信业务转型发展，与基础电信运营商形成战略合作伙伴关系，共同推动电信增值业务、服务外包、电子商务、互联网应用等为主要内容的面向国内国际市场的大型信息服务基地建设。秦皇岛、保定、廊坊 3 市开发区被认定为省级服务外包示范区，在服务外包人才培养、承接服务外包转移和高端软件外包、信息服务外包等领域已呈现出较好的发展态势。以软件研发、生产、销售和信息服务为主要内容的园区、基地建设步伐的不断加快，将有效地促进河北省软件与信息服务业的快速发展。

（二）重点领域和骨干企业竞争力不断增强

截至 2009 年年底，全省已累计认定软件企业 354 家，登记软件产品 2 614 件，78 家企业获得计算机信息系统集成资质，2 家企业先后列入国家规划布局内重点软件企业，15 家企业年主营业务收入超亿元。近年来，河北省不断加大对软件与信息服务业的投入，2005年以来，在信息产业发展专项资金中支持软件与信息服务业项目 57 个，累计支持资金 8 000 余万元。培育和发展了医疗电子、电力电子、安防电子、交通电子、仪器仪表、节能环保监测、智能控制等一批市场竞争力强、具有一定规模和较强市场竞争力的优势企业，重点骨干企业竞争力不断增强，应用领域不断扩展，部分技术处于国内或世界领先水平。电力电子、安防电子、医疗电子、汽车电子等领域应用和嵌入式软件发展迅速，具有较强的市场竞争力，河北省安防电子保持全国领先优势，医疗电子将继续保持良好的发展势头。廊坊新奥博 2 万平方米的新厂区已建成并投入使用，秦皇岛康泰公司规划建设 15 万平方米的康泰科技园，一期 4.4 万平方米已经竣工并投入使用，河北省医疗电子产业发展步伐将进一步加快。

（三）信息基础设施和网络信息服务业发展步伐较快

全省电信用户规模实现跨越式增长，到 2009 年年底，全省固定及移动电话用户总数 5 132.8 万户，其中，固定电话用户数 1 343.9 万户，移动电话用户数 3 788.9 万户，移动电话对固定电话的替代性逐步显现；网民总数 1 842 万人，居全国第六位，宽带网络用户规模达 522.7 万户，手机上网用户总数达到 1 108.9 万人，互联网普及率达到 26.4%；全省广电网络整合和有线数字电视整体转换工作已经完成，初步实现了全省广电网络统一管理、资源共享和业务贯通，省、市、县实现了有线电视数字化。全省域名总数达到 317 036 个，网站总数 67 489 个。信息资源开发利用逐步深入，以政府为引导、市场化运营为主体的信息资源开发利用和服务体系初步建立，数字处理、生产和服务水平不断提高，电子政务、行业应用、农村信息、远程教育、远程医疗等领域信息资源开发利用成效明显，远程教育资源库、涉农信息资源库在国内具有较大影响。涌现出“中国钢铁产业网”、“中国药都网”、“中国耐材之窗”、“晨砻采购网”、“中国枣网”、“中国搜丝网”、“大宗农产品采购网”等一批品牌网站，推动了河北省电子商务的发展。随着宽带普及率的不断提高和 3G 业务的不断拓展，基础电信运营商加速向综合信息服务提供商转型发展，“信息魅力”、“宽带商务”、“惠农 100”、“商务领航”及多个行业应用等综合信息服务平台不断完善，服务功能不断增强，已广泛应用于经济社会多个领域。2009 年全省互联网行业规模经营单位业务收入达到 40 亿元。先后投资建设了服务全省的软件评测中心、信息化测评中心、网络与信息安全测评中心和电子商务数字认证中心。省电子商务数字认证中心累计发证量达 30 万余张，其中常有用户 10 万余家，数字证书广泛应用于组织机构代码网上业务、税务网上报税、财政国库支付、政府采购及网上申报审批等多个系统。

（四）多元化投融资机制逐步形成

为加快发展信息产业，河北省组建了信息产业投资公司，安排财政专项资金，通过财政补助、资本金注入、贷款贴息等多种形式支持重点项目建设。建设了以支持软件和信息服务业为主的融资担保平台和风险投资平台，积极探索建立以政府资金为引导、企业投入为主体、金融贷款为支撑、风险投资机构和担保机构稳步发展的开放式、多元化投融资体系。

二、河北省软件产业未来展望

通过过去十年的积累和发展，河北省软件产业已经具备了快速发展的基础和条件。“十二五”期间，河北省软件产业将步入跨越式发展的快车道。未来 5～10 年，河北省将坚持以科学发展观为指导，按照加快转变经济发展方式、调整优化经济结构的总体要求，充分发挥河北省环京津区位优势、市场资源优势，以及技术和产业基础优势，遵循“科学布局、产业聚集，应用为主、市场驱动，技术创新、产业融合，加强合作、对接京津”的原则，加快培育十大龙头带动企业，扶持 100 个品牌特色企业，推进五大产业聚集区发展，着力打造两个数据产业名城。加快推进重点园区（基地）建设，加大招商引资和区域合作力度，加强技术创新和成果转化，着力培育适应产业发展和人才成长的支撑环境，推进软件和信息服务业与其他产业的协调发展，促进信息化与工业化的融合，形成以应用软件和嵌入式软件为基础、信息服务业带动为主体、产业聚集区建设为核心的京津冀协调互动发展新格局，努力把软件与信息服务业打造成为河北省重要的战略性新兴产业。

（一）以应用软件、嵌入式软件和软件服务化发展为重点，加快发展软件服务业

充分发挥河北省在行业应用软件、通用应用软件和嵌入式软件领域的比较优势，进一步完善技术创新体系。瞄准电子政务、电子商务、城市信息化、企业信息化、农村信息化、现代物流、远程教育等领域，积极发展行业应用软件和多媒体应用软件、信息安全软件、地理信息与卫星导航系统等通用应用软件。做大做强通信电子、医疗电子、节能环保、安防和智能家居电子、汽车电子、电力电子、智能仪器设备、卫星导航等领域嵌入式软件产品。围绕传统产业改造升级和装备制造业发展，加快企业精益管理、工业设计、智能控制、集成平台、仿真支撑等领域工业软件发展。以信息系统集成和应用服务为重点，重点发展面向行业对象解决方案的系统集成、网络应用服务、信息系统运行与维护服务、数据中心与资源外包服务、数据加工与处理服务、软件测试服务、信息系统工程监理、软件与信息技术人才工程化培训等，扶持信息咨询服务业发展。

（二）加强信息资源开发利用和数据内容服务，突出发展信息内容服务业

加快公益性信息资源的开发利用和重点领域信息资源的公益性开发利用项目建设及服务，积极培育信息资源市场，推进信息资源开发利用市场化进程。建立基础地理信息数据库、电子商务数据库、行业应用数据库、农村信息资源库、教育信息资源库等一批影响经济和社会发展全局的基础资源数据库，促进数据库产业的发展。做大做强一批具有影响力的行业应用平台和电子商务平台。大力发展互联网信息服务，推进文化、出版、广播影视等行业产品数字化发展和网络化服务，以动漫游戏产业基地为支撑，建设和完善公共软件支撑平台和开发平台，加快发展数字创意产业。

（三）完善信息基础设施，拓展增值业务，优化提升信息传输服务产业

面向宽带互联网、3G 通信网、广播电视网双向改造和“三网融合”发展，不断拓展增值服务内容，完善公共服务平台，提升服务能力。大力推进主机托管、数据中心、内容服务、呼叫中心、容灾备份等基础设施外包服务。

（四）加快软件与信息服务业基地建设，推动产业聚集发展

统筹规划和科学引导，形成布局合理、分工有序、特色鲜明、资源共享、协作发展、聚集效应强的发展格局。重点推进五大产业聚集区发展：

1．石家庄软件与卫星应用产业基地

依托石家庄软件园，重点发展通信软件、行业应用软件、嵌入式软件、办公软件和信息安全软件，加强与中关村软件园合作，积极发展软件外包业务。大力发展地理信息、电子商务、现代物流、IT 基础设施外包服务、呼叫中心服务为主体的综合信息服务业。依托中国电科石家庄产业基地，加快卫星应用产业发展，推进卫星导航运营中心、测试认证中心、研发中心和卫星导航产品生产基地建设。

2．廊坊信息服务产业基地

发挥廊坊毗邻京津的区位优势，以润泽国际信息港、信和服务外包基地、中太现代服务业基地、华为廊坊产业基地、燕郊软件园、中科廊坊科技谷为支撑，加强与京津地区高等院校、科研机构和国内外高端企业集团的合作，在云计算技术、基础设施服务、数据加工与处理、行业应用软件和平台服务、物联网信息服务、软件与信息服务外包等方面形成竞争优势，增强基地服务功能和产业聚集能力，建成京津冀电子信息走廊信息服务核心区，打造国内数据产业名城。

3．秦皇岛数据产业基地

依托秦皇岛软件园、燕山大学国家大学科技园、信投高科硅谷湾，重点发展医疗电子、智能控制、安防与智能家居、企业管理、社会保障等各类应用管理软件，加快推进港口综合管理与服务平台、远程健康咨询网、电梯数据中心等大型公共平台建设，强力推进“中国数谷”和“数据产业创新示范区”建设，建成集数据传输与服务、应用软件、物联网技术、三维互联网技术、数据产品等研发生产于一体的数据产业集群，推进数据产业名城建设。

4．唐山工业软件产业园

围绕国家级信息化与工业化融合示范区建设，加快推进工业软件应用与产业化示范基地建设。谋划和实施南湖软件园建设。整合医疗卫生和应急指挥等资源，建设以数据中心、呼叫中心、应急指挥中心和远程会诊管理中心为支撑的数字化健康服务平台，带动相关软件服务业的发展。推进“数字家庭”和多业务平台等技术的研发、应用和产业化。

5．保定电力电子产业基地

依托“中国电谷”、保定软件园和华北电力大学，以电力电子软件发展为重点，推动电力装备和电力传输设备自动化、智能化发展，加快发展智能电网技术，推动电力电子软件企业联盟发展和战略重组，打造具有较强竞争力的国内重要的嵌入式电力电子软件产品制造基地。

第四章　山西省

国发 18 号文及相关配套政策措施发布以来，山西软件产业借此东风，彻底摆脱“自发自为、无人问津”的盲目发展状态，以崭新的面貌登上山西省经济和社会发展的舞台，对全省“传统产业升级和改造”、“信息化和工业化的深度融合”、“国民经济和社会服务信息化”起到了积极的推动和促进作用，成为山西省经济建设和社会发展不可或缺的力量。

一、山西省软件产业十年发展回顾

在 2000 年国务院办公厅发布了国发 18 号文之际，当时的山西省信息产业主管部门——山西省机械电子工业厅正处在改制之中，2001 年 6 月 8 日，山西省机械电子工业厅积极争取整体转为山西省信息产业厅未果，最终改制成山西省机械电子工业行业管理办公室（以下简称省机电行业办），隶属于山西省经济贸易委员会，负责全省电子信息产品制造业和软件业的行业管理工作，山西省成为全国少数几个未设立信息产业厅的省份。2001 年年底，省机电行业办“三定方案”基本落实，各项工作步入正轨。

2002 年 4 月 2 日，为贯彻国发 18 号文，在信息产业部、山西省经贸委、山西省民政厅的指导和大力支持下，山西省机械电子工业行业管理办公室牵头，联合相关企事业单位，正式组建山西软件行业协会。该协会是由山西省从事软件研究、开发、出版、销售、技术服务，以及从事信息化系统研究、开发和开展信息服务的企事业单位自愿组合，经山西省民政厅注册、登记的地方性非营利性社会组织。其宗旨是：加强山西软件行业企业、事业单位和个人之间的合作、联系和交流；加速国民经济和社会信息化，促进软件产业商品化、集成化，推动软件经营企业化和软件企业集团化，积极开拓国内外软件市场，发展我国软件产业；在政府和行业组织、企业集团之间发挥桥梁、纽带作用，促进软件产业的发展；遵守宪法、法律和国家政策，遵守社会道德风尚，开展本行业的相关活动，为会员服务。该协会经信息产业部授权，承担了山西省软件企业认定与软件产品登记工作。山西软件行业协会的成立为全省贯彻落实国发 18 号文关于软件企业和软件产品的税收优惠政策打造了一个承载的平台，对山西软件产业的发展具有重要意义。

2003 年 2 月 18 日，山西省机械电子工业行业管理办公室与山西省国税局、山西省地税局联合发布了《关于贯彻执行〈关于鼓励软件产业和集成电路产业发展有关税收政策问题的通知〉的通知》，《山西省软件企业认定实施细则（试行）》、《山西省软件产品登记实施细则（试行）》作为该通知的附件随文发布。该通知明确了山西省“双软认定”的运作方法、标准、程序，成为全省“双软认定”的指导性、纲领性文件。该通知的出台标志着山西省“双软认定”工作进入了快车道。3 月初，山西省机械电子工业行业管理办公室、山西软件行业协会联合召开了“双软认定”工作布置会，要求相关企业申报有关资料及送检申报的软件产品。6 月 20 日，山西省机械电子工业行业管理办公室、山西省国税局、山西省地税局召开了汇审会。会后，山西省机械电子工业行业管理办公室发布了《关于准予科特软件收费查询触摸屏系统等 31 个软件产品登记的通知》。6 月 24 日，山西省机械电子工业行业管理办公室召开了全省首批软件产品登记发证会议，为 15 个企业 31 种产品颁布了证书，并安排了下一步软件企业认定工作。

2003 年 10 月 20 日，山西省机械电子工业行业管理办公室、山西省国税局、山西省地税局联合发布了《关于批准 2003 年度山西省第一批认定软件企业的通知》。同年 11 月 11 日召开了首批认定软件企业发证仪式，并在《中国计算机报》、《山西日报》等媒体上进行了公示和宣传。12 月中旬，山西省国税局批复了上述企业的软件产品退税申请，兑现了国发 18 号文中的税收优惠政策，进一步推动了全省软件产业的发展。

2003 年年初，经信息产业部、山西省机械电子工业行业管理办公室授权，山西软件行业协会开始了全省软件企业统计工作，业务上与信息产业部经济运行司对口。2003 年年末，首次列入统计范围内的软件企业 13 个，从业人员 824 人，全年共实现软件及系统集成收入 13 760 万元，其中，软件产品 5 396 万元；系统集成 7 135 万元，软件服务 1 229 万元；实现增加值 7 607 万元；实现软件及系统集成利润 1 352 万元；上缴税金 606 万元，山西软件企业首次以整体队伍的形式，在山西省经济和社会发展的历史舞台上正式亮相，成为山西省信息产业发展不可忽视的经济力量。

2007 年 11 月 6 日，经山西省科技厅批准，山西软件园在太原高新区成立。山西软件园由山西省科技厅投资的“山西创业大厦”、太原高新区建设投资公司投资建设的“太原高新电子数码港”、“太原高新区国际大厦”、山西省合创电力科技有限公司投资建设的“太原高新区电力电子科技园”和山西省科技基金发展总公司投资建设的“山西软件大厦”共同组成。该软件园的成立为山西软件研发企业集群发展提供了新的成长空间。

2008 年 4 月 8 日，山西省经济委员会技术创新处联合山西省发展和改革委员会信息化办公室、山西省国有资产监督管理委员会规划发展处、山西省科学技术厅工业处、山西省教育厅科技处、山西省国防科学技术工业办公室科技处、太原国家高新技术开发区经济发展局组成“山西省 IT 企业联盟工作推进协调小组”，牵头联合相关企事业单位成立了“山西 IT 企业联盟”。“山西 IT 企业联盟”由 57 个信息技术企业和 75 个传统工业企业组成，重点围绕各行业领域信息化建设、信息系统集成及工程管理、产品开发及推广应用、信息服务及信息安全建设等方面开展经济协作交流与合作；加强山西 IT 企业间的合作、联系和交流，优化配置联盟成员内部资源，规范 IT 市场运作，减少企业间无序竞争，提高信息服务质量。自联盟成立以来，联盟理事会多次组织山西省机械装备制造企业和信息技术企业开展信息技术需求现场研讨会，重点研究机械装备制造企业和信息技术企业合作的领域和方式，以两化融合为抓手，推进信息技术企业与传统企业的合作，促进信息技术企业和传统工业企业联合创新。

2008 年 7 月 23 日，山西省科学技术厅发布《关于成立山西软件园专家咨询小组的通知》（晋科发［2008］67 号），决定成立“山西软件园专家咨询小组”，其主要任务是负责审定山西软件园的发展战略及规划，确定软件园技术创新体系建设和产业发展方向，并对技术研发等重大事项进行论证。专家咨询小组组长由中国工程院院士倪光南担任；顾问由清华大学计算机科学与技术系教授吴建平担任；组长由太原科技大学副校长曾建潮担任；成员由山西省 8 名相关专家担任。

2008 年 7 月 30 日，山西省科学技术厅发布《关于成立山西软件园建设工作领导小组的通知》（晋科发［2008］69 号），决定成立“山西软件园建设工作领导小组”，为山西省软件园建设的领导决策机构，其职责是制定山西软件园建设发展战略、方针、政策，协调解决软件园开发、建设和管理中的重大问题。领导小组组长由山西省人民政府副省长张平担任；副组长由山西省科学技术厅厅长廉毅敏担任；成员由山西省科学技术厅副巡视员卫小平、太原高新区管委会主任张新伟担任。

2008 年 8 月 18 日，太原高新区管委会设立“太原高新技术产业开发区山西软件园管理中心”，在“山西软件园建设工作领导小组”、“山西软件园专家咨询小组”、山西省科学技术厅、太原高新区管委会的领导下，负责起草软件园的总体发展规划和实施办法；负责软件园政策研究和招商引资；负责软件园的日常管理、企业服务；负责软件园公共技术平台的建设、管理和维护；负责软件园的人才培训和各类资质认证。《山西软件园管理办法（暂行）》、《太原高新技术产业开发区加快山西软件园建设和发展的若干规定》也相继出台。

2009 年 1 月 7 日，科技部批准认定山西软件园为“国家火炬计划软件产业基地”。山西软件园成为全国 35 个国家级软件园区之一，也是山西省唯一的国家级软件园。目前，山西省软件园总占地面积约 55 万平方米，入园企业已达 215 个，其中，通过“双软认证”的企业 69 个，占到全省的 81.18%。国家科技部火炬高技术产业开发中心认定的国家火炬计划软件产业基地骨干企业 7 个，即太原罗克佳华工业有限公司、太原理工天成电子信息技术有限公司、山西合创电力科技有限公司、太原风华信息装备股份有限公司、山西同昌信息技术实业有限公司、山西泰森科技股份有限公司、山西奥科新得科贸有限公司。获得 CMMI4 资质的企业 1 个，获得 CMMI3 资质企业 4 个，通过 ISO 9000 认证企业 35 个。有省级技术中心 3 个。园区具有鲜明的产业独特性，空间的相对开放性，企业发展有效集聚性，初步形成以工业控制软件、煤化工软件、嵌入式软件、管理软件、动漫软件和软件服务外包等为发展重点，门类较为齐全的软件产业结构，具有一定的发展规模。为了进一步完善软件园区布局，形成研发与产业化相呼应的完整体系，打造一个集孵化、研发、生产和服务于一身的技术创新平台，为软件研发企业提供良好的创业环境。太原高新区管委会正组织“山西软件园二期工程”建设，规划用地面积约 120 亩，总建筑面积 32 万平方米，投资约 10 亿元。

2009 年 10 月，山西环信联合科技有限公司自主开发的“环保业务综合管理平台系统软件”软件，被中国软件行业协会评为全国“十大创新软件”，创造了山西软件产业新的历史。

山西省软件产业实现增加值由 2003 年的 7 607 万元发展到 2009 年的 38 695 万元，年平均增长 31.16%；软件业务收入由 2003 年的 13 760 万元发展到 2009 年的 100 664 万元，年平均增长 39.33%；实现利润总额由 2003 年的 1 352 万元发展到 2009 年的 26 648 万元，年平均增长 64.4%；上缴税金由 2003 年的 606 万元发展到 2009 年的 9 823 万元，年平均增长 59.1%。软件出口额由 2008 年的 97 万美元发展到 2009 年的 104.34 万美元，同比增长 7.6%；就业人数由 2003 年的 0.082 4 万人发展到 2009 年的 0.539 7 万人，年平均增长 36.8%。通过认定的软件企业由 2003 年的 13 家发展到 2009 年的 85 家，现有国家规划布局内的重点软件企业 1 家，国家集成电路设计企业 1 家。到 2009 年年底，软件企业的综合实力明显增强，主营业务收入上 1 亿元以上的软件企业有 4 家，主营业务收入在 5 000 万元以上的软件企业有 7 家，主营业务收入在 1 000 万元以上的企业软件有 17 家。在煤炭行业，由山西清华网络系统有限公司、太原市精英科技有限公司、山西三极科技有限公司、太原理工天成电子信息技术有限公司研发的“煤矿瓦斯事故智能预警系统”、“煤矿井下作业人员管理系统联网”、“煤矿产量远程监近代系统”、“煤矿安全生产综合自动化调度分析系统”等软件抢占省内煤炭行业；在电力行业，由山西省合创电力科技有限公司、山西振中电力软件有限公司、山西晋缘网络技术有限公司研发的“厂/站综合自动化系统软件”、“电网运行方式核心平台系统”、“电力调度大楼综合管理系统”等软件得到用户的认可；在交通行业，山西润泽丰科技开发有限公司的“轨道电路及机车信号分析记录系统”、山西欣奥特自动化设备有限公司的“高速公路收费系统”，山西万立科技有限公司的“公路动态轴重超限管理系统”已走出山西；在制造业，太原风华信息装备股份有限公司的“电子工艺设备过程控制组态软件”随其生产的电子专用设备畅销国内外；在教育行业，太原理工天成电子信息技术有限公司研发出了“视频展示台控制系统”软件；在公共安全业，山西奥科新得科贸有限公司的“三警合一管理系统”，山西天地科技有限公司的“监狱管理系统”都非常受欢迎；在医疗行业，山西导通信息科技有限公司的“医院管理信息系统”受到用户欢迎；在环保行业，有山西环信联合科技有限公司研发出了“环保业务综合管理平台系统软件”、太原中绿环保有限公司研发出了“固定污染源连续监测监理信息系统”；在电子政务方面，山西泰森科技股份有限公司的“电子政务应用系统”，山西同昌信息技术实业有限公司的“全员人口信息管理系统”等软件都得到广泛应用。除上述的软件产品服务和系统集成服务外，软件企业的服务范围还涵盖信息传输服务、信息技术服务、互联网信息服务、数字内容服务、数字娱乐运营服务、外包服务等多个方面，成为山西省经济建设中不可或缺的力量。

山西软件产业有省级技术中心 3 个，即太原理工天成科技股份有限公司技术中心、山西泰森科技股份有限公司技术中心、山西同昌信息技术实业有限公司技术中心。

太原理工天成科技股份有限公司技术中心主要从事智能电子产品及软件、计算机及网络、教学仪器及设备、水文水利设备的研发，并提供以智能电子产品及软件为核心的信息系统集成服务。其研发与生产的“TC401 感应式数字水位传感器及系列测控仪表”，处于国际领先水平，获得了“国家技术发明二等奖”、“国家重点新产品奖”、“山西省 1311 重点建设项目”等多个奖项；研发的“TC302 遥测终端机”“水位流量计 TC403”“高清一体化数字摄像机”“嵌入式便携文档播放器”“资源管理软件”“山西省乡镇天气预报系统（WEBGIS 系统）”“矿产资源管理系统（GIS 系统）”均达到了国内领先水平。

山西泰森科技股份有限公司技术中心主要从事数字电视机顶盒、GPS 卫星定位导航产品的研发及计算机网络系统设计集成、系统软件开发及技术服务。其开发的金翔协同办公系统 V1.0，被山西软件行业协会评选为“山西省优秀自主软件产品”。

山西同昌信息技术实业有限公司技术中心以政府、企业信息化应用软件研发为核心，综合系统集成、技术服务与咨询为一体，开发的办公自动化系统、网站自建平台、交通运输综合业务系统、国家统计宏观数据库系统、专业技术职务任职资格评审系统、计划生育管理系统等产品，为政府提供了一体化的电子政务解决方案，满足了政府网络办公的各种要求。该技术中心为制造企业、流通企业、电力企业、煤炭企业等各种类型的企业，提供从企业协同办公到视频监控、即时通信、生产管理、设备管理、物流管理、生产经营分析和决策支持等方面行业应用解决方案，满足不同企业的生产和经营要求。

太原风华信息装备股份有限公司技术中心主要从事片式元器件专用生产设备、液晶显示器及模块（LCD/LCM）专用生产设备、薄膜电容器专用生产设备、镁及镁合金冶炼工艺装备等光机电一体化及工业自动化系统集成、设计开发。其设计的液晶显示器及模块（LCD/LCM）设备已具备中小尺寸液晶显示器后工序生产的系统集成能力，切割、分断、注液、消泡等部分关键设备已成功进入 4.5 代 TFT-LCD 生产线，取得相关专利 30 项，多项产品达到国际先进水平。“PZFG-300 片式电阻全自动一次分割机”等一批片式元器件关键生产设备达到国际先进水平，实现了我国 0402 片式电阻关键生产工艺装备的技术突破。开展了高密度多层基板制造和新型倒装焊两大技术领域的研究与设备研制，是我国微电子组装项目的重点承担单位。

多年来，山西省“双软认定”工作严格按照《山西省软件企业认定实施细则（试行）》、《山西省软件产品登记实施细则（试行）》进行。软件企业的认定和年审的组织工作由经工业和信息化部授权的山西软件行业协会负责。软件企业名单由山西软件行业协会初选，报经山西省机械电子行业管理办公室审核，并由山西省国家税务局、山西省地方税务局批准后正式公布，同时报工业和信息化部备案。山西省现有认定企业 85 家，登记产品 395 件，认定工作体系运转正常。2009 年 11 月，山西省经济和信息化委员会成立，全面负责全省的工业和信息化工作。2010 年 5 月，“山西省经信委软件企业和软件产品管理工作办公室”成立，山西软件产业迎来新的发展契机。

二、山西省软件产业未来展望

“十二五”期间，山西软件产业以科学发展观为统领，以做强做大产业为目的，以信息化与工业化相融合为抓手，以落实产业发展规划为重点，以技术进步和技术创新为手段，在服务于传统产业转型升级的同时，巩固既有行业优势，发展特色产品和服务，产用结合，支撑发展，重点跨越，全面提升产业自身发展的质量和水平，在发展中促转型，在转型中谋跨越，努力满足经济社会信息化发展需求，坚定不移地走新型工业化道路。

遵循这一发展思路，将山西省软件产业发展主要目标确定为：2015 年，山西省软件产业实现增加值 20 亿元，实现软件业务收入 74 亿元，实现利润总额 50 亿元，上缴税金总额 16 亿元。

山西省软件产业“十二五”期间发展重点包括 6 个方面。

（一）加快发展嵌入式软件

重点围绕煤矿机械成套设备、铁路装备、重型机械、纺织机械、重型汽车、新型能源装备、节能环保装备、电子装备等机电产品领域，研发推广基于不同操作系统、多处理器的嵌入式软件产品，将其培植成为山西省软件产业的重要支柱产业。

（二）大力发展应用软件

重点支持企业管理、产品研发、生产制造，以及行业解决方案的研发和产业化，支持工业、农业、政府部门、公共服务等重点领域国产软件的示范应用，鼓励集成创新和建立产业联盟，鼓励企业间多种形式的合资合作，做强做大应用软件。

（三）促进软件服务外包发展

着力推进软件标准化、商品化、国际化进程，鼓励企业通过能力成熟度模型（CMMI）认证。积极发展面向国际市场的软件或模块定制加工、数据和技术服务等，主动承接国际软件服务外包。加快软件服务外包绿色通道、综合服务平台、人才培训平台建设。

（四）培育发展数字动漫、影视与游戏产业

重点支持数字内容加工处理的工具、平台、环境和公共服务能力建设。支持民族原创、健康向上的动漫、影视、游戏产品的创作和研发，培育壮大一批数字娱乐企业，打造具有山西文化特色和国际影响力的知名品牌。

（五）加快建立集成电路设计企业队伍

加快推进山西省集成电路设计企业资格认证工作，提升专用集成电路设计能力，壮大集成电路设计队伍。

（六）积极培育信息服务新业态

把握软件服务化的趋势，大力发展计算机信息系统集成和支持服务、SaaS（软件运营）、云计算、物联网等新型服务业态，提高山西省软件产业的支撑服务能力。

三、山西省软件产业“十二五”期间主要工作措施

（一）加强组织领导，统筹产业发展

山西省经济和信息化委员会应按三定方案要求，全力整合“电子产品信息产品制造业、软件业、国民经济与社会服务信息化”管理职能，彻底解决议事机构争夺行业管理部门具体行政管理权的问题，理顺产业管理体制和机制，加强综合管理，统筹产业发展。

（二）加大政策和资金支持力度，营造良好发展环境

尽快出台《山西省信息化促进条例》、《山西省软件服务业促进条例》等相关法律法规，营造良好的产业发展环境。完善信息产业发展、信息化与工业化融合的投融资政策，强化投融资激励和约束机制，形成以政府投入为引导、企业投入为主体、其他投入为补充的长效投融资机制。各级发改、经信、科技、财政等部门要合理调配利用各项扶持资金，支持有关信息产业发展、信息化与工业化融合的重大项目。各级政府要建立必要的信息产业专项资金，纳入同级财政预算，引导推动信息产业和信息化发展。完善落实奖励政策，对列入省级（含省级）以上的技术中心、工程中心、设计中心和重点实验室，对列入国家规划布局内的软件企业、进入全国百强的电子信息企业和软件企业，所在地政府或园区应给予适当的配套或奖励资金。对引进重大项目、完成招商引资目标、做出突出贡献的招商引资人员、社会人员和中介机构，实行奖励。实施政府采购与补贴政策，将山西省具有自主知识产权的省级以上名牌电子信息产品及软件产品纳入政府采购推荐目录，在同等条件下优先采购；对山西省自主开发的、经审定在节能降耗、减少污染、提高效率和效益等方面具有显著成效，并具有重大推广应用前景的电子信息系统、产品和技术，可由政府采购或补贴，逐步在全省推广应用。

（三）加快山西省软件产业公共服务平台建设

围绕山西省信息产业中长期规划和科技重点工作，按照“统筹规划、整合集成、突出特色、共建共享”的原则，主要依托山西省具备一定资源优势、技术优势和人才优势的科研机构、高等院校、创新服务机构等组织，以科技资源集成开放和共建共享为目标，通过整合、集成、优化科技资源，完善相关基础条件建设，提升公共技术服务能力，为山西省软件产业可持续发展提供支撑。

（四）积极推进产业集聚和承接产业转移

进一步强化软件产业园区建设，积极引导企业入园，促进人才、技术、资本和企业集聚，集约使用土地、节约利用资源和集中治理污染。立足区位、资源等优势，积极有序、科学合理地承接产业转移，重点防止落后产能转移和地区间恶性竞争。

（五）加快建设以企业为主体的产业技术创新体系

鼓励和引导企业围绕电子信息产业关键技术和重大应用，建立一系列以企业为主、科研机构和院校等共同参与的技术或产业联盟，打造产业链，形成产业群体。引导企业拓展和深化与科研机构、高等学校之间的创新合作，提升产业链的整体竞争力。引导企业增强自主创新意识，加大研发投入，建立健全研究开发体系和技术创新管理体系。鼓励和支持企业牵头或参与承担国家重大专项或其他科技和产业化项目，积极开展技术成果的转移和转化。

（六）支持优势企业发挥自身的整合能力

以资产、资源、品牌、市场为纽带，积极推动企业间联合重组，加快发展、做强做大，形成一批拥有自主知识产权、主业突出、核心竞争力强的大企业和企业集团，扩大优势企业经济规模，提高产业的集中度，推动产业升级。

（七）鼓励支持中小企业走“专精特新”发展和与大企业协作配套的路子

加快建立和培育面向中小企业技术创新的服务体系，为中小企业发展创造良好的外部环境，进一步加大中小企业技术创新支持力度。以应用为导向，引导中小企业加快以软件、网络和系统为中心的集成创新和引进消化吸收再创新。支持中小企业加快信息化建设，推进工业化与信息化的融合。

（八）加强企业管理和人才队伍建设

引导软件研发企业加快改革步伐，优化产权结构，转换经营机制，建立现代企业制度，加强企业管理，全面提高科学决策和生产、经营水平，增强参与国际竞争和防范市场风险的能力。改进企业生产组织方式，加强产品质量管理，落实各项安全生产措施，提高生产效率和产品质量。加强人才队伍建设，重点引进和培养创新型研发设计人才、开拓型经营管理人才、高级技能人才等专业人才，强化职工培训，提高职工队伍素质，满足企业可持续发展需要。

（九）加强电子信息产品制造业和信息服务业的互动发展

推进电子信息产品制造业与信息系统集成、内容服务、通信网络服务、广播电视服务等信息服务业的合作，促进信息产业的协调发展。电子信息产品制造业要积极开发新技术、新产品，支撑信息服务业的发展；信息服务业要提升业务创新能力和服务水平，牵引电子信息产品的技术创新与应用，打造互动发展的产业链。

（十）继续从企业、行业、区域三个层面推进两化融合工作

在煤炭、电力、焦化、冶金等重点行业、重点企业、重点区域，继续推进两化融合工作，在工业产品研发设计、生产过程控制、企业管理、市场营销、人力资源开发、新型业态培育、企业技术改造等环节加大信息技术应用，不断提升企业的自动化、智能化和管理现代化水平，形成“以点带链，以链带群，以群带区”的发展格局。

（十一）充分利用境外资源和市场

积极吸收借鉴境外先进管理经验，有选择地引进先进技术，为海外专业技术人才回国工作创造良好条件，提高山西省信息产业的技术水平。支持有条件的企业兼并重组境外企业和研发机构，稳定和扩大装备产品出口，提高出口产品技术含量、附加值和成套水平。

第五章　内蒙古自治区

国发 18 号文的出台，为内蒙古自治区软件企业和软件产业的发展提供了强有力的政策支持和良好的外部环境。十年来，内蒙古自治区坚持把软件产业作为重要的优先产业来抓，作为现代服务业的重要增长点来推进，为转变全区经济发展方式，调整产业结构做出了积极贡献。

一、内蒙古自治区软件产业十年发展回顾

（一）从无到有、从小到大，内蒙古软件产业初具规模

国发 18 号文出台之初，内蒙古自治区只有 20 余家软件企业，从业人员约 600 人，软件销售收入仅 1.3 亿元。截至 2010 年 11 月，软件企业达 300 多家，比十年前增长了 15 倍，从业人员 5 000 多人，增长了 8 倍多。目前，规模以上软件企业 55 家，从业人员约 3 000 人。

内蒙古自治区软件企业已初具规模，通过软件企业认定的有 67 家，通过软件产品登记备案的产品 145 件。十年间，软件企业和软件产品走过了一段从无到有、从小到大的开拓发展之路。目前，内蒙古自治区获得计算机和信息系统集成一级资质的企业 4 家、二级资质的企业 5 家，三级资质的企业 22 家，四级资质的企业 15 家。352 人取得了计算机信息系统集成项目经理资质，83 人取得了计算机信息系统集成高级项目经理资质。这些软件、集成企业和项目经理对促进内蒙古软件和集成产业大发展大繁荣发挥了强有力的引领和推动作用。软件企业认定和软件产品登记备案所发挥的作用也进一步显现，一些企业具备了承接大型信息化工程的能力，很多企业在对内蒙古自治区传统工业的升级改造和更新换代方面发挥着主力军作用。一些国内著名的软件企业，如用友、金蝶、百度、天下互联等相继入驻内蒙古软件园，为内蒙古自治区的软件产业健康快速发展增添了活力和竞争力。

（二）集中优势兵力，主打民族品牌，特色产业大发展

内蒙古自治区最具特色的软件产业，就是蒙古文软件的开发和推广应用。语言文字是一个国家、一个地区、一个民族文明程度的重要标志之一，特别是在民族自治地区，本民族语言文字是行使民族区域自治权的重要工具之一。内蒙古自治区是蒙古族为主体、成立最早的少数民族自治区。60 年来，内蒙古在蒙古语言文字的使用与发展、实行民族区域自治政策等方面取得了辉煌成就。

内蒙古自治区从 2003 年起做了对蒙古文字体的收集整理、设计、开发等工作。现已收集整理并设计了蒙古文书法字体、手写体、回纥文字体、卡通字体、艺术装饰字体、美术字体、竹笔系列字体、图案字体、创意字体等种类的 78 种蒙古文字体。其中有手写标准楷体（宝山体）、专业规范字体（牌匾体、印章体、文头标题）和蒙古文网页字体等应用性较强的字体。

为达到民族地区普遍使用蒙古文规范字体的目的，内蒙古自治区在现有基础上组织内蒙古大学、内蒙古蒙科立软件有限责任公司等多家科研单位和企业合作，共同开发出一套高性能、易用、易学、录入简便、速度快的读音、整词、词组输入法及 Open Type 输入法，并在全国 8 省区的蒙古族中小学免费赠送和低价推出，鼓励和倡导使用蒙古文的所有用户都用规范字体，促进了蒙古文规范字体的普遍应用。

近年来，在国家有关部门特别是工业和信息化部、内蒙古自治区政府的重视和支持下，经过产学研用各界的共同努力，蒙古文软件开发及信息化发展具备了一定的技术基础和初步的产业基础，已完成或正在制定的蒙古文信息标准有 20 项，其中蒙古文编码字符集等标准成为国际标准。

为深入推进内蒙古自治区信息化和经济社会平稳较快发展。2010 年 10 月，内蒙古自治区人民政府、工业和信息化部在呼和浩特市签订了蒙古文软件开发和推广应用合作协议。工业和信息化部利用电子信息发展基金，重点支持蒙古文软件开发和推广应用。这一协议的签订是内蒙古自治区信息化推进的重大事件，也是国家软件和信息服务业发展的一件大事，标志着内蒙古自治区蒙古文信息技术和信息产业进入了一个崭新的发展时期。

（三）招商引资，艰苦创业，软件园十年奋斗铸辉煌

内蒙古软件园创办于 2000 年 9 月，是包头稀土高新区科技创新体系的重要组成部分，是扶持软件企业创业发展的专业平台和载体，也是自治区唯一的软件园。软件园企业主要业务范围涉及计算机软件开发、网络系统集成、工业自动化控制系统成套、互联网增值服务等。十年来，软件园不断推进资金、技术、人才的优化组合，产生了良好的聚集、示范和带动效应，有力地推进了区域软件产业发展，呈现出快速发展态势。软件园累计实现销售收入 200 多亿元，上缴税金 6 亿多元。

2005 年是内蒙古软件园发展历程中最具里程碑意义的一年。包头稀土高新区投资 6 000 多万元，按照高标准、智能化要求，建成总面积达 3.2 万平方米的软件园大厦。内部提供完善的配套服务设施，有大小会议室、多功能厅、会计师事务所、律师事务所、银行、商务中心等。软件园大厦的建成极大地改善了企业的研发和办公条件。经过 5 年的发展，软件园建立起了较为完善的政策体系、企业服务体系和良好的软硬件环境，显现出在全区软件产业中的示范带动作用，成为内蒙古软件产业发展的聚集区和中心区。软件园的工作和业绩得到了自治区有关部门和领导认可，及时成立了内蒙古软件园工作指导委员会和委员会办公室。同年 12 月，科技部正式认定内蒙古软件园为“国家火炬计划软件产业基地”，内蒙古软件园从此进入国家级软件园行列。

为了进一步优化软件企业的政策环境、工作环境和生活环境，自治区有关部门和包头稀土高新区先后制定出台了《内蒙古软件园企业管理办法》和《包头稀土高新区关于加快软件产业发展的决定》，主要涉及内容有建立软件园基本建设专项资金、产业发展专项基金；吸引人才政策、税收优惠政策、研发场地租赁费补贴、创新项目资金补贴；推进软件园公共技术支撑体系建设和投融资服务体系建设等。这些政策的制定和落实吸引了人才向园区会聚，促进了软件企业快速发展。

十年后的今天，内蒙古软件园拥有办公大楼 5 栋，公寓楼 2 栋，快餐厅 3 个，银行 4 个，西部人才市场 1 个，行政审批中心 1 个，电信大厦 1 个。入园企业达到 166 家，增长

了9倍。从业人员从最初的136人达到了2 716人，增长了20倍，其中中高级职称人数363人，本科学历1 816人，硕士以上学历92人。

在专业人才培养方面，软件园同内蒙古大学、内蒙古工业大学、内蒙古科技大学等18所高校和职业学院签订了合作培养协议，并与内蒙古电子信息学院、自治区团委、包头市团委等单位签订了在内蒙古软件园建立"应届毕业生实训基地"和"大学生自主创业培训基地"的协议，为全区软件企业培养了大量专业人才。

近年来，内蒙古软件园企业的科技含量、技术水平和自主创新能力不断提升。2010年，软件园的知识产权保护工作取得了可喜成绩，全年有30件软件产品成功申请了软件著作权登记，5件软件产品申请了软件产品登记。软件园企业获得软件著作权62件，获得软件产品登记55件，获得软件著作权和软件产品登记的产品达到117件，占软件园入驻企业总数的73%，通过国家"双软认定"的企业达到36家，占全区软件企业的54%。

在2010年召开的中国国际软件博览会上，内蒙古软件园的"行政审批管理信息系统""电力调度监控系统"等8种软件产品荣获6个金奖和2个创新奖。在中国国际软件交易会上，内蒙古新联信息公司、包头市曙光科技公司荣获"中国软件企业自主创新百强企业"称号。历经十年的洗礼，软件园内的老企业新联信息、亨达海天、金名计算机已发展成为自治区实力较强的软件企业。内蒙古软件园被誉为软件服务业的一匹黑马，彻底改变了外地人对内蒙古的印象。

如今，随着软件园创业环境的优化和内蒙古软件产业的发展，全国最大的财务软件公司用友公司、全国最大的管理软件公司金蝶公司、全国最大的搜索引擎公司百度公司、中国领先的个性化、智能化网络信息和网络广告服务商北京天下互联科技等国内知名软件企业也纷纷入驻软件园，软件产业集聚效应日益凸显，软件产业在内蒙古已经成为较有活力的朝阳产业之一。

（四）落实各项政策措施，推动软件产业集聚快速发展

1. 积极出台相关配套政策

为贯彻落实国发18号文，内蒙古自治区根据全区软件企业和集成电路产业的现状出台了以下配套政策。2000年，包头稀土高新区出台了《关于鼓励发展软件产业的政策》，政策包括税收、房租、资金扶持等多项内容。有力地推动了软件产业的发展。2005年，为进一步优化软件企业的政策环境、工作环境和生活环境，增强企业的创新能力和竞争能力，进一步促进内蒙古自治区软件产业和集成电路产业的持续、快速、健康发展，在反复征求各有关企业和相关单位意见的基础上，出台了《内蒙古自治区软件园入园企业管理办法》和包头稀土高新技术产业开发区《关于加快软件产业发展的决定》。

根据实际情况，经过审核进入软件园的企业比照高新技术企业享受资金扶持优惠政策，即7年内所缴增值税软件园留成部分100%返还扶持；5年内所缴企业所得税软件园留成部分100%返还扶持；第6年至第10年所缴企业所得税软件园留成部分50%返还扶持；3年内所缴营业税软件园留成部分100%返还扶持。在房租方面，进入软件园的企业前3年享受60平方米内50%的房租优惠，还可申请并优先使用开发区、软件园区的项目基金。这些政策的落实为软件园吸引企业、留住人才起到了积极的作用，让企业得到了真正的实惠，对

全区软件产业的发展起到了聚集示范作用。

2．认真执行税收优惠政策

根据国发 18 号文的要求，自治区各税务部门基本上执行了增值税“即征即退”“两免三减半”等税收优惠政策。十年来，全区软件企业共退税 500 多万元，减免 600 多万元。

3．积极落实财政资金支持及投融资政策

财政扶持资金对自治区软件企业的发展，促进核心竞争力方面发挥了强有力的保障作用。软件园内的企业凡列入国家重点科技攻关计划、“863”计划、火炬计划和地方立足软件开发的项目，经审核通过，内蒙古软件园都给予 5 万元的资金支持。园区还鼓励企业进行 CMM（软件能力成熟度模型）认证，通过认证的企业给予 1 万～1.2 万元资金奖励；认定为软件园研发中心、产学研合作基地和博士后工作站的，给予每家 10 万～15 万元且不高于研发机构建设投资 5%的借款支持；对于企业研发中心（包括技术中心、工程中心）升级为市级、自治区级或国家级中心的，分别给予 5 万～20 万元的借款支持。据统计，十年来全区财政已累计投入财政扶持资金近亿元。

为了给软件企业提供投融资平台，内蒙古自治区与工商银行、建设银行、中国银行、农业银行、内蒙古银行等及多个贷款公司、风险投资公司建立了紧密的联系及合作关系。

4．严格执行知识产权保护政策

目前，内蒙古自治区软件企业获得专利共有 19 项，著作权登记数量 176 个。开发出了一批拥有自主知识产权的软件产品。产品涉及电子政务、信息安全、金融、财税、商业保险等各行业。为了有效防止盗版，加强软件产品的知识产权保护，自治区政府部门和软件企业都做了很多具体工作。一是针对非法软件没有厂商服务支持，可能对用户计算机和系统造成其他方面破坏等现象，全区软件企业加强了对客户的售后服务、技术支持等方面的服务，引导消费者购买正版软件。二是使用加密手段等技术措施，有效提高企业的反盗版能力。同时，加大执法力度，对盗版软件制造者和销售者实施严厉惩罚。三是大力支持国家以法律形式保障软件企业用于知识产权保护的相关技术，切实执行国家关于政府部门正版软件采购和安装更换工作的有关要求，认真落实正版软件采购资金，有效地保护了内蒙古软件产品的知识产权，维护了软件企业的合法权益。

5．积极落实出口、人才政策

近年来，内蒙古自治区非常重视软件出口工作，根据国发 18 号文精神，制定出台了一系列鼓励软件产品出口的政策措施，加大了蒙古文软件的研发和出口工作力度。目前，蒙古文应用软件已出口到蒙古国，实现了内蒙古软件产品出口零的突破。

在人才培养和引进方面，自治区规定：国家两院院士到软件园转让技术，从事技术开发工作，在园区工作期间每月给予 1 万元补贴；具有博士学位的人员携先进技术、资金到软件园领办、创办企业，一次性给予 2 万元启动经费；具有高级专业技术资格或博士学位的自治区外人才，携先进技术、资金到软件园区领办、创办企业，居留自治区 1 年以上，给予 1 万元住房补贴；取得高级专业（执业）技术资格，给予 600 元补贴；取得高级技师资格，给予 500 元补贴；取得技师资格，给予 400 元补贴。具有高级专业技术资格人员，享受政府特殊津贴的专家、省部级有突出贡献的中青年专家，在工作期间每年给予 5 000 元医疗保健补贴等。

二、内蒙古自治区软件产业未来展望

（一）理清思路，抓住机遇，加快发展软件服务产业

内蒙古自治区在今后一个时期加快发展软件服务产业的总体思路是：紧紧抓住国内信息产业向中西部转移的历史机遇，突出软件与信息服务业的战略地位。充分发挥国家软件园的集聚作用，加快培育大型骨干企业和拳头产品，重点发展基础软件、行业应用软件、嵌入式软件、蒙古文信息处理软件等产品。立足于推进内蒙古地区工业及各行业企业信息化改造升级，促进信息化与工业化融合，在优化产业结构、转变经济发展方式、提升企业核心竞争力、促进国民经济平稳较快发展等方面发挥重要作用。力争到“十二五”末期，内蒙古自治区孵化软件企业达到340家，引进15～20家国内外百强IT公司；通过国家“双软认定”企业200家，实现销售收入200亿元，其中软件收入160亿元；实现利税100亿元，从而带动全区软件产业迈上一个新台阶。

为完成以上目标，需要进一步解放思想，延伸和拓展软件产业的内涵和外延，不断创新工作思路，创新企业服务模式，寻求软件产业发展的突破口。

（二）招商引资：转变理念，创新方法，加大力度

转变招商引资理念就是招商引资要注重由小向大转变，由数量向质量转变，由自治区内向自治区外转变，注重引进国内外知名软件企业。加大招商引资力度，创新招商引资方法，在等商上门、以商招商、亲友招商、信息宣传招商这些现在常用方法的基础上，重点开辟源头招商、合作招商、缺项招商、关联招商、网络招商等多种招商途径。通过招商引资，促进以内蒙古软件园为主的软件产业发展，积极开拓服务市场，加大以信息化提升旅游、交通、商贸流通等传统服务业能力、水平和质量的力度。

（三）服务：创新理念，转变模式，为企业排忧解难

今后，软件园要根据企业的特点和不同发展阶段，创新企业服务方式、服务手段和服务内容，2010年重点有针对性地为企业提供以下几个方面的服务：一是联系银行、担保公司、风险投资公司为软件企业和产业化项目贷款融资。积极为企业申报各级科技项目资金。抓好企业资质和知识产权申报工作，如软件企业、高新技术企业、系统集成资质和软件著作权申请。二是创新服务手段。本着资源共享的原则，以互联网远程接入先进地区软件园的公共技术服务平台，为企业提供远程软件开发、测试和人才服务。三是创新服务内容。例如，确定重点发展领域，组建企业联盟，实现集群式发展；培育和引进具有凝聚作用的旗舰型软件企业，带动园内中小软件企业共同发展；引导企业创新商业模式，顺应软件服务化、网络化的发展趋势，采用 SaaS 模式管理企业经营活动。

（四）打造“企业联盟”，实现软件产业集聚发展

内蒙古自治区针对现有企业小而散的现状，推动企业按照“平等、合作、互助、互惠”的原则，遵循“共闯市场、共享人才、共享资源、共同发展”的宗旨，不断探索创新组织

方式和运行机制，通过内部组合和外部联合的方式，根据区域特点和实际锁定若干优势领域重点发展，逐步建立工业自动化、互联网信息服务、应用软件等行业的企业联盟，通过联盟成员间的有效合作，实现成员单位的产品资源、技术资源、市场资源、人脉资源共享，减少同行之间的恶性竞争，形成以用代研的创新链和以大带小的产业链，逐步向产业集群发展。2011 年，拟在内蒙古软件园试点成立“工控企业联盟”。

（五）突出战略地位，优化产业结构，培育拳头产品

以优化产业结构为目的，建立企业为主体，产学研相结合的信息技术创新体系，引导企业开展战略性技术和重大技术研发，增强自主创新能力，做大做强软件产业和软件产品，培育自主知名品牌，提高产品出口附加值，促进软件和信息服务业大发展大繁荣。

1. 积极发展基础软件

以内蒙古自治区加快推进电子政务等信息化工程建设为契机，加大对自主基础软件研发资金的投入力度，重点支持面向网络应用环境的数据库管理系统、中间软件、办公套件和开发环境及其他基础类工具软件的开发应用，尽快掌握自主知识产权的基础软件技术，提升内蒙古自治区基础软件的成熟度。

2. 积极发展行业应用软件

把握信息技术移动化、宽带化、IP 化、多媒体化的发展趋势，提高电信和广电行业综合竞争力，面向信息化大市场，促进电信网、电视网、计算机网在应用层面上的“三网融合”。重点发展电子政务、电子商务、电子医疗、电子制造和农村牧区信息化、城市及社区信息化、企业信息化、物流信息化、远程教育等领域的应用软件，提高内蒙古自治区应用软件的技术水平和集成服务能力，推进国民经济和社会信息化建设。

3. 积极发展嵌入式软件

面向移动通信、汽车电子、数字电视、信息安全等重点领域，积极开展符合开放标准的嵌入式软件开发平台、嵌入式操作系统和应用软件的开发，继续加大嵌入式软件技术和产品的研发和产业化，推动整体跨越与自主创新的实现，为促进内蒙古自治区电子信息产品制造业的发展做出积极贡献。

4. 积极发展蒙古文信息处理软件

促进蒙古文信息处理的智能化、人性化技术发展，形成面向智能蒙古文信息处理的技术及产业竞争能力，保持内蒙古自治区在该领域的优势地位。

5. 大力发展软件外包业

抓住国际软件服务业转移的历史机遇，推动内蒙古自治区软件企业开展国际合作，承接国外软件开发，为跨国公司提供软件服务。利用内蒙古软件企业人力成本低的优势，发展对日本、欧美等市场的软件外包业务，形成一定规模的软件外包企业群。加快建设内蒙古自治区软件服务与外包公共支撑平台，积极打造软件服务与外包自治区公共品牌，建立健全相应的知识产权、信息安全保护体系，大力培育服务人才，扶持骨干软件服务与外包企业发展，做大做强软件服务与外包产业，扩大软件服务与外包在软件产业中的比例，优

化和完善产业结构。

6．大力发展信息服务业

推进公共信息资源的共享和综合利用，加快建设基础信息数据库，促进信息资源市场化开发，为公众提供就业指导、医疗保健、科技、环保、公共行政等信息服务。积极发展以互联网为载体的数字内容服务业等新兴信息服务业，大力支持动漫产业基地建设。鼓励政府和部分企事业单位的信息中心建立公共数据服务中心，提供面向社会的公共服务。培育一批有行业背景，能够提供持续专业化服务的技术咨询机构，开展面向各行业的信息技术服务，为电子政务、电子商务工程提供技术支撑，为远程教育、远程医疗、网上旅游及其他公用事业的数字化建设提供网络服务和信息技术服务。通过努力，使内蒙古自治区的软件业、信息服务业和电子制造业都有一个大的发展，逐步形成全区优势产业和主导产业。

（六）提高认识，加大投入，建设软件产业重点项目

2000年以来，内蒙古自治区认真实施信息化带动战略，把软件产业作为重点培育的支柱产业之一，放在优先发展的位置，为信息化建设和信息技术改造传统产业提供了有力的支撑和保障。但与先进省市相比，内蒙古的软件产业在全国的排名相对滞后，发展具有很大的潜力。

自治区党委、政府对加快全区软件产业发展寄予了很高期望，对优先发展信息产业提出了明确要求。要求各级政府进一步提高认识，增强机遇意识和责任意识，把信息产业的发展作为贯彻落实科学发展观、实现经济社会平稳较快发展的一项重要举措，摆上突出位置，加大工作力度。为此，内蒙古自治区拟在“十二五”期间投巨资建设一批软件产业重点项目。

一是拟在鄂尔多斯投资33亿元建设鄂尔多斯现代物流信息港项目，建设内容包括物流信息管理平台、物流资源整合中心、“公路港”运营基地、“一站式”商务中心及配套服务区五大核心区。

二是拟在鄂尔多斯投资13.8亿元建设内蒙古煤炭交易市场（信息服务系统）项目。主要建设服务全国的煤炭资源门户网站、煤炭交易市场系统和煤炭交易配套物流系统。

三是拟在呼和浩特建设乳牛乳腺自动化监控系统项目，对700个奶站20万头乳牛实现腺炎自动化监控，建立一套具有连续工作寿命15年以上的乳牛乳房炎自动化监控软件。

四是拟建设蒙古语言文字软件开发及产业化项目。该项目将对现有蒙古文软件进行技术整合和标准化改造，建立基于蒙古文国际标准编码的蒙古文软件标准体系，开发科技含量高、生产成本低、稳定实用的蒙古文信息化系列软件，实现蒙古文办公信息化，软件产品产业化。

第六章 吉林省

自国发18号文颁布以来，在吉林省委省政府的正确领导下，随着新一轮东北老工业基地振兴不断推进，两化融合步伐不断加快，战略性新兴产业发展方向进一步确定等一系列重大战略部署及政策措施的相继出台，吉林省软件和信息服务业作为现代服务业中科技创新最活跃、增值效益最大的产业，迎来了前所未有的发展机遇。总体看，经过近十年的发展，吉林省软件和信息服务业的发展水平和层次都有了明显的提升，特别是在销售额、利税、利润等指标方面均取得了长足的进步。

一、吉林省软件和信息服务业十年发展回顾

十年来，吉林省软件和信息服务业一直保持了20%左右的增长速度，运行高速平稳，呈现出健康、快速的发展势头。2010年，信息传输、计算机服务、软件业产值占服务业总产值的比例由2006年的6.4%提高到2009年的6.9%，提高0.5个百分点。

（一）软件和信息服务业的发展推动产业结构优化升级

软件和信息服务业作为信息产业的重要组成部分，是信息产业和服务业发展的直接推动力量。吉林省是著名的东北老工业基地，地区经济结构中第二产业一直是经济增长的核心动力。随着近年来高速的经济增长和积极地进行产业结构调整，吉林省第三产业日渐成为地区经济的重要支柱，服务业对国民经济的贡献日渐突出，其中软件和信息服务业作为重要的新兴产业，对吉林省产业结构升级发挥着重要的推进作用（见表12、图16、图17）。

表12 2005—2009年吉林省服务业与地区生产总值情况

年份	地区生产总值（亿元）	服务业产值（亿元）	服务业对经济贡献率
2005	3614.92	1402.79	40.90%
2006	4249.23	1676.64	42.50%
2007	5226.08	2022.73	37.50%
2008	6424.06	2442.73	41.80%
2009	7203.18	2730.12	37.90%

2005—2010年，吉林省服务业产值逐年递增，2010年，全省服务业实现增加值3 109.52亿元，同比增长10.4%，增加353.26亿元。图17显示，吉林省软件和信息服务业是服务业发展的重要组成部分，2009年信息服务、计算机服务和软件业占到服务业总产值的9.35%。

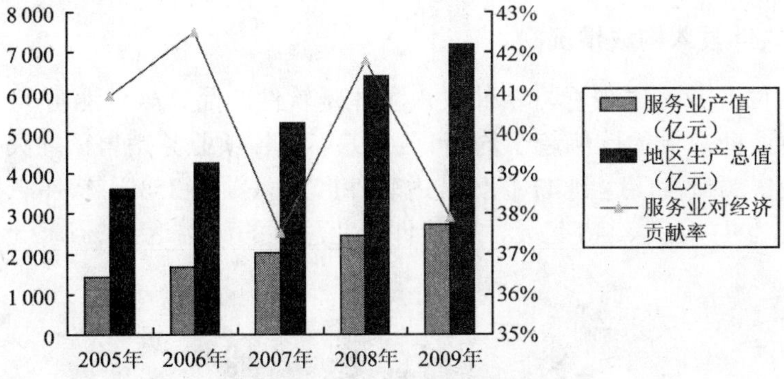

图 16　2005—2009 年吉林省服务业与地区生产总值情况

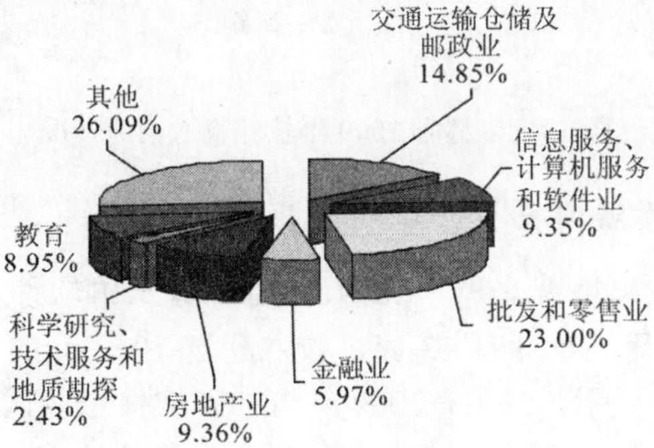

图 17　吉林省服务业内部结构

（二）软件业发展凸显成效

1．吉林省软件业近年收入状况

截至 2009 年 12 月底，吉林省软件行业全年产业规模达到 134.2 亿元，比 2008 年同期增长 22%，占全省 GDP 的 1.8%，全省软件行业从业人员超过 2 万人（见图 18）。

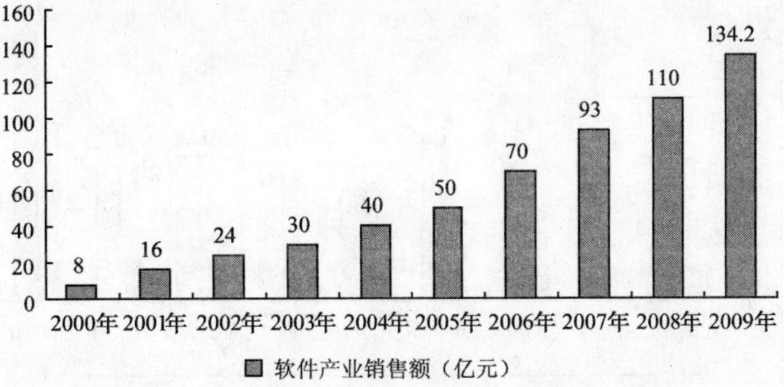

图 18　2000—2009 年吉林省软件产业销售额增长情况

图 18 清晰地反映出，从 2000 年到 2009 年，吉林省软件收入上升趋势明显，增长率呈逐年上升的态势。2008 年实现增长率 18.3%，2009 年增长率较上一年提升了 4 个百分点。

2. 吉林省软件收入构成情况

从吉林省软件产业构成来看，软件收入主体是软件产品、软件服务和系统集成，各项业务收入占软件产业总额的比例趋于均衡。2009 年，各项业务销售额均突破 40 亿元。其中，软件服务销售额最高，达到 47 亿元，占软件产业总额的 35%；软件产品销售额、系统集成销售额分别为 41 亿元、46 亿元，占软件产业总额的比例达 30%和 35%（见图 19）。

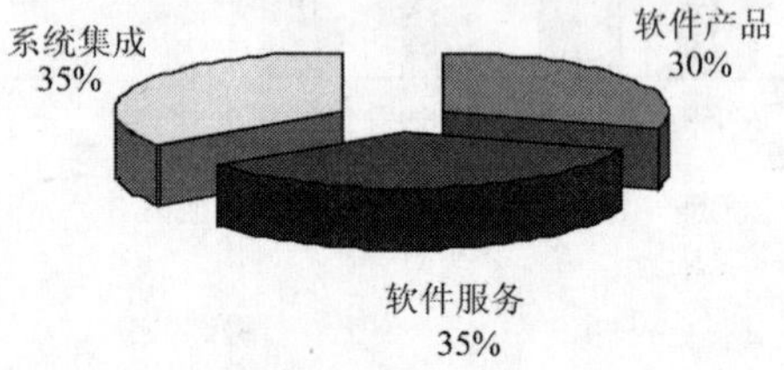

图 19　吉林省 2009 年软件收入构成情况

3. 吉林省软件企业发展情况

从吉林省软件企业发展情况来看，2009 年吉林省从事软件及信息服务业的企业超过 600 户。其中，收入过亿元的企业有 13 家，收入超过 10 亿元的企业有 1 家，软件出口外包企业超过 50 家。图 20 显示，2001—2009 年吉林省软件企业认定数量和登记产品件数在总体上均呈稳中有升的趋势。截至 2009 年年底，全省累计认定软件企业 386 家，登记备案软件产品 1 224 件。其中，2009 年新认定软件企业有 36 家，新登记软件产品 231 件。全省获得计算机信息系统集成商资质认定的企业共有 53 家。其中，获得一级资质认证、二级资质认证、三级资质认证的企业分别有 3 家、4 家和 39 家。全省通过 CMMI3 级的企业有 3 家。同时，在 2009 年度，吉林省还有 4 家企业被确定为“国家规划布局内重点软件企业”。软件企业在研究开发投入、建立和完善核心技术创新体系、提高自主创新能力、扩大产业规模及丰富产品结构等方面均有较大突破。

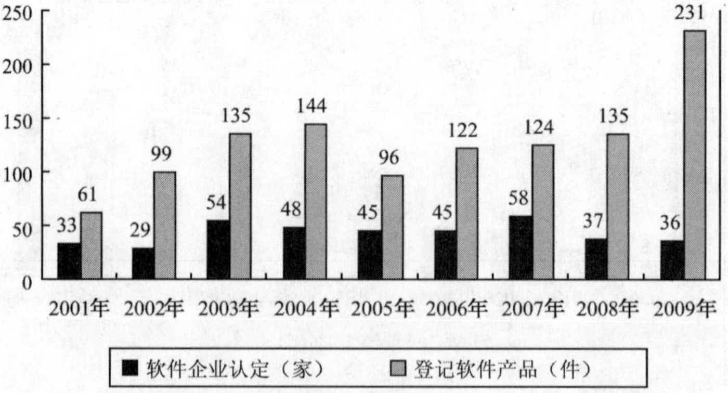

图 20　2001—2009 年吉林省软件企业认定和软件产品登记情况

从软件产品数量和结构来看，截至 2009 年 11 月底，吉林省共开发生产各类软件产品 2 000 余件，软件产品结构以应用软件为主，嵌入式系统软件则相对比较薄弱。一批拥有自主知识产权、具有核心技术优势和特色的软件产品，其市场占有率不断提高，品牌效应不断提升，如启明公司汽车行业管理软件、吉大正元公司电子证书认证系统软件等。

（三）信息业基础建设成果显著

“十一五”以来，在加快发展信息服务业的规划指导和政策引导下，吉林省信息服务业市场规模不断壮大，基础设施不断完善，信息内容服务不断拓展，质量不断提升，应用网络建设全面推进，为信息服务业的纵深发展奠定了良好的基础。

第一，信息服务业基础设施建设日趋完善。截至 2009 年年末，全省长途光缆线路长度达 20 161 千米；完成电信业务总量达 512 亿元，增长 16.8%，较 2007 年增加 115 亿元。局用电话交换机总容量 860 万部。全省电话用户达到 2 155.5 万户，电话普及率达到 78.9 部/百人，其中，固定电话用户为 581.3 万户，固定电话用户中城市电话用户达 425.4 万户，农村电话用户达 115.9 万户，固定电话普及率 21.3 部/百人；移动电话用户达到 1 574.2 万户，移动电话普及率为 57.6 部/百人，增长 7.7%。互联网络宽带接入用户 227.9 万户，增长 29.6%，较 2007 年增加 84.6 万户。信息服务业基础设施的社会普及程度进一步提高。

第二，网络信息服务业不断深化。目前，在以电信网、广电网为主的基础网络体系和以光纤通信为骨干、卫星通信、数字微波为辅的通信网络体系良性运行下，吉林省信息服务业的网络化建设取得了显著的进展。2009 年，全省互联网用户数达到 237.9 万户，网民数达到 726 万人。宽带互联网普及率由 2006 年的 4.4%提高到 2009 年的 8.4%，促进了信息流的畅通。其中，长春市、通化市已经实现单频网覆盖，吉林市单频网正在建设当中，网络覆盖状况位居全国前列。同时，重点领域和特色网站的建设，综合性和各类专业性数据库的建设，以及网络教育、电子出版物、电子物流、数字图书馆、网上社区等的建设也都呈现出强劲的发展势头，发展方向和服务模式不断创新。具体来看，在电子商务方面，小商品在线支付网络、防伪信息网络、网上银行、企业的电子商务采购平台等全年运行平稳，省密钥管理中心和数字认证中心的综合服务能力进一步提高，尤其是电子商务中的短信业务实现较快增长，实现收入 1 800 万元，增幅列全国第四位；在电子政务方面，电子政务内外网建设与管理机制逐步完善，应用水平整体提高，政务信息发布逐步规范、及时、透明，电子政务重点项目建设和培训工作开展有序，突发应急信息管理逐步加强，“一站式”电子政务服务能力大大提升，政府网站内容不断丰富，功能逐步增强，从而有力地强化了政府通过网络信息进行社会管理、市场监督和公共服务的职能。

第三，农村信息化建设稳步推进。12316 新农村服务热线，“黑土地”农民连锁互动信息网的利用率不断提高，农村信息化资源优化整合逐步加强，自然村通电话工程建设大力推进。2009 年，全年完成自然村通电话工程 422 个；建设行政村通宽带工程 1 445 个，全省行政村通宽带比例达到 72%。同时，全省还有 623 个乡镇开展了“信息下乡”工程，共建设信息站 623 个，乡信息库 354 个，村信息点和信息栏 2 068 个和 2 568 个。

第四，广播电视网络功能显著提升。2009 年，全省广电网络资源整合初见成效，逐步实现了广播电视网络资源的优化配置，网络的整体竞争力进一步提升，全省广电系统有线网络收入达到 7.59 亿元。其中，吉林省广播电视信息网络集团有限责任公司全年实现收入 9.6 亿元，同比增长 31.6%；实现净利润 2 亿元，同比增长 392%。此外，截至 2009 年年底，吉林省 9 个市（州）已全部开通移动多媒体手持电视信号。

第五，信息服务平台建设不断加强。目前，吉林省信息服务平台涉猎的领域不断拓宽，建设完善力度不断加强。如数字电视服务平台、农业综合信息服务平台、制造业信息化服务平台、企业基础信息交换平台、信息技术综合服务平台等的建设正日趋完善与健全，从而大大提高了信息资源共享和开发应用的能力。同时，在就业、社会保障、安全生产、公共卫生等领域信息服务平台的作用也日益突出。

第六，信息安全保障体系建设不断健全。随着信息化的全面推进，信息的安全性越显重要。当前，全省网络信任体系建设整体水平快速提升，信息安全等级保护制度、信息安全风险评估体系和审核标准日趋完善。

二、吉林省软件和信息服务业发展优势及特点

（一）区位优势

吉林省 80%以上的软件企业都集中在长春市、吉林市和延边朝鲜族自治州。长春市地处东北亚区域几何中心，交通便利，基础设施建设相对完善，是物流、人流和信息流的重要枢纽，为大力发展软件和信息服务业奠定了坚实的物质基础。延边朝鲜族自治州一直以来与日韩等国家关系较为密切，特别是近几年来在经济、政治等方面有着频繁而友好的交往，这大大促进了吉林省软件和信息服务业外包市场规模的发展壮大。

（二）科教人才优势

从人才培养的硬件设施投入来看，目前，吉林省设立的软件及相关专业的全日制大学就有 40 余所，其中吉林大学计算机专业是中国计算机学会常务理事单位之一。现有国家级软件学院 2 所，省级软件学院 15 所，国家级软件技术学院 2 所，有计算机技能培训机构 50 多家。从人才培养的规模和数量来看，吉林省现有计算机及相关专业在校大学生 4 万多人；各级软件学院及软件技术学院年培养计算机及相关专业本科毕业生、硕士毕业生分别达 10 000 多人、2 500 多人；计算机技能培训机构年培训各类人才 5 000 多人。从人才结构来看，软件工程师所占的比例较高，系统分析员和项目总设计师的比例较低。目前，拥有一线软件工程师近 10 000 人。据统计，吉林省每年为全国各地软件及服务外包企业输送的人才就将近 20 000 人。

（三）产业优势

吉林省长春市是全国重要的工业生产基地，尤其是在汽车、轨道客车和装备制造业方面，具备了较高水平的研发、设计、加工、生产等综合能力，拥有一汽集团、一汽大众等著名整车生产企业及十几家专用车、改装车企业，拥有全国最大的轨道客车生产基地，该基地将形成年产 800 列高速动车组的生产能力。同时，随着战略性新兴产业规划的进一步确定，新能源、新材料等诸多领域对软件及信息服务业的依存度和需求量不断增加，必将为吉林省软件及信息服务业的加快发展提供广阔的应用领域和市场空间。

（四）产业基地优势

在信息产业领域，吉林省已经成立了国家产业基地和省级产业园区。长春国家光电子产业基地、新兴的现代电力电子产业基地、吉林省（长春启明）汽车电子产业园、吉林新

元器件产业园、长春软件园、吉林软件园、延边信息产业园，形成了特色的产业集群。在光显示器件、新型元器件和汽车电子等领域发展迅速，形成了吉林省特色化的信息产业。在光电子领域，依托长春光电子产业基地、科研院所和重点企业的研发力量，吉林省在光电子显示器件、光电材料及新型元器件方面持续保持着产品优势和领先地位。长春光机所、吉林大学、长春理工大学等在光电子显示、激光、光电器件等技术处于国内领先地位；产品达到国际先进水平，市场占有率也较高，是军品研发、生产、检测的重点单位，并承担了大量国防军工高端项目。

在汽车电子领域，吉林省拥有具有较强竞争力的国家汽车电子产业基地，现有汽车电子企业 110 户，其中产值超亿元企业有 14 家。同时还拥有国内著名的汽车技术研发机构、科研院所、高等院校和国家重点实验室，在汽车与汽车电子研发领域具有雄厚的实力。设有汽车电子国家工程技术中心、汽车电子产品交易和服务中心、汽车电子技术人才培训中心，逐步形成支撑汽车电子产业发展的公共服务体系。在汽车电子控制产品、车载电子产品、车用软件、车用半导体元件及汽车安全电子产品方面具有良好的技术基础。2009 年，吉林省汽车电子产品产值达 120 亿元，居国内第三位。在软件领域，长春启明已经在汽车管理软件产品研发与服务和车载信息系统研制及服务两个领域的市场份额居国内同行业第一位。吉林盟友、东电开元集团等一大批优秀软件企业正逐步形成自己的特色产品。一批具有自主知识产权的软件产品已遍布全国，拥有双软认证的企业有 300 余家，各种应用软件，如税务、银行指纹识别、教育、网络安全等都有非常活跃的市场。

（五）语言优势

同其他省市相比，吉林省在日韩语言方面具有明显的优势。目前，全省共有 16 所培养日语人才的学校，有日语在校生 10 000 多人。全省朝鲜族比例较高，主要集中在延边朝鲜族自治州，特别是延边大学每年为全国各地培养并输送了大量双语人才及掌握信息知识的复合型人才。此外，东北师范大学人文学院在韩国语教育方面也处于全国领先地位，从语言视角出发为吉林省软件及信息服务业未来的发展提供了特殊的支持。

（六）其他优势

吉林省的软件和信息服务业发展的优势还体现在产业结构、产品种类和软件园区建设的特色方面。在产业结构上，吉林省软件产业虽然产业规模逐年扩大，但仍然以中小企业占大多数，大型企业数量偏少。而且企业性质也以民营、中外合资、股份制等形式的公司为主。

在产品种类上，吉林省软件产品以应用软件占绝对优势，系统软件和支撑软件数量较少。其中，汽车、信息安全、教育、政府、农业等行业应用软件在市场占有率、技术水平及知名度等方面处于国内领先水平。

在软件园建设上，2010 年吉林省明确提出，将着力把信息服务业打造成重要的特色产业，着力建设长春软件园、吉林软件园和延边中韩软件园，以形成优势互补、共同发展的新格局。其中长春软件园主要发展企业管理软件、人口信息管理软件、汽车软件、教育软件、信息安全软件；吉林软件园主要发展嵌入式软件和电力行业、石化行业大型应用软件；延边中韩软件园着重承接韩国、日本的软件外包和信息服务。据统计，目前，全省 80%以上的软件企业、85%的软件收入都主要集中在这3家软件园区，聚集效应十分显著。

三、吉林省软件和信息服务业发展政策措施

（一）努力营造软件和信息服务业发展的良好环境

在政策、资金环境方面，加大资金和政策扶持力度，促进融资渠道多元化，强化专项资金的引导作用，除税收优惠政策外，还应积极开展其他优惠措施，不断丰富优惠政策种类，有效调动社会资源参与软件和信息服务业的发展。在经营环境方面，培育竞争有序的市场，加强投融资服务平台和公共服务平台建设，从而为软件和信息服务业的发展奠定坚实的基础。

（二）充分发挥政府的职能作用，贯彻落实好相关扶持政策

针对吉林省软件和信息服务业的发展现状，政府应从宏观上规划引导，坚持务实、创新、做细做强的原则，科学制定促进产业发展的各种政策和措施。特别应积极支持软件和信息服务龙头企业开拓国际市场，支持企业到国外注册商标、申请专利等活动；为企业出国培训、建立销售网点、国际采购和招投标、引进国际人才开辟快速通道。同时，在政策落实上，应加强监督管理力度，尤其要做好事后监管工作，以确保政策实施的有效性。

（三）大力培育具有国际竞争力的骨干型软件和信息服务企业

培育具有自主创新能力和自主品牌建设的大型骨干企业，鼓励具有创新活力的中小企业发展壮大，以在激烈的市场竞争中立于不败之地。此外，还要优化企业构成，改变传统的企业分布格局，使其向“纺锤形”的分布格局发展，形成一大批中等规模服务企业和一定数量的收入超亿元的龙头企业。与此同时，鼓励这些实力雄厚的龙头企业扩大开放合作，实施软件和信息服务业“走出去”战略，充分发挥IT产业和人才的比较优势，大力发展软件外包、研发外包等知识密集型服务贸易。

（四）全面促进技术创新

加快推进以企业为主体的技术创新体系建设，增强自主创新能力，不断提高技术研发经费占总收入的比例和产品中自主知识产权的含量，从而提高高端产品的市场占有率，争取在一些特色优质产品上达到国内领先水平。

（五）注重人才战略

吉林省在软件和信息相关的学科建设领域卓有成效，多渠道、多层次的人才培养也具备相应的规模。在今后的人才战略中，要更加注重人才培养方向与技术应用的匹配，加强岗位的职业培训，实现技术人才供给与IT业发展方向的结合。除了人才培养领域，吉林省还要在人才应用领域给予相应的政策支持，尽量减少人才外流的损失。同时，还应加强软件和信息服务业高端人才引进，通过在各方面提供相应的政策支持来积极引进国内外优秀人才。

（六）推动软件和信息产业与传统产业的融合

吉林省软件和信息业的发展不仅注重该产业的发展壮大，更加注重软件和信息化领域

的高技术对传统工业发展的渗透和促进作用。软件和信息业的核心价值也体现在信息化与工业化的融合。在具体的应用领域中，结合吉林省的实际情况实现两化融合，例如，在推动汽车产业的发展过程中，可以通过汽车电子控制产品装置的研发，积极开拓混合动力汽车市场。又如，在能耗较高的石化行业、建筑行业、冶金矿业中推进重点企业的节能改造，通过企业信息化的建设实现能源消耗管理与控制一体化，进而加速吉林省节能减排的进程。在信息化对传统工业改造的过程中，实现软件和信息产业的技术突破和发展壮大。

第七章　黑龙江省

一、黑龙江省软件产业十年发展回顾

黑龙江省软件产业规模位列全国中游水平。自 2000 年国家颁布鼓励软件及集成电路产业发展的优惠政策以来，黑龙江省软件产业得到了长足的发展。

2010 年 1 月至 10 月，黑龙江省软件产业业务收入 60.2 亿元，同比增长 28%，连续十年保持快速增长。从业人员超过 2.6 万人，企业数量超过 370 家。主要服务对象涉及制造业、电信、电力、石油、铁路、财税等重要民生领域，占电子信息产业比例超过 40%，是黑龙江省国民经济中不可或缺的“加速器”。

全省软件企业绝大多数聚集在哈尔滨、大庆两地，其软件业务收入之和占全省比例为 99%，非公经济成分超过 90%，

2000 年开展“双软认定”工作以来，累计认定 473 家企业。累计登记软件产品 1 127 件。“双软认定”优惠退税额度累计超过 4.5 亿元。在册 270 家软件认定企业中，软件研发型企业占 60%，嵌入式系统企业占 19%，系统集成企业占 14%。

黑龙江省拥有哈尔滨工业大学、哈尔滨工程大学、黑龙江大学等数十所著名院校，教育资源和人才储备雄厚，人均教育资源在全国列第五位，每年毕业的软件、计算机等相关专业学生近 3 万人，是软件类人才输出大省。

（一）特色产业发展情况

1. 十年内产业规模及增长率情况对比

2000—2010 年对于黑龙江省软件产业，是一个具有划时代意义的十年。黑龙江省软件产业的规模以每年超过 10%的速度增长，除 2007—2009 年出现增速下滑，其他时期均保持了较高的增速，为黑龙江省经济社会的发展提供了有力的支撑（见图 21）。

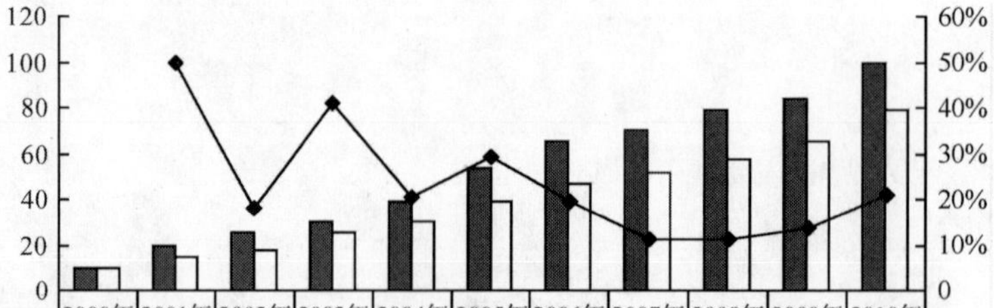

	2000年	2001年	2002年	2003年	2004年	2005年	2006年	2007年	2008年	2009年	2010年
主营业务收入（亿元）	10	20	25	30	39.2	53.9	65.1	70.3	78.6	83.9	100
软件业务收入（亿元）	10	15	17.7	25	30.1	38.9	46.5	51.7	57.4	65.3	79
业务增长率（%）		50	18	41.2	20.4	29.2	19.5	11.2	11.1	13.7	20.9

图 21　黑龙江省黄金十年内软件产业收入情况

2. 十年内软件产业专利获取情况

据不完全统计，2000—2010年黑龙江省软件认定企业共获得软件及嵌入式设备专利103件。2005年以前专利申请数量不高，这与当初企业处于初创期，精力主要聚焦于专业市场有较大关联。自2005年以后，专利获取数量提升了一个台阶，部分起步早、发展好的企业已将战略重心转移到塑造自主创新能力的更高要求，谋求通过差异化服务获得市场优势（见表13）。

表13 黑龙江省十年内“双软认定”执行情况和重点企业数量对比

年 份	2000	2001	2002	2003	2004	2005	2006	2007	2008	2009	2010
企业认定数量（家）	12	27	34	68	59	51	54	41	39	54	25
产品登记数量（件）	26	78	73	113	167	88	123	93	105	156	105
重点企业（家）	无	无	无	3	4	3	2	3	4	3	

（二）技术创新

1. 科技进步情况

图22反映了黑龙江省2000—2009年企业认定和产品登记情况。黑龙江省有3家企业被认定为2009年年度国家规划布局内重点软件企业。2010年10月末，黑龙江省认定软件企业累计473家，登记备案软件产品累计1 127件。科技创新主体呈现多渠道多样化态势，由原来的个人创新，扩展为个人、公司、机关院校多种创新主体形式共同发展，科技创新成为软件和服务外包产业发展的重要推动力量，企业在研发中也更加重视科技创新能力的培养与保护。由于软件产业更新速度极快，每年新上马项目和产品层出不穷，在数量规模上，黑龙江省软件产品的开发主要围绕嵌入式软件和优势行业的信息化项目。目前，石油石化、电力、电信、铁路、交通、制造业是行业增长支撑点的局面仍将持续一段时间，工业软件成为增长的主力。

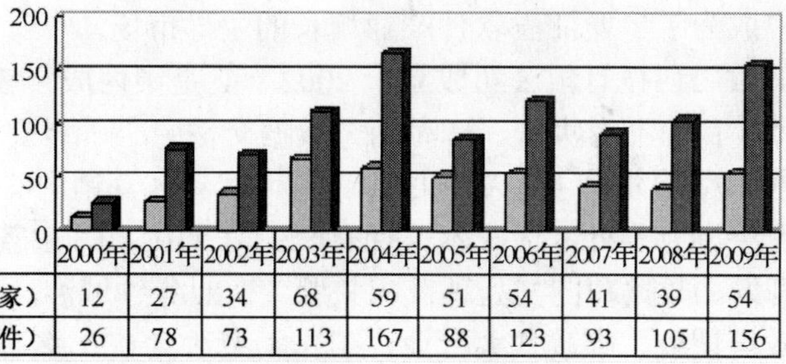

图22 黑龙江省软件企业认定情况

2. 企业研发投入加大

黑龙江省企业研发投入与年收入比例明显升高，30%～40%的投入比例普遍高于历史均值。研发机构设立比例超过64%，而营销渠道建设的比例却只有60%，反映出黑龙江省企业收缩运营规模，转而加大研发机构建设的倾向。黑龙江省地理位置、经济发展水平和气候条件，被IT业界视为设立研发中心、远程支持中心、低成本维护中心的优先选择，这直接提升了黑龙江省软硬件资源的利用率。

3．产品及发展趋势

“亿阳移动网络管理系统软件V5.0”、“亿阳3G网络综合管理系统软件V1.0”等面向电信运营商的软件产品。整体产品水平处于先进地位，尤其在国内电信运营商内部解决方案领域，其知名度和影响力居于前列。

正在开发高压H.SVG动态无功连续补偿装置，高压H.SVG采用半导体电力电子器件来搭建整流和逆变电路，可对负荷实现双向补偿和连续调节（感性/容性），补偿容量足够的情况下实现功率因数补偿接近为1。高压SVG在原理上具有创新和突破，取消电容器，不用电容器来产生无功功率，自身不会产生谐波，具有重要的学术价值和应用价值。

以食堂售饭系统、校园一卡通、企业一卡通、机关一卡通系统为主导，取得了行业领导者的地位。金龙卡系统一卡通，已经从简单的售饭收银管理系统发展成为集管理功能、金融功能、识别功能等于一身的校园一卡通系统。新中新公司在智能交通领域、智能控水、智能控电等领域已经占据了相应的市场份额，产品技术水平达到了国内领先。随着公司城市智能交通疏导系统、金龙卡智能控电系统、金龙卡控水系统、安地系列产品的推出，公司已从原来的单一金卡领域，向交通、电信等广阔领域延伸。公司的城市智能交通疏导系统已经在吉林、锦州、福建、安徽等省市建立了样板工程。市场占有率60%，拥有用户3 000余家，产品覆盖中国大陆所有省份。

（三）企业发展

到2009年年底，黑龙江省软件业务收入超过500万元以上的企业有137家，占全省总体数量的39%，其中面向电力、电信、交通、铁路行业应用的企业业绩突出，数据处理、在线软件等领域的企业克服了金融危机引起的需求下降等困难，维持了增长的趋势。黑龙江省软件行业主要依托于电信、电力、石油石化、铁路、交通、制造业等优势行业，近年来全国范围内的公共事业领域和工业领域，在国家经济政策的刺激下，IT支出比例逐步提升，这些大客户成为了黑龙江省软件产业增长的主导市场。

大庆市华拓数码科技有限公司成立于2002年，是国内成立较早、规模较大的专业离岸服务外包提供商，目前拥有大庆、珠海两个数据交付中心、北京（中国区营销中心）、上海与郑州（扫描中心）、哈尔滨（研发中心）、悉尼（澳洲区营销中心）、伦敦（欧洲营销中心）、加拿大马卡姆及香港办事处，大庆本部拥有职工 1 230 人。主营业务中英文录入、呼叫中心业务、软件开发、数据和图文处理及相关服务。业务领域涉及金融、保险、医疗、物流、教育、出版、政府调查、邮政八大行业，工作类型达 1 000 多种。在全球各地拥有庞大的客户群体，境外主要客户有汇丰银行、美国运通银行、澳洲银行、香港交通银行、美国时代华纳、英国EDM公司、柯达—澳大利亚公司等国际知名公司。有近7年的开发BPO录入和扫描软件经验，积累了大量的经验，培养了录入行业的大量业务专家。并有多项中英文数据处理平台拥有自主知识产权。公司连续3年被ChinaSourcing评为中国服务外包百强企业，未来3年，公司将以华拓万人数据处理平台建设为主要载体，建设拥有现代的、与国际接轨的基础设施建设的服务外包交付大厦，以数据处理服务企业为核心，以职教联合培训、企业内部培训及外部招聘、中介及国外引进人才机构供给人才为保障，以建立产业及业务信息交流平台为沟通宣传渠道，以居住、文化生活、交通等其他配套设施为外围保障的国际化、现代化的数据处理业务产业集群。经过十年的发展，黑龙江省软件产业培养了一批龙头软件企业，如九洲、威瀚、锐科、工大软件、新中新、亿阳信通、四海等。

（四）人才培养

黑龙江省是高等院校云集的省份，拥有高等院校 63 所，专业的职业技能学校 10 余所，无论在人力资源储备，还是培养方面都具有非常大的优势。但是这种优势仅仅是基础资源优势，大量的人才流失却是目前亟待解决的首要问题。相关研究结果显示，黑龙江省的人才净流入率为−65.9%，在全国垫底，其中 85%流向了珠三角和长三角。而作为服务外包人才培训主要力量的各大职业培训机构，培养出的合格人才流出率更是高达 84.6%。日益严重的人才流失，使黑龙江省软件产业创新能力越来越弱，不仅使大量的利润流向外地企业，还严重影响黑龙江省软件产业的积累和再循环能力。

据黑龙江省统计局提供的最新数据显示，信息传输、计算机服务和软件业在岗职工年平均工资 15 606 元，居黑龙江省各行业平均工资首位。国内大型软件企业秉承“以一流待遇吸引一流人才”的理念，初级软件工程师的平均年薪都在 6 万～15 万元，并为员工缴纳“五险一金”。如此大的薪金和福利待遇的差距更导致软件外包人才大量外流。

一些软件企业已经意识到人才吸引与培养是未来企业发展的基石，目前软件认定企业仍以自发行为吸引人才、培养人才，如通过股权激励、弹性工作时间、多级岗位工资等方式。

在 233 家受调查企业中，技术人员数量 9 347 人，占员工总数的近 70%，而其中专职研发人员 5 632 人，占技术人员的 60%，约占全体员工总数 42.1%。但是现阶段中高层人才依然供不应求，因此，黑龙江省哈尔滨市、大庆市纷纷出台人才培养激励政策，全省 20 余家大型软件及服务外包人才培训机构，每培训出一名合格人才，即可获得一定的政府培训基金补贴。2010 年，大庆市政府与大连等地的国内先进软件及服务外包人才培训机构合作，设立“黑龙江省国际服务外包人才实训基地”，将从长远角度，缓解黑龙江省软件产业对人才的需求。

（五）基地建设

黑龙江省内没有国家认定的软件园区，但拥有承载相同功能的哈尔滨工程大学科技园、哈尔滨工业大学科技园、大庆服务外包产业示范园、哈尔滨开发区服务外包产业园等“类软件园区”，这些园区吸引了大量软件企业入驻。

1．哈尔滨软件园

哈尔滨软件园包括南区、哈尔滨工业大学科技园、哈尔滨工程大学科技园、黑龙江大学科技园、哈尔滨理工大学科技园。① 作为“十五”期间重点建设项目，哈尔滨软件园是 1998 年经省政府批准，由市政府牵头，以哈尔滨工业大学、哈尔滨理工大学、哈尔滨工程大学、黑龙江大学和军诚公司联合投资创建的经济实体。南区于 2003 年 11 月投入使用，内设有企业孵化创业中心，适于百人以下的企业入驻孵化，2006 年年底有 15 家软件企业入驻。② 哈尔滨工程大学科技园占地 7.6 万平方米，建筑面积 30 万平方米，其中有 10 万平方米的高科技产业及软件企业用房，园区按照国家级软件园区的建设要求，划分为软件研发中心、孵化创业中心、网络中心、教育培训中心、科技产品交易中心、融资中心、投资创业中心。2005

年年底入驻软件企业 65 家。③ 2005 年 10 月，黑龙江大学科技园被批准为升级大学科技园，该园区在软件企业孵化、软件人才培养、离岸外包等方面有鲜明的特色。

2. 大庆软件园

大庆软件园是黑龙江省唯一的国家火炬计划软件产业基地。2005 年 3 月建成投用，2009 年年底入驻企业总数超过 200 家。

3. 黑龙江省地理信息产业园

2003 年 7 月经省政府批准建立的全国首家地理信息处理园区，总占地面积 27 万平方米，建筑面积 23 万平方米。产业园主要作为国际地理信息数据加工基地和相关企业的孵化基地，目前已建成的有哈尔滨市地理信息公共服务平台、地理信息数据共享服务软件平台。现已吸引 30 余家企业入园发展，集聚了 1 000 多名高科技人才。到 2009 年年底，入驻软件企业 30 余家，年营业收入 14 000 万元。

4. 黑龙江省动漫产业基地

2006 年 10 月 17 日在哈尔滨市平房区成立了黑龙江省动漫产业基地，国家文化产业示范基地、国家动漫出版产业基地、国家火炬计划新媒体特色产业基地和中国国际青少年动漫培训基地，是全国最早的省级动漫基地之一。基地入驻企业已从最初的 8 家增至 148 家，从业人员达到 2 000 余人，年生产动画能力超过 20 000 分钟。生产办公用房也由成立时的 5 400 平方米增至 4.5 万平方米，2009 年基地实现销售收入 1.09 亿元，税金 440 万元。

5. 哈尔滨软件服务外包产业园

在哈尔滨开发区哈平路集中区大连路以西，规划了服务外包产业园 A 区、水景公园和服务外包产业园 B 区 3 个不可分割的街区，相互之间保持空间和景观上的联系。其中水景公园占地 12 万平方米，目前已初步建成投入使用。服务外包产业园 A 区占地 14 万平方米，规划建筑面积 28 万平方米，一期工程总建筑面积 10 万平方米，于 2008 年年初开工建设，其中一期工程 1.3 万平方米的公寓楼和 1.3 万平方米的标准化厂房已经建成；7.4 万平方米的研发楼和综合服务楼正在建设中，2009 年年底主体完成，2010 年上半年交付使用。二期工程 7.8 万平方米 6 栋标准化厂房计划 2009 年 4 月底开工建设，年底建成。服务外包产业园 B 区规划占地 13 万平方米，规划建筑面积 22 万平方米，重点建设外国专家公寓、服务外包标准化厂房、商服设施、员工宿舍等。服务外包产业园建成后 3 万人左右可以在此从事服务外包业务。

6. 黑龙江软件园

黑龙江软件园被列入黑龙江省 2008 年重点推进 200 个大项目之一和黑龙江省“哈大齐工业走廊”开发建设项目。由黑龙江软件园股份有限公司承担建设和运营，于 2010 年投入使用。

（六）促进政策

2000 年，国发 18 号文颁布以来，黑龙江省发布了《黑龙江省发展高新技术产业专项（信息产业）资金管理办法实施细则》和《黑龙江省发展高新技术产业专项（信息产业）资金管理办法（试行）》，在十年内每年拿出一部分财政资金扶持软件产业持续稳定增长。

2007年，依据《黑龙江省服务外包产业发展“十一五”规划》（黑发改高技［2007］7号）和《黑龙江省人民政府关于促进服务外包产业发展的若干意见》（黑政发［2008］15号），设立了黑龙江省发展服务外包产业专项资金，原部分信息产业专项资金整合并入服务外包专项资金。

二、黑龙江省软件产业“十二五”展望

大力发展软件及服务外包产业对于黑龙江省加快经济发展方式的转变，调整产业结构，促进区域经济发展，扩大就业，具有重要意义。在未来5年里，黑龙江省现代服务业将珍惜机遇，不断创新，充分考虑黑龙江省产业发展规律、国际发展趋势、现实发展基础和城市区位功能，选择并明确发展方向，引导切入、强力突破、重点集聚、协调联动，打造具有国际知名度软件及服务外包产业的黑龙江品牌，进而把现代服务业培育为支撑黑龙江省经济发展的龙头产业。

（一）发展思路

依照“打造城市软件及服务外包品牌，创建特色软件及服务外包园区，形成软件及服务外包产业集聚区”的发展思路，将软件与服务外包产业发展为黑龙江省支柱产业之一。

（二）发展目标

“十二五”期间，在工业软件、数字内容服务、数据处理、呼叫中心、互联网数据中心（IDC）等重点产业领域培育和扶持一批重点骨干企业，形成成熟的产业链及产业集群，打造软件服务外包产业重点领域的龙头。带动和辐射全省软件和服务外包产业提升和发展，挖掘和培育一批生产性服务业、信息服务业重点企业，初步形成装备制造、石油石化、生物医药、食品加工等黑龙江省优势传统产业的生产性服务、信息服务产业集群。到2015年年末，全省软件服务外包企业达到1 500家。从业人员17.5万人，软件服务外包增长速度不低于20%。软件服务外包收入达到350亿元。

（三）发展重点

随着全球经济的逐渐复苏、外部需求的逐步回升，以及黑龙江省“八大经济区”建设的快速推进，将会对技术研发、信息处理、现代物流、专业金融、会计、教育培训等生产性服务产生强大的需求。按照“重点突破、全面推进”的原则，遵循主打在岸外包、拓展离岸外包的宗旨，境外主要以欧美、日韩、俄罗斯等国家和地区为重点开拓市场；依托省内优势产业，境内主要侧重于承接金融、石油石化、装备制造、动漫、生物医药、新能源、新材料、食品等行业的外包业务，其中重点发展上述领域的数据中心、地理信息、软件即服务（SaaS）、嵌入式软件开发与服务、应用软件开发与服务等信息技术外包业务，呼叫中心、金融与财务技术支持、人力资源管理、数据加工等业务流程外包业务。

1. 重点培育和发展生产性服务业

一是抓好工业软件和嵌入式软件的开发与产业化，提升制造业等级。推动黑龙江省软

件在石油石化、智能电网、汽车电子、航天航空、医药食品、船舶与海洋工程等重点行业和重点领域的重大应用。加快嵌入式操作系统、构件化嵌入式系统的开发、设计、应用，提升产业自主创新能力。突出发展面向移动通信、移动互联网、消费电子、数字电视、工业控制等领域的嵌入式软件，支持建立各行各业嵌入式软件开发平台。发挥黑龙江省制造业规模优势，发展计算机辅助研发和制造软件、企业生产过程一体化软件，提高企业管理能力。发挥重点骨干企业的行业示范、辐射带动作用，引导中小企业走差异化、专业化发展道路，逐步形成产业集聚，提升传统产业发展。二是鼓励引导中介机构，加强传统产业的研发与设计。围绕本省支柱产业，引导和鼓励企业、高校、科研机构等，加强装备制造、食品加工、生物医药等传统产业的研发、设计及创意服务。坚持以信息化带动工业化，培育发展高技术产业，以装备制造、石油化工和传统优势产业为重点，加快制定具有自主知识产权的核心技术标准，促进设计、制造过程和产品的数字化和信息化，利用信息技术提升装备业和制造业的技术水平；依托丰富的原材料、多年的行业经验和较为成熟的技术，黑龙江省有能力承接食品外包。其中，重点发展领域涉及食品包装设计及制造，食品技术鉴定、检验、检测，食品物流等外包业务；重点加强对人民生命健康危害严重的疾病、传染病的新型疫苗和药物的研发，提高自主创新能力，采用医药研发和生物医药高端制造并举、融合的产业发展促进原则，推动本省生物医药产业快速发展。三是依托大庆软件园区，打造石油石化外包品牌。以大庆软件园区为依托，利用大庆市优势产业，支持和引导软件服务外包企业发展石油石化生产性服务业，打造数字油田，生产服务业产业集群，提高油田经济绩效，促进园区集约化、规模化发展。打造石油石化服务外包品牌，逐渐形成具有国际知名度的石油石化外包示范区。园区将培育发展主导产业摆在突出位置，大力发展以石油石化行业软件开发和工业设计为代表的生产性服务业，充分发挥省内工业基础雄厚、制造业发达的优势，顺应信息化与工业化融合发展的大趋势，紧密结合传统石油石化产业的发展，重点围绕包括地质制图、数据分析、地震解释、勘探开发、实时数据库分析等石油石化数据处理服务型应用软件的服务外包，以及石油勘探开发和石化生产数据采集处理、工程设计、自动化控制等为重点的石油石化技术服务。同时，园区要突破传统工业园建设模式，坚持按照科学规划、合理布局和实用性、配套性、超前性的原则，认真谋划产业布局，抓好石油石化产业规划、招商、建设、服务等相关工作。

2. 突出发展重点产业领域

1）工业软件产业

提高本土化工业软件在工业产业链的应用程度，实现规模发展。以增强联盟成员单位的核心竞争力为目的，成立工业软件产业联盟。促成企业为主体、科研机构为辅助的各式合作，鼓励自主创新，在实时数据库、专用嵌入式操作系统、电力电子等领域实现核心技术突破，并初步实现产业化。

鼓励企业加大研发投入，致力于本土工业软件的性能与功能，以提高对国外品牌的可替代性，增加工业企业的可选项。本土化软件在国产化软件所占比例达到20%以上，力争打造3～5个国内知名品牌工业化软件，7～10家国内知名工业软件和工业解决方案提供商，实现品牌集群化。拓宽已成熟的产业链的辐射程度，形成新产业链2～3条。

扶持优势行业领域的知名企业，确立在突破领域的行业地位，在嵌入式技术、石油石化行业应用、实时数据库等领域打造国内知名企业。规划期内，工业软件收入力争达到30亿元，其中嵌入式软件收入20亿元，工业类应用软件收入达到10亿元。

发展重点：结合黑龙江省工业发展需求和黑龙江省工业软件发展现状，与“十二五”规划发展方向相对照，工业软件产业发展重点集中在石油石化、智能电网、汽车电子、航天航空、医药食品和船舶与海洋工程6个领域，重点项目总投资额41 850万元。

2）数字内容产业

鼓励数字内容原创和支持内容运营服务，加强对国内外的招大引强和对省内企业的培育并举，形成以数字内容各子行业龙头企业带动产业链发展和专业化园区带动产业集聚，带动相关衍生品快速发展的数字内容产业发展格局。

到2013年年末，黑龙江省将建设成为中国最大的数字内容产业集聚基地之一。力争全省数字内容产业实现销售收入15亿元，从业人员超过4 000人，实现利税7亿元。到2015年，带动园区产业收入达到30亿元，利税15亿元。

重点支持省（平房）动漫产业基地和盛源数字新媒体产业园区带动数字动漫、数字视听、数字游戏集聚发展壮大；支持大庆服务外包园带动大庆纳奇网络开发有限公司、大庆盛源文化传播股份等数字游戏企业集聚发展壮大；支持省地理信息产业园带动地理信息加工处理产业集聚发展壮大。

3）互联网络数据中心产业

加快通信网络工程建设，辟建IDC专业性园区，带动上下游从事数据的收集、处理、传播、存储、流通、服务和相关软硬件研发产业向黑龙江省聚集，快速提升黑龙江省辐射东北、服务全国、沟通东北亚，乃至世界的信息基础设施服务和通信保障能力，建成东北亚地区的重要的数据产业基地。力争到2015年，全省IDC行业年收入达20亿元，利税10亿元。

重点建设节能高效IDC，加大在数据收集、处理、传播、存储、流通、服务和相关软硬件技术的研发力度；重点拓展在政府、金融、石油、电力、铁路、医药、制造装备等行业的数据中心、灾备中心等业务应用；提供面对中小企业信息化应用网络安全整体解决方案；大力开发面向网游、视频、社会性网络服务（SNS）社交网站等市场前景广阔的领域的专业细化IDC解决方案。

4）数据处理产业

调整优化数据处理服务产业人员结构，快速扩大数据处理市场规模，加快提升数据处理交付能力。力争到2013年年末，全省数据处理产业力争实现销售收入超过5亿元；培育企业超过30家；相关从业人员达到10 000人，将黑龙江省建设成为东北亚重要的数据处理中心。

整合省内现有小规模企业，发展壮大低端数据处理业务；以重点企业为龙头拓展石油石化、煤矿等行业的高端数据处理业务应用；以研究机构、企业为主体进行数据采集、数据分析，整理出数据模型、数据结构，为高端数据处理业务提供业务模型和行业解决方案，带动政府、金融、医疗、保险、物流、教育等行业向高端数据处理业务发展，满足不同企业对数据的差异化需求。

5）呼叫中心服务

充分运用现代技术设备和信息交流手段构筑“一站式”呼叫服务中心，以整合服务资源、简化服务流程、创新服务形式、提高服务质量和效率为目标，坚持招商与引才相结合，带动省内呼叫中心企业快速升级，坚持以专业化园区带动呼叫中心产业发展，坚持横向引导行业应用类企业拓展呼叫中心业务，推动黑龙江省呼叫中心产业由数量扩张向质量提升转变。

预计到 2015 年年末，实现省内呼叫中心总服务规模达到 1 万席，市场总价值达到 10 亿元。重点培育 5 家专业从事呼叫中心的企业。

重点发展以大庆华拓数码科技有限公司为龙头企业，在金融、石油石化、电力、医药等重点领域发展呼叫中心业务；加强招商和引才相结合，引进知名呼叫中心企业，培育省内企业开展呼叫中心业务；鼓励和支持黑龙江联通专业化呼叫中心园区发展壮大；大力发展日、韩、俄等多语言呼叫中心。

6）政府及社会公共服务软件行业

围绕政府及社会公共服务应用领域，鼓励研发行业解决方案，政务、金融、电信、传媒、医疗、医保社保等行业和领域的大型信息系统工程为核心，增强高端咨询能力、设计规划能力，形成一批大型综合行业应用解决方案。力争到 2013 年年末，政府及社会公共服务软件服务业销售收入超过 10 亿元，培育企业超过 50 家，相关从业人员达到 10 000 人。

发展重点：发挥省内各级财政单位信息化项目预算审核作用，结合软件正版化专项资金，逐步提升省产软件在省内机关电子政务领域的应用比例；发挥省内软件服务业企业的优势，支持软件服务企业间协作，形成面向社会保障、医疗卫生、电子政务、智能交通、教育文化、社区、应急指挥、公共安全、农业等重点行业的完整软件产品和整体解决方案，推进在教育、医疗卫生、医保社保、社区服务、电子商务等行业规模应用软件的省产化；打造和培育面向政府及社会公共服务软件行业应用的骨干软件服务企业。

7）运营维护行业

着重对用户使用的信息系统运行环境（如基础环境、硬软件环境、网络环境等）和业务系统提供综合服务；根据用户需求，提供软件及服务，在线杀毒等软件运营服务；建立自动化运维管理平台；建立规范的事件跟踪流程，强化运维执行力度；设立 IT 运维关键流程，引入优先处理原则。

8）云计算、物联网

下一步将大力发展软件服务业新型业态。紧紧抓住云计算和物联网等新技术带来的产业创新机会，引导和推动新一轮创业浪潮的兴起，通过产学研联盟的方式，培育新的产业增长点，积极打造世界级创新型软件服务企业。建立数据安全风险防御体系，减少云计算在发展初期所遇到的诚信和数据安全问题，提高云计算的技术成熟度。

（四）发展措施

1．加强沟通协作，完善产业政策

积极与黑龙江省通信管理局沟通协作，高度重视互联网的管理，进一步加强黑龙江省

通信安全工作，不断完善技术设施、加强技术保障，切实维护网络信息安全。同时，加强与各职能部门的协作与配合，按照软件及服务外包产业国际化发展的要求研究制定战略规划，明确发展目标、任务和重点，联合推进信息服务业发展；完善现有的产业发展政策，从产业导向、土地、规划、财税措施、市场准入、中介组织等方面，出台鼓励和支持软件及服务外包产业发展的各项相关政策，加强软件及服务外包产业扶持资金制度，重视企业技术认证等方面工作，细化新出台政策实施方案，做到逐项逐级分解落实，逐步提升黑龙江省软件及服务外包产业发展水平；采取多种形式，充分利用报刊、广播、电视、网络等媒体宣传政策，使政策深入人心，最大限度调动软件及服务外包企业的积极性，切实发挥政策导向和推动工作的巨大作用。

2．加大财政资金支持力度，构建多元化投融资体系

在政府设立的产业引导资金中，保证有一定比例的资金用于软件及服务外包产业，为重点企业发展给予资金支持，为重大研发和产业化项目提供资金支持；省财政在财政预算内设立软件及服务外包产业发展资金，为软件及服务外包产业的人才培训、产业园区建设等提供相应的财政专项资金扶持；省级有关部门每年安排一定数量的科研资金，用于软件及服务外包产业的理论与技术开发研究；同时积极争取国家的投资，根据工业和信息化部确定的技术创新、技术改造、信息化建设等方面支持重点，立足省内产业优势特色，积极筛选一批科技含量高、拉动力强、示范作用大的龙头项目，及时向工业和信息化部汇报、沟通，争取纳入工业和信息化部项目库，取得资金支持。

充分发挥政府产业发展资金作用，引导和促进专业投资基金投资省内重点培育的软件及服务外包企业；对技术含量高、发展潜力大的企业优先提供贷款担保或给予适当贴息；支持企业通过兼并、收购、重组等方式进行产业链上下游整合，加强对企业风险投资、融资知识的辅导和对企业上市的引导，逐步形成以政府为引导、企业为主体、社会广泛参与的投资体系。

3．完善公共服务支撑体系，提升产业核心竞争力

在原有“十一五”公共服务平台建设的基础上，继续深化服务外包信息公共服务平台建设。配合国家服务外包信息公共服务平台，有针对性、选择性的支持省内具有前瞻性、可操作性的重点公共服务平台建设项目，积极采取各项措施对大中型企业进行有效扶持，共同推进黑龙江省信息服务业和生产性服务业的快速发展。

立足省内现有从事软件研发机构和服务外包研究机构，搭建战略研究公共服务平台。开展软件与服务外包产业发展规律研究、政策研究、商机研究、技术研究、发展模式研究等工作，定期提供研究报告。加强对政府、高校、企业服务外包专业知识的培训与提高。

建立服务外包品牌推广和服务外包交易中心与项目配对平台。根据发包商和接包商的供求，获取最新的市场动态资讯，实时提供业务配对、信息发布、需求分析、买卖、文档处理及后台的管理协助等服务。坚持高透明度，对外包需求、项目蓝图、进程及至项目交付的所有过程，交易双方均可透过平台提供的专用网络，进行即时交流监测、更新、完善。

完善和建立基础网络平台、软件公共应用开发平台、质量保障和软件评测平台、IT 教育培训平台、优秀软件技术推广平台、共享资源库平台、数字园区平台、综合服务平台。

利用各种先进、成熟网络技术和通信技术，将省市政府部门通过网络连接起来。在互联网上，为园区、企业提供可靠的、高速的和可管理的网络环境，为用户提供广泛的数据资源共享、丰富便捷的网络应用和服务，实现网络的扩展。

完善知识产权保护平台，加强与知识产权局、版权局、新闻出版署等知识产权保护部门的联系与合作，依托知识产权交易机构、行业组织、法律援助机构，全方位动员宣传知识产权保护政策与重要性，多部门纵向联合进行知识产权的普查、分析，以便应对未来越来越多的知识产权纠纷事件，通过法律手段严肃、净化、引导，促成建设以知识产权管理部门为主要执法管理方，行业组织、交易机构为信息补充、核实的第三方，以企业和社会需求用户为平台用户的知识产权信息服务平台，促进知识产权的商业价值在社会经济活动中实现良性循环。建立知识产权服务网站、培育壮大知识产权中介服务机构，建立知识产权专门栏目，与国家、省、市知识产权网络实现连接。通过网络与国家和省知识产权局实施数据库连接，提供网上专利检索，使企业更快更准确地了解国内外产品和产业发展趋势。规范各种知识产权服务活动，提高知识产权服务水平。

加强与银行、风险投资、保险公司、担保公司合作，设立软件及服务外包绿色通道，形成投融资服务平台。提供创新基金、孵化基金等专项软件及服务外包业务咨询，为软件服务外包企业投融资提供便利。

4．建立专业化园区，带动重点产业发展

依托黑龙江省的资源优势，培育重点企业，逐步形成支柱产业，发展产业链，最后形成产业集群。发挥黑龙江特色产业优势，建设一批产业特色鲜明、科技含量较高、物质装备先进、运行机制灵活、综合效益显著的现代产业园区。围绕实现园区差异化、特色化、产业配套化、建设标准化、服务现代化、环境生态化，结合城市发展规划、土地利用规划和环境保护规划，优化园区产业规划和布局规划。同时，协调不同专业化产业园区间的有机联动，为带动相关行业产业园区联动发展创造有效机制和良性环境，形成产业园区龙头和合力的效应。

推进政府、企业、培训机构等多种形式合作，建设现代产业园区，实行产学研结合。加快科技成果引进、吸收、集成、创新步伐，促进软件服务外包产业化。加强哈尔滨软件及服务外包产业园区、黑龙江省联通呼叫中心示范园区、哈尔滨平房动漫产业基地等建设，提高企业聚集发展，实施重点项目带动，增强产业发展后劲。加快服务外包示范基地项目、会展信息系统电子信息化项目、数字新媒体产业园区等重大项目建设，促进其尽快投产见效。园区内企业须组织专业团队，围绕产业链和价值链进行招商，重点引进大型商业、企业，务求招商实效，挖掘和培育重点产业项目，推进项目建设提供优质服务。

5．注重人才培养，为产业提供有力支撑

重点培养国际化复合型软件技术人才，探索软件与服务外包实用人才培养新途径。积极培养和引进省内外软件与服务外包高端人才，具有服务外包业务经验、精通国际服务外包业务流程管理、熟悉离岸服务外包市场营销、能与发包客户进行直接业务沟通的中高级专业技术人才和管理人才；在积极构建由软件及服务外包企业、高等院校、职教机构和社会力量办学的多元化、多层次软件及服务外包人才教育培训体系的基础上，创新软件及服务外包人才培训模式；鼓励跨国公司和服务外包企业独立或与本地教育机构合作创办专业培训机构；推进服务外包专业人才实训学校和基地建设；加强软件及服务外包人才定制培训、从业人才资质培训、国际认证知识培训、国际认证人才培训、知识产权培训、相关法律及行业标准培训、软件及服务外包企业相关企业新入职人员岗前业务技能培训、计算机运用能力培训、英语日语韩语等实用能力培训；积极推广"订单式"人才培训，引导教育机构按企业需求设置课程，安排教学；大力培养复合人才。

定期开展各种形式的服务外包产业论坛，邀请国内软件及服务外包领域专家对政府及相关部门领导干部进行软件及服务外包知识培训，提高政府工作人员对服务外包知识的了解，加强政府工作人员与服务外包企业管理人员的联系与交流，培养一批专业的、具备实战经验的服务外包领导干部。同时，加强企业对业内最新动态的洞悉，培育一批服务外包高级管理人员，提升软件服务外包企业的国际竞争力。

引入国内外知名服务外包培训机构，支持高等院校和职业院校建设软件与服务外包人才培训基地，鼓励有条件的企业、社会力量与有关教育机构合作，建立软件与服务外包人才实训基地，选取省内外大型软件与服务外包企业，与之对接并建立合作关系，定制培养对口专业人才，最大限度地满足服务外包对适用人才的需求。

第八章　上海市

一、上海市软件产业十年发展回顾

（一）产业规模

2000 年国发 18 号文颁发以来，上海软件产业取得了巨大发展，已从一个较小的产业，逐步成长成为上海国民经济支柱产业之一。目前，上海软件产业已经形成了较为完善的政策体系、工作机制和管理模式。随着上海国民经济和城市信息化建设的不断发展，软件产业作为新型都市型产业在上海国民经济中的重要性日益凸显。2009 年上海软件产业共实现经营收入 1 206 亿元，比上年同期增长 20%，总体规模继 2008 年跨上 1 000 亿元的新台阶后，又实现了有力增长，为下一个十年持续稳固的增长打下了坚实的基础（见图 23）。

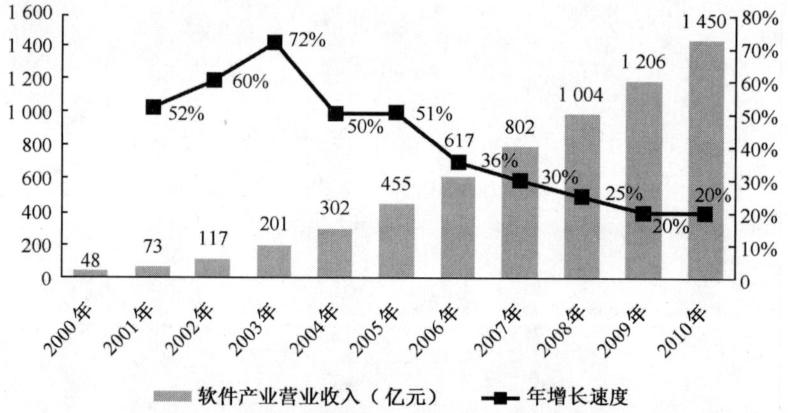

图 23　2000—2010 年上海软件产业增长情况

上海软件产业经营收入占上海信息服务业的比例逐步上升，2009 年占比达到 57%，有力地支持了信息服务业和信息产业，乃至整个上海经济的发展（见图 24）。

（二）产业专利获取、技术改造

软件著作权的拥有量是软件企业产品自主创新能力和更新能力高低的重要标志，更是衡量国家软件产业发展状况和自主创新能力的重要指标之一。软件产业的发展，关键是依靠软件的自主开发和不断更新，软件著作权作为创新型企业的核心竞争资源，日益得到企业的重视，成为软件企业重要的关注点。2008 年 6 月《国家知识产权战略纲要》颁布实施，直接推动了软件登记数量的大幅提升。2010 年，上海市软件著作权登记 6 300 件。上海市 2001—2010 年软件著作权登记情况（见图 25）。

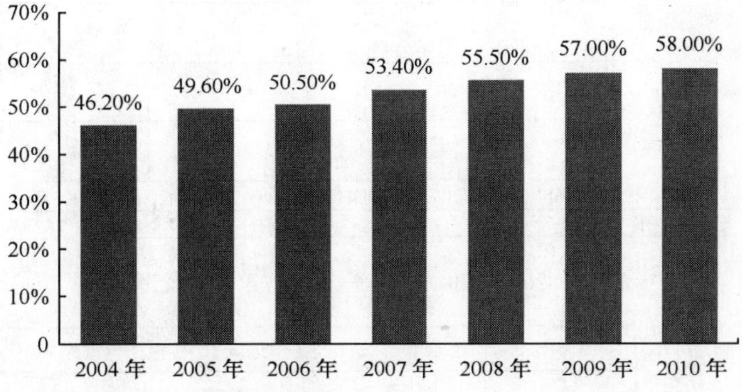

图24　2004—2010年上海软件产业经营收入占信息服务业比例

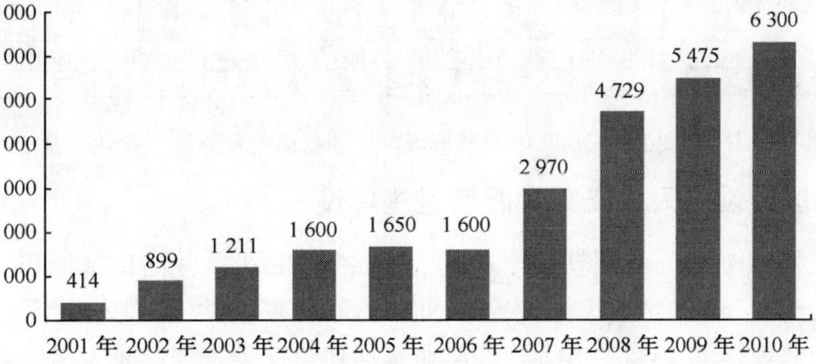

图25　2001—2010年上海市软件著作权登记情况（件）

（三）“双软认定”执行和重点软件企业数量情况

截至2009年，上海共累计认定软件企业2 512家，全国排名第三，仅次于北京和广东。其中2001年认定361家，2002年认定308家，2003年认定235家，2004年205家，2005年251家，2006年270家，2007年292家，2008年282家，2009年308家。

上海软件企业十分重视对企业软件产品研发资金的投入，研发投入占企业软件收入的比例稳步提高。通过不断加大投入来开发持续满足用户和市场需求的产品。一个企业的软件研发资金投入占软件总收入的比例是衡量企业可持续发展的主要标准之一。软件企业认定标准其中之一就是研发资金投入占软件总收入的比例在 8%以上。而上海软件企业研发资金投入占软件总收入的比例平均达到25%。上海软件产品历来以应用软件为主，产品品种繁多，质量不断提高，是国内软件市场的重要力量之一。上海软件产品登记呈加快增长之势。2010年上海共登记软件产品有2 650个，累计登记软件产品达10 249个，其中应用软件占全部登记软件产品总量的80%以上，同时系统软件和支持软件数量也在快速增长（见图26）。

2002 年以来，上海通过国家发改委、工业和信息化部、商务部和国家税务总局联合认定的“国家规划布局内的重点软件企业”的数量不断增加。2009年，数量达到27家，占全国 186 家的 14.52%，仅次于北京，排名全国第二（见图 27）。国家规划布局内重点软件企业在行业应用与软件出口等方面做出了重要贡献，成为上海软件产业高速发展的助推器。

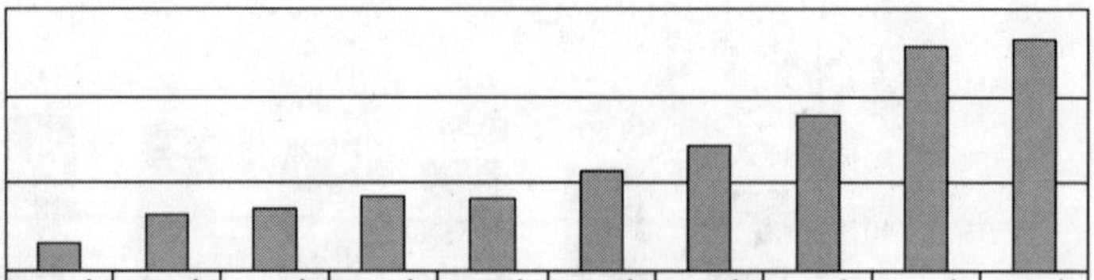

	2001年	2002年	2003年	2004年	2005年	2006年	2007年	2008年	2009年	2010年
软件产品登记数量（件）	307	631	730	843	821	1 146	1 422	1 782	2 567	2 650

图 26　2001—2010 年上海市软件产品登记情况

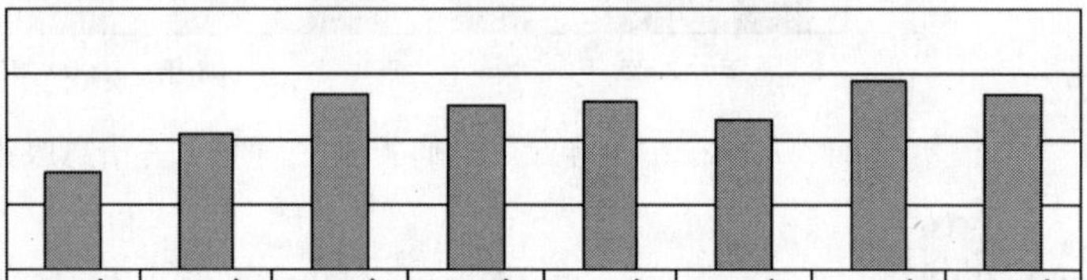

	2002 年	2003 年	2004 年	2005 年	2006 年	2007 年	2008 年	2009 年
软件企业数量（家）	15	21	27	25	26	23	29	27

图 27　2002—2009 年上海市国家规划布局内重点软件企业数量

（四）园区建设、人才培育和配套设施建设

上海形成了由 1 个国家级软件产业基地、1 个国家级软件出口基地和 7 个市级软件产业基地组成的产业布局。浦东国家软件产业基地和国家软件出口基地建设卓有成效，产值占上海软件产业规模的 15%；市级软件产业基地建设蓬勃发展，集聚了全市 60%的软件企业（见表 14）。

表 14　2009 年上海软件产业基地情况

基 地 名 称	面积（万平方米）	经营收入（亿元）	入园企业数（家）
浦东软件园	75	180	268
陆家嘴软件园	22	84	64
交大徐汇软件园	7	30	148
漕河泾软件园	20	77	200
长宁信息园	50	70	248
科技京城	21	64	120
复旦软件园	16	23	365
天地软件园	11	20	200
合　　计	222	548	1613

经过几年的建设，上海已形成了由行业协会、功能性机构、产业基地组成的较完备的公共服务支撑体系。软件行业协会在行业自律、行业标准制定等方面发挥了重要的作用，承担了软件企业认定、软件产品登记等政府职能转移工作。软件测评中心、信息安全测评认证中心、超级计算中心等机构在软件的开发、测试、认证等环节提供公共服务。国家级软件产业基地和国家级软件出口基地——浦东软件园和 7 个市级软件产业基地，发挥综合配套服务优势，有力地支持了软件企业发展，目前，已聚集全市 60%的软件企业。

软件产业的发展基础是人才，人才规模是衡量软件产业发展的重要标准之一。上海着力加强软件人才建设，在从业人员规模、人员构成以及人员培养等方面取得了长足进步。截至 2009 年，上海软件产业从业人员达到 21.8 万人（见图 28）。从人员构成上看，高学历人才，特别是硕士以上学历人才，逐渐成为上海软件从业人员的中坚力量。2009 年上海软件从业人员中，拥有本科及本科以上学历的人员占 68%，软件人才队伍明显具有较高的专业教育水平。

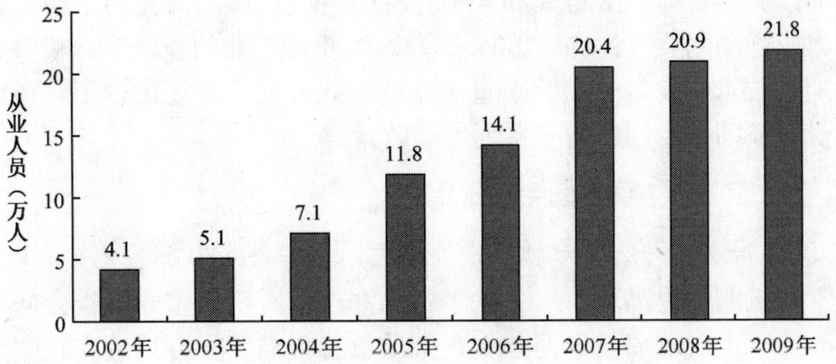

图 28　2002—2009 年上海软件产业从业人员

软件产业作为智力密集、人力密集型产业，具有较强的就业吸纳能力。国家明确把软件服务外包产业作为增加就业机会的重点产业，并加以支持。2009 年继续实行对吸纳大学毕业生就业的软件外包企业给予人均 4 000 元的培训费补贴政策，有力地促进了上海软件产业从业人员规模的扩大。

（五）其他重要产业指标

上海软件产业经过几年的发展壮大，涌现出一批骨干企业。2009 年上海经营收入超亿元的软件企业达到 135 家，比 2008 年的 109 家增加了 23.85%。其中经营收入超 10 亿元的软件企业达到 13 家。

上海软件产业利润近几年一直保持较快增长速度，赢利能力不断增强，利润总额由 2005 年的 61.1 亿元增长到 2009 年的 169.2 亿元，高于同期经营收入的增长速度；利润率也增长到 2009 年的 14.03%。

二、上海市软件产业发展主要举措

（一）规划政策体系

在规划方面，早在 2001 年就制定了《上海市“十五”国民经济和社会信息化重点专项规划》，提出“以应用为先导，推动软件产业跨越式发展，争取软件产业年增幅达 50%左右，并有 1～2 家企业进入全国同行 15 强之列，有 5～7 件产品成为全国著名品牌”。

到了“十一五”，上海又制定了《上海市国民经济和社会信息化“十一五”规划》和《上海市信息产业“十一五”专项规划》，提出“以提高自主创新能力为主线，加快建设规模化软件生产平台，重点推广应用基础软件，大力发展大型行业应用软件、嵌入式软件和软件出口，形成基本适应经济社会需求的自主软件产品体系。‘十一五’期末，软件产业年经营收入力争达到 1 200 亿元，软件出口 20 亿美元，从业人员达到 20 万人”。

2009 年，上海发布了《关于加快推进上海高新技术产业的实施意见》（沪府发［2009］26 号），将软件和信息服务业列为重点推进的 9 个重点领域之一，出台了《上海推进软件和信息服务业高新技术产业化行动方案（2009—2012）》，明确了软件等 8 个重点领域，并先后发布了软件产业专项行动方案、促进国产基础软件产业发展专项行动方案、振兴工业专项行动方案、云计算产业发展行动方案。

在政策方面，为配合国发 18 号文和 47 号文的贯彻执行，上海先后出台了 54 号文和《上海市振兴软件产业行动纲要（2003—2005 年）》，对软件产业的投融资、税收、人才、知识产权、政府采购、技术研发等方面给予重点支持。此外，上海还出台了减免软件设计人员部分个人所得税等鼓励企业创新的一系列单项政策。

（二）“双软认定”实施和重点企业培育

在落实国发 18 号文、开展“双软认定”方面：一是注重发挥各相关职能部门的作用，不断创新产业管理机制，提高政府服务水平。上海市政府明确市经信委会同市发改委，联合市科委、市教委、市财政局、市商务委、市质量监督局等委办局建立联席会议制度，负责国发 18 号文落实过程中重大问题的协调。联席会议办公室设在市经信委，负责政策落实，对享受鼓励政策的软件企业进行资格审核等工作。2009 年，为加快推进软件和信息服务业高新技术产业化，市政府将市软件产业联系会议调整为市软件和信息服务业联系会议，成员单位增加了市建交委、市文广局、市统计局、市新闻出版局、市知识产权局、市交通港口局、市旅游局、市金融办、市通信管理局等部门，负责全市软件和信息服务业发展的规划和计划，制定相关政策，协调推进重大项目实施。二是按照转变政府职能的要求，注意培育和发挥功能性服务机构的作用，加快建设软件行业协会、软件评测中心、信息安全评测中心等中介机构，为软件企业提供全方位服务，特别是注意发挥行业协会沟通政府和企业的功能，加强行业自律、管理和权利维护，以形成政府负责制定产业政策，行业协会负责行业管理，企业自主经营的良好格局。

在培育重点企业方面：一是重视推动专业化重点软件企业的发展。市政府重视培育一批拥有自主知识产权、专业特点强、领域优势明显、综合竞争力强的大型软件企业，加快企业由大到强的转变，成为带动和引领一批中小企业发展的中流砥柱，促进软件企业内部结构调整。例如，宝信软件公司从宝钢集团中剥离出来，走专业化的发展道路，推出了一系列钢铁行业的控制系统和管理软件。二是重视改善软件企业的投融资环境。首先，支持企业上市做大做强，在改制、申报和上市发行 3 个阶段，分别给予资金补贴。目前上海已有交大慧谷、腾达智能、第九城市、盛大网络等 8 家软件企业在海内外证券市场上市。其次，鼓励一些软件企业成为上市公司的控股子公司或参股公司，为企业融资提供便利。再次，鼓励企业兼并重组，进行产业链上下游整合。例如，普华对全球著名的 Turbo Linux 公司旗下 Linux 核心业务实现控股；盛大网络分拆盛大游戏上市，入主华友世纪等，打造“互动娱乐帝国”；巨人网络实施“赢在巨人”计划，吸引创业团队加入。最后，鼓励软件企业成立中外合资企业，例如，OA365 与美国 Staple 公司建立合资平台，微软公司与上海联合投资公司合资成立上海微创。通过与外商合作，国内软件企业不仅可以补充自有资金不足，又能提高自身的管理和水平。三是重视提高软件企业的自主创新能力。上海重视发挥产业政策的导向作用，颁布的54号文及3年行动计划都把提高软件企业的自主创新能力放在重要位置。逐步完善了技术创新体系，在操作系统、数据库、基于构件的中间件等方面，建立自主知识产权软件产业链，大力发展嵌入式软件和行业应用软件，加快传统产业改造；在基础软件领域着力推动装备制造业产品的升级换代，推动软件技术与传统产业相结合，重点支持信息安全产品的开发，带动一批大型行业应用软件，产生了华腾、启明、万达等一批龙头企业。四是重视实施企业“走出去”战略。支持重点软件企业大力开拓国际市场，鼓励具有上下游产品的软件企业联合，增强软件企业的联合意识，合力开拓海内外市场。

（三）财政资金支持

通过专项资金对软件企业新项目开发支持，推动一批企业做大做强。例如，支持盛大从原来进口游戏娱乐软件代理转向自主知识产权软件产品开发，企业实力不断增强，现已发展成为国内互动娱乐产业的领军企业；支持同济同捷发展成为国内最大的独立汽车产品设计公司。

专项资金以项目支持为主，推动企业不断开发新的技术项目，提升软件企业技术研发能力，形成技术储备，积累项目管理经验，积极推动软件技术产品化和产业化。从2001年到现在，上海软件产业在全国范围内已经处于发展水平相对较高的位置，产业结构向高端和赢利能力强的方向发展，如操作系统软件、中间件、办公软件、游戏软件、金融软件与服务及各类行业应用软件等，目前在全国已处于相对发展比较快的境地。

（四）园区建设、人才培养及相关配套设施建设

软件产业的高速发展，使软件产业基地的集聚作用日益凸显。大力推进软件产业基地建设，是上海贯彻落实国发18号文的重大举措，对于上海软件产业的发展具有十分重要的意义。2001年，依据《国家软件产业基地管理办法（试行）》，上海发布了《市级软件产业基地评选办法》，先后认定了浦东软件园、陆家嘴软件园、徐汇软件基地、漕河泾软件园、复旦软件园、长宁信息园、科技京城、天地软件园等一批软件园（基地）。目前，软件产业基地集聚了全市60%以上的软件企业，其经营收入约占全市软件产业经营收入的50%。

上海通过加快国家级和市级软件产业基地的软硬件建设，培育软件产业基地的孵化培育功能，促进资源共享，优势互补，增加各类市级、区级软件园区的服务功能，特别是加快国家软件基地的建设，增强了软件产品的国际辐射能力。逐步形成一流的软件开发及产业发展环境，推动了上海软件产业的全面发展。为了进一步推动产业发展，近期上海正在研究制定《上海市信息服务业产业基地管理办法》。

上海着重加强3个方面软件人才的工作，首先是高层次人员的培养，重点培养一批懂基础软件、行业应用软件、具有行业背景知识、懂得软件技术的人才；其次是加强基本技工的培养，积极培养掌握软件和硬件基础知识、技术熟练的技术人员；最后是支持国际著名公司对国内软件管理的核心技术应用的培训工作。

（五）其他重点工作

近年来，上海高度重视信息服务业领域的标准规范建设，有力地促进上海信息服务业

的健康快速发展，不断提高产业综合竞争力。

（1）发布《世博会信息化软件质量控制管理规范》地方标准。上海世博会的信息化利用程度高于以往，就需要更多的软件来保证世博信息系统的有效运行。2009年，由市标准化研究院和上海世博会事务协调局信息化部共同研制发布了《世博信息化软件质量控制管理规范》（DB31/T 458—2009）地方标准，为建立世博会信息系统提供技术依据，保证世博会信息化系统建设软件质量。此外，还建立了工业软件公共测试与验证平台、市软件测试公共服务平台、世博会信息化软件质量联合实验室。

（2）发布《信息服务外包企业技术与管理规范》地方标准。为尽快接轨国际服务标准化理念、增强企业标准化工作意识、提高从业人员的标准化水平、提高服务标准的市场适用性、提升服务外包产业能级，上海在全国率先颁布实施了《信息服务外包企业技术与管理规范》（DB31/T 430—2009）地方标准。

（3）加紧制定《网络游戏行业服务规范》地方标准。目前中国网络游戏行业在标准化建设方面处于空白状态，国家标准和行业标准尚未公布，整个网络游戏行业无标准可参考。在网络游戏服务要求、服务质量评估和服务改进措施等方面，国家几乎没有相关现行法律、法规。针对这种情况，上海网络游戏企业共同起草制定并发布了《上海市网络游戏服务规范》。以此为基础，上海地方标准《网络游戏行业服务规范》也进入制定程序，成为国内首部与网络游戏相关的地方标准。

（4）研究制定《车载导航信息广播接收应用规范》地方标准。作为迎世博科技创新行动之一，由上汽集团、世博局信息化部、文广传媒集团为主要起草单位，上汽技术中心、文广数字移动传播公司等多家参与起草的《车载导航信息广播接收应用规范》于2009年8月被上海市质量技术监督局列为上海市地方标准制定项目。

三、上海市软件产业“十二五”展望

（一）发展思路

“十二五”期间，软件产业要继续深入贯彻落实科学发展观，以提高软件产业支撑经济社会发展的技术水平和服务能力为中心环节，着眼于实现“四个率先”、建设“四个中心”和国际现代化大都市的战略目标，突破关键核心技术，提高创新能力。以技术创新促进上海软件服务业发展、全力延伸产业链并提升产品和服务的附加价值，以市场创新引发国内外需求的扩张和升级、大力拓展产业发展空间，以制度创新优化产业发展环境和资源配置、合力突破产业发展的体制瓶颈，形成支撑国际金融和航运中心发展的软件服务业环境，打造具有国际水准的配套“软实力”，充分发挥软件名城带动辐射作用，体现“软件，让生活更美好”的理念，以软件产业的领先发展服务其他战略性新兴产业，促进产业结构调整，转变上海经济社会增长方式。

（二）发展目标

“十二五”期间，上海将优化环境，培育和聚焦优质要素资源，打造和推进软件产业，打造面向战略性新兴产业等重点行业的完整软件产品和整体解决方案，打造和培育多种形式的系统维护服务和运营模式，突出围绕上海经济增长点、社会民生关注点，支撑上海未来5年的全面发展。到2015年，软件产业经营收入达到3 000亿元，软件出口和服务外包达到40亿美元，形成以国家级软件产业基地、国家级软件出口基地为重要载体的，以市级软件产业基地（园区）为依托的，符合上海城市特点的软件产业群、软件产业基地基础设施好，服务功能完善，提高产业基地核心竞争力的软件产业基地群，创建国际知名园区品牌。引导重点企业和重点项目向软件产业基地聚集，把建设国家软件产业基地（出口基地）作为支撑软件产业发展的重要手段，形成重点和骨干软件企业带动软件中小企业共同发展的产业群体。形成一批开发能力强、产品市场占有率高、专业化能力强，具有自主知识产权品牌的大企业。出现年经营收入超50亿元的10家，超过10亿元的40家和60家超亿元的企业。

（三）发展重点

（1）云计算。加快云计算领域的自主创新步伐，以系统应用为重点，形成国际领先的云计算技术解决方案，打造完整的云计算产业链。推进自主创新产品在云计算平台和服务中的应用，聚焦示范工程，引领产业创新应用，注重与国内各省市，尤其是长三角地区的产业联动和合作发展。通过整体规划、分类推进，依托自主创新的云计算关键技术，以市场化手段建设面向各行业的云计算基础设施和服务平台，探索新型商业模式的创新应用，树立行业应用典范。

（2）基础软件。面向移动计算和云计算环境，研发下一代面向移动互联网应用的移动终端操作系统和云计算环境下国产服务器操作系统。研制面向移动互联网应用的移动终端操作系统，面向移动互联网应用的移动终端操作系统软件产品，开发出一套操作系统产品组件和配套裁剪定制工具。在系统裁剪定制技术、平台优化技术、人机交互技术、浏览器技术和低碳节能技术等关键技术上进行创新与突破，为各种移动互联网终端提供全面、完善、良好用户体验的操作系统产品，满足公众越来越迫切的电子消费服务需求。

（3）嵌入式软件。研发汽车电子嵌入式软件和车载智能终端设备，并拓展各类基于汽车的信息服务；研发轨道交通信号管理系统、各类终端设备的嵌入式软件，提升轨道交通装备的数字化水平、制造和集成能力。结合现有优势产业，在智能监控、石化加油设备、便携计算设备、有源RFID设备等领域形成嵌入式软件的产业化和规模化应用。

（4）工业软件。聚焦航空、钢铁、汽车、船舶、石化等传统优势产业，在飞机研发设计、钢铁生产自动控制、汽车车身数字化制造、船舶数字化制造、石化安全生产监控领域，研发工业软件产品。建设面向装备制造领域的工业软件智能测试系统，提升工业软件的研发水平，提高装备制造业的配套能力，促进工业软件与装备制造业融合。

（5）高端信息服务外包。重点加强国家软件出口基地（三期）和信息服务外包公共支撑平台建设。继续保持对日外包市场优势地位，积极拓展欧美外包市场，鼓励自主知识产权软件产品出口，形成上海对外贸易新的增长点。

（6）软件公共服务平台。扩充现有软件测评中心的服务领域，提升中心服务平台的功能。特别要在跟踪国家测评理论，测评培训，开发自主知识产权的测试工具，完善软件测试质量保证体系等方面加大投入，以推进上海软件产业的发展。继续推进公平、公正的交易服务平台建设，服务大型软件企业的半成品向中小企业的转让，为软件人才流动、企业并购提供了新的渠道。

（7）数字内容加工处理与服务。进一步加强支持数字内容产业发展的核心技术产品的研发和产业化，加快开发内容制作系统（虚拟现实、三维重构等）、基于互联网和移动通信网络的内容运行和管理平台，支持发展动漫游戏、数字影音、数字媒体、多媒体课件等数字内容产业，培育新的经济增长点。发展具有自主知识产权的数字内容加工处理与服务，在技术上支持和保证国产数字内容产业的健康快速发展。

（四）保障措施

（1）优化软件产业发展环境。大力培养内需市场，研究制定行业用户优先使用国产软件和服务的鼓励政策。推动专项资金等各类资金向软件服务业倾斜，设立软件服务业发展专门资金。加快标准体系建设和知识产权保护，规范产业发展软环境。

（2）加强行业共性技术研究，提高产业自主创新能力。面向大规模软件服务需求，建立以企业为主体，市场为导向，产学研用相结合的技术创新体系。支持企业在云计算、虚拟化、高性能计算、海量数据存储和管理、系统安全等前沿技术领域开展创新型研究，突破远程信息服务，信息获取等关键技术，探索信息服务新模式。支持公共技术服务平台建设，有效降低企业研发成本，推动产业技术升级，提升产业自主创新水平。

（3）加快产业基地和产业园区建设，促进产业集聚发展。以浦东综合配套改革为契机，加快国家软件产业基地、国家软件出口基地建设。在国家认可的开发区内，加快建设云计算、网络游戏、网络视听、数字出版等相关产业基地。在有条件的区县，建设具有特色的信息服务业专业园区。鼓励电信运营企业为园区提供优质低价的电信网络服务。支持园区为入驻企业提供机房、培训中心等公共基础设施服务。

（4）构建信息服务业多元化投融资体系，形成企业良性发展机制。建立健全以政府投入为导向、企业投入为主体、社会投入和外资投入为重要渠道，与市场经济及国际惯例接轨的多元化投融资体系，鼓励民间资本、社会资本和外资投入信息服务业领域。出台支持企业上市融资的专项政策，对符合条件的企业在境内外上市融资，按照筹备上市进程，在改制、申报和上市发行 3 个阶段，分别给予资金补贴。

（5）加强公共服务体系建设，支撑、服务产业发展。坚持“政府引导、企业主体、市场运作”原则，依托产业基地、产业园区、中介机构和龙头企业，建设一批面向行业的公共技术服务平台。建立完善信息服务业统计和评估体系，建立健全信息服务业发展监测、预警、预测制度，密切跟踪、及时反映国内外信息服务业发展最新动态与趋势。

（6）加强招商引资和国际交流，拓展提升软件服务业新业态、新领域。按照政府推动、市场运作的方式，搭建信息服务业招商引资和国际合作交流平台。加大引进世界 500 强企业中的信息服务业企业力度，鼓励企业将总部、地区总部、采购中心、研发中心、数据中心、呼叫中心等落户上海。支持本市企业走向国际市场，进行境外战略性投资，或在境外建立国际营销渠道。不断提升上海动漫产业等数字内容相关产业的发展水平，积极培育和拓展即时通信、社交网络、博客、对等网络等新兴信息服务业业务在上海的发展，促进形成产业规模。

（7）加强人才队伍建设。进一步建立健全上海软件服务业人才培训体系，鼓励大专院校加快教育改革，培养专业化、实用型软件服务人才；鼓励有实力的软件企业建立企业产品的培训认证服务，推动实用型人才的培养；依托协会、产业联盟、园区等开展面向特定领域的专业化针对性培训，形成系统化的人才培训机制，培养多层次的人才梯队。健全人才培养体系，推动人才国际合作和人才互认，加大上海国际化人才的引进力度。

第九章　江苏省

江苏省软件产业经过多年的发展，不但初步形成了一定的产业规模，并且在基础研究、产品开发、人才培养等方面都取得了较大成绩，特别是最近几年，江苏省的软件产业得到比以往更为迅速的发展，以 2000 年国发 18 号文的颁布为标志，江苏省的软件产业进入了全面快速发展的新阶段。

一、江苏省软件产业十年发展回顾

（一）行业规模迅速扩大

回顾十年来江苏省产业规模的增长情况，软件销售收入由 2002 年的全国第七位上升到 2009 年的第三位，年增长速度达到 44%。2009 年，全省软件产业实现软件收入 1 605 亿元，占全国总量的 16.1%；完成软件出口 35.5 亿元，增长 41.7%；软件业务占出口比例由 6.7% 增长到 16.1%。江苏省成为同期全国软件产业发展最快的地区之一（见表 15）。

表 15　江苏省 2000—2010 年软件收入情况

年　份	2000	2001	2002	2003	2004	2005	2006	2007	2008	2009	2010
软件业务收入（亿元）	23	50	128	150	225	320	512	834	1 201	1 606	2 200
年度增长率（%）		117	155	18	50	42	60	63	44	34	37
软件业务占出口比例（%）		6.7	11.6	9.2	9.4	8.2	10.7	14.3	15.9	16.1	
软件业务出口（亿美元）		0.14	0.20	0.34	0.8	1.6	10	17.41	25.05	35.5	

（二）产业格局日渐完善

近十年来，江苏省的软件产业结构逐步由传统的软件开发模式走向软件和信息服务业全方面综合发展的格局。“十一五”以来，江苏软件产业六大类业务收入绝大多数均在全国前 3 位，尤其设计开发收入和嵌入式系统软件在全国位于领先地位。随着软件服务业的发展，企业合作不断深入，软件外包正从发包合作逐步向战略协作阶段过渡，外包形式既有 ITO，又有 BPO、KPO；信息技术咨询服务和增值服务业务收入高速增长，收入结构趋向合理，产业格局日趋完善。

（三）产业群聚效应日益凸显

江苏省软件产业在高速发展的同时，地区群聚效应也日益凸显。南京、苏州、无锡、常州、镇江 5 市聚集了全省 95%的软件销售收入，构成了以南京中国软件名城为核心的国内独一无二的软件产业城市密集带。同时，江苏省其他城市的软件产业也各具特色，苏中、苏北 8 市软件收入大幅增加，高于全省的平均增长率，形成了全省特色鲜明、优势明显、广联度高的阶梯状发展的良好产业布局，实现了南北联合互动。

（四）技术水平取得突破性发展

在江苏省产业规模迅速扩大的同时，软件产业的整体技术水平也得到了全面提高。电力、电信、金融财务、企业管理、交通等行业应用软件具有很强的技术实力，电信计费、通信监管、地铁控制、电力保护、智能交通等 10 个大型系统集成软件在全国处于前列；Office 办公系统、Linux 桌面操作系统技术水平在全国处于领先位置。设计开发业取得了重点突破，自主开发了 32 位嵌入式 CPU 核、第三代移动通信手机基带芯片、信息安全芯片、交换机芯片等。

（五）企业素质不断增强

2009 年江苏省规模以上软件企业达 2 492 家，软件企业认定数累计达到 1 805 家，累计认定软件企业数在全国排名第四。2009 年全省软件产业收入超亿元的企业增加到 227 家，列入国家规划布局内重点软件企业 13 家，9 家企业进入全国软件百强，通过 CMM/CMMI 认证的企业增加到 244 家，通过计算机信息系统集成资质认证的企业达到 136 家，经国家认定的集成电路设计企业为 52 家（见表 16）。省经信委确定了 80 家企业为 2010 年江苏省规划布局内重点软件企业，突出重点予以支持。江苏软件企业在国内外证券交易所挂牌上市的公司达 11 家，联创科技（南京）有限公司与亚信集团合并成立的“亚信联创集团控股有限公司”成为全球收入和市值第二大的电信软件和服务提供商，在国内外有较大的影响。

表 16 江苏省软件企业认定及资质情况

年　份	2000	2001	2002	2003	3004	2005	2006	2007	2008	2009	2010	累计
软件企业认定数（家）		172	92	135	134	163	203	271	287	348	400	2205
软件业务收入 1 亿元以上企业数（家）	10 亿元以上					7	12	16	24	26	33	
	1 亿～10 亿元	7	12	13	17	44	67	78	123	201		
	合计	7	12	13	17	51	79	94	147	227		
国家规划布局企业数（家）			4	8	8	6	8	10	14	13		
全国软件收入前百企业数（家）					7	7	8	9	9	8	9	
上市企业数（累计）（家）							8	8	8	10	12	
CMM 认证企业数（累计）（家）						10	32	73	114	244		
系统集成认证企业数（累计）（家）		3	29	38	42	44	48	72	100	136		

（六）产品研发实力日趋明显

江苏省软件产业经过多年的发展，企业的研发实力显著提高。全省软件产业研发人员达到 85 660 人，累计登记计算机软件著作权 8 331 件，江苏省软件产品累计登记数在全国列第 4 位。大量的优秀产品脱颖而出，江苏省 2001 年开始设立江苏省优秀软件产品奖（金慧奖）的评选活动，已经通过连续 7 届的活动评选出大量的优秀软件，仅 2009 年就授予 23 家企业的 25 件软件产品金慧奖称号，表彰这些产品在产品研发和商业化应用方面取得的成绩。这些优秀软件产品除了涉及江苏省传统优势领域外，在嵌入式软件和CAD等领域也有不俗的表现。

（七）载体建设成果显著

全省软件园区建设从无到有，至2010年已有江苏、南京、无锡、苏州和常州5个国家级软件园。江苏省认定了19个省级软件和信息服务产业园，从分布情况看，苏南地区11个，苏中地区4个，苏北地区4个。全省软件园区共计建筑面积1 200万平方米。无锡软件园和雨花软件园成为首批省级示范性软件园。江苏各级软件园形成了阶梯型布局，苏中、苏北依次北移的软件园区建设，体现了江苏软件产业各地区协调发展的实际境况，使得产业布局更加科学合理。

（八）配套服务体系不断优化

江苏省不断完善配套服务体系，已连续成功举办6届中国（南京）国际软件产品博览会，成为江苏和南京市发展软件产业的一张名片和重要舞台，在推动软件领域的国际交流合作，加快江苏软件强省、南京软件名城建设步伐诸多方面发挥了积极作用，取得了丰硕的成果。江苏以省级以上软件园为载体，各类专业服务机构为园区内软件企业提供人才、技术和资金等专业化服务。以江苏虚拟软件园为平台，整合全省优质资源，着力构建全省软件产业的公共服务体系。六大公共服务平台中，SaaS服务、软件外包、软件测试已形成对外服务能力，人才培训服务、IC设计服务及投融资服务平台正在加快建设之中。建设了全国第一个8条155M国际通信专用通道，有力促进了软件和信息服务外包的发展。南京宽带无线城市建设取得突破，无锡、苏州、扬州等市也加快无线城市建设。

二、江苏省软件产业发展主要举措

（一）立法营造江苏软件产业良好法制环境

江苏省各级软件产业主管部门在进一步贯彻落实国家《鼓励软件产业和集成电路产业发展的若干政策》和《振兴软件产业行动纲要》等政策措施基础上，协调解决产业发展中存在的问题，加强对软件知识产权的保护，改善对软件产业的行业管理，优化软件产业发展环境。

江苏省率先开展软件立法工作，为软件产业发展营造有利的法制环境，并为国家相关立法进行有益的探索。《江苏省软件产业促进条例》获省政府常务会议通过后于2007年提交省人大常委会审议并通过。《江苏省软件产业促进条例》的实施有力地促进和保障了江苏省软件产业的发展。

（二）制定规划和政策支持江苏软件产业重点发展

江苏省委、省政府历来重视软件产业发展。早在2001年4月，省政府制定了江苏省鼓励软件产业和集成电路产业发展的若干政策。2002年12月，省政府办公厅印发了《江苏省软件及信息产业发展实施意见（2002—2005）》，明确了3年的目标任务和措施。2004年9月，省政府办公厅批准了《江苏省软件和集成电路产业专项经费使用管理办法（试行）》，每年投入5 000万元支持软件产业发展。

2007年《江苏省软件产业促进条例》出台当年，省政府常务会议讨论决定了支持软件产业发展的若干政策意见。会议决定专项经费增加到每年3亿元。2010年，省政府办公厅批准了6个新兴战略性规划之一的《江苏省软件和服务外包产业发展规划纲要（2009—2012）》。据此，省经信委又细化出台了《江苏省软件和信息服务业发展规划实施方案（2010—2012）》，明确了今后3年的主要目标、任务、布局要求，确定了江苏重点发展的十大软件产品集群和十大重点工程，并提出了十项保障措施。

（三）实施开展"双软认定"工作

"双软认定"工作极大促进了江苏省软件产业的发展，对培育软件企业、软件产品起到关键作用。职能部门深入到企业，进行面对面的指导和服务，积极引导企业进行"双软认定"。同时，多次组织企业集中进行有关认定工作的培训、讲座。另外，各级政府安排专项经费，对通过软件产品登记、软件企业认定的企业给予以奖代补，激发企业开展认定工作的积极性。2001—2010年江苏省软件企业和软件产品登记情况如表17所示。

表17　2001—2010年江苏省软件企业和软件产品登记情况

年　份	2001	2002	2003	3004	2005	2006	2007	2008	2009	2010	累　计
软件企业认定数（家）	172	92	135	134	163	203	271	287	348	456	2 361
软件产品登记数（件）	555	562	558	578	721	854	1 085	1 403	2 015	2 053	10 384

（四）首倡"中国软件名城"建设

2005年8月，时任江苏省委书记李源潮在运筹江苏经济结构调整时，把目光敏锐地投向了软件产业，专程视察省信息产业厅，听取软件产业发展情况报告。一个月后，与江苏软件产业考察团一起访问印度班加罗尔，提出了将南京建成"中国软件名城"。2006年7月，李源潮书记又专门召开江苏软件产业发展座谈会，提出要加快南京"中国软件名城"建设。2006年9月1日，信息产业部、省人民政府、南京市人民政府签署了《共同推动南京市软件产业发展的合作备忘录》。

5年来，部省市共同努力，为南京市建造软件产业发展的优越条件，如举办南京国际软博会、建立国际专用通信通道、共建江苏虚拟软件园，部省支持南京软件产业创新，在项目申报、经费支持等方面向南京倾斜。

南京市委、市政府抓住软件名城建设不放，多次制定相关政策文件，建立市领导与骨干企业联系制度，大力宣传和推动。各区也把发展软件产业放在突出位置。全市，包括各区，每年用于支持软件产业发展的财政资金超过10亿元。目前，南京市已形成以江苏、南京两个国家级软件园为龙头，8个省市级软件产业基地共同发展的大好局面，通信、电力、智能交通领域的软件产品群在国内名列前茅，基础软件方面也在突破，软件产业规模已接近1 000亿元。

2010年9月3日，在第六届南京国际软博会上，国家工业和信息化部首个授予南京市"中国软件名城"称号。

（五）组建软件产业联盟

面对新的形势，为适应江苏软件和信息服务业发展的需要，江苏省因势利导，创新产业发展方式，组建产业联盟，整合产业资源，鼓励特色发展和联动发展，加强产业各要素间的联系，提高产业的组织程度和服务水平，不断增强江苏软件和信息服务业发展的综合竞争力。

近年来，全省已经组建了国产芯片与软件应用联盟、软件外包产业联盟、物联网产业联盟、数据库产业联盟、信息安全产业联盟、软件人才服务联盟、互联网服务产业联盟、软件园区合作发展联盟等。实践证明，联盟的建立为“产学研用”搭建了交流的平台、创新的平台、合作的平台和服务的平台，有利于产业创新资源的会聚和创新能力的提高，有利于企业兼并重组和做大做强，有利于以骨干企业为龙头打造产业链和产业群，有利于产业的“点链”和“点群”的联动，充分发挥江苏软件和信息服务业发展的群体优势。

（六）加强人才培养工作

软件产业发展的核心要素是人才，产业的竞争归根结底是人才的竞争。江苏省在深化软件人才服务方面做了大量工作。一是省经信委编制了全省软件产业人才发展规划。大力推动软件产业人才培训，对已有的软件产业人才培训机构进行科学引导、服务支持和规范管理，使其更好地为全省软件产业发展提供人才保障和智力支持，制定了《江苏省软件产业人才培训基地认定和管理办法》，认定了首批 18 家省级软件产业人才培训基地，起到了较好的带头示范作用。二是开展江苏省优秀软件企业家评选。为进一步促进江苏省软件产业实现跨越式发展，营造积极向上的软件产业文化，建设软件产业领军人才高地，省经信委开展了评选 2009 年度江苏省优秀软件企业家活动。三是成立了江苏软件产业人才发展基金会，在全国示范性软件学院设立“江苏软件奖学金”，组织重点软件企业开展全国校园招聘活动，大力宣传江苏软件产业和骨干软件企业。四是省经信委、人才发展基金会联合举办全国大学生软件设计大赛，开办软件架构师培训班，为数十家软件企业培训了近百位软件架构师。但是也可以看到，江苏省软件产业发展人才缺乏，中高端人才瓶颈突出，尤其是企业家队伍培育需要加强。为此，江苏省在 2010—2015 年开始实施“5511”软件人才工程，即建设五大平台，制定五大标准体系，面向十大领域，培养 100 万软件人才。为充分发挥连接软件企业、高等院校、培训机构、人力资源机构、政府部门与专业人才的桥梁纽带作用，江苏省组建软件人才联盟，围绕江苏省软件产业人才的重点工作，加强人才标准的制定，重点面向中高端人才，积极开展人才引进、培训和认证工作，为构建全省软件人才服务体系贡献力量。

（七）财政资金支持

通过专项资金有重点、有针对性地扶持引导是发展软件产业的抓手。2000 年，江苏省政府设立了软件和集成电路业专项经费。2001—2007 年，软件产业专项经费累计投入 3.5 亿元，支持项目 278 个，拉动社会总投资 49 亿元，累计实现销售 258 亿元，实现利税 85 亿元。2008 年开始江苏省现代服务业（软件产业）专项资金提高为 3 亿元，仅 2009 年 112 个项目获得资助金额 2.388 亿元，涉及两化融合、信息安全、电子政务、集成电路等项目，撬动的项目总投资 29.8 亿元，另有 190 家软件企业获得 CMMI 和 ISO 27001 认证奖励。专项经费真正起到了“四两拨千斤”的作用，体现了江苏省软件产业支持的重点和引导的方向。

三、江苏省软件产业发展主要经验和体会

回顾总结十年来推动软件和信息服务业加快发展的做法和经验，可以得出几点基本结论。

（一）层层重视、大力扶持是软件和信息服务业加快发展的强劲推力

近年来，省委、省政府高度重视软件和信息服务业的发展，始终将其放在优先发展的突出位置上。率先出台了《江苏省软件产业促进条例》等一系列法规和政策，为全省各地软件和信息服务业的蓬勃发展提供了重要的政策支撑。省委、省政府领导同志多次视察软件产业，并由主要领导带队赴国外软件产业发展和集中地区考察，作出了一系列科学决策；提出了南京建设“中国软件名城”的决策，并扎实推进；举办南京国际软件博览会，建立国际合作平台；多次研究措施支持江苏软件园不断发展。省财政每年专拨 3 亿元支持软件和信息服务业发展；十年内多次制定软件产业发展规划，不断完善政策措施创造良好环境。

2009 年江苏省委、省政府又出台了软件和服务外包等六大新兴产业发展规划纲要和实施意见，对今后 3 年全省软件和信息服务业的发展提出了新的目标和要求。本次会上印发的《关于进一步落实推进全省软件和信息服务业发展政策的意见》，体现了在财政投入、税收优惠、金融支持、土地使用、政府采购、人才培育和引进等方面的政策的集成和创新。实践证明，各级领导的高度重视和相对先行的产业政策支持，有力促进了全省软件和信息服务业的发展。

（二）促进融合、突破应用是软件和信息服务业加快发展的工作取向

软件和信息服务业具有附加值大、资源消耗低、环境污染少、吸纳就业能力和对其他产业带动性强等特点。发展软件和信息服务业的重要意义，不仅仅是其自身作为一种产业的提升和壮大，更重要的是其融合带动作用，对于传统产业的改造提升、促进产业结构调整和全社会生产、生活方式转变等方面的特殊作用。广大从业者在发展实践中普遍认识到，软件和信息服务业的发展，必须与相关产业融合，以应用突破为着力点，实现联动发展和共同发展。特别需要强调的是，在江苏省率先起步发展的物联网产业和应用示范工程的实施，为软件和信息服务业的发展提供了巨大的市场空间和历史性机遇。尽管许多企业在这个新的领域尚处于起步阶段，但初尝胜果的运营实践已显示出这个新兴产业不可限量的发展潜力。事实证明，只要能够抓住机遇，主动融合，加快应用就能实现软件和信息服务业在某些领域超常发展。

（三）强化主业、特色发展是软件和信息服务业加快发展的正确选择

近年来，江苏省许多软件和信息服务业企业致力于创新发展和特色发展，坚持技术创新、应用创新、产品创新、管理创新和模式创新，明确目标做强主业，努力提升产业核心竞争能力。目前，全省已经在电力自动化、通信管理、智能交通、电子政务、电子商务等方面涌现了一批如南瑞集团、金智科技、科远自动化、联创集团、三宝科技、江苏擎天、焦点科技、江苏集群、苏州浩辰等知名企业，形成了鲜明的产业特色、企业特色和产品特色，在国内占据明显的技术优势和市场优势。为了更好推动产学研用等各种发展要素的融合，以骨干企业为龙头组建了物联网、数据库、信息安全、互联网服务、软件人才服务等产业联盟，搭建交流、创新和合作平台，创新组织推进工作的方式方法，更加得力高效地

促进产业加快发展。

（四）引培人才、着力高端是软件和信息服务业加快发展的基本保障

人才是软件和信息服务业发展的第一要素。江苏省加大引进力度，编制《江苏省软件人才发展规划》，加强全省软件人才服务体系建设，营造创新、竞争、合作的软件企业文化。积极开展实效性强、针对性强的国内外招才引智活动，吸引高端软件人才来江苏创业、发展，支持软件企业引进技术和管理类高层次紧缺人才。各地积极探索建设软件人才公寓，为引进人才、留住人才解决生活问题，提供优质服务。根据软件企业的人才需求，积极推动软件学院及培训机构与骨干软件企业联合办学，认定了首批 18 家省级软件人才培训基地；根据软件和信息服务业发展现状，编制了全省软件人才发展规划，明确了软件人才培养的目标和要求；根据江苏省软件人才培训的需要，成立了江苏软件产业人才发展基金会，并在全国一些重点院校设立了“江苏软件奖学金”，组织优秀软件学子江苏行、骨干软件企业全国校园招聘等活动，举办软件架构师培训班、项目经理培训班，创新人才培养和引进的方式方法。这些工作的开展，都收到初步成效，较好地推动了全省软件人才队伍建设。

（五）做强载体、提档升级是软件和信息服务业加快发展的基本工作

软件园区是产业发展的重要载体。针对江苏软件和信息服务业发展的实际，一方面加强省级软件园区的认定工作，引导全省软件和信息服务企业向园区集聚；另一方面又着力推动软件园区自身的建设和发展，开展软件园区示范试点工作，促进了软件园区的提档升级和品牌创建。以 5 个国家级软件园为重点，以示范性软件园为标杆，发挥江苏软件园区合作发展联盟的作用，全面推动了软件园区向特色化、品牌化方向发展，不断提升软件园区专业功能和服务能力，优化综合发展环境。以各产业联盟为载体，加强产业集群合力，会聚创新资源，构建“沟通平台、创新平台、合作平台和服务平台”；围绕骨干企业，“点链联动、点群联动”，提升了产业集群综合竞争力，实现产业做大做强。推进公共服务体系建设，进一步提升软件测试和 SaaS 公共服务平台服务水平，加快建设软件人才服务、软件和信息服务外包、IC 设计服务和投融资服务支撑平台；鼓励企业使用江苏虚拟软件园公共服务，争取更多资源投入虚拟软件园公共服务平台，提升其服务能力，扩大服务范围，更好地为软件产业服务。

（六）通力合作、整合优势是软件和信息服务业加快发展的关键措施

各省市的通力合作，可以整合各方面的优势资源，办成具有重大影响的关键性大事。多年来，江苏省与工业和信息化部和其他部一起，成功举办了 6 届南京国际软件博览会，创建中国软件名城，建设了软件外包服务专用国际通信通道，建设虚拟软件园公共服务平台等。这些部省市合作的成果立意新，站得高，对产业发展促进作用大。省各部门的通力合作，可以跟踪软件产业发展新情况、新问题，不断协调、完善政策措施。在前几年制定促进软件产业发展意见基础上，省 8 个部门 2010 年又一次联合发出了落实推进软件产业发展政策的 17 条意见，形成了新的合力。省市之间的通力合作，已成为省市发展特色软件产业园的重要措施，不仅调动了各市发展软件产业的积极性，而且有利于制定和落实全省软件产业发展规划，有利于各市科学布局，差别发展。

与此同时，省市之间合作发展软件产业也有实际举措，例如，省市共建省级特色软件

产业园，调动并支持相关市发展软件产业的积极性，收到明显效果。省各级加强协调，在前几年促进发展意见基础上，2010 年省各级又联合发出落实政策意见，使促进发展政策更加符合新的情况，发挥更好的效果。

（七）工作不断创新是江苏软件产业飞速发展的强大动力

从江苏软件产业十年飞速发展历程可以清晰地看到，省委、省政府及相关部门领导软件产业发展的工作，在不断创新、不断完善。前后提到的一系列工作都是具有创新意识的，同时具有国际视野的，如软博会、名城建设、国际通信通道，还有不少具有创新意识的工作，又是具有广阔视野的，涉及产业发展的方方面面，如软件产业立法工作、软件人才基金会的成立和软件人才奖学金的设立、财政专项引导资金的设立、省级软件园和省级软件人才培训基地的设立、各产业联盟的成立、省规划布局内重点软件产业和省软件产业优秀企业家评选等。工作不断创新，使江苏软件产业政策措施更加完善，发展环境更加优化，成为促进发展的强大动力。

四、江苏省软件产业展望

今后一个时期，江苏省软件和信息服务业的发展将面临新的机遇和挑战。国际金融危机后，全球软件和信息服务业进入了一个新的发展阶段，在继续保持快速增长的同时，产业发展模式和发展形态都加快调整转型，呈现出网络化、全球化、开放化、服务化四大发展趋势。一些国外大型软件企业主导兼并重组，掀起了新一轮的并购浪潮，并加紧对我国市场的争夺，国内软件市场的竞争也日趋激烈，全省软件和信息服务企业面临新的压力和挑战。省委、省政府审时度势，加快推进全省经济向创新型转变，并制定出台了六大新兴产业发展规划，这是江苏省加快转变发展方式、调整优化经济结构的战略举措。软件和信息服务业作为江苏省六大新兴产业之一，具有良好的产业基础、健康的增长态势、广阔的发展空间，我们应当紧紧抓住产业发展新机遇，大力培育新的增长点，使软件和信息服务业在全省经济发展、社会进步大局中发挥更加重要的作用。

今后 3 年，我们要认真贯彻落实国家和省电子信息产业调整和振兴规划、省软件和服务外包规划纲要，继续保持软件和信息服务业总量的快速增长和运行质量的不断提升。以江苏虚拟软件园和省软件产业服务中心建设为重点，加强全省软件产业公共服务体系建设；以省级示范园区建设为标杆，引导软件园区专业化特色化发展；以物联网产业发展为机遇，促进软件和信息服务产业不断向高端攀升，抢占产业发展制高点；以实时数据库研发为突破口，强化基础软件产业的规模实力和品牌影响；以优势互补、协同发展、做强做大为目的，推动企业兼并重组。以产业发展振兴的实际成效，为全省经济转变发展方式、保持平稳较快增长培育新的亮点，提供重要的助推力量。

以信息化和工业化融合为主线，突破一批核心技术，重点发展十大软件和信息服务集群；以规模化、品牌化、国际化为目标，增强企业自主创新能力，培育壮大一批有品牌影响力的龙头企业；以创新发展、特色发展、联动发展为方向，建成若干国内一流软件园区；以十项配套政策措施为支撑，实施十大重点工程，提升产业核心竞争力，继续保持江苏软件产业走在全国最前列。

到 2012 年，全省软件和信息服务业产业规模力争实现 4 000 亿元，软件和信息服务业从业人员达到 65 万人，超 10 亿元企业达到 40 家以上，超 50 亿元企业 4 家，超百亿元企业 3 家。确保软件和信息服务业总体水平继续走在全国前列。到 2015 年，全省软件和信息服务收入达到 8 000 亿元，软件出口 120 亿美元，软件从业人员达到 120 万人。全省形成 5 个规模超千亿元的软件和信息服务产业集群，5 个规模超千亿元的软件和信息服务产业园区，培育千亿元级软件与信息服务企业 1 家，超百亿元企业 5 家，超 50 亿元企业 8 家，超 10 亿元企业 80 家，10 亿元以上规模企业占全省的产业集中度达到 70%，产业规模力争达到全国第一。全面建成以南京中国软件名城为龙头，在国内外享有较高美誉度的沿江软件产业城市密集带。

第十章　浙江省

2000 年国发 18 号文发布以来，浙江省委、省政府高度重视软件产业的发展，认真落实国家产业发展有关政策，采取积极有效的措施推动产业发展。十年来浙江的软件产业得到了持续、健康、快速的发展。

一、浙江省软件产业十年发展回顾

（一）产业规模迅速扩大

2000 年，浙江的软件产业处于起步阶段，整个行业销售收入仅为 55 亿元，在国家和省有关鼓励政策的推动下，浙江省软件产业规模快速增长，到 2009 年，浙江的软件业务收入达 516.8 亿元，浙江省软件产业收入在全国所占份额达到 5.3%，规模居全国第 6 位。2000—2009 年浙江省软件产业以年均高于 20%的速度增长，增长速度高于信息产业整个行业。十年来浙江的软件产业从弱到强，实现了快速发展，目前软件产业已成为浙江省经济发展的重要增长点。随着产业规模的不断扩大，软件产业有力地支持了全省信息产业的发展，提升了浙江传统制造业的信息化水平，促进了浙江经济的全面可持续发展。

（二）企业知识产权获得与技术创新能力不断增强

2000 年以来，浙江软件行业在专利申请、软件著作权、技术标准等知识产权方面取得显著成绩。软件著作权登记数从 2001 年的年登记 197 件增加到 2009 年的年登记 4 759 件，增加了 24 倍，著作权登记数量位居全国第四（见图 29）。浙江省软件产品已由 2000 年时的单一的行业应用软件向系统软件、支撑软件、嵌入式软件和软件服务等多门类软件发展。十年来浙江省多家企业主导软件细分行业的标准制定，2005 年浙大中控主持制定了国家《用于工业测量与控制系统的 EPA 系统结构与通信标准》，2008 年经国家标委会批准，聚光科技公司获得“半导体激光在线气体分析仪”和“紫外/可见/近红外光纤光谱分析仪”两项主导产品国家标准的制定权。至 2009 年，浙江有 20 多个软件项目获得国家科技进步奖。在政策的支持下，软件企业的开发能力和管理能力得到显著提高，2000 年很少有企业通过 CMM/CMMI3 级以上认证，截至 2009 年年底，浙江省已有 92 家软件企业通过 CMM/CMMI3 级以上认证。

（三）企业资质获得数量逐年增长

国发 18 号文发布以后，浙江省认真做好“双软认定”工作，把国家对软件企业和产品的税收优惠政策落到实处，支持企业壮大发展。从 2001 年开展“双软认定”工作以来，软件产品年登记数从 351 件增加到 2009 年的 1 665 件（见表 18）。截至 2009 年年底，累计登记软件产品 6 998 件，软件产品增值税退税近 40 亿元。累计认定软件企业认定 1 268 家。近 1/4 的系统集成企业获得系统集成资质。8 家软件软件企业进入 COSEP，入选国家规划布局内重点软件企业由 2002 年的 8 家增加到 2009 年的 14 家，2009 年规划布局软件企业数占全国的 8.06%，数量列全国第四位。2009 年，销售收入超亿元的软件企业有 75 家，大大超过 2000 年时的数量，是 2005 年的 3 倍。

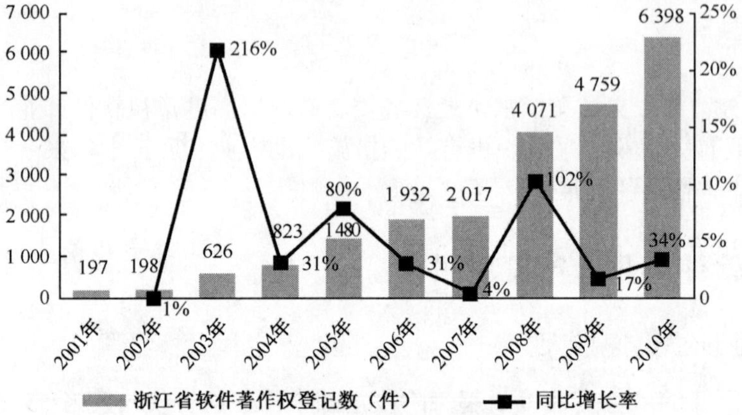

图 29 2001—2010 年浙江省软件著作权登记情况

表 18 浙江省软件企业及软件产品资质情况

年 份	2001	2002	2003	2004	2005	2006	2007	2008	2009
规划布局内重点软件企业（家）		8	15	15	13	12	15	15	14
软件产品登记（件）	351	317	416	599	778	899	953	1 012	1 665
软件企业认定（家）	131	83	78	104	174	156	183	141	218

（四）产业配套服务能力不断增强

（1）园区建设快速发展。2000 年以来，经过各地、各部门的共同努力，浙江省软件产业园区建设工作取得显著成果。与 2000 年相比，无论在数量上还是在质量上都有巨大的进展。2000 年浙江省软件园屈指可数，目前，除杭州、宁波两市有多个软件园之外，嘉兴、温州、金华、舟山等市近几年开始建设软件园区。杭州市已有 20 多个有一定规模的软件产业园，园区建筑面积都在 1 万平方米以上，集聚了众多优秀的企业，其中 13 家企业入围 2009 年年度国家软件百强，2 家跻身全国自主品牌软件产品十强，14 家成为国家规划布局内重点软件企业，有 88 家企业通过了 CMM/CMMI 评估，25 家企业成功上市。软件收入超亿元的企业达到 41 家，超千万元的企业 175 家，从业人数超千人的软件企业 7 家。自 2006 年起步到 2009 年年底，宁波软件园面积从 3 万平方米增加到 21.8 万平方米，从 2 家软件孵化器增长到 1 个核心集聚区（宁波软件园高新园）和 9 个特色集聚区，入园企业数也从不到 100 家增长到 600 多家。宁波国际软件园是全国首家国家火炬计划软件出口加工试验园，已经形成嵌入式系统和 IC 设计、软件外包、行业应用软件 3 大领域齐头并进的发展局面。

（2）人才队伍不断壮大。浙江省非常重视软件产业人才培养和引进工作。经过十年的努力，目前，浙江建立了学历教育为培养主体，社会培训机构和软件企业共同参与的软件人才培训体系。浙江省近 80 所高校基本上都设有计算机软件相关专业。对于浙江软件产业发展过程中高端人才不足问题，还通过“引进来、走出去”方式，吸引高端专业人才，解决软件企业发展存在的人才瓶颈。2000 年以来浙江的软件人才队伍结构不断得到优化。至 2009 年，浙江省规模以上软件企业从业人员达 13.8 万人。

（3）配套设施不断完善。针对广大中小软件企业在人才、工具、方法和市场 4 个方面普遍存在的困难和需求，浙江省高度重视公共服务平台建设。2000 年以来，省财政专项资金每年以一定的资金支持公共服务平台建设，至 2009 年，支持服务软件企业的公共服务平台 30 多个。为提高企业自主创新能力，省市区 3 级政府共同支持，目前该平台的网络环境和人才实训中心已投入运行，软件评测中心已初具规模；软件技术知识库已投入应用，基础中间件平台已取得重大进展。

（五）产业分类发展齐头并进

1．软件产品

十年来，浙江的软件产品以应用软件为主，金融、证券、管理及 CAD、自动化、通信、电力、公安、安防、医疗卫生、网络信息服务等行业应用软件在全国市场占有率名列前茅。应用软件领域的产品数量达 2 662 件，占软件产品数量总额的 93.63%。从事应用软件的企业数量达 1 285 家，占软件企业总量的 91.33%。

2．系统集成

十年来，浙江省系统集成业务收入稳定增长，行业覆盖广泛，在政府、金融、教育、电力、能源、交通、制造业等领域都有较好发展，金融领域是系统集成收入前 5 名厂商的重要收入来源。如恒生电子，2009 年主营金融的三大事业部合计收入 4.4 亿元，占主营业务收入 60%，利润贡献占 80%左右。此外，经过十多年的发展，浙江自动化技术领域涌现出了中控科技、杭州和利时等一批龙头骨干企业，具备了与霍尼韦尔、横河、ABB 等跨国大型自动化企业竞争的实力。

3．嵌入式软件

浙江的嵌入式软件主要以通信行业为主，包括交换机在内的基础通信设备和包括手机在内的移动通信终端设备，所占比例一度占到 1/3，但随着医疗、汽车和消费电子等其他领域的快速增长，通信行业所占比例逐步降低，安防、网络通信领域异军突起。浙江安防产业被称为中国安防行业杀出的一匹“黑马”。无论技术水平、产业规模、市场占有率还是企业实力都居国内首位，形成了以 DVR、板卡、矩阵、光端机、球机、生物识别等为主的门类齐全的安防产业链，海康威视、大华股份、大立科技的市场占有率分列全国前三位。杭州中正生物和浙江维尔的生物识别技术在中国金融指纹领域的市场占有率达 90%以上。以华三通信、东方通信和三维通信为代表的一批龙头骨干企业引领了网络通信领域的行业标准、技术和应用的创新。

4．电子商务

浙江的电子商务应用水平全国领先，专业市场的发展与浙江中小企业相辅相成，形成了具有浙江特色的块状经济特色，全省有 163 个市场建立了网站，形成了 6 家主要交易市场，年交易额达 796 亿元，同时依托产业集群的优势，浙江的行业网站在全国 3 000 余家行业网站中所占比例达到了 1/5。以阿里巴巴为代表的重点企业在全国独占鳌头，阿里巴巴 B2B 公司在行业中处于绝对领先位置；淘宝网是中国最大的零售网站，拥有 78%的市场份额。此外，依托省内各大实体专业市场，汇集了化工、纺织、机械、服装、农业、建材、塑料、模具、丝绸等一大批名扬海内外的专业电子商务网站。

5．软件技术服务

十年来，浙江的软件技术服务保持高速增长的态势，软件技术服务收入在软件产业中的比例快速增长，所占比例高达 1/4，全球软件产业服务化趋势及浙江省各级政府对软件和信息服务业的高度重视，很大程度上助推了产业的高速发展。云计算、SaaS 等新型服务业态发展迅速。咨询设计、运行维护服务在通信、能源领域具备特色，形成一批在业界有较高影响力的重点企业，业务覆盖了全国主要通信运营商的业务系统、管理系统和核心数据系统，具备了较强的基于核心技术的规模集成能力；若干龙头骨干企业在能源领域的运行维护服务上具备了较强的领先优势。

6．软件出口及服务外包

十年来，浙江的软件产品出口市场主要以日本、美国和中国香港地区为主，以外资企业为主导，出口产品逐渐走向价值链高端，龙头企业整合发展势头良好。例如，浙江网新科技在欧美市场直接为美国道富集团（全球最大的基金服务集团）、美国微软、美国 UCB 银行等提供服务，连续 4 年位列中国软件外包企业 25 强第二名，全球 IT 服务 100 强。

二、浙江省软件产业发展主要举措及经验

十年来，浙江省发展软件产业围绕建设软件与信息服务业强省目标，推进产业做大做强，努力把浙江建设为国家软件重要产业基地，把软件产业发展为浙江省传统产业改造提升与现代服务业发展的先导和支撑产业，采取了一系列有效的措施，取得了较好的效果。

（一）创造政策环境，促进软件产业发展

2000 年，国务院下发了 18 号文，为贯彻落实国发 18 号文精神，推动浙江省软件产业和集成电路产业的发展，增加信息产业创新能力和国际竞争力，带动传统产业改造，进一步促进国民经济持续、快速、健康发展，2001 年，浙江省人民政府制定了《关于鼓励软件产业和集成电路发展若干政策》（浙政发［2001］2 号），从投融资、税收、技术、出口、收入分配、人才、装备及采购、企业认定、知识产权保护、行业管理等方面为软件和集成电路产业发展提供了强有力的政策支持。为落实省政府文件，浙江省信息产业厅会同国税局出台了《关于规范软件产品增值税征收管理办法》（浙国税流［2001］83 号），明确了软件产业增值税征收办法。这些政策措施的相继出台和落实，创造了良好的政策环境，极大地调动了各方面的积极性，使浙江省软件产业发展步入了快车道，取得了显著成绩。“十一五”期间，浙江省委、省政府和省信息产业厅、财政厅、人事厅、国家税务局等部门继续围绕税收优惠、产业统计、企业发展等方面出台了多项政策措施，推动软件产业发展。

（二）科学制定规划，引导软件产业发展

为进一步加快浙江省软件与信息服务业的发展，根据《浙江省国民经济和社会发展第十一个五年规划》，2007 年 2 月发布了《浙江省软件与信息服务业“十一五”发展规划》，围绕建设软件与信息服务业强省目标，推进产业做大做强。一是要把浙江省建设成为国家软件与信息服务业重要产业基地。二是要把软件产业发展成为浙江省传统产业改造提升与现代服务业发展的先导和支撑产业。重点推进嵌入式软件、软件出口与服务外包、行业应用软件、网络传输服务、数字内容与网络增值服务的发展，进一步优化软件与信息服务业产业结构。争取在在共性基础软件及软件核心技术领域取得有效突破。目前正着手制定《“十二五”软件与信息服务业发展规划》。

（三）落实税收优惠政策，确保软件产业发展

为进一步落实国家和省委、省政府发展软件产业文件精神，2001 年浙江省国家税务局、浙江省信息产业厅制定了《关于规范软件产品增值税征收管理的通知》（浙国税转［2001］83 号），实施软件产业有关税收优惠政策，将其作为引导软件产业发展的重要手段。2006 年，为规范软件产品享受增值税优惠政策，使国家产业税收政策落到实处，浙江省国家税务局发布了《关于生产销售软件产品增值税有关问题的通知》（浙国税流［2006］2 号）。其后，针对嵌入式软件退税和软件企业认定过程中软件收入认定问题，浙江省信息产业厅出台了《浙江省软件产品类别界定暂行办法》（浙信信［2006］14 号）和《浙江省软件企业认定中软件收入界定暂行办法》（浙信信［2006］27 号），使嵌入式、组合式软件产品和从事软件服务企业的相关税收优惠政策得到进一步落实。2007 年和 2008 年，浙江省国家税务局又两次转发财政部、国家税务总局关于嵌入式软件增值税的通知，更进一步落实嵌入式软件税收优惠政策。在此过程中，浙江省软件产业主管部门与税务部门加强沟通配合，较好解决了政策制定和执行过程中遇到的一系列问题。软件产业税收优惠政策在浙江省 11 个市得到全面落实。2001—2009 年浙江省软件产品增值税退税额在全国省市位居前列，截至 2009 年，仅软件产品增值税退税近 40 亿元，有效支持企业创新投入推动产业发展。

（四）落实投融资政策，加速软件产业发展

2000 年 7 月浙江省政府下发了《关于鼓励软件产业和集成电路产业发展若干政策的通知》。通知对软件产业投融资政策进行一些规定，有力促进了浙江省软件产业的发展。杭州、宁波两市出台具体政策鼓励软件企业上市融资、引导风险资金投向软件产业。在政府的推动下，浙江的软件企业上市融资取得了可喜的成效。截至 2009 年年底，浙江省在海内外上市的软件企业已达 30 家，其中 23 家在国内证券交易所上市，占 77%；有 7 家在国外及中国香港上市，占 23%。2009 年新增上市 4 家，融资近 50 亿元，其中 3 家在创业板上市，目前创业板已成为浙江软件企业重要融资渠道。为引导风险资金和民间资本投向浙江的软件产业，浙江省积极搭建平台为企业建立融资渠道。2000 年以来，多次组织软件企业参加北京、大连、南京等软件博览会（交易会），帮助软件企业招商引资。信息产业主管部门和省软件行业协会还通过在国内外举办论坛、对接会、招商会的形式帮助企业建立合作或融资渠道。

（五）增加财政资金支持，加快软件产业发展

为落实国发 18 号文精神，推动浙江软件产业发展，2001 年浙江设立软件产业发展专项项目资金，资金额度 1 500 万元。2005 年在软件产业发展专项基础上每年新增 1 000 万元，设立省信息服务业发展专项，资金额度 2 500 万元。2001 年至 2010 年专项资金共投入 21 000 万元。除省信息服务业发展专项项目资金外，浙江省还对获得国家电子信息发展基金等项目进行配套支持。

浙江省信息服务业发展专项资金以补助方式，主要用于支持：①软件及信息服务企业自主创新能力建设项目。重点扶持企业高新技术研发与关键技术手段的配备、质量保证体系建设、引进技术消化吸收的技术攻关及对外技术合作等项目。②具有高技术优势的软件开发与产业化项目。重点扶持具有或争创自主知识产权的共性基础软件、软件出口与外包，以及为工业企业技术改造、提升工艺和产品技术水平或替代进口设备、材料研发与生产相配套的嵌入式软件、重点行业应用软件等项目。③数字内容产品开发与服务项目。重点扶持为公共管理和服务提供的重大数据库开发、网络增值服务等项目。④信息技术公共服务平台建设项目。重点扶持信息服务公共技术支撑平台、第三方电子商务与现代物流服务平台、面向区域或行业的信息技术服务平台的开发建设项目。

十年来，专项资金项目共扶持项目 706 项，带动社会资金 100 多亿元对软件与信息服务业的投入，全省近 600 家企业（单位）得到了支持，被支持的企业实现利润从 2001 年的约 3 亿元增加到 2009 年的近 50 亿元，实现销售收入从 2001 年的约 25 亿元增加到 2007 年约 300 亿元。省信息服务业（软件产业）发展专项资金项目的实施使浙江省软件与信息服务产业规模不断大，结构调整有序推进，发展环境不断改善，对浙江省软件与信息服务产业发展起到了非常重要的推动作用。在省信息服务业专项资金带动下，杭州、宁波、温州、嘉兴等市也设立专项资金支持当地软件产业的发展。

（六）加强省市互动，推动软件产业发展

一是充分发挥地方政府发展软件与信息服务业的积极性和相关资源，加强省市互动，共同推进产业发展。针对省政府制定的政策，各地政府结合当地特点制定了相应的落实具体措施，从政策、人员、环境、资金等方面支持信息服务业发展。二是大力支持杭州 2009 中国杭州电子信息博览会、嘉兴第三届长三角软件人才交流会及丽水、湖州、舟山等举办信息化和 3G 产业发展论坛，通过组织各类大型活动，营造产业发展氛围，开创“省市联手、条块结合”的工作格局。三是充分省发挥行业协会作用，指导行业协会扩大行业的覆盖面，建立多种形式的协调合作机制，整合多方资源，形成软件与信息服务业持续快速健康发展的新局面。四是加强对现有产业基地（园区）的统筹规划和引导。

（七）推进两化融合，助力软件产业发展

近年来，浙江省大力推进信息化与工业化融合，积极实施“百亿信息化工程”，加快“数字浙江”建设，取得了可喜的成绩。一是以信息技术改造传统产业，突出发展嵌入式软件，加快软件技术向传统产业渗透与融合，促进工业转型升级。二是提高重点龙头骨干企业和重点行业信息化水平，扩大能源、金融证券、电信等行业应用软件的国内市场占有率。三是提升浙江省块状区域经济综合竞争力，大力推进面向中小企业、面向区域、面向行业，

提供各类服务的信息技术公共服务平台建设。四是提高政府管理和服务水平，大力发展电子政务软件。“数字浙江”建设为浙江省软件产业发展创造了广阔的市场空间，实现了信息化与软件产业的良性互动发展。

（八）加强合作交流，促进软件产业发展

浙江省抓住国际软件与信息服务业发展机遇，坚持对外开放，继续优化政策环境和市场环境，集中精力搞好软件与信息服务业产业基地（园区）建设及软环境建设。鼓励国际及国内著名软件与信息服务业企业设立产业园、分支机构、研发中心和运营中心，扩大投资规模和生产规模。提高省内软件与信息服务业企业引入风险投资的意识，加快与国外风险投资公司的合作进程，实现高起点、跨越式发展。加强对软件产业出口骨干企业的支持，培育一批具有国际竞争力的优势企业。鼓励企业通过 ISO 9000、CMM 系列认证，提高企业的管理能力，增强国际市场的竞争力。鼓励企业开展国际交流合作，建立合作平台，设立海外机构，收购、并购国外相关企业。

三、浙江省软件产业展望

展望未来，伴随着国发 4 号文的发布实施，“十二五”期间，浙江省软件和信息服务业发展将围绕一个目标，明确两个定位，实施七大工程，发展四类重点。

一个目标：建设软件和信息服务业强省。

两个定位：具有国内外重要影响力的软件和信息服务业基地；浙江省经济转型升级的重要支撑产业。

七大工程：两化融合推进工程、“三网融合”推进工程、服务外包推进工程、产业集聚区创建工程、知名品牌创建工程、优势企业培育工程、新型业态培育工程。

四类重点：强化行业应用软件、基础通信服务、数字电视服务、电子商务四大优势领域；壮大信息技术增值服务、网络增值服务、数字内容服务三大成长领域；提升嵌入式软件、集成电路（IC）设计、信息安全产品和服务三大基础领域；培育信息资源增值服务、“云计算”服务、物联网应用服务三大新型业务。

力争到“十二五”末，全省实现软件和信息服务业务收入 3 000 亿元，年复合增长率达到 17%以上，产业规模继续保持全国前列，实现增加值 1 200 亿元，年复合增长率达到 15%以上，占全省 GDP 的比例超过 3%。构建布局合理、结构优化、竞争有序、创新能力和服务水平一流的产业体系，建成技术先进、功能完善、安全可靠、覆盖城乡的网络基础设施，形成一批知名企业和著名品牌，成为具有国内外重要影响力的软件和信息服务业基地，基本建成软件和信息服务业强省。

“十二五”期间，浙江省软件和信息服务业发展的主要任务是实施以“三推进两创建两培育”为代表的七大工程。

（一）两化融合推进工程

把发展工业软件作为两化融合的切入点和突破口，推动工业软件在骨干企业、重点行业和产业集群中的应用。开展典型工业软件和行业解决方案的创新试点示范；加强信息技

术与工业产品的融合，提高产品智能化程度，提升装备制造水平；推动面向传统产业和块状经济的公共信息服务平台建设，促进公共服务平台体系的专业化、网络化、一体化，实现资源整合共享。

（二）“三网融合”推进工程

加快推进电信网、广播电视网、互联网“三网融合”进程，积极开展试点示范，建立“三网融合”的合作机制，探索“三网融合”基础上的网络和业务平台建设模式、业务创新机制和商业模式。逐步建立适应浙江省情的市场竞争机制和业务合作模式，完善包括内容制作、发布、网络和业务运营、软件开发和终端产品制造等环节的产业链建设。鼓励多业务、多网络、多终端的融合和产业价值链的延伸，为用户提供更加便捷、丰富、个性化、多样化的综合信息服务。

（三）服务外包推进工程

协调推进在岸和离岸信息服务外包，重点推动金融、电信、电力、卫生、税务及政府部门的信息服务外包，重点拓展美欧、日本等海外信息服务外包市场。抓一批服务外包示范园区建设，强化服务外包合作对接平台及载体建设，开展信息服务外包宣传推介，培育外包服务骨干企业，开展大型骨干企业信息技术部门的剥离试点，培育和拓展外包服务市场。

（四）产业集聚区创建工程

推动产业集聚和资源整合，依托现有软件和信息服务园区，积极创建“中国软件名城”，打造软件和信息服务业基地，建设一批数据中心、灾备中心和信息服务平台，加强配套设施和支撑体系建设，强化基地服务功能，发挥对全省的辐射和带动作用。同时，根据浙江省现实基础和产业特色，打造电子商务基地、动漫游戏产业基地、数字内容服务基地、信息外包服务基地和新型业态创新示范区。

（五）知名品牌创建工程

实施品牌战略，完善品牌激励措施，加大品牌宣传和保护力度，塑造和弘扬品牌文化，充分发挥品牌效应，在打造“中国软件名城”的基础上，创建一批具有国内外重要影响力的产业名园，培育一批具有核心竞争力的知名企业，形成一批具有自主知识产权和市场占有率居全国同行业领先地位的名牌产品。

（六）优势企业培育工程

加强优势企业群的培育，优化配置人才、土地、资金等资源要素，引导企业向服务转型，推动企业建立技术、产业联盟，开展联合创新和应用推广，发展一批大集团、引进一批大企业、做强一批特色优势企业、培育一批高成长企业、集聚一批有创新活力的中小企业。

（七）新型业态培育工程

顺应产业服务化趋势，探索在互联网、移动互联网、物联网环境下的服务模式创新，开展新业态的试点示范，促进“三网融合”条件下的新兴增值业务发展，培育产业新的增长点。

“十二五”期间发展重点，浙江省将根据产业现实基础和未来发展趋势，差异化发展四类重点：强化四大优势领域、壮大三大成长领域、提升三大基础领域、培育三大新型业务。

1．强化四大优势领域

行业应用软件，强化金融、通信、电力、财税、工业控制、医疗卫生、纺织服装、安防监控、智能交通等行业软件和解决方案的开发应用。

基础通信服务，强化移动电话、固定电话、IP 电话和专用通信等基础通信服务。

数字电视服务，强化有线数字电视、地面无线数字电视、卫星数字电视服务的协调发展，大力推进高清电视、手机电视、网络电视、交互式电视、立体电视等新业态的应用。

电子商务，强化第三方综合性电子商务公共服务，以及化工、医药、纺织、丝绸、塑料、食品、五金等具有浙江省特色的专业性电子商务服务。

2．壮大三大成长领域

信息技术增值服务，壮大信息系统集成服务、信息技术咨询服务、信息技术应用服务、设计开发服务等信息技术增值服务。

网络增值服务，壮大基于网络的即时通信、视频监控、异地存储、搜索、支付、位置定位等增值服务。

数字内容服务，壮大动漫游戏、数字出版、数字图书馆、网络音视频、手机阅读等数字内容服务。

3．提升三大基础领域

嵌入式软件，提升通信、工业控制、数控装备、仪器仪表、纺织机械、智能交通、视频监控、汽车电子、医疗电子、信息家电等领域的嵌入式软件的开发应用水平。

集成电路（IC）设计，提升系统级芯片（SoC）等高端芯片及面向数字电视、信息安全、消费电子、应用电子、工业设备和仪器仪表等领域专用集成电路的设计开发和应用水平。

信息安全产品和服务，提升安全加密、电子认证、网络防御、应急响应、容灾备份、安全测试、风险评估等信息安全产品和服务的水平及产业化程度。

4．培育三大新型业务

信息资源增值服务，培育信息采集、信息加工、信息处理、数据挖掘和数据开发应用等信息资源增值服务。

“云计算”服务，培育 SaaS（软件即服务）、PaaS（平台即服务）、IaaS（基础设施即服务）、SNS（社会性网络服务）等“云计算”服务。

物联网应用服务，培育在现代网络环境下的各类物联网应用服务。

第十一章　安徽省

2000 年，国发 18 号文发布，开创了软件产业发展的新篇章，促进了软件产业持续快速稳定发展。回顾过去的十年，安徽软件产业成长迅速，并有了进一步加快发展的基础和实力。

一、安徽省软件产业十年发展回顾

（一）基本情况

经过十年的发展，安徽软件产业在产业政策的激励下取得了快速发展。安徽软件企业实现的主营收入从 2000 年的 3 亿元增长到 2009 年的 70.5 亿元，年均增长达到 42%。软件出口从 2000 年的 23 万美元增长到 2009 年的 1 942 万美元，年均增长 63%。在产业规模保持较快增长的同时，经济效益也有明显提高，全省软件企业实现的利润从 2000 年 3 300 万元增长到 2009 年的 9 亿元，年均增长 44%。全行业完成税收从 2000 年的 2 106 万元增长到 2009 年的 3.4 亿元，年均增长 37%。从业人员从 2000 年的 1 600 人增长到 2009 年的 17 000 人，年均增长 31%。

2000 年以来，安徽省累计认定软件企业 400 家，其中通过年审的软件企业 311 家，累计登记软件产品 1 558 件。

截至 2010 年 10 月底，全省已有 59 家企业获得了计算机信息系统集成资质，其中一级 5 家，二级 6 家，三级 35 家，四级 13 家。

（二）主要特点

1．经济运行质量不断提高，产业发展持续向好

经过多年的培育和发展，安徽软件产业整体运行质量不断提高。产业规模快速提升，全行业资产负债率保持较低水平，截至 2009 年年底，全行业资产总计 91.3 亿元，负债总计 36.8 亿元，资产负债率仅为 40.3%。培育了一支自主创新能力强、有核心竞争力的软件产业队伍，涌现出一批相关行业和领域的排头兵企业。软件企业赢利能力逐步上升，服务于国民经济和社会信息化建设的水平不断提高，抵御市场风险的能力普遍增强。特别是在 2008 年世界金融危机面前，安徽软件企业积极应对，着力化解金融危机产生的不利影响，进一步增强了抗击风险能力，促进了产业持续稳定快速发展。

2．产业规模快速扩张，骨干企业带动作用增强

从 2009 年统计数据看，安徽有 17 家软件服务企业的主营收入超过亿元，这些企业主营收入之和达 41.2 亿元，占全省主营收入的 58.5%。科大讯飞、继远软件、科大恒星、工大高科 4 家企业被认定为 2009 年度国家规划布局内重点软件企业。2006 年以来，安徽着

力打造的20家省重点软件企业，已经成为支撑产业发展的重要力量。全省有3家软件企业成功上市。系统集成企业实力也进一步增强，科大恒星、讯飞智元、合肥永信、安徽四创、皖通科技5家企业获得信息系统集成一级资质。软件标准化工作不断向前推进，科大讯飞和工大高科等企业主持制定的相关领域国家标准取得新成果。重点骨干企业对全省软件产业快速发展的带动和支撑作用进一步增强。

3. 软件企业数量持续增长，产业区域特色明显

经过十年的发展，安徽软件企业数量持续增长，通过认定的软件企业已经达到400家。软件产业的区域集中度进一步提高。从产业布局看，全省软件服务企业主要集中在合肥、芜湖、马鞍山、铜陵等市，省会合肥依托高校科研院所和软件人才集中的比较优势，形成了产业特色鲜明的软件聚集区。合肥软件企业在数量上占全省的92%，在产业规模上的比例也达到了87.8%，全省20家重点软件企业有19家坐落在合肥。从园区建设看，全省上下都在大力发展，在加快建设合肥软件园、芜湖软件园的同时，地方各级政府也在积极作为，在皖江城市带承接产业转移的过程中，大力扶持软件产业园区建设。例如，马鞍山花山区和雨山区都在大力发展软件特色园区。

4. 行业应用是主导，服务于两化融合发展是重点

安徽软件产业以应用为主导。从软件产品的分类看，安徽软件产品中90%以上是应用软件，行业应用涉及电力、电信、烟草、智能交通、自动控制、汽车电子、语音识别与合成等领域，安徽软件在服务于国民经济和社会信息化建设中发展壮大起来。近年来，“软件即服务”发展趋势日益明显，安徽软件产业也开始转型，实现着从产品向产品服务的转变，以更好地服务于工业化和信息化融合发展。

5. 研发投入不断加大，自主创新能力提升

十年来，安徽软件产业每年研发投入占软件业务收入的比例均超过10%，同时国家和地方各级政府也加大了对软件项目研发的政策和资金支持。在国家技术创新试点省和合芜蚌自主创新改革试验区建设中，软件企业始终是推动区域自主创新发展的一支重要力量，都是各方面支持的重点。十年来，安徽的语音、智能控制、环保检测等产品相继获得国际比赛大奖、国家信息技术重大发明和国家科技进步奖，众多的软件产品获得省科技进步奖，软件企业创新能力和水平明显提高。

二、安徽省软件产业发展主要举措

（一）产业政策制定情况

2000年，国发18号文发布实施后，根据国家产业政策要求和安徽软件产业发展实际，2001年，安徽省人民政府出台了《关于鼓励软件产业和集成电路产业发展若干政策规定的通知》（皖政［2001］25号），从投融资政策、税收政策、产业技术政策、人才激励政策、培育和开拓软件市场等方面提出了激励软件产业发展的政策规定，并明确了软件产业管理的职能部门，以及软件企业认定和软件产品登记程序和要求。为进一步规范软件企业认定和软件产品登记操作流程，原安徽省信息产业厅会同省科技厅、省国税局和省地税局联合出台了《安徽省软件企业认定和软件产品登记管理实施办法》(试行)(皖信信［2001］100号)。2003 年,安徽省人民政府批转了安徽省信息产业厅《关于进一步加快安徽省软件产业发展意见的通知》(皖政［2003］88 号)。2007 年,安徽省人民政府又发布了《关于进一步鼓励软件产业发展的若干意见》(皖政［2007］47 号)。这些政策措施的出台,大大加快了安徽软件产业发展步伐。

(二)税收政策贯彻执行情况

在软件产业政策执行过程中,安徽省各级职能部门认真贯彻执行各项政策规定,从推动全省软件产业加快发展的大局出发,分工协作,相互配合。从政策执行结果看,安徽软件税收优惠政策落实整体较好,2000—2009 年,安徽省软件企业享受优惠政策累计退税近 6.5 亿元(包括增值税、所得税和营业税)。

(三)"双软认定"、规划布局内重点软件企业认定情况

在工业和信息化部的大力支持下,安徽省软件企业认定和软件产品登记工作开展顺利,2000—2009 年,安徽省先后认定了软件企业 400 家,年审合格 311 家,登记软件产品 1 367 件。安徽省规划布局内重点软件企业的认定工作也得到了工业和信息化部等国家部委的大力支持,2009 年,安徽省有安徽科大讯飞信息科技股份有限公司、安徽电力继远软件有限责任公司、合肥工大高科信息技术有限责任公司、科大恒星电子商务技术有限公司 4 家国家规划布局内重点软件企业。同时,安徽省还根据企业年报数据,对企业规模效益、创新能力和市场占有率等指标数据进行测算,确定 20 家软件企业作为安徽省重点软件企业,并每年动态调整。

(四)财政资金支持情况

国发 18 号文发布后,国家和地方政府都对软件产业发展给予大力支持。国家设立电子信息产业发展基金后,对软件产业进行引导和投资,吸引社会各方面资金投向软件产业,进一步调动了地方发展软件产业的积极性。从 2004 年开始,安徽省设立了信息产业发展专项资金,每年都有专项切块资金直接用于支持软件产业发展,至 2009 年年底,已累计投入财政资金 2 935 万元。此外,在推进合芜蚌自主创新综合配套改革试验区和技术创新试点省建设中,软件企业始终是支撑创新发展的重要力量,每年都是省级和合肥、芜湖、蚌埠等市地方财政资金支持的重点。

(五)投融资政策执行情况

推动软件产业快速发展需要加大投入,但软件企业固定资产较少,企业投融资难度较大。作为中部发展中省份,安徽高度重视软件产业投融资工作。多年来,省政府设立了信息产业发展专项资金,通过专项资金的引导吸引社会资金投向软件产业。目前,已形成了一批规模较大的软件企业,有 17 家软件企业规模超过亿元,有 3 家软件企业成功上市融资,它们分别是:安徽四创电子股份有限公司、安徽科大讯飞信息科技股份有限公司、安徽皖通科技股份有限公司。

(六)知识产权保护政策执行情况

国发 18 号文发布以后,软件知识产权的保护理念得到深化,特别是软件产品登记中明

确提出了要有自主知识产权证明材料，促使更多的软件企业重视软件知识产权申报和保护工作。安徽省软件行业协会还主动与国家版权局联系，在安徽省开展受理软件著作权登记工作，协调落实软件著作权登记过程中的困难和问题。安徽省经信委会同安徽省版权局等单位在推进政府和企业软件正版化工作中，通过宣传、指导、检查和督察等工作，打击侵权盗版行为，营造产业发展良好氛围，使企业越来越认识到软件知识产权保护的重要性。

（七）出口、人才等政策执行情况

安徽省软件以应用为主导，在电力、电信、烟草、语音、交通、医疗、教育、自动控制、汽车、节能、安全等领域应用广泛，软件出口则是安徽省软件产业重点要发展的方向。多年来，在国家相关部委支持下，安徽省经信委会同安徽省商务厅等部门积极争取，使省会合肥成为国家认定的服务外包基地城市，并建立了服务外包产业园区，为软件出口和服务外包企业提供服务。省政府和合肥、芜湖和马鞍山等市都出台了支持软件出口和服务外包产业发展的政策。

在软件人才的培养上，安徽省有中国科技大学软件示范学院和安徽电子职业学院软件职业示范学院，合肥工业大学建立了软件学院，安徽大学、安徽理工大学和安徽工程大学都设立了软件专业，还有众多民办培训机构开设了软件课程，每年为本省和长三角区域软件产业发展提供人力资源。同时，安徽省经信委也在省信息产业发展专项资金安排上，给软件人才培训平台建设予以一定的资金支持，着力把高校科研院所和软件企业资源整合起来，给高校毕业生提供更多的实训机会，降低企业用工成本，缓解软件人才不足瓶颈。

（八）软件园区、基地建设情况

当前，安徽省有合肥、芜湖两个省级软件园区，合肥软件园区集中了全省 85%以上的软件企业，园区服务体系较为完善，产业环境较好。此外，安徽省一些市地发挥地理位置、综合成本和人才的比较优势，都在大力发展软件特色园区，提升园区服务能力和水平，通过招商引资，承接国外和上海、江苏、广东等地的软件企业转移入驻，发展前景较好。

三、安徽省软件产业展望

（一）发展目标

伴随着国发 4 号文的发布与实施，安徽省将抓住国家技术创新试点省和皖江城市带承接产业转移示范区建设的契机，重点培育支撑带动性强的重点软件企业和拥有核心技术竞争力强的成长型软件企业发展，提升服务能力和水平，促进工业化与信息化融合发展，服务于全省国民经济和社会信息化建设。到 2015 年，软件服务业主营业务收入突破 200 亿元，年均增长 20%以上。

（二）重点任务

大力推进以语音技术为代表的拥有核心技术、创新能力和市场竞争力强的软件产品研发及产业化，着力发展面向重点行业应用的行业应用软件和嵌入式软件，加快发展信息服务业和数字内容产业。主要任务：

（1）培育壮大语音系列产品。在语音合成、语音识别两大核心技术研究成果基础上，进一步突破语音领域关键技术，加强语音评测、自然语言处理、少数民族语言及方言、智能人机语音交互、语音芯片和海量语音数据计算及服务等语音共性技术开发。提升语音教育、语音内容出版、语音交互软件及终端、语音社会信息服务、语音信息安全等领域语音系列产品产业化生产能力。

（2）提升行业软件应用服务水平。推进软件产业与传统产业融合，面向重点行业加强行业应用软件开发与推广，积极发展同产业结构特点相适应的各种嵌入式软件、控制软件。引导已建立良好软件开发与信息服务模式的大型企业，将其软件开发部门从企业中独立出来，建立灵活的现代企业制度，面向全行业推广软件及信息服务解决方案。创新合作新模式，满足传统产业需求，把软件企业从产品为主转变为服务咨询型企业。

（3）促进信息服务与数字内容产业发展。把握软件服务化趋势，促进信息服务业务和模式创新，大力发展基于信息技术应用和网络服务业务的信息服务业，积极承接软件服务外包，加快发展动漫、数字出版等数字内容产业和信息系统集成业务。

（4）加强软件公共服务平台建设。协调企业、高校、科研院所和相关社会资源，加快软件公共服务平台建设。重点建设软件测试与信息安全评估平台、软件工具库、软件构件库和软件人才培训教育平台等。发挥软件行业协会的中介服务作用，加强软件区域综合服务和管理平台建设。

第十二章　福建省

一、福建省软件产业十年发展回顾

2000 年，国务院出台了鼓励软件产业发展的 18 号文，明确对软件和集成电路行业在税收、人才、出口等各个方面给予大力支持。福建省随之出台了《福建省人民政府关于鼓励软件产业和集成电路产业发展若干政策的实施意见的通知》（闽政［2001］16 号）。十年间，福建省政府适时推出多个促进软件产业（包括集成电路设计、动漫游戏）发展的意见，2009 年 11 月出台的《关于进一步加快软件产业发展的意见》（闽政文［2009］374 号），更是将软件产业的发展作为福建省调整经济结构、加快经济发展方式转变的重要举措，为福建软件业持续快速发展提供了坚强保障。

经过有效的政策推动和市场需求拉动，福建省软件产业发展迅速。产业规模从 2000 年的 25 亿元增加到 2009 年 410 亿元，2010 年实现 576 亿元，产业规模十年间增长了 23 倍，年均增长 37%，位居全国第九位（见图 30）。

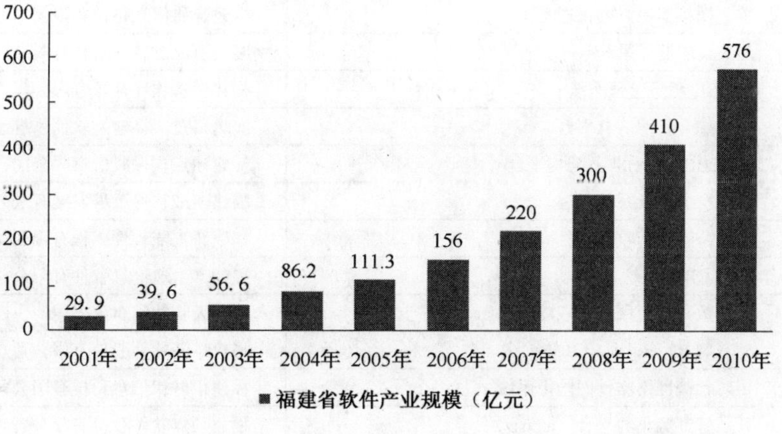

图 30　福建软件产业 2001 年来收入

二、福建省软件产业发展特色

（一）软件产业技术创新能力大幅提高，新兴产业快速发展

全省软件专利授予数量呈逐年稳步增长态势，年获得专利数量从 2001 年的 15 项增加到 2009 年的 82 项，增长了 5 倍多。

2009 年新增登记软件产品 796 件，累计登记 3 623 件，年增长率为 20.2%；登记的软件产品呈现多样性，应用软件涉及的行业更加广泛。在软件著作权方面，十年间增长了 7 倍多，年增长率达到 25.1%。

涌现出一批拥有自主知识产权的特色软件产品，如数字音视频IC芯片、邮政投递信息系统、邮政便民服务站系统、工控软件协同平台、金融IT综合服务、财政票据电子化改革软件、保密安防系统、证券行业应用软件、社会保险管理信息系统、国家质量监督检验检疫电子单证系统等，逐步形成了在通信、电子政务、邮政、质检、电力、金融、证券、财税、交通、烟草、公安、社保等方面领先的福建省优势软件产品。2004年开始在全国率先开展软件名牌产品的评选，6年来累计评选了33项“福建名牌”软件产品（见表19）。

表19　2004—2007年软件产品获“福建名牌”称号名单

年　份	获“福建名牌”的软件产品名称	企业名称
2004	RJ-eGOV政务信息系统	福建榕基软件开发公司
2004	巨龙城市公安综合信息系统	厦门市巨龙软件工程公司
2004	Net Ware服务器热备份与文件安全监控系统	福建顶点软件股份公司
2004	外汇会计网络系统	厦门东南融通系统工程公司
2004	邮政电子化支局综合营业系统	福建国通信息科技公司
2005	Rj-iTop网络隐患扫描系统	福建榕基软件开发有限公司
2005	ATM功能拓展和系统监控软件	厦门东南融通系统工程有限公司
2005	实达科技劳动和社会保障管理信息系统	实达科技（福建）软件系统集团有限公司
2006	LW-EGP电子政务核心业务应用平台	福建南威软件工程发展公司
2006	RJ-CMS内容管理系统	福建榕基软件开发有限公司
2006	数字视频集中监控管理系统	福建国通信息科技有限公司
2006	巨龙请求服务系统	厦门市巨龙软件工程有限公司
2007	I-TASK任务管理系统	福建榕基软件开发有限公司
2007	医院综合管理信息平台	实达科技（福建）软件系统集团有限公司
2007	LIVEBOS灵动业务架构平台	福建顶点软件股份有限公司
2007	南威网上审批系统	福建南威软件工程发展有限公司
2007	高速公路统一收费软件	福建新大陆软件工程有限公司
2007	福富CRM系统	福建富士通信息软件有限公司
2007	天晴数码《魔域》游戏软件	福建天晴数码有限公司
2008	榕基牌RJ-easy易检系统	福建榕基软件股份有限公司
2008	伊时代牌网络文件保险柜系统	福建伊时代信息科技有限公司
2008	顶点牌证券集约平台（a.boss）	福建顶点软件股份有限公司
2008	中金在线牌会员服务平台	福建中金在线网络股份有限公司
2008	东南融通牌ELLIFLOW工作流管理系统	厦门东南融通系统工程有限公司
2009	东南融通牌商业银行客户关系管理系统	厦门东南融通系统工程有限公司
2009	巨龙牌巨龙警务信息综合应用系统	厦门市巨龙软件工程有限公司
2009	榕基牌 RJ-DIS榕基全文信息管理系统	福建榕基软件股份有限公司
2009	35牌企业邮箱	厦门三五互联科技股份有限公司
2009	etim+伊时代 牌内网安全管理系统	福建伊时代信息科技有限公司
2009	图形牌防汛指挥决策支持系统	福州四创软件开发有限公司
2009	VTION牌易动商务管理软件	网讯软件（福建）有限公司
2009	海迈牌工程计价软件产品	厦门海迈科技股份有限公司
2009	“三奥+图”牌数字播控系统	福建省三奥信息科技有限公司

鼓励软件企业加大研发投入，积极开展技术创新，全省有 19 软件企业取得福建省软件技术研发中心认定和 7 个博士后工作站（见表 20）。这些研发中心自认定以来，科研开发成效显著，新增研发投入 1.73 亿元，平均每家投入 900 万元，引进人才 760 人，平均每家引进 40 人。在电子政务、通信、3G、公安、社保、就业、证券、邮政、网络游戏等方面取得了丰硕的科研成果，新登记计算机软件著作权 270 多个。表明福建省软件产业自主创新能力在不断提升。

表 20　通过认定的福建省软件技术研发中心企业名单

序　号	企 业 名 称
1	福建榕基软件股份有限公司
2	福建星网锐捷软件有限公司
3	福建富士通信息软件有限公司
4	厦门市巨龙软件工程有限公司
5	福建顶点软件股份有限公司
6	福建南威软件工程发展有限公司
7	福建三元达通讯有限公司
8	实达科技（福建）软件系统集团有限公司
9	福建国通信息科技有限公司
10	福建天晴数码有限公司
11	福建新大陆软件工程有限公司
12	福州福大自动化科技有限公司
13	厦门东南融通系统有限公司
14	福建邮科通信建设有限公司
15	福建省凯特科技有限公司
16	福建伊时代科技有限公司
17	福建亿榕信息技术有限公司
18	网格（福建）智能科技有限公司
19	福建海峡信息技术有限公司

十年间，福建省软件产业中新兴产业快速发展，初步形成了集成电路设计、动漫游戏、软件服务外包等特色产业集群，力争到 2015 年实现全省软件业销售收入 3 000 亿元以上，年均增长 40%，增加值达 1 500 亿元。龙头企业福州瑞芯公司获得 2009 年“中国芯”评选活动“最佳设计企业奖”，2010 年实现收入 8 200 万美元，其开发的“RK26XX 增强型数字音视频处理芯片”获省科学技术一等奖。国家软件与集成电路公共服务平台在福建省集成电路设计中心（ICC）设立了分中心，国家教育部批准福建省建设国家级集成电路人才培养基地，微软公司与福建省 ICC 合作建设嵌入式软件重点实验室。厦门市集成电路公共服务平台已正式运行，吸引了 10 多家集成电路设计企业入驻。

2009 年，全省动漫游戏产业实现收入 27.5 亿元，同比增长 20%，全省原创动画片数量和播出时间持续增加，2009 年在国家广电总局新增立项动画片 17 部 929 集共 9 938 分钟，制作中的动画片达 30 多部，总时长 18 952 分钟，通过广电部门审核允许发行的动画片 16 部共 6 299 分钟。开发游戏产品近 30 款，新增上线运行 10 余款，新产品不断推出，精品日渐增多。动漫游戏龙头网龙公司在2009年度中国游戏行业年会上一举斩获大会3项重量级大奖（公司获“中国游戏行业2009年度优秀企业”、董事长刘德建荣获“中国游戏行业2009年度优秀企业家”、旗下产品《梦幻迪士尼》获“中国游戏行业2009年度最受期待网络游戏”），2009年旗下产品《魔域》《征服》已成功地推广至全球6大语言区，实现境外技术服务和运营分成2 500万美元，成为中国第二大网络游戏出口商。

福建省软件服务外包自2000年以来发展迅速，全省纯软件出口从2000年的590万美元增长到2009年的9 100万美元，增长15倍，平均年增长35.5%。其中主要以软件服务出口的离岸外包和国际跨国公司在华投资机构，国内金融、通信、政府等部门发包的在岸外包为主。发展的特点在于境外机构直接将软件研发及开发服务、软件技术服务等ITO业务发包给福建企业；省内服务外包企业开始在境外设立机构，直接承接离岸外包业务；国际跨国公司在华投资机构在境内直接将外包业务向福建企业发包（在岸外包）业务量逐年递增；国内金融、通信、政府等部门通过购买服务等方式将部分业务向福建企业发包的在岸外包增长迅速；面向全球的闽南语呼叫中心成为对接台湾外包服务产业的一大特色。

（二）软件企业成长迅速，骨干企业表现突出

到2009年年底，全省软件与信息服务类企业有1 300多家。截至2010年上半年，全省通过认定的软件企业累计714家，收入上亿元的企业超过40家，其中10亿元以上的企业4家，5亿～10亿元的企业9家；有20家企业通过CMMI3级以上认证，其中3家企业（福建富士通、东南融通、福建邮科）通过CMMI5级认证；获得计算机信息系统集成一级资质的企业有12家，数量排名居全国第三，仅次于北京和广东。

2009年11月16日省人民政府印发了《关于进一步加快软件产业发展意见》明确提出：“要扶持企业做大做强，大力培育软件骨干企业，重点扶持10家自主创新技术全国领先，在国内外业界有一定影响和发展潜力，成长性好且对地方财政贡献大的省内软件骨干企业，省市财政按该企业上年度对财政新增贡献额分别给予等额奖励。”

2010年9月从福建省1 000多家软件企业中根据企业主营业务收入、主营业务收入增长率和纳税额等指标综合评选出24家2009年度福建省软件骨干企业，是福建省软件企业中的佼佼者。24家软件骨干企业2009年主营业务收入总计达到136.1亿元，占全省软件业收入的1/3（见表21）。其中，福大自动化、星网锐捷、新大陆、国脉科技、福富软件、东南融通6家企业为全国软件百强企业；福富软件、新大陆、榕基、三元达、邮科和东南融通6家为国家规划布局内重点软件企业；新大陆、国脉科技、三元达、星网锐捷、榕基、网龙等10家企业已实现境内外上市，7家为计算机信息系统集成一级资质企业，17家拥有省软件技术研发中心，19项软件产品近3年获福建名牌荣誉称号。东南融通、瑞芯、美亚柏科、亿榕、网格科技、伊时代等企业产值预计2011年将实现同比50%以上的高增长。

24家软件骨干企业在各自细分市场领域均表现突出，福大自动化、顶点、瑞芯、亿榕、易联众、国通、厦门雅迅、用友烟草分别为国内工控、证券、IC设计、电力、医疗、邮政、移动应用、烟草领域的排头兵，国脉科技、邮科、福诺在通信领域、星网锐捷、新大陆、三元达在通信领域，福富软件、东南融通在我国信息服务外包和软件出口领域，网龙、吉比特在国产网络游戏领域，美亚柏科、伊时代在信息安全领域，榕基、南威、凯特、网格在电子政务等领域均名列前茅，产生了显著的经济和社会效益。

表21　24家2009年度福建省软件骨干企业名单

序　号	企业名称
1	福州福大自动化科技有限公司
2	福建星网锐捷通讯股份有限公司
3	福建新大陆电脑股份有限公司
4	福建富士通信息软件有限公司
5	东南融通（中国）系统工程有限公司
6	厦门市吉比特网络技术有限公司
7	福建三元达通讯股份有限公司
8	厦门市美亚柏科信息股份有限公司
9	福建顶点软件股份有限公司
10	福建亿榕信息技术有限公司
11	福建南威软件工程发展有限公司
12	福建网龙计算机有限公司（天晴公司）
13	福建榕基软件股份有限公司
14	国脉科技股份有限公司
15	福州瑞芯微电子有限公司
16	福建邮科通信技术有限公司
17	福建福诺移动通信技术有限公司
18	福建省凯特科技有限公司
19	网格（福建）智能科技有限公司
20	厦门雅迅网络股份有限公司
21	易联众信息技术股份有限公司
22	福建伊时代信息科技股份有限公司
23	福建国通信息科技有限公司
24	厦门用友烟草软件有限责任公司

福建省软件产业的高速发展和软件企业的快速成长是密不可分的。

创立于2001年的瑞芯微电子有限公司是一家专业集成电路设计公司，2006—2009年，公司研发的RK26XX、RK27XX、RK28XX等近20款芯片先后通过欧盟ROHS认证（环保认证），冲破了欧盟的环保壁垒，确保产品在国际市场的销售。公司设有企业技术中心，吸纳并培养了大批优秀人才，形成一支由行业技术领头人、专业技术专家和核心开发人员组成的高端人才梯队。2006—2008年，公司连续3年蝉联“中国芯”评选活动“最佳市场表现奖”。瑞芯微电子有限公司CEO励民说道：“我们把经营利润大量地投入到研发之中，这样才保证了公司具有持续不断地研发和创新能力，这也是企业重要的生存之道。”

在香港成功上市的网龙公司同样是后起之秀的典范，创办不到十年，经过数年发展它已经成为中国网络游戏软件领域最大的开发、渠道发行商之一。2006年获得文化部授予国家文化产业基地、优秀网络文化企业、版权保护重点企业、中国游戏行业优秀企业；2009年被省信息产业厅授予福建动漫游戏研发创作中心、软件技术研发中心、省级技术中心等；连续6年获得新闻出版总署颁发的最佳游戏开发商、中国民族网络游戏海外拓展奖等殊荣；

作为游戏行业运营商，网龙公司拥有互联网出版许可证、跨省 ICP 证、网络文化经营许可证等资质。网龙凭借网络游戏的研发核心技术、敏锐的市场洞察力和广阔的国际视野，成为中国民族网络游戏的领跑者和海外市场拓展的先行者。公司自主研发能力处于全国同行前列，据不完全统计，公司网游产品在国内市场占有率达 10.3%，网络游戏《征服》占国内市场份额的 10%以上，《魔域》占国内市场份额的 13%以上，企业综合实力位居中国网络游戏行业第六名，公司是美国市场上最大的中国网游运营商之一，同时还覆盖了包括英语、法语、西班牙语、日语等 6 种语言在内的游戏市场。网龙海外出口每年收入达到了 2 000 多万美元，占到了网龙收入的 20%左右，海外出口规模位居中国游戏行业第二位。用网龙公司总经理刘路远的话说："我们要开发出一款中国人自己的，世界顶级的 3D 网络游戏，让这块市场始终能掌握在国人手中。"

成立于 1992 年 3 月的福州福大自动化科技有限公司，如今已经是福建省最具实力的工程技术服务型单位，也是国内规模最大的电气产品分销商及工业自动化系统集成商。在工控领域，福大自动化连续十年产品销量居全省第一，连续 4 年位居全国软件收入百强，被行业主流媒体誉为"工控行业巨头"。目前，福大自动化与世界著名工控产品厂商日本 OMRON、松下电工、德国西门子、美国派克等公司建立了长期稳定的技术和商务合作关系。福大自动化公司总经理陈新楚介绍说："通过这个平台，我们基本上用一套软件就能把整个产业的上下游串联在一起，整合在同一个信息平台上，实现真正意义上的信息和资源共享。"

在福州软件园，屹立着气派的福富研发大楼。这家 1987 年就已经成立的软件公司顺应"海西"东风，大力发展软件外包。富士通副总经理陈志勇认为，在台湾硬件制造业向大陆转移告一段落后，软件业的转移将迎来高峰，大陆企业应该尽早准备承接。由此，福富构想着这样的项目承接：由政府牵头作 BPO（业务流程外包），利用闽南语优势发展面向全球的闽南语全球呼叫中心、面向台湾的 BPO 外包业务。福富 20 年来收入和利润稳步增长，目前年软件收入超过亿元，年软件出口位于全国前列；品牌方面，福富是国家规划布局内重点软件企业之一，是国家火炬计划优秀软件企业，中国软件收入百强企业；能力方面，福富拥有计算机信息系统集成一级资质，通过了 CMMI 五级和 SJ/T11235 三级资质；人才方面，福富具有熟悉 IT 行业的管理团队和逾千名的人才队伍，拥有百余名具十年以上电信行业经验的尖端人才；技术上，福富在通信网络、IT 支撑系统（MBOSS）和 ICT（信息和通信技术）整体解决方案等方面均处于国内领先地位。

总部位于美丽的厦门软件园的东南融通公司成立于 1996 年 7 月，多年来为银行、保险、基金、证券等金融行业、大型企业财务公司提供整体解决方案和软件产品，目前已成为中国领先的金融 IT 综合服务提供商。近年来，东南融通集团与美国金融 IT 领域的资深团队共同投资成立的融通国际在美国成立，并收购美国 SI 公司的中国业务。同时，东南融通收购美国软件企业 Minecode、成为 SWIFT 组织解决方案合作伙伴、并购 BI 行业先锋菲奈特软件，成功在美国上市，成为第一家在纽交所上市的中国软件企业。同时，东南融通结合自身的特点和比较优势，用全球化的视野和思维分析并制定了"三步走"的国际化发展战略：短期上，建立信誉、提升能力；中期上，对业务模式进行验证，渗透到各个预定的市场领域；长期上，充分利用已有的资源与国际知名公司建立合作关系。如今，东南融通已先后与花旗集团（Citigroup）、安怡（Aon）保险公司、住友电气（SEI）和摩根集团等跨国巨头建立了合作关系，显现了公司雄厚的实力。"未来 3 年公司力争实现年均增长 42%以上，到2012年收入达到14.2亿元。”公司负责人自信地表示。将把东南融通发展成为国内国际有影响力的IT综合服务提供商。

（三）软件人才培养成效显著

福建省先后3次评选软件杰出人才，特别是2009年省政府评出30名“2009年福建省软件杰出人才”（见表22），并于9月9日在厦门予以隆重表彰，由孙春兰书记、黄小晶省长等领导亲自为软件杰出人才颁发了奖品（价值30多万元的奔驰商务车）。对软件人才这种高规格的表彰奖励在全国尚属首例。

表22 福建省软件杰出人才名单

姓名（按姓氏笔画排序）	公司名称
丁西伦	矽恩微电子（厦门）有限公司
刘德建	福建网龙计算机网络信息技术有限公司
许元进	福建伊时代信息科技股份有限公司
阮加勇	福建星网锐捷通讯股份有限公司
严孟宇	福建顶点软件股份有限公司
严敏	福建省时代华奥动漫有限公司
苏华舟	厦门吉比特网络技术股份有限公司
杨林	福建富士通信息软件有限公司
励民	福州瑞芯微电子有限公司
连伟舟	东南融通（中国）系统工程有限公司
吴志雄	福建南威软件工程发展有限公司
吴玫华	福建省凯特科技有限公司
何明华	福建省集成电路设计中心
张钦榕	福建国通信息科技有限公司
陈米力	福州福大自动化科技有限公司
陈国鹰	国脉科技股份有限公司
陈炳来	贝莱特集成电路（福州）有限公司
林煌	福建天狼星动漫有限公司
郑云坚	网格（福建）智能科技有限公司
倪时龙	福建亿榕信息技术有限公司
黄国英	福建三元达通讯股份有限公司
黄朝阳	厦门雅迅网络股份有限公司
龚少晖	厦门三五互联科技股份有限公司
梁键	福建新大陆软件工程有限公司
鲁峰	福建榕基软件股份有限公司
赖克中	福建邮科通信技术有限公司
雷彪	易联众信息技术股份有限公司
熊雨前	福州福昕软件开发有限公司
樊冠军	厦门用友烟草软件有限责任公司
滕达	厦门市美亚柏科信息股份有限公司

福建省先后举办了4届“福建省计算机软件设计大赛”，此举为软件人才的培养创造了良好氛围。至2009年年底，全省110所高职院校中，已有厦门大学、福州大学、福建师范大学等30多所院校设立软件学院，在校生达4万人，自2005年首批软件高职毕业生毕业以来，福建省软件高职院校已累计为企业输送了3万多名软件人才。通过产学结合、校企合作，让软件企业全方位、全过程参与办学，共建实训基地，联办软件人才培养基地，初步形成了“订单式”的办学模式。福建省已建立软件工程硕士、大学本科和高等职业教育及社会培训等多层次软件人才培养体系，2009年和2010年扶持的5家软件人才重点培训基地共培养人才1 571人，扶持的64家软件企业实训基地与各院校合作开展毕业生实训工作，共实训了5 076人。福州软件园研究生工作总站累计引进国内著名高校11所，开办了以计算机、电子通信等专业为主的教学班级38个，进站学习的学员超过1 300名，已获得相应证书的学员达900多名。全省开展年度计算机技术与软件专业技术资格（水平）考试，2004年累计参加考试的人数有5.03万人，合格人数达1.02万人。

（四）软件产业公共服务体系逐步建立，“海西软件”统一形象逐渐树立

建设福建省软件技术公共服务平台、福建省软件评测中心、福建省集成电路设计中心（省ICC）、厦门集成电路公共服务平台、福建省动漫游戏研发创作中心、福建省软件服务外包协同开发平台、福建省物联网应用软件及系统技术评估与质量控制平台等一系列平台，为广大软件企业，特别是中小软件企业提供公用技术、开发工具、软件测试与质量保障，以及协同开发、合作推广等服务，来增强福建省软件企业的自主创新能力，形成良性发展的技术与服务环境，提升“海西软件”品牌的知名度。

2001年成立福建省软件行业协会和厦门软件行业协会协助政府承担福建省“双软认定”的具体工作，福建省动漫游戏行业协会于2009年成立，积极协调政府各部门政策与动漫游戏企业的实际需求。充分发挥软件出口联盟等中介组织协会的作用，通过龙头企业联合中小企业“抱团”结成外包团队，拓展境外市场。

采取多种形式宣传“海西软件”统一形象。在机场等公共场所的醒目位置设立大型“海西软件”宣传牌，在国内主流媒体宣传“海西软件”的软件骨干企业和软件杰出人才。结合福建省软件名牌产品的评价推荐，积极组织软件企业、软件名牌产品和特色产品以“海西软件”统一形象参加每年的6.18成果交易会、9.8投洽会、北京“软件博览会”、大连“软件交易会”，以及厦门文博会、厦门动漫节、杭州动漫节等大型展会，展示福建省软件成果，开展软件技术、投融资合作，积极开拓国内外市场。

（五）基地建设蓬勃发展

福州软件园于1999年3月动工建设，同年被国家认定为“国家火炬计划软件产业基地”，目前已建成软件园一至四期产业区、软件学院以及五凤生活配套区，开发面积157公顷（2 355亩），其中产业区占地103.98公顷（1 559.7亩），研发楼153幢，占地53.4万平方米。园区内创业楼、园区管理服务中心、福建省集成电路设计中心、软件公共技术服务中心、软件评测中心、动漫产业基地、华兴创业中心、863软件专业孵化器、福州大学软件学院等服务平台先后建成投入使用。目前，园区内已逐渐形成应用软件与系统集成、网络信息终端设备、集成电路设计与嵌入式软件、数字内容服务4大产业集群。2009年，福州

软件园新增入驻软件企业87家，成功吸引华为集团、美国合丰集团、金算盘等知名公司入驻，园区内企业总数达到395家，实现收入120亿元，税收3亿元。厦门软件园（一期）建于1998年，建筑面积近8万平方米，2000年被国家认定为“国家火炬计划软件产业基地”；厦门市软件园（二期）是省市重点工程，总投资40多亿元，总用地1.063平方千米，总建筑面积163.64万平方米，软件园包括信息技术服务区、动漫游戏区、软件研发和IC设计区、管理服务区4个功能区。目前，园区内正式入驻的企业达409家，从业人员总数3.62万人，2010年1～9月完成销售收入98.02亿元，同比增长44.05%，实现税收2.99亿元，同比增长50.16%。

在发展完善福州、厦门软件园的同时，福建省还加快建设泉州等新兴软件园区，泉州软件园占地面积1 085亩，分为研发与孵化、商务服务两大功能区。作为泉州市高新产业项目，该园区将建设成为软件研究开发、创业服务和人才培养基地。截至目前，泉州软件园各项基础设施、研发楼等正在加紧建设中，并已吸引8家企业入驻，入园企业项目专家组评审工作即将启动。

（六）促进政策出台及时，奠定产业发展基础

随着国发18号文的出台，2001年6月1日，福建省人民政府出台了《福建省贯彻国务院关于鼓励软件产业和集成电路产业发展若干政策的实施意见的通知》（闽政［2001］16号）。先后制定了《福建省软件企业认定标准及管理办法（试行）》、《福建省软件产品登记管理实施办法（试行）》、《福建省信息产业厅关于印发福建省软件产业财政扶持资金使用管理办法（试行）的通知》等规范性文件。

2007年9月2日，福建省政府办公厅正式印发《关于推动我省动漫产业发展的若干意见》（闽政办［2007］181号），对福建省动漫产业的发展提出了11条扶持政策。2007年10月31日《福建省人民政府关于加快发展集成电路设计业的意见》（闽政文［2007］385号）出台，省政府决定从2008年开始，连续3年每年拨出2 000万元专项经费扶持福建省集成电路公共服务平台建设和IC设计项目的研发及产业化，推动IC设计业与整机制造业的对接，这一举措标志着福建省集成电路设计业进入全新的历史发展时期。

2009年11月16日，福建省政府下发《关于进一步加快软件产业发展的意见》（闽政文［2009］374号），这是福建省落实胡锦涛总书记视察福建时提出的“经济增长方式转变和产业结构方式调整”及贯彻国务院《关于支持福建省加快建设海峡西岸经济区的若干意见》（以下简称《意见》）的重要举措。该《意见》明确提出由省级财政每年统筹安排1亿元专项资金扶持软件产业发展，培养一批骨干人才，引进一批领军人物，促进一批重点骨干企业做大做强，建立起服务于软件行业的公共技术服务体系，培育10家以上年收入超10亿元的企业，将福建逐步建成立足国内、面向世界的国家级软件产业基地。

三、福建省软件产业展望

（一）发展思路

深入贯彻落实科学发展观，优化发展环境，加强规划引导与资金扶持。围绕海峡西岸经济区建设的总体战略部署，顺应软件产业发展的新特点和新趋势，坚持“统筹部署、创

新应用、普惠民生、安全可控”的原则，把握信息化和工业化融合、全球软件业加快转移、互联网深化应用、“智慧城市”建设、三网融合、3G 和物联网发展等有利机遇，改善发展环境，强化公共支撑平台与人才队伍建设，加大研发力度，提高自主创新能力，扩大闽台合作，优化产业布局，延伸产业链条，加快信息技术服务产品化进程，在智能电网、智能交通等应用领域培育一批重点骨干企业和“海西软件”品牌，提升福建省软件产业的核心竞争力、可持续发展能力和综合服务能力。

（二）发展目标

到“十二五”末，全省软件产业销售收入超过 3 000 亿元，从业人数达到 20 万人。培育 15 家以上年收入超 10 亿元大型骨干软件企业，20 家企业进入中国软件业务收入前百家企业，上市企业达 40 家以上。

（三）发展重点

发挥福建省软件企业在信息化建设方面的特色，以国家和福建省的科技重大专项实施为契机，集中优势资源，重点支持下一代互联网、移动互联、物联网、三网融合等应用软件支撑技术开发和应用；针对信息化和工业化融合形成的广阔的发展空间，鼓励软件企业积极研发具有行业特色的工业软件；加强数字设计与工业软件在产业改造升级方面的合作。通过提高产品的自动化、智能化、网络化水平，深化各类信息应用；通过大力发展普适计算技术，加快基于“智慧城市”中的智能电网，智能交通等建设；深化“云计算”应用，积极开发基于“物联网”的行业应用软件促进传统产业优化升级。

重点扶持集成电路设计公共服务平台建设，加大与国际及台湾先进技术合作交流力度，引进和培育一批集成电路设计企业。提升集成电路设计产品测试与认证、标准研究与制定等服务能力。加快集成电路设计在移动互联网、下一代通信网、三网融合的智能终端、物联网行业、智能电网、智能交通等领域的产业化应用。以福建省产业发展急需及全国市场潜力大的技术领域为重点，开发并支持一批具有自主知识产权的高水平集成电路产品。

以“双向进入”为重点，建立跨屏跨网融合的内容产品体系，依托互动电视线上品牌内容和服务，重视线下活动及衍生产品开发。发展下一代互联网、建设下一代广播电视网（NGB）和中国移动多媒体广播（CMMB）；发展位置服务、智能导航、智能交通、视频监控、网络电视、窄带宽下的视频服务等新型增值服务并拓展服务范围；发展数据中心、呼叫中心、容灾备份中心等信息化基础设施服务产业统。应用普适计算和“云计算”技术建立通信技术产业协同发展平台，大力发展基于 4G，甚至 5G、NGB 和 CMMB 等新传输方式的内容和服务产业链。

重点培育和形成一批海西动漫游戏品牌，鼓励研发体现中华民族传统特色、具有自主知识产权，特别是具有“八闽文化、海西概念”的网络游戏、动漫产品及相关衍生品。加快发展手机动漫游戏产业和培育新兴动漫游戏业态，开发网络游戏周边产业，形成完整的网络游戏产业体系。继续推动游戏动漫衍生品开发运销中心建设，完善游戏动漫产业链，打破游戏动漫产业赢利模式单一的被动局面。加强动漫企业与衍生产品生产企业开展对接，以数字内容为特色，着力发展数字出版、动漫游戏、影视制作、数字文化等信息服务业务。

深入挖掘信息技术服务外包潜力。充分发挥软件出口联盟等中介组织协会的作用，鼓励龙头企业联合中小企业“抱团”结成外包团队，拓展境外市场。努力承接海外信息技术服务外包转移，加快推进在岸信息技术服务外包进程。积极融入全球软件服务外包产业链，在积极承接全球离岸服务外包业务走国际化发展道路的同时，积极开拓、培育和承接国内信息技术外包领域和项目，形成国内外相结合的立体信息技术服务外包市场。

综上，福建省将规划建设一批应用软件、集成电路设计、动漫游戏、信息技术服务外包及通信技术服务产业基地，实现规模优化组合，功能优势互补，促进产业集聚，以形成福建软件产业超常规、跨越式高速发展的态势。

（四）主要措施

1．加快闽台先行先试，推进产业交流合作

围绕重点领域，搭建对接平台，促进产业转移，积极吸引台湾软件龙头企业和产业链中上游企业来闽投资，鼓励技术含量高、产业带动性强并掌握软件核心技术等台资项目入驻福州、厦门、泉州等地的软件园区。支持台湾优秀软件产品在闽推广应用。支持台湾有关行业协会在省内各软件园区成立分支或派出机构。

2．提升政府服务水平，优化产业政策环境

加强和改进对信息系统工程建设招投标机构的管理。改进和简化软件及信息技术服务企业的设立及各项业务的审批程序。加强行业统计和运行监测分析工作，鼓励各级政府调动资源改善产业环境，支持企业发展、品牌培育、商业模式创新、标准研究制定等。

3．快速提升产业竞争力，促进“海西软件”做大做强

充分利用协会和平台的沟通连接与协同开发功能，通过联盟的通力合作拓展产业链、打造产业集群，提升福建省软件企业的专业化创新和整合能力及企业的竞争力，培育一批重点骨干软件企业，促使“海西软件”品牌在全国乃至全球具有较高知名度和影响力。政府部门有关专项资金合力扶持本省软件产品应用于工业化和信息化融合；发挥“6·18”项目成果交易会和“9·8”投资贸易洽谈会等平台的展示对接作用，积极推介福建省优秀软件产品走出去。

4．挖掘公共服务平台潜力，增强软件企业创新能力

继续扶持省集成电路设计中心（ICC）、省软件技术公共服务平台、厦门集成电路公共服务平台、福建省物联网应用软件及系统技术评估与质量控制平台、省软件评测中心等已建平台，推进面向全省的开放式软件测试与质量保障公共平台的建设。通过省集成电路设计中心（ICC）和厦门集成电路公共服务平台，建成有一定规模的福建省集成电路设计业产、学、研基地。鼓励软件企业与院士或境内外著名高校、研发机构合作共建国家级研发机构，鼓励企业创新发展模式，积极培育新的产业增长点。

5．积极开拓软件应用市场，推动产业附加值高速增长

促进两化融合和“三网融合”，推动成立工业软件产业应用联盟，支持研发工业软件和行业应用解决方案。支持软件企业与传统工业企业开展多层次的合作，积极推进软件技术与传统工业结合，加速两化融合。积极开拓软件服务内需市场，改善产业外部环境，支持

信息技术服务领域关键技术和关键环节的研发及产业化，积极跟踪软件运营服务、普适计算技术、云计算、数字内容等新模式和新技术的发展，鼓励开发适应经济社会发展需求的各类信息服务业务，拓展新型消费，培育新的增长点。

6．加大高层次人才培养力度，完善软件人才服务体系

组织实施福建省委省政府新出台的人才引进培养政策，建立省软件人才需求联席会议制度，有效落实相关举措，深入实施人才战略。加强闽台软件产业人才深度合作，联合台湾软件培训公司，开展各类培训和人才交流活动。引导科研院所和高校软件专业技术人才向企业有序流动，促进软件专业技术人才合理分布。鼓励福建省高等院校积极开设软件产业重点领域的相关专业。加快培养国际化高层次复合型的软件人才，全面健全人才市场服务体系。建设闽台服务外包培训基地，设立专业的外包人才库，形成多层次的人才梯队。

7．加强知识产权保护，规范产业发展秩序

建立健全企业知识产权管理制度，引导企业加大知识产权保护投入，鼓励企业申请国内专利、参与软件产业领域相关国家标准乃至国际标准的制定和修订，支持企业在境外申请并取得知识产权。鼓励企业依法组建知识产权联盟，构建“专利池”。培育一批拥有知名品牌和核心自主知识产权、熟练应用知识产权法律法规及政策的优势软件企业，重点加强软件著作权、集成电路布图设计专有权、专利权、商标权等领域知识产权的相互作用。鼓励企业申报国家和省市的“知识产权示范企业”，享受相应的政策。

8．完善金融机构合作机制，建立软件产业融资体系

充分发挥市场配置资源的基础性作用，建立以政府投入为导向、企业投入为主体、社会投入和外资投入为重要渠道，与市场经济及国际惯例接轨的多元化投融资体系。鼓励民间资本、社会资本和外资投入软件产业，形成良性发展机制。整合软件、金融等相关资源，选聘软件专家参与软件企业贷款项目评审，并为贷款审批提供科学、专业的咨询意见。完善政银企沟通协调机制，加大中小软件企业信用担保机构的扶持力度。加快建立并有效运作中小企业信贷专营机构，推进商业银行开展软件行业商标权、著作权等知识产权抵（质）押贷款业务，加大对软件产业的金融支持。完善创业板和中小企业板上市后备企业数据库建设，着力跟踪培育上市后备企业，推进企业改制、上市融资，加快高新技术企业发展。积极发展场外交易市场，争取福州、厦门软件园成为非上市股份公司进入国家代办股份转让系统的扩大试点园区，大力发展债券融资，探索发行中小软件企业“集合债”。

第十三章　江西省

自 2000 年国务院出台国发 18 号文十年来，江西省积极贯彻国家产业政策，加快推动软件产业发展和集聚，2009 年南昌市被国务院批准为中国服务外包示范城市，江西软件产业发展形成一定的特色优势，为“十二五”软件产业的迅速发展奠定了坚实基础。

一、江西省软件产业十年发展回顾

（一）产业规模迅速扩大

2001 年至 2009 年，全省软件企业由近百家增加到近 400 家，销售收入由 4.4 亿元增加到 53.6 亿元，实现利润由 4 360 万元增加到 40 085 万元，出口创汇由 64 万美元增加到 788 万美元。2009 年，全省新增服务外包企业 131 家，接包合同执行金额达到 4.3 亿美元，同比分别增长 7.7 倍、26.3 倍。2001 年到 2009 年软件业务收入年均增长 36.7%，2010 年软件业务收入达到 451 842 万元。

（二）特色产业基地初具规模

2007 年南昌高新区被商务部、信息产业部和科技部联合认定为“中国服务外包示范区”，南昌高新区金庐软件园、浙江大学科技园、南昌大学科技园聚集了全省 90%以上的软件企业，拥有软件企业 300 多家，多年来，园区吸引了微软、IBM、德国贝塔斯曼欧唯特、惠普、英华达、中兴通信、用友软件等一批国内外知名企业，金庐软件园在国内外已具有较大影响和一定的竞争优势。

（三）企业集群不断壮大

以行业应用软件、系统集成为主导，形成了软件研发、系统集成的企业群体，尤其是培育了一批能够承担国家“863”计划、国家火炬计划、国家“核高基”重大专项的优秀企业。目前，全省拥有软件企业近 400 家，中国软件出口工程企业 4 家，获得系统集成资质的企业 43 家，其中获得一级资质的企业 5 家，通过 CMM、CMMI 认证企业 6 家，收入超亿元软件企业 12 家，国家规划布局内重点软件企业 3 家，在香港创业板上市两家，思创、先锋、泰豪 3 家公司连续多年跻身全国百强行列。

（四）人才培养体系基本完善

形成了以高等院校信息工程学院、软件学院及软件职业技术学院为主，民间培训机构和社会团体、企业认证培训等为辅的软件及信息技术服务人才培训体系，全省共有相关教育培训机构 37 家，其中省级软件学院 7 所、国家示范性软件职业技术学院 1 所、信息工程和管理学院 20 所，拥有 3 个国家级计算机类特色专业，每年培养软件和信息服务相关专业的大学毕业生约 5 万名。

（五）自主创新能力增强

全省登记备案的具有自主知识产权软件产品由2001年的42件增加到2010年的460件。软件技术在信息安全和电子政务、网络教育、电子金融、制造业信息化等领域得到广泛应用，系统集成、软件产品、软件技术服务收入分别占软件收入的51%、25%和20%，研发了一批参与国家“863”计划、火炬计划、“核高基”科技重大专项的好项目。

（六）软件园区建设逐步完善

南昌高新区金庐软件园是国家科技部批准的国家火炬计划软件产业基地，经过十年的建设发展，聚集了全省85%的软件企业，已发展成为江西软件产业的主要孵化基地，软件园区已建成面积1 000多亩，实现“七通一平”，打造了一个集软件研发、服务外包、人才培训一体的软件与信息服务产业基地。随着产业的不断发展，南昌市慧谷创意产业园、北大科技园、清华科技园、南昌大学科技园也纷纷起步发展，特色软件园已经成为软件与信息服务产业快速发展的良好载体。

二、软件产业配套政策出台和执行情况

（一）国发18号文配套政策出台情况

围绕国发18号文的贯彻落实，省、市政府相继出台系列配套政策，建立起较为完善的政策体系，不断营造软件产业发展的良好环境。

一是把南昌作为江西软件与信息服务业的重点发展区域。南昌市集中了全省90%的软件企业，是江西软件产业发展的中心区域，为了落实国发18号文精神，加快南昌软件产业的发展，南昌市政府先后出台了一系列鼓励政策。根据南昌市委、市政府《关于加快现代服务业发展的决定》（洪发［2005］38号），2005年制定了《关于加快现代服务业发展实施办法》（洪府厅发［2005］127 号），提出高起点发展软件产业，并在扶持重点企业、人才培养、园区建设等方面制定了鼓励政策。2007年南昌市人民政府出台了《关于扶持服务外包产业发展的若干政策》（洪府发［2007］40号），2008年下发《关于印发南昌市服务外包人才实训扶持资金管理办法的通知》（洪府厅发［2008］84号），着力将南昌建设成为江西软件与信息服务业的重要基地和国家服务外包示范城市。

二是把发展软件与服务外包作为江西优化产业结构的突破口。为了促进经济结构调整，加快产业技术升级，增强经济发展后劲，省政府决定在2009—2012年实施科技创新“六个一”工程，即主攻10个优势高新技术产业、培育100个创新型企业、实施100项重大高新技术成果产业化项目、建设10个国家级研发平台、办好10个国家级高新技术产业特色基地、组建100个优势科技创新团队。2010年省政府出台《关于推进江西战略性新兴产业超常规发展的若干意见》（赣府发［2010］29号），把软件与服务外包列入十大战略性新兴产业。把握全球软件服务外包战略转移的趋势，促进软件服务外包的发展，2010年省政府出台了《关于促进服务外包产业发展的若干意见》（赣府发［2010］8 号），设立了服务外包产业发展专项资金，在资金、税收、人才培养等方面制定了一系列优惠政策。2009年南昌市人民政府再次下发《关于推进服务外包产业发展的若干政策的通知》（洪府发［2009］33号），设立了发展资金，重点扶持园区建设、骨干企业、重点工程和项目，把发展软件与服

务外包作为江西优化产业结构的突破口。

（二）国发 18 号文税收优惠政策执行情况

江西省认真执行国发 18 号文关于“两免三减半”的税收优惠政策，随着产业总量的不断扩大，减免税额逐步增加。2001 年认定软件企业 21 家、登记软件产品 42 项，退税/减免累计金额为 198.5 万元，截至 2009 年全省已累计认定软件企业 147 家，登记软件产品 381 件，所得税减免总额为 3 933.05 万元，增值税退税总额为 4 882.4 万元，退税/减免累计金额为 8 815.45 万元。截至 2010 年全省认定软件企业累计达到 176 家，登记软件产品 460 件，被认定的国家规划布局内重点软件企业 29 家次（见图 31）。国发 18 号文税收优惠政策的落实，为中小企业注入了发展活力，起到了积极的引导和激励作用。十年来，在优惠政策的大力扶持下，增强了企业研发创新的热情，培育壮大了骨干企业，培育出思创、先锋、泰豪 3 家全国软件百强企业，12 家年收入超亿元的龙头企业。

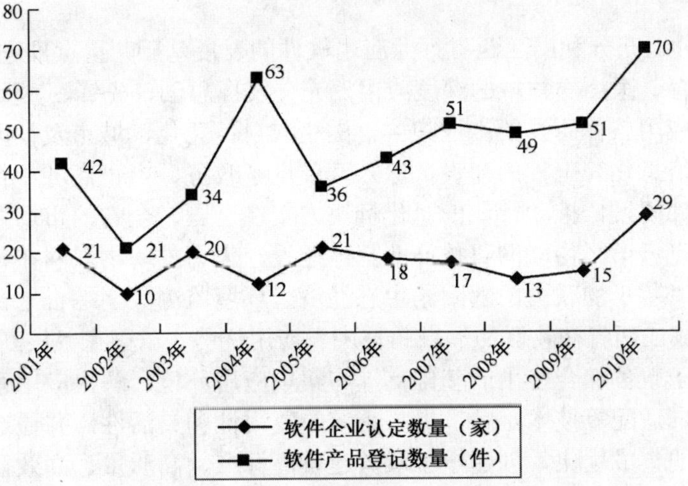

图 31　2001—2010 年江西省“双软认定”情况

三、江西省软件产业展望

软件和信息服务产业作为战略性新兴产业的主力军，既是战略性新兴产业的发展重点，又是战略性新兴产业的重要技术支撑。

（一）发展思路

紧紧围绕全省科学发展、进位赶超、绿色崛起的重大战略，抓住鄱阳湖生态经济区上升为国家战略的历史机遇，把握制造业持续高速增长、工业与信息化加快深度融合所提供的巨大市场，培育物联网、三网融合、云计算等应用新增长点，加快自主软件产品和应用解决方案的系统研发，壮大骨干企业，增强软件产业自主创新能力和核心竞争力，突出发展以南昌市为中心的软件与信息服务产业，加速软件技术产品化、软件与信息服务产业国际化进程，确立软件和信息服务业在江西省国民经济中的基础性、战略性、支柱性产业地位。

（二）主要目标

产能目标：到 2015 年，全省初步形成 2～3 个软件与信息服务产业集聚区。全省培育 1～2 家年销售收入超过 20 亿元，3～5 家年销售收入超过 10 亿元的大型软件与信息服务企业，全省软件与信息服务业规模超过 500 亿元（其中离岸服务外包合同执行金额超过 30 亿美元，从事离岸服务外包业务的企业达到 150 家），解决就业人数 20 万人以上。

产业布局目标：合理规划、科学布局，加强软件园区建设，形成产业集聚。到 2015 年，以南昌市为核心区域，将南昌高新区建设成集移动传媒、呼叫中心、物联网、云计算、电视购物及电子商务、软件研发、服务外包、人才培训一体的软件与信息服务产业基地；将南昌市红谷滩新区慧谷创意产业园打造成为以创意产业为特色，集软件研发、服务外包、金融服务、人才培训、文化创意一体的软件园。推进南昌经济技术开发区、北大科技园、清华科技园的信息技术示范基地建设，鼓励有产业基础的市建设特色软件园区。

（三）发展重点

（1）应用软件。充分利用江西省行业应用软件的发展基础，重点推进软件技术在交通、电力、电信、教育、医疗等领域的深度应用，充分发挥思创、先锋、泰豪 3 家龙头企业的作用，培育壮大应用软件研发的产业集群。围绕农村信息化、城市及社区信息化、工业企业信息化、物流信息化等工程的建设，深入开展电子政务、电子商务、行业应用、物联网应用等领域的软件研发，推动行业信息化解决方案在全国、全省的市场拓展。抓紧实施南昌高新区、南昌青云谱区物联网科技产业基地建设，大力推动物联网在各行各业的应用，特别是重点支持“基于物联网的鄱阳湖生态经济区环境监测数字综合平台研究与应用”等项目的研发，形成江西省在物联网领域的技术和应用优势。以国家“核高基”项目为推动，构建面向全省电子政务综合应用的基础支撑与集成应用环境，解决应用系统与国产基础软件的移植、优化、适配等技术难题，提高系统的复用性和灵活性，并通过技术创新实现基于国产基础软件的集成优化，创建电子政务建设高标准、高质量、高效益、集约化、低成本的“江西模式”，形成在全国的品牌和影响力。

（2）中间件软件。充分发挥江西省金格网络科技有限责任公司在业务中间件软件研发方面位居全国前列的优势，重点推进 iWebOffice 网络文档编辑系统、电子签章等中间件软件在电信、金融、政府、教育、制造、卫生、媒体、科研等领域的应用，加强与国内外中间件软件的“巨人”企业 IBM、BEA、中创等的合作，靠大联大，跨越发展，积极培育中间件软件的龙头企业和驰名中外的名牌产品。

（3）软件服务外包。以全球软件服务外包战略转移为契机，充分发挥南昌市国家级服务外包示范城市的产业聚集优势，立足在岸外包，突出发展离岸服务外包，采取与国内知名服务外包企业合作的模式，重点开拓日本、韩国市场，积极拓展欧美市场，积极发展 BPO（业务流程外包）、ITO（信息技术外包）、KPO（知识流程外包），依托省内具有外包基础及与国外企业关联度大的企业，重点承接国内外软件研发、呼叫中心、数据中心、人力资源服务及国际金融、保险、通信等领域的外包业务。依托南昌市用友软件全国呼叫中心平台、华安财产保险有限公司呼叫中心、太平人寿保险有限公司呼叫中心的发展基础，将南昌高新区、用友南昌产业园打造成万人呼叫中心基地。

（4）文化创意。坚持自主创新和引进品牌相结合，民族文化和现代时尚相结合，创意内容与数字科技相结合，以南昌市的红谷创意数字园、泰豪动漫园、泛美动画、笛卡传媒等动漫企业和工作室为载体，完善教育培训、产业孵化、展示交流、技术支撑等公共服务平台，集聚美术原创、数字加工等专业创意人才，培育漫画、动画、游戏、衍生品开发等各类相关动漫游戏企业，建立和完善包括人才培训、生产创作、市场运营等主要环节的产业体系，使江西省成为国内具有重要影响力的动漫产业中心。

（5）运营服务。依托现有企业在电子商务前端产品、销售网络平台、物流平台等方面的基础，逐步引进电子商务相关配套企业，积极发展第三方电子商务交易与服务、加密与电子认证、在线支付，支持建设全国性行业电子商务服务平台。依托巴士在线公司与CCTV合作的良好基础，重点开展移动传媒设备、软件平台、网络平台的建设，形成完善的移动传媒产业链。重点推进数字内容服务平台项目的开发。依托南昌低成本和人才优势，吸引企业将数据中心转移到本地。重点推进南昌高新区 “云计算”平台涵盖的“市民电子钱包”“社保”“医疗”“呼叫中心”等多个领域的数据中心建设。

（6）嵌入式软件。抓住江西省工业化进程加快推进、工业化与信息化加快融合的机遇，大力发展嵌入式应用软件，迅速做大规模、提升水平。着重面向汽车电子、工程机械电子、航空电子、智能家电、医疗电子、电力电子、城市智能交通电子等重点应用领域，加快省内重点软件企业与工业企业的广泛对接，积极开展符合开放标准的嵌入式软件开发平台、嵌入式应用软件的研发，加快拥有自主知识产权的嵌入式软件技术、产品的研发和产业化进程，加快推进钢铁、有色金属、建材、煤炭、电力、石化、纺织印染、建筑等重点行业信息化改造，不断提升江西省汽车、航空、工业制造业、通信业等产业的发展速度和质量。

（四）保障措施

1．强化政策支撑，优化发展环境

制定鼓励软件与信息服务产业发展的政策，设立专项资金，在财政投入、税收优惠、金融支撑、土地使用、专利保护、人才培育和引进、政府采购等方面制定优惠政策，加大对国家级和省级软件园区、服务外包示范区的公共服务平台等基础设施建设，以及重大科技创新项目的支持力度。将保护知识产权纳入政府、企业考核评估体系，增强全社会知识产权意识，在全社会形成保护和尊重创新和创意及其成果的氛围，为技术创新和成果推广应用创造良好的法制环境。上下联动，形成合力，共同推进软件与信息服务产业加快发展。

2．完善融资平台，提供资金保证

推动软件业与金融资本的融合，加大力度引进风险投资机制，建立和完善以风险投资为主体，政府担保基金为支持，金融机构为基础，境内外上市直接融资为方向的软件产业投融资平台，鼓励省、市担保机构为软件与信息服务企业提供担保服务。

3．加强园区建设，提升服务水平

加强园区基础设施和公共服务平台建设，不断改善和优化园区工作、生活环境。通过打造政府推动、吸引跨国公司支持、软件园公司运营、面向所有企业开放的公共服务平台，为软件企业提供共性技术支撑和服务。重点抓好南昌高新区、红谷滩新区慧谷创意产业园、浙江大学科技园、南昌大学科技园等园区的建设，吸引国内外软件与信息服务企业入园发展。

4．加大招商力度，做大产业规模

充分利用和发挥国家服务外包示范城市的品牌效应和优势，大力发展软件服务外包，利用国内外软件博览会、软件交易会、江西赣台经贸洽谈会等大型活动平台，扩大对外招商宣传，积极引进境内外有实力的外包公司落户江西。创造软件企业对外合作交流的良好环境，把最优良、最讲诚信的企业推荐到国际市场，组织省内有影响力的企业到海外开展推介和人才招聘，鼓励省内企业与国外大公司合作。

5．培育引进并重，完善教育体系

坚持培养和引进并重，优化人才创业和安居环境，扩大软件与信息服务人才资源储备。要大力支持以 IBM 先锋外包人才实训基地、江西微软软件人才实训基地等为龙头，省内 7 所软件学院和软件职业技术学院为主体，大专院校信息类教育为支撑的软件与信息服务业人才培养工程。鼓励本地院校及企业与国外教学机构、著名软件企业联合办学，多模式、多渠道培养软件与信息服务实用人才。拓宽渠道，大力引进国内外软件高端人才和创业团队，建立人才引进、选聘、使用、培训及待遇机制，形成江西软件与信息服务产业人才资源高地。

6．鼓励自主创新，培育骨干企业

加大资金投入，一方面，加大对龙头骨干企业的支持，另一方面，通过鼓励实施一批示范工程，加快推进两化融合、三网融合、移动电子商务推广、物联网应用试点、公共服务平台建设。鼓励企业自主创新，提升技术水平，培育自主知识产权软件产品群；鼓励软件企业参与两化融合推进工程，大力研发具有自主知识产权嵌入式软件、工业软件等软件产品；鼓励企业积极参与国家和行业标准的制定；鼓励骨干企业通过兼并、收购、重组、上市、引进风险投资等方式扩大企业规模，增强竞争能力；加强产学研紧密结合，鼓励以骨干企业为核心组建特色产业联盟。

第十四章　山东省

自 2000 年 6 月国发 18 号文颁布以来，山东省委、省政府高度重视软件产业发展，实施了一系列政策措施，帮助山东软件逐步实现了由小到大、由弱变强的转变。

一、山东省软件产业十年发展回顾

（一）经济效益大幅提升，产业规模和影响力不断壮大

2010 年，全省软件业务收入 905 亿元，同比增长 49%，居全国第四位，约是 2000 年的 45 倍；利润总额 63.37 亿元，同比增长 32.4%；利税合计 114.48 亿元，同比增长 27.39%。软件出口 4.45 亿美元，同比增长 45.3%，其中，外包服务出口 1.8 亿美元，同比增长 109%。2000 年以来，山东省软件产业进入 100 亿元规模用了 5 年时间，由 100 亿元规模到目前接近 1 000 亿元规模同样用了 5 年时间，规模化趋势十分明显，保持了快速增长趋势。

目前，全省软件产业统计内规模以上企业 1 420 余家，从业人员 17 万余人，共有 11 家企业成功上市，22 家企业进入国家规划布局内重点软件企业，27 家企业软件收入过亿元，24 家企业出口超过 100 万美元，累计认定 45 家省级软件工程技术中心，认定软件企业 619 家（合计 968 家），登记软件产品 2 409 件（合计 3 989 件），40 余家企业通过 CMM/CMMI 等国际资质认证。中国软件名城试点城市、国内首家“中日 IT 桥梁工程师交流示范基地”、国家信息通信国际创新园、国家级软件产业基地、动漫游戏产业基地等金字招牌先后落户山东。

（二）多市发展速度明显加快，产业聚集度进一步提高

从市地绝对额来看，济南、青岛占据全省软件业发展的主导地位，合计完成软件业务收入 822 亿元，占全省的 90.8%。2009 年 12 月，工业和信息化部、山东省人民政府和济南市人民政府共同签署了部省市协同开展中国软件名城创建试点工作备忘录，成为继南京之后第二个被工业和信息化部批准的试点城市。各类推进工作的实施，极大地激发了济南软件快速发展的源动力，2010 年完成软件收入 610 亿元，同比增长 40.2%，拉动全行业增长 28.8 个百分点。从市地增长幅度看，临沂、日照、东营、莱芜、济宁、潍坊软件业务收入分别增长 150.3%、121%、57%、49.4%、47.1%、45.5%，后发优势进一步凸显。

2000 年以来，投资建设了 13 个软件园区、19 个服务外包示范基地和 3 个动漫产业基地，已建成园区面积 500 多万平方米，投入使用软件开发、测试、存储、动漫渲染和动作捕捉等各类大型公共技术平台、环境 13 个，成为企业聚集的重要载体。全省 70%以上的软件企业、85%的软件收入都集中在各类园区、基地当中，初步形成了中心城市、软件园区、特色基地互为支撑、共同发展的良好格局（见表 23）。

表 23　2009 年山东省软件产业园区基本情况

序号	园　区	基础设施建设		2009 年收入（亿元）	入驻企业（家）
		占　地	建筑面积		
1	齐鲁软件园	6.5 平方千米	300 万平方米	软件和服务业收入 309	710
2	青岛（市南）软件产业基地		40 万平方米	软件收入 57	200
3	潍坊软件园	1 平方千米		3.1	65
4	东营软件园	1.5 平方千米		6.3	30
5	淄博软件园	5.04 公顷	8.7 万平方米	2.05	67
6	泰山软件园	600 亩	规划总建筑面积 30 万平方米，建成面积 15 万平方米	5.4	40
7	日照软件园		3.1 万平方米	0.8	20
8	济宁软件园		1.2 万平方米	4.4	30
9	烟台软件园 A 区、B 区		3.5 万平方米、6.7 万平方米	31	100
10	烟台市芝罘软件园			0.11	40
11	威海软件园			8.3	70
12	济南历下软件园	1 平方千米		3.5	200
13	济南西区数字创意产业园（长清软件园）		12.29 万平方米		16

（三）产品层次显著提高，产用融合步伐加快

中间件软件等基础软件、各类嵌入式软件、GIS 软件、CAD/CAM 软件、ERP 软件、信息安全软件，矿山、电力、石油、教育、交通等行业应用软件产品处于国内领先水平，构建起基础研究—应用开发—产业化发展的良好格局。中创软件“国产中间件参考实现及平台”等 7 个项目入围“核高基”国家科技重大专项；华天软件自主版权 CAD/CAM 软件—Sinovasion，得到了温家宝总理的高度评价；浪潮 ERP 连续 4 年国内增长率高居第一，成为首批软件类“中国名牌产品”。

电力合作联盟、嵌入式软件、DSP 软件应用联盟等多个产业联盟先后成立，各类工业设计、嵌入式、虚拟仿真软件广泛应用于汽车、矿山、电力、信息家电、装备制造等领域，使山东省企业产品设计周期平均缩短 71%，开发成本降低 37%，生产自动控制率达到 89%。软件与服务业的融合不断深入，商贸、物流、交通、旅游、房地产等基本实现网络化运营，数字内容、网络增值等信息服务业得到快速发展。

（四）产业结构逐步优化，新兴业态蓬勃发展

软件产品与数据处理、数字动漫及非产品化的软件服务等新业态互动发展。2010 年全省信息技术咨询服务收入和信息技术增值服务收入分别为 211.75 亿元和 68.89 亿元，同比增长 51.5%和 106.6%。完成设计开发收入 7.62 亿元，同比增长 45%。

NEC 软件、青岛软脑的软件技术外包，戈尔特西斯、青岛优创公司的金融证券分析服务，东方道迩、中金数据的数据处理和灾备服务等业务不断壮大。以山东旅科、潍坊万声、泰安泰盈等为代表的呼叫中心企业，以山东卓创资讯、大众网等为代表的信息内容服务业

初具规模。软件即服务（SaaS）、云计算等新型业态不断涌现，山东省云计算中心正式成立，软件和信息服务云计算平台一期工程顺利启动。

二、山东省软件产业发展主要举措

围绕国发18号文的落实，山东省先后制定出台了《山东省"十五"软件产业发展规划》、《山东省"十一五"软件产业发展规划》、《关于贯彻国发［2000］18号文鼓励软件产业和集成电路产业发展的通知》、《关于促进软件产业加快发展的指导意见》、《山东省软件产品登记管理暂行办法》、《关于软件企业认定有关问题的通知》、《山东省信息产业发展专项资金使用管理暂行办法》、《山东省软件工程技术中心认定管理办法（暂行）》、《山东省软件产业园区管理办法（试行）》，从规划引导、财税支持、载体建设等方面营造有利于软件业发展的环境。

减免税政策等各项优惠措施的执行，为软件企业累计减免税金约13亿元，极大地调动了企业发展软件的热情，软件企业收入规模由2000年的20.32亿元增长到2010年的905亿元，绝对额增长约45倍，累计上缴税金超过200亿元，拉动就业人数总数超过10万人。2003年，正式设立山东省信息产业发展专项资金，累计安排资金超过1.2亿元，协调落实了省级软件工程技术中心有关配套资金政策，可享受不超过100万元的奖励补助。积极为软件企业上市融资创造条件，累计有高校软控、东方电子、法因数控、普联软件、积成电子、新北洋等11家软件企业成功上市。知识产权质押贷款模式的试行，有效拓宽了软件企业融资渠道，积成电子公司以企业拥有的25个软件著作权作为质押物，成功融资6 500万元。积极宣传和加强软件知识产权保护力度，提高版权保护意识，累计登记软件著作权2 927件。

三、山东省软件产业"十二五"展望

（一）发展目标

到2015年，山东省软件和信息服务业实现收入将达到4 500亿元，其中软件业实现业务收入2 500亿元，年均增幅25%以上，占电子信息产业比例超过16%，软件出口额超过15亿美元，总体水平排名国内前列，成为山东省重要的战略性新兴产业。

济南、青岛成为国内一流的软件名城，形成5个具有较高影响力和较大产业规模的知名园区。培育2个软件收入超100亿元、10个以上软件收入超过10亿元的大型企业集团和50个创新能力强、经济效益好的知名软件企业，100个拥有自主知识产权、市场占有率高、品牌效应大的知名软件产品。

以实施"核高基"国家科技重大专项为契机，创新能力显著提升，在核心技术和关键产品方面取得突破，与国产支撑软件、国际主流支撑软件相匹配，实现一定的产业价值和规模，与自主知识产权相结合的技术和服务标准、规范得到普遍推广。软件和信息服务水平不断提高，与两化融合、传统产业升级、产业结构调整的结合进一步紧密，对国民经济和社会发展的支撑能力不断增强。

（二）重点工程

（1）中国软件名城建设工程。加大资金投入，体现项目倾斜，做好国内唯一一家“中日 IT 桥梁工程师交流示范基地”的服务保障工作，建成“国际通信出口专用通道”，建设并运营好“软件和信息服务云计算平台”，营造最优的软件产业发展环境，整合最强的软件产业发展资源，形成最好的软件人才引进机制、创业机制、企业发展机制，集聚最多的软件创新创业人才，把做大做强济南软件业与推动产业结构优化、区域经济发展、提高城市核心竞争力有机结合，使软件真正成为城市经济发展的引擎和支撑。

（2）云计算创新示范工程。以国家发展和改革委员会、工业和信息化部开展云计算服务创新发展试点示范工作为契机，实施云计算创新示范工程，发展自主可控、先进可靠的云计算产业。在技术创新、标准制定、基础设施建设和升级改造、应用试点等方面加快推进，支持建设和运营各类公有云、行业云和区域云，为工业领域和行业应用、软件开发测试、中小企业信息化、电子政务等提供云服务，形成一定的产业规模，争取早日进入国家布局。

（3）软件企业上市培育工程。积极培育软件企业上市后备资源，通过引入证券、会计、法律、资产评估、投资和咨询等中介机构，组织开展经验交流、培训辅导、资本对接等系列活动，帮助列入培育计划的软件企业开展上市工作。力争到 2015 年，培育 20 家软件和信息服务业企业进入上市准备阶段，新增 5 家在境内外证券市场成功上市的软件和信息服务业企业。

（4）技术中心创新提升工程。继续建立健全以企业为主体的技术创新体系，以省级软件工程技术中心为载体，鼓励产学研用结合，把产业优势与学科链、创新链、人才链紧密结合起来，形成以项目为纽带的长效合作机制。针对科技含量高、带动性强的项目领域做高层次深入的工程化、产业化研究，在关键、共性、专业技术领域开发推广具有自主知识产权的技术和产品。

（5）国产工业软件应用试点工程。鼓励并重点支持工业软件的开发方与应用方组建资源共享、优势互补的产业联盟，在设计研发数字化、制造装备智能化、生产过程自动化、经营管理网络化、工业软件开发与行业应用标准等方面开展关键技术研发和产业化，建设集产品设计、流程管理、生产制造和营销于一体的工业软件体验中心、解决方案验证中心和技术支持平台。

（6）开源软件大学校园行工程。以高等院校为重点，开展开源软件的研究、培训和普及工作，吸引科研院所、软件企业、应用单位、开源社区、中介机构共同参与，通过组织学术论坛、开放实验室建立开源体验中心、建立提供公共服务的资源库和服务平台、举办开源软件大赛、开展应用试点等活动，进一步推广、普及和应用开源软件，挖掘和培养优秀软件人才。

（三）保障措施

（1）进一步制定并完善政策法规体系，营造更加适合产业发展的政策环境。认真贯彻执行《国务院关于印发进一步鼓励软件产业和集成电路产业发展若干政策的通知》等相关政策法规，落实好《山东省信息化促进条例》。加强地方立法，加快出台《山东省软件产业促进条例》，研究出台 IT 服务地方标准，推进软件正版化工作等。

（2）进一步加大财政资金扶持力度，建立多元化、多层次的投融资体系。鼓励参与国家科技重大专项，并按国家有关规定给予资金配套。“十二五”期间，用好省信息产业发展专项资金，并根据发展需要和财力情况，逐步增加专项资金规模，建立和完善适应软件和信息服务业发展的投融资体系和退出机制等。

（3）进一步优化产业结构和提升产业层次，形成结构合理、布局科学的产业集群。加大资金、政策扶持力度，对能够形成专业化配套协调的产学研用集群、形成上下游产业链的项目和产品进行优先扶持，对软件、信息服务业园区、基地优先给予支持等。

（4）进一步增强自主创新能力，形成以企业为主体、产学研联合的技术创新体系。建立并壮大一批软件工程技术中心、软件领域工程技术研究中心，引导重点企事业单位围绕基础软件、工具软件和嵌入式软件开展标准研究，积极参与行业标准、国家标准和国际标准的制定和推广工作。

（5）进一步加强人才培养和引进，建立多层次、分类别的人才梯队。积极推进分层次的人才教育和培训，满足产业发展的需要。支持国家示范性软件学院、国家示范性软件职业技术学院等高校加快发展。进一步扩大“中日 IT 桥梁工程师交流示范基地”规模，在全球范围内重点引进国内外软件高级管理人才、系统分析和设计人才。

（6）进一步加强行业管理，规范市场经济秩序，为产业发展提供良好服务和有力保障。包括加快开展统计指标体系研究，建立产业发展现状和政策执行情况的定期评估机制。积极参与部、省、市合作共建工作，探索建立省、市、区（县）合作机制，推动产业区域间协调发展等。

第十五章 河南省

一、河南省软件产业十年发展回顾

国发 18 号文执行的十年是我国软件产业发展的黄金十年，也是河南省软件产业快速成长的十年。十年间，河南省的软件产业规模从 2000 年的 2 亿元发展到 2010 年的 200 亿元，年平均增长速度在 50%以上。软件产业已经成为河南国民经济各行业中发展最快的行业之一。

据工商部门统计，全省注册登记业务范围涉及软件开发、生产、销售和信息服务的企业约有 1 500 家。截至 2010 年 9 月底，通过认定的软件企业 380 家；获得计算机系统集成资质的企业 116 家，其中一级资质 3 家，二级资质 11 家；通过 CMM/CMMI 认证的企业 14 家。全行业从业人员 3 万多人。

（一）特色产业发展情况

河南省软件业起步于行业应用，在发展过程中，逐渐在信息安全、电力信息、轨道交通、地理信息、金融税务、医疗卫生、工业控制、物联网等领域形成比较优势，培育了一批高成长企业，开发出一批具有自主知识产权、国内领先水平的软件产品。

1．信息安全

河南省在信息安全方面拥有较强的技术资源和人才资源，国内从事信息安全研究和人才培养的知名学府——解放军信息工程大学就坐落在河南省郑州市，该大学很多成果在当地得到转化，带动一批企业的发展。目前，河南省从事信息安全的软件企业有 20 余家，2009 年产业规模超过 10 亿元，培育了一批骨干企业，如郑州威科姆科技股份有限公司、中安科技集团有限公司、郑州信大捷安信息技术有限公司、河南山谷创新网络科技有限公司、郑州金惠计算机系统工程有限公司、河南省数字证书有限责任公司等。相继推出了“Ipv6 核心路由器”、“高等级安全操作系统”、“移动安全认证交换系统”、“CA 认证系统”、“入侵检测系统”、“绿色上网过滤软件”、“网络防火墙”、“安全计算机”等一系列在国内处于领先水平的产品。

2003 年 1 月 23 日，原信息产业部批复同意建设“郑州国家级信息安全产品研发生产基地”，对河南省信息安全产业的发展产生巨大的推动作用。

2．电力信息

河南省是一个电力大省，为电力系统服务的企业也比较多，通过认定的从事电力信息业务的软件企业有 30 家，2009 年产业规模 15 亿元。主要企业有许昌许继软件技术有限公司、河南新天科技有限公司、河南中分仪器有限公司、河南思达软件工程有限公司、郑州大方软件股份有限公司、河南省智仪系统工程有限公司、洛阳斯尔瑞软件科技有限公司等。“电力系统数字化软件平台”、“线损精益化管理与降损决策支持系统”、“组态化的嵌入式智能仪器仪表集成开发系统”、“基于可视化诊断技术的设备点检定修管理系统”等产品都达到国内领先水平。

3．轨道交通

河南省从事轨道交通方面业务的软件企业有 20 多家，主要有河南辉煌科技股份有限公司、河南思维自动化设备有限公司、河南蓝信科技有限公司、郑州三方软件技术有限公司等。辉煌公司的“铁路运输调度指挥管理信息系统”、“WJC 型无线车次号校核系统”及思维公司的“LKJ 系列列车运行监控记录装置”、“机务运用安全管理信息系统”等产品都是我国铁路运输安全的重要关键技术与装备，在国内市场占有较高的份额，为我国几次铁路提速做出了积极贡献。

2007 年 5 月，河南辉煌科技股份有限公司等企业及相关的高校、科研单位、中介机构发起成立了“河南省轨道交通电子产业技术战略联盟”，以整合及协调产业资源，加快轨道交通软件技术研究和产品开发，建立一个完整的轨道交通软件产业链，加速推进我国轨道交通行业的信息化。

2009 年 9 月，河南辉煌科技股份有限公司在深交所成功上市，成为河南省第一家在国内上市的软件企业。

2010 年 10 月，河南省重大科技专项论证会在郑州召开，会议通过了把“轨道交通关键技术及装备研发”列为河南省“十二五重大科技专项”的提议。

4．地理信息

以解放军信息工程大学测绘学院为主要技术依托，河南省地理信息产业近年来发展迅速，取得了一系列科研成果。例如，郑州威科姆软件有限公司的“应急地理信息系统”和“北斗网络服务器系统”、郑州时代之星信息技术有限公司的“时代之星数字地图智能化编辑和印前工作站软件”、河南恒通信息技术有限公司应用于省级输配电网的“HIT-PGS2000 应用软件”等产品都在国内有较大的影响，其中“时代之星数字地图智能化编辑和印前工作站软件”获得 2005 年国家技术发明二等奖。2003 年，解放军信息工程大学和南阳金冠集团联合组建了河南省 3S 工程研究中心，致力于 GIS、GPS 和 RS 领域研究开发和成果产业化工作。

5．医疗卫生

河南省从事医疗卫生方面软件开发的企业比较多，有 30 余家，主要有河南华南医电科技有限公司、郑州新益华医学科技有限公司、郑州华东计算机系统工程有限公司、河南省好友软件开发有限公司等，“多道生理参数分析记录系统”、“数字式多道心电图”、“专家远程会诊系统”、“新型农村合作医疗（简称新农合）信息管理系统”等产品在国内多个省份得到推广，并得到国家科技型中小企业创新基金和电子发展基金的支持。2009 年 9 月，深圳天图风险投资公司与郑州新益华医学科技有限公司签署投资协议，为其注资 4 200 万元。

6．工业控制

近年来，河南工业企业和科研院所围绕推进两化融合，大力推进嵌入式软件和工业过程管理软件的研制开发，并形成了一批骨干企业和优势产品，其中以大型企业所属的专业化软件研发机构为突出代表，如中信重工所属洛阳中重自动化工程有限责任公司、中平能化集团所属平顶山信息技术开发公司、中铝长城铝业所所属河南长城信息技术有限公司等；2009 年，工业控制软件开发企业主营业务收入总额达 4.5 亿元，成为河南省软件产品的第三大板块；2010 年 10 月河南长城信息技术有限公司开发的铝冶炼制造执行系统 MES 被工业和信息化部评为 5 个装备制造业计算机信息系统集成典型解决方案之一。

7．物联网

2010 年，河南软件行业围绕物联网的技术研发和推广应用不断有大动作出台：3 月，河南省物联网工程研究中心成立，中心设立多个技术研发平台，主要针对河南物联网产业发展需求，加强省内外创新合作，开展相关产品的系统化、工程化研发，解决产业共性关键技术，提高自主创新能力，加速科技成果转化；5 月，河南省物联网产业联盟成立，联盟由 21 家常务理事单位和 53 家理事单位组成，通过联合省内外高校、科研院所和行业骨干企业，集聚物联网产业优势技术和人才资源，构建产学研用结合的物联网产业推进体系。

目前，河南的物联网技术研究重点围绕传感器及信息采集前段和技术推广应用来展开，并在多个技术和应用领域实现突破。其中，中国电子科技集团公司第 27 研究所在省内外有多个示范项目工程已有显著进展。

（二）园区建设与公共服务情况

截至 2010 年 10 月底，河南省内共有 4 个国家认定的软件园区，分别为一个国家级火炬计划软件产业基地（中部软件园）、两个省级火炬计划软件产业基地（河南省软件园和洛阳软件园）、一个国家级软件孵化器（国家 863 中部软件孵化器），以及正在扩建中的郑州软件园（河南科技市场）。软件园为河南软件产业发展提供了一个强大的创业孵化基地和发展平台，成为河南省重要的软件产品研发基地、软件企业孵化基地、软件产品出口基地、软件人才培训基地和国家软件技术合作基地。此外，还有建设和待认定的软件及动漫、创意产业等相关类园区近 10 个。

河南省各软件园成立以来，软件园建设已从初期注重完成土地开发、利用、相关基础设施建设等硬环境建设为主向注重核心能力建设、注重公共支持体系建设转变，是软件产业中最大的增长点。各软件园纷纷建立软件人才培训体系，多模式、多渠道培养软件人才，同时在公共服务平台建设方面也采取了行之有效的措施，其中河南 863 软件孵化器公共技术服务平台是其中最为成功的范例，该平台在为国家 863 中部软件孵化器的会员企业提供“一站式专业技术服务”的目标下，按照以“满足客户需求”为原则，以 J2EE 为框架，综合运用先进的软件分析、设计、开发与质量保证的思想和技术，承担信息发布与管理、用户与资源管理等任务，用户可通过综合服务与管理平台访问或使用公共技术服务体系中的所有资源。

截至 2009 年年底，各园区入驻企业总数超过 1 000 家（有些相关企业也入驻），其中通过认定的软件企业数量达 340 余家，创造软件收入数额达 160 亿元，占全省软件行业收入的 90%强。

（三）人才培养情况

河南省内高校对软件人才培养均给予了很大的关注。目前，全省所有 46 所本科院校均设立了软件学院或计算机技术学院，绝大多数专科院校（职业技术学院）开设了计算机软件或相关专业。每年本专科软件及相关专业毕业生人数达 10 000 人以上。

河南省内仅有郑州大学等 6 所高校开设硕士及以上高级软件人才培养，每年约有 300 名软件专业硕士及以上研究生毕业，但由于其中多数人选择到发达地区工作，省内高层次软件人才尚不能满足行业发展需求。

目前，河南省的软件人才在职教育主要是依托社会力量，各高校及其他组织尚未开展此项工作。河南省已将软件和计算机应用知识类考试完全纳入工程技术人员技术职称评定范畴，但仍采取“两条腿走路”的方式，即事业单位、院校及非企业类社会组织仍采取以往评定方式，所有企业均采用考试方式。

二、河南省软件产业发展主要举措

（一）规划体系建设方面

2000 年国发 18 号文发布时恰逢“十五”规划制定和启动之时，由于当时河南软件行业还处于相对弱小的阶段，因此只是将其作为信息技术和高新技术的一个组成部分纳入河南省“十五”规划体系，未制定专门的发展规划。

2005 年“十一五”规划制定时，河南软件行业已经历经了 5 年每年 50%以上的高速增长，产业规模扩大了数 10 倍，已经成为全省信息产业的重要组成部门，制定专门的行业发展规划条件已经成熟，原河南省信息产业厅于是启动了《河南省软件服务业“十一五”发展规划》的编制工作，于 2005 年年底编制完成并对外发布，这是河南省制定的第一个软件行业专题发展规划。2006 年 7 月，河南省政府以豫政［2006］39 号文印发了《河南省“十一五”高新技术产业发展规划》等 7 个规划，其中，对全省软件业的发展进行了专题论述。

2009 年 8 月，河南省政府印发《关于编制现代产业体系规划的通知》（豫政［2009］64 号），决定为积极应对国际金融危机冲击，解决当前经济运行中存在的突出矛盾，加快推进产业结构升级转型，增强经济发展后劲，经省政府研究，全面开展河南省现代产业体系规划编制工作。按照该通知要求，省工业和信息化厅承担了现代服务业规划中的信息服务业发展规划编制工作。据此，省工业和信息化厅组织专门班子，在省电子学会等单位的支持下，完成了《河南省信息服务业发展规划（2010—2020 年）》编制工作，即将提交省政府常务会议讨论后发布。

（二）“双软认定”实施和重点企业培育方面

1.“双软认定”实施工作情况

2000 年原省信息产业厅组建完成后，即按照国发 18 号文和《软件企业认定标准及管理办法》、《软件产品管理办法》的有关规定，于 2000 年 12 月 15 日组建了河南省软件行业协会，其主要工作是：协助政府主管部门做好本地区的软件企业认定和产品登记工作；宣传、贯彻、落实政府的软件产业政策；加强全省软件行业企、事业单位和个人之间的合作、联系和交流；推进软件开发工程化，软件产品商品化、集成化、软件经营企业化和软件企业集团化；协助软件企业开拓国内外软件市场，发展河南省软件产业。积极开展国内外软件业的交流与协作活动。

随后，原省信息产业厅与省国税、省地税、科技等部门举行联席会议，制定了关于“双软认定”工作的一系列规范性文件，建立了跨部门“双软认定”协调工作机制。截至目前，这一机制运行良好，有效保证了国发 18 号文在河南全省的全面贯彻执行。

截至 2010 年 9 月底，河南省“双软认定”企业累计达到 380 家，软件产品累计达到 1 239 件。累计增值税退税 4.4 亿元，所得税减免 5.08 亿元。

2. 规划布局内重点软件企业培育工作情况

河南省未单独建立省内规划布局内重点软件企业认定制度，而是将此项工作与省政府组织的省重点服务企业（省重点企业）结合进行。此项工作自 2004 年开始执行。申请国家规划布局内重点企业的由河南省发改委和河南省信息产业厅联合推荐，2004 年，许继软件公司、郑州思维自动化有限公司入选，并蝉联多年。

为推动河南省的规划布局内重点软件企业培育工作，河南省主要采取了以下措施：一是积极推动大型企业软件部门的剥离工作。这些剥离企业都有着雄厚的人才、技术、经济实力，而且“背靠大树好乘凉”，发展基础要好于一般软件企业，这是河南省培育重点企业关注的重点。二是积极协调各方面给予其政策方面的支持。对列入培育对象的企业，河南省在企业优惠政策享受、财政支持资金争取等各个方面都给予最大限度的关照，营造有利于其发展的外部环境。三是积极发挥其带动作用。通过各种方式，协助培育对象企业与其他软件企业沟通联系，鼓励培育对象企业通过外包、分包等方式提高软件产品开发效率，在带动其他软件企业发展的同时，为以后的兼并重组打基础。

（三）财政资金支持方面

2002—2006 年，省科技厅曾从产业结构调整资金中拿出一部分支持软件产业发展。2009 年，河南省设立信息化专项资金，该项资金由省工业和信息化厅、省财政厅共同管理，用于支持信息化项目与软件项目，软件方面主要支持关键技术研发、产业化和公共服务平台建设。2010 年，支持软件项目 8 个，经费总额达 650 万元。

河南省有郑州、洛阳两个省辖市设立了可用于当地软件产业发展支持的专项资金，专项资金规模总额分别达到 5 000 万元和 1 000 万元。

三、河南省软件产业展望

（一）战略定位

在经济和社会信息化带动下，发挥服务、支撑、助推的功能与作用，提供适用优质的信息产品和技术服务，在信息服务领域做到中部地区居前，部分产品位居国内领先水平。

（二）指导思想

贯彻落实科学发展观，按照省委省政府提出的“由经济大省向经济强省跨越，由文化资源大省向文化强省跨越”的战略部署，积极构建现代信息服务业，把软件业作为发展的重点，增强核心竞争力，为经济和社会信息化提供有力支撑和服务，为实现中原崛起做出贡献。

（三）发展策略

1．市场导向，抓住重点，有效服务

以产业改造升级、“三农”信息服务、社会信息服务为主攻方向，以客户需求为导向，整合资源，抓住重点，为河南经济建设、社会发展提供及时有效的支撑和服务。

2．发挥优势，局部突破，带动提高

合理配置资源，促进资金、技术、人才等生产要素向重点项目、优势企业聚集，在重点领域、重点产品方面取得突破，进而带动全省信息服务业做大规模、提高水平，增强竞争能力。

3．突出软件，内外兼修，协调发展

把行业应用软件、系统管理软件、信息安全软件作为信息服务的核心业务，精心组织、大力发展。在服务保障省内信息化建设项目的同时，积极扩展国内的信息服务业务。出台有效措施，鼓励支持动漫产业加快发展。加大开放合作力度，积极承接产业转移，促进信息服务外包业务，推动河南省信息服务业协调持续快速发展。

4．优化环境，培养人才，创新进取

制定并完善信息服务业技术标准和业务规范，建立公共技术服务平台，落实相关政策，优化投资创业环境。进一步加强产学研合作，大力培养信息服务业的各层次技术人才和管理人才，为产业发展提供智力资源。加快引进前沿技术和领军级人才，增强创新发展能力，不断提高信息服务业的技术水平和管理水平。

（四）主要目标

1．产业增速目标

全省信息服务业年均增长16%以上，其中信息传输服务业（通信、互联网、广播电视）年均增长13%；信息技术服务业（软件开发、系统集成、服务外包）年均增长20%左右；信息数字内容服务业（动漫、网游、电子数字电子出版物等）年均增长32%以上。

2．产业规模目标

全省信息服务业经营收入2012年达到1 020亿元，2015年达到1 366亿元，2020年达到2 795亿元。其中信息传输服务业同期达到700亿元、796亿元和1 315亿元，信息技术服务业同期达到300亿元、520亿元和1 300亿元，数字内容服务业同期达到20亿元、50亿元和180亿元。

3．园区建设目标

到2012年销售收入超200亿元的园区1～2个，超100亿元的园区2～3个；到2015年销售收入超300亿元的园区1～2个，超200亿元的园区2～3个；到2020年销售收入超500亿元的园区1～2个，超300亿元的园区3～5个。到2015年，许昌电力电子系统产业园、郑州信息安全产品研发基地、郑州中部软件园、国家动漫产业发展基地（河南基地），

要率先发展成为中部地区领先、进入全国先进行列的信息服务产业园区（基地）。

4．骨干企业目标

到2012年进入全国软件百强企业2个，系统集成一级资质企业3～5个；到2015年进入全国软件百强企业3～4个，系统集成一级资质企业6～10个；到2020年进入全国软件百强企业5～6个，系统集成一级资质企业15～20个。2015—2020年有3～5个骨干企业成为全国知名的软件开发或系统集成商。

5．自主创新目标

到2012年信息服务行业建成国家级企业技术中心（研发中心）2～3个，省级技术中心25～30个；到2015年建成国家级企业技术中心（研发中心）4～5个，省级技术中心50个；到2020年建成国家级企业技术中心（研发中心）8～10个；省级企业研发中心100个。力争有3～5个软件和系统集成产品成为国内的知名品牌。

6．人才培养目标

建立多层次、适用型的信息技术人才培训体系。到2012年，重点企业高、中、低三级技术和管理人才匹配合理，其中高端技术研发人才，达到在职员工的1%～2%；2015年达到2%～3%；2020年达到4%～5%。

（五）重点关注领域

1．两化融合促进工程

（1）在产品设计和工艺管理方面：为生产（制造）企业普及应用计算机辅助设计（CAD）、辅助制造（CAM）、辅助工程（CAE）、产品数据管理PDM/PLM等，开发基础应用软件；为企业利用计算机开展网络化办公，提供方案咨询和技术服务，帮助企业实现设计数字化、办公信息化。

（2）在企业电子商务方面：开发客户关系管理、供应商关系管理，以及库存、销售、物流、财务管理系统软件，通过互联网快速沟通供需信息，实现企业商务信息化。

（3）在企业经营管理方面：针对有色、冶金、化工、食品、轻工、服装等行业的需求，开发建立企业数据库、信息管理软件包；重点开发生产过程智能控制、企业产销管控一体化系统（CIMS）、物流管理系统、企业资源信息管理系统（ERP）等应用软件。建立安全生产自动监测监控系统和安全生产信息管理系统，优化生产过程，提高生产自动化水平，提高能源、资源的利用效率，实现节能、降耗、减排的目标。

（4）面向电力行业信息服务的重点是：开发发电厂、变电站自动化监控系统，配电管理系统（DMS），电力负荷管理系统，智能电网调度系统等工程软件及系统集成产品。建立配网自动化系统，提高电网调度自动化和管理现代化水平。开发电能计量计费系统、电力信息数据网络系统、网上结算交易运营系统等管理软件，做到网上结算信息化、数字化、自动化，实现电力结算业务闭环自动化管理，为电力交易提供透明开放、友好互动的技术平台。

（5）面向工业装备、通信网络、汽车电子、数字家电、医疗电子、交通电子等行业信息服务的重点是：大力发展符合开放标准的嵌入式软件开发平台、嵌入式操作系统、研发各类应用软件，提高产品机电一体化、数字化、智能化和网络化的程度。

2．“三农”信息服务工程

立足河南省是农业大省，农村人口众多的实际，围绕社会主义新农村建设，重点开发推广“三农”信息服务系统应用软件、农村信息网平台增值业务、农村远程教育软件、新农合医保系统应用软件、完善农村网络平台建设。为“三农”信息发布系统、农产品交易电子商务系统提供技术支撑和技术服务。

3．社会信息服务工程

以电子政务工程为重点，构建省、市、县三级电子政务服务平台。积极开发提供各类基础资源数据库（人口数据库、法人单位数据库、宏观经济数据库、自然资源和空间地理数据库、企业信息数据库、政策法规数据库等）系统应用软件；开发数据交换中心，互联网数据中心（IDC）等系统软件和服务平台；为政府办公自动化、政务联合审批系统、社会保障与就业信息系统、医疗卫生信息化系统、城市应急指挥系统、公路和城市交通智能管理系统等，提供可靠稳定的系统软件和技术服务，支持协助政府提高公共服务能力和管理效率。

4．信息安全保障工程

依托解放军信息工程大学等科研院所的技术优势，加强校企合作，发挥骨干企业的主体作用，以国家信息安全产品研发生产基地为支撑，加大研发投入，加快发展基于计算机和网络应用的安全路由器、安全服务器、安全数据库系统、中高端网络防火墙、防病毒、入侵监测防御软件等专项信息安全产品。着力开发电子商务和网上银行应用的信息安全产品、无线网络条件下的信息安全产品、涉密安全等级操作系统、各类商用安全软件、个人信息安全软件和信息安全保密系统。

鼓励研发生产基于自主密码技术的安全软件与安全产品，重点发展安全防涉密计算机、服务器、高等级安全操作系统、警务系统信息安全产品、生物识别安全保密产品、“云安全”智能主动防御型信息安全应用软件。提高产品质量，扩大生产规模，积极创立名牌，建设自主可控的信息安全产业。

5．服务外包推进工程

立足国内、国际两个市场，发挥河南交通信息便利，商务成本和人力资源成本较低的优势，以郑州、洛阳高新区为重点，以优势骨干企业为龙头，依托“河南省软件与信息服务外包联盟”，加大对外招商合作力度，积极承接国内外客户软件定制、软件编程和软件测试等软件开发外包。培育软件系统租赁、系统托管等软件系统应用外包。加快基于信息技术的业务流程外包（BPO），推动研发设计等知识外包服务（KPO）。鼓励支持以第三方在线服务模式，开展信息处理（如动漫、游戏产品设计制作）、数据托管、系统维护等信息服务外包；研发发包方和接包方的协同管理软件；降低企业信息化运营成本，促进服务外包业务发展。

（六）“十二五”期间加快发展的优势特色产品

1．电力自动化应用软件和管理软件

重点产品计划：电力系统数字化软件平台，线损精益化管理与降损决策支持系统，电能采集负荷管理系统，组态化的嵌入式智能仪器仪表集成开发系统，CJK—8000 变电站计算机监控系统软件，铁道机车供电系统自动化软件。

2．工业生产与管理应用软件

重点产品计划：铝工业企业管控一体化和应急救援指挥系统软件，计算机生产线制造执行系统，基于 SaaS 技术的企业服务平台，粮食工程控制系统，瓦斯抽放监控系统，机电一体化的嵌入式软件和中间件软件，继电保护控制装置、电源装置、仪器仪表和通信设备类嵌入式软件产品。

3．铁路运输信息化应用软件

重点产品计划：铁路运输调度指挥管理信息系统、铁路信号微机监测系统、列车运行监控记录装置、调车监控系统、机车无线车次号校核系统、高速铁路应答器及读取设备、机务运用安全管理信息系统，电子票务系统，积极研发铁路运输安全管理关键软件、轨道交通运行监控系统软件，创建面向铁路、轨道交通行业信息化应用的名牌软件产品。

4．信息安全管理软件

重点产品计划：移动电子政务便捷介入安全平台、电子政务安全共享交换平台、公网移动安全接入系统，基于网络的有害图像/视频检测阻断与监管系统、有害信息过滤取证与监管系统，PCMCIA 密码卡、电子认证多应用融合服务平台、密级标识与定密管理系统，移动代理服务器、安全 MAS 系统、生物识别安全保密装备。

5．基于网络的新型数字产品

重点产品计划：MAS08-V100 移动代理服务器，CDMA 基站北斗时钟、北斗高精度时频应用系统，交互式网络数字电视（IPTV）系统及终端设备，宽带多媒体系统及终端设备，移动式数据采集终端设备，网络智能型视频终端设备，税控机、银税机系列产品。

6．公路运输和城市交通智能管理系统

重点产品计划：公路运输业务综合信息管理系统，非接触式车辆通行规费收取信息管理系统，多路径车型识别和流量信息管理系统，GIS 综合信息系统，收费系统、监控系统、通信系统的升级改造工程，高精度、高稳定性计重系统集成和嵌入式软件。城市交通监控及综合调度智能管理系统，城际交通信息管理平台。

7．数字内容服务方面

重点项目计划：建立动漫公共技术服务平台、软件测试技术平台，支持《小樱桃》系列动画片、《独脚乐园》三维动画片、《漫画月刊》等动漫、数字文化产品加快发展。

第十六章　湖北省

一、湖北省软件产业十年发展回顾

（一）十年内产业规模及增长率情况对比

国发 18 号文发布之后，湖北省也陆续出台了一系列鼓励和促进软件产业发展的政策和措施，全省软件产业得到了持续快速发展。2009 年，全省软件服务业实现业务收入 223.7 亿元、增加值 62 亿元、利税 8.3 亿元、利润 22.7 亿元，分别是 2005 年的 4.7 倍、3.7 倍、5 倍和 7 倍。

（二）十年内产业专利获取领域情况对比

2009 年，湖北省计算机软件著作权的登记数量 1 358 件，是 2000 年的 20 倍；申请专利数量 250 件，是 2000 年的 50 倍，目前大部分专利已转化为产品并在市场上进行销售。

（三）十年内“双软认定”执行情况和重点企业数量对比

截至 2010 年 9 月，全省累计认定软件企业 700 家，登记软件产品 2 337 件，分别是 2001 年的 16 倍和 34 倍。1 000 万～5 000 万元的企业 91 家，5 000 万～1 亿元的企业有 27 家，以上 118 家企业收入合计占全行业总收入的 24.2%。年收入超过 1 亿元的企业有 26 家，收入合计占全行业总收入的 70.6%。由此可见，重点软件企业成长迅速，业务集中增速明显。2000—2009 年，湖北省共有 10 家（次）企业被国家发改委、工业和信息化部、商务部、国家税务总局联合认定为“国家规划布局内重点软件企业”，2 家企业跻身“中国软件业务收入前 100 家企业”。

（四）十年内园区建设、人才培育和配套设施建设等领域的情况

湖北省依托武汉东湖新技术开发区，重点建设了武汉光谷软件园，以“中国服务外包交付中心”为主要目标，推动面向全球市场的软件及信息服务外包业务，并努力发展嵌入式软件研发、应用软件开发、动漫游戏制作和汽车电子产品研发等。光谷软件园面积近 1 000 亩，总建筑面积 100 万平方米。十年来，武汉光谷软件园先后获得“国家火炬计划软件产业基地”、“国家火炬计划信息安全产业基地”、“国家‘863’计划空间地理信息产业基地”、“国家级动漫基地”、“国家级文化产业基地”等殊荣。专门组建武汉金融港发展有限公司，总投资超过 100 亿元，建设规划用地 1 600 亩，规划建筑面积 160 万平方米的光谷金融港，着力培育和打造三大功能，金融后台服务功能、金融容灾备份功能、金融 ITO 和 BPO 承接功能，力争用 5～6 年时间，成为武汉区域金融中心的重要战略支撑点；我国中西部金融信息服务产业示范基地；国际知名的现代金融服务产业园区。地球空间信息产业基地核心园区——武大科技园已新完成第一期、第二期 5 万平方米 3S 产业标准厂房建设并逐步投入使用；第三期、第四期 12 万平方米基地研发、办公和配套用房正在建设；第五期 6 万平方米

基地配套设施（办公、商务、单身公寓）正在规划设计。此外，还在东湖开发区内规划建设了中国创意产业基地、多语信息产业基地、留学生创业园、国际企业中心、SBI 创业街等软件产业集聚园区。目前，东湖开发区已经集中了全省 80%以上的软件企业。此外，武汉市其他区域也分别建立了江北软件和信息产业园、国际服务外包产业园等专业园区。2006年，武汉市被工业和信息化部、商务部、科技部联合认定为“中国服务外包基地城市”，东湖开发区成为“中国服务外包示范区”。2006 年，省、武汉市、东湖开发区相关部门共同投资，在光谷软件园内建设了面向全省的软件开发和测试公共服务平台、软件及信息服务外包公共支撑平台。2008 年 12 月 29 日，在工业和信息化部的大力支持下，武汉东湖新技术开发区正式开通了 8 条 155M 软件和信息服务外包国际通信专用通道。还规划“十二五”期间在东湖新技术开发区建设占地面积 9 平方千米的九峰软件城，力争在“十二五”期间将九峰软件城打造成我国重要的软件服务外包基地和软件研发基地，从业人数达到 20 万人，软件产业总产值突破 700 亿元。

拥有武汉大学、华中科技大学等 58 所普通高等院校，全部设立了计算机与软件相关专业，以及武汉大学国际软件学院、华中科技大学国际软件学院、武汉软件职业学院 3 所示范性软件学院，每年计算机与软件相关专业毕业生 5 万人。经中国国际人才交流基金会批准，在武汉设立了国际软件人才培训基地。针对软件类专门人才的职业培训也迅速发展，涌现出思远、弘博、硅谷软件教育等 100 多家社会培训机构，通过开展软件人才实训，为各类企业培养和输送大量的优质软件人才。目前，全行业从业人员近 5 万人。

（五）其他重要产业指标对比

经过近十年的发展，湖北省软件企业数量从 2000 年的不足百家发展到 2009 年年底的 700 多家；从业人员从 2000 年的不足万人发展到 2009 年年底的 5 万多人；软件出口从 2000 年的不足 100 万美元发展到 2009 年年底的 8 000 多万美元；行业税收从 2000 年的不足千万元发展到 2009 年年底的 10 多亿元。

二、武汉市国发 18 号文执行十年情况评估

（一）国发 18 号文执行情况评估

1. 国发 18 号文配套政策出台情况

国发 18 号文出台后，湖北省、武汉市非常重视软件产业的发展，十年来相继出台了一系列鼓励和支持软件产业发展的政策和措施，为软件产业发展创造了良好的政策环境。

2001 年 9 月 24 日，湖北省人民政府印发《关于〈鼓励软件产业和集成电路产业发展若干政策〉实施意见的通知》（鄂政发［2001］58 号）；2004 年 1 月 6 日，湖北省人民政府印发《关于加快软件产业发展的若干意见》（鄂政发［2004］1 号）；2004 年 12 月 31 日，省人民政府办公厅转发《省信息产业厅、省发改委、省科技厅、省财政厅、省人事厅、省商务厅、省国税局、省地税局、省统计局〈关于加快软件产业发展有关鼓励政策的实施意见〉》。武汉市人民政府也于 2004 年 11 月 26 日印发《关于进一步鼓励软件产业和集成电路产业发展的意见》（武政［2004］71 号）；2006 年年底，武汉市作为当时第二批进入国家软

件出口外包基地授牌城市，立即就软件外包业务出台的一份文件，市外经、信息产业、科技局从相关专项资金中共同安排 1 亿元左右资金，用于补贴和奖励软件外包出口，并对软件外包企业认定和税收、人才、资质认证等方面提出了指导性要求；2007 年 4 月 6 日，武汉市人民政府办公厅印发《关于积极促进服务外包产业发展的意见》（武政办［2007］38 号）；2007 年 4 月 29 日，武汉东湖新技术开发区管委会印发《东湖高新区促进服务外包产业发展的暂行规定》及《实施细则》的通知；2009 年 1 月 16 日武汉市又出台了《武汉市促进服务外包产业发展暂行规定》（武服外包领［2009］1 号）。

此外，湖北省还先后制定了《关于推动全省动漫产业发展的意见》、《关于发展低碳经济的若干意见》、武汉市发布了《关于加快集成电路、软件及服务外包、地球空间地理、动漫等 15 个新兴产业发展指导意见》等多项产业及相关支持政策。

特别是在 2009 年 7 月 31 日，湖北省第十一届人民代表大会常务委员会第十一次会议通过《湖北省信息化条例》。首次以法律的形式明确县以上政府及相关部门在促进湖北省软件和信息服务业中的地位、作用和责任，为湖北省推动软件产业发展提供了法律基础。

2．国发 18 号文税收优惠政策执行情况

为落实国发 18 号文中税收优惠政策，湖北省、武汉市在地方性文件中重申了新认定软件企业享受企业所得税“两免三减半”、软件企业开发生产软件产品增值税和所得税减免征收等政策，并进一步明确规定了嵌入式软件收入计算方法、税务部门退税工作时限等。省、市各级信息产业主管部门还联合税务部门，共同开展政策宣传、落实工作。十年来，湖北省税务部门累计退返企业增值税 1.2 亿元，减免企业所得税 1.6 亿元。

总体来说，湖北省在执行国发 18 号文税收优惠政策情况良好，但仍存在一些困难和问题，如在执行增值税即征即退过程中，实际执行的是先征 17%后退 14%，这样一方面基层税务工作人员担心影响自己的考核任务，办理退税不积极，另一方面由于办理退税有周期造成企业资金占用和附加税增加，建议对软件产业直接实行 3%的税率；在嵌入式软件退税过程中，存在软件收入划分不清、合同和发票难以直接反映等困难，建议有关部门出台简单可操作的核算办法；在软件出口退税过程中，软件出口难以按照税务部门的工作要求在海关办理通关手续，建议有关部门根据软件产业出口的实际情况出台更加具体的办法；在所得税减免过程中，税务部门在审核软件企业资质和条件时，经常对企业提供的软件服务收入提出置疑，不承认其为软件收入进而不承认其软件企业资格影响所得税减免办理，建议在新的文件中对软件收入的计算予以明确，同时对享受政策的时间进行延长，如五免五减半，以区别于其他产业，突出其优先发展的地位。

3．“双软认定”、规划布局内重点软件企业认定执行情况

根据原信息产业部有关软件企业认定的相关规定，原湖北省信息产业厅在 2002 年出台了《湖北省软件企业认定管理办法》。湖北地区的“双软认定”的初审工作由工业和信息化部授权湖北省软件行业协会承担，省经济和信息化委员会终审并颁发证书。为了加快“双软认定”工作步伐，让更多的企业享受政策优惠，省软件行业协会通过墙上、网站发布、印发资料、媒体宣传等形式广泛宣传国家对发展软件产业的鼓励政策和支持措施，“双软认定”的条件要求和工作程序，收集整理发布通过“双软认定”企业获得税收优惠、顺利承接项目的案例，不断提高企业发展软件产业和申报“双软认定”的积极性，经常深入到企业集中的地市、园区，开展软件产业政策宣传暨“双软认定”工作咨询，并且在人手有限的情况下在全国较早地实行随时受理、按月评审，每月15日截止收取当月材料，并在每月受理截止期后15个工作日内办理完毕。在服务企业的同时，进一步完善认定办法，规范认定流程。针对定制软件、外包软件，以及软件产品5年到期续延等软件产品的特殊情况和问题，省软件协会组织专家开展了一系列调研活动，配合政府有关部门制定了关于软件外包企业如何办理“企业认定”和软件产品续延的管理办法。

截至2010年9月，全省累计认定软件企业700家，登记软件产品2 337件；2000—2009年湖北省共有10家（次）企业被国家发改委、工业和信息化部、商务部、国家税务总局联合认定为“国家规划布局内重点软件企业”。

4. 财政资金支持情况

为支持软件产业发展，从2000年起，湖北省发改、科技、商务等部门从各自专项中安排一定比例的资金，优先支持软件产业发展。省财政从2004年开始设立电子信息产业专项资金，其中部分用于支持软件产业发展；2006年，又专门设立了软件产业专项资金，重点支持产业发展总体规划及各类专项规划中对软件产业发展有关键带动作用的重点项目；具有自主知识产权的软件产品研发及产业化项目；具有自主知识产权的软件产品出口和软件外包项目；CMM（能力成熟度模型）二级以上认证；软件公共服务体系项目等。软件业主营收入由2006年的68亿元，迅速扩大到2009年的223.7亿元，软件业平均收入增幅达到32%。软件专项资金4年资金总量共计4 400万元，支持项目125个，其中产业化项目89个，使用资金3 690万元，落实出口奖励和认证补贴政策项目36个，使用资金490万元。同时，这些资金带动软件企业自筹社会资金投入和争取银行贷款8亿元左右，各地为发展产业也作了相应的配套支持。通过软件产业专项政策资金的引导，湖北省软件服务业的区域结构也有所改善，中西部地区的软件产业从无到有，结合本地区经济发展和信息化建设的大趋势，发展势头较好；完善了湖北省软件产业公共服务平台建设，完成相关产业发展环境改造，软件出口继续快速增长，外包服务规模进一步扩大，从事外包业务企业达到150余家，其中千人以上企业5家，300人以上企业12家，100人以上28家，华为武汉研发中心、EDS离岸外包研发中心、群硕软件、法国电信联想利泰（联合）研发中心、武汉传神联合信息多语言翻译基地、IBM武汉软件项目中心等知名企业相继落户武汉；扶持了华中数控、江通动画和立得空间等一批中小企业成长壮大，其中立得空间的年销售收入由2005年的1 664万元增长为2009年1.55亿元，规模增长近10倍，人员由100人增加到300多人，注册资本由860万元增加到5 285万元。

软件产业集中的武汉市，从2004年起每年安排1 000万元，用于支持软件、集成电路、计算机、通信、网络、数字视听、新型元器件等电子信息产业核心领域技术与产品研究开发和产业化的专项资金，以及国家、省支持项目的配套资金。2007年又专门设立了软件产业发展专项资金，每年安排1 000万元，支持具有技术创新能力的软件企业、培育具有自主知识产权的软件产品和软件知名品牌、推动软件产品出口与外包、完善软件公共服务平台、加快软件产业基地建设等方面；2008年又将软件产业发展专项资金增加到每年1 500万元，2009年又增加到每年2 000万元。2004年至2006年，武汉市电子发展资金支持软件产业项目资金分别为 660 万元、700 万元和 800 万元。2007—2009 年，武汉市电子发展资金和软件产业发展专项资金共同支持软件产业项目资金分别为 1 195 万元、1 545 万元和 1 220 万元。一些产业和经济基础较好的地市，如荆州市，也专门设立了电子发展基金配套资金，重点支持软件产业发展。

5. 投融资政策执行情况

十年来，湖北省、武汉市组织形式多样的座谈、论坛活动，促进银企合作，推动产业发展；开展融资培训和上市辅导，推荐优秀软件企业和项目，推介风险投资公司，推进企业上市。湖北省设立了高科技投资公司，参与软件园区建设和软件产业发展；武汉市成立了专门的科技投资担保公司，该公司从最初的 1 亿元资本金发展到目前的 10 多亿元资本金，60 多家软件企业通过该公司担保获得了投资或银行贷款，总金额达到了 1 亿多元；东湖新技术开发区建立了中小企业融资服务平台，及时协调解决中小企业融资中的难点问题，近 3 年通过该平台已有 36 家软件企业获得了 2.6 亿元银行贷款和 5 000 万美元风险投资。2009 年 10 月，湖北省软件企业中元华电在创业板成功上市，目前等待证监会批准上市的还有华中数控、天喻信息、江通动画等软件企业。

6. 知识产权保护政策执行情况

为了助推软件产业发展，省、市版权局积极推广软件正版化，打击软件盗版行为。武汉市知识产权局、市版权局分别在光谷软件园设立办事窗口，就近为软件企业提供服务。省软件行业协会积极配合省市软件产业、知识产权、版权管理部门开展“知识产权保护月”活动，宣传知识产权保护的重要性、计算机软件著作权登记的必要性，并多次邀请中国版权保护中心专家、知识产权专业律师为软件企业开展讲座培训；定期免费为企业提供知识产权保护法律咨询，代办计算机软件著作权，帮助企业建立知识产权保护体系。省软件企业知识产权保护意识大大加强，每年的计算机软件著作权登记和专利申请数量都在大幅度增长。2009 年，湖北省计算机软件著作权的登记数量 1 358 件，是 2000 年的 20 倍；申请专利数量 250 件，是 2000 年的 50 倍。

7. 出口、人才等政策执行情况

针对软件出口，人才吸引与培养、采购等，湖北省、武汉市政府及相关部门都出台了相关的扶持政策。

1）软件出口政策

湖北省人民政府鄂政办发［2004］173 号文中明确规定：鼓励和支持软件产品出口。对年出口额达到 50 万美元以上的软件企业，省信息产业厅（现湖北省经济和信息化委员会）从软件专项资金中按 0.10 元（人民币）/1 美元予以奖励。鼓励开展外包业务的软件企业进行 CMM（能力成熟度模型）认证，对通过 CMM 二级以上的软件企业，省市两级从软件专项资金中分别补贴 10 万元予以奖励。

2006 年年底，武汉市作为当时第二批进入国家软件出口外包基地授牌城市，立即就软件外包业务出台的一份文件，市外经、信息产业、科技局从相关专项资金中共同安排 1 亿元左右资金，用于补贴和奖励软件外包出口，并对软件外包企业认定和税收、人才、资质

认证等方面提出了指导性要求。

2007 年 4 月 6 日武汉市人民政府办公厅发布《关于积极促进服务外包产业发展的意见》（武政办［2007］38 号）。

2009 年 1 月 16 日《武汉市促进服务外包产业发展暂行规定》（武服外包领［2009］1 号）。当年离岸业务收入高于 100 万美元，增幅超过 30%且排名全市前 20 位的，按其离岸业务收入的 1%给予奖励，最高不超过 100 万元。服务外包企业所得税负仍高于 15%的，高出部分给予全额补偿。支持公共服务体系建设。给予贴息，最高不超过 100 万元。对获得国外订单的服务外包企业，对其所发生贷款给予贴息支持。对租赁办公用房、参加省市组织的相关展会展位费、公共布展费、外包企业国际通信专线费用、对在境外设立分支机构等事项，按实际发生的 50%给予补助。对向国外软件及服务外包公司派遣员工，予以补贴。

2）人才吸引与培养

湖北省人民政府鄂政办发［2004］173 号文中明确规定：加大软件人才的政策扶持力度，大力培养、引进和稳定软件人才队伍。在省管专家中适当扩大软件人才的比例，对引进的高级软件人才开辟“绿色通道”，特事特办；加强软件技术人才的继续教育，鼓励软件企业、大专院校、科研院所采取多种形式开办软件人才培训基地。以武汉东湖新技术开发区为试点，对软件企业高级技术人员和高级管理人员，缴纳个人所得税地方分成部分按一定比例由同级政府建立奖励专项资金，专项奖励有突出贡献的软件企业高级技术人员和高级管理人员。武汉市近年来组织实施了《万名软件人才培养工程》，武汉东湖新技术开发区制定了《关于实施 3551 人才计划的暂行办法》等，促进软件人才的培养和引进。

3）采购政策

湖北省人民政府鄂政办发［2004］173 号文中明确规定：鼓励各行各业采用本省软件产品和服务，实行省内软件产品政府采购扶持措施。省信息产业厅（现省经济和信息化委员会）会同政府采购主管部门制定“政府采购软件产品推荐目录”，凡使用财政性资金的信息化项目，在同等条件下优先采购本省软件产品，并加强监督，规范政府软件采购招标管理。积极推进湖北省信息化进程，实施省信息技术推广应用示范工程，对使用本省软件产品和服务的单位，由省信息产业厅（现省经济和信息化委员会）从软件产业发展专项资金中给予一定补贴或贷款贴息。

（二）国发 18 号文执行效果评估

1．经济效益评估

国发 18 号文发布之后，湖北省也陆续出台了一系列鼓励和促进软件产业发展的政策和措施，全省软件产业得到了持续快速发展。从 2001 年开始，全省软件业务收入逐年递增。2001 年软件业务收入为 6 406 万元，至 2009 年，全省软件服务业实现业务收入 223.7 亿元、增加值 62 亿元、利税 8.3 亿元、利润 22.7 亿元。

2．社会效益评估

（1）营造良好环境。在国发 18 号文的影响下，全社会都极其关注软件产业的发展并努力为软件产业发展创造良好的产业发展环境，形成了全省上下共同关注和支持软件产业发展的良好氛围，极大地推动了软件产业快速发展，

（2）带动高端就业。十年来，全行业从业人员从1万人发展到5万人，而且从业人员中大专以上学历占到90%以上。

（3）促进结构调整。通过发展软件产业，促进了传统产业升级和经济结构调整，传统产业的技术和管理水平大大提高，第一、第二、第三产业的比例更加合理。

（三）国发18号文执行情况评估数据调查表

表24、表25、表26、表27、表28、表29分别反映了湖北省软件产业发展情况、湖北省国发18号文配套政策出台情况、湖北省国发18号文税收优惠执行情况、湖北省“双软认定”执行情况及规划布局内重点企业数量、湖北省财政资金使用情况、湖北省国发18号文投融资政策执行情况。

表24　湖北省软件产业发展情况

年　份	2002	2003	2004	2005	2006	2007	2008	2009
产业规模（万元）	77 171	139 303	424 328	630 474	678 360	1 284 632	1 792 000	2 237 860
同比增速（%）	—	80.51	204.61	48.6	2.3	34.4	63.6	24.9
软件出口（万美元）	0	0	103	1 292	5 221	6 025	6 786	8 235
同比增速（%）	—	—	—	1 137.23	295.61	17.87	15.95	23.85
就业人数（人）	1 513	2 387	13 128	16 738	22 112	37 188	36 746	49 452
同比增速（%）	—	61.09	449.84	27.50	32.10	68.18	9.79	21.12

表25　湖北省国发18号文配套政策出台情况

序　号	内　容
1	《湖北省“十一五”软件产业发展规划》
2	《武汉市软件产业“十一五”发展规划》
3	《湖北省信息化条例》
4	湖北省人民政府关于鼓励软件产业和集成电路产业发展若干政策的通知（鄂政发［2001］58号）
5	省人民政府关于加快软件产业发展的若干意见（鄂政发［2004］1号）
6	省人民政府办公厅转发省信息产业厅等部门关于加快软件产业发展有关鼓励政策实施意见的通知（鄂政办发［2004］173号）
7	湖北省财政厅、湖北省信息产业厅关于印发《湖北省软件产业专项资金管理暂行办法》的通知（鄂财建发［2006］51号）
8	市人民政府关于进一步鼓励软件产业和集成电路产业发展的意见（武政发［2004］71号）
9	武汉市财政局、市信息产业局关于印发《武汉市软件产业发展专项资金管理暂行办法》的通知（武财企［2007］172号）
10	《东湖高新区促进服务外包产业发展的暂行规定》（武新管［2007］39号）
11	市人民政府办公厅关于应用信息技术改造提升我市传统产业的指导意见（武政办［2008］176号）
12	《武汉市促进服务外包产业发展暂行规定》（武服外包领［2009］1号）

表 26 湖北省国发 18 号文税收优惠执行情况

年　份	2002	2003	2004	2005	2006	2007	2008	2009
软件产业年税收总额（万元）	2 558	4 492	24 175	30 576	47 338	108 204	106 734	111 232
其中：增值税（万元）	1325	2915	12213	13 338	26 445	51 594	47 272	58 671
所得税（万元）	648	852	5 512	6 621	8 226	27 628	23 017	26 302
营业税（万元）	585	725	6 450	10 617	12 667	28 982	36 445	26 258
年增值税退税额（万元）	—	321	1 121	412	1 522	2 865	2 631	3 092
年所得税退税额（万元）	—	101	1 770	2 195	2 630	3 662	3 183	3 754
年营业税退税额（万元）	—	—	—	—	—	—	—	—

表 27 湖北省“双软认定”执行情况及规划布局内重点企业数量

年　份	2001	2002	2003	2004	2005	2006	2007	2008	2009
软件企业认定数量（家）	45	14	25	79	56	83	77	110	106
软件产品登记数量（件）	69	39	121	193	154	183	172	284	353
规划布局内重点软件企业数量（家）	0	3	7	4	4	3	4	3	3
软件著作权登记数量（件）	101	52	256	243	334	398	458	645	1 173
软件专利申请数量（件）	18	26	65	57	74	157	195	258	380
其中：专利授予数量（件）		6	18	10	22	39	72	27	70

表 28 湖北省财政资金使用情况

年　份	2000	2001	2002	2003	2004	2005	2006	2007	2008	2009
地方用于支持软件产业的财政资金总额（万元）	—	—	—	—	1660	1750	2800	3195	3545	3220
其中：财政资金项目名称 1	—	—	—	—	湖北省电子信息产业发展资金	湖北省电子信息产业发展资金	湖北省电子信息产业发展资金	湖北省电子信息产业发展资金	湖北省电子信息产业发展资金	湖北省电子信息产业发展资金
财政资金项目名称 2	—	—	—	—	—	—	湖北省软件产业发展专项资金	湖北省软件产业发展专项资金	湖北省软件产业发展专项资金	湖北省软件产业发展专项资金
财政资金项目名称 3					武汉市电子信息产业发展资金	武汉市电子信息产业发展资金	武汉市电子信息产业发展资金	武汉市电子信息产业发展资金	武汉市电子信息产业发展资金	武汉市电子信息产业发展资金
财政资金项目名称 4					—	—	—	武汉市软件产业发展专项资金	武汉市软件产业发展专项资金	武汉市软件产业发展专项资金

（续表）

年份	2000	2001	2002	2003	2004	2005	2006	2007	2008	2009
获得国家有关计划支持的财政资金总额（万元）	500	880	250	1650	1800	400	1100	800	1040	760
其中：财政资金项目名称1	电子发展基金	电子发展基金	电子发展基金	电子发展基金	电子发展基金	电子发展基金	电子发展基金	电子发展基金	电子发展基金	电子发展基金

表29　湖北省国发18号文投融资政策执行情况

年份	2002	2003	2004	2005	2006	2007	2008	2009
软件产业投融资平台建设数量（个）			1	1	2	2	2	2
投融资平台帮助企业投融资累计金额（万元）				1800	2600	4800	6600	12000
本地上市软件企业数量（家）	1		1					

三、湖北省软件产业发展主要举措

（一）规划政策体系

2001年9月24日，湖北省人民政府印发《关于〈鼓励软件产业和集成电路产业发展若干政策〉实施意见的通知》（鄂政发［2001］58号）；2004年1月6日，湖北省人民政府印发《关于加快软件产业发展的若干意见》（鄂政发［2004］1号）；2004年12月31日，省人民政府办公厅转发《省信息产业厅、省发改委、省科技厅、省财政厅、省人事厅、省商务厅、省国税局、省地税局、省统计局〈关于加快软件产业发展有关鼓励政策的实施意见〉》；2004年11月26日，武汉市人民政府印发《关于进一步鼓励软件产业和集成电路产业发展的意见》（武政［2004］71号）；2006年年底，武汉市作为当时第二批进入国家软件出口外包基地授牌城市，立即就软件外包业务出台的一份文件，市外经、信息产业、科技局从相关专项资金中共同安排1亿元左右资金，用于补贴和奖励软件外包出口，并对软件外包企业认定和税收、人才、资质认证等方面提出了指导性要求；2007年4月6日，武汉市人民政府办公厅《关于积极促进服务外包产业发展的意见》（武政办［2007］38号）；2007年4月29日，武汉东湖新技术开发区管委会关于印发《东湖高新区促进服务外包产业发展的暂行规定》及《实施细则》的通知，在东湖新技术开发区内的服务外包企业（事实上享受到政策的主要还是软件出口服务外包）得到更多的优惠。对于吸引知名企业落户光谷起到了强化作用。2009年1月16日《武汉市促进服务外包产业发展暂行规定》（武服外包领［2009］1号）出台。当年离岸业务收入高于100万美元，增幅超过30%且排名全市前20位的，按其离岸业务收入的1%给予奖励，最高不超过100万元。服务外包企业所得税负仍高于15%的，高出部分给予全额补偿。支持公共服务体系建设。给予贴息，最高不超过100万元。对获得国外订单的服务外包企业，对其所发生贷款给予贴息支持。对租赁办公用房、参加省市组织的相关展会展位费、公共布展费、外包企业国际通信专线费用、对在境外设立分支机构等事项，按实际发生的50%给予补助。对向国外软件及服务外包公司派遣员工，予以补贴。

此外，湖北省还先后制定了《关于推动全省动漫产业发展的意见》、《关于发展低碳经济的若干意见》、武汉市《关于加快集成电路、软件及服务外包、地球空间地理、动漫等15个新兴产业发展指导意见》等多项产业及相关支持政策。

特别是在2009年7月31日，湖北省第十一届人民代表大会常务委员会第十一次会议通过《湖北省信息化条例》。首次以法律的形式明确县以上政府及相关部门在促进湖北省软件和信息服务业中的地位、作用和责任，为湖北省推动软件产业发展提供了法律基础。

2006年，湖北省信息产业厅、武汉市信息产业局专门组织制定了《软件产业“十一五”发展规划》，纳入全社会总体发展规划，有利于争取社会对软件产业发展的支持，并有效地指导和推动了软件产业健康、有序、快速发展。

（二）“双软认定”实施和重点企业培育

积极宣传国家和湖北省《软件产品管理办法》、《软件企业认定管理办法》，认真履行“双软认定”职责，主动热情服务软件企业，越来越多的企业通过“双软认定”，享受到软件产业优惠政策的支持，从而获得进一步的发展。

加强政策宣传的力度，扩大“双软认定”的影响。积极争取到各方政府部门的大力支持，在国家、省市软件专项资金、电子发展基金、湖北省优秀软件产品及企业等项目的申报上，在软件开发服务项目招投标中，将“双软认定”作为必备的基础条件之一；同时，省软件行业协会加大宣传力度，联合软件园区的软件产业主管部门组织“双软认定”咨询暨政策宣贯会，并且通过墙上、网站发布、印发资料、媒体宣传等形式广泛宣传国家对发展软件产业的鼓励政策和支持措施、“双软认定”的条件要求和工作程序，收集整理发布通过“双软认定”企业获得税收优惠、顺利承接项目的案例，不断提高企业发展软件产业和申报“双软认定”的积极性，力求使更多的企业享受到“双软认定”的政策优惠。

改善服务质量，方便企业办事。在“双软认定”的过程中，省软件行业协会始终坚持服务的宗旨，尽可能地为企业做好服务，认真解答企业在申报中遇到的问题，帮助企业解决在认定中遇到的困难。例如，考虑到软件企业很多集中在东湖开发区内，离协会办公地点较远、交通不便，协会坚持在东湖开发区管委会六楼联合办公中心设立办事窗口，每星期二、星期四上午安排工作人员接受咨询、受理材料；协会还在武汉光谷软件园成立光谷软件园服务中心，为落户在园区及园区附近的软件企业提供了便利，同时也为企业落实一系列湖北省软件产业发展的各类政策提供了更快捷的服务；与湖北省软件评测中心协调，降低软件评测费用，减少企业负担；应某些软件企业的要求，上门宣贯政策，甚至上门接收咨询，上门收取材料等。为了加快湖北省“双软认定”工作步伐，让企业尽快享受政策，协会在人手有限的情况下在全国较早地实行随时受理、按月评审，并在每月受理截止期后15个工作日内办理完毕；为了指导企业准备相关资料申报“双软认定”，协会将申报材料要求和各种表格的填写说明都在网上公布，并且积极联系国家版权登记部门和软件产品评测部门为企业提供相关服务，还积极争取中国版权保护中心的支持，直接为广大软件企业代理软件著作权登记加急业务，受到软件企业的欢迎和好评。

完善认定办法，规范认定流程。针对定制软件、外包软件及软件产品5年到期续延等软件产品的特殊情况和问题，省软件协会组织专家开展了一系列调研活动，配合政府有关部门制定了关于软件外包企业如何办理“企业认定”和软件产品续延的管理办法。

（三）财政资金支持

为支持软件产业发展，从 2000 年起，湖北省发改、科技、商务等部门从各自专项中安排一定比例的资金，优先支持软件产业发展。省财政从 2004 年开始设立电子信息产业专项资金，其中部分用于支持软件产业发展；2006 年，又专门设立了软件产业专项资金，重点支持产业发展总体规划及各类专项规划中对软件产业发展有关键带动作用的重点项目；具有自主知识产权的软件产品研发及产业化项目；具有自主知识产权的软件产品出口和软件外包项目；CMM（能力成熟度模型）二级以上认证；软件公共服务体系项目等。软件业主营收入由 2006 年的 68 亿元迅速扩大到 2009 年的 223.7 亿元，软件业平均收入增幅达到 32%。软件专项资金 4 年资金总量共计 4 400 万元，支持项目 125 个，其中产业化项目 89 个，使用资金 3 690 万元；落实出口奖励和认证补贴政策项目 36 个，使用资金 490 万元。同时，这些资金带动软件企业自筹社会资金投入和争取银行贷款 8 亿元左右，各地为发展产业也做了相应的配套支持。通过软件产业专项政策资金的引导，湖北省软件服务业的区域结构也有所改善，中西部地区的软件产业从无到有，结合本地区经济发展和信息化建设的大趋势，发展势头较好；完善了湖北省软件产业公共服务平台建设、完成相关产业发展环境改造，软件出口继续快速增长，外包服务规模进一步扩大，从事外包业务企业达到 150 余家，其中千人以上企业 5 家，300 人以上企业 12 家，100 人以上 28 家，华为武汉研发中心、EDS 离岸外包研发中心、群硕软件、法国电信联想利泰（联合）研发中心、武汉传神联合信息多语言翻译基地、IBM 武汉软件项目中心等知名企业相继落户武汉；扶持了华中数控、江通动画和立得空间等一批中小企业成长壮大，其中立得空间的年销售收入由 2005 年的 1 664 万元增长为 2009 年 1.55 亿元，规模增长近 10 倍，人员由 100 人增加到 300 多人，注册资本由 860 万元增加到 5 285 万元。

软件产业集中的武汉市，从 2004 年起每年安排 1 000 万元，用于支持软件、计算机、通信、网络、数字视听、新型元器件等电子信息产业核心领域技术与产品研究开发和产业化的专项资金及国家、省支持项目的配套资金。2007 年又专门设立了软件产业发展专项资金，每年安排 1 000 万元，支持具有技术创新能力的软件企业、培育具有自主知识产权的软件产品和软件知名品牌、推动软件产品出口与外包、完善软件公共服务平台、加快软件产业基地建设等方面；2008 年又将软件产业发展专项资金增加到每年 1 500 万元，2009 年又增加到每年 2 000 万元。一些产业和经济基础较好的地市，如荆州市，也专门设立了电子发展基金配套资金，重点支持软件产业发展。

（四）园区建设、人才培养和配套设施建设

在园区建设方面，武汉市由政府出资引导，同时引进大连软件园、民间投资机构共同建设和运营软件园；对各区软件园区的建设则采取区政府出一点、市直相关部门奖一点，再交给专业的公司进行运营和管理。在人才培养方面，2008 年以来，武汉市信息产业局和相关委办局共同开展“万名软件人才培训工程”，3 年内为企业的发展培养急需人才 10 000 名，到 2009 年 10 月底已培训软件人才 7 000 余名，其中大部分人已在全市软件与信息服务行业就业并开始发挥作用。同时，武汉东湖高新开发区管委会也出台了“3551 人才计划”，

未来 3 年内引进和培养一批掌握国际领先技术、引领新一代移动通信产业发展的领军人才和从事科技创新、成果转化、科技创业的高层次人才。对符合“3551 人才计划”条件的引进人才将给予一系列优惠政策和资金支持。

（五）其他重点工作领域

组织形式多样的座谈、论坛活动，促进银企合作，推动产业发展；开展融资培训和上市辅导，推荐优秀软件企业和项目，推介风险投资公司，推进企业上市。2001 年，烽火通信科技股份有限公司（烽火通信）A 股在上海证券交易所上市；2009 年 10 月，湖北省软件企业中元华电在创业板成功上市，目前等待证监会批准上市的还有华中数控、天喻信息、江通动画等软件企业。

四、湖北省软件产业发展主要经验和体会

（一）制定产业引导政策，营造良好的发展环境

截至 2010 年，湖北省有关软件和信息服务业发展的鼓励和支持政策共计有 75 项，包括了与湖北省软件和信息服务业发展息息相关的 16 条具体政策措施，抓住了湖北省软件和信息服务业发展中的关键，为软件和信息服务业的发展营造了良好的氛围和环境。

（二）建立联席会议制度，创造良好的工作机制

建立了省市信息产业、财政、发改、科技、商务、教育等部门参加的联席会议制度，定期研究和处理软件产业发展中的重要问题。无论政策制定，还是措施出台，都是在省政府统一领导下，相关部门共同调研、论证的基础上形成的。

（三）推进信息化建设，营造良好的市场环境

近年来，大力推进省、市、县三级电子政务建设，推进信息化与工业化的融合，极大地带动和促进了湖北省软件和信息服务业的发展。2000 年以来，政府在信息化建设特别是电子政务建设过程中，利用政府采购、招投标等手段，为软件企业新技术的试验、示范和推广，提供了市场空间；软件企业也紧紧抓住以“十二金”工程为代表的国家信息化，以及电子政务、两化融合的市场机遇，壮大了自身的实力。

（四）发挥行业协会作用，打造良好的服务平台

指导和支持省软件行业协会建设软件企业公共服务平台、软件企业公共服务 QQ 群（分综合事务群、财税空间群、人才频道群、技术交流群）、湖北 IT 人才网、短信平台、邮件平台、《湖北软件之窗》杂志等服务平台；常年开展税收政策研讨、软件产业政策宣贯、企业市场推广、优秀软件产品推广、渠道拓展、人力资源沙龙、软件人才专场招聘等各类活动达 20 余场；制定《湖北省软件行业自律公约》、《湖北省软件价格估算推荐方法》、《湖北省软件开发服务项目招标投标管理办法》，加强行业自律，规范行业行为。2010 年，省软件行业协会被民政部授予“全国先进社会组织”，并在全国行业协会改革发展经验交流会上做典型发言。

第十七章　广东省

自2000年国发18号文颁布十年以来，广东省高度重视、积极贯彻国家产业发展战略，加快推动软件产业集聚和研发创新，2009年全省软件业务收入跃居全国首位，取得了很好的阶段性成效。

一、广东省软件产业十年发展回顾

（一）十年内产业规模及增长率情况对比

1．产业规模持续扩大，产业集聚明显

第一，产业整体业务收入居全国领先地位。2001年广东省软件业务收入172亿元，2009年业务收入达到1 978.3亿元，年均复合增长38.1%，占全国的近1/5，总体规模居全国首位。广东省软件业务收入从100亿元增长到1 000亿元用了7年时间，从1 000亿元发展到2 000亿元仅用了3年时间。

第二，产业集聚效应日益凸显。2009年，广东省珠三角的广州、深圳、珠海累计完成软件业务收入1 929.1亿元，占全省的97.5%。其中，深圳市完成软件业务收入1 265.8亿元，占全省的64%；广州市完成软件业务收入581.5亿元，占全省的29.4%；珠海市完成软件业务收入81.1亿元，占全省的4.1%，产业集聚能力显著。

第三，软件出口稳步上升成为全国软件出口重要高地。2005年全省软件业务出口19.2亿美元，2009年全省软件业务出口105.3亿美元，占全国53.8%，居全国第一位。其中，嵌入式软件出口73.1亿美元，软件外包服务出口3.8亿美元。广东省软件出口覆盖100多个国家和地区，成为了全国重要的软件出口基地。

2．产业快速增长，增加值贡献逐年加大

2009年，广东省软件产业同比增长31.1%，2001—2009年的年均复合增长率高达38.1%，占电子信息产业的比例由6.3%提高到12.8%，成为广东省重要的战略性新兴产业。另外，软件产业增加值也逐年增大，增加值从2005年的338.6亿元发展到2009年的964亿元，增长了1.8倍，年均复合增长率达到29.9%，对全省GDP贡献率逐步加强，成为拉动国民经济增长的新生力量（见表30）。

表30　2005—2009年广东省软件产业增加值情况

年　份	2005	2006	2007	2008	2009
软件产业增加值（亿元）	272	426	511	722	964
同比增长（%）		56.6	19.9	41.2	33.3

（二）十年内软件专利、技术改造等领域情况对比

1．知识产权保护意识加强，软件专利登记数量增长迅速

第一，软件著作权登记数量逐年递增。2007—2009 年，全省累计登记软件著作权数量为 19 368 件（见表 31）。其中，2007 年登记数量为 3 269 件，2008 年登记数量为 6 172 件，2009 年登记数量为 9 927 件。

表 31　2007—2009 年广东省软件著作权登记数量

年　份	2007	2008	2009
软件著作权登记数量（件）	3269	6172	9927
同比增长（%）		88.8	60.8

第二，软件企业平均软件产品登记数量显著增加。2001 年，广东省的软件产品平均登记数量为 2.5 件（套）/企业，2009 年跃升为 5.8 件（套），广东省产权保护政策推行成效逐步显现。

2．软件企业技术改造稳步推进，研发创新能力日益加强

第一，企业软件开发标准化程度较高。2009 年，广东通过 CMM 认证的软件企业 166 家，占全国的 14.57%，位居全国第三位。

第二，企业研发能力逐步提升。为支持软件产业的发展，广东省近年持续增加对软件产业研发费用的投入。据统计，2007 年，软件产业的研发费用为 105 亿元，2009 年实现研发费用 284 亿元，总量突破近 3 倍，同比增长为 28.1%，占软件产业业务收入的 14.3%（见表 32）。

表 32　2007—2009 年广东省软件产业研发费用情况

年　份	2007	2008	2009
研发费用（亿元）	105.4	221.8	284.2
同比增长率（%）		110.5	28.1

（三）十年内"双软认定"执行情况和重点企业数量对比

1．软件企业认定稳步上升，软件产品登记增长明显

截至 2009 年，广东省软件企业年审通过数与当年软件企业认定数合计 3 157 家。其中 2001 年新认定软件企业 540 家，2005 年新认定软件企业 489 家，到 2009 年新认定软件企业达到 625 家，软件企业认定稳步上升。

2001 年广东省软件产品登记数量为 1 400 件（套），2005 年实现软件产品登记 1 750 件（套），2009 年达到了 3 669 件（套），年均复合增长 12.78%，增长趋势明显。

2．重点企业培育成效显著，产业龙头带动优势凸显

第一，重点软件企业和行业龙头企业不断涌现。国家规划布局内重点软件企业数量从 2002 年的 15 家（占全国 14.1%），2005 年的 20 家（占全国 12.7%），上升到 2009 年的 33

家（占全国的17.7%），而且在数量上和占全国的比例方面呈现稳步增长发展趋势，充分体现广东省软件企业在全国产业中的重要地位。2009年，全省超亿元的软件企业共220家，业务收入占全行业总量的76.5%。2009年，中国软件业务收入前百家企业广东省入选13家，收入占百强总收入的43.8%（见表33）。

表33　2009年广东省重点软件企业规模情况

企业规模	数量（家）	企业数占比例	软件业务收入（亿元）	软件收入占比例
200亿元以上	2	0.06%	8066877	40.77%
10亿～40亿元	12	0.36%	2373518	12.00%
5亿～10亿元	17	0.51%	1200901	6.07%
1亿～5亿元	189	5.66%	3502079	17.70%

第二，重点企业和龙头企业在全国具有技术和规模优势。截至2009年，华为技术有限公司成为全国首家软件业务收入超700亿元的软件企业，占中国软件业务收入前百家企业总收入的29.6%，连续9年稳居中国软件业务收入前百家企业首位；中兴通讯股份有限公司软件业务收入达270亿元，稳居中国软件业务收入前百家企业第二位。另外，广州海格通信有限公司及金蝶软件（中国）有限公司已经连续8年被评为国家规划布局内重点软件企业。

第三，十年间广东省在境内外上市的软件企业超过40家，其中在美国NASDAQ、新加坡和中国香港上市的有8家，2010年广东软件企业上市进入高峰期，新上市的软件企业达13家。这些上市软件公司成为广东省软件产业发展的生力军。

（四）十年内园区建设、人才培养和配套设施建设等领域的情况

1．园区基地建设成绩突出

自国发18号文出台以来，广东省软件产业（出口）基地发展迅速，产业规模不断扩大，拥有经国家发展改革委和原信息产业部共同认定的国家级软件出口基地1个、国家级软件产业基地2个。

一是广州天河软件园。1999年，被科技部批准为“国家火炬计划软件产业基地”；2001年，被原国家计委和信息产业部批准为“首批国家十大软件产业基地”；2005年，被广电总局、版权总署和发改委批准为“国家网络游戏和动漫产业发展基地”。2009年，软件业务收入304.5亿元，实现利润总额32.0亿元，税金总额16.1亿元。累计认定软件企业548家，占全市的63%；新登记软件产品145个，占全市67.85%。国家软件产业基地批准成立后，涌现了博冠信息、广电运通、天海威、网易互动、华南资讯5家国家规划布局内重点软件企业。目前，进驻软件企业639家，软件企业员工总数超过6.8万人，软件技术人员超过3万人（见表34）。

表34　2003—2009年天河软件园收入数据统计

年　　份	2003	2004	2005	2006	2007	2008	2009
软件收入（亿元）	56	73	105	139	178	246	321

二是深圳软件园。2001 年，被科技部认定为“国家火炬计划软件产业基地”；2003 年，被国家发展改革委、原信息产业部与商务部认定为国家软件出口基地；2007 年，被商务部、原信息产业部、科技部与教育部等联合认定为“国家服务外包基地城市示范园区”，成为中国南部地区唯一获得国家认定的国家软件出口基地与服务外包示范园区双料基地。2009 年，深圳软件园软件企业超过 500 家，软件与服务销售收入 1 333 亿元，占全市的 87.8%。其中嵌入式软件产业占深圳软件园软件产值 60%以上，在国内居主导地位，涌现出了华为、中兴、迈瑞、同洲、朗科、大族、元征等从事嵌入式软件开发的企业。

三是珠海南方软件园。2009 年，珠海市南方软件园软件服务业实现收入 105.03 亿元，同比增长 22.3%；软件业务出口 5.7 亿美元，同比增长 12.2%，园区软件从业人员 2.5 万人，从业人员同比增长 9.4%。通过“双软认定”企业 226 家，累计认定软件产品 1 287 件。2010 年，园内企业世纪鼎利、欧比特相继上市，珠海市软件上市公司数量跃升至 8 家（前 6 家分别是：炬力、远光软件、金山软件、东信和平、德豪润达、万力达），占珠海 24 家上市企业 1/3 以上。金山、远光、优特电力等 5 家企业荣获国家规划布局内重点软件企业，7 家企业获得广东省著名商标，获 CMM2 级以上企业从 2008 年的 12 家增加到 2009 年的 21 家。

十年间，在各级政府的引导与推动下，广州、深圳、珠海、佛山、中山、东莞、汕头等地相继建立软件园区。全省建设了国家级、省市级相关软件园区超过 20 个。软件园区的建设大力推动特色软件产业集聚，进一步完善产业一体化发展布局。

2. 人才培养效果显著

2009 年全省软件企业从业人员达到了 42.2 万人，同比增长 32.%，新增就业人员 10.4 万人。其中硕士以上 3.8 万人，本科 17.7 万人。广东省已经建立中山大学软件学院、华南理工大学软件学院等 5 家国家级示范性软件学院，深圳信息职业技术学院、华南师范大学软件学院 2 家国家级示范性软件职业技术学院，以及 20 家省级示范性软件学院。各级示范性软件学院的建立为广东省软件产业发展提供了高级人才智力支持。

（五）其他重要产业指标对比

1. 产业结构不断优化，三大领域优势突出

近年来，广东省软件产业结构不断优化，新型信息技术服务产业得到加快发展，产业结构逐步从软件产品开发发展到产品开发与信息服务并重的良好格局，信息技术服务、软件产品和嵌入式软件三大领域的优势突出。

据统计，广东省信息技术服务（包括系统集成和支持服务、信息技术咨询和管理服务、信息技术增值服务、设计开发）业务迅猛发展，业务收入从 2005 年的 115.0 亿元增长到 2009 年的 744.9 亿元，年均复合增长率 59.5%，高出全行业平均水平 22.9%；信息技术服务收入也从 2005 年占全行业收入比例的 20.2%上升到 2009 年的 37.7%。

同时，软件产品和嵌入式软件在保持较快发展的同时，比例逐年下降。据统计，广东省软件产品收入从 2005 年的 453.5 亿元增长到 2009 年的 677.3 亿元，年均复合增长率 10.5%；软件产品收入从 2005 年占全行业收入比例的 79.8%下降到 2009 年的 34.2%。嵌入式系统软件收入从 2006 年的 268.7 亿元增长到 2009 年的 556.2 亿元，年均复合增长率 27.4%；嵌入式系统软件收入从 2006 年占全行业收入比例的 30.2%下降到 2009 年的 28.1%

（见表35）。

表35 2007—2009年广东省软件业务分类收入情况

指　　标	2007年		2008年		2009年	
	收入（亿元）	全国排位（位）	收入（亿元）	全国排位（位）	收入（亿元）	全国排位（位）
软件业务收入合计	1 066.1	2	1 506.7	2	1 978.3	1
软件产品收入	242.4	2	445.3	1	807.3	1
系统集成和支持服务收入	63.4	7	321.4	1	156.4	3
信息技术咨询和管理服务收入	112.6	3	167.7	4	130.4	3
信息技术增长服务收入					288.2	2
嵌入式系统软件收入	637.9	1	563.9	1	556.2	1
设计开发收入	9.9	6	8.4	7	39.8	4

2．优势领域持续发展，大型行业应用软件国内领先

十年来，广东软件产业以其特有的渗透力和影响力，应用于国民经济各行各业，助力企业信息化，促进两化融合。广州在电信服务、机床数控、汽车电子等领域，深圳在通信系统、集成电路设计等领域，珠海在电力、数字娱乐等领域形成具有特色优势的软件服务业，有力支持传统产业融合发展。此外，广东省还出现了一大批软件服务的优势企业，如工业设计中的中望龙腾、中间件的金蝶公司、办公套件的金山公司等。

各地积极通过园区孵化行业应用软件发展。例如，深圳软件园通过园区配套政策，推动金融、电子商务、电信管理、物流管理、互动游戏娱乐等行业应用软件企业走向国际市场，引领国内主流市场。华为、中兴网络通信的整体解决方案，金蝶的企业管理软件，金证、奥尊的金融软件，腾讯的网上即时通信软件，现代的地铁综合管理系统，科陆的电力调度管理软件，科健信息的办公自动化系列软件，海云天的教育软件等产品均在国内具有较高的知名度和市场占有率。

3．社会资金投入加大，推动企业上市融资成效突出

十年间，广东省推动了一批软件企业在境内外上市，上市公司融资的规模也在不断增加，软件企业上市募集资金规模超过130亿元。2007年深圳证通电子和广州御银科技上市募集资金均不足3亿元，2009年广电运通上市募集资金5亿元，到2010年，珠海鼎利、深圳国民技术和广州海格通信上市募集的资金分别突破10亿元、20亿元和30亿元，成为十年间融资规模最大的3家广东软件企业。

4．软件服务化趋势明显，新兴业态逐渐显现

当前，软件业由软件产品生产向软件服务转变的趋势明显。广东省IT咨询、解决方案、软件外包、数字内容、动漫游戏、网络服务等软件服务新业态蓬勃发展，已建设国家超级计算机深圳中心，东莞、佛山、广州三地“云计算”中心逐步建成，SaaS（软件即服务）等创新模式在中小企业逐步推广。率先探索开展“物联网”，开展粤港射频识别（RFID）试点应用，率先开展移动电子商务、数字家庭试点建设。2009年，在软件产业的各类收入中，信息咨询管理和技术服务收入及信息技术增长服务两项收入合计 418.6 亿元，比去年软件服务收入增长 149.7%，成为软件产业结构中增长最快的优势领域之一。

二、广东省软件产业发展主要举措

（一）国发 18 号文配套政策出台情况

围绕国发 18 号文的落实，广东省各级政府出台系列重大配套政策和产业指导意见，建立起较为完善的政策支撑框架体系，不断优化产业发展环境。

1．省委省政府出台重大战略决策，规划布局软件产业发展

一是在国家发展规划方面。2008 年，经国务院同意的《珠江三角洲地区改革发展规划纲要（2008—2020 年）》提出，将珠三角地区打造成国家级软件和动漫产业基地，进一步明确广东省软件产业在全国的重要地位。

二是在全省战略决策方面。2010 年，省委十届六次全会明确要求要在软件领域取得突破，形成具有特色和较强竞争力的产业集群。2008 年，省委省政府相继出台的《广东省关于争当实践科学发展观排头兵的决定》、《关于加快建设现代产业体系的决定》明确将软件产业作为促进产业结构调整的重要内容。

三是在重大产业部署方面。广东省“十五”计划和“十一五”规划都将软件产业作为全省重点产业加以发展。2001 年，省委省政府出台《关于推进国民经济和社会信息化的意见》（粤发［2001］2 号）、《关于扶持软件产业发展的实施意见》（粤府［2001］100 号），在全省规划布局软件产业发展。省政府《关于加快发展我省现代信息服务业的意见》（粤府［2007］95 号）要求发展新兴高增长软件服务业，发布《广东省现代信息服务业发展鼓励投资指导目录（2008—2010 年）》，鼓励和引导社会资本投资软件产业。《广东省电子信息产业调整和振兴规划（2009—2011 年）》将软件产业列为核心发展产业。省政府《关于加快推进我省信息化与工业化融合的意见》，明确将软件产业作为推动广东省两化融合的关键支撑力量。2010 年，省政府《珠江三角洲地区现代信息服务业发展规划（2010—2020 年）》、《广东省高端新型电子信息产业发展行动计划（2010—2012 年）》将软件产业作为新时期广东省战略性新兴产业加快布局发展。

2．粤港合作，将软件产业作为落实 CEPA 协议的重要措施

2003 年 6 月，中央政府与香港特区政府签署《内地与香港关于建立更紧密经贸关系的安排（CEPA）》，在此基础上，广东省与香港签订《粤港合作框架协议》，共同推动区域经济一体化，协议明确提出要“搭建粤港服务外包合作平台，共同拓展国际服务外包市场。联合承接全球软件开发、金融后台、研发设计、数据处理等服务外包，打造区域服务外包品牌，建设服务全国、面向国际的服务外包基地”。

3．出台系列省级产业发展意见，引导产业做大做强

一是在产业技术政策方面。2004 年和 2008 年，省发展改革委、原省信息产业厅、科技厅、教育厅、财政厅、公安厅、质监局、原经贸委、国资委 9 部门联合出台了《关于印发广东省 Linux 软件推进计划的通知》（粤发改高［2004］479 号）和《广东省关于进一步

推进 Linux 软件应用及发展的实施意见》(粤发改高［2008］108 号)，提出在技术支撑体系、电子政务应用、政府采购方面支持 Linux 软件应用发展。

二是在财税政策方面。2003 年，省地税局印发《转发国家税务局关于软件企业和高新技术企业所得税优惠政策有关规定执行口径等问题的通知》(粤地税发［2003］228 号)，鼓励人才和资金等资源投向软件产业。2007 年，省国税局印发《转发财政部国家税务总局关于嵌入式软件增值税政策问题的通知》(粤财法［2007］15 号)，细化明确了嵌入式软件的退税政策及其优惠范围。2008 年，省国税局和原省信息产业厅联合出台了《关于进一步鼓励和加快广东省软件产业发展加强软件产品增值税管理的通知》(粤国税发［2008］211 号)，对软件产品登记备案、软件产品销售征收增值税及享受优惠政策的有关问题做了进一步的指导。

三是在人才支撑政策方面。2001 年，省人事厅印发了《转发人事部关于软件和集成电路技术人员进入国家扶持的软件园区工作有关问题的通知》(粤人发［2001］154 号)。2004 年，省教育厅印发《关于批准有关高等学校试办省级示范性软件学院的通知》(粤教高［2004］30 号)，批准华南师范大学等 8 所本科院校和深圳信息职业技术学院等 12 所高职高专院校，分别作为首批试办的本、专科省级示范性软件学院。

4．地市政府和产业园区制定配套措施，带动产业集聚

一是在地市政府配套政策方面。十年来，广东省珠三角产业集聚地市相继出台了系列配套政策。广州市制定了《广州市加快软件产业发展指导意见》、《广州市软件产业发展近期规划》、《广州市进一步扶持软件和动漫产业发展的若干规定》(穗府［2006］44 号)和《关于加快软件和动漫产业发展的意见》(穗府［2006］45 号)，有力支撑软件产业集聚。深圳市制定了《关于鼓励软件产业发展的若干政策》(深府［2001］11 号)、《深圳市软件企业能力成熟度模型认证资质管理暂行办法》、《深圳市软件产品增值税即征即退工作指引》、《互联网产业发展振兴规划（2009—2015 年)》和《深圳互联网产业振兴发展政策》(深府［2009］238 号)，通过重大专项带动软件产业发展。珠海市出台了《珠海市关于发展软件产业的若干规定》(珠府［2000］113 号，2002 年修定为珠府［2002］34 号)、《软件、集成电路等产业企业所得税税收优惠政策》、《扶持软件和动漫产业发展办法》、《珠海市留学人员专项资金管理办法》。此外，广东省的佛山、东莞、中山、惠州、汕头等市也提出了发展软件和现代信息服务业的产业政策。

二是在产业园区措施办法方面。广州天河软件园制定了《天河区高新技术和软件、动漫企业高级人才奖励暂行办法》，鼓励高端人才进驻软件园。珠海高新区制定了《珠海国家高新区促进软件和集成电路产业发展意见》，引导软件和集成电路设计企业集聚。

（二）国发 18 号文税收优惠政策执行情况

1．软件产品增值税退税措施有效施行

据软件认定企业年审调查，广东省（不含深圳）软件产品增值税退税从 2005 年的 3 亿元增加到 2009 年的 5.8 亿元。此外，广东省软件业最为集聚的广州、深圳、珠海 3 市的退税工作得到了较好的落实。截至 2009 年，深圳市软件产品增值累计税退达到 106.8 亿元，广州市软件产品增值税额累计退税 8.5 亿元，珠海市退税约 9 亿元。

2. 软件企业“两免三减半”政策得到逐步落实

广东省积极执行国发18号文关于“两免三减半”、增值税超3%的部分即征即退政策，企业所得税退税规模逐步扩大。据省国税局中国税收征收管理信息系统不完全统计（不含深圳），2008年软件企业减免税收1.4亿元，2009年减免2.9亿元。另据对软件认定企业年审调查，广东省（不含深圳）企业所得税免减从2005年的1.1亿元发展到2009年的3亿元。各地政府企业所得退税工作也取得了很好的成效。截至2009年，深圳市通过“两免三减半”累计减免企业所得税超过22亿元，广州减免企业所得税累计10.3亿元，营业税免税9.7亿元，珠海市企业所得税退税约1亿元。

三、广东省软件产业展望

（一）发展思路

围绕构建现代产业体系，以融合创新、融合发展为动力，加快发展基础性信息传输服务和集成电路设计两大优势产业，壮大信息技术服务、网络增值服务、动漫与网络游戏三大潜力产业，提升嵌入式软件、工业行业软件、基础软件三大软件产业，培育数字媒体内容、信息资源增值服务、数字设计与文化创意、物联网、云计算五大新型产业，构建产业一体化布局，建成一批名城、名园、名企、名牌，做大做强现代信息服务业，使之发展成为珠三角的支柱产业。

（二）发展目标

将珠三角建设成为全国领先、国际知名的现代信息服务业聚集中心。到2015年实现以下目标：

产业平稳快速增长。珠三角现代信息服务业收入年均增长17%以上，增加值占区域GDP的比例进一步提升，信息传输服务、计算机服务和软件业法人单位达到5万家，从业人员超过23万人。与国际接轨的现代信息服务业体系基本建成，现代信息服务业在全国的领先地位进一步巩固，成为区域经济的重要增长极。

产业支撑功能显著增强。现代信息服务业对传统产业改造升级的支撑功能显著增强。软件和通信服务收入占电子信息产业的比例从14%提高到20%。在基础性信息传输服务、集成电路设计和嵌入式软件等领域的竞争优势得到进一步巩固，在中间件、工业软件和行业应用解决方案等领域取得重大突破。

产业核心竞争力大幅提升。现代信息服务业自主创新体系基本完善，基于云计算、三网融合、物联网、移动商务的应用和信息服务逐步推广，政策环境及人才体系全面优化。建成一批名城、名园、名企、名牌，创建2个以上国家级软件名城、3～5个国家级软件和信息技术服务园区（基地）、2～3个国家级服务外包示范城市，建成一批国家级网络游戏动漫产业基地、国家级数字出版基地、音乐创意产业基地和文化产业集群（园区），建成2家软件和信息服务业务收入超千亿元的产业园区、1～2家超百亿元的产业园区、3家以上超10亿元的产业园区。打造一批具有较强影响力的软件产品和信息服务品牌，培育3家业务收入超100亿元，20家产值超过10亿元的现代信息服务企业。

产业区域一体化布局基本形成。构建珠江口沿岸（广州—东莞—深圳—珠海）现代信息服务高新产业带，珠三角西中东城市（中山—江门—肇庆—佛山—广州—惠州）现代信息服务融合产业带和广佛肇、深莞惠、珠中江三大经济圈产业一体化布局，推动珠三角成为服务全国、辐射港澳和东南亚、具有一定国际影响力的信息服务业集聚地。

（三）发展重点

重点推动“两巩固、三壮大、三提升、五培育”。

巩固基础性信息传输服务、集成电路设计两大优势产业。着力发展基础性信息传输服务业，优化提升有线宽带、3G+WLAN 无线宽带网络服务能力，建设国家标准地面数字电视和数字广播网络。推进三网融合，积极部署物联网建设。加快集成电路设计业发展，完善集成电路设计公共技术服务平台，发展数字音视频、下一代宽带通信、卫星导航、射频识别（RFID）等集成电路产品的开发设计，支持集成电路设计企业间的兼并重组，推动集成电路设计企业、嵌入式软件企业和整机制造企业的合作。

壮大信息技术服务、网络增值服务、动漫与网络游戏三大潜力产业。大力发展信息技术服务业，推动信息技术咨询、信息系统运行维护等服务，促进信息系统集成服务向产业链前后端延伸，发展服务于政务、金融、通信、交通等行业的信息技术运行维护、呼叫中心、互联网数据中心、数据处理、容灾备份等业务。将珠三角打造为国际电子商务中心。网络增值服务业，结合网络升级，大力拓展网络增值服务，为公众提供文化教育、休闲娱乐等多样化信息服务。动漫与网络游戏业，研发动漫制作软件，建立动漫素材库和作品展示平台，提高原创能力，培育动漫创作、动漫传播、动漫衍生品研发制造知名企业，拓展网络、手机等新型传播渠道。

突破重点，提升嵌入式软件、工业行业软件、基础软件三大软件产业发展水平。嵌入式软件，在移动通信、电子消费、电子医疗、电子物流、LED 等优势领域研发具有自主知识产权的嵌入式软件，提高对终端设备的配套能力。工业行业软件，鼓励软件企业积极研发具有行业特色的工业软件，着力突破三维设计、企业级产品数据管理等高端工业软件技术，促进传统产业优化升级。基础软件，大力发展云计算中间件、网络中间件、信息集成中间件、商业智能中间件等业务中间件，发展协同管理办公软件和网络化的中文集成办公软件。着眼网络整体安全，开发信息安全关键产品和服务。

把握先机，培育数字媒体内容、数字设计和文化创意、信息资源增值服务、物联网、云计算五大新型信息服务产业。数字媒体内容业，打造数字化影视娱乐传播平台，建设影视娱乐信息库，引进先进数字播放设备，研发影视娱乐制作三维（3D）化、数字化技术，推动珠三角数字影视娱乐业发展。数字设计和文化创意业，以两化融合为契机，加强数字设计与工业软件在产业改造升级方面的合作，重点发展基于数字化的工业设计、建筑设计、产品外形外观及包装设计、工业模型与模具设计，以及广告和平面设计等数字设计服务业。信息资源增值服务，建立政务信息资源社会化增值开发机制，继续实施“信息兴农”工程，加快建设知识产权信息服务平台，建设空间地理信息服务产业基地。物联网，重点突破物联网、射频识别（RFID）和无线传感器网络软件及系统集成关键技术，以及物联网标准、交换接口等共性技术，推动物联网技术规模化应用。云计算，积极发展基础设施即服务（IaaS）、平台即服务（PaaS）、软件即服务（SaaS）等云计算服务，部署建设云计算中心和

“公共云”基础服务设施。

在产业布局方面，提出了构筑“两带集聚、三圈拓展”的产业发展布局。依托珠三角城市产业定位和区位优势，以珠三角沿岸国家级、省级软件和信息服务产业基地城市为重点，优先发展高端新兴信息服务产业，打造现代信息服务高新产业带；以珠三角西中东部产业集群集中城市为重点，大力发展支撑传统产业改造升级的信息服务产业，构建现代信息服务融合产业带。其中，珠江口沿岸现代信息服务高新产业带：在广州—东莞—深圳—珠海等珠江口沿岸地区，以珠三角沿岸国家级、省级软件和信息服务产业基地城市为重点，优先发展高端新兴信息服务产业。珠三角西中东城市现代信息服务融合产业带：在中山—江门—肇庆—佛山—广州—惠州等珠三角产业集群相对集中城市，大力发展支撑传统产业的信息服务产业。在两大产业集聚带互动发展的基础上，以广州、深圳、珠海 3 个具有区域要素集聚优势的城市为重心，辐射带动广佛肇、深莞惠、珠中江三大经济圈的产业和技术提升。

另外，为加快产业发展，提出重点建设现代信息服务产业体系六大支撑载体，包括打造中国软件名城、国家级服务外包示范城市、现代信息服务特色产业城市等一批软件和信息服务产业名城；建设国际一流的国家级产业基地、省级现代信息服务产业专业园区等一批现代信息服务产业名园；培育一批现代信息服务产业名企、名牌；建立现代信息服务技术创新发展联盟、现代信息服务行业应用联盟等一批现代信息服务产业联盟；在物联网应用、云计算服务、三网融合服务、数字出版等信息服务新业态打造一批示范工程；建设珠三角软件和信息技术服务支撑平台、国际电子商务服务平台、国产软件及行业解决方案体验中心、高性能计算中心等一批信息服务新业态示范工程。

（四）保障措施

重点加强组织保障、加大政策支持力度、强化行业管理、培育拓展信息服务市场、完善人才保障机制。

加强组织保障方面，主要提出强化组织领导，完善工作机制，建立健全现代信息服务业工作领导协调机制；加强监督检查，贯彻落实发展规划；加强区域协作，优化资源配置等。

加大政策支持力度方面，主要提出落实产业发展政策，健全产业政策体系；争取国家重大专项支持，协调现有相关专项资金向现代信息服务业倾斜，根据产业发展需要，保持财政投入的连续性，强化财政投入的导向性；鼓励有条件的地级以上市设立现代信息服务业发展专项资金；研究制定本地软件和信息服务的应用促进计划；大力支持传统行业企业与本地信息服务业企业联合进行技术改造等。

强化行业管理方面，主要提出逐步建立完善产业统计和评估体系，优化产业管理；发展行业协会和中介组织，提升行业支撑能力等。

培育拓展信息服务市场方面，主要提出鼓励政府和企事业单位将信息技术服务业务外包，拓展壮大广东省信息服务市场；鼓励和促进信息消费，完善风险投资进入和推出机制，鼓励启用开展并购重组等。

完善人才保障机制方面，主要提出用好人才政策措施，引进与培养相结合，建立健全多层次多类型的人才培养体系，优化人才结构；建立保障和激励机制，稳定人才队伍等。

第十八章　广西壮族自治区

一、广西壮族自治区软件产业十年发展回顾

（一）产业规模方面

国发 18 号文的实施，对推动广西软件产业快速发展起了重要的作用。软件产业规模从 2001 年 3.3 亿元提升到 2010 年的 52 亿元，出口规模从 7 万美元提升到了 323 万美元。

（二）支撑体系建设方面

2000 年 6 月国发 18 号文颁布后，广西软件产业发展步入了快车道。2000 年 12 月，由 23 家软件企事业单位共同发起成立了广西软件行业协会。2001 年 7 月，经自治区人民政府批准，成立了广西软件评测中心，负责广西国产软件产品的测试和系统集成资质认定工作。2008 年 10 月，国家软件与集成电路促进中心广西分中心在桂林电子科技大学揭牌成立。这些机构的建立，为广西软件产业建立了较为完整的技术管理和服务支撑机构。

（三）自主创新和知识产权保护方面

2001—2010 年，累计软件著作权登记数量为 378 件。十年来，广西重视对软件的知识产权保护，先后开展了由国家统一组织实施、各省分步落实的政府软件正版化和企业软件正版化推进工作，推动软件采购招投标。实现了广西区直机关和 14 个地市政府的软件正版化，推进了两批广西重点企业软件正版化，达到了较好的效果。

（四）“双软认定”及重点企业培育方面

2001－2010 年，累计认定软件企业 178 家，登记软件产品 494 件，认证计算机信息系统集成资质企业 97 家；累计享受政策退免税总额已达 1.92 亿元。通过认真贯彻落实国发 18 号文、47 号文的各项优惠政策，培育了一批如北海石基、广西德意、广西桂能、柳州腾龙、广西南博、南宁超创等国内有一定知名度的软件企业，软件产品涉及电力、通信、交通、旅游、煤矿等多个行业应用领域，为广西软件产业的快速发展打了良好的基础。2009 年，广西软件企业主营业务收入达 5 000 万元以上的企业 7 家，超过亿元的企业 2 家。

（五）软件园区及人才培育方面

先后推动建设了南宁、桂林、北海 3 个软件园，使软件产业的集聚能力不断增强。目前，3 个软件园区软件企业及创造收入均占全区软件企业总数 90%以上。其中，南宁软件园入园企业占全区总数 60%以上。实施了万名软件人才培训计划，软件外包人才培训计划，推动了软件人才资源的开发建设。获得国家扶持资金共 2 800 万元，自治区扶持资金 1 000 万元。通过政策推动和资金扶持，目前广西已拥有从事与软件有关的科、工、贸企业近 1 500 家，其中专门从事软件研制开发的企业约 300 家。为广西的信息化建设做出了重要贡献。

二、广西壮族自治区国发 18 号文执行情况和效果评估

（一）国发 18 号文执行情况评估

1. 税收优惠政策执行情况

广西税务主管部门认真执行了国发 18 号文中的税收优惠政策，对新办软件企业自赢利年度起实行所得税"两免三减半"政策，但对增值税没有能做到"即征即退"，而是先征收后，到半年度或年度末时，再统一退税。总体来说，企业对税收优惠执行情况较满意。

2."双软认定"执行情况

为更好落实"双软认定"要求，根据广西实际情况，出台了《广西软件企业认定实施细则》和《广西软件产品登记实施细则》。建立了完善的认定工作体系，每年按要求推荐广西软件行业协会为广西"双软认定"初审单位。2001—2010 年，共认定软件企业 178 家，登记软件产品 494 件。

3. 知识产权保护情况

重视对软件的知识产权保护，先后开展了由国家统一组织实施、各省分步落实的政府软件正版化和企业软件正版化推进工作，推动软件采购招投标。实现了广西区直机关和 14 个地市政府的软件正版化，推进了两批广西重点企业软件正版化，达到了较好的效果。累计软件著作权登记数量为 378 件。

4. 软件园区建设情况

"十一五"规划建设了南宁、桂林、北海 3 个软件园区，3 个软件园区软件企业及创造收入均占全区软件企业总数 90%以上。其中，南宁软件园入园企业占全区总数 60%以上。

5. 其他情况

在配套政策、投融资政策、人才政策等方面，广西没有出台本地的配套政策，而是认真执行国家已出台的相关政策。在财政资金支持、出口支持方面，广西没有设立专门的软件产业发展专项资金，但在每年的广西电子信息应用推广资金（250 万元）里有部分用于支持软件产业。在出口支持方面，自治区商务厅设有软件外包扶持资金，专门支持软件外包和出口、到海外参展等。

（二）国发 18 号文执行效果评估

1. 经济效益评估

国发 18 号文的实施，对推动广西软件产业快速发展起了重要的作用。软件产业规模从 2001 年 3.3 亿元提升到 2010 年 52 亿元，年均增长达 31.7%以上。出口规模从 7 万美元提升到了 323 万美元，年均增长 46.7%。累计退、免税金额为 19 171 万元，年均约 2 000 万元，平均每年每家企业约 15 万元，这些资金用于企业扩大再生产，有力地提升了广西软件产业的竞争力。

2．社会效益评估

国发 18 号文的实施，大力优化了软件产业发展环境，有力地增强了企业竞争力。促进了社会就业，仅信息服务业方面，据不完全统计，在通信、广电、证券等行业信息服务业从业人员就达 3 万人以上。推动了广西软件强优企业的发展、提升了产品的特色化水平、提高了广西软件产品对其他行业的渗透和融合，广泛应用了交通、通信、旅游、电力、金融、教育、公共安全等国民经济各个部门，有力促进了广西信息化建设。

三、广西壮族自治区软件产业发展主要举措

（一）加强规划指导，营造良好政策环境

十年来，广西主要抓好认真落实国发 18 号文精神这根主线，抓好行业发展规划，加大软件企业认定和软件产品登记力度，加强政府各部门的协调和配合，将各项优惠政策用好、用足、用活。加强软件知识产权保护、打击盗版侵权行为，加快推进重点企业软件正版化工作。

（二）推动自主创新，提高技术开发水平

突出扶持软件企业自主创新，特别是以广西相对优势的信息安全软件为突破口，提升各类应用软件的开发创新能力。同时，对于新发展起来的广西动漫软件产业给予了更多的扶持，创造良好的环境，促进企业发展。在各民营软件企业中逐步建立国际化规则，借助 CMM/CMMI、ISO 认证和各国际大公司的认证培训等方式，使各企业管理人员和开发人员与国际上的主流软件工程方法接轨，提高技术开展水平。

（三）以信息化建设和改造传统产业为切入点，促进软硬件融合发展

依托广西重大的信息化工程，充分利用重点大中型企业软件正版化的机会，大力发展重点领域的应用软件和嵌入式软件，鼓励传统行业发展与本领域相结合的各类软件。加大对广西软件的政府采购力度，通过政府的引导表率作用，增强全社会对广西软件的认识和信心，形成有效的市场带动效应。以中国—东盟自由贸易区建成为契机，坚持以应用需求为主的导向，推动发展面向东盟的软件，特别是扶持软件外包和有实力的企业“走出去”，开拓面向东盟的软件市场，扩大广西软件企业的影响。

（四）加快国际化软件人才培养、培训体系建设

以国际化标准为前提，按市场化规律进一步开辟新的广西软件教育基地，支持软件人才教育新体系创建，启动了广西万名软件人才培训计划。一是依托大专院校，二是利用社会力量办学体系，三是推动企业培训体系的形成，四是引进国内外的软件培训机构。以不同层次，造就软件教育培训体系，开辟新的软件教育产业基地。

（五）营造国内外大型软件公司来广西发展的环境

充分利用中国—东盟博览会这个平台，加大对广西软件服务业的宣传力度。广泛邀请国内外知名软件企业领导来广西考察，扩大宣传广西的区位优势、环境优势、人文优势，

打造良好的形象，筑巢引凤，积极招商引资，吸引国内外软件企业来广西投资发展。

（六）突出重点，形成广西软件服务业发展特色

广西贯彻“有所为，有所不为”及“引进技术与自主创新”相结合的方针，选择具有良好市场前景和有显著带动作用的关键项目予以重点支持，形成一批具有国内外竞争能力的重点产品，建立起能够适应国民经济信息化建设需要的软件服务业体系。

四、广西壮族自治区软件产业发展主要经验

（一）政策推动和资金扶持是推动软件产业快速发展的两大法宝

仅税收优惠政策方面，十年来累计退免税金额为19 171万元，年均约2 000万元，平均每年每家企业约15万元，这对于以中小企业为主的广西软件企业来说极为重要，这些资金用于企业扩大再生产，有力地提升了广西软件产业的竞争力。资金扶持方面，仅国家电子发展基金共安排支持了广西计算机、软件及通信等领域的项目26个，项目总投资21 763.6万元，电子发展基金资助2 800万元。截至2009年，电子信息产业发展基金支持项目完成投入8 029万元，投资完成率为80.8%，基金带动投入比例约为1:6，共实现销售收入59 379万元，上缴税金3 428万元，实现利润11 674万元，取得了很好的经济和社会效益。

（二）应用带动是广西软件产业发展的着力点

广西软件企业均为中小企业，面对国内外大型软件企业强有力的竞争，只有立足本地，发挥本地优势，以应用软件为着力点，积极推出适应本地需求的应用软件。十年来，广西软件企业正是遵循这一原则，大力创新、开发出一大批具有特色和优势的软件产品，涉及电力、通信、交通、旅游、煤矿等多个行业应用领域，使企业在激烈的市场竞争中不断发展壮大。

（三）加快融合是广西软件产业发展的重要支撑

推动两化融合是今后软件产业发展的一个重要方向，大力发展重点领域的应用软件和嵌入式软件，推动信息化和工业化融合，将成为“十二五”期间广西软件产业发展的重要方向和有力支撑。要充分利用“北部湾三基地一中心”建设及工业和信息化部与广西签署框架协议的机遇，坚持以应用需求为主的市场导向，大力开发面向两化融合需求及面向东盟的软件，推进广西信息化建设，加快软件业发展。

第十九章　海南省

为更好地贯彻执行国发 18 号文，海南省自 2001 年陆续出台了相关的配套政策，包括《海南省人民政府关于贯彻国务院鼓励软件产业和集成电路产业发展若干政策的实施意见》（琼府［2001］60 号）和《海南省人民政府关于印发海南省鼓励软件产业和电子信息制造业发展政策的通知》（琼府［2008］77 号）等。经过十年的发展，海南的软件产业呈现稳步增长的态势。

一、海南省软件产业十年发展回顾

（一）产业规范发展，产值逐年增加

海南省软件产业自 2001 年开始呈波浪式发展态势，2001—2006 年产业规模一直在 1.05 亿～1.87 亿元徘徊。2006 年开始海南省进入软件产业发展的高峰期，产业规模不断扩大，2007 年、2008 年产业规模分别同比增长 73.04%和 98.74%，达到历史最高点 3.61 亿元。2009 年受全球经济放缓等因素影响产业规模同比下降 42.67%，达到 2.07 亿元。2010 年，随着海南国际旅游岛建设上升为国家战略，海南生态软件园迎来一批国内外企业入驻，海南省信息服务业市场快速拓展，软件产业呈现加速增长的良好态势。2010 年软件及信息服务业产值达 7.6 亿元。

软件企业认定和软件产品登记工作有条不紊地开展。

2001—2010 年期间，海南省共认定软件企业 87 家，软件产品 236 件。据不完全统计，共有 10 家企业享受了千万元的所得税减免。软件企业将所减免的税收用于自主研发，增强了企业的技术实力和社会竞争力。

（二）软件著作权登记从无到有，呈现良好态势

十年间，海南省登记的软件著作权数量共有 216 件，实现了从无到有并稳步增长，呈现了良好的发展态势。部分企业自主开发的软件产品得到了省部级的资金扶持。

（三）特色企业发展突飞猛进

十年间，海南也培养了一批本土的特色企业。海南天涯在线网络科技有限公司的天涯社区目前已成为国内同类网站影响力排名第一的网站，拥有 2 000 万名以上的注册用户和上亿名浏览用户；海南凯迪网深受海外华人青睐，在海内外华人网络文化和网络生活中占有举足轻重的地位，成为全球知名网站；海口动网先锋网络科技有限公司游戏在欧美多个国家上线，注册用户达 230 多万个，海外运营服务器已达 200 多组，2010 年出口创汇超 2 700 万元；十年前，部分以销售硬件起家的企业目前都已华丽转型，分别向软件开发、系统集成和技术服务等方向发展并实现了很大的赢利空间。

发展低污染、低能耗、高附加值的电子信息产业，符合海南的产业发展定位，也有利

于海南实现长期的可持续发展。在海南省“十二五”规划中，已明确指出要优先发展高新技术产业，大力发展信息产业。加快建设海南生态软件园、海南灵狮创意港和三亚创意园，鼓励和吸引国内外知名信息技术企业向园区集聚，发展软件研发、信息技术培训等软件产品和相关产业，早日建成国家软件产业基地。可以期待，凭借海南良好的生态环境和政策环境，发展软件产业和电子产业方面有着得天独厚的优势，海南国际旅游岛的建设也会更大地促进软件产业的发展。

二、海南省软件产业发展主要举措

（一）加快两个园区建设，凸显企业集聚效应

海南省制定出台的《海南省“信息智能岛”规划》强化了以信息化支撑海南国际旅游岛建设的行动计划和主要任务。海南省信息智能岛建设将围绕“一个基础、两个园区、三个重点、四个体系、五个突破”来展开。其中两个园区的建设就是重点建设海南生态软件园和三亚创意产业园。两个园区将集聚海南的软件企业入驻园区，实现以大企业带动小企业，共同发展的愿望。按照规划海南生态软件园将成为国家支持的重要软件产业基地，目前入园企业 143 家，完成建筑面积 10 万平方米，实现产值 13.8 亿元。三亚创意产业园正在进行规划和建设，先期签约了 16 个重点项目，包括中兴通讯三亚研发中心、北大科技园、中核能项目等，部分项目已经动工建设。

（二）加强政企合作，共同推动产业发展

近年来，海南省政府加大与国内外知名 IT 企业的合作力度，先后与中国电子、惠普公司等大企业签署战略合作协议，双方在海南信息化建设和信息产业发展方面开展全面合作，有力地推动了海南省信息产业的发展规模和水平。2005 年 10 月 25 日海南省政府与微软（中国）有限公司签订《合作谅解备忘录》，成立了海南微软技术中心。2010 年海南微软技术中心升级为“国家发改委—微软软件创新中心分中心”，整和自身开发和市场资源，为政府信息化建设提供创新技术和服务，同时通过人才培训、项目合作、技术交流和知识共享等方式带动当地软件企业创新，形成良好的软件产业生态环境。2010 年 10 月 25 日省政府、东软集团股份有限公司和海航集团有限公司签署战略合作协议，三方将在海南省信息化建设、IT 人才培养、信息产业发展等领域紧密合作，共同推进海南省信息智能岛建设。

（三）大力培养 IT 人才，为企业输入新鲜血液

人才是软件企业发展的重要条件，为解决软件企业人才短缺的问题，省政府每年安排一定的财政资金，资助海南服务外包人才培养，该项工作以惠普公司为主体，联合省内若干大学，围绕外包服务企业和 IT 企业总体需求，针对在校大学生进行学制 3 个月的集中和针对性的服务外包技术培训；通过政企联合的方式，东软集团股份有限公司在海南生态软件园内建设了东软信息产业基地，并加大在海南信息技术人才培养力度；用友软件股份有限公司和部分高校合作，通过校企联合办学的原则，培养实用型人才；政府通过购买服务的方式，补助部分专业协会，由协会定期举办各种技术交流和讲座，以提高 IT 人员的素质。通过以上不同的培训方式，培养企业所需的技术人员，满足海南信息产业发展的规模化人

才培养和储备需求。

（四）打造公共服务平台，服务政企

2006 年海南省财政投入 2 000 万元启动电子政务外网网络平台一期建设，统筹规划、建设与整和全省统一的电子政务外网，统一建设省政府数据中心，统一建设省委、人大、政府、政协四大机关数据中心机房；2008 年省政府政务服务中心启动运行，依托省电子政务公共服务平台，开通运行了网上联合审批系统；2010 年还陆续建设中小企业服务平台和旅游公共服务平台。

第二十章 重庆市

一、重庆市软件产业十年发展回顾

（一）十年内产业规模及增长率情况对比

近十年来，重庆市软件产业实现了跨越式发展，从 2001 年销售收入约 1 亿元到 2010 年销售收入约 380 亿元，年平均增速超过 60%以上，产业规模增长了近 400 倍。2010 年重庆市信息产业总收入将突破 1 000 亿元，成为重庆市工业经济的支柱产业，其中软件产业在信息产业中的比例已超过 1/3。重庆市软件和信息服务业行业服务领域主要集中在制造业、电信、能源、政府、金融等产业，软件产业的快速发展对整个工业经济的渗透作用和带动作用巨大，成为重庆市经济高速发展的重要支撑行业。

软件产业出口方面，从 2000 年的 50 万美元到 2009 年的超过 4 亿美元，十年间软件产业出口额增长了 830 倍。如此快速的增长，主要依靠国家的行业政策定位和本地企业的壮大，根据国家对产业的政策定位及大力支持，重庆市也制定了相关政策推动行业发展，其中就包括对软件产业出口的支持和补贴条款，如根据出口额给予补贴。在这些政策的引导下，2001 年到 2006 年间出口额同比增长达到或超过 100%，进入 2007 年，虽然受到国际金融危机的影响，增速放缓，但仍保持在 50%左右。

经过十年的发展，重庆市已成为我国具有较强影响力的服务外包基地城市和服务外包示范城市，也是西部地区软件和信息服务业的重要聚集地之一。

（二）十年内“双软认定”执行情况和重点企业数量对比

十年来，重庆市“双软认定”工作成效显著。从 2001 年认定软件企业 52 家，登记软件产品 83 件，到 2010 年 10 月为止重庆市累计认定软件企业超过 347 家，登记产品 952 件，软件企业在重庆市已渐成规模。认定软件企业主要分布在重庆市主城区内，以北部新区、九龙坡区、沙坪坝区为主。登记的软件产品涵盖管理、医疗、办公、安全、ERP、教育、勘测、物流等领域，门类丰富。

随着产业发展持续增长，重庆市软件的企业实力不断增强，经营能力逐步提升，市场竞争力稳步提高。2002 年开始，重庆市每年都有软件企业入围国家规划布局内的重点软件企业。目前，重庆市已经涌现出中冶赛迪、南华中天、亚德科技、金算盘软件、中讯亚太、金山科技等一批具有核心竞争力的优秀企业。2009 年营业收入超过 1 亿元的软件和信息服务业企业 18 家，超过 5 000 万元的企业 28 家。其中，中冶赛迪稳居 2008 年中国软件业收入前百家企业第十一位，排列中西部第一位；美音信息、广典传媒在我国 BPO 企业中名列前茅，在业界已具备一定的影响力；2009 年，重庆金山科技（集团）有限公司的智能可控胶囊内镜系统研究及产业化项目获得国家第九届信息产业重大技术发明奖。

随着企业发展的逐步规范化，一大批软件和信息服务业企业陆续通过各种资质认证，企业整体实力不断提升，发展潜力巨大。截至 2009 年年底，3 家企业获得 2009 年度国家规划布局内重点软件企业；通过国家计算机信息系统集成资质认证的企业 148 家，其中一级资质认证 5 家，二级资质认证 16 家；通过 CMMI 认证的企业 12 家；通过 ISO 27001 / BS 7799 认证的企业 6 家。

（三）十年内园区建设、人才培育和配套设施建设等领域的情况

1. 重点软件园区成为产业发展的主要载体

（1）北部新区。北部新区是国家商务部批准的服务外包基地城市示范园区，也是国家火炬计划软件产业基地，目前已有包括霍尼韦尔、微软、富士通、南华中天、正大软件在内的超过 300 家软件企业入驻园区，集中了全市 80%以上的有规模和实力的软件和信息服务企业，是全市软件和信息服务产业集中布局的主要区域。北部新区重点发展软件研发、信息技术服务外包、动漫设计及数据录入与加工等软件及信息服务外包，是重庆目前产业基础最成熟、园区环境最完善、发展潜力最大的软件园区。

（2）西永微电子产业园区。目前已有包括惠普、NTT DATA、中科院软件所在内的约 50 家软件企业入驻园区，逐步发展为跨国公司研发中心和离岸外包基地、中国自主知识产权芯片研发制造与嵌入式软件研发基地、国家软件与服务外包基地，成为推动重庆新一轮产业发展的增长极和创新核、重庆内陆经济中心城市对外开放的实验区和示范区。

（3）渝中区 CBD 软件和信息服务产业集聚区。近年来，渝中区依托 CBD 总部经济与金融中心地位着力打造 CBD 软件和信息服务产业集聚区，重点支持互联网信息服务产业，其中环球互联网产业园由环球大厦、广发大厦、渝中大厦、汇源大厦等楼宇组成，目前已有包括猪八戒、软岛、聚焦科技等一批知名互联网企业入驻园区。

（4）永川区软件和信息服务产业园区。近年来，永川区依托城市发展、职业教育等优势资源大力发展呼叫中心、数据录入等业务流程外包业务，并兴建永川软件服务外包产业园区，被重庆市列为软件及服务外包的基地。永川服务外包产业园区的总体定位是成长为中国大型本土服务提供商二次转移基地和有前景的创业型公司的孵化基地，最终成为中西部地区大型企业 BPO 共享中心和 ITO 企业集聚地。目前已有中国电信、统捷科技、宝利阳科技、创思特等企业入驻。

2. 软件产业聚集区蓬勃发展

（1）北碚软件园主要依托西南大学重点发展软件研发、生物医药研发及融合工业发展具有行业特色的服务外包与孵化。目前已有 20 家软件企业入驻。

（2）南岸区茶园新区创意产业园围绕文化创意产业大力发展软件及信息服务外包，作为重庆创意产业服务外包的重要基地之一，重点发展影视制作与发行、动漫设计等文化创意产业服务外包。其中，南岸区茶园新区动画产业基地被国家广电总局授为第三批国家动画产业基地，是西部地区第一个国家级动画产业基地，基地内以重庆视美为龙头的动画制作企业年生产制作动画片达 3 000 分钟以上，视美公司的制作量居全国第十位。

（3）巴南区南泉信息服务外包产业园区以重庆正大软件学院为依托，重点发展呼叫中心、数据录入中心和动漫设计等业务流程外包业务，计划建设 2 万座席规模呼叫中心，力争吸引更多的配套企业入驻，形成产业集群，将南泉信息服务外包产业园区建设为全国排

名前十位的外包产业园。

（4）江北区五里店工业设计中心主要发展以工业设计、文化创意产业相关的创意产业相关服务外包与孵化。建有设计师创业坊、创意产品展示中心、成果查询推广中心、新产品加工中心、设计师培训招募中心、公共服务及管理中心六大基础平台。已被国家知识产权局列为“国家工业设计知识产权试点园区”，被重庆市创意产业发展领导小组列为“重庆创意产业基地”。

3．软件人才环境不断改善

人才是软件和信息服务业发展的关键和核心，十年来重庆市人才环境不断改善，并根据国家对软件行业的定位启动了一系列人才引进培养计划，为行业的超常规跨越式发展提供了重要保障。2000 年，重庆市软件行业从业人员仅有 3 000 人，随着人才引进培养计划的逐步实施和完善，重庆市软件业从业人员队伍日益壮大，人员结构日趋合理，截至 2009 年年底，全市软件和信息服务业从业人员达到 6 万余人。重庆市现有 57 所高等院校、356 所中等职业学校、71 所市属以上科研机构及 124 家民办培训机构和企业，为软件和信息服务业提供了充足的人才储备。

目前，重庆市经信委还依托惠普、NTT DATA 据等跨国公司进行人才培训，启动实施了“IT5000 公益培训计划”“中高级人才百人深造计划”“对日外包特需人才引进培养计划”“软件蓝领万人培训计划”等一系列人才引进培养活动，同时推进高校课程“3+1”改革，推进产学合作“1+1”“N+1”“1+N”等“学校+企业”的人才培养模式等，为软件和信息服务业的发展提供多层次人才。

（四）其他重要产业指标对比

十年来，重庆市软件和信息服务业发展的良好环境吸引了大批知名企业入驻，惠普、NTT DATA、霍尼韦尔、微软、富士通、甲骨文、NIIT、海皇集团等国际大公司，以及中兴、华为、金蝶、东软、中软国际、微创等国内知名企业纷纷入驻重庆，设立研发中心、地区经营总部，开展软件开发、研发设计、呼叫中心、人才培养等业务，这些国内外知名企业与重庆本地外包企业建立了良好的合作关系，企业的强强联合促使重庆市软件和信息服务业的聚集效应日益增强。

二、重庆市软件产业发展主要举措

（一）规划政策体系建设方面

重庆市政府立即着手制定相关配套政策，并于 2001 年 11 月出台了《关于贯彻国务院鼓励软件产业和集成电路产业发展的若干政策的实施意见》（渝府发［2001］114 号）。在 2001 年到 2009 年期间，围绕国发 18 号文精神，重庆市政府陆续出台了一系列鼓励和支持软件产业发展的配套政策。这些配套文件涵盖了产业扶持、资金奖励、人才引进和培养、认证补贴等。这些文件的及时出台为推动重庆市软件和信息服务业发展起到了重要的作用。

（1）产业扶持：《关于贯彻国务院鼓励软件产业和集成电路产业发展的若干政策的实施意见》（渝府发［2001］114 号）、《关于加快我市软件产业发展的工作意见》（渝办发［2003］

161 号）、《重庆市软件产品增值税即征即退管理暂行办法（修订稿）》（渝国税发［2004］220 号）、《关于加快我市软件及信息服务外包产业发展的暂行规定》（渝府发［2007］70 号）、《重庆市人民政府关于促进服务外包产业发展的意见》（渝府发［2008］19 号）、《关于加快推进互联网产业发展的指导意见》（渝府发［2008］117 号）等。

（2）资金支持：《重庆市信息产业发展专项资金管理办法》（渝财建［2001］256 号）、《重庆市软件企业 BMM/BMMI 认证资助资金管理暂行办法》（渝信局［2007］39 号）、《关于申报 2010 年重庆市信息产业及服务外包专项资金项目的通知》（渝信投资［2010］64 号）等。

（3）人才引进和培养：《重庆市引进软件中高级人才优惠政策的规定》（渝府发［2006］71 号）、《“软件蓝领万人培养工程”工作方案》（渝经信软件［2010］5 号）、《重庆市信息技术实训基地认定管理办法（暂行）》等。

（4）企业认证：《重庆市软件企业 BMM/BMMI 认证资助资金管理暂行办法》（渝信局［2007］39 号）。

（二）“双软认定”实施和重点企业培育领域

1. 加强宣传力度，推介双软认证

十年来，行业主管部门积极与软件园区等有关辖区主管部门联系，通过共同召开宣贯会、座谈会的形式向企业宣传“双软认定”有关政策，巩固“双软认定”工作成效。并且协会还将定期主动到企业宣传有关政策，扩大“双软认定”的影响，提高普及率。

按照“双软认定”的申报管理办法，结合重庆市的自身特点，重庆市双软认证工作为全年受理，每年集中 4 批办理，分别在 3 月、6 月、9 月、12 月开展认定工作。同时为提高办事效率，简化了双软申报程序，企业可以在网站上下载相关资料表格，并在受理大厅一次性完成咨询与办理的相关手续。

2. 多方面扶持，积极打造重点企业

通过政策倾斜、资金扶持、税收优惠、人才供给等全方位的扶持措施，十年间，全市软件产业规模持续扩大，企业市场竞争力稳步提高，涌现出中冶赛迪、南华中天等一批优秀企业。2009 年营业收入超过 1 亿元的软件和信息服务业企业 18 家，超过 5 000 万元的企业 28 家。西永微电园、北部新区高新园等重点园区的建设推进了重庆市软件和信息服务业整体发展环境的提升，吸引了 IBM、微软、富士康、惠普、中兴、华为等国际国内知名企业入驻，并与重庆市本地企业建立了良好的合作关系。随着企业发展的逐步规范化，重庆市一大批软件和信息服务企业陆续通过各种资质认证，软件与信息服务业整体实力不断提升。

（三）财政资金支持领域

国发 18 号文颁布以来，根据文件中提出要多方筹措资金，加大对软件产业的投入。市政府及行业主管部门积极研究，根据重庆市软件产业自身特点出台了一系列的专项资金政策进行资金支持。

1. 软件产业发展专项资金

《重庆市信息产业发展专项资金管理办法》（渝财建［2001］256 号）规定：每年由市

财政拨款 2 000 万元，用于支持重庆市信息产业和信息化建设的发展，其中 1 000 万元专项用于软件产业。

2．重庆市软件及信息服务外包发展专项资金

《关于加快我市软件及信息服务外包产业发展的暂行规定》（渝府发［2007］70 号）规定：2007 年市级财政安排 2 500 万元，此后根据财力情况逐年增加，主要用于为吸引国内外大型软件及信息服务外包企业（以下简称外包企业）或研发机构在渝落户而提供的政策性补助，支持外包人才的引进、培训及扶持外包产业基地建设等。

3．互联网产业专项资金

《关于加快推进互联网产业发展的指导意见》（渝府发［2008］117 号）规定：从市财政每年新增的信息产业及外包专项资金中划拨，重点支持互联网产业发展。运用政府出资补助、贴息、奖励等多种手段，带动社会资金、风险投资资金进入互联网产业。

（四）园区建设、人才培养及相关配套设施建设领域

1．在软件园区和软件产业集聚区建设方面的主要做法

1）统筹规划、聚集发展

在十年的发展过程中，为有效应对产业集聚效应低、产业布局分散、产业特色不明显的发展问题，重庆市主要遵从“统筹规划、聚集发展”的原则，选取产业基础雄厚、产业资源丰富的综合型服务外包产业园区作为示范区，重点打造以北部新区为对外窗口和示范标杆的领航区，西永微电子产业园区为业务创新前沿的创新区，永川区为重庆市人才机制创新和 BPO 扩展的支撑区的 3 个综合型服务外包示范区，联动以渝中区及周边 CBD 为中心的中央商务圈，协同北碚区、九龙坡区、沙坪坝区、南岸区、巴南区等区域内已具备一定软件及信息服务外包产业基础的多个特色服务外包试点区，形成“三区带多点”的产业发展格局，实现全市软件及信息服务外包产业的合理布局，带动城乡统筹发展。

2）产业错位、特色突出

除了软件园区以外，重庆市各软件及信息服务外包产业集聚区主要遵循“产业错位、特色突出”的发展原则，根据自身资源禀赋特点并结合综合型服务外包示范区的产业发展侧重与各特色服务外包试点区的产业发展特点打造两化融合、数字交互和业务流程外包“三大产业集聚群”，从而面向不同细分市场、着力不同产业环节、联动不同目标行业，实现错位竞争与发展效能最大化。

重庆市软件及信息服务外包三大产业集聚群产业定位既涵盖软件及信息服务外包产业的各个层次，又实现相互错位和产业分工的互补合作，支撑重庆市软件及信息服务外包产业完整链条和业务结构的搭建。在各个产业集聚群中，每个园区又在细分业务领域做出各自特色，打造特色化产业环境，并最终相互协同互补，强化集群整体实力。同时，三大产业集聚群之间也有业务交叉、互通互享，例如，两化融合产业集聚群可依托二郎科技新城的文化创意产业服务外包基础发展数字交互产业服务外包，数字交互产业集聚群可依托嵌入式软件开发为代表的技术研发设计产业基础发展协同工业发展具有行业特色的服务外包等。

2．在人才培养和引进方面的主要做法

十年来，重庆市紧紧抓住信息化与工业化融合和全球软件及信息服务外包产业转移机遇，以建设国家级软件及信息服务外包基地，打造软件外包中西部地区“第一城”为目标，推进软件及信息服务人才培养模式的改革，积极鼓励开展软件及信息服务人才实用技能的培训；开展国际合作，不断优化人才发展环境，以人才能力培养为中心，以软件人才结构调整为主线，重点做好人才培养、人才吸引、人才留住 3 个方面的工作；积极引进高层次人才，选送优秀人才出国培训，努力弥补重庆市软件及信息服务高端人才严重短缺的现状；着力形成高、中、初 3 个层次的人才培训架构，极大地提升重庆市软件及信息服务人才培训能力，促进重庆市软件及信息服务产业的快速发展。

1）初级人才培训行动

依托重庆市大专院校现有资源，大力引进国内外知名培训机构和课程体系，积极鼓励开展非学历教育和认证教育。委托专业的第三方机构对现有或引进的人才培训机构进行认定考评，逐步建立完善的软件及信息服务人才培养体系。

这十年期间，重庆市按 3 个层次建立大约 100 家软件及信息服务人才培训机构（简称 3C），其中：核心层（Core）培训机构约 10 家，紧密层（Close）培训机构约 30 家，普通层（Common）培训机构约 60 家，培训重庆市软件及信息服务产业发展需要的各类人才。重点支持年培训合格人数过千人的培训机构的发展和壮大。对经认定的培训机构在正式运行后的前 3 年给予必要的资金扶持。具体管理办法另行制定。

鼓励支持应届大学（含大专）毕业生和社会人员参加软件人才培训。依据市政府 70 号文规定，学员参加经认定的培训机构的软件培训项目，取得培训合格证书并被本地软件企业录用且签订两年以上劳动合同的，政府给予学员不超过培训成本 85%的补贴。对于世界 500 强 IT 企业和国内外知名的软件外包公司落户重庆市，可依据公司规模分期给予培训补贴，每人补贴金额最高不超过 5 000 元。

2）高级人才引进工程

根据重庆市高级人才严重短缺和难以大规模培养的实际，根据外包企业需求，协调企业和中介机构，从国内外引进项目经理以上的高级人才。十年来引进高级人才近 2 万人。

由相关政府部门牵头，发起重庆软件人才国际巡回招聘活动，组织相关企业和园区赴发达国家和地区开展高端软件人才专场招聘活动。积极探索建立同国内知名人力资源中介机构进行合作的机制，面向国内外开拓软件高级人才招聘渠道。重点支持 10 家人力资源中介机构（“猎头”公司）的发展和壮大。

完善高级人才柔性流动机制，及时协助相关外籍人士办理就业证、专家证，并依法为其办理居留许可，对个别确须加急的证件加急办理。将重庆市重点软件企业纳入因公出国（境）绿色通道企业，为企业走出国门提供便利，对聘用外籍人士较多的服务外包企业提供上门集中为其外籍人士办理居留许可的服务。

3）中高级人才深造计划

为加快重庆市软件及信息服务中高级人才培养进程，努力提高人才本地化比例，协助本市软件及信息服务企业选派若干名系统架构师和项目经理以上的中高级人才进入国外软件及信息服务公司进行项目实践，以此提升从事软件及信息服务的能力，更好回到本市施展才华。选派对象一般是有过2～3年外包软件开发经验的人员。由本市外包企业提出需求计划及外方接受企业名录，然后，将经初选合格的人员送至国内有关培训基地进行语言、工程化管理和法律等方面的强化培训，经选拔合格之后派往相应的外包国家，如日本、韩国、美国、加拿大和欧洲等国家的软件公司进行项目实践工作，为期可以是半年、一年甚至两年。对于符合条件的出国深造软件及信息服务人才给予每人最高可达5万元的补贴。"深造计划"年派遣人数达到100人以上（有关管理办法另行制定）。

（五）其他重点工作领域

十年间为了实现重庆市软件与信息服务外包产业的跨越式发展，重庆市实施了软件服务外包"双十战略"行动计划。以开放和创新作为根本驱动力，用开放的思路在全球范围内进行资源整合和配置，创新服务外包产业的非常规发展模式，以开放引进、并购重组、流程再造为手段，通过实施十大基础产业工程、十大区域激励政策等基础性工作，打造快速聚集、有效供给、相对稳定的重庆区域的人才池，构建体系完善、便于操作、实效明显的政策洼地，营造重庆区域生活舒适、商务方便、配套齐全的宜商环境，促进外包企业规模化、国际化发展，实现软件服务外包产业跨越式腾飞，把重庆着力打造成"中国软件服务外包前沿城市"。

（1）十大基础产业工程：国际通信专用通道工程、软件企业接包能力提升工程、人才池建设工程、支撑平台建设工程、品牌营销推广工程、业务流程再造工程、海外渠道建设工程、百团千日会战工程、企业并购重组工程、信誉体系建设工程。

（2）十大区域激励政策：专项资金扶持政策、税收优惠政策、国际市场拓展政策、高端人才引进政策、内需市场培育政策、个人培训鼓励政策、企业认证奖励政策、融资担保补贴政策、通信费用补贴政策、引进企业招商奖励政策。

三、重庆市软件产业发展主要经验和体会

（一）政府的高度重视和强力支持是产业发展的关键

构建软件产业发展的良好环境，是软件产业发达国家和地区推动产业发展的普遍经验，而政府的重视及支持正是构建良好环境的关键。在十年的发展过程中，重庆市软件产业规模及实力正是随着国家及地方政府对于产业的重视及支持程度而迅速扩大、提升。

根据国家政策，借鉴软件先进国家和城市在营造发展环境方面的有效做法，分析了重庆发展软件产业的有利条件和不利因素，重庆市制定了完善的产业发展计划，并据此提出通过完善软件及信息服务外包产业发展政策，还在已出台的产业政策的基础上，逐步细化、完善软件产业发展政策，同时监督政策的落实，通过这一系列政策环境的完善，创造了重庆软件产业发展的良好环境。

（二）人才供给是产业发展的核心

软件产业是典型的人才导向型产业，拥有人才优势的地区就能占据产业发展的制高点。作为产业发展最重要的环节之一，人力资源开发已成为支撑重庆市软件产业健康、高效、

持续发展，实现全市经济结构调整和经济增长方式转变的关键助力。

作为软件产业发展的关键和核心，重庆市近几年一直致力于人才环境的改善，通过启动一系列人才引进培养项目，重庆市软件和信息服务业从业人员队伍日益壮大，人员结构日趋合理，为重庆市软件和信息服务业超常规跨越式发展提供了重要保障。

（三）软件园区载体建设是产业发展的基础

软件园区和信息产业园是软件产业发展的主要载体，而重庆市作为西部城市及国家直辖市，具有发展产业园区的优越政策条件。十年中，为有效应对产业集聚效应低、产业布局分散、产业特色不明显的发展问题，重庆市主要遵从"统筹规划、聚集发展"的原则，选取产业基础雄厚、产业资源丰富的综合型服务外包产业园区作为示范区，重点打造以北部新区为对外窗口和示范标杆的领航区、西永微电子产业园区为业务创新前沿的创新区，永川区为重庆市人才机制创新和 BPO 扩展的支撑区的 3 个综合型服务外包示范区，联动以渝中区及周边 CBD 为中心的中央商务圈，协同北碚区、九龙坡区、沙坪坝区、南岸区、巴南区等区域内已具备一定软件及信息服务外包产业基础的多个特色服务外包试点区，形成"三区带多点"的产业发展格局，实现全市软件及信息服务外包产业的合理布局，带动城乡统筹发展。

（四）招商引资是产业发展的重要手段

依靠良好的投资环境和逐步壮大的产业规模，重庆市软件产业已进入招商引资的黄金时期。近几年，惠普、NTT DATA、富士通、甲骨文、中国科学院软件所、印度 NIIT 公司、Doctor Net、中软国际、海皇集团及微创等一批国内外知名软件研发机构纷纷落户重庆。据不完全统计，近 3 年来，重庆市引进软件类项目超过 50 个，引进项目总体规模将超过 2 万人。特别是惠普全球软件服务中心（GDCC）、惠普全球测试服务中心、惠普呼叫中心 3 个中心的引进，不但为惠普电脑生产基地落地打下基础，而且目前发展迅速，2011 年将突破 1 000 人规模，成为重庆市最大的软件外包基地；日本最大的软件企业 NTT DATA 集团落户重庆，计划建设西部最大的对日外包软件开发基地；中国科学院软件研究所重庆分部的成立，实现了重庆市国家顶级科研机构"零"的突破；引进日本读片业务量最大的 DOCTOR NET 公司在重庆市建设亚洲医疗诊断读片中心，是国内第一家面向亚洲的医疗诊断读片中心，具有重要战略意义，中央电视台《新闻联播》曾给予报道。随着这些重大项目的落地投产，在吸引投资、引进技术、培养人才及完善产业链等多个方面积极带动了重庆市软件产业的发展，成为过去十年重庆市软件产业跨越式发展的重要手段，同时也助力重庆市产业结构逐步转型。

四、重庆市软件产业展望

"十二五"期间，通过链条式的发展路径，不断拓展完善软件和信息服务业的产业链，实现重庆市软件和信息服务业的精深化和专业化发展，并推进产业的做大做强。探索研究具有创新性的发展模式，通过引进核心企业及企业中心业务的形式，发挥核心企业和核心技术的带动作用，并结合重庆市城市和产业组团式发展的路径形式，形成具有竞争优势的产业集群和重点产业带。

（一）一个目标

将重庆市建设成为中国软件外包前沿城市和中国在岸外包引擎，打造软件和信息服务外包示范城市，成为中国软件名城新的试点城市。

（二）两个工程

重点实施“百团千日”“万人蓝领”工程。

“百团千日”工程：组建 100 个商务团队，在 1 000 天内共引进 1 000 个软件和信息服务业项目，形成 10 万名软件和信息服务人才队伍。“百团千日”工程，将充分整合各区县（自治县）、各园区招商资源，合理定位各园区产业发展重点，实现从“全面性招商”向“战略性招商”，从“单一性招商”向“集群式招商”的转变，有利于整体推进项目引进工作，避免无序竞争，建设专业化的商务团队；同时瞄准全球知名软件和信息服务外包企业，加大产业招商力度，引进一批国际企业和重点项目，带动全行业跨越式发展。

“万人蓝领”工程：计划用 3 年时间，培养 6 万名从事基础性软件开发的“软件蓝领”。主要解决重庆市软件和信息服务业人才结构和综合能力上的“短板”问题，工程的启动实施将建立起一种以政府主导，联合企业、培训机构、大中专院校，针对企业实际岗位的需求，订单式培养，直接输送就业的人才培养和就业模式，建立企业、培训机构、大中专院校相互联通的一体化的人才输送渠道，从而真正实现在供需平衡、持续输送、才尽其用的人才培养和就业模式，为重庆市软件和信息服务业的跨越发展提供坚强的人才支撑。

（三）三个平台

重点依托交易所、人才池、软件园的载体建设。

交易所：依托国际性的软件大公司在重庆设立的分包/接包中心，成立软件外包服务交易所，通过利用网络交易平台形式，完善服务外包产业与企业的综合配套设施的建设和投资环境，优化专业服务环境；交易所在对外包服务集中处理的模式下，政府可以实现信息集中，从而达到集中管理、分散经营的要求。同时，作为软件外包交易平台，能够加强企业品牌威信，进一步提高营运的效率，有效地改善政府管理机制，有效支持服务外包企业开拓本地市场和国际市场。

人才池：通过高级技术人才的引进和初中级人才的培训，对专业技术人才进行 UMTP 认证，以及进行广泛的人才交流，依托在渝高校软件专业教育资源，通过加快引进实用型国际著名软件教育课件和教育体系，强化软件专业的使用技能培养等形式，针对软件生产特有的层次化人才需求，着力培养高、中、低端软件实用人才。同时，形成规模化、专业化的大型软件工程专业实习实训基地，构建服务于软件及信息服务业的立体人才保障体系。以创建中国软件名城为契机，加快建设国家级软件人才培训基地，形成重庆市软件外包人才资源库，有效满足全市软件产业发展对人才的需求。

软件园：通过“一区多园”的发展模式，主要依托两江新区及北部新区重庆软件园、西永软件园、渝中区 CBD 服务外包产业聚集区、西永服务外包产业园区等园区平台建设，实现产业的集聚发展；同时发挥软件园对全市中小软件企业孵化作用，加快促进软件骨干企业的迅速发展。积极引进新加坡大型软件企业集团，规划建设中新软件园区；在重点软件园区，打造优良的电子商务环境，力争将重庆市打造成为西部地区一流的“电子商谷”；推进软件研发和人才队伍育成基地建设，通过基地培训的形式，形成软件研发和技术人才优势。

（四）四个支撑

做好宣传、组织、资金、立法4项工作，为软件与信息服务业发展提供强大支撑。

宣传：通过创办行业报刊和杂志，组织举行具有较大影响力的软件推介会和商贸洽谈会，以及利用市内外软件采购和跨境电子商务等渠道，进行广泛的优惠政策宣传，扩大行业信息的交流范围和产品交易半径，强化市场品牌建设，为全市软件和信息服务业的发展创造良好的环境。

组织：通过设立软件和信息服务业投资促进中心、指挥部、行业协会、产业联盟等组织机构，做好发展过程中的组织协调工作。有效拓宽软件和信息服务企业的融资渠道，为中小型软件企业的发展提供有力的资金支持，增强软件和信息服务企业的孵化功能。

资金：可以通过财政专项、人才担保、融资超市、产业基金等多项融资模式，为软件业的发展提供资金支持，在现有基础上，增加软件产业发展专项资金额度，支持软件产业的发展；通过人才担保和融资超市及软件产业项目贷款贴息的形式，推进软件技术成果转化和产业化。

立法：根据国家《电子信息产业调整和振兴规划》，结合重庆的产业基础，在原有优惠政策的基础上，进一步突破制度限制，采用先试先行的方式，进一步出台相关的促进条例和优惠政策，为软件与信息服务业发展提供政策和法制保障。

（五）五个重点

重点发展电子商务、互联网、软件外包、工业软件、应用软件5个具体产业。

电子商务：加快发展重庆市电子结算和电子认证业务，通过加强软硬件环境的建设，力争将重庆市打造成为亚太结算中心和国际电子商务交易认证中心。

互联网：加快互联网增值业务的发展，积极推进“三网融合”试点工作，打造较为完善的物联网产业链，为“智能重庆”建设提供良好的信息网络基础。

软件外包：在推进发展ITO 外包业务的同时，加快发展BPO、Call 、Test、 KPO等业务外包形式，加快“中国服务外包示范城市”建设。

工业软件：结合重庆市工业发展基础，重点发展电子信息、汽车电子、装备制造业等工业领域嵌入式软件，以及仪器仪表/自动化控制控制系统软件，加快开发ERP软件和客户管理企业管理软件。

应用软件：加快推进金融、能源、电信、制造业等行业应用软件的研发，加大扶持动漫娱乐软件开发，以南岸国家动漫基地为依托，提升动漫娱乐软件产业水平；增强信息安全软件开发能力，培育发展从事杀毒软件、加密软件开发的中小企业。

（六）六个意识

在发展过程中，要树立和强化“订单洼地化、人才标准化、环境国际化、政策集成化、服务企业化、机制创新化”的意识。

订单洼地化：合理利用现有的政策、人才和成本优势，吸引更多的软件企业落户重庆，增强重庆软件产业的发展基础，扩大重庆软件产业的知名度，能够更好地吸引来自全国乃至世界各地的订单，从而使重庆成为具有国内外重要影响力的软件产业发展基地。

人才标准化：科学制定人才培养目标，制定有效的标准化人才发展规划，培养一大批与软件产业发展相适应的技术型、管理型、操作型的标准化人才。

环境国际化：建立与国际接轨的、通用的电子商务和电子交易平台，将重庆市的软件与信息服务业发展的各个环节融入到大的国际市场中，实现与世界的接轨，从而有效地提高重庆市软件与信息服务业的发展水平。

政策集成化：在出台一系列相关政策与配套措施的同时，从组织领导、审批、执行等方面，推进政策的有效落实。

服务企业化：大力发展连接政府、企业和市场之间的中介机构，推进服务机构的企业化运作，增强服务软件和信息服务企业的能力，以此促进整个行业的发展。

机制创新化：对现有的管理体制，企业运行机制进行创新，推进企业机制的利益机制、激励机制、竞争机制、经营机制、发展机制、约束机制的创新。

第二十一章　四川省

一、四川省软件产业十年发展回顾

（一）发展势头强劲，规模快速增长

2000 年国发 18 号文颁布以来，四川省软件产业高速发展，软件产业收入从 2001 年 52.3 亿元增长到 2009 年的 653.3 亿元；完成增加值 243.7 亿元，较上年同期增长 21%，占全省 GDP 的 1.72%。软件企业认定数量从 2000 年的 43 家增长到 2009 年的 796 家；软件产品登记数量从 2000 年的 141 件增长到 2009 年 2 747 件，计算机软件著作权登记数量从 2000 年的 64 件增长到 2009 年的 4 311 件。

目前，四川省工商登记的从事软件研发、生产、销售及服务的企业共超过 1 万家，从业人员超过 12 万人。迈普等 3 家企业先后进入全国软件百强行列，银海软件等 11 家企业先后列入国家“规划布局内重点软件企业”。

（二）布局逐步优化，集聚效应出现

凸显出以成都为中心，成德绵共同发展的格局，以园区建设为重点形成集聚效应：以国家软件产业基地（成都）、国家信息安全成果产业化基地（四川）、国家数字媒体技术产业化基地和国家网络游戏动漫产业发展基地、国家服务外包基地和武侯科技工业园、青城山软件产业基地、绵阳科技园、绵阳软件园为载体，成都高新区、武侯科技园、绵阳科技城、德阳为主要聚集区的四川软件与信息服务业产业带初步形成。

（三）产业发展环境大幅度改善

政策环境：四川省先后出台《中共四川省委四川省人民政府关于加快电子信息产业发展的决定》（川委发［2000］49 号）、《中共四川省委办公厅四川省人民政府办公厅关于印发〈四川省加快电子信息产业发展的若干政策意见〉的通知》（川委办［2000］89 号）、《〈关于印发四川省高新技术产业及园区发展实施方案〉的通知》（川府发［2007］22 号）。

基础设施环境：四川省干线出省光缆数量 22 条，传输总带宽达到 3 200Gbps，城域网出口带宽超过 100Gbps。成都目前所具备的通信基础设施的可装机容量、负载能力和信息集散程度等，在国内 5 个大区级通信枢纽中具有优势地位。随着国际通信出入口局、“无线城市”、互联网区域交换中心、高性能计算中心、国家级数据存储灾备中心等一批重点项目和工程取得了阶段性成果，提升了四川省通信枢纽承载能力和信息集散层位，进一步强化了软件服务外包等信息服务业的基础优势。

服务及技术环境：加大了政府投入，通过“十一五”建设，成都高新区载体建设加快，已完成软件孵化园、天府软件园一期、二期、三期及配套功能区，建设了武侯科技工业园、青城山软件产业基地、绵阳科技园、绵阳软件园，建设了公共技术平台功能包括数字媒体、服务外包、信息安全子平台。

融资环境：盈创动力投融资平台、4 家公司 IPO 成功上市。

（四）软件与信息服务业主要特色领域

形成软件与服务外包服务、信息安全、嵌入式软件、动漫与数字娱乐、行业应用软件、IC 设计六大产业集群。

1. 软件外包服务

主要企业：IBM 服务中心、颠峰集团、国腾集团、维纳、杰华科技、ECWISE、迈思信息、音泰思、四凯、启明软件、兆虹。

特点：搭建了首个西部软件外包服务平台“天府软件外包业务平台”，该平台获工业和信息化部专项资金支持。形成对日韩外包企业集群和欧美外包企业集群。

2. 数字娱乐

网络游戏领域主要企业：逸海情天、梦工厂、锦天科技、四川斯普科技、盛大（成都）、金山（成都）、育碧、智乐。

手机游戏领域主要企业：联合众志（成都）、掌中科技。

动画动漫领域主要企业：精锐动画、恒风、成都金海洋、巴斯图恩、牧鹰数码、精英设计、风之翼。

在电子竞技主要企业：四川国腾、四川美星。

特点：成为四川软件及信息服务业新的增长点，获得“国家网络游戏动漫产业发展基地”，“国家数字娱乐产业示范基地”称号。

3. 行业应用软件

主要企业：银海、索贝、三零盛安、攀信、川大智胜、川大金键、三泰、三零凯天、交大光芒、创立、天翼。

特点：行业分布广，覆盖银行金融、交通、电力、电信、医疗卫生、社保等多个行业，具有鲜明的特点，四川省软件及信息服务产业的重要组成部分。

4. 嵌入式软件

主要企业：华为、华赛、长虹、九洲、汇源、卫士通、天奥实业、中兴通讯、东银信息、金网通。

特点：已在通信设备、网络设备、自动控制、数控机床、智能设备、汽车电子、专用的微处理芯片、数字电视机顶盒、医疗器械、金融税控收款机、数字视听设备等领域进行广泛应用，在四川省软件产业中的比例越来越大。

5. 信息安全

主要企业：华赛、信息产业部电子 30 所、29 所、川大信息安全研究所、西南交大计算机安全与通信保密研究所、三零盛安、格瑞特、卫士通、迈普、川大能士、高星科技、成都天融信。

特点：是国内最早、最大的国家信息安全成果产业化国家级基地。形成了产学研相结合的技术创新、产品、产业体系，在信息安全加密、安全平台、VPN、PKI、网络安全检测、商用密码与防伪认证、移动通信的安全与保密、密码算法等方面均处于国内领先地位，信息安全产品在全国获得了“品种最全、技术最高、竞争力最强”的美誉。

（五）软件产业结构发生变化，新兴服务领域蓬勃发展

国内外著名企业纷纷在川建立高水平研发中心，软件研发投入与比例大幅度上升；以基于互联网、移动互联网、物联网等网络服务和软件外包为代表的信息服务业快速发展；信息化重要性日益体现，信息化日益深入社会发展各个领域，呈现出信息化与工业化融合的趋势。随着信息化建设速度加快，信息化应用更加广泛，一批分销和系统集成企业向咨询、研发和服务两端延伸，成为高素质的信息技术服务企业；以软件即服务（SaaS）为代表的云计算模式逐步兴起；包括数字内容企业、网上认证支付企业、信息平台服务企业的服务企业不断涌现；数字内容产业快速发展，动漫游戏产业蓬勃兴起。

（六）与传统制造业结合日益紧密

传统 IT 制造业企业正在经历逐渐“软化”的转型。从长虹脱胎的长虹网络、国虹数码、长虹佳华，九洲的卫星系统、数字产品，金网通数字电视网络与终端产品，软件的发展成为其核心竞争力之一。而东电自控则成为传统制造业与软件紧密结合的代表。 软件与信息服务技术成为提升传统制造业的重要手段，两化融合的黏合剂。

（七）互联网和手机多媒体服务成为新的经济增长点

近年来四川省互联网行业规模增长极其迅速。培育了一批以四川在线、四川新闻网、天府热线、成都市政府门户网站、成都全搜索为代表的地方性综合门户，以及一大批游戏动漫、数字音乐、信息安全服务等领域的特色互联网站和行业专网，吸引了众多外地网络公司在此建设网站、数据中心、研发中心及网站托管。以此为基础，形成了以互联网为基础的新兴产业链条，以中国移动无线音乐基地为例，2008 年，该网站平台发展会员 9 663 万人；随着 3G 的开通和政府对数字新媒体产业重视程度的加强，手机多媒体产业迎来了巨大的发展机会。目前，除三大运营商外，四川已聚集了几十家从事手机游戏、手机支付、无线音乐、手机文学及其他手机增值信息服务的手机媒体研发企业，包括智乐、长城软件、卓娱互动、掌中科技等国内知名企业，产业基础较为扎实。

（八）科技力量雄厚人力资源丰富

全省有普通高等院校 92 所，其中 5 所列入全国“211 工程”建设；普通本（专）科在校学生 103.6 万人，研究生 7.1 万人。全省有中国工程物理研究院、中科院成都分院等中央在川科研机构 188 个，拥有在川国家级重点实验室 11 个、省部级重点实验室 51 个，国家级工程技术中心 13 家、国家级企业技术开发中心 27 家、省级工程技术中心 80 家。全省有各级各类科研开发机构数百家，各类专业技术人员 100 多万人，有两院院士 60 名。IT 专业学生超过 10 万人，每年毕业大学生 10 万人以上；拥有华迪、国信安、北大青鸟、朗沃、金海洋、电子科大科园、科力特、游戏学院、数字娱乐软件学院等多家社会培训机构，每年培训 IT 人才约 2 万人。

二、四川省软件产业发展重要举措

（一）优化产业发展环境，健全产业政策体系

认真贯彻落实国家和省在招商引资、技术改造、人才引进等方面的优惠政策和措施。落实有关软件和信息服务企业税收优惠政策。鼓励各地因地制宜出台相应的产业激励政策和措施。

（二）落实产业扶持政策，加大财政支持力度

积极争取国家相关重大专项扶持资金的支持。充分利用四川省现有相关专项资金加大对软件与信息服务业发展的支持力度，推动软件与信息服务产业重大项目建设和企业发展壮大。根据产业发展需要，保持财政投入的连续性，强化财政投入的导向性。鼓励有条件的地级以上市设立软件与信息服务业发展专项资金。

（三）制定实施产业化应用促进计划

研究制定本地软件和信息服务的应用促进计划。大力支持传统行业企业与本地信息服务业企业联合进行技术改造。

（四）加强市场监管，加大知识产权保护力度

规范软件和信息服务交易市场及信息资源市场，坚决打击各种侵犯知识产权行为，鼓励企业进行核心专利技术的开发和利用。

（五）强化行业管理，加强行业统计和运行监测分析

优化产业管理，逐步建立完善软件与信息服务业统计和评估体系，加强为制定和实施产业政策提供科学依据。支持发展相关行业协会和中介组织，建立和完善包括信息咨询、技术交流、监理和人才培训等行业服务体系，开展产业宣传、产业统计、产业研究等服务，提升行业支撑能力。

（六）完善人才保障机制，建立健全多层次的培养体系

优化高等院校相关学科和课程设置，加强产学研用结合的实训基地建设，支持校企联合开展定制式人才培养。鼓励企业加大职工培训力度，积极引进国内外高端人才。完善吸引人才、用好人才和留住人才的政策措施。引导和支持企业运用期权、股权等激励方式稳定高层次人才。进一步增强四川省对高层次和高技能人才的吸引力。

三、四川省软件产业展望

（一）指导思想

全面贯彻落实科学发展观，抓住电子信息产业向西部转移的机遇，以国家大力培育战略新兴产业为契机，把握软件服务化、全球化、网络化、融合化、平台化的发展趋势，围绕创新、应用和融合 3 条主线，增强创新能力、促进集聚发展、改善人才结构、优化发展环境，围绕构建现代产业体系，以融合创新、融合发展为动力，推动四川省软件与信息服

务业创新化、高端化、服务化和国际化发展，促进经济发展方式转变和结构调整，为两化融合和经济社会发展提供有力支撑。

（二）发展目标

到 2015 年，四川省软件与信息服务业年均增长 28%以上，占区域 GDP 的比例进一步提升；对传统产业改造升级的支撑功能显著增强；软件与信息服务业自主创新体系基本完善，产业核心竞争力大幅提升；政策环境及人才体系全面优化；建成一批名城、名园、名企；成德绵乐软件与信息服务产业带产业区域一体化布局基本形成。

（三）产业布局

以成都为中心，显现成都承接外部产业转移高地地位，加大国家软件基地的积聚能力和软件名城的影响力；发挥绵阳科技城的示范效应，大力发展以数字视听产品为代表的嵌入式软件与行业应用软件，促进信息化与工业化融合；在德阳、攀枝花工业制造基地积极发展以数字控制为代表的嵌入式软件和企业信息化相关软件，积极推进以信息化改造传统产业；在乐山、绵阳打造内容与增值服务基地；加强成都、广元、乐山的人才培养基地建设，促进信息技术在制造业中的应用。

第二十二章　贵州省

一、贵州省软件产业十年发展回顾

贵州省软件产业起步于20世纪90年代末，进入21世纪以来，贵州省紧紧依托装备制造、能源、化工、原材料及消费品等传统工业，以及互联网、移动通信快速发展带来的机遇，经过十年的积淀和发展，贵州省软件产业在规模总量、产品结构、技术创新、产业聚集等方面均取得了可喜的进步。2009年，在应对国际金融危机的冲击中，贵州省软件服务业继续保持高速发展势头，在经济社会发展中的战略地位进一步提升。

（一）产业规模快速增长

2009年，省属地方纳入统计的79家软件服务业企业实现主营业务收入23.5亿元，是2000年的20倍。其中，软件产品收入9.16亿元，系统集成及支持服务收入11.2亿元，信息技术增值服务收入1.73亿元，信息技术咨询和管理服务收入4 520万元，设计开发收入952万元。

截至目前，全省有软件服务业企业近200家，通过软件认定企业136家。通过系统集成资质认证备案企业40家，其中，二集资质2家，三级资质21家，四级资质17家。省属地方软件服务业企业中，主营业务收入超5 000万元的企业8家，超2亿元的企业1家。

（二）创新能力不断增强

近年来，贵州省软件服务业企业通过加大研发投入、引进人才等措施，自主创新能力不断增强，业务领域不断扩展，初步形成了以软件开发、系统集成、互联网、移动通信增值服务、数字内容为主的多个业务领域。软件产品涵盖了行业应用软件、中间软件、通用软件、嵌入式软件等类别。2009年，贵州省认定软件产品73个，同比增长38%，累计认定软件产品339个。涌现出一批具有较强创新能力的企业，贵阳振兴铝镁公司是专业从事铝工业行业软件开发和系统集成企业，2009年实现主营业务收入2.03亿元，自主研发的“铝电解生产过程控制”“铝电解生产局域网”等10余种软件已在青铜峡铝厂、印度Balco铝业公司等国内外大型铝厂广泛应用；贵州华城楼宇科技公司采用变频调速、计算机系统集成技术，以及现代信息技术中“无缝嵌入”和“虚拟传感器”技术，研发出变频调速智能控制节能工作站。该产品在关键技术上获得重大突破，节能效果好，在国内处于领先水平；贵州朗玛信息技术公司是国家级高新技术企业，主要从事电话语音增值业务、网络游戏及网络宽频技术的研发、运营与服务。公司自主研发并运营的“朗玛电话对对碰”已经成为中国电信和中国网通在电话语音增值领域首选的合作平台，在两大企业电话Q吧业务中占有绝对优势，是目前国内第三大即时通信运营商。公司自主开发和运营的大型网络游戏“妖怪A梦”已于2010年在全国实现公测；贵阳熠动漫文化传播有限公司以水墨画风格为贵州茅台创作的宣传作品在上海世博会上展出，引起了广泛关注和好评。

（三）产业聚集明显加快

目前，贵州省建有贵阳市软件园和贵阳市数字内容产业园两个园区。贵阳市软件园成立于2001年，已投入基础设施建设资金1.2亿元，园区总建筑面积3万平方米，入驻企业42家。园区主要以软件开发、系统集成、电信增值服务为主。2009年，园区实现主营业务收入11亿元，占全省软件服务业收入46.8%。贵阳市数字内容产业园成立于2006年，现有企业23家，2009年实现主营业务收入1.43亿元，同比增长49%，其中，游戏、动漫企业完成主营业务收入0.65亿元。园区动漫企业具备600分钟/月以上的二维、三维动画片的生产制作能力和较完整的衍生产品开发加工能力，在人员培训、游戏制作外包、手机动漫开发平台、4D影视系统等方面取得了突破。

二、以动漫产业为龙头，推动软件产业快速发展

2007年以来，贵阳市积极举办国际性大赛，努力打造贵阳动漫品牌。目前，已成功举办了3届“亚洲青年动漫大赛”，吸引了日本、韩国、印度、泰国、新加坡、中国香港和中国台湾等国家和地区参与，是目前为止亚太地区唯一以青年为主体的大型国际动漫文化交流活动。举办亚洲青年动漫大赛，对于推动贵州动漫和网络游戏产业发展、提升城市形象、塑造城市品牌具有重要意义。同时，通过搭建产业合作和交流平台，使贵州省动漫产业得以快速融入国际市场。

三、贵州省软件产业展望

贵州省软件服务业将结合国发4号文等产业政策、省情和技术发展趋势来定位，充分利用自身的比较优势，重点发展面向行业的应用软件、嵌入式软件、信息服务及数字内容等。

（一）发展目标

到“十二五”末，行业应用软件和系统集成技术在传统产业得到普遍推广和应用，利用信息技术提升、改造传统产业和节能减排取得重大突破；互联网和移动通信增值业务快速发展；以三网融合、物联网、云计算、3G等技术研发和应用为主要特色，技术创新体系基本健全；数字内容产业快速发展，形成集动漫创意设计、品牌建立、衍生产品研发、营销为一体较为完整的动漫产业链；市场份额不断扩大，软件出口和服务外包跨上新台阶；产业规模快速增长，总体发展水平处于全国平均水平以上，成为贵州省国民经济重要的新兴产业。

贵州省软件服务业年均增长50%以上，到2015年，实现总收入超过280亿元，对传统产业增长贡献率达40%以上。

（二）保障措施

（1）以市场需求为导向，以自主创新为动力，以企业信息化和共性信息技术应用为主线，改造和提升传统产业。充分利用经济结构调整、产业升级、信息化与工业化融合，以及节能减排所形成的巨大内需市场，加快装备制造、能源、冶金、化工等工业主导产业信

息化。将计算机辅助设计、产品虚拟设计、数控设备联网控制、模糊控制、集散控制、供应链管理、客户关系管理等信息技术分别应用于主导产业中，提高产品设计开发信息化水平、生产过程自动化和智能化水平，推动工业快速发展。

（2）大力发展互联网和移动通信增值业务。近年来，互联网行业已成为贵州省数字新媒体产业的主力军。根据统计资料，截至目前，全省互联网宽带接入用户已达到132.13万户，互联网出省宽带达到265.31GB/S，光缆线路总长度为21.01万千米。培育了一批以贵州信息港、金黔在线等为代表的地方性综合网站，以及游戏动漫、数字音乐等领域的特色互联网站。随着3G的开通和政府对数字新媒体产业重视程度的加强，贵州手机多媒体产业迎来了巨大的发展机会。目前，贵州省已聚集了包括三大运营商在内的多家从事手机游戏、手机支付及其他手机增值服务的手机媒体研发企业。今后，将以推动移动通信增值业务产业发展为目标，支持以安全增值服务、移动终端信息保密增值服务、音视频及网络信息增值服务、视频会议服务系统、新一带互联网、电子商务为主的新型增值服务系统研发。

（3）以丰富的民族民间文化、历史文化、红色文化和山水风光等资源为依托，大力发展数字娱乐产业。支持具有贵州省传统文化特点和贵州少数民族风情的电子出版物、游戏软件、数字内容产品发展，打造一批具有民族特色的优秀原创动漫作品。建设动漫研发公共服务平台，建立动漫交流中心、数字内容产业园动漫体验中心。继续举办好“亚洲青年动漫大赛”，积极探索将大赛转换成推动本地动漫游戏产业发展的重要抓手。抓好“科技动漫”的创新和发展，加强动漫与传统产业的结合，建立动漫和游戏外包合作机制，加强企业的分工合作，建立符合国际标准的动画制作生产流程。推动拥有自主知识产权衍生产品的开发和生产，形成动漫产业链，提高市场占有率。

（4）抢抓先机，大力发展轨道交通系统信息化和智能化技术。城市轨道交通的发展离不开信息化、自动化、智能化手段，这些系统是整个城市轨道交通的中枢，是实现安全、高效运营及管理的关键，信息化及智能化水平的高低将直接影响城市轨道交通的效率，从而直接影响整个城市经济运转效率。2009年以来，我国的轨道交通建设呈现加速增长势头，目前我国有25个城市正在进行轨道交通的前期工作，总规划里程超过5 000千米。为实现半小时经济圈，未来几年，贵阳市将投资189亿元、新建铁路259千米，为轨道交通系统信息化和智能化技术迎来了一个良好的发展机遇。

（5）紧跟软件服务业技术发展新趋势，抓好以云计算、物联网、3G、三网融合等为代表的新技术、新业务的发展。支持云计算系统架构等关键技术研究及基于云计算的应用系统开发，支持云计算安全体系、安全数据库等关键技术的研究和应用；大力发展物联网技术，支持物联网中间件、传感器信号采集与信息集成等关键技术研究，围绕智能交通、环境保护、政府工作、平安家居、工业检测等领域，支持基于RFID的物流运输系统、商业零售和资产管理等信息系统的研发和应用；支持基于3G标准的交换机、基站、手机关键芯片等关键技术、系统软件及产品的研发。支持“三网合一”应用系统、网络管理软件、网络安全监控、网络计费、网络服务等研究，力争在上述新的业务上有所突破。

第二十三章　云南省

一、云南省软件产业十年发展回顾

（一）软件产业规模逐步扩大

2009 年年底，云南全省规模以上软件企业 91 户，共实现软件业务收入 26.01 亿元，同比增长 3.9%；上缴税金 1.34 亿元，实现利润总额 1.78 亿元，下降 8.1%；税金 1.14 亿元，增长 20.1%。是 2004 年 12.46 亿元的 1 倍多。

通过软件企业认定、软件产品认定（以下简称“双软认定”）的企业和产品，2001 年分别有 15 家、71 件，截至 2009 年，分别达到 143 家、457 件。

截至 2009 年，通过计算机信息系统集成资质认定和软件企业认定的软件企业 167 家，其中国家规划布局内重点软件企业 1 家，中国软件业务收入前百家企业 2 家。实现软件与信息服务收入 1 亿元以上的企业 7 家，1 000 万元以上（含 1 000 万元）的企业 24 家，500 万元至 1 000 万元的企业 22 家；500 万元以下的企业 39 家。全省共有计算机系统集成获证企业 74 家，其中一级资质 2 家，二级资质 10 家，三级资质 21 家，四级资质 41 家；取得计算机信息系统集成高级项目经理资质的人员 121 名，取得项目经理资质的人员 601 名。通过 CMM/CMMI 评估认证企业 16 家，其中通过 CMM2 认证的 12 家，通过 CMM3 认证的 3 家，通过 CMMI3 认证的 1 家。通过 ISO 9001 认证企业 32 家。自 2001 年开展软件产品登记以来，通过登记的软件产品达 457 件，其中，进行了软件著作权登记的软件产品有 153 件。云南省拥有自主知识产权的软件产品 100 余件，产品涉及电子政务、企业 ERP、金融、证券、公安、农业、社会保障、医疗、管理、交通、教育、商业、邮电、旅游、财务、电力、计算机安全等多个行业和领域，形成了一定的产品方向和市场能力。多个产品在全国占有一定市场份额。

（二）骨干企业逐步壮大

2009 年，软件业务收入上亿元的企业有 7 家。其中，云南南天股份有限公司、云南省通信产业服务有限公司、昆明昆船物流信息产业有限公司入选 2010（第九届）中国软件业务收入百强企业，排名分别为 56 位、78 位和 84 位。云南南天股份有限公司为国内主要银行开发了数十种大中型应用软件，在多家银行机构得到了推广应用，为金融界及广大客户提供数十个优秀的软件包和解决方案，2009 年软件业务比上年同期增长 49.27%，软件外包业务近 3 500 万元，非金融行业市场合同金额 1.6 亿元。云南省通信产业服务有限公司全面开展系统集成、网络维护、软件开发、语音增值、声讯服务和 IT 产品销售等各项业务，2009 年实现销售收入均超过 5.2 亿元；昆明昆船物流信息产业有限公司围绕烟草工业、烟草商业、机场物流、军方物流和金融 5 大行业，成功实施了 300 多项大型综合自动化物流系统和信息系统工程，合同总额近 30 亿元。金峰软件（云南）有限公司凭借其核心产品——

JReport 商业智能报表工具平台成功打入国际市场，累计软件外包出口收入达到 250 万美元以上，企业技术产品出口年增长达到 230%，连续几年占据云南软件出口创汇总量的 98%以上。

（三）软件与信息服务人才培养体系逐步建立

省内 31 所高校开设了 156 个本、专科相关专业，9 所高校开设了 60 个硕士研究生相关专业，3 所高校开设了 17 个博士研究生相关专业。目前，拥有 9 个国家及部委级重点学科、139 个省级重点学科、10 个国家和省部级重点实验室、5 个国家和省部级工程中心、11 个省级重点实验室、23 个云南省高校重点实验室、9 个人文社会科学重点研究基地、11 个云南省高校工程研究（技术）中心，每年可为服务外包培养大量的专业人才。据不完全统计，“十一五”期间，截至 2009 年年底，省内电子信息类应届毕业生约有 5 821 人，其中，就业于省内软件企业或其他各类用人单位的有 3 556 人，就业于省外软件企业或其他用人单位的有 2 265 人。

为推动云南省信息产业特别是软件与信息服务业的发展，提高各类 IT 人才的素质，云南省计算机技术与软件专业技术资格（水平）考试办公室一直致力于国家人事部和信息产业部组织的全国计算机技术与软件专业技术资格（水平）考试（简称计算机软件考试）工作的开展，截至 2009 年年底，全省累计参加考试人数达 42 541 人，考试人数逐年上升，通过该项资格考试的人数达 10 293 人，通过率为 24.2%。其中，通过信息系统项目管理师、系统分析师、网络规划设计师、系统架构设计师的高级职称资格的人员 213 人；通过软件评测师、软件设计师、网络工程师、多媒体应用设计师、嵌入式系统设计师、计算机辅助设计师、电子商务设计师、信息系统监理师、数据库系统工程师、信息系统管理工程师、系统集成项目管理工程师、信息技术支持工程师等中级职称资格的人员 3 299 人；通过信息处理技术员、程序员、网络管理员等初级职称资格的人员有 6 781 人。取得计算机信息系统集成高级项目经理资质的人员 121 名，取得项目经理资质的人员 601 名。

（四）基地建设取得新进展

云南省的软件园区主要有云南软件园、昆明软件园、昆明科技创新园、国家科技部 863 软件孵化器昆明基地昆明高新五华科技园、昆明信息产业基地等软件基地。结合软件产业的特点，对软件企业实行专业孵化，为软件企业提供优越的创业环境和开发平台，制定特别优惠的政策，使企业有条件集中力量从事研究和技术开发，共享技术创新资源。软件园区建设已经成为云南软件产业的核心。

云南软件园组建于 1998 年 12 月，是昆明高新区管委会建立的发展信息产业的专业孵化器，创新体系建设的重要内容。在国家科技部和省市委、省市政府及有关部门的扶持下，云南软件园已经成为云南省、昆明市及昆明高新区发展信息产业的重要基地和技术创新最活跃的区域。现云南软件园产业基地面积已达到近 7 万平方米。云南省、市政府也高度重视软件园的建设和发展，将其建设纳入《省市国民经济和社会发展“十五”计划纲要》，并列为云南省 IT 产业 11 个重点建设项目之一加速发展。昆明高新区管委会投入上亿元资金，建设了 5 万多平方米的孵化场地及配套设施。云南软件园的建成为软件产业的发展提供了政策支持和支撑服务，产生出明显的集聚效应。现已基本成为云南省集软件研发及孵化、人才培养、产业化生产、市场营销、风险投资等软硬件配套齐全、与国际接轨，集“产学研”为一体的信息产业园区。

国家863软件专业孵化器昆明基地是2002年11月由有关主管部门与云南省政府有关主管部门大力支持建设的全国8个国家863软件专业孵化器基地之一。由开放源码库、公共软件构件库、中间件库、基础软件集、开发工具集、质量管理工具集、测试工具集（含测试平台）等构成，其中有原创源码700多个、成熟源码1．5万多个。据不完全统计，源码下载次数共计4万多次；有全开放构件3 040多个，限制性开放构件1 000多个，并已面向企业及云南相关专业的高校师生提供开发应用。同时，基地进一步完善软件评测体系，以入孵企业为重点，积极开展企业CMM、ISO、集成资质、（高级）项目经理、（高级）测试工程师、监理工程师等为主要内容的培训、咨询和认证辅导工作，促进企业提高软件开发能力及软件产品质量，入孵企业分布在以烟草、电力、电子政务、电子商务、石化、交通、物流为主的各个领域。

昆明高新技术产业开发区五华科技园是昆明高新区的一个有机组成部分。汇集了一批科技含量高、产业化程度高、市场前景好、具有自主知识产权的企业。

昆明信息产业基地选址在昆明经济技术开发区内，是未来昆明产业发展的重点区域。昆明信息产业基地通过国际邀请招标的方式，委托美国IDC工业设计公司实施概念性规划设计工作和控制性详细规划设计工作。基地内“昆明光电子产业园”一期项目已投产，目前已形成年产1 000套二代探测器、3 000套红外光学镜头、700套红外热成像整机生产能力，昆明北方红外技术股份有限公司成为生产规模亚洲第一世界排名第五的企业。昆明北方光电科技有限公司在光电子产业基地投资3亿元建设光学生产厂房和高分辨率摄录变焦镜头生产线，项目建成后年产50万件可见、红外球面、非球面、异形件等精密光学元件，年产值6亿元。可生产各类镜头2万支，年产值3亿元。

（五）配套政策、法规出台情况

国务院2000年出台了18号文，为积极贯彻执行国发18号文，于2001年2月8日由云南省政府信息产业办公室、省国税局、省地税局、省财政厅、省科技厅、昆明海关6厅局联合颁布了（云信办［2001］06号）《关于开展软件企业认定与软件产品认定工作的通知》。通知明确了云南省软件企业认定机构，成立了云南省“双软认定委员会”。参照国家各相关部委的规定对软件企业认定标准，软件企业年审，软件产品的管理，软件企业及软件产品认定工作程序等分别做出了明确规定。

云南省财政厅、省国税局、省地税局、昆明海关4厅局于2000年10月19日以云国税［2001］250号文转发了财政部、国家税务总局、海关总署关于鼓励软件产业和集成电路采用发展有关税收政策问题的通知。

为充分发挥各方面人才的才智，云南省人民政府信息产业办公室和云南省发展计划委员会于2001年4月25日联合签发《关于成立云南省信息化专家咨询委员会的通知》。

为加快信息产业发展，云南省先后出台了《云南省信息化促进条例》、《云南省国民经济和社会发展信息化“十一五”专项规划》《云南省人民政府办公厅关于加快发展现代信息服务业的实施意见》《云南省地方税务局关于贯彻西部大开发税收优惠政策问题的通知》《关于鼓励昆明市软件企业通过CMM正式评估的奖励意见》《云南省电子信息产业10户重点扶持企业认定办法》。

二、云南省软件产业发展主要举措

（1）建立了有利于云南省软件业服务体系良性健康发展的政策保障体系。配套法规和政策相继出台，形成了基本完备的政策体系。

（2）健全技术创新服务体系，提高自主创新能力。始终把提高自主创新能力摆在突出位置，初步建成了以提高企业创新能力为重点，建立以企业为核心、产学研用紧密结合的技术创新服务体系。

（3）努力拓宽了软件产业投入渠道。以政府投资为引导，以社会、企业投资为主体，建立市场化运作的多元化、多层次、多渠道的投融资体系，不断扩大云南省软件产业发展资金的规模。

（4）加大保护知识产权力度，鼓励使用国产软件，严厉打击盗版行为，各级政府、部门拟采购使用的软件，必须采用政府采购方式，使用正版软件，大力推广云南省自主知识产权软件的广泛应用。

三、云南省软件产业展望

云南软件业与我国软件业的发展一样，正处于融合转型的重要时期，云南省将顺应发展趋势，理顺发展脉络。

（一）抓住两化融合的历史机遇，提高支撑发展能力

工业化和信息化的融合赋予软件业新的发展机遇，要加快工业软件、行业应用解决方案和嵌入式软件等产业的发展，利用信息技术改造提升传统产业，全面提高对经济发展方式转变、产业结构升级的支撑发展能力。

（二）以特色优势产业为重点，积极发展行业应用软件

充分利用云南省企业在行业应用软件市场具有较好基础的优势，通过信息技术的深入应用和信息服务的广泛开展，为重点产业提供先进实用的技术和服务支撑，提高优势特色产业综合竞争力。

（三）利用面向西南桥头堡建设的契机，培育相关软件需求

充分利用地理优势及人才成本优势，开拓以东南亚、中东为主的小语种应用软件市场。要加大软件产业对外开放的力度，积极发展行业应用软件，带动软件产业发展。

（四）着力提高自主创新能力，实现重点突破

坚持有所为和有所不为，鼓励行业的引进消化吸收再创新、集成创新和原始创新，推进科研成果的转化和推广，加强信息技术和产品地研发及产业化，促进企业不断提高研发、产业化和市场拓展能力，在一些核心和关键技术上取得突破。技术的引进要尽量同时安排研究参与，牵涉面广的重大技术引进要组织不同行业科技开发力量共同协作，形成强有力

的科技消化、吸收、创新能力。提高自主创新能力。在消化吸收国内外先进技术的基础上，加大自主创新力度，形成一批具有自主知识产权的软件与信息服务产品。

（五）加强本土人才培养，积极引进外地人才

进一步建立健全软件人才培训体系，形成多层次的人才梯队；引导企业积极开展人才培训，推动实用型人才的培养；加大人才引进力度，大力引进国内外优秀软件人才；营造有利于人才发展的环境，提高各类人才的积极性和创造性。

（六）优化区域结构

继续发挥昆明市在产业发展中的中心辐射作用，推动其他州市“有所为有所不为”，在发展特色产品和信息技术推广应用方面推动各地共同发展。

第二十四章　陕西省

陕西软件产业的发展主要依托西安软件园，西安软件园是西安高新区规模化发展软件与服务外包产业的专业园区，聚集了陕西 90%的软件和服务外包企业。先后被认定为国家火炬计划软件产业基地、国家软件产业基地、国家软件出口基地、国家服务外包基地城市示范区，是目前国内 4 个拥有国家软件“双基地”的园区之一。经过 12 年的发展，陕西软件产业已在软件开发、软件应用、信息服务等方向形成了特色鲜明、充满活力和潜力的企业集群。

一、陕西省软件产业十年发展回顾

（一）产业规模

陕西软件产业自 2001 年以来，产业发展保持着每年 30%以上的增速，每年新增企业过百家，新增就业人员 1 万～2 万人，近十年产业规模数据如表 36 所示。

表 36　陕西省近十年软件产业规模对比

年　份	产业规模（万元）	同比增速	软件出口（万美元）	同比增速	就业人数（万人）	同比增速
2000	140 136.4	—	838.9	—	0.46	—
2001	257 695.4	83.89%	1 200	43.04%	1.34	191.30%
2002	354 600	37.60%	1 696.9	41.41%	1.34	0
2003	485 632	36.95%	2 205	29.94%	1.41	5.22%
2004	621 225.6	27.92%	3 039.3	37.84%	2.15	52.48%
2005	827 943.1	33.28%	4 205.4	38.37%	2.77	28.84%
2006	1 126 552.7	36.07%	5 505.5	30.92%	3.61	30.32%
2007	1 553 806.3	37.93%	7 588.4	37.83%	5.13	42.11%
2008	2 276 489	46.51%	11 222.4	47.89%	7.03	37.04%
2009	3 191 701	40.20%	20 415	81.91%	7.92	12.66%

（二）专利及技术改造情况

企业每年申报的专利数在 100 件左右，截至 2009 年累计专利申报数超过 800 件。技术改造每年投入的资金超过 20 亿元。

（三）重点企业数量及“双软认定”执行情况

表 37 显示了陕西省重点企业数量及“双软认定”执行情况。

表 37　陕西省重点企业数量及“双软认定”执行情况

年　份	2001	2002	2003	2004	2005	2006	2007	2008	2009	2010
软件企业（含变更或重新认证）（家）	132	61	29	48	49	45	75	68	47	70
软件产品（含变更或重新认证）（家）	339	132	136	164	149	231	165	245	303	260
规划布局内重点软件企业认定（家）	—	3	4	4	5	2	0	0	0	

二、陕西省软件产业发展主要举措

（一）规划政策体系

在陕西软件产业的发展历程中，一直围绕建设世界一流科技园区的目标，充分认识到大力发展软件产业是紧跟世界高科技产业发展趋势、超越陕西物流局限、发挥人才优势、实现跨越式发展的根本选择；充分认识到建设国际软件园，大力发展软件产业是建设一流国际园区的核心任务，确立软件产业在整个产业发展中的基础性、先导性、战略性地位，解放思想、负债经营、跨越前进，多要发展空间、多要产业规模、多要市场份额，多增加基础投入、多增加产业扶持、多给企业让利，多追求长远回报，充分发挥了陕西软件产业的人力资源优势、成本优势、国际化水平优势、自主知识产权优势和产业集群优势，并始终保持全国领先地位，努力使陕西西安成为有影响力的世界软件重镇、中国 BPO 之都。

为了扶植企业的发展，始终如一的向企业宣传各类税收优惠政策，如通过“双软认定”后“两免三减半”、通过高企认定后“企业所得税减按 15%征收”、通过技术先进型服务企业认定后“教育经费税前扣除”等，并与多个认证机构、咨询机构、会计事务所合作，积极推动企业通过各类部级认定，降低企业运营成本。此外，先后出台了《西安高新区吸引高层次人才优惠政策》和《西安高新区促进软件及服务外包产业发展扶持政策》，对软件企业年薪 7 万元以上的员工，按一定比例给予个人所得税补贴，切实有效地减轻了企业的税赋重担，吸引更多人才落户陕西。

陕西软件企业整体规模偏小，中小企业所占比例较大，其发展过程中最突出的问题便是资金不足，且科技型中小企业可质押资产较少，融资贷款非常困难。鉴于以上实际情况，颁布了《高新区中小企业信用担保机构贷款担保补贴的暂行办法》（西高新发［2008］406 号）、《西安高新区管委会关于促进创业风险投资发展的若干政策》（西高新发［2008］18 号）、《西安高新区管委会鼓励科技型中小企业利用证券市场发展的暂行办法》（西高新发［2008］163 号）等一系列投融资政策，以健全的政策体系为支撑，为企业搭建完善的融资贷款平台。

（二）“双软认定”及重点企业培育

表 38 显示了陕西省“双软认定”及重点企业培育情况。

表 38 陕西省“双软认定”及重点企业培育情况

年 份	2001	2002	2003	2004	2005	2006	2007	2008	2009	2010
软件企业（含变更或重新认证）（家）	132	61	29	48	49	45	75	68	47	70
软件产品（含变更或重新认证）（家）	339	132	136	164	149	231	165	245	303	260
规划布局内重点软件企业认定（家）	—	3	4	4	5	2	0	0	0	

在培育龙头企业方面，在政策的引导下，企业兼并重组、股份制改革等活动活跃，也造就了如协同集团、未来国际、西软股份等年收入上亿元的企业；在产业发展和人力资源优势的背景下，通过招商引资等手段，也吸引了如美光、应用材料、英飞凌等年出口上千万美元以上的信息服务业企业；本土的服务外包业发展迅猛，出现了如炎兴、博通、中盈蓝海、德宇等人数超千人的企业。

（三）财政资金支持

陕西软件产业还处于成长阶段，需要得到政府的帮助及资金支持，为了促进产业良好发展，陕西省、西安市、高新区各级政府均设立了软件产业发展扶持基金，资金总额分别为陕西省每年 5 000 万元、西安市每年 4 000 万元、高新区每年 5 000 万元。同时出台基金管理办法，对本地软件企业及服务外包企业进行支持，如《陕西省人民政府关于促进服务外包产业发展的若干意见》（陕政发［2009］72 号）、《西安市人民政府关于进一步加快发展软件和服务外包产业的若干意见》（市政发［2009］56 号）、《西安高新区促进软件及服务外包产业发展扶持政策》（西高新发［2008］473 号）等，从租赁办公场所、开拓市场活动、出口奖励、个税补贴、认证补贴、贷款贴息等多个方面，对企业的日常经营及业务开展进行支持，鼓励并引导本地软件及服务外包产业快速、健康发展。

自各项软件产业扶持基金设立至今，基金总额不断扩大，如高新区软件产业发展扶持基金，已从最初的每年 1 500 万元增加到现在的每年 5 000 万元。

（四）园区建设及人才培养情况

西安软件园由示范区、服务外包基地、软件新城 3 大集中区域所组成。示范区由秦风阁、汉韵阁、唐乐阁、西岳阁、太白阁、01 广场、四联大厦、天泽大厦、全星大厦、创新大厦、捷普大厦、恒生大厦、腾飞大厦、葡萄城大厦等建筑组成，占地 600 余亩，建筑面积 40 万平方米，聚集了 310 多家企业，从业人员 2.8 万人，入住率 100%。

园区各建筑具有宽敞的共享大厅，4 000 平方米的员工餐厅，采用集中供暖系统，空调由企业自行安装；网络有中国电信 2 个 100M 接入，中国网通 100M 接入，另有 3 个 10M 备份接入，提供相互备份；供电系统采用“两路市电”模式接入，由不同降压站专线接入，备有一台 1 000 千瓦柴油发电机组，可实现无间断供电。

西安国家服务外包基地位于西安高新区 CBD 内，规划建筑面积 15 万平方米。2009 年 7 月陆续投入运营，2011 年全部建成后，可聚集近 2 万人专门从事服务外包业务。

5.7 平方千米的“软件新城”位于绕城高速以东、西三环以西、科技四路以南、科技八路以北区域。由产业核心区、人才培育服务区、科技商贸区、配套生活区 4 部分组成，规划面积 700 万平方米，分三期开发建设，一期 2 平方千米于 2010 年启动，计划 2012 年投入使用；2015 年，“软件新城”将全部建成和投入运营，届时将成为国际化的软件研发基地和信息服务基地，从业人员将达到 20 万人、年营业收入过千亿元。

人才培育方面，通过投建培训教室、购买在线学习系统、建立西安软件服务外包学院、与培训机构合作等多种方式，搭建人才培育平台，在为大学生提供人才孵化服务的同时，为本地软件企业提供丰富的人才资源储备（见表 39）。

表 39　陕西省 2009 年软件人才培育情况统计

序　号	培训机构名称	2009 年培养人数（人）	教师人数（人）
1	西安博雅国际培训学校	580	17
2	西安开创天诚计算机培训学校	530	21
3	西安启明软件教育中心	336	6
4	西安创知软件教育中心	559	32
5	西安野马计算机培训学校	420	12
6	西安深蓝软件开发实践培训学校	430	13
7	西安索创软件技术培训中心	520	16
8	西安雁塔世纪桥数码软件培训中心	65	18
9	陕西加中 IT 培训学校	500	20
10	西安海码计算机培训学校	560	21
11	西安市雁塔区协同软件教育培训中心	570	15
12	陕西先通网络技术学校	580	4
13	西邮 IT 应用型人才培训中心	400	30
14	西安天祺教育培训中心	486	5
15	西安市碑林区波顿职业技能培训学校	520	10
16	西安思远电脑培训学校	409	37
17	西安软件服务外包学院	400	5
18	西安交大产业集团职业培训中心	548	9
19	西安软件工程技术学校	540	21
20	西安朝阳软件培训中心	589	10
21	西安思通高新职业培训学校	500	9
22	西安通瀛软件技术职业培训学校	590	8
23	西安雁塔行知汇元软件培训学校	500	15
24	西安传奇信息科技有限公司	500	5
25	西安卡维信息科技有限公司	590	10
26	陕西兴华伟业软件技术有限公司	400	13
27	西安新昆信息科技有限公司	569	12
28	陕西万众合力管理咨询有限公司	45	7
29	西安华鼎项目管理咨询有限责任公司	580	20
30	陕西西软信息技术有限公司	520	7

（续表）

序　号	培训机构名称	2009年培养人数（人）	教师人数（人）
31	西安礼客网络技术有限公司	562	23
32	西安易一电子科技有限公司	450	21
33	西安麦特卓越培训中心	300	9
34	西安樱华爱特培训中心	118	7
	合　　计	15 766	488

三、陕西省软件产业展望

经过10余年的努力与发展，陕西软件产业已初具规模，综合实力已位居全国前列，结合陕西软件产业实际情况，我们将在未来的产业发展中着重加强以下两方面的工作。

（一）丰富软件产业发展领域，实现工业软件及数字媒体软件快速发展

扶持面向手持终端、数字家电、能源、环保、国防、航空、交通、装备制造、输变电、数字医疗等重点行业的嵌入式软件。扶持面向旅游、能源、农业、水利、交通等行业的应用软件。大力吸引国内外著名数字媒体企业，重点开发和运营游戏软件、影视特技制作、网络媒体、多媒体主题公园等。

（二）鼓励软件企业积极开展外包业务，打造中国BPO之都

鼓励软件企业积极开展商务流程外包、异地数据容灾备份、软件人才教育培训等服务，打造中国BPO之都。重点吸引和扶持外资企业，大力开拓日本、欧美等国际市场，扩大软件出口。以商务流程外包为重要发展特色，引进和扶持商务流程外包企业的发展，打造中国BPO之都。大力宣扬陕西数据容灾地理位置的高度安全性、技术的高度可靠性和服务成本的低廉性，努力打造中国数据容灾备份基地。鼓励本地软件学院及高校，面向市场提供软件人才教育和培训，吸引世界知名软件培训机构入区发展，打造中国最大的软件人才培养基地。

第二十五章　甘肃省

一、甘肃省软件产业十年发展回顾

国发 18 号文的颁布为我国软件产业发展创造了良好的政策环境，形成了软件产业快速发展的良好局面。甘肃省软件产业通过积极落实国发 18 号文，以项目建设为重点，抢抓发展机遇，优化产业结构和产品结构，注重自主创新，加强行业监管，突出政策扶持引导，产业创新能力有效提升，技术实力明显提高，产业结构不断优化，服务化水平明显增强，产业聚集效应进一步显现，产业环境不断改善，全省软件产业实现了持续快速发展，形成了一定的产业规模和良好的发展基础。

（一）发展速度加快，规模不断扩大

十年来，甘肃省软件产业保持了较高增长速度，特别是面对国际金融危机，软件企业危中寻机，抓住国家扩大内需、促进经济增长 10 项措施和 10 大产业振兴规划，充分发挥自身优势，取得了明显效益和快速发展，产业规模进一步壮大。2009 年，经认定的 69 家软件企业（含系统集成企业）实现主营业务收入 21.66 亿元，同比增长 18.17%；利税总额 3.35 亿元，同比增长 45.89%；从业人员 4 596 人，同比增长 12.45%；资产总额 19.16 亿元，同比增长 33.52%；软件产业占电子信息产业的比例快速增长，达到 53%。

（二）提升创新能力，增强发展后劲

十年来，全省软件企业按照“弯道超越”、“提档进位”的新思路和目标，充分发挥“产学研”无缝链接优势，积极抢占市场和技术制高点，自主创新能力不断提高，取得了一系列创新成果。全省软件服务业企业研发人数上升了 41.6%，大学本科人数上升了 237.3%；4 家企业建立了省级企业技术中心和重点实验室，1 家企业与高校联合创建了国家级工程技术中心。全省软件企业每年开发省级以上新技术、新产品 40 多件；共有软件产品登记 220 件、软件著作权登记 215 件，申请专利 22 件，获得专利 10 件。“十一五”期间，获省级以上技术发明、科技进步奖 7 项，获中国优秀软件称号 1 项，获中国国际软件博览会金奖 1 项。兰州正远公司大型国际机场物流控制及管理信息系统在北京、上海、广州等地机场实施，结束了国外公司垄断历史；兰州奥普公司获中国优秀软件称号的储罐节能温控与无电安全检测系统 10 万方储罐每年可节约 700 万元，而建设费用仅 70 万元；兰州同元信息技术有限公司藏汉双语信息处理系统、藏文视窗平台字处理软件分获国家科技进步二等奖，藏文安全信息识别软件被工业和信息化部在全国藏区推广应用；甘肃万维信息技术有限公司“数字校园”系列软件成为全国软件名牌；兰州大成公司实现绿色真空镀膜装备和铁路计算机连锁信号控制系统产业化。

（三）坚持抓大扶小，推动企业发展

通过抓项目、促发展，重点培育了甘肃紫光智能交通与控制技术有限公司、甘肃万维信息技术有限责任公司等一批自主知识产权、在国内有一定知名度和较高市场占有率的中小型软件企业，对行业带动作用明显。目前，全省经认定的软件企业47家，计算机信息系统集成企业45家，计算机信息系统工程监理企业6家；近千家企业从事软件开发及软件服务等相关业务；软件产业收入过千万元企业56家，过亿元企业4家，较“十五”末的18家、2家，实现了量和质的飞跃。甘肃万维信息技术有限责任公司、兰州南特数码科技股份有限公司通过了CMMI3级认证评估。

（四）加强人才培养，支撑产业发展

积极完善人才资源配置体系，为软件产业加快发展提供人才保障，充分利用省内现有高等院校、中等专科学校多层次培养软件人才。兰州大学、西北师范大学、兰州理工大学、兰州交通大学等高校陆续开设软件专业或相关专业，逐年扩大软件专业招生规模，部分高校还专门设置了计算机软件研究所。为吸引国内外软件技术人员创办软件企业，已出台的《甘肃省加快软件服务业发展的意见》中明确对于高等院校、科研院所的科技人员创办的软件企业给予资金扶持。

（五）完善园区建设，加快产业集聚

兰州高新技术产业开发区是国务院1991年批准的首批国家高新技术产业开发区之一。作为4个特色园区之一，兰州软件园区内建有大学科技园、高科大厦、联创软件园及高新技术创新园等，总建筑面积达到20万平方米。自2000年来，软件园区以创新园为载体，不断完善网络服务平台，着力打造“兰州高新区科技中介服务机构超市”，为高新区的科技型企业提供专业化的投融资服务、技术支持、管理咨询、市场营销策划和人才交流培训平台，全力提升企业孵化成功率，为企业自主提高创新能力、拓展市场、提高企业经济效益开展创造了良好条件和坚实基础。软件园区保持了快速发展的势头，产业集聚优势逐步显现。至2009年年底，园内企业完成技工贸总收入9.3亿元，上缴税金总额5 823万元；入园企业总数达80家，涉及软件产品开发与销售、系统集成、软件产品和服务出口、IT服务外包（ITO）、业务流程外包（BPO）等多种方向。

（六）制定政策规划，夯实工作基础

制定了《甘肃省软件企业认定管理实施办法》（试行）和《甘肃省软件产品管理实施办法》（试行），并根据新修订的《软件产品管理办法》（中华人民共和国工业和信息化部令第9号）对软件企业认定进行了相应的修订。同时，报经审定和授权，确认甘肃省信息产业协会为“双软认定”的评定机构，明确规范工作程序和行为规范，组织软件企业的年审工作。特别是2009年以来，甘肃省工信委从职能定位入手，将全省信息产业“十二五”发展规划编制工作列为重点工作任务，按照体现前瞻性、导向性，谋求长远发展，高起点、高水平的要求，形成了《甘肃省信息产业“十二五”规划》，研究制定了《甘肃省加快软件服务业发展的意见》，内容涉及政策扶持、专项资金、自主创新能力提升、重点企业培育、人才引进和培养、软环境营造6个方面，将更好地促进全省软件服务业发展，切实从政策层

面解决软件服务业发展中的困难和问题，帮助企业做大做强。

二、甘肃省软件产业展望

（一）总体思路和发展目标

坚持以邓小平理论和“三个代表”重要思想为指导，深入贯彻落实科学发展观，围绕省委省政府“工业强省”战略和区域发展总体思路，以产业结构优化升级为主线，以优化发展环境为抓手，以园区建设为载体，以机制、技术创新为动力，以推动项目建设和招商引资为重点，加强资源整合和关键核心技术引进，提高自主创新能力，加快产业向集群化、规模化、外向型发展，将软件产业发展成为全省重要的战略性新兴支柱产业。计划到“十二五”末，软件产业主营业务收入超过60亿元，年均递增20%以上。

（二）发展重点

（1）信息系统集成服务。进一步做大做强系统集成及支持服务，重点提高产品集成性，实现从提供单项产品向纵向一体化集成综合解决方案转变，满足用户集中统一管理需求。重点研究集成技术，提供面向云计算、SaaS、公共服务平台、互联网综合服务、电子商务应用等集成应用平台。在“十二五”期间，年均培育新增10～50家计算机信息系统集成资质企业、信息系统工程监理企业，3～10家过亿元的骨干企业。

（2）工业软件及行业应用解决方案。围绕两化融合的重点环节，大力推进嵌入式系统软件、工业软件、工业传感器系统及数控系统、集散控制系统（DSC）、制造执行系统（MES）等的研发和产业化，重点发展节能管理、生产过程优化和装备数字化的工业软件。针对不同行业特点与需求，提供个性化行业解决方案。培育一批行业应用软件龙头企业，树立一批行业应用软件知名品牌，全面提升工业企业自动化、网络化、数字化和管理现代化水平。

（3）信息安全产品和服务。重点加快安全基础技术和平台、网络安全、安全应用、安全测试评估与安全服务等方面的技术创新和产品升级换代，大力发展信息安全系统集成、咨询、监理、测试、培训、外包等业务，推进入侵检测、内容管理、防火墙、密码技术等信息安全产品的发展，支持应急响应、容灾备份、安全测评、电子认证等专业化信息安全服务发展。

（4）软件服务外包。重点培育一批自主知识产权、自主品牌、高增值服务能力的服务外包企业，加快服务外包示范园建设，形成一批服务外包产业基地。以发展离岸服务外包和承接东部沿海服务外包转移为突破口，以国内服务外包市场为中心，重点发展以软件服务研发和外包、信息技术及外包、信息系统运营与维护外包的信息技术外包服务（ITO）业务。加快建设软件和服务外包人才培训基地，形成系统的服务外包适用性人才培养机制。

（5）嵌入式软件与数字内容加工处理服务。突出两化融合，以装备制造业产品信息化为重点，积极推进嵌入式操作系统和嵌入式软件开发平台的研发与产业化，提升现有装备的信息化改造水平。加速创意产业发展，发挥后发优势，将甘肃省历史文化资源与数字技术相结合，融会重铸，创造出具有甘肃省特色的动漫文化品牌，培育新的产业增长点，全面推进数字动漫、网络游戏、数字影音、移动内容、数字出版等新兴业态快速发展。

（三）政策措施

（1）发挥政府职能，加强组织领导。建立和完善产业发展联席会议制度，建立产业发展专家咨询委员会，建立分工合理、责任明确的工作责任体系，强化行业管理部门在制定规划、规范标准、指导行业、服务企业等方面的政府职能建设，加强与各部门和有关方面的沟通联系，加强与各市州的协调配合，形成推进产业的发展合力。

（2）完善政策措施，加大扶持力度。贯彻落实国家近年来出台的一系列政策法规，切实抓好国家、省有关促进信息产业发展各项扶持政策的落实到位，研究制定和完善信息产业发展的财政、土地、税收、政府采购等方面政策扶持措施。加强规划的制定实施，引导产业集聚区和配套产业发展，推动集约化建设，实现资源共享。

（3）拓宽融资渠道，加大资金投入。多渠道筹措发展资金，建立多元投资体系。建立全省软件服务业发展专项资金，加大政府对产业发展的投资力度；鼓励引导金融机构增加信贷投入，为企业发展提供资金等方面的支持服务；鼓励和支持有条件的企业进入境内外资本市场融资，通过股票上市、发行企业债券等多渠道筹措资金；鼓励创业风险投资机构和信用担保机构对发展前景好、吸纳就业多的中小软件新技术企业开展业务。

（4）推进园区载体建设，优化发展环境。贯彻落实国家和省各项信息产业发展政策措施，发挥政府职能部门作用，推进特色产业园区或基地的建设。加强产业指导，做好集成资质、"双软认定"工作；加强和改进对企业的服务，为企业投资、发展提供融资、技术、信息、人才等多方面的服务。加大投入，加强园区载体规划及配套设施建设，逐步完善生活区、住宿区、商业服务区、休闲娱乐区等设施，提升园区服务功能。

（5）加大招商引资力度，积极承接产业转移。以落实国家西部大开发政策和《国务院关于中西部地区承接产业转移的指导意见》为契机，发挥比较优势，找准承接切入点，加大招商引资力度，积极承接国内外产业转移。加快推进与大集团战略合作，积极引进战略投资，通过兼并、收购、合资、合作、项目融资等多种方式开展战略重组，培育一批具有行业特色、产业优势、规模效应和品牌的龙头企业，进一步壮大产业规模，促进产业跨越式发展。

（6）加强人才培养，提供人才支撑。建立多层次的人才培养机制、多渠道的人才引进机制和灵活的用人机制，加强信息技术人才的培养和引进，建立信息产业人才库，为产业持续快速健康发展提供人才支撑。支持信息化行业组织发挥好行业服务、行业自律，以及维护行业合法权益等作用，鼓励其在信息化标准制定、教育培训、宣传推广等方面积极开展工作。

第二十六章　宁夏回族自治区

一、宁夏回族自治区软件产业十年发展回顾

（一）软件业务发展情况

截至 2010 年 10 月，宁夏软件业实现业务收入 3.45 亿元，月均增速超过 20%。其中，嵌入式软件收入 0.23 亿元，同比增长 58%，高于行业收入增速 29.3%。软件产品收入 1.18 亿元，占软件产业总收入的 34.2%，同比增长 30.4%，增速比去年同期高 28.7%。系统集成支持服务收入 1.37 亿元，同比增长 26.5%，增速比去年同期高 12.2%。信息技术咨询和管理服务收入 0.66 亿元，同比增长 22.9%，增速比去年同期提高 9.7%。

（二）企业及技术创新情况

截至 2010 年 11 月初，全区累计认定的软件企业 34 家，软件产品 231 件，累计认定计算机信息系统集成企业 20 家，方达、希望、天佑 3 家企业通过了 CMM 三级资质认证。创造一批优秀软件产品，例如，银川方达电子系统工程有限公司自主研发的医疗信息化软件在宁夏达到了 70%的市场占有率、《标准汉语教程》教学软件获第三届中国数字出版博览会“2008—2009 年度数字出版 • 优秀作品”；宁夏希望信息产业股份有限公司电子政务系统已经在自治区中正式使用，煤炭企业（集团）ERP 系统已经在宁夏、西北、内蒙地区得到应用；银川汇成科技有限公司的《基于三维量体的服装号型决策系统》获得国家科技型中小企业技术创新基金项目支持；以宁夏电通集团、银川奥特软件有限公司等在以 RFID 为基础的物联网中，开发出身份卡、智能加气站、智能超市、智能家居、牛羊肉溯源系统、奶牛发情检测系统。平台软件开发也有突破，如银川方达电子系统工程有限公司的火凤凰信息系统开发平台。系统集成案例中，宁夏计算机软件与技术服务有限公司的《NSSC 医疗保险管理平台解决方案》被工业和信息化部评选为 2010 年计算机信息系统集成经典案例。在 2009 年举行的第七届中国国际软件和信息服务交易会，宁夏 6 家软件公司与国内外企业签订了总价值近 3 000 万元的软件和外包项目，获得交易会组委会的最佳组织奖。

（三）人才培养情况

截至 2010 年 10 月，全区高级项目经理人数 16 人，项目经理人数 125 人，纳入统计企业的专业从业总人数达 1 500 人。正在论证规划宁夏软件学院，从源头破解宁夏软件服务人才短缺的问题。

（四）基地建设情况

2006 年 6 月由银川经济技术开发区管委会投资 7 000 万元建设的宁夏软件园，建筑面积 15 700 平方米，是宁夏软件和动漫开发基地，为宁夏的动漫和软件开发产业搭建了一个科技创新和技术研发的平台。2009 年全园完成主营业务收入 19 640 万元，同比增长 21.6%。

其中动漫产业收入约2 600万元，服务外包收入约80万美元。企业实现利润总额2 488万元，同比增长41.8%；上缴税金总额603万元，同比增长15.5%。经认定的软件企业和软件产品，兑现了优惠政策，退税金额93万元，软件企业享受的减免税额逐年增长。从业人员达到842人，新增就业岗位178个。在2010年7月，宁夏新软件园开工建设。新园占地100亩，总建筑面积约14.9万平方米，总投资约5亿元。

（五）促进政策情况

出台《关于支持我区软件产业发展的若干意见》（宁政发［2010］98号），从宁夏软件企业自主创新能力和市场竞争力提升、宁夏软件产业园建设、软件产业发展的投融资环境、软件企业人才队伍建设、软件产业发展外部环境5个角度，就资金、税收、土地、培训、担保等方面做出明确支持；为鼓励企业做好服务外包出台了《自治区人民政府关于促进服务外包业发展的若干意见》（宁政发［2009］20号）；出台《自治区人民政府办公厅关于创新财政扶持企业发展资金投入方式的意见》（宁政办发［2009］210号）规定，加大对有发展潜力软件企业的扶持力度；依托宁夏信息产业协会做好各项认证服务。

（六）公共服务情况

为了满足软件企业发展的直接需求，宁夏出台优惠政策，奖励创新，支持人才培养、市场开拓、基地建设、平台建设、品牌建设、担保融资等，引导企业享受国发18号文优惠政策。自治区经信委、自治区财政厅、银川经济技术开发区管委会、银川市工信局等部门根据企业发展潜力，给予CMM认证补贴，优秀软件企业、优秀软件产品奖励，软件产业发展专项资金等资金扶持。十年来，先后支持软件业资金累计近亿元。同时，组织企业参加全国、全区相关论坛和展示会。协商银行、担保机构，加大对软件企业技术创新和新产品产业化项目融资、贷款、担保支持力度。对企业录用新毕业大学生给予补助。

二、宁夏回族自治区软件服务业展望

（一）指导思想

坚持以邓小平理论和“三个代表”重要思想为指导，深入贯彻落实科学发展观，把握世界新科技革命和产业革命的历史机遇，面向经济社会发展的重大需求，把加快培育和发展软件服务业放在推进产业结构升级和经济发展方式转变的突出位置。积极探索软件服务业战略性发展规律，发挥企业主体作用，加大政策扶持力度，深化体制机制改革，着力营造良好环境，强化科技创新成果产业化，抢占经济和科技竞争制高点，推动软件服务业快速健康发展，为促进经济社会可持续发展做出贡献。

（二）基本原则

坚持充分发挥市场的基础性作用与政府引导推动相结合。要充分发挥我国市场需求巨大的优势，创新和转变消费模式，营造良好的市场环境，调动企业主体的积极性，推进产学研用结合。同时，对关系经济社会发展全局的重要领域和关键环节，要发挥政府的规划引导、政策激励和组织协调作用。

坚持科技创新与实现产业化相结合。切实完善体制机制，大幅度提升自主创新能力，着力推进原始创新，大力增强集成创新和联合攻关，积极参与国际分工合作，加强引进消化吸收再创新，突破一批关键核心技术，掌握相关知识产权。同时，要加大政策支持和协调指导力度，造就并充分发挥高素质人才队伍的作用，加速创新成果转化，促进产业化进程。

坚持整体推进与重点领域跨越发展相结合。要对发展战略性新兴产业进行统筹规划、系统布局，明确发展时序，促进协调发展。同时，要选择最有基础和条件的领域作为突破口，重点推进。大力培育产业集群，促进优势区域率先发展。

坚持提升软件服务业长远竞争力与支撑当前发展相结合。要着眼长远，把握科技和产业发展新方向，对重大前沿性领域及早部署，积极培育先导业务。同时，要立足当前，推进对缓解软件服务业发展瓶颈制约具有重大作用的人才、技术发展，推动软件服务业可持续发展，加快形成支柱产业。

（三）发展目标

到 2015 年，宁夏软件服务业形成健康发展、协调推进的基本格局，显著增强对产业结构升级的推动作用，进一步提高增加值占区内生产总值的比例，大幅提高从业人数，产业集群效益明显。宁夏新软件园成为西北有一定影响力的软件生产和出口基地。

到 2020 年，软件服务业增加值占区内生产总值的比例进一步提高，吸纳、带动就业能力显著提高。有效支持宁夏及西部地区 7 大战略新产业的发展。创新能力大幅提升，掌握一批关键核心技术，在局部领域达到国内领先水平；形成一批有特色、有创新、有活力的企业；建成一批产业链完善、创新能力强、特色鲜明，在全国具有一定影响力的服务业集聚区。

经过十年左右的努力，软件服务业能促进战略性新兴产业发展，支撑西部地区经济社会可持续发展。

（四）发展方向

立足宁夏实际区情，依靠西北发展特色，按照国家战略安排，做好国际交流合作，努力在重点领域实现一一突破。西北具有自己的特色产业，要主动承担信息化建设任务，不再是追随者和模仿者，而是主导者和创造者。例如，宁、蒙、陕、甘、晋是全国主要煤炭产区，每年的煤炭生产事故、煤炭生产浪费让无数国人痛惜，需要依靠本地软件开发煤炭企业管理软件，摆脱国外企业的掌控；人口普查是项浩大的工程，需要建立相关的信息化平台，实现快捷、准确、高效的服务我国人口发展战略；西北是我国穆斯林主要聚居区，与阿拉伯国家有天然沟通优势，并成功举办了中阿经贸论坛、中阿清真食品认证标准互认机制对接会等活动，现急需专业针对阿拉伯国家的商务平台；西北幅员广阔，并随着食品安全的重视，西北的精确农业必将大有所为，并保障国家粮食安全；据统计，我国有 107 380 枚放射源分布在 12 412 家涉源单位，所以放射源监控是亟待解决的问题；新能源开发关系到国家未来能源安全。西北是我国太阳能资源最丰富的地区，并有一定的光伏产业集群，需要更好的项目支持并做大做强。

具有西北特色，符合国家战略布局，促进国际合作的发展项目，是宁夏软件服务业发展方向。通过各兄弟省份协调互助，各经济产业互相融入，实现共同繁荣。

第二十七章　新疆维吾尔自治区

国务院关于《鼓励软件产业和集成电路产业发展的若干政策》（国发［2000］18 号文件，以下简称国发 18 号文）颁布实施以来，新疆软件产业经历了快速、健康发展的“黄金十年”，软件服务业在国民经济和社会发展中的地位明显提高，作用越来越大，初步形成了以多语种软件、行业应用软件、特色信息技术及资源服务为主体的软件产业，面向中亚、南亚、西亚的多语种软件出口和服务外包开始起步，软件企业技术创新能力普遍提高，能够为两化融合、电子政务、电子商务、社会信息化、农村信息化发展提供有力支撑。

一、新疆维吾尔自治区软件产业十年发展回顾

经过“黄金十年”的发展，新疆软件产业从无到有、从小到大，目前已经初具规模，攻克了一批信息技术难题，研发了一批特色软件产品，发展壮大了一批骨干软件企业，为下一个”黄金十年”发展夯实了基础。

（一）发展现状

2010 年新疆规模以上软件服务业企业实现总收入 18.9 亿元，同比增长 12.4%，其中，系统集成和支持服务收入 14.2 亿元，同比增长 11.5%；信息技术咨询和管理服务收入 2.3 亿元，同比增长 4%；软件产品收入 2.3 亿元，同比增长 21%。

截至 2010 年年底，新疆累计认定登记软件企业 71 家，其中 1 家为国家规划布局内重点软件企业；登记备案软件产品 250 件。主营业务收入超过亿元的软件企业数量达到 6 家，主营业务收入超过 5 000 万元的企业数量达到 7 家；软件业务收入超过亿元的软件企业数量达到 2 家，超过 5 000 万元的企业达到 3 家。

截至 2010 年 12 月，新疆已认定各类系统集成企业 285 家，其中，通过国家工业和信息化部认定的系统集成企业 13 家，当中系统集成二级资质企业两家、三级资质企业 5 家、四级资质企业 6 家；通过自治区认定的系统集成企业 272 家，其中，甲级资质企业 63 家，乙级资质企业 82 家，丙级资质企业 85 家，丁级资质企业 40 家，临时级两家。

2010 年年末，新疆软件从业人员数为 6 982 人，同比有一定增长。高层管理和技术开发人员不断增加，获得各类资质认证的专业人数不断上升，人才素质不断提高。从事多语种信息技术开发应用的专业技术人员近 1 000 人，在多语种信息技术领域已初步建立起一支优秀的研发队伍。依托新疆高等院校和科研院所，软件和计算机学历人才培养规模不断扩大。新疆职业教育机构发展势头良好，内地一些著名 IT 培训机构来新疆建立了授权培训基地，新疆的职业教育、双语教育、内地高中班源源不断地为软件行业培养大量人才。从学历教育到职业培训，新疆已经初步形成了软件人才培养体系。

（二）多语种软件

多语种软件是新疆软件产业发展的主要特色。自2002年以来，新疆先后组织实施了“维哈柯多语言Linux操作系统研制”（2002年自治区科技攻关计划）、“维哈柯文软件产业化”（2004年国家发改委高技术产业化项目）、“维哈柯文信息处理平台的研制及产业化”（2004年自治区高技术研究发展项目）、“面向中亚西亚的多语种工具软件开发”（2005 自治区科技攻关计划）、“面向中亚西亚的出口软件开发”（“十一五”自治区科技重大专项）、“维哈柯语言文字软件开发及产业化”（2009年国家电子信息发展基金项目）。

通过这些项目的实施，新疆制定了《信息交换用维哈柯文编码字符集标准》、《信息交换用维哈柯文字形标准》、《信息交换用维吾尔文界面信息术语标准》3 项标准，进一步充实和完善了GB18030和ISO10646标准体系。近年来，新疆还完成了《信息处理用维吾尔文、哈萨克文、柯尔克孜文字型白体、黑体》曲线字型标准及20项点阵字型标准等20多项地方和国家标准，目前正在制（修）订维哈柯文数字键盘、软件界面用语等国家和地方标准。

通过这些项目的实施，新疆攻克了一批多语种信息处理关键技术，包括：① 多语种系统核心技术。在操作系统底层实现对多语种文字处理的支持，输入、编辑、排版完全符合多语种文字的使用习惯。使用坐标动态变换技术，用户界面如菜单、工具条等控件符合维哈柯文靠右对齐的使用习惯。② 跨平台多语种处理技术。通过集成跨平台UNO核心组件技术，创新性地建立跨平台的多语种文字处理架构并集成多语种处理模块，实现维哈柯文跨平台处理。③ 多种语言混合处理技术。实现不同风格文字混合编辑处理，文字方向、排版方式等都符合使用习惯，实现按照上下文环境智能识别、字符显示宽度自动调整。④ 基于互联网的多语种处理技术。采用IDS和CGI技术相结合的方法，解决了不同方向文字信息在互联网上的信息处理、网上检索、排序和统计技术。实现互联网上多种语言数据传输、存储与转换等操作的一致性与完整性。

通过这些项目的实施，新疆开发了一批多语种软件产品，包括维哈柯汉LINUX操作系统、维哈柯汉Office办公软件、维哈柯汉电子词典、维哈柯文信息发布系统、维哈柯文多媒体网络教学系统、维哈柯文电子出版系统、维哈柯文电子政务系统、维哈柯文农业信息化平台、维哈柯文嵌入式操作系统和手机产品等，面向中西亚，开发了阿拉伯语LINUX操作系统和Office办公套件、电子词典、多媒体教学系统、手写体识别系统，俄语版电子词典、多媒体教学系统、瑞星杀病毒软件等。目前，这些软件已经广泛地应用到天山南北160万平方千米广袤的大地上，在推进新疆新型工业化、农牧业现代化、新型城镇化中发挥着巨大作用。多语种软件的推广应用，对于全面提高少数民族群众信息技术应用水平，缩小数字鸿沟，使千百万少数民族群众更好、更快地融入信息社会共享中华五千年文明和当代最新科技文化成果，促进新疆长治久安和跨越式发展具有重要意义。

（三）行业应用软件

行业应用软件是新疆软件产业发展的重点。一是围绕新型工业化建设，大力发展企业信息化应用软件，为两化融合提供有利支撑；二是以提高政府社会管理水平和公共服务能力为目标，着力开发电子政务应用软件，加快各级政府电子政务建设；三是适应社会信息化发展需要，大力开发行业应用软件，全面推进社会信息化。

新疆天择数码有限责任公司开发的“油田生产信息管理平台”已经在中石油、中石化下属的胜利油田、中原油田、四川油田、长庆油田、克拉玛依油田、塔里木油田、吐哈油田等石油生产企业推广应用 20 多套，实现销售收入 7 000 多万元。“金维地学信息处理研究应用系统 GeoIPAS V2.0”和“金维重磁电资料处理解释系统 GeoMEG V2.0”软件已经累计销售到了全国 21 个省，占据国内地学软件市场 90%以上。“红柳电气企业资源计划（ERP）管理系统”“中小公交企业资源计划（ERP）管理系统”等也初步实现了产业化。

新疆开发的工商管理系统、烟草管理系统广泛应用到 10 多个省市的相关政府部门。从新疆社区综合治理管理中总结出来的“四知”“四清”“四掌握”模式已成为全国社区管理软件开发的基础。新疆高德管理咨询有限公司开发的“银行财务顾问业务综合信息管理平台”“高德财务顾问专家系统”“会计报表真实性评价系统”，在全国一半以上的银行得到应用。新型农牧区合作医疗（县市级）管理信息化系统在全疆 84 个县（市）推广应用，使全疆的农村合作医疗管理有统一的信息技术标准、统一的系统软件平台，使得基层医疗卫生组织能够为农牧民提供标准化的服务。基于英汉维哈文全文检索技术的网络舆情监控与分析系统的开发应用，大大提高了新闻和安全部门对网络舆情的掌控，有利地保障了信息安全。

（四）信息技术服务

以系统集成为主的信息技术服务是新疆软件产业发展的主体。随着信息化建设的深入，新疆系统集成业有了长足进步。获得各类系统集成资质的企业有 285 家，加上其他领域兼营系统集成业务的企业，新疆从事系统集成的企业超过 400 家，从业人员超过 1 万人，一批企业迅速成长壮大。新疆熙菱信息技术有限公司实现了面向全国的布局和经营，除新疆外，在上海、西安、成都、北京、昆明设有 5 个经营机构，业务已覆盖新疆、北京、上海、天津、江苏、福建、陕西、湖南、江西、云南、四川等十几个省市自治区，形成了地域、业务与产品三位一体的信息技术服务架构。新疆信息产业有限责任公司采取集团化运作、集约化发展、精益化管理、标准化建设，立足多语言技术优势，进一步提升研发能力，建立了多语种研发实验室和智能电能表实验室，快速推进技术创新工作。2010 年新获得两项软件著作权，公司软件著作权数达到 9 项，企业实现跨越发展，营业收入达到 8 827 万元，比上一年增长 6 倍多。利用新疆优越的地缘、人文和多语种人才优势，新疆一些软件企业开始走出国门，为周边国家的石油勘探开发、电力、水利建设、通信建设提供特色信息技术服务，开辟了最具市场前景的发展方向。依托信息技术服务，新疆虹联信息技术有限责任公司、新疆新能信通有限公司、新疆天泽数码科技有限公司、新疆公众信息股份有限公司、新疆立昂电信有限公司、克拉玛依华隆科技股份有限公司等迅速成长为亿元企业。

二、新疆维吾尔自治区软件产业发展的成功经验

（一）大力开发少数民族语言文字信息处理技术，积极发展多语种软件服务业

一是加强标准化工作。二是大力开发少数民族软件，努力提高新疆少数民族信息化水

平。三是在维哈柯文软件开发基础上，着力开发面向中亚、南亚、西亚的多语种软件，积极培育服务外包市场，打造外向型的软件和信息服务业。

目前，面向中亚、南亚、西亚，发展多语种软件出口和服务外包产业已经得到国家和自治区的高度认可、充分肯定。中央在《关于支持新疆经济社会发展若干政策和重大项目的意见》中明确指出“大力开发多语种操作系统和软件，积极承接国内企业在中亚、西亚、南亚等国的多语种服务外包业务”。自治区党委、人民政府对发展面向中西亚的多语种软件和服务外包非常重视，最近，自治区党委书记在会见中兴通讯股份有限公司董事长侯为贵一行时指出，希望中兴公司能够很好地依托新疆的地缘、文化等优势，为新疆的向西开放，打造向西开放桥头堡提供很好的服务和有力的支撑，希望中兴通讯在企业自身发展的同时，能够带动新疆服务外包业的发展，带动当地就业，造福当地百姓。自治区党委常委宋爱荣在新疆自治区与中兴通讯签订战略合作协议时的讲话中指出，“十二五”是新疆实现跨越式发展和长治久安的重要战略机遇期，信息化是实现这一战略选择的重要支撑和保障。自治区制定了《国民经济和社会发展信息化第十二个五年规划》、《电子信息产业第十二个五年规划》，提出把新疆建设成为我国电子信息产业向西开放的桥头堡，打造国家面向中亚、西亚、南亚的多语种软件产业基地、多语种离岸服务外包产业基地，优化我国电子信息产业布局，完善软件服务业产业链，形成软件服务业向西沿边开放的新格局。其中由新疆IT企业承接我国企业在中亚、南亚、西亚国家的多语种服务外包业务是向西开放的突破口。

（二）努力提高企业自主创新能力，促进产业健康发展

为贯彻国务院关于《鼓励软件产业和集成电路产业发展的若干政策》（国发［2000］18号）文件精神，大力推进新疆软件产业的发展，尽快培育和扶持自治区的骨干软件企业，根据信息产业部授权，新疆软件行业协会从2001年开始，认真履行职责，严格按照《软件企业认定标准及管理办法（试行）》和《软件产品管理办法》的规定，积极开展了“双软认定”宣传活动，认真地进行软件企业认定和软件产品登记工作，取得了显著的成效。为了提高软件企业的开发管理工作，提高软件产品质量，规范开发过程，进一步提升我区软件企业参与国际竞争的综合能力，组织开展了软件企业CMMI认证工作，在经费上给予相应的补贴，目前，新疆已有8家企业通过CMMI 3级的认证。

（三）坚持以人为本，始终把人才培养和引进作为软件服务业工作的重中之重

改革开放以来，“孔雀东南飞”造成新疆流失各类人才超过50万人，人才，特别是高端人才匮乏是制约新疆软件和信息服务业发展的主要因素。在推进新疆软件和信息服务业发展过程中，我们克服难以想象的困难，从3个方面培养和引进人才。一是大力发展信息技术教育，开办软件学院，在有条件的大专院校开设服务外包专业，培养产业发展急需人才；二是充分发挥少数民族软件人才的作用，特别是发挥他们在多语种软件开发、多语种服务外包等领域的独特语言优势，扬长避短，同时大力支持少数民族专业技术人员创办软件企业，广泛吸纳少数民族大学生就业；三是充分利用周边国家教育资源，吸引我国在周边国家的留学人员回国工作，同时用好周边国家在我国的留学人员，发挥好他们的桥梁和纽带作用，采取一切办法，解决新疆人才匮乏问题。

三、坚定信心，再创新疆维吾尔自治区软件服务业发展“黄金十年”

（一）全面把握新疆软件服务业发展的有利时机

1. 国务院4号文将带来软件服务业发展新“黄金十年”

2000年6月，国务院关于《鼓励软件产业和集成电路产业发展的若干政策》（国发[2000]18号）的颁布和实施，带来了我国软件产业快速发展的“黄金十年”，有力推动我国软件和信息技术服务业从无到有、从小变大，总收入由2000年的700多亿元增加到2010年的1.33万亿元，成为我国软件和信息技术服务业发展中的一个重要里程碑。

2010年1月28日，国务院印发了《进一步鼓励软件产业和集成电路产业发展若干政策》，延续了国发18号文基本精神，统筹了软件产业创新、应用和服务等各个环节，针对产业发展的薄弱环节及创新能力不强、产业层级不高、始终处于价值链低端等问题，综合运用财税、金融、教育、市场等多种措施，进一步完善了产业政策体系，优化了发展环境，为软件和信息服务业创造了更加优越的发展环境，必将带来软件服务业发展新的“黄金十年”。我们必须牢牢把握这个历史机遇，奋发有为、乘势而上，推进新疆软件和信息服务业跨越式发展。

2. 中央新疆工作座谈会开启了新疆跨越发展的大幕，为软件服务业带来难得的发展机遇

中央召开了新疆工作座谈会，出台了《关于推进新疆跨越式发展和长治久安的意见》、《关于支持新疆经济社会发展若干政策和重大项目的意见》，就进一步加快新疆发展做出了一系列的重大决策，东中部19个省市对口支援新疆的大幕已经拉开，新疆社会经济大发展、大跨越的历史机遇已经到来。自治区党委七届九次和七届十次全委扩大会议贯彻中央新疆座谈会精神，全面部署自治区发展和稳定工作，提出了“以现代文化为引领，以科技、教育为支撑，加速新型工业化、农牧业现代化、新型城镇化进程；加快改革开放，打造中国西部区域经济的增长极和向西开放的桥头堡，建设繁荣富裕和谐稳定的美好新疆”战略选择，理清了发展思路，明确了发展目标。今年自治区党委、人民政府的一号文件就是《关于加快推进自治区新型工业化的意见》，新型工业化是信息化带动的工业化，新型城镇化也是信息化的城镇化，农牧业现代化也是信息化的农牧业，这“三化”都离不开软件和信息服务业的支撑。

中央在《关于支持新疆经济社会发展若干政策和重大项目的意见》中也明确提出“大力开发多语种操作系统和软件，积极承接国内企业在中亚、西亚、南亚等国的多语种服务外包业务”，为我区软件和信息服务业发展指明了方向。为此，我们编制了《大力开发多语种操作系统和软件，积极承接国内企业在中亚、西亚、南亚等国的多语种服务外包业务实施方案》，积极争取国家的支持。

3. 新疆独特的地缘、人文、文化优势有利于软件服务业向西开放发展

新疆是一个以维、汉、哈、回等13个世居少数民族为主体的地区，特别是维、哈、柯、蒙等少数民族人口占全区总人口的60%以上。多年来，在中央和自治区党委、人民政府的高度重视和大力支持下，自治区有关部门组织各民族的科技人员积极研究，开发维、哈、柯等少数民族语言的计算机软件，以促进和推动少数民族信息技术应用和信息化建设。目

前，已经拥有一批具有较高水平的维、哈、柯等少数民族计算机软件专家和骨干人才，培育了一批专业从事多语种软件开发和应用的企业，形成了多语种信息技术研究开发、技术服务、应用操作人才梯队，攻克了一批多语种信息处理关键技术，研发的维哈柯文 Office 办公套件、多语种软件测试平台等获得自治区科技进步一等奖，科研成果广泛用于信息化建设。由于维哈柯文基本借用阿拉伯字母，其信息处理技术与阿拉伯文相同或相近，因此维哈柯等多语种信息技术发展为新疆软件出口和服务外包奠定了良好的基础。

发展软件服务业，特别是外向型软件服务业，新疆还具有独特的区位、语言、交通、贸易、人才等方面的优势。一是新疆周边与八国接壤，与中亚五国相邻，这些国家软件与信息服务业市场很大，向西开拓国际市场，能够有效解决新疆软件与信息服务业发展空间不足问题。二是新疆 13 个世居民族中，哈萨克、柯尔克孜、塔吉克、乌兹别克、俄罗斯等是跨境而居的少数民族，他们的语言文化、生活习俗与周边国家相同或相近，语言交流与沟通无障碍，具有承担周边国家服务外包业务的先天优势。三是新疆建有 17 个国家一类口岸，公路、铁路、航空通达周边国家，与中亚、南亚、西亚 20 多个国家的首都或经济中心城市通航，新疆已逐步成为我国向中西南亚和东欧国家出口商品的重要基地和商贸中心，为软件出口和服务外包奠定了良好的基础；四是与中西南亚国家相比，新疆在软件人才上具有一定优势，具备较强研发实力和技术优势；五是新疆是古丝绸之路的枢纽，多种文明在此交汇，有深厚的文化底蕴，制作动漫和网游的素材极为丰富，新疆各少数民族能歌善舞，十二木卡姆、玛纳斯、江格尔等民间艺术广为流传，为动漫网游产业提供了充足的营养。因此，只要我们解放思想、开拓创新，加大向西沿边开放力度，新疆软件服务业是大有可为的。

4. 两化融合、“三网”融合带来巨大市场发展空间

两化融合是党中央立足我国社会主义初级阶段实际，科学分析我国全面参与经济全球化的新机遇新挑战，全面认识工业化、信息化、城镇化、市场化、国际化深入发展的新形势新任务，制定的我国新型工业化发展道路。工业化与信息化的相互融合相互促进，是后工业化时代发展的特征。信息化扩展和丰富了传统工业的内涵，电子信息制造业既是工业领域的高端产业，也为改造传统工业提供物质基础。工业化为信息化提供物质基础，对信息化提出了应用需求，信息化通过工业化发展而不断深化和加速，信息基础设施的建设、信息技术的研究和开发、信息产业的发展，都是以工业化的成果为基础。“两化”深度融合将为软件和信息技术服务提供广阔的创新和应用空间。

“三网”融合是电信网、计算机网和有线电视网三大网络通过技术改造，能够提供包括语音、数据、图像等综合多媒体的通信业务。“三网”融合后会形成新的服务和运营机制，出现许多新业态，产生许多新应用，智能交通、环境保护、政府工作、公共安全、平安家居、智能消防、工业监测、老人护理、个人健康、数字媒体、数字图书馆等领域的应用会更加普及和便捷，由此为软件和信息服务业的发展带来巨大的市场空间。

（二）解放思想、凝聚共识，正确把握新疆软件产业的发展方向

加快新疆软件服务业发展，一要靠扩大内需夯实基础，二要靠开拓国际市场实现跨越式发展。

一是进一步扩大内需，借中央高度重视新疆、全国大力支持新疆的东风，紧紧抓住新疆大开发、大开放的历史机遇，加快信息基础设施和信息化建设，开发适应两化融合和行业应用需要的软件产品，培育区内服务外包市场，推广应用多语种软件，夯实软件与信息服务业发展基础。

二是以承揽华为、中兴、中国移动、中国电信、中国石油、中国石化、中建、中铁等大企业大集团在周边国家的服务外包和通信、消费、医疗、汽车等电子产品嵌入式软件的多语种国际化开发为两个突破口，推动新疆软件服务企业“走出去”，积极开拓西部国际市场。

三是发挥“后发”优势，承接国内外软件服务业转移，实现新疆软件与信息服务业的跨越式发展。以先进、成熟的中文基础软件、工具软件、行业应用软件、动漫网游产品为基础，利用新疆软件队伍语言和多语种处理技术的特长，进行斯拉夫语系、阿拉伯语系的国际化开发、出口和技术服务，走出一条差别化、跨越式发展之路。

（三）开拓创新，努力实现新疆软件服务业跨越发展

未来十年新疆软件服务业发展的指导思想：以科学发展观为指导，紧紧围绕新疆“跨越发展和长治久安”两大战略目标，以贯彻落实国务院关于《进一步鼓励软件产业和集成电路产业发展若干政策》（国发［2011］4号文件）为主线，实施“以硬带软，东联西出”战略，利用新疆作为我国向西开放的桥头堡地位，以多语种嵌入式软件和面向西部国际市场的离岸服务外包为突破口，发展壮大多语种软件产业，全面提升信息服务业，发展繁荣动漫创意产业，实现我区软件与信息服务业跨越式发展。

发展目标：实现“321”战略目标（即三个中心、两个基地、一个桥头堡的总体目标）。“三个中心”是把新疆建设成为我国多语种嵌入式软件技术研发中心、多语种自主知识产权软件技术研发中心和多语种离岸服务外包支撑服务中心；“两个基地”就是把新疆打造成为“国家多语种软件产业基地”和“国家多语种离岸服务外包产业基地”；“一个桥头堡”就是把新疆建设成为我国软件与服务业向西开放的桥头堡。

到2015年，新疆软件与信息服务业收入将达到100亿元，软件产品和服务外包出口达到2亿美元，软件与信息服务业的就业人数达到3万人。到2020年，新疆软件服务业收入突破500亿元，软件与服务外包出口达到10亿美元，带动大学生就业20万人，其中少数民族大学生就业10万人。

第二十八章　新疆生产建设兵团

国发 18 号文的出台和实施，为推动兵团软件产业发展发挥了重要促进作用。在国发 18 号文的政策引导下，兵团软件产业发展坚持以应用需求为导向，不断提高管理、服务和创新能力，有力地推动了兵团各领域、各行业信息化建设和应用水平，促进了兵团经济社会又好又快发展。

一、新疆生产建设兵团软件产业十年发展回顾

十年来，兵团通过加大各领域各行业信息技术推广应用，引导带动软件企业研发满足用户需求的行业应用软件，并支持鼓励软件企业进入技术含量更高的应用领域，促进了兵团软件产业平稳较快发展。兵团软件企业围绕农业 6 大精准技术应用，在农业生产、管理、信息服务等环节研发了一批具有自主知识产权的软件产品，应用成效明显。自主开发的网络化农田虫情监测预警防控系统、农田综合信息实时测报系统、轧花生产管理系统和社区人口管理系统等一批软件产品在全疆相关行业领域得到应用，获得良好的经济效益和社会效益。新疆吉尔利数字技术有限公司研发完成的棉花加工管理系统，实现了棉花加工的网络化管理和棉花加工数据的快速采集存储，提高了棉花加工的工作效率。石河子市汇业信息技术有限责任公司研发完成的综合管理信息系统开发平台涵盖了应用系统业务开发的全过程，提高了软件开发效率。各师建设了一批各具特色的信息服务网站，形成了统计数据、地理地籍、农情资料、科技信息等一批反映经济社会发展状况的数据库，农八师石河子市建成并投入使用了公共卫生、石河子农业信息网、中小企业电子商务等公共服务平台，在为企业和社会公众提供综合信息服务方面发挥了重要作用。兵团百花村软件园入驻 280 家企业，已成为乌鲁木齐地区的 IT 产品集散地和有一定影响力的计算机软硬件展示平台。

兵团软件产业行业组织和行业管理服务工作得到进一步加强。2007 年，兵团成立了软件行业协会，目前注册会员达 75 家。兵团“双软认定”工作得到工业和信息化部授权，“双软认定”服务平台搭建完成并投入运行，软件产品登记和软件企业认定制度得到施行。新疆电子研究所有限公司研发的“红柳复合肥生产管理系统”、新疆吉尔利数字技术有限公司研发的“基于中间件技术棉花土壤肥力信息管理及施肥决策系统”“远程害虫监测预警系统”3 个农业应用软件产品和石河子市汇通信息技术开发有限责任公司研发的“供热营销信息系统”“用电营销信息系统”两个工业应用软件产品获得登记。信息系统集成和信息系统监理资质认证等工作逐步推进，6 家企业获得国家信息系统集成资质，两家企业分别获得国家信息系统工程监理部临时资质和地方临时资质，信息系统集成和信息系统监理水平明显提升，为助推兵团各领域、各行业信息化项目建设水平和质量提高发挥了积极作用。软件知识产权服务得到进一步加强，一批自主研发的软件产品在国家版权局登记，正版软件特别是国产正版软件在兵团各级行政部门得到了广泛应用，为企事业单位和社会公众起到了

率先垂范作用，有力支持了具有自主知识产权的国产软件的研发和推广。

由于兵团软件服务业发展受区域、环境和人才等方面因素的制约，与兄弟省区市相比还存在着不小的差距，面临着一些亟待解决的问题：一是产业总体规模较小，软件企业研发实力薄弱，自主创新能力不强，尚无法满足日益增长的信息技术应用需求；二是公共技术平台支撑能力还须进一步加强，产业支撑和服务体系有待完善，市场环境和竞争秩序有待规范；三是软件人才相对匮乏，对软件服务业发展支撑力度不够。

二、新疆生产建设兵团软件产业发展主要特点

十年来，兵团软件产业呈现出服务领域不断拓宽、自主研发实力不断增强的发展特点。以往兵团大部分软件企业主要服务于兵团辖内或集团公司内部信息化建设。通过十年来不断发展，兵团软件企业研发创新体系逐步完善，应用推广更为专业化，业务范围已扩展到更广阔的应用领域。石河子市汇业信息技术有限责任公司围绕天业集团企业信息化建设，通过自主研发天业化工厂信息管理系统、天业物流管理系统、天业酱厂蕃茄收购系统等行业应用软件，积累了丰富的软件产品开发经验和广阔的市场资源，软件研发创新处于疆内领先水平。石河子市汇通信息技术有限责任公司通过建设中小企业信息化服务平台服务中小企业，在帮助中小企业应对危机和提升管理水平上发挥了积极作用。一批涉农软件服务企业紧紧围绕农业生产管理各个环节应用需求，通过积极推进产学研为一体的技术创新体系建设，优化升级自动化滴灌系统、微机平衡决策施肥系统、农田虫情监测预警防控系统等一批农业应用软件，进一步提高了兵团软件产业自主创新能力。新疆吉尔利数字技术有限责任公司的农田环境与土壤水分监控系统、网络化生态平衡施肥专家系统、农田棉铃虫远程监测系统、节水灌溉自动化控制系统等自主知识产权涉农软件产品，得到更深层次、更大范围的推广应用。

三、新疆生产建设兵团软件产业展望

（一）发展目标

“十二五”时期，兵团软件服务业将认真贯彻中央新疆工作座谈会、西部大开发会议精神，紧紧围绕兵团加快推进城镇化、新型工业化和农业现代化中心任务，着眼兵团经济社会发展的关键环节和重要领域，以应用需求为导向，积极承接东部软件产业转移，不断提高管理、技术和服务创新能力，促进兵团跨越式发展和长治久安。

（二）保障措施

1. 加速提升兵团软件产业自主创新能力

逐步完善兵团软件产业自主创新体系，推动产业走上创新驱动、内生增长的轨道。鼓励企业提高研发经费投入，支持企业研发中心的建设，提高研发创新水平。加强高技能人才队伍建设和知识产权的创造、运用、保护和管理，建设产业创新支撑体系，扶持研发创新、软件产品登记和专利申请、标准制定、公共技术平台建设。支持市场拓展和商业模式

创新，推进重大科技成果产业化发展。积极推进多形式、多层面的产学研用深度结合，鼓励企业与国内外科研机构、高等院校共建实验室和研发机构，开展多种形式的产学研联合技术攻关，参与企业技术开发、技术改造和重大引进项目的消化吸收与创新，有效转移先进适用的科技成果。

2．大力研发应用工业软件和行业解决方案

围绕工业研发设计、生产装备、经营管理、市场流通等关键环节对工业软件的紧迫需求，加快发展工业软件和行业解决方案，提升为两化融合提供服务的能力。优选效果明显、有行业特色、以国产产品和为国内企业服务为主的典型工业软件和行业解决方案，开展示范应用工作，以应用促发展，促进产用结合，带动兵团软件服务业发展。选择重点行业、企业开展信息技术改造提升传统行业试点工作，以点带面，加快工业软件和行业应用解决方案业务的整体推进。

3．突出发展现代信息服务产业

抓住新疆和兵团信息化工程项目启动与实施快速发展的机遇，加快发展信息系统规划设计、技术咨询、集成实施、运行维护、技术支持、监理测试、教育培训和信息安全服务等信息技术服务业。扶持数据中心、数据处理、数据挖掘等数据服务业发展。加大基于宽带和互联网的信息服务应用，促进“三网”融合环境下内容增值服务、软件和信息服务外包、电子商务服务等新兴服务业发展。开发基础地理资源，建设公共信息基础数据库，提高信息资源开放程度。发展教育、文化、广播电视等领域的数字内容产品。加快软件与服务良性互动，推动信息服务业向规模化、规范化、产业化方向发展。

4．积极承接东部软件产业转移

紧紧抓住全国对口支援兵团和新一轮产业转移的重大机遇，建立与援建省市共同推进软件产业转移和对口支援的工作机制，加大在国内外招商引资的宣传，推动产业对接和科学承接。依托产业基地、产业园区和边境口岸，加大在招商引资方面的人力和资金投入，有选择、有重点地引进国内外软件产业龙头企业，提供政策保障，鼓励和引导外地企业本土化发展，吸引国内外著名软件开发和服务外包商在石河子市设立分公司、研发、服务中心，增强其产业的根植性，建立面向中亚的软件和信息服务外包基地。

5．加快软件人才培养和引进

建立健全高等院校、职业技术学校、社会培训机构等多层次多类型人才培养体系和产学研结合的人才培养合作机制，以市场为导向设置培训学科和专业，强化实训教育。通过建设重大项目吸引和培养高端人才与创新队伍。鼓励软件企业建立健全激励研发创新的人才评价和奖励制度，吸引和留住人才。与援建省市建立信息技术和管理方面人才干部双向挂职锻炼、交流的机制，加快产业人才培养。鼓励社会培训机构的发展，组织企事业单位软件人才接受再教育、专业化培训，推动软件人才向高层次发展。加强基层职工群众的培训工作，提升全民信息技术应用能力，为产业发展营造良好发展环境。

第二十九章　深圳市

在国家工业和信息化部的关心支持下，2000 年以来，深圳紧紧抓住国发 18 号文出台实施的契机，大力发展软件产业，十年来深圳软件产业保持快速增长态势，产业结构持续优化，自主创新能力不断提高，培育了一大批行业重点龙头骨干企业，形成了较为完整的软件产业体系。目前，深圳已经发展为全国最为重要的软件产品和信息服务的研发出口基地，软件产业不仅是深圳经济的重要组成部分，而且正在成为深圳推动经济发展方式转变的重要产业载体。

一、深圳市软件产业十年发展回顾

（一）软件产业规模持续扩大，居全国大中城市前列

近十年来，深圳软件产业一直保持快速增长态势，产业规模不断扩大。一是软件业务收入持续增长，从 2000 年不足 100 亿元，发展到 2006 年超过 500 亿元，2009 年深圳软件业务收入进一步突破 1 000 亿元大关，达到 1 266 亿元，同比增长 25%，产业规模仅次于北京，居全国大中城市第二位，占广东省的 64%，占全国的 13 %；二是软件出口快速发展，深圳是国家软件出口基地，也是国家服务外包示范基地城市，集聚了 100 家左右具有较强竞争力的软件出口企业，近十年来，深圳软件出口年均增速达到 67%，2009 年全市软件出口 100.6 亿美元，占广东省的 95%，占全国的一半以上；三是软件企业群体和从业人员持续扩张，2000—2009 年，深圳市累计认定软件企业 2 522 家，累计登记软件产品 10 340 件，年均增长率分别达到 43.8%和 43.6%，截至 2009 年年底，深圳软件从业人员接近 30 万人，软件企业群体和从业人员数量均处于全国前列。

（二）软件企业自主创新能力强，以创新推动发展的机制初步形成

深圳将自主创新确立为城市发展的主导战略，作为高新技术产业的重要组成部分，深圳软件产业是深圳实施自主创新战略最为重要的产业载体，企业创新投入力度大、创新成果丰硕、创新后劲强。从研发投入看，近几年深圳软件企业的研发投入占全市研发投入总额超过 60%，2009 年软件企业的研发投入增长较快，占软件业务收入比例高于全国平均 12%的规模；从知识产权看，2005 年以来，深圳软件产品著作权登记快速增长，尤其是 2007 年后呈现倍速增长的态势，2008 年、2009 年分别完成 2 466 项和 5 543 项的软件著作权登记，2008 年、2009 年深圳软件企业分别提交了 986 项和 1 298 项相关软件专利申请。同时，2000—2009 年，深圳软件产品登记数量快速增长，累计登记软件产品 10 340 件，年均增长达 43.6%（见表 40）。从创新支撑体系看，目前深圳与软件产业相关的公共技术服务平台和重点实验室超过 20 个，包括国家超级计算深圳中心、国家软件与信息服务外包公共支撑平台等，较为完善的公共技术服务平台体系为深圳软件企业的创新提供了坚实的支撑。从创

新型企业看，深圳软件企业的典范华为、中兴已跻身全球创新型企业前列，2009 年华为 PCT 国际专利申请量排名全球第二，中兴通讯 PCT 申请增长量排名全球第一，两家企业合计申请量占全国总量的 44.74%。目前，深圳共 400 多家软件企业被认定为国家级高新技术企业，占全市的 40%，这些企业将成为推动行业发展的主力军。

表 40　深圳市软件知识产权情况

年　份	2005	2006	2007	2008	2009
软件著作权登记数量（件）	879	1 069	1 299	2 466	5 543

（三）培育了一大批行业龙头骨干企业，基本形成梯队互补配套的良性企业生态

深圳积极实施“企业集团”战略，软件产业培育了一批重点龙头骨干企业，同时通过发挥龙头企业的辐射带动效应，构建了一个大中小型企业梯队互补配套发展的良性企业生态，形成了协同效应。目前，2010 年深圳有 7 家企业入选中国软件百强、17 家企业入选国家规划布局内重点软件企业，其中 7 家软件百强企业 2009 年实现软件业务收入占全部百强软件企业比例达到 42%，规模优势明显。深圳软件企业群体大致可分为三个梯队：一是华为、中兴、腾讯等业务收入超百亿元的综合性重点软件企业，这些龙头企业通过将非核心软件业务发包等方式带动了为其提供配套服务的一大批企业的发展壮大；二是软件业务收入超 1 亿元的 80 多家中型骨干企业，如企业信息化领域的金蝶，金融电信电力等大型行业应用领域的金证科技、天源迪科、科陆电子等，数字电视领域的同洲软件、茁壮网络、创维软件等，互联网领域的迅雷、中青宝网等；三是大量的从事各个细分软件产品开发的中小型企业，这类企业许多均是各自细分行业的“小巨人”，如永兴元、融创天下、任子行等企业，都是软件产业实现持续发展的庞大后备军。与此同时，随着深圳大力发展总部经济，包括 IBM、Oracle、Microsoft、日立、伊士曼柯达多家世界 500 强企业和国内百度、阿里巴巴等知名企业均在深圳设立了国际总部、地区总部和研发中心等形式的软件企业，为深圳软件产业的发展不断注入新鲜力量。

（四）“一园多区”的软件产业集聚发展布局基本形成，产业集聚效应明显

深圳于 2000 年前后开始规划建设深圳软件园，2001 年 12 月，深圳软件园被科技部批准为国家火炬计划软件产业基地，并于 2003 年被国家发改委、原信息产业部和商务部批准为国家软件出口基地。为进一步科学规划深圳软件产业园区建设和布局，深圳先后于 2003 年、2006 年、2009 年制定了《深圳软件园 2003—2005 年发展规划纲要》、《深圳软件产业“十一五”发展规划》和《深圳高新技术产业园区发展专项规划（2009—2015 年）》，促进软件产业集聚发展。在国发 18 号文和深圳支持软件系列政策的推动下，经过十年的发展，深圳软件园已经发展为我国重要的软件产品研发基地、软件企业孵化基地、软件产品出口基地。2001 年，深圳软件园入驻企业只有 120 家，到 2009 年，深圳软件园入驻企业超过 500 家，集聚了如中兴、腾迅、金蝶、金证科技等一大批重点企业，软件园区集聚效应充分显现。由于深圳土地紧缺，难以找到一个非常集中的大型软件园区，为了拓展软件产业发展空间，深圳积极突破地域概念，按照“大软件园”思路，采取“一个主园，多个分园”的形式构建深圳大软件园格局，主园和分园之间在规划上各具重点，共享深圳软件园的品牌

和各种资源。深圳以深圳南山高新区软件园为主园，带动辐射全市其他软件园区的建设和发展。目前，深圳有各类软件园区20多个，如南山区的网谷、智能电网产业园，福田区的国际电子商务产业园，罗湖区的互联网产业园等。此外，深圳规划在南山区的建设面积约60万平方米的软件产业基地也在积极建设推进中，将成为未来深圳软件产业的又一个“高产田”。

（五）多渠道培育软件人才机制基本形成

软件人才是软件产业发展的关键。十年来，深圳积极克服本土软件院校较少的短板，多条腿走路多渠道培育软件人才。一是推动和引导深圳大学、深圳职业技术学院和深圳信息技术学院等高等院校结合深圳软件企业人才需求现状，不断扩大软件专业招生规模和优化软件学科设置；二是建设深圳软件园国家软件及服务外包人才培训平台、华南地区首个教育部软件工程专业大学生实习实训基地等多个软件人才培训平台，同时在美国硅谷等发达地区设立了多个人才引进机构，永久承担中国国际人才交流大会；三是积极引进外地名校加大人才培养规模。深圳除大力建设深圳大学等本土高校软件专业，积极嫁接清华大学、哈尔滨工业大学和香港大学等50多所高校和科研机构，建立了深圳大学城和虚拟大学园，开创了产学研合作的新模式。

（六）持续构建了较为完善的政府政策服务支持体系

深圳历来十分重视软件产业的发展，持续构建了较为完善的政策服务和工作体系。一是加强规划。2001年，为落实《国务院关于印发鼓励软件产业和集成电路产业发展若干政策的通知》，深圳出台了《关于鼓励软件产业发展的若干政策》，2002年出台了《软件产业结构调整实施方案》，2006年出台了《深圳软件产业“十一五”发展规划》，2009年和2010年相继出台了《深圳互联网产业振兴发展规划》，以及关于推进两化融合、三网融合和建设国家电子商务示范城市等方面的规划和工作方案，超前布局和规划软件产业，目前深圳正在开展前海深港现代服务业合作示范区规划的编制工作，软件产业将会成为未来前海地区重点发展的产业；二是加大财政投入。2001 年深圳市设立了软件产业专项资金，到 2005年每年拿出 1 亿元扶持软件产业发展；2005—2009 年用于扶持软件企业和项目发展的市级财政资金超过9亿元；2009年深圳出台互联网产业规划，规定连续7年每年拿出5亿元共35亿元财政资金扶持互联网产业发展。同时，深圳市还以政府投资的方式建设了深圳软件园等软件园区，未来还将继续投资建设面积达60万平方米的深圳软件产业基地等园区；三是鼓励企业积极利用资本市场融资。借助深圳中小板设立的契机，深圳在2004年出台了《关于加强发展资本市场工作的意见》和《深圳市中小企业上市培育工程实施方案》，明确提出加大深圳市中小企业上市培育力度，并启动实施了“企业上市工程”项目，对上市企业予以最高310万元资助，同时各区予以100～200万元的配套资助，极大地推动了企业完善治理结构，利用资本市场解决融资难问题。截至目前，深圳市在境内外上市的软件企业共有35 家，远远领先于其他省市。四是做好政府服务。深圳积极建设服务型政府，为深圳软件百强等大企业提供了包括审批时限减半、专门窗口服务、预约服务、通关便利等直通车服务，涉及几乎所有政府部门。同时，深圳有关政府部门与深圳软件行业协会已建立了良好高效的合作关系，不断优化企业“双软认定”和退税工作流程，积极做好政策辅导宣传工作。

二、深圳市软件产业发展主要经验

（一）实施自主创新战略大力提升产业核心竞争力

深圳自主创新工作走在全国的前列，而深圳软件产业是深圳自主创新最为重要的产业载体，深圳 90%的自主创新成果来自软件企业。如果说十年深圳软件产业的发展积累了一些经验，那么其第一条经验就是大力实施自主创新战略。十年来，深圳把自主创新作为软件产业发展的主导战略和生命线，在自主创新上“舍得投入、舍得时间”。深圳对自主创新的扶持是全方位的、倾尽全力的，为进一步促进自主创新，2006 年，市委市政府以一号文件的形式将自主创新确立为城市主导战略。具体到软件产业上，深圳每年在自主创新上对软件企业的财政扶持超过 2 亿元，涉及重大产业技术攻关、项目研发与产业化、技术标准规范的研制、专利申请的补贴等。在政府的引导和鼓励扶持下，深圳软件企业自主创新的意识很强，投入力度很大，也取得了丰硕的成果。2009 年，全市相关软件专利的申请量达到 1 298 项，比 2008 年增长 31%。

（二）以市场为导向推动软件产业发展

作为全国市场化机制最完善、国际化程度最高的城市之一，深圳软件产业无论是在市场拓展还是在研发环节，紧紧对接市场，以市场为导向推动各方面发展。以市场为导向包含 3 层含义。

一是积极拓展国内国际两个市场。2009 年深圳软件收入内外销比例约为 55：45，内外销结构均衡合理，区别于深圳制造业对外销过于倚重的局面。这主要得益于深圳软件产业坚持开拓两个市场。一方面，深圳软件产业绝大多数属于民营企业，立足于国内市场，抓住我国信息化建设的契机，在企业信息化、电信金融物流等大型行业应用软件、互联网、嵌入式软件等领域迅速占领国内市场；另一方面，深圳具有天然的接近国际市场的优势，深圳积极学习印度等软件外包发达地区经验，以入选全国服务外包基地城市为契机，积极拓展国际市场，出台《关于进一步鼓励服务外包产业加快发展的意见》等政策大力发展服务外包，特别是加强深港软件业合作，共同面向国际市场，开创了香港接单、深圳开发的模式，给予了“前店后厂”概念新的内涵。深圳软件出口在全国一直领先，多年来保持着占有全国软件市场将近一半的份额。

二是软件产品积极对接用户市场。在电子信息设备中嵌入软件，是实现自动化、智能化和提高产品技术含量的最佳办法。深圳具有发达的制造业基础，其中电子制造业产值占全国约 15%，居全国大中城市第一位，通信设备、数字视听、装备制造等产品产量全国领先。深圳嵌入式软件的发展得益于能够与深圳发达的制造业尤其是电子信息制造业相对接，带动促进了以通信设备嵌入式软件为主导的深圳嵌入式软件的大发展，嵌入式软件收入占深圳软件收入比例达到 60%以上，由此形成了具有“深圳特色”的软件产业体系。

三是软件研发对接市场。深圳发展软件产业面临本土科研机构和高校较少的制约，这种先天的不足，客观上促成深圳形成以企业为主体的自主创新体系，加上深圳市场机制、环境和氛围优良，深圳软件产业的相关科技研发能够以市场为导向，及时贴近市场、对接市场，产业化成效显著。但深圳也认识到，要提高软件基础研发力量，必须积极引进科研机构和高校，为此，深圳建立了虚拟大学园，积极嫁接包括清华大学、哈尔滨工业大学和香港大学等 50 多所高校和科研机构的资源，引导鼓励其与深圳企业进行合作，开创了产学研合作的新模式。

（三）坚持全面推进与重点突破相结合，在做大规模的同时做强核心产品

软件产业涵盖范围很广，深圳从自身产业结构实际出发，结合深圳电子信息制造业特别是通信设备制造业发达的优势，重点发展嵌入式软件领域，积极发展系统集成、信息技术增值服务、计算机软件等，培育了具有较强国际竞争力的嵌入式软件产业集群，深圳通过税收优惠、项目资金扶持等措施引导通信设备、机电设备等设备制造厂商积极介入嵌入式软件研发，向产业链高端延伸，形成了通信、医疗设备、数字装备和能源设备、数字电视、汽车电子、计算机及相关设备等软硬件结合创新型产业群体。

（四）重视构建完善的产业公共服务平台体系

完善的产业公共服务平台体系能够为软件产业的发展提供有力的支撑。深圳紧紧抓住技术支撑服务平台和软件人才培训平台两个重点，不断建立健全软件公共服务平台体系。

技术支撑服务平台旨在有效整合和配置软件企业需要的公共服务资源，提供涵盖共性技术支撑、知识产权保护、人才培训服务、公共品牌建设与市场推广等在内的各项公共服务，形成促进产业发展的公共服务支撑体系。目前深圳市已经建立了国家（深圳）软件与信息服务外包公共技术支撑平台、国家超级计算深圳中心、深圳软件园 IBM 公共技术支持中心、软件测评中心等多个公共技术服务平台，可为深圳软件企业提供包括软件开发、软件测试、软件认证、产品演示培训、EDA、MPW、IP、测试与培训等多种形式的服务。在建的深圳超算中心，预计将于 2011 年年底运行调试，2012 年初正式投入使用，届时装备的全球第二快超级计算机将可为深圳软件企业开展云计算、仿真模拟等项目研发提供有效支撑。

软件人才培训体系旨在将构建专业化、实用型软件人才资源保障体系，打造国内领先的软件人才培训服务平台，从而满足深圳市软件产业快速发展对人才的质量和数量要求。目前，深圳已经建成深圳市软件及服务外包培训平台等多个软件人才培训基地，具有深圳华育国际、深圳易思博软酷实验室、深蓝软件等知名软件人才培训机构，其中深圳市软件及服务外包培训平台已经与 14 家院校和 8 家培训机构建立了人才培训合作关系，已通过平台多次组织软件企业开展校园招聘，引进专业人才超过 2 000 名。

（五）针对企业发展的不同阶段和特点，采取多种措施对企业进行针对性地分类扶持

为扶持深圳市重点软件企业加快做大做强，深圳市根据各类软件企业的不同特点，采取有针对性的扶持措施，而不仅仅是单一的财政扶持：一是对于规模较大竞争力强的核心企业，主要采取积极支持承担基础软件等国家重点科研项目、为企业提供审批时限减半等大企业直通车服务等扶持措施；二是对于具有较强竞争力但面临资金、用地困难的企业，深圳市通过实施“上市企业培育工程”项目，积极引导和帮助企业在境内外上市，利用资本市场解决融资难问题，不断完善企业经营治理结构，同时在软件产业园区用地、政府采购等方面也给予优先支持；三是对于处于起步发展阶段的中小企业，则主要通过给予科研项目财政资金扶持、提供公共技术平台服务等给予扶持。通过以上分类扶持措施，深圳市一大批软件企业不断做大做强，截至目前，已培育了 7 家国家软件百强企业，引导 35 家企业在境内外上市，年收入超 1 亿元的具有较强竞争力的软件企业达 84 家，形成梯度互补配套的金字塔形的企业生态群体。

三、深圳市软件产业展望

（一）思路与目标

发展思路：未来 5 年，深圳软件产业要按照科学发展观的要求，紧紧抓住国际信息技术发展趋势，结合深圳产业发展实际，大力实施自主创新战略，持续提升软件产业技术创新水平；坚持全面发展与重点突破相结合，重点发展嵌入式系统软件等特色产业，突破云计算、物联网、互联网等战略性新兴产业领域；坚持开放合作，大力发展服务外包产业；优化软件产业园区布局规划，推动产业集聚发展；加快实施孔雀计划，切实为产业发展提供人才支撑，进一步将软件产业打造成推动深圳经济实现持续增长、推动深圳加快转变经济发展方式的支柱产业。

发展目标：到 2015 年，产业创新能力进一步提升，建设深圳超算中心等 5～10 家市级以上重点公共技术服务平台；产业空间布局进一步优化，建设深圳软件产业基地等软件产业园区；骨干企业群体进一步壮大，培育 3～5 家收入超 100 亿元的综合性软件企业，软件业务收入超 1 亿元软件企业超过 100 家；产业规模进一步扩大，5 年间软件产业年均增长 25%以上。

（二）发展重点

“十二五”期间，深圳软件产业重点发展战略地位突出、产业基础好、发展潜力大、带动能力强的领域，加强核心技术突破和应用模式创新，进一步壮大优势产业，大力培育新兴产业，提高软件产业综合竞争能力，打造新的经济增长点。

1. 嵌入式软件

充分发挥深圳制造业特别是电子信息制造业发达的优势，加大通信、数字装备、医疗设备、数字视听等优势领域嵌入式软件的研发与应用，加快发展面向新一代互联网、三网融合、物联网、智能电网等新兴领域的嵌入式软件，重点研发嵌入式操作系统、嵌入式软件开发测试平台、嵌入式中间件、新一代通信系统、数字电力装备、实时医学图像、智能机器人、数字电视等设备嵌入式软件。

2. 行业应用软件

根据软件平台化、网络化、服务化、智能化的发展趋势，重点发展通信、金融、物流、制造业、企业管理、电子商务、电子政务和社会信息化等领域的高端大型应用软件，重点研发面向大型制造企业应用的 MES、ERP 和 WMS 软件、生产线动态调度软件等工业软件；研发面向现代物流应用的仓储资源管理与优化软件、供应链管理与采购优化等物流应用软件；研发金融信息服务领域的高性能金融计算软件、实时金融交换和清算软件、实时商务智能软件等金融行业应用软件；研发面向电子商务应用的决策支持软件、安全认证软件、在线支持软件和信用评价软件；研发面向海关、税务、公安、社保、医疗等领域的电子政务软件。

3．新一代互联网软件

重点突破面向新一代互联网、移动互联网、三网融合、物联网和电子商务等领域的互联网应用软件关键技术，大力发展大型智能化平台化互联网软件，加强互联网应用的业务模式和商业模式创新，促进互联网新兴服务业发展。重点研发 Web 2.0 技术、语义互联网技术、多媒体搜索技术、互联网海量数据挖掘技术、移动互联网安全技术等；研发新一代搜索引擎、移动互联网应用软件、手机支付系统、电子商务公共服务平台；推进下一代互联网、电子商务、移动流媒体、移动支付、软件在线服务（SaaS）、射频识别（RFID）和交互式网络电视（IPTV）等领域的应用示范。

4．高性能计算机软件

以国家超级计算深圳中心千万亿次超级计算机为平台，加大高性能计算基础研究，重点突破超级计算关键核心技术，加紧研发基于超级计算的大型系统软件和应用软件，大力推进超级计算重大应用示范工程，加快培育以超级计算为核心的产业集群，建设立足华南、连接港澳台、辐射东南亚的国内领先国际一流的超级计算研发、服务和产业化基地。重点研究众核计算与 GPU 计算技术、高可信计算技术、海量数据存储与管理技术等；研发基于超级计算的大规模高性能数值计算软件、工业深度设计软件、新材料设计软件、高通量基因测序与分析软件等，推进超级计算在数值计算、工业设计、新材料、数字城市、公共安全、生命科学等领域的应用示范。

5．云计算软件

以深圳被确立为国家云计算服务创新发展试点示范城市为契机，抢先突破云计算核心共性技术，加强云计算与超级计算的融合，加快建设云计算基础设施和公共信息服务平台，大力推广云计算应用示范，加快培育云计算产业群，将深圳打造成为我国乃至亚太地区云计算创新发展先锋区。重点研究云计算虚拟化技术、云服务器架构技术、云环境自适应管理等核心共性技术；加快建设基于超算的城市云计算公共平台、云数据中心、大型制造企业集群云服务平台等；积极推进面向电子政务、电子商务、智能交通、现代物流、人口健康、公共安全、教育、中小企业、制造业等领域信息化的云服务示范工程。

6．文化创意软件

重点突破数字内容的生成、处理、检索与保护等关键核心技术，研发面向三网融合、数字视听、出版发行、游戏动漫等领域的应用软件和公共平台，加紧制定数字标准、内容标准和技术标准，促进文化创意产业发展。重点研发 3D 场景建模技术、3D 图形引擎技术、3D 视频编解码技术等数字内容生成和内容数字化技术；研发网络媒体内容自动分类技术、个性化检索技术、数字内容保护与监管技术，促进数字内容管理与监控；研发面向移动设备的数字信息压缩、摘要、格式转换与传播技术。促进上述技术在游戏、动漫、多媒体数字视听、三网融合等领域中的应用和服务。

（三）保障措施

一是加大政策引导扶持力度。加快编制《深圳软件产业“十二五”发展规划》，进一步明确深圳软件产业发展定位、指导思想、重点领域、主要任务等，强化规划指引作用；结合国发 18 号文的延续情况，制定深圳软件产业发展政策，积极配套衔接国家软件产业政策，整合优化现有政策资源，通过分类使用资金扶持、政府采购、税收优惠、政府服务等政策措施，鼓励和支持企业做大做强。

二是完善技术创新支撑体系。加快建设深圳超算中心、嵌入式软件工程中心、SOA（面向服务的体系结构）平台等一批新的公共技术服务平台，扩大和完善深圳国家软件与信息服务外包公共技术支撑平台等已有平台的人才培训、公共技术服务、信息服务等功能；依托深圳大学、中科院深圳先进技术研究院、大学城各研究生院等高校和重点企业，增强深圳高素质信息技术人才自主培养能力，鼓励联合申请国家重大科技计划和重大科技专项，鼓励共建一批高水平的工程技术研发中心、工程实验室等工程研发平台，突破重大领域关键核心技术。

三是实施重大项目带动工程。以深圳被认定为国家云计算创新发展示范城市、三网融合试点城市、电子商务试点城市为契机，以实施互联网产业振兴发展规划为抓手，积极发挥 35 亿元互联网产业发展专项基金作用，加快培育和引进一批重大技术研发或产业化项目，进一步促进深圳本土华为、中兴、腾迅、金蝶等企业加大云计算、物联网等新兴技术的研发和应用，进一步加大与微软、IBM 等跨国公司和百度、阿里巴巴等知名企业的合作，加快建设微软嵌入式软件研发中心和智慧深圳等一批重大项目。

四是实施企业上市培育工程。充分利用中小板、创业板等资本市场，通过财政扶持、政策辅导、市区联动等多项措施，实施软件企业上市培育工程，大力引导鼓励软件企业上市，通过上市解决融资难和推动企业法人治理结构的完善，力争 2011 年有 5 家软件企业上市、10 家软件企业完成上市备案，不断培育壮大上市软件企业群体。

五是加大人才培育和吸引力度。以深圳市委市政府近期发布的《关于实施人才安居工程的决定》及其配套措施为指引，加快实施“孔雀计划”，通过人才安居房租售、补贴，实施高端人才奖励等方式吸引和留住国内人才，通过在深圳举办中国国际人才交流大会、组织“千名海归博士回国行”、赴海外开展人才招聘等活动，积极引进海外高层次的创业团队。

六是加大信息基础设施建设。进一步完善城市信息基础设施，加快建设布局合理的高速宽带网络，积极申请深圳国家网络主节点和与深港网络直连，大力推进光纤接入网、无线接入网、下一代互联网发展建设，实现全市范围内互联网接入的无缝覆盖，建设具有国际先进水平的宽带城域网，推进深圳“数字城市”建设，进一步提高城市信息化水平。

第三十章　大连市

2000 年 6 月颁布的国发 18 号文，为我国软件产业的发展提供了政策保障，为随后的软件产业发展奠定了坚实的基础。十年来，在国发 18 号文的引导和推动下，软件产业已经成为我国国民经济和社会发展的基础性、战略性产业，在国家经济建设及地方经济发展中发挥着越来越重要的作用。

十年来，在国家各有关部委的关心和支持下，大连市委、市政府以国际化的视野、创新的思维、务实的态度、坚定的信念和持之以恒的精神，举全市之力，带领业内人士共同努力奋斗，实现了产业的持续高速发展。

一、大连市软件产业十年发展回顾

大连软件和信息服务业起步于 20 世纪 90 年代，以大连软件园的奠基为标志，大连软件和信息服务业进入快速发展时期。在十多年的发展过程中，历经几届政府，这一新兴产业一直被作为“重要的战略性支柱型产业”得到高度重视和快速发展。

2000 年，大连市软件产业的销售收入仅为 9.8 亿元人民币，出口为 4 000 万美元，软件企业 100 余家，从业人员约 5 000 人。十年间，大连软件和信息服务业实现了产业规模的巨大跨越。2009 年，全市软件和信息服务业销售收入达到 402 亿元人民币，出口达到 14 亿美元，软件企业 860 家，从业人员达 8.3 万人。截至 2010 年 9 月，实现销售收入 392 亿元，出口 13.8 亿美元。十年来，大连软件与信息服务业收入年均增长保持在 50%以上，收入增加 40 倍，出口增加 34 倍，软件企业数增加 8 倍，从业人员增加 17 倍。

目前，全市已有超过百人的企业 90 余家，人员规模超过千人的企业 10 家，其中东软大连公司的人员规模超过 6 000 人，华信、IBM、简柏特、惠普 4 家企业的人员规模均超过 3 000 人。全市软件和服务外包类外资企业 300 多家，50 多家世界 500 强企业在大连市设立了软件开发和服务外包中心。

大连先后被国家各部委授予“国家软件产业基地”“国家软件出口基地”“中国服务外包示范城市”“国家软件版权保护示范城市”“信息服务外包行业个人信息保护试点城市”等称号。2007 年国务院总理温家宝，2009 年国家副主席习近平、副总理王岐山在大连视察时，对大连软件和信息服务业的发展给予充分肯定，鼓励大连软件产业向更高的目标迈进。

（一）产业发展规模情况

大连在 2000 年至 2009 年累计实现软件和信息技术服务销售收入 1 338 亿元，年均增长 51%；累计实现出口 44 亿美元，年均增长 48%。大连软件产业创造的增加值占 GDP 的比例逐年增加，2009 年已达 6.2%。至 2009 年，据不完全统计，软件企业上缴各类税费 27.6 亿元。

1．销售收入情况

全市软件和信息服务业销售收入总量由2000年的9.8亿元增长到2010年的520亿元，年平均增长48.7%（见图32）。

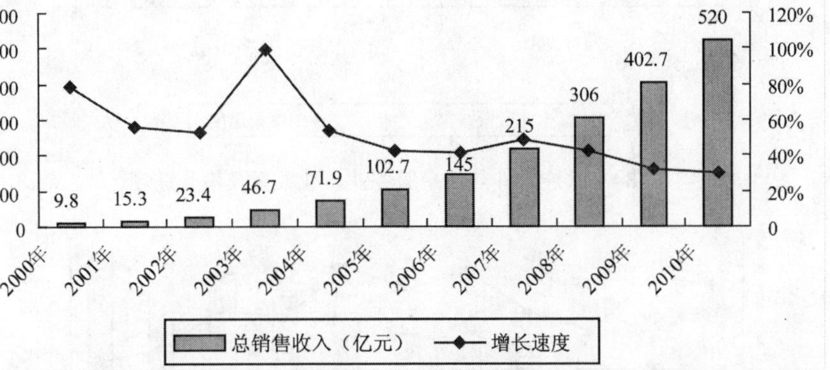

图32　大连市软件和信息服务业销售收入总量及增长速度

2．大连软件和信息服务出口收入情况

全市软件和信息服务业出口总量由2000年的3 000万美元增长到2009年的14亿美元（见图33）。

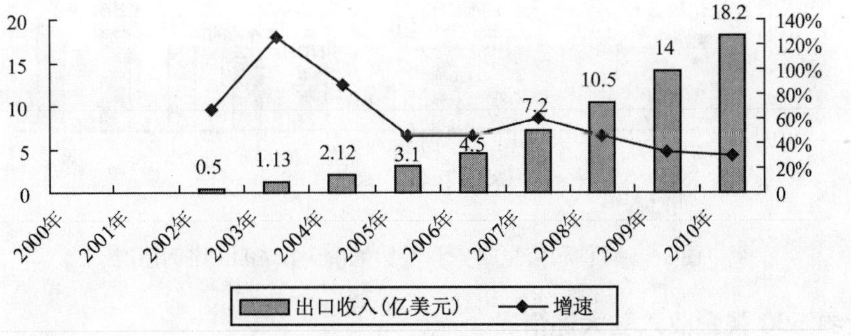

图33　大连软件与信息服务业出口收入

3．企业数量情况

全市软件和信息服务业企业数量由2000年的200家增长到2010年的900家，平均年增长16.2%（见图34）。

4．从业人员规模情况

全市软件和信息服务业从业人员数量由2000年的不足1万人增长到2010年的9万人，平均年增长29.1%（见图35）。

5．软件和信息服务业增加值占全市GDP的比例情况

大连软件和信息服务业增加值占全市GDP的比例逐年上升（见图36）。

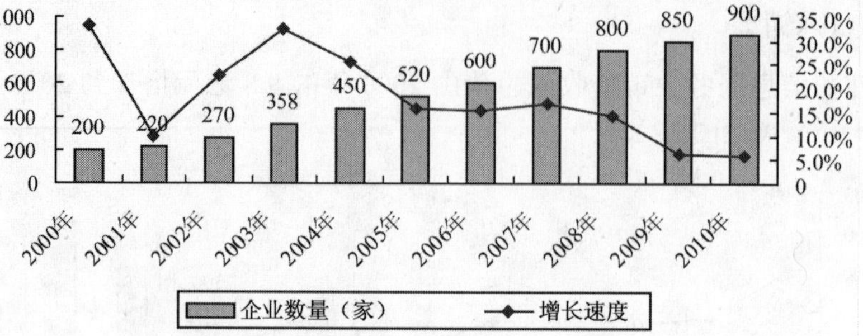

图 34　大连软件与信息服务业企业数量及增长速度

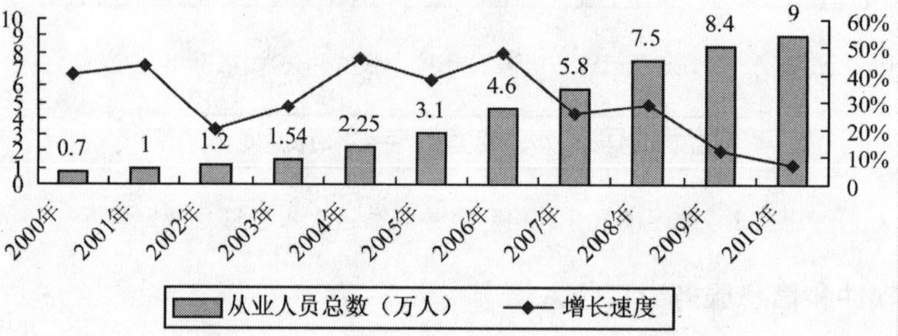

图 35　大连软件与信息服务业从业人员数量及增长速度

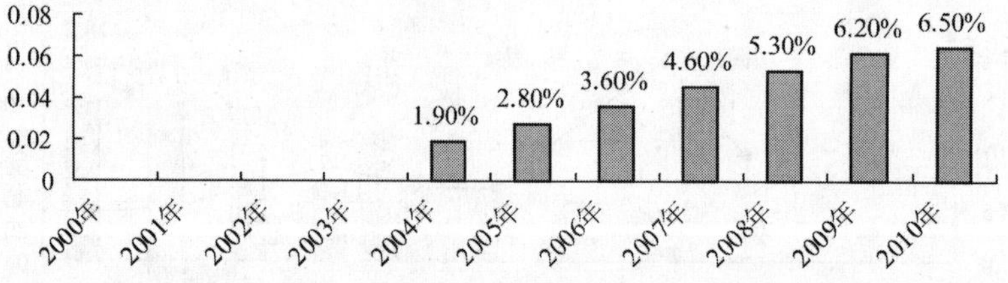

图 36　软件和信息服务业增加值占全市 GDP 比例情况

6. 世界 500 强企业入驻大连情况

在大连开展软件和信息服务业务的世界 500 强企业逐年不断增加（见图 37）。

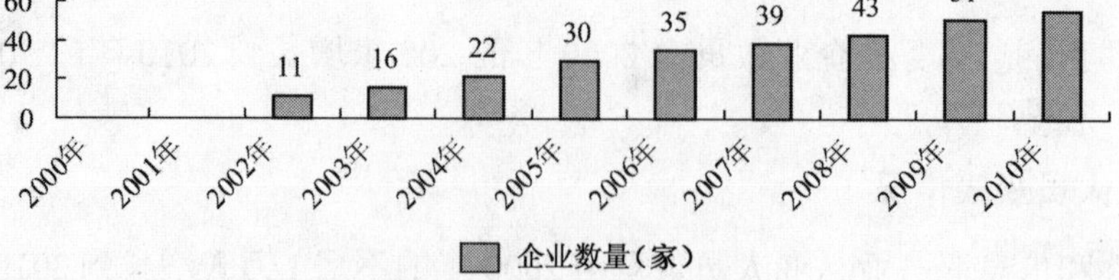

图 37　世界 500 强企业入驻大连数量

（二）申请软件著作权情况

截至 2006 年，大连市软件企业申请软件著作权 1 500 件，到 2010 年申请 2 673 件，年平均增长 15.5%（见图 38）。

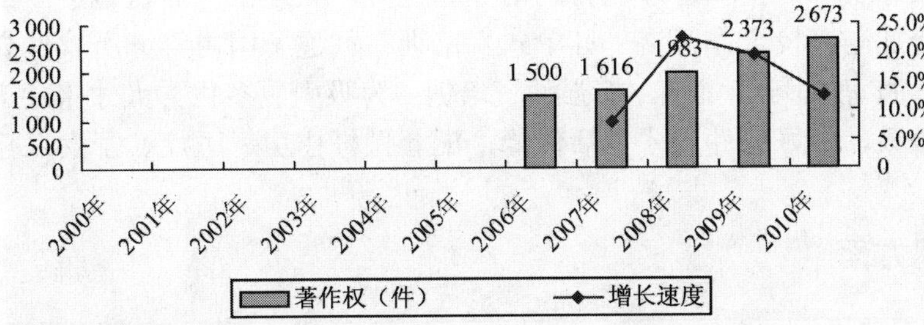

图 38　大连软件与信息服务业软件著作权数量及增长速度

（三）“双软认定”执行情况

1. 软件企业认定

软件企业认定由 2001 年的 36 家增长到 2010 年的 436 家，年平均增长 32%（见图 39）。

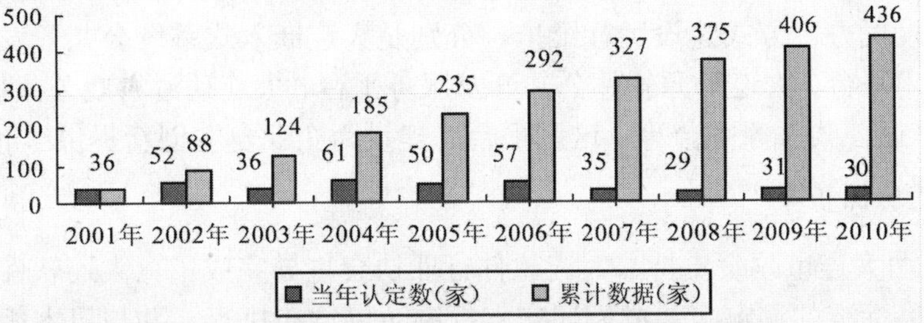

图 39　软件企业每年认定数量及累计认定数量情况

2. 软件产品开发状况

软件产品认定由 2001 年的 53 件增长到 2010 年的 2 641 件，年平均增长 54.4%（见图 40）。

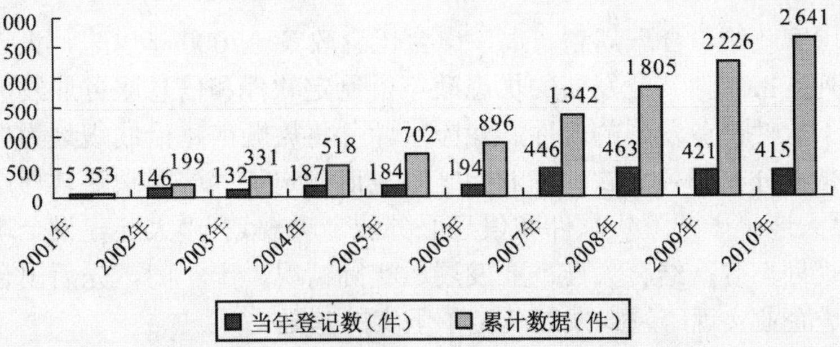

图 40　大连当年及累计登记软件产品数量

（四）软件人才培育情况

大连市共成立了 5 所软件学院，大连理工大学软件学院和大连东软信息学院分别是全国规模最大的示范性软件学院和独立软件学院；全市活跃着100余家软件人才社会培训机构；针对软件人才实际经验和管理能力的培养和提升，大连市先后认定了一批软件人才实训基地，支持企业与高校合作开展“订单式”培训；创建了国内第一所软件高级经理人学院；专门设立了IT教师培训资金，加强师资培训；为吸引更多优秀人才来连工作，制定了高级人才奖励政策，做好软件人才生活保障，配套做好住房、医疗、子女入托就学、配偶就业等工作。

（五）其他方面

1．信誉体系建设

全国第一个通过CMM5、CMMI5、BS7799和SAS70评估、认证和审计的软件企业都是大连企业。截至2010年，大连市共有12家企业通过了CMM5/CMMI5评估，有45家企业通过CMM/CMMI各个级别的评估。

2．公共服务平台建设

大连市积极推进各类公共服务平台的建设工作，现已运行的5个公共技术服务平台，大多采取“官助民办”方式建设运行维护。分别是大连嵌入式系统公共开发服务平台、大连软件公共技术平台、大连开源软件公共开发服务平台、大连动漫游戏公共技术服务平台、大连IC设计产业公共服务平台等。这些平台的建设为企业自主创新提供了有力支撑。

3．个人信息保护

2005年，由大连市政府支持、大连软件行业协会主导完成了《大连软件和信息服务业个人信息保护》标准的制定，并成为辽宁省标准予以颁布执行，并与日本相关组织达成互认。工业和信息化部为此授予大连“信息服务外包行业个人信息保护试点城市”称号。这项工作开创了国内个人信息保护之先河，为促进大连服务外包发展提供了制度保障。

二、大连市软件产业发展主要举措

（一）规划政策体系方面

认真落实国家政策，合理规划布局，出台优惠政策。2000年以来，大连市认真落实国家制定的一系列支持软件产业发展的优惠政策，制定软件和信息服务业发展的总体规划，规划建设有利于软件产业发展的软件产业园区，并将旅顺南路沿线规划为软件产业带，在整个软件产业带上分布着各大软件产业园区。先后制定了“旅顺南路软件产业带建设规划和产业规划”“大连‘十一五’软件和信息服务业专项规划”“大连建设全球软件和服务外包新领军城市规划”等。结合大连产业发展的实际情况，十年间，先后出台了一系列的优惠政策，为促进企业实现跨越式发展奠定了坚实的基础。

围绕国发18号文，结合本地软件产业发展实际，大连市在产业不同发展阶段，根据产业需求，多角度、连续性地出台了一系列配套政策。

2001年，大连外经贸局出台《关于实行软件出口在线登记管理的通知》（大外经贸技引字［2001］12号），根据国发18号文精神，为给软件产品出口和统计工作提供操作依据。

2001 年大连市海关颁布《大连海关支持软件出口的若干措施》（大关通发［2001］14 号），针对大连出口业务较多的特点，在全国各地海关中最先提出的支持软件出口具体措施，给予绿色通道服务，极大地提高了软件出口的通关效率。并在后续的十年间，不断针对出口业务出现的新问题，创新海关监管模式，成为海关总署在通关监管等工作的探索者和先行者。采用的执行方法均被国家海关总署推广到全国。

2003 年大连市颁布《大连市软件产业发展专项资金管理暂行办法》（大财企［2003］279 号），针对软件企业的扶持资金延用科技 3 项经费，自 2003 年起，市政府单独安排了软件产业专项资金，并在十年间不断扩大资金额度。软件产业发展专项资金主要用于引导软件企业自主开发新产品，加强市场推广，扩大出口，吸引优秀软件人才，落实各级政府扶持产业发展的有关政策，推动大连市软件产业的加速发展。

2004 年大连市颁布《大连市关于吸引软件高级人才的若干规定》（大政发［2004］52 号），主要吸引和激励软件高级人才在大连市软件企业创业和工作，形成高端软件人才集聚效应，推动产业上层次，为发展软件和信息服务业打好人才基础。

2004 年大连市颁布《大连市人民政府关于加快发展软件产业的实施意见》（大政发［2004］53 号）。实施意见的内容主要包括加快发展软件产业的基本思路、加大对软件产业的投入力度、大力扶持软件产业园区发展、切实加强软件企业的核心竞争力、努力提高软件产业的国际化水平、充分发挥优惠政策的扶持作用、创造健康有序的市场秩序、加快软件人才的培养和引进，以及形成加快发展软件产业的工作合力 9 部分，共 29 条。

2007 年大连市颁布《大连市软件人才专项资金管理暂行办法》（大财企［2007］598 号）。人才专项暂行办法的主要内容是围绕大连市软件和信息服务业发展目标和中心工作，以解决人才为核心，发挥引导、牵动和示范作用，资金采取补助、贴息和奖励等方式进行扶持。

2008 年大连市颁布《中共大连市委、大连市人民政府关于加快软件和服务外包产业发展的意见》（大委发［2008］6 号）。《意见》明确提出，要坚持推动自主创新和提升产业国际化水平并举的方针，加快体制机制创新，着力建设产业园区，大力加强人才培养和引进，深度挖掘国内外市场资源，全面提高产业发展的软硬件环境和成熟度。积极扶持企业发展，大幅度提升产业规模，推动产业结构优化升级，形成在国内外领先的产业竞争力。

2008 年大连市颁布《大连市进一步促进软件和服务外包产业发展的若干规定》（大政办发［2008］183 号），共 6 章 32 条，内容主要包括软件和服务外包企业、信息技术人才职业教育培训机构和软件园区认定，人才吸引与培养，企业奖励，鼓励投融资和信誉体系建设等，是 2003 年软件和信息服务业政策的延续和深入，是金融危机中软件和信息服务企业发展的坚强政策后盾。

（二）“双软认定”实施和重点企业培育领域方面

国发 18 号文出台后，相继开始开展“双软认定”和规划布局内重点软件企业认定工作。2001 年至 2009 年，大连累计登记软件产品 2 226 件，累计认定软件企业 356 个。累计获得国家规划布局内重点软件企业达 40 家。

在“双软认定”工作中，大连市采取认定机构受理初审、专业中介机构审验企业数据、行业主管部门核审的工作机制。由于税务所具有掌握各类税收政策的专业优势，在引进第三方指标审验后，保证了“三项指标”与税务部门的一致性，避免“两层皮”现象，使企业的税收优惠政策能够得到顺畅落实。每年，行业主管部门与税务部门召开双软工作协调会，具体指导大连软件行业协会、税务所的工作。三方联动的工作机制极大地确保了“双软认定”工作的规范，提高了“双软认定”工作的效率，保证了双软工作的质量，使“双软认定”工作能够稳定健康地开展。

在重点企业培育方面，通过实施“腾飞计划”，对龙头型、出口型和创新型3类企业进行持续重点扶持。通过指标量化、签订责任状、年末考评方式，对企业持续3年资金支持。

（三）财政资金的支持领域方面

为鼓励软件产业发展，大连市实行市区两级联动，各有侧重、互为补充的资金扶持政策。在2003年以前，大连市由科技部门在“科技三项经费”中列支资金支持软件产业发展，2003年以后，大连市专门设立了软件产业发展专项资金。

十年来，大连市用于扶持软件和信息服务业发展市区两级财政资金逾20亿元（不含基础设施投入），其中市级财政专项资金为3亿元，共带动企业和其他资金30.5亿元。资金主要用于软件技术创新、软件人才培养、认证补贴、动漫游戏开发等领域，累计支持近千个项目。并通过实施“腾飞计划”，对龙头型、出口型和创新型3类企业进行持续重点扶持。

除市级财政外，区级财政也大力扶持软件产业发展。大连高新园区是软件和信息技术服务企业聚集的区域，其产业比例占到全市的80%。十年来用于扶持软件企业发展的资金累计达15亿元，其中用于软件高端人才个人奖励的资金达2.79亿元，受惠人数达4.16万人次，用于扶持软件企业技术研发扶持资金累计超过10亿元，用于软件企业办公场地的房屋补贴近亿元。

（四）投融资政策执行情况

十年来，大连市不断发展多层次资本市场，拓宽多方式投融资渠道，建设优良的投融资环境。加强与金融机构合作，建立中小企业贷款及融资平台，探索建立有效的担保机制。2002年，大连市成立中小企业投资公司，面向包括软件企业在内的科技型企业提供资金支持。2003年起，对软件企业的贷款给予贴息补助。2009年起，对本地企业海外并购行为给予奖励。2010年4月，设立了包括软件和信息服务企业在内的中小企业创业发展信贷风险补偿专项资金。鼓励企业间自主联合，通过资产重组、收购、兼并等多种方式实现规模扩张。对有效融资和成功上市的企业给予专项资金补贴。海辉软件、亿达信息等企业在美国、欧洲和日本收购公司。通过收购与兼并，不仅壮大了企业规模，而且直接控制了国外的研发团队，提高了自主创新能力。2010年6月，海辉软件在美国纳斯达克上市。

（五）知识产权保护政策执行情况

大连市积极开展知识产权保护工作，大力推进软件正版化和著作权登记。2001年大连市政府在全国率先完成了市及县区两级政府部门的软件正版化工作。2005年，被国家版权局授予全国首家“软件版权保护示范城市”。十年间，累计获得软件著作权2 000多件，大连市还对软件企业获得著作权给予补贴。2007年至2009年组织企业实施软件正版化采购，政府补贴正版化采购的金额达200多万元。2008年，在大连软件园注册成立集版权、专利、商标服务为一体的知识产权保护服务中心。在软件企业集中地专门设立大连市保护知识产权举报投诉服务中心高新园区工作站，为区域内企业提供知识产权咨询代理、投诉举报受理等服务。每年在中国软件会期间举办知识产权论坛，对企业开展知识产权保护讲座等。

（六）出口、人才等政策执行情况

在出口政策方面，出台《大连海关支持软件出口的若干措施》（大关通发［2001］14号），这是全国各地海关中最早提出的支持软件产业发展的具体措施，在条件允许的情况下，出口软件在申报日当天审结、放行、结关，对出口软件出现设计多部门和环节的业务交叉时，由海关通关应急小组协调，同时设立了绿通道和 F 通道，这些为软件海关出口起到经验积累和示范先行的作用，同时极大地促进了大连软件企业开拓和承接日本市场业务。为助推软件产业发展，大连海关创新服务外包海关监管模式，开展国际服务外包进口货物保税监管试点，在简化原监管模式通关手续的同时，也解除了企业的保证金负担，这种创新模式被国家海关总署在国家各地海关中推广。

在人才政策方面，出台了《大连市关于吸引软件高级人才的若干规定》（大政发［2004］52 号）、《“大连软件人才实训基地”建设指导意见》、《大连软件人才实训基地管理办法》等政策，吸引和培养软件人才。自 2004 年实施软件高级人才政策以来，对 4.16 万人次进行奖励，奖励资金达 2.79 亿元。对专门从事软件教学和培训的 IT 类教师进行奖励，金额达 2 000 万元。自 2005 年开始，每年进行人才全球巡回招聘。在美国、加拿大、日本举办高级软件人才招聘；在国内各大城市的高校举办了 60 多场毕业生招聘会。自 2007 年开始，设立大连天地软件园 IT 人才基金，用于人才吸引和培养。为了规范 IT 人才培训市场，规范 IT 职业教育体系，行业主管部门与人力资源主管部门开展了 IT 培训机构等级评定工作等。

（七）软件园区/基地建设情况

1．开创“官助民办”建设软件园的运营模式

大连软件园自 1998 年开工建设后，采取了具有独创性的“官助民办”运营模式，充分发挥了企业和政府各自的优势，经过连续十年的努力，累计投资超过 60 亿元，建设完成总计 200 万平米的写字楼、教学设施和生活配套设施，入园企业数量超过 350 家，其中 85%以上的企业是 2000 年以后的新注册企业，外资企业则 100%都是新增加企业，是国内软件出口额最大、外资企业比例最高的园区。通过“官助民办”的大胆实践，在基础设施、企业服务、人力资源、生活配套和教育配套等方面积累丰富经验，为各地软件园区的开发管理提供了一套可参照的解决方案。在自身发展的同时，大连软件园还与武汉、天津和苏州等城市政府合作，支持和发展当地软件园区。

2．规划建设旅顺南路软件产业带

2003 年，大连市政府开始规划建设旅顺南路软件产业带。2005 年大连软件园腾飞软件园区启动建设，首期 10 万平方米建设工程于 2007 年投入使用，二期 10 万平方米 2010 年 8 月完工；2006 年东软国际软件园启动建设，2008 年首期 12 万平方米交工使用；2007 年大连天地软件园动工兴建，2010 年 5 月提供企业入驻。2008 年 8 月，市委、市政府进一步做出重大决策，将旅顺南路软件产业带总规划面积由 133 平方千米扩大到 150 平方千米，并交由大连高新园区统一规划、建设和管理。目前，在旅顺南路软件产业带又规划了 12 个企业专属园区，其中华信软件园、亿达信息谷在 2010 年 7 月开工建设。

3．规划建设以软件和信息服务业为主导的生态科技创新城

2008 年，大连市政府结合城市建设和产业发展，在旅顺北路又规划了 14 平方千米的服务外包基地，并在此基础上启动了规划面积 65 平米千米的大连生态科技创新城建设，总投资约 150 亿元。

4．探索、建设海外软件园

为了开辟国际软件市场，大连开始在国外设立各类办事机构，2003 年在日本东京设立大连软件产业日本事务所；2005 年，在美国设立办事处；2008 年年底，在日本东京设立了全国第一个海外软件园——大连（日本）软件园，办公面积 2 000 多平方米，如今已有 20 多家企业入驻。海外软件园正在成为开辟国际市场、扩大高端业务、搭建中日软件交流的桥头堡。“海外建园”是继“官助民办”后的又一种模式创新和探索，这种“走出去”的模式意在利用全球资源提高大连软件的国际竞争力。

三、大连市软件产业展望

国发 18 号文的出台直接推动了我国软件产业的发展，推动各地经济的发展，大连就是获益城市之一。在十年发展过程中，大连认真贯彻落实国发 18 号文精神，在国家产业政策的指导下，依靠政策推动，抓住机遇、紧跟市场、创新发展。快速培育了一个新兴产业，形成了特有的国际化特色和创新能力，创立了产业发展的新模式，打造出综合成熟度较高的产业发展环境，在经济和社会效益方面都取得了较好的成绩。大连市将坚持不懈推动这个产业的发展壮大，使其成为大连市的支柱产业之一。

大连市尤其感到国家和部委在推动产业发展中的重要巨大，国发 18 号文为中国的软件产业腾飞起到关键作用，在未来的发展中，工业和信息化部更应该通过政策扶持，措施推进，使得这个战略性、先导性产业在国家经济和社会发展中发挥重要作用。建议如下：

（一）在国家层面做好产业布局

目前，我国软件产业呈现出城市梯队和区域积聚的多样化格局。前者使行业规模不断扩大，后者使行业应用不断升级。根据各地发展软件多年来形成的特色和优势，应尝试有针对性、差异化定位，避免全国低端重复性投资，恶性竞争激烈，内耗增大。

（二）出台释放国内市场需求的优惠政策

国内市场是我国软件企业的立足之本、生存之道和创新之源，国家在扶持“核高基”的同时，还应注重信息技术在传统行业中的应用，只有使用得好，才能让技术为社会和经济发挥效力。这样能支持创新、启动市场、推动应用，为国家的信息化建设做贡献。

（三）加大信息基础设施投入

加大信息基础设施建设投入，特别是电信基础设施的投入，为软件产业发展提供良好的支撑环境，如加大出口带宽、提高网络速度，降低电信资费等，让信息技术应用成本降低，激发市场需求，提高中国软件企业在世界的竞争力。

第三十一章　青岛市

2000年以来，青岛市认真贯彻落实国务院《鼓励软件产业和集成电路产业发展的若干政策》（国发［2000］18号）和《振兴软件产业行动纲要（2002—2005年）》（国办发［2002］47号）等政策措施，在国家有关部委的支持和指导下，不断加大投入力度，切实加强工作推进，着力抓好政策环境、软件园区、人才队伍建设，推动了青岛软件和信息服务业的快速发展，软件产业在推进国民经济和社会信息化发展中起到了重要作用。

一、青岛市软件产业十年发展回顾

经过近十年的努力，青岛市软件产业取得了快速的发展。

（一）发展速度加快，规模迅速扩大

2000年，青岛市软件产业年产值仅有4亿多元，全市主营或兼营软件业的企业不足百家，从业人员1 000余人。2010年青岛市软件业务收入达到218亿元，全市从事软件开发、生产、销售及相关服务的企业达到近1 000家，从业人员逾5万人，分别是2000年的55倍、10倍、50倍。

（二）产业特色鲜明，竞争能力增强

截至2010年年底，全市累计认定的软件企业328家，登记的软件产品1 152件。经过几年的重点扶持和发展，青岛市已初步形成以嵌入式软件、行业应用软件、软件出口外包、游戏动漫为特色的软件产业，涌现了一批骨干软件企业和优秀软件产品，我市软件企业的技术创新能力和软件产品的市场竞争力不断增强。

（三）骨干企业扩张，带动作用明显

全市软件业务收入过千万元企业47家，过亿元9家。海尔集团公司、海信集团有限公司分列2010中国软件企业100强第4位、第35位。软控股份有限公司、青岛海信网络科技股份有限公司、青岛东软载波科技股份有限公司被列入国家规划布局内的重点软件企业。青岛高校软控股份有限公司开发生产的轮胎制造业自动化生产制造系统和管控一体化软件占领了该行业90%以上国内市场，并出口到欧洲、西亚和东南亚国家。青岛海信网络科技股份有限公司在智能交通领域和零售行业管理领域的业绩位居国内前列。青岛东软载波公司的电力载波系统和法院信息管理系统产品畅销国内。

（四）完善培训体系，促进人才集聚

目前，青岛已有15所院校设置了软件相关专业，专科、本科、研究生等在校生规模超过3万人。引进建立了摩托罗拉IT学院、微软IT学院、1.5学历软件人才实训基地、IBM外包实训基地、青岛NIIT国际软件工程师培训基地、青岛翰子昂软件培训学校和北大青鸟

青岛中新培训中心等培训机构，年培训软件实用人才 3 000 余人。

二、青岛市推动软件产业发展的主要举措

为推动软件产业快速发展，青岛市成立了由市领导和政府各相关部门组成软件产业发展联席会议，政府部门通力合作，共同推进青岛市软件产业快速发展。

（一）加强规划引导，加大政策扶持

2000 年以来，青岛市相继出台了《青岛市促进软件产业发展规定》、《青岛市软件产业发展规划》、《青岛市促进服务外包产业发展扶持办法》等政策措施，对青岛市软件产业发展进行了规划，对软件企业在税收、人才培养、资金扶持等方面实行政策优惠。2000 年以来，青岛市各级政府不断加大软件专项资金投入力度，为软件企业提供资金扶持，有力地提高了企业自主创新能力。近年来，青岛市信息产业专项资金，有部分用于支持软件与信息服务业企业；市科技局 3 项经费中各项科技计划资金每年有一部分用于支持软件与信息服务业企业；市商务局设立了外包服务业扶持资金、技术先进型服务外包企业奖励奖金及软件外包企业开展 CMMI 及 ISO 27000 等认证的补助资金等。积极组织软件企业申报国家项目，多渠道获得国家的软件产业项目资金支持。加大对企业融资服务。成立了软件企业投资担保公司，与国内外投资机构合作，帮助软件企业解决融资难的问题。积极推动企业上市，青岛高校软控股份有限公司在深圳上市。

（二）落实税收政策，做好“双软认定”

制定了《青岛市软件企业及软件产品认定办法（暂行）》，软件企业认定、年审及软件产品登记等工作规程，使全市“双软认定”工作得到进一步规范。为便于企业及时申报软件产品登记和软件企业认定，又便于政府部门集中审批，青岛市软件行业协会对企业申报登记软件产品随时受理，集中报市信息产业主管部门审批。为确保“双软认定”工作质量，在每批软件产品登记和软件企业认定审批之前，市经信委软件处和市软件行业协会都要会同专家到申报企业进行实地考察。根据青岛税务部门有关软件企业要享受所得税“两免三减半”的政策必须在第二年四月“汇算清缴”前通过年审的规定，青岛市软件企业的年审集中在每年第一季度进行。与市国地税局建立了密切的协商沟通机制，积极为软件企业落实相关税收政策。近十年来，青岛市软件企业和软件产品享受到的减免税等累计超过 6.5 亿元。

（三）加强平台建设，完善服务体系

以软件园为核心，建立了较为先进、完善的软件产业支持服务体系、技术资源应用平台，并与北京中关村软件园的“三库四平台”互联共享，搭建了拥有 4 000 多个成熟构件、200 余项软件工具和 2 000 多条开发源码的软件公共技术服务平台。建设了集成电路设计平台，支持 IC 设计研发外包产业发展。搭建了数字动漫技术平台，支持动漫外包产业发展。建立了软件人才服务平台。建立了嵌入式软件开发服务平台，为嵌入式产品研发、生产企业提供嵌入式应用系统研发、仿真、测试等公共服务。

（四）加快园区发展，推进产业集聚

青岛软件园作为国家火炬计划软件产业基地，通过优化产业政策、打造生态服务链，完善园区基础环境及服务体系，"一园多区"的战略格局已经形成，成为青岛市软件产业资金、技术、人才最集中的区域，迈入国内一流软件园区行列。截至 2010 年年底，青岛软件园共投入使用孵化面积 40 万平方米，已聚集包括微软、NEC 等近 200 家软件企业。

（五）完善培训体系，加强人才建设

充分利用青岛大学软件技术学院等高校教育资源，进行有效整合和分工合作，培养不同层次的软件人才。与北京大学、同济大学、哈尔滨工业大学等国内知名高校及微软、IBM 等国际知名企业合作，进行软件工程高级人才培养，建立青岛人才实习基地及软件研究院等，解决我市高端软件人才不足的问题。加强了社会力量培训，创新推出"1.5 学历软件人才实训工程"，通过设立在软件园、驻青高校、软件企业的三级实习基地，为学员提供与企业接轨的实践技能培训，帮助学生提高实践技能，满足企业的需求。

（六）保护知识产权，维护公平竞争

青岛市经信委、科技局、版权局、知识产权局、青岛市软件行业协会及各区（市）主管部门开展了多种形式的工作，向企业宣传知识产权保护的重要性和必要性。青岛市经信委在"双软认定"工作中要求企业登记软件产品应先进行软件著作权登记。市软件行业协会积极开展软件著作权登记代理工作，据不完全统计，2001 年以来，青岛市企业进行软件著作权登记的数量有 2 600 多件。

虽然近几年青岛市软件产业发展较快，但与国内一些重点城市相比还有明显的差距，存在着一些问题和不足：一是软件企业规模偏小，缺乏具有带动作用的龙头企业，经济实力较差，抗风险能力低。二是技术创新能力不足，产品产业化程度低，国内外竞争能力不强。三是软件人才结构性矛盾突出。系统分析师、架构设计师、外包人才和数字动漫人才等新型、复合型人才缺乏，人才结构不合理。四是软件产业国际化能力不足，须进一步加大国际市场的开发力度，软件外包服务可有较大的上升空间。

三、青岛市软件产业展望

"十二五"期间，青岛将抓住国家大力发展战略性新兴产业的重大机遇，把加快发展软件产业作为全市经济发展的一项战略任务，坚持创新、应用、融合、集聚发展的路径，突出嵌入式软件、工业软件、行业应用软件和基础软件四大软件领域，着力培育面向互联网、云计算、三网融合、物联网和集成电路设计服务的五大新兴业态，突出抓好发展环境优化、软件园区建设、骨干企业培育、示范工程引领、创新能力提升和软件人才培养 6 项重点工作，推动软件产业跨越式发展，为两化融合和经济社会发展提供有力支撑。主要抓好以下工作：

（一）优化服务环境，完善工作推进机制

一是加强组织领导。成立软件产业发展领导小组，制定实施《关于鼓励和扶持软件产业发展的若干政策》，加强督查考核，建立并完善软件产业统计体系。二是加大扶持力度。

深入落实国家、省有关扶持软件产业发展的政策，加大扶持力度，鼓励对软件产业的投资。三是优化市场环境。加大知识产权保护力度。充分发挥行业协会作用，支持以骨干企业为核心组建特色产业发展联盟。加大政府信息化项目外包力度。

（二）加快软件园区建设，推动软件产业集聚发展

一是合理规划布局园区发展。着力打造市南、崂山软件园和黄岛信息产业谷，形成“东园西谷”的软件产业发展布局。二是加快推进软件园区建设。支持区（市）、企业结合本地实际，错位发展，利用存量土地和厂房资源，建设各具特色的软件园区。三是加强公共服务平台建设。加强软件技术开发、测试、集成验证等公共技术平台、行业应用软件和解决方案体验中心建设，积极引进发展数据中心、呼叫中心、容灾备份中心等信息化基础设施平台。

（三）坚持培育和引进并举，打造一批核心企业群体和知名品牌

一是打造一批领军企业。在电子家电、数字通信、数字社区（家居）、智能交通、能源管理、农村信息化、智能电网、网络安全、系统集成等领域选择一批规模大、核心技术在行业内居领先地位的软件企业给予重点扶持，鼓励企业进一步做强做大。二是壮大一批高成长企业。选择一批拥有核心技术和自主知识产权、年营业收入过 1 000 万元的高成长软件企业给予重点扶持。三是引进一批高端企业。大力引进一批拥有核心技术和自主知识产权的基础软件研发企业、集成电路设计企业和优秀增值业务提供商、内容提供商、系统集成商落户青岛。四是分离建立一批软件企业。鼓励传统产业企业将其信息技术研发应用业务机构剥离，成立专业软件和信息服务企业，在对原企业提供信息服务的基础上，面向全行业和全社会服务。支持软件企业开展品牌创建。

（四）推进企业自主创新，大力提升软件产业核心竞争能力

一是突破一批关键技术。鼓励和支持软件企业、科研机构、高校开展软件产业关键技术和共性技术研发。支持具有自主知识产权的软件产品研发和产业化。二是鼓励建立研发机构。支持企业、科研机构和高校建立的软件产业技术创新中心、重点实验室等研发机构。三是开发行业解决方案。积极支持企业、科研机构、高校开展行业解决方案研发和产业化应用，帮助企业建立信息化竞争优势。四是推进技术标准制定。鼓励软件企业、以企业为主的产学研合作机构和专业协会，参与制定国际标准、国家标准、行业标准、地方标准和技术规范。鼓励支持软件企业申请国际国内资质认证。

（五）加强示范工程引领，推进软件产业和其他产业融合发展

一是实施“软件服务示范工程”。在智能制造、智能交通、智能电网、智能社区等领域部署建设一批对产业化发展具有重大应用牵引作用的软件服务示范工程，在示范先行的基础上逐步开展应用推广。二是实施“百家企业升级计划”。重点通过信息化升级加快全市工业体系、流程和模式的再造，大力促进工业化和信息化融合。围绕产品数字化、设计智能化、过程自动化、系统集成化、管理信息化、商务电子化等企业信息化建设关键环节，重点推进 100 个两化融合重点项目。推进软件企业与工业企业对接，定期开展软件企业与工业企业对接活动。

（六）推进软件人才集聚，夯实软件产业发展基础

一是加快青年企业家的培养。举办青岛软件企业家高级研修班，重点培育 100 名软件企业管理和经营人才，组织软件企业高管赴美国、日本、印度等软件发达国家培训，拓宽国际视野，提升综合素质。二是大力引进高端软件人才。大力引进把握国际产业发展趋势、能带动青岛软件产业取得重大突破的世界顶尖人才，突破关键技术、具有先进管理理念的领军软件人才和紧缺急需的高层次创新创业软件人才。三是积极引进发展软件人才培训机构。鼓励国内外知名软件产业专业培训机构在青岛开办软件培训学院。支持高校和社会培训机构开展软件学历教育和“卓越软件工程师”培育，为把青岛打造成国家软件和信息服务示范基地提供人才支撑。

第三十二章　宁波市

一、宁波市软件产业十年发展回顾

十年来，宁波市软件产业经历了从无到有、从小到大的发展过程，总体规模不断增大，产业综合实力进一步提高，各方面都呈现良好发展趋势，主要体现在以下几个方面。

（一）产业规模不断扩大

围绕市委市政府大力推进软件服务业发展的总体方案，先后制定了《关于进一步加快软件产业发展的意见》、《关于加快宁波市现代服务业发展的若干意见》、《关于加快宁波市服务外包产业发展的若干意见》等促进文件并积极组织实施，全市软件业务收入以年均增长40%以上，从2000年全市软件销售收入不足5亿元起步，到2010年年底软件业务收入首次突破100亿元，同比增长41.9%，连续4年增速保持40%以上。

（二）“双软认定”工作取得明显成果

软件产品登记数量由2000年的59件上升到2009年的414件，增长6倍；软件企业认定数由2000年的13家增加到2009年的176家，增长12倍；目前，全市有系统集成资质企业24家；3家企业取得CMMI三级认证；2家软件企业上市，其中宁波东蓝数码有限公司成功登录英国伦敦交易所，宁波理工监测科技股份有限公司2009年年底成功上市中小板块。

（三）软件园区建设初具规模

在市领导关心和有关部门大力支持下，宁波市重新规划、调整了软件产业布局，形成了以宁波国家高新区为核心发展区域、辐射到各区县软件孵化器为特色发展区域的“一园多点”分布格局的“宁波软件园”，随着《宁波市软件孵化器认定管理办法》和相应扶持政策的到位，各县市区的软件孵化特色发展区域逐步建成，规划调整后的软件园面积近30万平方米，园区建设和新企业落户成效明显，现入园企业达到600多家，并呈快速发展势头。

（四）人才培养环境不断加强

整合市内浙江大学软件学院、宁波大学、浙江大学宁波理工学院等16所高校相关资源，积极推进各大专院校增设IT专业，培养各类IT人才。目前，16所大专院校每年能提供6 000多名大专以上相关专业毕业生，还有近10所社会培训机构开展计算机相关的专业培训。

（五）公共服务平台功能日益完善

为提高企业科技创新能力、加快企业升级改造，市信息产业局加大了技术公共服务平台建设力度。宁波市软件评测中心（中国软件评测中心宁波分中心），以专业权威的第三方软件评测认证机构身份，为全市软件企业及信息化工程开展评测服务；组建宁波下一代互联网公共技术服务平台，为宁波各类用户提供IPv6专线接入、产品测试、技术研发等公共技术服务；与浙江大学计算机学院合作，建立浙江大学嵌入式系统研发中心宁波分中心（宁波嵌入式系统公共技术中心）。

（六）动漫产业和电子商务日益集聚

通过各级软件产业主管部门努力，大力发展引进网络服务业，全市动漫产业和电子商务集聚态势明显。目前引进动漫企业达到 30 多家，2009 年在国家广电总局登记备案的动漫作品达到 12 000 多分钟。

2000 年宁波市被国家列为电子商务试点城市，以电子商务为主的网络服务业在国际贸易、现代物流、重点产业等领域已得到广泛应用，网上贸易订单的金额大幅提高。全市 70%的企业开展电子商务，95%的外贸进出口企业利用互联网开展业务。“中国行业网站总部基地”向入驻的行业网站创业企业提供优惠政策和免费办公场地，吸引全国的行业网站落户宁波。

二、宁波市国发 18 号文执行十年情况评估

（一）国发 18 号文执行情况评估

1. 国发 18 号文配套政策出台情况

2000 年国家出台 18 号文，宁波市政府于 2001 年发布了《宁波市鼓励软件产业发展的若干政策》和《宁波市软件产业发展专项资金管理办法》，确定每年安排 1 000 万元资金用于鼓励发展软件产业和集成电路产业，并由宁波市软件行业协会对软件产品和软件企业进行登记和认定，全面落实国发 18 号文规定的软件企业税收、出口、人才等政策。2007 年，市政府又发布了《关于进一步加快软件产业发展的意见》（甬政发［2007］36 号），并依此改进修订《宁波市软件产业发展专项资金管理办法》、出台《宁波市电子商务试点专项资金管理暂行办法》、《宁波市信息服务业孵化平台管理暂行办法》、《宁波市行业网站技术孵化平台管理暂行办法》等配套文件。此外，市政府《宁波市信息化条例》、《关于加快我市金融后台服务产业发展的若干意见》、《关于加快创新型领军和拔尖人才引进培养的若干意见》，市经委《宁波市工业企业信息化扶持资金使用管理暂行办法》，市外经贸局《宁波市加快服务外包产业发展扶持政策实施细则》等一系列鼓励本地信息服务企业发展政策和文件的出台，使宁波市鼓励软件信息服务业的政策体系相对完整，为发展软件产业发挥了积极作用。

2. 国发 18 号文税收优惠政策执行情况

根据国发 18 号文要求，宁波市国家税务局于 2001 年制定出台《宁波市软件产品和集成电路产品增值税税收管理办法》，对宁波市软件产品和集成电路生产企业增值税一般纳税人增值税管理范围、办理流程做了进一步明确。但由于宁波市 2005 年以前软件产业规模总体较小，企业数量较少，执行税收减免政策的税收总额较小，

3. “双软认定”执行情况

宁波市自开展“双软认定”工作以来，软件企业认定（年审）和软件产品登记逐年增

加。截至2009年年底，宁波市按国家规定的标准和要求认定并报工业和信息化部备案的软件企业共248家，批准登记备案的软件产品979件。为更好地做好“双软认定”工作，宁波市于2001年出台了《宁波市软件企业认定标准及管理办法》，进一步明确了“双软认定”的标准和条件，规范认定的流程和程序。2008年，结合全市对行政审批事项的规范要求，宁波市把“双软认定”工作列入政府行政审批工作内容，更进一步严格执行工业和信息化部关于加强软件企业认定和软件产品登记备案工作的规定。切实履行“公示7个工作日”的公示程序，从未对未经公示、公示期未满的软件产品核发产品登记证。

4．财政资金支持情况

为落实国发18号文，宁波市从2002年设立“宁波市软件产业发展专项资金”，每年财政安排1 000万元资金用于促进宁波市软件产业发展，并要求各县市区按照100%配套。从2005年起扶持资金逐年增加，到2009年已接近4 000万元，累计已扶持企业超过1.3亿元（不包括各地配套资金）。此外，市经委、市外经贸局等部门分别对信息技术实施应用、服务外包企业给予一定的资金扶持，扶持的领域主要有软件开发设计、系统集成和监理、电子商务、网络服务、软件外包、动漫游戏。通过资金扶持，全市软件产业规划得到飞速发展，企业规划不断扩大，电子商务和动漫游戏产业集聚明显，当地企业参与市场竞争的能力大大增强。

5．投融资政策执行情况

根据国发18号文要求，宁波市重视鼓励对软件企业的风险投资，吸引国内外风险投资公司投资软件产业；适当安排财政资金参与软件产业基础设施建设，共有1家企业在境外上市，1家企业在国内上市。

6．知识产权保护政策情况

2000年起，宁波市一直重视软件产品知识产权的保护，根据国家对软件著作权申请要求，要求并帮助软件企业做好软件产品著作权登记工作。在宁波市登记的软件产品，著作权登记率达100%。从2004年年起，著作权登记数量每年保持高增长率，到2009年，年著作权登记数量达到528件，充分反映了宁波市软件企业对知识产权保护有了更深的认识。

7．出口、人才等政策执行情况

宁波市为鼓励软件产业出口，将软件出口纳入中国进出口银行业务，并享受优惠利率的信贷支持，软件出口逐年增长，近年来的年出口额保持在8 000万美元以上；注重人才招聘工作，设立IT人才驿站，符合条件的各类软件人才在一定时间内给予每个月500元的生活费和住宿费补助；实施人才培训奖励，对确定的培训项目采取全额或部分补助等不同方式的资助；实行高级人才所得税奖励，对高级软件人才按其上年度已缴纳个人工薪收入所得税的地方留成部分给予补助，吸引IT人才在宁波市创业、就业。

8．软件园区、基地建设情况

宁波市重视软件产业载体建设，重新规划和调整了软件产业布局，形成了以宁波国家高新区为核心发展区域及辐射到各县市区的软件孵化器特色发展区域为标志的“一园多点”分布格局的“宁波软件园”，随着《宁波市软件孵化器认定管理办法》和相应扶持政策的到位，各县市区的软件孵化特色发展区域逐步建成，规划调整后的软件园面积近30万平方米，园区建设和新企业落户取得了明显成效，目前入园软件企业达到600多家，从业人员1.6万多人，并呈快速发展的势头。

目前，宁波市共有国家、省、市级信息产业园区8个，其中市科技园区被科技部批准为国家火炬计划宁波电子信息产业基地，并于2008年批准为国家（宁波）高新技术产业园区，宁波国际软件园被科技部批准为国家火炬计划软件出口试验园。

（二）国发18号文执行效果评估

1．经济效益评估

国发18号文实施十年来，对宁波市软件产业的规模、出口和税收等方面起到了积极的影响。全市软件业务收入以年均增长40%以上，从2000年全市软件销售收入不足5亿元起步发展，尤其是从2007年起，产业规模保持两年翻一番的速度快速发展，到2010年软件业务收入首次突破100亿元，同比增长41.9%，连续4年增速保持40%以上。同时，税收也呈现逐年增长的发展势头，2009年实现税收2.7亿元。

2．社会效益评估

国发18号文的实施对宁波市软件产业的发展发挥了积极的作用，不仅产业本身经济效益显著，而且还产生了良好的社会效益，主要表现在：

一是各类高技术人才得到集聚。宁波作为一个开放的城市，近十年来各类信息技术人才流动加快，常年保持2万余名软件人员从事软件开发工作，吸引和集聚了其他专业高级技术和管理人才。

二是软件企业发展迅速，培育了一批国内行业内著名的软件企业，企业创新能力得到大大提高，先后有2家软件企业成功上市。

三是软件产业的发展使全社会对软件产业的认同度明显提高，各级政府、高校和普通市民对软件技术在社会、经济发展中的作用有了统一的认识，各级政府对软件产业的政策体系更为完整，各大高校软件技术相关专业设置更加丰富，民众对软件技术改变城市生活的期望更高。

四是软件产业对宁波市传统产业结构调整、新兴产业发展起到了决定性作用，产品的智能化加快了宁波市制造业产业结构的升级改造，工业流程的自动控制提高了企业生产效益，企业管理软件优化了企业内部管理流程，电子商务为企业开拓市场、降低销售成本发挥了积极作用。

（三）国发18号执行实践经验

一是要注意政策的时效性，宁波市在2001年就出台了《宁波市鼓励软件产业发展的若干政策》和《宁波市软件产业发展专项资金管理办法》，作为对国发18号文的配套性地方政策，当地税务、海关、外贸等部门也迅速制定落实国发18号文的一系列意见和办法，为宁波市软件产业发展打下了基础。

二是要广泛宣传发动，国发18号文颁布以后，宁波市组织市级各部门、各县市区、软件企业进行国家政策的宣讲，每年组织政策宣讲活动，使国发18号文深入人心，从2005

年起，宁波市软件产品和软件企业数量都有大幅度的增长。

三是软件产业主管部门积极协调，为企业解决享受政策过程中出现的问题。政策实行初期，对软件收入的界定、嵌入式软件的退税、软件出口的办理等事项，与税务、海关等部门保持长期的沟通，积极协调；对十年中软件产业出现的业务形态如电子商务、网络服务业、游戏动漫等企业，积极为企业出谋划策，在执行国发 18 号文政策的前提下，帮助企业尽量享受国家政策。

三、宁波市软件产业发展主要举措

（一）组织引导，认真规划，落实软件产业相关政策

一是加强对发展软件产业的组织引导，进一步完善各县（市）区软件产业管理机构设置，建立了“双软认定”、资金项目管理、孵化器、招商引资和产业统计等软件产业管理日常工作制度。二是严格执行国发 18 号文精神，认真做好税收政策、“双软认定”、软件出口、人才培养培训等政策的落实。三是制定完善宁波市《宁波市软件产业发展专项资金管理办法》，加大对宁波市软件产业企业落户创业、企业创新研发、新型业务开拓、企业上规模、高级软件人才的奖励和支持，进一步完善 IT 人才驿站和 IT 实训基地补助政策。

（二）加强宁波软件园建设，加快企业引进和创业速度

一是宁波市软件产业园从 2000 年起就采用相对宽松的产业布局形态发展软件产业，采取了“一园多点、虚实结合”的方式建设宁波软件园。按照统一的政策措施、公共服务、技术支持、招商机制、融资平台等服务标准，积极促成国内外知名软件企业落户宁波，着力打造“中国行业网站总部基地”和动漫基地建设。二是推进各县市区新的软件园和孵化器建设，发挥城区商务楼宇、企业孵化器的资源优势，不断扩大软件园面积，并根据入驻企业情况对孵化器实行奖励。三是对部分新企业落户补助，对新落户宁波市的企业给予资金扶持，国内外大型软件公司、软件技术研发机构和现代信息服务业企业落户宁波，或与本地软件企业联合协作、嫁接并购，形成具有核心竞争力的骨干企业，按照注册资金额的 6%给予补助。四是对新设立的网络服务企业创业补助，优惠或免费提供各种服务，降低企业创业门槛，建立了市信息服务业孵化平台、行业网站技术孵化平台，为企业提供免费或优惠的信息技术和设备服务，促进企业快速成长壮大。

（三）认真开展“双软认定”，主动服务软件企业

“双软认定”是落实国发 18 号文精神的主要内容，宁波市在具体实践工作中进行了诸多尝试和探索，“双软认定”工作逐步走上规范化、科学化、日常化的轨道。一是做好“双软认定”的宣传发动工作，与软件企业保持密切联系，开辟了种种渠道传递有关政策信息。二是切实落实软件服务业政策，营造良好的政策环境，公正把握原则，做好“双软认定”工作中的关键节点：建立规范的认定程序，确保软件企业认定和软件产品登记的质量；注重知识产权保护，做好产品登记工作，为提高企业对知识产权保护的意识，宁波市要求企业对所有申请软件产品登记的软件进行著作权登记。从 2004 年开始，历年软件产品著作权登记率均达 100%；严格执行工业和信息化部关于进一步加强软件企业认定和软件产品登记

备案工作的规定，切实履行“公示 7 个工作日”的公示程序。三是落实政策全心服务，做好“双软认定”后的跟踪工作，积极主动与政府有关部门进行沟通，解决政策落实中的问题，认真调研企业在落实税收政策中有时会遇到的一些问题，了解企业税收退返情况。

（四）建设人才队伍，提供人才支撑

IT 人才是软件产业最重要、最核心的要素资源，建设 IT 人才队伍是促进产业发展的一项长期的基础性工作。宁波市主要做了以下几个方面的措施工作：一是积极引导企业、高校联合培养 IT 人才，促成华为、Oracle 等国内外著名企业来宁波设立研发科研培训机构，每年定期举办“宁波市高校大学生软件设计大赛”。二是建设 IT 人才驿站。鼓励各县（市、区）努力引进人才，设立 IT 人才驿站，对海外留学归国、“211 工程”院校或国家示范性软件学院的本科以上的计算机及相关专业毕业生，入住“IT 人才驿站”，给予每个月 500 元的生活费和住宿费补助；三是人才培训奖励。支持开展 IT 人才培训，认定信息技术实训基地，采取全额或部分补助等不同方式，对 IT 培训项目进行资助。四是实行人才所得税奖励。对高级软件人才，按其上年度已缴纳个人工薪收入所得税的地方留成部分给予补助，吸引 IT 人才在宁波市创业、就业。

四、宁波市软件产业发展主要经验

（一）政府重视、政策齐全是发展软件产业的重要保证

从 2001 年起宁波市就出台了《宁波市软件产业发展专项资金管理办法》，宁波软件产业开始了从无到有的发展阶段；到 2007 年，市政府再次明确了发展软件产业的重要性，并出台《关于进一步加快软件产业发展的意见》等文件，明确了各县市发展软件产业的责任部门和相关要求，全市软件产业得到飞速发展，并在产业规模上实现飞跃。

（二）营造发展信息服务业的良好氛围是发展软件产业的基础

宁波市在确立发展软件产业的总体思想后，积极借鉴制造业引进技术和外资的经验与做法，开展政策研究，制定软件产业发展的中长期规划；充分调动各县（市）、区特别是中心城区发展软件产业的积极性，及时总结、宣传，借势造势，以点带面；完善人才培养和培训政策，加大软件公共服务平台建设，形成发展软件产业的良好氛围。

（三）加快软件园建设，加大招商引资力度是发展软件产业的重要手段

根据宁波市软件产业发展总体规划，以相对集聚、鼓励块状为发展软件产业原则，建立“一园多点”的全市软件产业布局，形成了以宁波国家高新技术产业开发区为代表的“宁波软件园”核心发展区域，以各县（市、区）软件孵化器为代表的特色发展区域。以园区为载体，加大软件产业招商引资力度，吸引跨国公司、世界 IT 百强及国内大型信息服务业企业在宁波落户或设立研发中心，在嵌入式软件、行业应用软件、电子商务和动漫游戏等行业形成了明显的集聚。

第三十三章 厦门市

一、厦门市软件产业十年发展回顾

国发18号文发布实施以来，对厦门软件产业发展起到重大促进作用，厦门软件业取得了突破性发展。产业规模从2001年5.3亿元到2009年184.6亿元，软件业将成为厦门市经济和社会发展规划中，重点发展的支柱产业。软件出口从2001年几十万美元到6 000万美元，使厦门成为国家服务外包示范城市。近十年来，也为国家和地方贡献数十亿元的税收收入，成为各种社会资本的重点投资领域。

（一）十年内产业规模及增长率情况对比

从2000年至2005年，厦门软件业由无到有，产业基数小，企业增速快，成为新兴快速增长产业。

2005年起，厦门软件和信息服务业继续保持高速稳定增长，逐渐成为厦门市的重要产业。2005—2009年行业产值分别达到45.5亿元、81亿元、110亿元、143亿元、184. 6亿元，分别增长78.0%、34.6%、31.8%和29.1%（见表41和图41）。

表41 2001—2010年厦门市软件业产值及增长率

年 份	产 值（亿元）	增 长 率（%）
2001	10	
2002	15	0.50
2003	18	0.20
2004	31.6	0.76
2005	45.5	0.44
2006	81	0.78
2007	110	0.35
2008	143	0.32
2009	184.6	0.29
2010	253	0.37

（二）十年内产业专利获取、技术改造等领域情况对比

厦门软件业从应用软件和信息系统集成服务起步，通过研发投入和项目建设，已在金融信息系统、保险业务、电子口岸、物流信息、医疗卫生、信息安全、互联网服务、电子商务、地理信息等行业应用领域取得创新发展，在国内创建品牌，产生影响。

2009年，在厦门新认定的303家高新技术企业中，软件企业有59家；在96家高新技术企业中，软件企业占比约25%。

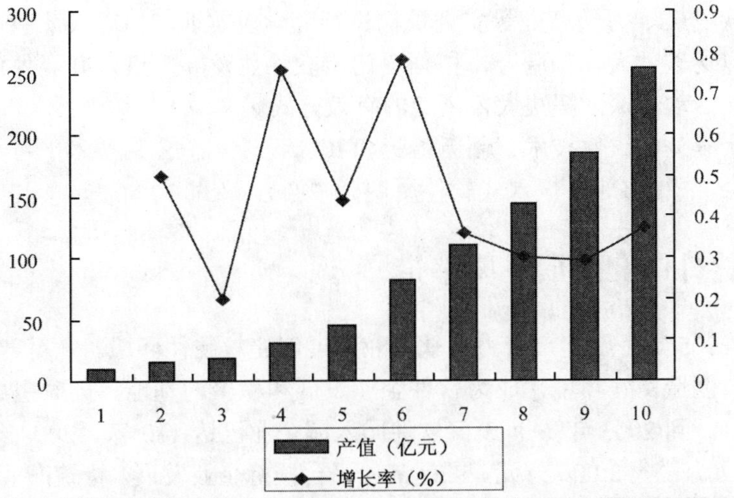

图41　2001—2010年厦门市软件业产值及增长率

（三）十年内“双软认定”执行情况和重点企业数量对比

2001年，厦门软件企业45家，登记软件产品74件，行业收入10亿元，到2005年年底（“十五”规划末），软件企业有155家，登记的软件产品499件，行业收入达到45.5亿元。“十一五”期间，厦门软件企业和软件产品数量快速增长，全市软件企业300多家，软件产品登记数量达到2 300多件。其中，2009年厦门新增认定软件企业46家，增长15.2%；新增认定软件产品377件，增长24.8%，累计达到1 899件。

软件企业规模不断扩大，成长能力快速提升。东南融通成为国家规划布局内的重点软件企业和国家软件百强企业；东南融通、三五互联、易联众、科华恒盛先后在境内外成功上市；美亚柏科、三五互联、海迈等5家企业入选厦门市2010年度最具成长性中小企业；万安、柏事特、振威等十多家企业入选2010年度成长型中小企业。

（四）十年内园区建设、人才培育和配套设施建设等领域的情况

厦门软件园一期位于厦门岛南端，紧邻厦门大学，2004年全部建成，建筑面积近8万平方米，是国家科技部批准的国家火炬计划软件产业基地。

2005年9月，作为省市重点项目，厦门市在环岛东部投资兴建软件园二期，2007年9月完成了建筑面积164万平方米的园区建设。目前，园区已批准购房企业411家，已正式入驻（含规模以上租房企业）409家，从业人员总数3.62万人；2010年1月至9月完成销售收入98.02亿元，同比增长44.05%；实现税收2.99亿元，同比增长50.16%。软件园成为全市软件和信息服务产业的重要集聚地。

厦门现有厦门大学、集美大学、华侨大学、厦门理工大学等8所高等院校及十余所中等专科学校，形成了包括基础教育、职业教育、高等教育的多层次、高水平的教育体系与进修环境，每年为软件业培养 6 000 名专业人才；规模企业、部属研究院所和软件园区内的企业博士后工作站、研究生实习基地、教育培训中心等机构，每年也为厦门培养一大批相关的高级软件人才。厦门大学软件学院与荷兰 6 所大学联合进行高层次软件人才培养的

国际合作；中软ETC、万策智业等实训机构进行大学生实训，拓展人才引进和培养渠道；每季一期举办专场软件人才招聘会，根据厦门市软件业发展重点，开展外包、动漫等细分领域的人才对接活动，探索解决人才供给的有效方式。

已建成数字媒体、软件技术、创新体验和ICC设计4个公共技术平台，积极争取建设嵌入式软件平台，成为CSIP嵌入式软件厦门分中心。

二、厦门市软件产业发展主要举措

2000年至2005年，厦门市着力为软件业发展创建软硬件环境。一是建设软件园一期，为发展软件产业创造良好环境，成为软件企业发展和积聚的基地，同时也成为海峡两岸合作与交流的窗口。到2003年6月厦门软件园入园企业已达110家，2004年度入园企业完成产值达17亿元，税收3 000万元。二是搭建平台扶持企业发展。构筑产业发展服务平台，对企业提供人才、技术、资金、市场等要素的专业性服务和支持。三是落实国发18号文精神，做好“双软认定”，协助企业享受退税优惠。

“十一五”期间，厦门市确定软件和信息服务业4个重点领域和两个鼓励方向，即重点发展“集成电路设计、嵌入式软件、数字内容、信息技术服务”4个领域，鼓励“对台合作”和“服务外包”2个方向。经过几年发展，形成了一批应用软件、系统集成、数字内容、嵌入式软件、信息技术服务与人才培训等骨干企业。

主要工作：一是做好产业发展规划，先后出台《厦门信息港发展规划（2005—2010年）》、《软件和信息服务产业集群发展规划（2010—2015年）》、《软件和信息服务业与台对接规划》等，引导产业发展。二是制定和落实政策，先后出台了鼓励软件出口、动漫产业、软件产业、服务外包发展等多项政策，加大财政资金扶持。三是建设功能完善的软件园，搭建公共技术平台，为软件业发展创造硬件条件。四是积极做好招商引资工作，并为落地企业做好跟踪服务工作，重点扶持有一定规模、成长性好的企业发展。

（一）规划政策体系

1998年厦门市人民政府印发《厦门市关于扶持软件企业发展的若干规定》（厦府[1998]综090号）的通知，主要是参照扶持高新技术产业发展政策提出若干措施，包括从1999年至2003年每年筹集3 000万元，5年共15 000万元，用于厦门软件园一期建设。厦门软件园一期建设按期完成，并增加12 071万元用于后续配套建设。2000年国发18号文发布后即依据政策进行了调整。2010年厦门市人民政府印发《关于进一步加快软件和信息服务业发展的若干意见》（厦府［2010］64号）就加强人力资源保障、奖励企业发展、营造产业环境，财政每年统筹安排3 000万元扶持软件产业发展。

厦门配套政策在国发18号文未发布及国发18号文即将执行结束出台政策，填补政策空白时段，表现厦门市政府重视发展软件产业。配套政策密切配合国发18号文，根据厦门市软件产业的情况和需要，制定地方资金扶持的补充政策，如软件园建设、人力资源保障和招商引资等。

“十一五”期间制定厦门信息港发展规划，重点发展“集成电路设计、嵌入式软件、数字内容、信息技术服务”4 个领域，突出对台合作和服务外包；以城市信息建设促进产业发展。

2006 年出台鼓励动漫产业发展意见，首次从财政资金扶持产业发展。2010 年 3 月出台发展软件和信息服务业的政策，每年市财政统筹 3 000 万元，对企业技术创新、市场开拓、人才培养、公共平台建设等方面给予资金支持。2010 年修订出台鼓励服务外包发展的政策。

2009—2010 年先后制定《厦门软件和信息服务业百亿产业集群规划》和《软件和信息服务业与台对接发展规划》，软件业和信息服务业成为市 10 个重点发展的现代服务业之一。

（二）“双软认定”实施和重点企业培育

按国发 18 号文及相关配套文件要求，认真做好“双软认定”和年审检查工作。“双软认定”的具体工作由厦门市软件行业协会组织，根据行业发展情况，定期或不定期（根据企业申报情况）及时帮助企业办理认定登记工作。

（三）财政资金支持

2006 年厦门市政府出台《关于推动我市动漫产业发展若干意见》，对动漫游戏优秀动画作品播放和游戏上线运营、人才培养、技术创新等进行奖励扶持。配套政策包括实施细则、企业认定标准及资金管理办法等，保障了动漫政策的贯彻落实。2007 年拨付专项扶持资金 450 万元，2008 年 500 万元，2009 年 523 万元，2010 年达到 736.51 万元。动漫政策对培育动漫产业发展，促进招商引资起到积极作用。

2009 年起开始落实对日服务外包桥梁工程师培养项目，扶持资金 80 万元，这项工作目前仍在进行，每年选送一批年轻技术骨干到日本研修。

2010 年出台《厦门市关于进一步加快软件业发展的若干意见》，计划每年统筹 3 000 万元扶持产业发展。

三、厦门市软件产业发展主要经验

（一）政策措施对地方产业发展起重要推动作用

一是政策扶持项目对地方产业起到很好的引导和扶持作用；二是落实国家和省市已出台的中小企业扶持、市场开拓、软件人才培养等政策，帮助软件企业享受各种政策优惠，有效促进企业发展。

过去几年，厦门着力帮助软件企业解决人才培养、公共技术平台和市场开拓等方面的难题，在软件园管理方面，实行优惠的物业管理服务收费标准，为入园企业减负。动漫企业可免费使用数字媒体平台和 ICC 中心提供的硬件设备、设计软件和技术服务，对创业企业起到孵化作用。

（二）千方百计做好企业服务工作

一是重点跟踪大企业、大项目，促成国内外知名软件、服务外包企业来厦投资兴业，做好落地企业的跟踪服务工作；二是拓展对日等国家和地区的招商，推进对日软件和信息技术外包业务（ITO），吸引台资企业来厦门市开展业务流程外包（BPO）业务，积极争取成为国家服务外包示范城市。

（三）想方设法帮助软件企业拓展市场

一是组织召开厦门市财政性投资信息化项目需求介绍会、软件企业与传统企业供需对接会，帮助软件企业拓展本地市场；二是组织软件企业积极参加工业和信息化部主办和支持的 IT 展会，“走出去”开拓外地市场；三是办好第二届厦门国际动漫节，促进厦门市动漫产业对外交流与合作。

公共服务篇

第一章　软件产业公共服务体系建设十年回顾与展望

近十年来，我国软件产业公共服务平台建设取得重大进展，软件产业公共服务体系不断发展完善，软件公共服务能力不断提升。各省市高度重视，纷纷颁布多项配套政策法规，扶持公共服务体系发展和平台建设。全国各省市充分发挥政府、园区、企业的资源优势，并积极吸引国内外优质资源，有效整合，共同推动公共技术服务平台的建设，相继在基础服务、中介服务、人才服务、市场服务和技术服务等方面加快发展，结合各地特色，建设了包括“基础/公共服务平台”“投融资服务平台”“知识产权服务平台”“软件测试平台”“信息安全平台”“人才培训平台”“动漫游戏产业平台”等多类服务平台。十年来，通过政府引导、企业支撑、国际合作等方式汇集各种资源，公共技术平台建设得到加快推进，为我国软件企业提供了开放、优质、高效的公共服务，帮助企业解决部分自主创新过程中所遇到的关键问题和共性问题；充分发挥软件行业协会的桥梁和纽带作用，支持行业协会加强对行业发展、企业成长中的共性问题的调查研究，及时提出政策建议；重点扶持一批专门为软件企业服务的生产力促进中心、软件标准化推广中心、软件产权交易市场等中介服务机构，为企业提供创新战略咨询、人才培训交流、资源协调整合等服务。总体上，我国软件公共技术平台和公共服务体系已初步形成了集共性技术支撑、知识产权保护、人才培训服务、国家公共品牌建设与市场推广等为一体的软件公共服务体系。

一、产业公共服务体系概述

（一）产业公共服务

产业公共服务是政府、非营利性组织、公立机构等为促进企业发展而提供的公共服务，它是我国国民经济和社会发展的重要力量，是促进中小企业发展，保持国民经济平稳较快发展的重要基础。

（二）公共服务体系的提出

2006 年 10 月，中共十六届六中全会审议通过了《中共中央关于构建社会主义和谐社会若干重大问题的决定》，确定了 2020 年构建和谐社会的目标和主要任务，其中包括“基本公共服务体系更加完备，政府管理和服务水平有较大提高”，提出逐步形成惠及全民的基本公共服务体系，把“建设服务型政府”作为重要内容。

（三）公共服务体系的含义

公共服务体系主要是指以政府为主导，以提供基本而有保障的公共产品为主要任务，以全体社会成员分享改革发展成果为基本目标的一系列制度安排，这些制度安排主要表现为政府主导、社会参与体制创新。内容包括提供公共基础设施，创造就业岗位，完善社会保障体系和社会福利体系，促进教育、科技、文化、卫生、体育等公共事业发展；也包括宏观调控、市场监管、发布公共信息等。涵盖市场难以有效提供的公共物品、自然垄断和外部经济等。

2008 年 2 月，胡锦涛总书记在政治局第四次集体学习时的讲话，对基本公共服务体系的建设构想包含 3 个层次：① 公共服务体系建设建立在经济发展的基础上，应依据经济发展程度和水平，逐步建设。公共服务体系建设的指导思想是惠及全民和公平公正，但建设步骤要把握水平适度、可持续发展的原则。② 基本公共服务均等化，是公共服务体系建设的长远目标，也是服务型政府建设的重要价值追求，但也需要逐步实现。应围绕逐步实现基本公共服务均等化的目标，协调处理好公共服务的覆盖面、保障和供给水平、政府财政能力三者间关系。③ 公共服务体系建设的关键是创新公共服务体制，改进公共服务方式，形成公共服务供给的社会和市场参与机制。通过公共财政、社会组织、企业与家庭的合作，发挥和体现财政资金的公益性价值，提高公共服务质量和效益。

（四）建设公共服务体系的意义

1．是促进科学发展的现实要求

公共服务需求增长是经济社会发展进入新阶段的重要标志。人类社会发展是一个需求不断拓展和逐步得到满足的过程。伴随着技术进步和物质产品供给能力的提升，公共服务需求不断增长、服务业快速发展成为当今经济社会发展的重要特征。改革开放以来，我国公共服务需求增长呈现逐步加速的趋势，标志着我国经济社会发展进入一个新阶段。如何使公共服务供给与需求相适应，将是我们在较长时期面临的重要任务。党的十七大提出的改善民生、加快社会建设的任务，如教育、医疗、社会保障、就业和收入分配等，都离不开完善公共服务体系。加快公共服务体系建设，是经济社会发展到一定阶段的必然要求，是促进科学发展、社会和谐的重要内容。

2．是促进社会公平正义的重要举措

加快公共服务体系建设，可以在一定程度上校正社会财富初次分配的不平衡，并对初次分配产生积极影响，有利于缓解和抑制利益分化进程及其引发的社会矛盾。完善公共服务体系的一个重要方面是使公共服务逐步扩展到整个社会，实现基本公共服务均等化，消除公共服务领域存在的不公平现象。同时，完善的公共服务体系为促进社会公平和权利平等提供强大的基础平台，有利于振奋社会成员的精神，提高社会总体效率。

3．是建设服务型政府的重要内容

提供公共服务是政府的重要职责。发挥政府在公共服务体系中的主体作用，加快公共财政建设步伐，加大财政支出中用于社会公共服务项目的比例，是建设服务型政府的首要之举。在我国，公共服务领域中存在的主要问题是公共服务发展滞后，总量供应不足，公共投入短缺，分配不平衡。解决这些问题的关键在于转变政府职能，解决政府在社会公共领域的缺位问题，将原来由政府承担的一些公共服务职能转移给非政府组织和私人部门，甚至社区，改变完全由政府提供公共服务的局面，实现公共服务提供主体的多中心。市场

化的核心是引入竞争机制，打破国家对公共服务领域的垄断，在多元化的公共服务主体间，形成有效竞争机制，从而提高公共服务供给的效率，实现资源的有效配置。

二、软件产业公共服务体系十年发展回顾

（一）公共服务体系十年发展概览

公共服务平台是为了区域经济或文化的发展，针对某类用户群体一定时期的公共需求，通过组织整合、集成优化各类资源，提供可共享共用的基础设施、设备和信息资源共享的各类渠道，以期为此类用户群体的公共需求提供统一的解决方案，达到减少重复投入、提高资源效率、加强信息共享的目的。公共服务平台一般具有基础性、开放性和公益性特征。

国发 18 号文发布以后，为了更好地促进软件产业的发展，从国家到地方各级政府部门以及行业协会、相关组织机构，都在公共服务方向上主动或被动地进行了大量的尝试性工作，其中部分试验成为软件产业公共服务的标准，为我国软件产业十年战略性发展奠定了良性基础。

2001 年，北京软件产业基地公共技术支撑体系开始组织建设，它是一个大型、公用、基础性公共技术服务平台。北京软件产业基地公共技术支撑体系整合了当时国内外软件产业的部分重大科技成果，集国内外先进、成熟的软件生产、软件过程、软件质量保证技术和方法于一体，为北京软件产业发展提供公共技术与科技服务。目前北京软件产业基地公共技术支撑体系由北京软件产品质量检测检验中心运营管理，包括软件产业和文化创意产业公共技术平台两大部分。软件产业公共技术平台主要特点是“三库四平台”，后期发展成为“三库五平台”。其中“三库”包括软件构件库、开放源代码库和软件工具库，是公共技术支撑体系的基础资源系统。“五平台”包括综合服务平台、软件质量管理平台、软件过程基准平台、软件开发实验平台、软件测试平台，是构成公共技术支撑体系的骨干功能模块。这种开创性的模式后来为全国多地复制学习。

2003 年原信息产业部电子发展基金项目通过了国家软件与集成电路公共服务平台项目评审，同年 7 月，国家软件与集成电路公共服务平台项目启动建设，2005 年 5 月信息产业部软件与集成电路促进中心（CSIP）完成事业单位登记、注册手续，正式成立，成为国家一级专业的公共服务平台机构，并开始全国服务体系的建设。

国家软件与集成电路公共服务平台和信息产业部软件与集成电路促进中心（CSIP）建立伊始，便开展了大量工作，包括成立多家 linux 与 windows 等技术实验室；建设并启用国家 IP 核库，向广大 IP/SoC 设计、制造企业提供服务；成立电子政务软件产业化联盟；解决基于国产平台的电子政务方案测试与模拟部署体验中心；成立中国 Linux 产业战略联盟；成立中国集成电路硅知识产权产业联盟。到今天，CSIP 先后共建起 11 个国家级实验室、6 个技术支持中心、五大资源库，开展共性技术研究与服务，推动产业自主创新。

CSIP 积极推进国家 Linux 标准体系和 IP 核标准体系的建设；主导建设了 Linux 参考平台和国家 IP 核库；牵头成立了 4 个以企业为主体的产业联盟，团结和吸引了国内一批优秀软件和集成电路企业，开展广泛的技术交流与协作，努力营造促进产业发展的和谐环境。

在软件与集成电路领域，CSIP 初步具备了从共性技术支撑、知识产权、人才培训、信

息技术服务战略咨询、市场开拓与品牌推广 5 个方面为广大软件与集成电路企业提供公共服务的能力。在相关的几个领域，形成了“中国芯”（集成电路）、“华夏擎”（软件）、“IP China”（知识产权）、“NITE”（人才培养）、“ChinaSourcing”（软件与信息服务外包）等行业公共品牌，对进一步引导产业发展，展示行业发展成果，树立中国软件和集成电路产业的国际形象将起到积极的推动作用。

目前 CSIP 建设了国家软件与集成电路公共服务平台上海分中心、青岛分中心、重庆分中心、福建分中心、江苏分中心、广西分中心、南方中心、天津分中心、浙江分中心、沈阳分中心、新疆分中心等多个区域节点。分中心的建设，扩展了国家服务平台的职能和服务，各分中心充分发挥区域资源优势，与国家平台形成有机的整体，形成了以国家平台为中心、区域分中心为节点、辐射全国产业重点区域的软件与集成电路公共服务网络体系。

2004 年，科技部、国家发展和改革委员会、财政部、教育部制定《2004—2010 年国家科技基础条件平台建设纲要》，启动建设“国家科技基础条件平台”，目前已形成覆盖全国的科技平台体系，该平台体系主要从研究开发和成果转化两方面支持产业，特别是高新技术企业的发展，平台以共享为核心的制度框架；搭建由研究实验基地和大型科学仪器设备共享平台、自然科技资源共享平台、科学数据共享平台、科技文献共享平台、成果转化公共服务平台和网络科技环境平台六大平台为主体框架的国家科技基础条件平台，为各类科技创新活动提供公平竞争的环境，使全社会成员都能享受到科技进步的成果。

2007 年，信息产业部利用电子信息产业发展基金重点支持了 18 个中国服务外包示范城市建设“软件与信息服务外包公共支撑平台”，初步形成了辐射全国的公共服务平台体系。该平台包括依托信息产业部软件与集成电路促进中心（CSIP）建设的软件与信息服务外包公共支撑平台（国家中心）和依托大连、上海、北京等 10 个服务外包基地城市建设的软件与信息服务外包公共支撑平台（地方中心）。建成之后，国家中心和 10 个地方中心互联互通，资源共享，共同为我国的软件与信息服务外包产业提供公共支撑服务。利用国家软件公共服务平台专项，加快形成布局合理、功能完善、效益明显、可持续发展的公共服务平台体系。该平台涵盖共性技术支撑、知识产权服务、人才培训服务、国家公共品牌建设与市场推广等内容。通过建设支持分布式开发环境的软硬件系统形成较为完善的共性技术支撑平台；通过建设知识产权数据库、知识产权预警系统和知识产权技术保护体系，形成适合于软件与信息服务外包产业发展的知识产权服务平台；通过推动完善课程体系、加强师资建设、规范相关认证等，形成适合于软件与信息服务外包产业发展的人才培训服务平台；依托中国软件与信息服务外包产业联盟，建设国家公共品牌 ChinaSourcing，形成较为完善的国家公共品牌建设与市场推广平台。

十年来，在各级各界努力下，公共服务平台的发展建设创造了多种模式，从建设方式来看，主要包括：政府支撑模式、产业园模式、共享共建模式和企业自建模式等模式，存在国家政府、地方政府、企业等多种建设主体；从产业来看，有支持信息产业、软件产业、集成电路产业、服务外包产业、动漫游戏等产业的公共服务平台；从业务范围来看，有支持共性技术、人才培训、知识产权、投融资服务、信息化服务等公共服务平台；从服务对象来看，有服务产业集群、中小企业、专业园区企业等特定对象的公共服务平台；从服务的区域来看，有全国性公共服务平台、区域性公共服务平台、园区公共服务平台等。

江苏软件产业公共服务平台“江苏虚拟软件园”是众多软件公共服务平台中比较有特

色的模式之一。江苏虚拟软件园的目标是立足江苏、面向长三角、辐射南方、延伸海外，为江苏软件产业的快速崛起提供强大而有效的服务支撑。

虚拟软件园与实体软件园不同，它的服务平台大部分也是软件，可以通过网络提供服务。江苏虚拟软件园利用现代通信、网络技术，通过建设联通南京、苏州、无锡、常州等园区的公共服务平台，实现人力资源、物质资源、智力资源、政策资源、金融资源等资源的管理优化和远程访问。

江苏虚拟软件园本着“资源共享、优势互补、机制创新、中立开放、可持续发展”的建设原则，只投入少量的信息网络设施和软硬件工具，更多地发挥现有各园区的公共服务平台，通过专业的技术支持，实现已有园区资源的聚集、共享和数字化利用，扩大服务地域范围和服务对象。江苏虚拟软件园通过与信息产业部软件与集成电路促进中心（CSIP）进行紧密合作，有效利用国家软件与集成电路公共服务平台的丰富资源，为江苏软件企业提供服务，成为“国家软件与集成电路公共服务平台南方中心”，同时挂“江苏软件产业服务中心”“江苏软件产业国际技术转移中心”两块牌子。通过这种模式建设的虚拟软件园，总投资不超过 2 000 万元，却可以使用数亿元的软件服务资源，避免了各园区的重复投入和资源浪费。

为了运营和管理好江苏虚拟软件园，江苏省信息产业厅多次向工业和信息化部汇报，积极推进“部省共建”，并于 2008 年 9 月建成了江苏软件和信息服务外包国际通信专用通道。信息产业厅还与部软件与集成电路促进中心达成了战略合作，由 CSIP 参与共同建设与运营江苏虚拟软件园。江苏虚拟软件园包括一门户双体系六平台多园区。江苏虚拟软件园在服务上采用免费与收费相结合的服务模式，以免费服务带动收费服务、以收费服务养活免费服务、通过收费提高服务质量和效率。

江苏虚拟软件园的建成与投入运营，是江苏软件产业发展的一个里程碑，将为全省软件企业的茁壮成长提供强有力的支撑，将又好又快地推动江苏软件产业奋力走在全国最前列。

2009 年，山东省开始调研和建设“山东省云计算公共服务平台”。云计算是分布式处理、并行处理、网格计算的发展，是基于互联网的超级计算模式，用户可以通过网络以按需、易扩展的方式获得所需的服务。它是一种新兴的 IT 产业商业模型，可简单表述为“一个动态分配的计算机系统资源池”，软件、硬件、数据、信息服务等都可以在云计算这一平台上租赁使用，用户不需要了解底层的支撑架构，不需要维护和购买相应的软硬件。按照“政府引导、多方参与、市场化运作、统筹规划、分步实施”的原则，在充分利用山东省各软件园现有硬件、软件、数据等资源的基础上，与国内外厂商和电信运营商等广泛开展合作，通过一个中心（即云计算管理中心）、三个平台（即服务平台、灾备平台和科研平台）的建设，打造面向山东全省的公共服务平台。平台建成后将为山东省软件园区企业提供一流的软件开发及服务平台；为山东省各级政府单位提供一站式的电子政务服务，促进政府服务转型；同时面向物联网产业提供支撑服务。

公共服务体系建设是软件产业园区提升公共服务能力的有效途径，也是实现“洼地效应”、吸引软件企业集聚、提升软件园发展水平、发展区域软件产业的有效举措，但是如何推动公共服务体系建设，及时、高效地提供企业所需的公共服务产品，并没有现成的路径可走。

广东软件科学园不仅注重为园区企业提供优越的基础商务环境，更长期致力于园区的公共技术资源建设，为企业发展提供专业的软件公共技术支撑服务平台，通过公共服务体系建设，在满足园区企业个性化需求的同时，将资源集中起来服务多个企业，提高了资源的利用效率，增强了企业的自主创新能力，提供了企业急需的技术、人才培训等服务，提升了企业开拓市场的水平，促进了区域软件产业的快速发展。

近年来，广东软件科学园逐步建设了广东省软件共性技术重点实验室（公共实验室）、广东软件科学园数据中心、广东软件评测中心等公共技术资源服务机构，并与全球知名的软件服务公司 IBM 合作建设了广州 IBM 软件创新中心、IBM 授权培训中心。同时，广东软件科学园积极引进广东省中小企业信息化创新服务中心、广东省嵌入式软件公共技术中心、广东省数字家庭公共服务技术支持中心等公共技术资源服务机构。

在广东软件科学园，园区企业谈到公共服务体系建设时，都会自豪地说："广东软件科学园是公共服务体系建设的样板。"

产业公共服务体系建设为企业创新发展提供了软支撑。以国家软件与集成电路公共服务平台为例，该平台自 2003 年启动建设至今，已在软件与集成电路领域形成独特的专业化服务能力，建立了涵盖共性技术开发、知识产权服务、人才培训、投融资服务、品牌建设与市场推广等在内的产业公共服务体系。利用具有的政、产、学、研资源会聚优势，公共服务平台为企业创新和产业发展提供解决共性问题的环境，减少竞争前的企业技术基础投入，实现共性基础技术和资源的共享，降低企业在研发和质量保证方面的资金风险和技术门槛，促进软件与集成电路产业链的快速形成，让众多的软件和集成电路设计企业借其成长壮大。

平台服务的专业化和体系化使产学研合作创新的层次和范围不断拓展，从单纯的产学研技术研发合作逐步走向以技术创新为中心，以人才培训、知识产权服务、投融资服务等为支撑的综合性产学研合作。

国家软件与集成电路公共服务平台一方面与清华大学、中国科学院、北京航空航天大学等高校建立了长期合作关系，建立了行业专家库、技术资源库，定期召集专家会议，了解产业发展最新动向；另一方面，与业内知名企业建立了长期战略合作关系，及时跟踪市场发展态势，了解最新市场动向。当市场需求出现时，及时出面牵线搭桥，以平台为载体，择优配置资源，促成产学研合作，助力企业创新发展。在人才培训方面，平台启动了国家信息技术紧缺人才培养工程（NITE），利用建立的高校、科研院所及产业专家网络资源，对刚毕业或者即将毕业的大学生、研究生、企业需要提升的在职员工等进行培训，培育产业发展所需的高素质人才队伍，推动产业持续健康发展。平台还与北航联合建立产学研校外人才培训基地，与微软共建 E-learning 网络教育平台，促进多种形式的产学研合作，既服务企业发展，也通过经验推广，营造产业发展的良性环境。此外，知识产权、投融资、品牌建设与市场推广等服务体系建设是产学研合作创新的必要支撑和保障，将放大技术创新成效，助力企业逾越创新鸿沟。

（二）我国软件公共服务体系的特色

1. 公共服务平台建设的主体多样

从公共服务平台的建设方式来看，主要包括 4 种：政府支撑模式、产业园模式、共享共建模式和企业自建模式，因而也存在国家政府、地方政府、企业等多种建设主体。

从国家层面来看，目前有多个部委主导建设了一大批服务工业和信息产业的公共服务平台。例如，科技部建设的“国家科技基础条件平台”，自 2004 年启动《2004—2010 年国家科技基础条件平台建设纲要》以来，已经形成覆盖全国的科技平台体系，该平台体系主要从研究开发和成果转化两方面支持产业，特别是高新技术企业的发展。通过国办函（2010）69 号，商务部主导了我国 21 个示范城市中的服务外包公共服务平台建设，在 2010 年至 2012 年间，中央财政每年安排示范城市各 500 万元资金，支持服务外包公共平台建设。作为产业主管部门的工业和信息化部，利用电子发展基金等，全面支持了工业和信息产业公共服务平台。地方层面与国家类似，与产业相关的各部门支持了一大批公共服务平台。

2. 现有专业性公共服务平台数量众多

目前，我国已经建成的公共服务平台数量众多。如江苏省在 2009 年时就建成了 172 家科技公共服务平台，各城市、专业园区建成的支持产业发展的平台更是不计其数。

公共服务平台支持的范围十分广泛。从产业来看，有支持信息产业、软件产业、集成电路产业、服务外包产业、动漫游戏等产业的公共服务平台；从业务范围来看，有支持共性技术、人才培训、知识产权、投融资服务、信息化服务等公共服务平台；从服务对象来看，有服务产业集群、中小企业、专业园区企业等特定对象的公共服务平台；从服务的区域来看，有全国性公共服务平台、区域性公共服务平台、园区公共服务平台等。

3. 部分专业性公共服务平台已经形成全国性服务体系

由原信息产业部主导建设的国家软件与集成电路公共服务平台（CSIP），充分利用国内、国外各种资源，为我国软件与集成电路产业和企业发展提供公共、中立、开放的服务。自 2006 年开始，国家公共服务平台向全国延伸，目前建设了国家软件与集成电路公共服务平台上海分中心、青岛分中心、重庆分中心、福建分中心、江苏分中心、广西分中心、南方中心、天津分中心、浙江分中心、沈阳分中心、新疆分中心等多个区域节点。分中心的建设，扩展了国家服务平台的职能和服务，各分中心充分发挥区域资源优势，与国家平台形成有机的整体，形成了以国家平台为中心，区域分中心为节点，辐射全国产业重点区域的软件与集成电路公共服务网络体系。

三、公共服务体系展望

（一）产业公共服务将成为社会基础能力

2009 年 9 月，《国务院关于进一步促进中小企业发展的若干意见》明确要求“加快推进中小企业服务体系建设，加快中小企业公共服务基础设施建设，重点支持在轻工、纺织、电子信息等领域建设一批产品研发、检验检测、技术推广公共服务平台”，作为“建设服务型政府”的重要内容，产业公共服务将成为社会基础能力。

在现代社会发展中，各类非营利性组织、第三方公立机构在社会公共事务中有着非常重要的地位和作用。公共服务机构的主要价值取向在于协调政府组织与企业之间的关系，通过政府授权，把非营利性组织、第三方公立机构引入到公共服务和公共资源的生产与提供之中，使它们与政府组织共同承担起社会公共事务管理的责任，成为社会基础力量。

通过建设完备的产业公共服务平台，为中小企业提供共性技术、人才培训、投融资、知识产权、品牌建设与市场推广等方面的公共服务，以解决单个企业想做而无法（无力）解决的问题。通过产业公共服务平台，为企业创新和产业发展提供解决共性问题的环境，减少竞争前的企业技术基础投入，实现共性基础技术资源共享，降低企业在研发和质量保证方面的资金风险和技术门槛，提高产业核心竞争力，促进产业链快速形成，实现资源共享，提升社会基础能力。

可以预见，由于我国政府相关部门高度重视公共服务平台建设，工作重点逐渐从支持单个中小企业向支持公共服务机构方向发展，并将通过公共服务机构，助力中小企业做大做强。例如，工业和信息化部大力支持国家软件与集成电路公共服务平台建设，不断为企业提供共性技术、人才培训、投融资、知识产权、品牌建设与市场推广等方面的公共服务；科技部支持建设国家科技基础条件平台，以推动科技资源优化配置，实现开放共享，为技术创新提供公共服务；地方政府、产业园区也高度重视并大力支持产业公共服务平台建设，为园区内企业提供人力资源、金融、市场、物流、品牌、信息和基础设施等公共服务。通过国办函（2010）69 号，商务部主导了我国 21 个示范城市中的服务外包公共服务平台建设，在 2010 年至 2012 年，中央财政每年安排示范城市各 500 万元资金，支持服务外包公共平台建设。作为产业主管部门的工业和信息化部，利用电子发展基金等，全面支持了工业和信息产业公共服务平台。地方层面与国家类似，与产业相关的各部门支持了一大批公共服务平台。

（二）培育发展战略性新兴产业，促进形成新的竞争优势和经济增长点

在“十二五”规划编制时，将信息网络、先进制造业、生产性服务业和新能源、新材料、生物医药等领域作为培育重点。制定专项规划和产业政策，加强研发支持，力争形成一批自主技术和标准，加快推动产业化，促进结构优化升级。针对信息产业，有如下举措：

一是以 3G 和 TD 发展为契机，加快推进通信业转型发展。继续支持 3G 建设，做好 TD 及演进技术研发、标准研制与产业化。加强对增值电信业务政策支持，促进融合型技术和业务发展，推动向融合化、多媒体化和集成化综合信息服务转型。推进三网融合取得实质性进展，促进电信和广电业务双向进入。

二是规划引导下一代网络发展。加快培育物联网产业，制定技术产业发展规划和应用推进计划，发展关键传感器件、装备、系统及服务。推进国家传感信息中心建设，促进物联网与互联网、移动互联网融合发展。

三是加大对集成电路、新型显示器件、专用电子设备和材料、基础软件等领域的支持，实现关键技术自主可控。调整电子信息制造业产品结构，努力扩大国内市场。引导芯片设计企业和整机企业加强合作，促进国产基础软件和国产芯片互动发展，加快推进液晶、等离子的产业化和下一代显示技术研发，加快彩电工业转型升级。

（三）推进两化融合向纵深发展，促进社会领域信息化

通过公共服务平台，软件产业将更易把握切入点，参与两化融合试点示范。通过试点，总结试点成功经验，制定推进信息化与工业化融合的若干意见，继续从企业、行业、区域

3 个层面推进融合工作。企业层面，通过围绕研发设计、过程控制、企业管理、物流市场、人力资源开发、新兴产业和技术改造等各级平台提供的技术环节，带动企业信息化上水平，深化基于互联网平台的中小企业信息化服务。行业层面，通过深化信息技术行业应用，继续开展原材料、装备、消费品工业两化融合典型经验交流和推广，扩大行业融合发展水平评估范围。区域层面，支持区域两化融合促进中心建设，加大对地方两化融合项目的支持力度，鼓励支持各地对传统工业改造提升，发展特色工业，扩展现代物流，提升两化融合试验区发展水平。同时，进一步加快工业应用电子产品和解决方案的发展，夯实融合的技术基础。引导信息技术企业与工业企业开展多层次的合作。

在未来，公共服务平台将围绕改善民生，进一步推进社会领域信息化。具体措施包括加强统筹规划和指导协调，推动信息技术在社会相关领域的应用；促进电子政务的信息共享和业务协同，推进信息资源开发利用和网络新技术应用；推动工程建设领域信息公开和诚信体系建设；继续推进村村通电话工程，重点由信息基础设施建设向信息服务拓展；等等。

（四）突出网络与信息安全，维护国家安全和社会稳定

互联网发展迅速，创新活跃，应用广泛，已成为现代社会重要的信息基础设施。但同时，网络与信息安全问题也日益突出，对国家经济安全、政治安全、社会安全、文化安全带来新的挑战。维护网络与保护信息安全的任务越显得重要、艰巨，认真落实中央决策部署，明确工作定位，坚持发展与管理并重，以安全保发展，在发展中求安全。

通过公共服务平台建设，促进和协调各方面全面贯彻落实国务院关于加强新时期网络与信息安全工作的意见，协调推进法制建设、基础信息网络和重要信息系统安全保障：可通过协助加快制定相关法律法规和技术标准；加强电子认证服务监管，加快电子签名推广应用；以安全检查、应急管理和互联网安全接入为抓手，做好对政府部门、重点行业信息安全保障的指导和督促检查。将进一步加强社会保障手段和整体技术能力建设，加大信息安全技术与产品研发力度，加强对新技术新业务带来的网络信息安全风险的跟踪研究，推进计算机自主可控关键软硬件应用。扎实做好网络安全防护工作，加强党政专用通信管理，提升保障能力和服务水平。

（五）产业公共服务网络化、产学研合作创新与产业公共服务体系相互融合

网络化是指产业公共服务体系既包括国家产业公共服务平台，也包括依托地方公共服务机构的地方分平台和依托企业的产业特色创新中心和推广应用中心，所有的平台和中心共同构成产业公共服务网络。互联网和物联网基础设施的发展使得平台的网络化成为可能。网络化极大地拓展了产业公共服务的工作范围，使其成为覆盖全国范围的一体化产业服务网络体系，政、产、学、研等各类资源得到充分的交流和互动，跨地域、跨机构的合作创新将更加频繁，产业公共服务将逐渐上升为社会的基础能力，成为促进产学研合作创新的基本手段。在未来，产业公共服务的网络化发展将拓展公共服务的主体，促进政府、公立机构、行业协会、产业园区、科研院所、企业等相互协作，形成政、产、学、研、用多方协作的产业公共服务体系。

目前，国家软件与集成电路公共服务平台体系已覆盖江苏、福建、浙江、重庆、上海、广西、青岛、天津、广州等十多个地方城市，并与华旗资讯、微软、中石油等国内外知名

企业共建了各种企业创新中心、示范体验中心、推广应用中心等，在促进政、产、学、研合作创新方面发挥了积极作用。

（六）公共服务体系促进产业发展

产业公共服务平台是产学研合作创新的重要载体，是产学研合作形式不断发展的产物，对于盘活政、产、学、研等各类资源，促进企业创新具有重要作用。产学研合作的最终目标是促进企业自主创新。只有企业发展，产业才有竞争力，国家才有综合实力。产业公共服务平台市场化、服务化、网络化的特点已经在实践中体现出优势。

提升产业公共服务能力是促进产学研合作创新、提升国家软实力、增强国家综合竞争力的重要举措。站在服务于全国中小企业发展的全局高度，建设产业公共服务体系，全方位整合各地域，以及政、产、学、研各机构的服务资源，形成资源共享、优势互补的网络服务能力，使之成为广大中小企业自主创新的基石，成为经济发展的重要推动力和保障，成为社会基础能力。

通过建立产业公共服务专项资金大力支持产业公共服务资源汇聚和整合，支持产业公共服务平台的建立和持续运营，对产业公共服务机构给予税收优惠，提升产业公共服务能力。此外，通过出台相应政策，鼓励和引导中小企业享用产业公共服务资源，促成政产学研合作创新的开展，迅速提升企业核心竞争力。

物联网、云计算等技术的发展为产业公共服务的网络化拓展提供了良好契机。目前，各地域、各机构产业公共服务资源正在通过加快建立产业公共服务资源共享的标准和规范的方法手段，促进共享与互联互通，形成从国家到地方的产业公共服务网络体系；同时积极探索产业公共服务模式，促进政府、公立机构、行业协会、产业园区、科研院所、企业等多主体相互协作，形成政、产、学、研、用多方协作的合作创新体系。

通过公共服务平台，进行人才队伍建设，培育大量的专业技术人才为企业提供服务，尤其培育具备产业技术背景，又懂商业运营，甘于服务，乐于奉献的综合性人才。

十年间，我国信息产业公共服务平台经历了跨越式发展，为我国信息产业、软件产业发展带来了极大的促进作用，在未来，这种产业公共服务将逐渐转化为社会基础能力，成为多元化公共服务的一个有机部分，伴随我国信息产业的进一步高速成长。

第二章 北京市软件公共服务平台发展情况

北京持续完善软件产业公共服务平台建设，主要在以下几个方面为企业提供服务。

一、抓核心企业群体建设

实施“打造一批大集团、聚集一批大总部、做强一批高端企业、培育一批高成长企业”的“四个一批”工程。市经济信息化委确定北京华胜天成科技股份有限公司等 178 家企业入选首批“四个一批”工程企业。其中，确定打造大集团 12 家、聚集大总部 8 家、做强高端企业 72 家、培养高成长企业 86 家。

市经济信息化委对这些企业逐一落实发展目标、发展战略、重点项目和需要解决的问题，一企一策，有针对性加以支持。百度、用友、神州数码、华胜天成、搜狐、新浪、中国软件、航天信息、方正、同方、文思创新、亚信 12 家著名企业，将作为未来几年打造百亿元级集团的候选企业。腾讯、金蝶等京外知名企业被列入了重点服务的企业总部，积极开展“总部战略”的具体落实。

二、抓产业金融体系建设

同进出口银行合作，支持国际业务拓展，如利用技术改造贷款贴息、并购促进和并购贷款、拟组建专业投资基金。

为重点解决软件与信息服务业中小企业融资难问题，市经济信息化委与中国进出口银行北京分行签订了联合支持企业“走出去”的战略协议，落实 3 项项目贷款，合计 3.5 亿元。同北京银行开展了兼并合作，目前已有 3 项项目实施中。

三、抓重点项目

为推动北京市软件和信息服务业新型业态和新领域的发展，市经济信息化委宣布建立北京数字信息产业基地、北京工业软件示范基地、北京云计算产业示范基地和北京导航产业示范基地等一批具示范引导性的专业基地。

为建立面向国际的软件和信息服务交易市场，与北京产权交易所组成了联合工作组，开展软件和信息服务业交易中心的组建工作，组建方案已报市领导。

——十大平台型项目：智能手机平台、电子书平台、数字家庭平台等。

——产业基地项目：中关村软件园（二期）、金蝶软件园、中国移动国际信息港等。

——重大技术改造和产业化项目：百度精确搜索、云立方、千方车辆运营监控系统、北斗导航系统应用等。

四、做好市场对接和市场引导

以工业软件为突破，结合汽车、装备、服装等行业两化融合，结合电子政务的IT运营维护标准化等工作，推动国产软件、自主标准的应用，提升计划支持带动物联网、云计算、质量追溯等一批软件和信息服务业项目。

五、培育和发展战略性新兴产业

为加快发展以云计算等为代表的战略性新兴产业，2010年9月北京市经济信息化委、北京市发改委、中关村管委会发布了《北京“祥云工程”行动计划（2010—2015年)》。目前，北京市经济信息化委牵头起草《三网融合带动产业发展行动计划》。

六、积极做好园区公共服务建设

在园区公共服务主要做好5个方面。

（一）基础服务

基础服务是指软件园区为入园企业提供房屋、水、电、气服务和通信服务等。

（二）中介服务

单个企业的力量有限，特别是在处理政府公关事务方面显得有局限性。为此，园区就充当了连接企业和政府的桥梁，协助企业了解政府信息，扮演着“中介机构”的重要角色。园区提供的中介服务如表42所示。

表42　北京软件园区提供的中介服务

中介服务名称	主要内容
政策咨询服务	政策咨询、工商注册、税收代理、土地手续办理等
商务服务	财务咨询代理、软件评估、信用等级评定、各类企业资质认证（CMM/CMMI、ISO系列)、投融资渠道、产品服务推广等
法律服务	政策和法律咨询及代理服务，协助有关仲裁或司法部门实施处理等

（三）人才服务

人才不仅仅是产业发展的主体，同时也是园区发展的主体。为此，北京的软件园区非常重视人才培养和引进工作，为入园企业提供了一系列人才方面的服务。如人才招聘、人才派遣、人才引进、人才管理、档案管理，负责大学生实习培训等。园区有的通过与高校、研究机构和专业人才培训机构开展合作，也有的依靠自身力量设立培训中心，为入园企业提供定制专业人才培训服务，为园区和企业的发展提供专业人力支持。

（四）市场服务

软件园区作为专业性较强的产业基地，不仅是政企沟通的中介，还应该是联合企业，建立渠道的纽带。为此，软件园区可以帮助企业共同策划，组织实施一些活动，达到联合企业，建立渠道的目的。例如，中关村软件出口联盟、北京服务外包企业协会等为入园企业提供市场信息、市场渠道等方面的服务。

为了让企业更方便地参加国内外各种展会和论坛，开辟国内外市场，园区可以为企业提供报名代理和组团服务。企业只要想参加各种国内外的行业性活动，只须通过园区报名即可，这样可以提高组团效率，降低成本。

（五）技术服务

北京软件产业基地公共技术支撑体系是2001年组织建设的大型、公用、基础性公共技术服务平台。它整合了国内外软件产业的重大科技成果，集国内外先进、成熟的软件生产、软件过程、软件质量保证技术和方法于一体，为北京软件产业发展提供公共技术与科技服务。公共技术支撑体系的运营管理单位是北京软件产品质量检测检验中心，包括软件产业和文化创意产业公共技术平台两大部分。

软件产业公共技术平台可以概括为“三库五平台”。其中“三库”包括软件构件库、开放源代码库和软件工具库，是公共技术支撑体系的基础资源系统。“五平台”包括综合服务平台、软件质量管理平台、软件过程基准平台、软件开发实验平台、软件测试平台，是构成公共技术支撑体系的骨干功能模块。目前，“三库五平台”中拥有软件构件超过3 000个，资源规模与服务能力据全国首位。此外，“三库五平台”还从企业的实际需求出发，为企业提供软件质量管理、软件构件化开发方法、软件质量保障等全方位的技术支持服务。每年公共服务软件开发和测试项目约800个，组织培训约42场，培训技术人员约1 000人次。

文化创意产业公共技术平台主要包括多媒体渲染平台、数字媒体测试平台、数字媒体资源库3部分。其中，多媒体渲染平台于2007年6月启动建设，旨在解决数字媒体领域中小企业高性能计算的技术瓶颈，并于2008年3月开始正式对外提供渲染定制、影视合成制作等服务，成为文化创意产业公共技术平台的核心组成部分。平台现已完成多个影视、动漫、广告、游戏项目的渲染项目，建成后将具备峰值运算速度25.5Tflops（每秒万亿次浮点运算）的运算能力，在全国12个动漫公共技术支撑平台中位列第一。

目前，以北京为代表的“*X*库*X*平台”公共服务体系模式在全国各地广为运用，对本地的软件企业基本采取免费使用的做法，但目前各地公共服务平台的利用率普遍较低。

第三章　天津市软件产业公共服务体系建设十年回顾与展望

天津高度重视软件公共服务体系建设，十年来在公共技术服务平台、投融资服务、人才培养培训、知识产权保护等方面加大支持和建设力度，为软件产业营造了良好的发展环境。

一、天津市软件公共技术服务平台建设概况

天津充分发挥政府、园区、企业的资源优势，同时积极吸引国内外优质资源，共同推动公共技术服务平台的建设，十年间公共技术平台在推进企业自主创新、促进企业发展壮大等方面发挥了积极的作用。

（一）超级计算平台

天津拥有我国首台、全球前 500 名排名第一的千万亿次超级计算机“天河一号”和全球前 500 名第三位的曙光“星云”。

“天河一号”所属国家超级计算天津中心（NSCC-TJ）是由国家科技部、天津市和国防科学技术大学 3 方共同建设的。中心按照“高科技公共服务、信息产业发展、信息专业人才聚集培养”三位一体的思路开展建设和进行运营，目前已经为天津国际生物医药联合研究院、国家动漫产业综合示范园提供高性能计算服务，还将面向石油勘探、金融风险分析、云计算等重要领域开展计算服务。“天河一号”也使天津超算中心跻身世界少数几个具有千万亿次计算能力的超算中心行列，从而提升了天津滨海新区科技服务水平和企业的竞争力。

曙光“星云”是由中国科学院计算技术研究所、曙光公司、国家超级计算深圳中心共同研制的在天津高新区生产的拥有自主知识产权的超千万亿次超级计算机。“星云”基于自主研发凸显“四高二低”技术亮点。高性能，“星云”系统实测峰值达每秒 1 271 万亿次，使其成为国内第一台、世界第三台实测性能超千万亿次的超级计算机；高效能，采用了自主设计的 HPP 体系结构、高效异构协同计算技术，高效易用的 CUDA 开发环境，极大方便用户操作应用；高可靠，采用全冗余设计，无单一故障点，在对系统 Linpack 测试中，“星云”表现出它的极高稳定性和可靠性；高密度，单柜测试得出，“星云”单柜峰值高达 25.7TFlops；低功耗，每瓦能耗实测性能超过 4.98 亿次，成为目前国内最“绿色”的超级计算机；低成本，“星云”系统遵循 SSI 标准设计，实现专用计算机关键部件通用化和产业化，大大节省了用户产品扩容成本。

（二）数据存储平台

天津建成蓝泰数据中心、天津联通互联网数据中心、腾讯等 5 个数据中心。

其中，蓝泰数据中心由 IBM 设计并施工完成，它遵循国际品质标准运行维护和管理，

配备了先进完善的机房设施和高端网络设备，在安全性、稳定性和伸缩性上均达到国际水准。中心建筑面积数千平方米，建有中央监控室；主机托管、整机租赁等专用机房区；VIP客户室及客户服务中心。可容纳用户服务器机架数百个，托管服务器数千台。

联通数据中心在天津不同位置建有 5 个专业 IDC 机房，其中小树林 IDC 机房是天津市委市政府命名的“天津市公共数据中心”。5 个机房建筑面积近 8 000 平方米，能够面向客户提供主机托管、虚拟主机等基本服务，以及主机监控、网络分析及安全检测、远程管理服务（KVM）、CDN 分发、企业数据中心（EDC）、海量存储、主机租用、备机提供等延伸服务。

腾讯天津研发与数据存储中心正在滨海新区建设，该中心建成后可服务中国近 4 亿个用户，成为亚洲最大的数据承载中心。

（三）“三体系四库四平台”

“三体系四库四平台”的建设主体是滨海高新区软件园。其中，“三体系”指管理服务体系、出口业务体系、技术支撑体系，“四库”指工程案例库、构件库、开放源码库和工具库，是公共技术支撑体系的基础资源系统，“四平台”指网络基础设施平台、安全支撑平台、应用支撑平台、数据支撑平台，这 4 个平台是构成整个公共技术支撑体系的骨干功能模块。该技术体系为全区软件企业提供了有力的技术支持和服务。

（四）滨海软件与服务外包公共服务平台

为进一步提高泰达的公共服务能力，解决软件与信息服务外包企业的共性问题，由泰达国际创业中心牵头，整合区域优势资源筹建了滨海软件与服务外包公共服务平台（BSSOP）。

平台按照“资源共享、业务合作、优势互补、可持续发展”的建设思路，形成覆盖滨海新区的软件公共服务支撑体系，服务和市场是 BBSOP 的核心竞争力，BSSOP 的服务体系主要从产业环境、人力资源、资金支持、市场拓展、企业运营 5 方面入手，打造出技术支持平台、融资服务平台、人力资源平台、企业孵化平台、政府服务平台、业务拓展平台、企业交流平台、电子交易平台、培训服务平台和行业服务平台 10 个面向企业的专业服务平台，以 BSSOP 为政企互动的唯一窗口，提供一站式解决方案，实现帮助企业成长，推动地区软件和外包产业发展的目标。平台建成后，在促进天津软件与信息服务外包产业资源共享与应用，促进软件出口、扩大国际市场份额，促进产业结构优化，实现软件与服务外包产业又好又快发展等方面发挥了重要支撑作用。

（五）动漫游戏公共技术服务平台

凌奥创意产业园引进了 2 台国际上最先进的动漫制作设备，建成先进的动漫游戏公共技术服务平台。其中一台是全国第一台也是目前唯一一台面部捕捉器，由单点像素达到 1 300 万以上的 6 个相控摄影机和 4 组 24 个捕捉点组成，可用在面部捕捉和动作捕捉等领域。另一台是一座 25 个节点近 200 核心的渲染农场，它通常用来解决技术研发或高级特效制作中计算量不足的问题。此外，园区还引进了国际上最领先的动漫技术开发体系——Autodesk AND 提供技术支持与保障。先进技术平台极大地缓解了目前动漫企业计算量不足的制约，同时也大大提高了动漫企业的工作效率和产品质量，以前几个人十几天的工作量，现在只需一个人几分钟就能够完成。

二、天津市投融资服务平台建设概况

天津积极搭建多元化投融资平台，基本形成市级、区级和企业级 3 个层次的投融资服务体系，有效缓解了软件企业融资难的问题。

（一）市级投融资服务平台

天津从 2004 年起设立“软件产业发展专项资金”，6 年来累计投入达 5 亿元，带动企业投入 20 多亿元，重点支持金融软件、智能通信软件、工业软件、信息安全软件等领域项目。从 2010 年起，天津市设立 200 亿元专项资金扶持科技中小企业创新发展，同时设立“天使资金”为初创期、成长期和壮大期科技型企业提供资金支持。通过财政资金的支持，进一步增强了软件产业的整体实力。

此外，天津还设立了软件产业风险投资的引导资金，专项用于扶持有潜力的企业，重点支持具有良好产业化前景的研发项目，引导企业加大科技投入力度，吸引金融资本、民间资本、外资，加大对软件产业的投入；对优势企业、重点项目给予贷款贴息等政策倾斜，并鼓励企业通过兼并收购等方式发展壮大；创造条件，支持有潜力的软件企业通过捆绑、借壳等方式在境内外上市融资，充分利用国际资本资源，获取更广泛的融资渠道；建立了软件企业风险投资补贴和保险基金，同时建立风险投资、企业管理、商业规划的咨询队伍，专门为中小型软件创业企业提供全方位的咨询服务，降低中小型软件企业的投资风险。

（二）区级投融资服务平台

滨海高新区引入新的融资方式、开辟新的融资渠道，加快构建多层次、多元化的投融资体系。成立了投融资促进委员会，开展了与国家开发银行等各类金融和非金融机构的合作，深入推进由担保平台、投资平台、贷款平台和群众信用组织组成的“三台一组”工作，并建立了企业贷款绿色通道，使软件产业的投融资环境得到明显改善。

天津开发区设立了泰达小企业担保中心、泰达风险投资、滨海天使投资和泰达科企融资服务中心等金融服务机构为软件企业提供多种融资选择。

（三）企业级投融资服务平台

在政府的支持和引导下，天津的投融资企业也积极参与到支持软件企业发展中。其中，海泰投资担保公司利用政策和金融工具的结合，大力支持科技和文化产业的发展，与银行联合建立了文化创意贷款“绿色”通道，创新“担保换期权”的“海泰模式”，对科技型文化产业进行信贷融资支持，有效解决了企业融资难的瓶颈，成为滨海高新区吸引优秀企业前来投资的“吸附器”和文化创意产业发展的“助推器”。截至 2010 年 12 月累计扶持创意类企业 10 家，资金到位 1.32 亿元。今后，海泰担保公司将拿出 30 亿元作为专项资金，对 150 家科技及文化产业类中小企业进行资金支持。

三、天津市人才培训体系建设概况

天津高度重视软件人才队伍建设，不断创新人才培养培训模式，优化人才发展环境，基本形成政府引导和扶持，高校、社会机构和企业共同参与的多层次人才培训体系。

在政策方面，2002 年天津出台了《天津市软件企业和集成电路设计及生产企业高级人才专项奖励暂行办法》，2005 年出台了《关于加快我市软件人才培养和队伍建设实施意见》。滨海高新区出台了《天津滨海高新技术产业开发区科技领军人才创新创业暂行办法》和《天津滨海高新技术产业开发区鼓励海外高层次留学人员创新创业暂行办法》。天津经济技术开发区出台了《天津经济技术开发区人才引进、培养与奖励的规定》。

在人才培养方面，天津通过整合政府、高校等多部门的软件人才培养教育资源，同时联合 IBM、微软等跨国公司和国内知名软件企业，建成天津市大学软件学院，积极实践面向企业不同层次需求的实用型软件人才培养模式，实现教育与产业的对接，促进产学研在人才培养方面的紧密合作与创新。2010 年 10 月 8 日，天津市大学软件园正式揭牌，园区规划面积 300 亩，总建筑面积 16.5 万平方米，能够容纳近一万名软件专业学生。

在人才培训方面，在软件领域，天津积极引进和利用知名培训机构，面向在职人员开展专业培训，提高软件从业人员的技能和素质。依托企业建立了面向毕业生和技术人员的培训平台，为产业发展提供了更多的适用人才。天津还建立了滨海职业技能培训中心和中国服务外包（天津）培训基地为企业提供人才培训服务。十年来，天津各类培训平台累计培训已经达到 15 万人次。

四、天津市知识产权服务体系建设概况

天津一直把知识产权保护工作作为发展软件产业的重点工作来抓，通过加强相关政策及知识产权战略等的宣传，使企业逐渐增强了自主知识产权保护意识。在计算机软件著作权登记方面，2009 年登记数量比 2000 年高出 15 倍，全年登记数量突破 1 000 件，十年间累计通过中国版权保护中心登记的计算机软件著作权达到 3 209 件。其中，天津南大通用数据技术有限公司发布了中国首款自主知识产权分析数据库产品。天津天地伟业数码科技有限公司被确定为首批“国家商标战略实施示范企业”，该公司的产品先后应用在天安门广场、奥运会鸟巢工程、国家博物馆、上海世博会等国家大型工程项目中。2009 年，该公司获得了安防行业视频监控领域的首枚中国驰名商标。

此外，为进一步加大知识产权保护力度，严厉打击软件盗版等非法活动，天津市软件产业主管部门曾多次与市公安局、市新闻出版局等部门开展联合打击盗版软件的专项行动。

五、天津市软件公共服务体系建设展望

天津软件产业公共技术服务体系建设虽然取得了显著的成绩，但同时也存在一定的问题，主要表现在以下几方面：一是公共服务资源分散，信息共享不畅，重复建设现象时有发生；二是公共服务平台利用率有待提高，企业对平台资源和平台服务缺乏了解，致使对平台的使用率不高；三是公共服务体系建设主体还须进一步多元化，还须大量吸引企业、中介服务机构等参与公共服务体系的建设。

鉴于此，天津将按照政府推动、企业主动和社会互动的运作模式，依托企业、科研机构、高等院校和产业园区的优势资源，围绕软件企业发展的共性需求，在计算、评测、数据存储等领域，搭建和完善超级计算服务平台、软件测试服务平台和数据存储服务平台，

为企业提供基础性服务。同时围绕重点发展领域，依托企业、科研院所、园区的服务资源，搭建和完善动漫游戏服务平台，为相关领域企业提供专业化服务。

（一）超级计算服务平台

依托国家超级计算（天津）中心，集成企业计算资源，构建超级计算服务平台，立足天津，面向全国，为政府、教育、金融、电信、工业、气象、石油、科研等多个领域，提供随需应变的高性能计算资源、技术支持和高级技术咨询服务，支持国家和地方政府的重大科学研究、工程和企业新产品研发。

（二）软件测试技术支撑平台

以天津市软件评测中心为主体，建立面向软件企业的软件评测服务中心。提供专用测试工具软件及综合网络测试环境，开展软件功能测试、性能测试和安全性测试，为软件系统和产品的登记、验收、鉴定、定制、网络安全风险评估、信息安全等级评估、信息工程监理、外包服务等提供支持。同时，针对嵌入大型装备中的工业软件提供现场测试服务。

（三）数据存储服务平台

整合天津数据存储资源，构建国际一流标准的网络数据中心，重点提供大规模、高质量、安全可靠的内容分发、容灾备份、系统安全、统计分析、虚拟存储等服务。同时，通过对超大规模存储服务器的数据中心的控制，完成基于自由操作系统和数据库的服务器机群部署，实现数据存储研发管理和数据备份，建成世界先进行列的数据存储服务平台。

（四）动漫游戏公共技术平台

整合天津动漫公共服务资源，搭建面向游戏、动漫、影视、音乐、广告、建筑等企业共性需求、服务功能完善、运营模式创新的公共技术服务平台。提供二三维制作、音频制作、合成编辑、集群渲染、动作捕捉、非线性编辑、存储等数字内容制作企业所需共性设备及软件，降低中小企业进入门槛和运营成本，提高产品制作质量和效率。

第四章　上海市软件公共服务体系建设十年回顾与展望

一、上海市软件公共服务体系建设十年回顾

十年来，上海积极发挥信息产业的战略性、基础性和先导性支柱产业的特性，从产业政策引导、产业基金扶持、公共服务建设、加强对外交流等方面优化产业发展环境，软件产业规模迅速扩大，公共服务体系建设不断加快。

在软件产业方面，支持了众多软件产业发展的国际、国内交流合作，包括服务外包、峰会等，成立了相关促进软件产业发展的机构，包括协会、促进中心等。加快建设培训平台，积极落实“653 工程”，相继启动了万名软件人才培训工程，计划在 3 年时间内为上海地区培养 50 名软件培训师和 10 000 名合格的软件人才，解决上海软件企业人才短缺的发展瓶颈，为软件企业提供更为良好的发展环境。

二、上海市软件公共服务体系建设展望

（一）“十二五”软件公共服务体系发展设想

“十二五”期间，上海将扩充现有软件测评中心的服务领域，提升中心服务平台的功能。特别要在跟踪国家测评理论，测评培训，开发自主知识产权的测试工具，完善软件测试质量保证体系等方面加大投入，以推进上海软件产业的发展。继续推进公平、公正的交易服务平台建设，服务大型软件企业的半成品向中小企业的转让，为软件人才流动、企业并购提供了新的渠道。

扶持和集聚一批具有自主创新能力、占领技术高端、商业模式领先的重点软件企业，形成较为完善的产业体系和空间布局，建成一批软件服务平台示范工程。

抓住新一代高效能计算服务发展的历史机遇，充分发挥上海在基础设施、软件和信息服务业发展方面的良好基础，突破虚拟化技术、计算资源管理技术、并发应用技术、平台技术、多租户管理技术、安全等计算服务平台核心技术，推动基础设施服务、平台服务、软件服务等新一代高效能计算服务产业链各环节的发展，创新商业模式，打造服务和应用集聚的产业基地，加快示范应用，在基础设施、系统集成、方案解决、应用示范和服务模式等方面处于全国领先，成为国家新一代高效能计算服务平台应用的示范中心。

（二）软件公共服务体系建设的具体措施

一是加强行业共性技术研究，提高产业自主创新能力。面向大规模软件服务需求，建立以企业为主体，市场为导向，产学研用相结合的技术创新体系。支持企业在云计算、虚

拟化、高性能计算、海量数据存储和管理、系统安全等前沿技术领域开展创新型研究，突破远程信息服务，信息获取等关键技术，探索信息服务新模式。支持公共技术服务平台建设，有效降低企业研发成本，推动产业技术升级，提升产业自主创新水平。

二是构建信息服务业多元化投融资体系，形成企业良性发展机制。建立健全以政府投入为导向、企业投入为主体、社会投入和外资投入为重要渠道，与市场经济及国际惯例接轨的多元化投融资体系，鼓励民间资本、社会资本和外资投入信息服务业领域。出台支持企业上市融资的专项政策，对符合条件的企业在境内外上市融资，按照筹备上市进程，在改制、申报和上市发行3个阶段，分别给予资金补贴。

三是加强公共服务体系建设，支撑、服务产业发展。坚持“政府引导、企业主体、市场运作”原则，依托产业基地、产业园区、中介机构和龙头企业，建设一批面向行业的公共技术服务平台。建立完善信息服务业统计和评估体系，建立健全信息服务业发展监测、预警、预测制度，密切跟踪、及时反映国内外信息服务业发展最新动态与趋势。

四是加强人才队伍建设。进一步建立健全上海软件服务业人才培训体系，鼓励大专院校加快教育改革，培养专业化、实用型软件服务人才；鼓励有实力的软件企业建立企业产品的培训认证服务，推动实用型人才的培养；依托协会、产业联盟、园区等开展面向特定领域的专业化针对性培训，形成系统化的人才培训机制，培养多层次的人才梯队。健全人才培养体系，推动人才国际合作和人才互认，加大上海国际化人才的引进力度。

第五章　浙江省软件公共服务体系建设十年回顾与展望

在国发 18 号文的精神鼓舞下，浙江省人民政府积极推进“天堂硅谷”发展战略，在工业和信息化部的大力支持和省市各有关部门的高度重视下，大力推动软件产业综合服务体系和公共服务平台建设，并取得明显成效。

一、浙江省软件公共服务体系建设基本情况

2000 年以来，浙江软件产业公共服务体系建设以扶持和服务企业为宗旨，以行业性、区域性的公共服务平台建设为主线，促进公共服务平台体系的专业化、网络化、一体化，实现平台资源整合、服务共享。

省财政专项资金每年以一定的资金支持公共服务平台建设，至 2009 年支持服务软件企业的公共服务平台 30 多个。目前已经形成了综合性和专业性相互支撑的若干服务平台，使平台在服务浙江省软件和信息服务业发展、支撑传统产业改造提升中发挥出重要作用，加快两化融合的进程。全省已建有“软件公共服务与技术支撑平台”“软件产业科技创新服务平台”“现代纺织技术及装备创新服务平台”“服装产业科技创新服务平台”“动漫游戏产业服务平台”及“支付宝平台”“生意宝平台”等一批为软件业与信息服务业发展提供支撑的综合性和专业性平台。

（一）浙江省软件产业科技创新服务平台

为提高企业自主创新能力，省市区三级政府共同支持，总投资 2.9 亿元，建设了“浙江省软件产业科技创新服务平台”，该平台以杭州国家软件产业基地“公共服务与技术支撑平台”为基础，是 13 个省级行业创新平台之一，自 2006 年 11 月正式启动建设以来，采取边设计边建设边运营的方式开展工作，目前已经能够通过公共服务与技术支撑平台提供企业邮局、软件技术知识库、虚拟开发实验室、在线学习、协同工作会议室、虚拟主机、主机托管等服务，并能通过培训中心提供与国际标准接轨以来的继续教育和岗前培训的实训环境。目前该平台的软件评测中心已初具规模，软件技术知识库已投入应用，基础中间件平台已取得重大进展。

（二）浙江省现代纺织技术装备创新服务平台

浙江省现代纺织技术及装备创新服务平台是建立于 2006 年 10 月，由绍兴轻纺科技中心牵头，浙江理工大学、浙江大学共同参与建设。3 家单位合作共建了“浙江省现代纺织工业研究院”，平台创建以来按照“政府主导，企业主体，院校支撑，市场化运作，社会化服务”的思路，大胆探索运作模式，切实推进管理创新，努力建立起适应市场经济规律的

自负盈亏的内部运营机制，形成了从研化、中试到产业化的一条龙创新服务格局，在纺织科技资源的整合、技术创新和服务、创意产业推动方面做出了有益的尝试。

（三）杭州市动漫游戏产业科技创新服务平台

杭州市动漫游戏产业科技创新服务平台于 2009 年 10 月顺利通过二期考核。该平台由杭州动漫游戏公共服务平台有限公司牵头建设，已建成渲染、数据、后期制作、非编制作、音效制作、合成等设备配置，能为多家动漫企业提供后期制作服务。

（四）支付宝电子商务平台

支付宝（中国）网络技术有限公司旗下的支付宝电子商务平台（www.alipay.com）是国内领先的第三方支付平台，致力于为中国电子商务提供“简单、安全、快速”的在线支付解决方案。

目前除淘宝网和阿里巴巴外，支持使用支付宝交易服务的商家已经超过 46 万家，涵盖了虚拟游戏、数码通信、商业服务、机票等行业。国内中国银行、工商银行、农业银行、建设银行、招商银行、上海浦发银行等各大商业银行及中国邮政、VISA 国际组织等机构与支付宝建立了深入的战略合作关系。根据艾瑞 2008 年调研报告显示，支付宝市场占有率达约 50%。支付宝为国家高新技术企业，通过浙江省软件企业认证。

企业主要产品及服务领域：提供针对 B2B、B2C、C2C 在线交易的电子支付解决方案；信用卡还款、水电费、通信费等公共事业缴费服务；小额批量付款等企业清算解决方案和客户管理等营销工具、卖家信贷等增值服务。

支付宝电子商务平台 2003 年投入运行，截至 2009 年年底，支付宝已经是服务会员数超过 3 亿名的交易支付平台，日新增用户超过 20 万名；日交易峰值 12 亿元，2009 年度全年交易超过 3 000 亿元；外部商户数超过 46 万个。支付宝以建设电子商务诚信体系为己任，创新性地提出担保交易模式，并结合阿里巴巴 B2B 和淘宝 B2C/C2C 信用体系，通过与银行紧密合作，向数据互换、风险控制等纵深推进。目前，支付宝的诚信体系已经得到了相关银行方面的认同，并已与建设银行携手推出基于支付宝诚信体系的小额信贷产品。

支付宝在业务模式和技术上率先进行创新，如支付宝首创的担保交易模式、信任计划、资金托管报告和结算安全项目，已经成为第三方支付行业的先头军，具有良好的示范作用和推广价值。

（五）生意宝平台

浙江网盛生意宝股份有限公司开发的“生意宝—会聚大量”，是一种新型的面向行业的信息技术公共服务平台。其核心是建立一个行业公共服务平台联盟，把以专业化为特征，为各行各业服务，数量众多但分散的行业公共服务平台有机地联合起来，形成一个行业跨度广泛的联盟，打通各个单独平台所服务的产业链，让中国的行业用户享受跨平台的专业服务。

生意宝平台经过一年多时间的运行，截至 2010 年 4 月，平台已通过平台上的中小型专业性行业服务平台自助建设系统，新建了 300 余个中小型专业化 B2B 平台；拥有了 60 余家大型专业 B2B 合作平台，形成平台核心联盟成员；此外，平台吸纳了 2 000 余个大小各异的专业化 B2B 平台作为普通盟员。

（六）纺织服装行业软件新模式应用技术支撑公共服务平台

平台由爱科公司牵头，是浙江大学、浙江理工大学、浙江纺织服装科技公司作为核心的共建单位，紧紧围绕纺织服装产业结构提升和技术创新的市场需求开展平台的建设和实施，针对全国10万多家的服装企业，95%以上是中小企业，这些企业普遍存在着人才缺、资金缺、技术缺、资源缺的问题，开展关键技术攻关、资源的整合与共享、模式的创新与服务。在基于现有互联网的软件包和开放式的资源库基础上，配备专业的数字设备，开展平台的网上+网下的共享服务，满足服装企业设计与生产的创新需求，把这种模式作为制造即服务（Manufacture as a service，MAAS）的模式作为新模式的探索。

二、浙江省软件公共服务平台建设展望

“十二五”期间，为促进浙江省软件与信息服务业的持续快速发展，浙江省将继续加大对软件公共服务平台的支持力度，以提升、创新、服务为手段，通过政策扶持、项目支持和企业自建等方式，实现部、省、市联动，在现有基础上进一步加大平台建设力度，以更好地支撑浙江省软件与信息服务业发展，促进两化融合，促进经济转型升级。

（一）加强综合性服务平台建设

以现有的公共技术服务平台为基础，加强资源整合和整体规划，高起点地构建信息技术公共服务共享平台，促进科技成果向现实生产力转化。通过综合性服务平台建设，促进软件和信息服务业的产业集聚，构建具有影响力的软件和信息服务业产业密集带。强化招商引资、招才引智和重大项目引进，加强与跨国公司合作，建立集“研发、孵化、交易、培训”于一体的信息服务产业体系。保持杭州国家软件产业基地及服务外包基地城市建设综合水平居全国前列。

（二）强化专业性服务平台建设

强化电子商务领域软件公共服务平台、行业公共服务集群化联盟平台等专业性服务平台的建设，突出行业应用，形成具有较强竞争力的专业化软件和信息服务平台。

（三）为传统产业改造服务的应用平台建设

大力推进两化融合，围绕改造提升浙江省传统产业和块状经济的需要，重点建设传统纺织、印染、服装等应用行业的信息化服务平台，推动工业软件应用，推动软件技术与工业行业的融合，推动IT企业在设计、生产、管理、营销等环节的发展，推广应用工业软件和行业解决方案，促进企业流程再造和管理优化，提高企业综合竞争力。

（四）软件与服务外包平台建设

根据信息服务外包产业的需求，完善公共配套服务和技术支撑手段，提高对产业的服务能力。大力做好人力资源培训、服务外包企业认证及相关的配套服务工作，积极创造良好的发展环境。努力提高城市知名度和影响力，扩大品牌效应。支持杭州、宁波、嘉兴等城市高起点规划布局标志性的软件与信息服务外包基地，提高空间布局集中度和企业集聚度。

（五）打造数字内容和文化创意产业服务平台

以通信运营企业为主体，抓好手机阅读器开发、优秀内容引入、全网运营新型渠道的建设，推进手机信息终端在新闻出版中的应用。打造绿色手机阅读产业，逐步形成国内领先的正版数字图书平台，培育形成数字内容产业集群，构建数字出版发行新高地。以杭州“动漫之都”建设、横店影视产业实验区、宁波国家级动漫原创基地建设为重点，完善教育培训、产业孵化、展示交流、技术支撑等公共服务平台，集聚美术原创、数字加工等专业创意人才，培育漫画、动画、游戏、衍生品开发等各类相关动漫游戏企业，深化发展国内具有影响力的文化创意产业。

三、浙江省软件公共服务平台重点建设方向和特色模块

（一）国家软件与信息服务业产业综合性平台

提供产品协同设计、网络化制造、质量检测、工艺指导、技术标准、行业数据库共享、客户关系管理、供应链管理、电子商务、人才培训、创业孵化器等不同种类的公共信息服务和技术支持，以平台促发展，以应用促深化，促进软件和信息服务业的产业集聚，构建具有影响力的软件和信息服务业产业集群。

（二）软件和信息服务外包公共平台

呼叫中心外包、动漫外包、人力资源管理外包、金融服务外包等业务流程外包将成为可持续发展的模范产业。加快软件和信息服务外包公共平台的建设，完善软件服务外包公共配套服务和技术支撑等平台建设，提高对软件外包产业的服务能力，建立起包括 IT 产品、技术和维护运行等内容的 SaaS 服务，完善公共网络环境、机房托管、宽带资源、体验中心、高性能计算中心等 IT 基础设施，提供技术创新软件开发技术培训等公共服务。建立软件开发、测试验证及优化等技术支撑手段，建立 IT 人才实训中心、评测认证机构、创业孵化器等配套服务机构，信息系统资源租用、开发资源环境共享，促进软件和信息服务企业的快速发展，逐步形成产业集聚效应，积极创造良好的发展环境。

（三）数字内容服务平台

以通信运营企业为主体，打造以数字技术为特色的数字内容服务平台。大力发展工业数字化造型设计、动漫游戏、网络音视频、数字出版等数字内容服务业。落实好浙江省与三大电信运行商的合作协议，重点推进手机阅读基地建设，抓好绿色手机阅读产业，引进内容服务商和阅读器制造商到浙江，推进全网运营新型渠道的建设，推进手机信息终端在文化传媒、新闻出版、网络影视中的应用，逐步培育形成数字内容产业群。

（四）文化创意产业平台建设

立足国家动漫产业基地、国家数字娱乐产业基地，以及浙江大学、中国美术学院和浙江传媒学院等动漫教学研究基地，以杭州“动漫之都”建设、横店影视产业实验区、宁波国家级动漫原创基地建设为重点，完善教育培训、产业孵化、展示交流、技术支撑等公共服务平台，集聚美术原创、数字加工等专业创意人才，培育漫画、动画、游戏、衍生品开

发等各类相关动漫游戏企业，建立和完善包括人才培训、生产创作、市场运营等主要环节的产业体系，深化发展数字娱乐内容产业。合力推动网络动漫、游戏产业等创意产业发展，通过文化内容与现代技术相结合，建设国内具有重要影响力的数字娱乐产业平台。

（五）传统产业升级改造试点平台

重点建设浙江省纺织应用行业信息化服务平台，以企业为两化融合的主要载体，推动软件技术与工业行业的融合，推动 IT 企业积极参与浙江省企业信息化实施过程，在企业设计、生产、管理、营销等环节，推广应用工业软件和行业解决方案，促进企业流程再造和管理优化，提高企业综合竞争力。推动有条件的产业集群和块状经济集聚区建立公共信息服务平台，提供公共信息服务。

第六章 安徽省软件公共服务体系建设十年回顾与展望

国发 18 号文发布后，安徽软件产业快速发展，同时，软件公共服务体系建设不断完善。

一、安徽省软件公共服务体系建设十年回顾

2000 年以来，安徽相继建设了软件评测、信息安全评测、软件人才培养等公共服务平台。

（一）软件评测平台建设

为促进软件产业持续稳定快速发展，提升全省软件评测和咨询服务水平。2002 年，安徽成立了安徽省软件评测中心（AHSTC）。中心依托高校设备、人力和技术等资源优势，实现了周期短、投资少、见效快。中心与中国科技大学、安徽大学等高校合作，能够评测运行于 Windows 全系列桌面及服务器操作系统、多版本 Linux、Unix、Solaris、IRIX 等多种平台的软件，面向全省开展软件评测服务。近年来，在财政专项资金的支持下，中心实力得到进一步增长。从建成至今，圆满完成了各项软件评测任务，为软件企业节省了时间、降低了成本，节约了资金，缩短了产品研发周期。

（二）信息安全测评平台建设

2004 年，按照“数字安徽”建设的要求，为促进信息安全产业快速发展，经安徽省编办批准成立安徽省信息安全测评中心，在安徽省电子产品监督检验所增挂安徽省信息安全测评中心的牌子。承担信息安全产品、信息系统（网络）工程、安全软件测评和信息系统安全检测等技术服务工作。中心通过了中国合格评定国家认可委员会（CNAS）的授权认可和安徽省质量技术监督局的计量认证（CMA），取得了第三方的法定资质。

（三）软件人才培养公共服务平台建设

2000 年以来，软件产业蓬勃发展，对软件产业人才需求日益旺盛，人才紧缺和人才结构性矛盾突出。为满足人才需求，近几年，安徽省经信和信息化委员会依托高校科研院所和软件企业的资源优势，打造安徽省软件人才培养公共服务平台。以中国科技大学软件学院为主，把区域内高校科研院所资源整合起来，并借助合肥群音教育发展有限公司等软件培训企业的力量，形成产学研合力。省经信和信息化委员会在省信息产业发展专项资金安排上也给软件人才培训平台建设予以一定的资金支持。平台为高校毕业生提供更多的实训机会，降低企业用工成本，缓解软件人才不足和人才结构性矛盾。2000 年以来，在产业政策激励和市场需求拉动下，在皖高校对软件人才培养也加大了投入，建立起更为广泛的软件人才培养的社会平台。2001 年，中国科技大学示范性软件学院和安徽电子职业学院示范

性软件职业学院相继成立。近年来，合肥工业大学建立了软件学院，安徽大学、安徽理工大学和安徽工程大学都设立了软件专业，还有众多民办培训机构开设了软件课程，每年为安徽省和区域软件产业发展提供人力资源。

二、安徽省软件公共服务体系建设展望

为实现“十二五”软件产业的跨越式发展，需要进一步加快软件公共服务平台建设。统筹协调企业、高校、科研院所和相关社会资源，以推进软件公共服务平台建设。重点建设软件测试与信息安全评估平台、软件工具库、软件构件库和软件人才培训教育平台等。加强软件区域综合服务和管理平台建设。

（一）进一步提高认识

要把软件公共服务体系建设作为推动软件产业发展的重要基础性工作，充分认识建设软件产业公共服务体系对软件产业持续快速发展的重要作用，把公共服务能力建设作为提升产业竞争力和区域竞争力抓手，加快软件公共服务体系建设，促进软件产业更快发展。

（二）创造良好的政策环境

在政策和财政资金安排上加大对软件产业公共服务体系建设的支持，营造产业公共服务体系建设的良好政策环境。通过政策和财政资金的引导，鼓励和支持软件产业公共服务资源会聚和整合，支持软件产业区域、产业园区等服务机构加快公共服务和管理平台的建设，为区域产业更快发展提供服务。

（三）推进资源整合与共享

随着网络技术的快速发展，公共服务平台的建设完全可以实现跨区域建设和发展。安徽推进软件产业公共服务体系建设，要在依托现有资源加快发展、加速整合的同时，更多的要通过互联网等技术，借力发展，与发达国家和发达区域开展广泛合作，建立起更为广泛的资源共享的公共服务体系。

（四）加快产业园区等公共服务体系建设

经过多年的发展，安徽软件产业有了加快发展的基础和比较优势，产业集聚度越来越高，对区域服务能力提出了更高要求。产业集聚区域、产业园区在加快基础硬件设施建设的同时，公共服务体系建设的软件建设也要及时跟进，以更好地服务于软件产业发展。

第七章　福建省软件公共服务体系建设十年回顾与展望

自 2000 年国发 18 号文发布之后，福建省相继出台了《福建省人民政府关于进一步加快软件产业发展的意见》（闽政文［2009］374 号）、《福建省贯彻国务院关于鼓励软件产业和集成电路产业发展若干政策的实施意见的通知》（闽政［2001］16 号）、《关于推动我省动漫产业发展的若干意见》（闽政办［2007］181 号）、《关于加快发展集成电路设计业的意见》（闽政文［2007］385 号）等一系列促进产业发展的政策措施。

福建省根据全省软件产业发展的规划布局，重点扶持引导福州、厦门软件园的发展，加快推动泉州等新兴软件园建设，充分发挥软件园区载体功能，以国家投入为主、政府引导与市场运作相结合模式，有针对性地建设市场、企业急需的公共服务平台。软件公共服务体系的建设完善，为福建省产业集群技术创新提供了重要支撑，从制度创新层面营造区域竞争优势，为福建省软件业新一轮跨越式增长提供有力保证。

一、福建省软件公共服务体系建设十年回顾

十年来，福建省软件公共服务体系坚持“政府主导、市场化运作”的总体发展思路，构建了有利于促进产业持续发展、快速提升自主科技创新的良好产业生态系统，为在软件与信息服务业领域率先实现具有一定影响力的科技创新中心奠定了坚实的基础。

（一）做大做强核心园区，带动产业集聚

国发 18 号文颁布以来的十年，是福建省软件产业园区跨越式发展的十年，随着政策的深入贯彻及国家软件产业的蓬勃发展，软件园区作为发展软件产业的基地茁壮成长起来。软件园已成为地方政府推进软件产业发展的引擎，成为软件企业发展的摇篮、海西软件产业发展的加速器。目前，福州软件园、厦门软件园是福建省规模最大、聚集度最高的园区，2009 年更被明确写入国务院《关于支持福建省加快建设海峡西岸经济区的若干意见》，软件园的发展上升到了国家战略的层面。

1．福州软件园

福州软件园于 1999 年 3 月动工建设，同年被国家认定为“国家火炬计划软件产业基地”。整个园区总规划面积 3.3 平方千米，已建面积超过 100 万平方米，其中，创业楼、福建省软件公共技术服务中心、动漫产业基地等中小企业培育和孵化作用日渐显现，华兴创业中心、黑石（福建）投资有限公司、福建麦顶融创业投资有限公司等企业相继落户园区，完善了软件园的投融资环境，光纤宽带接入每座研发楼内，无线网络覆盖全园区。良好的基础设施带动福州软件园持续快速发展，园区内逐渐形成了应用软件与系统集成、网络信息

终端与嵌入式软件、数字内容（含动漫游戏）服务业四大产业集群。园区企业总数 395 家，实现收入 120 亿元，税收 3 亿元。

2．厦门软件园

厦门软件园（一期）建于 1998 年，建筑面积近 8 万平方米，2000 年被国家认定为“国家火炬计划软件产业基地”；厦门市软件园（二期）是省市重点工程，总投资 40 多亿元，总用地 1.063 平方千米，总建筑面积 163.64 万平方米，软件园包括信息技术服务区、动漫游戏区、软件研发区、管理服务区 4 个功能区。至 2010 年 9 月底，厦门软件园二期已入驻企业达 411 家，员工超过 3.6 万人。2010 年 1 月至 9 月完成销售收入 98.02 亿元，同比增长 44.05%；实现税收 2.99 亿元，同比增长 50.16%。

3．泉州软件园

泉州软件园规划占地面积 723 平方米，分为研发与孵化、商务服务两大功能区；其中研发与孵化区 533 平方米，商务服务区约 133 平方米，总建筑面积 167 739 平方米。该项目作为泉州市高新产业项目，将建设成为软件研究开发、创业服务和人才培养基地。截至目前，泉州软件园各项基础设施、研发楼等正在加紧建设中，入园企业项目专家组评审工作即将启动。

（二）完善公共服务平台，增强产业核心竞争力

十年来，福建省根据软件产业的特色和未来发展方向，重点打造包括福建省软件技术公共服务平台、福建省软件评测中心、福建省动漫游戏公共服务平台、福建省软件服务外包协同开发平台等在内的完备的公共技术服务与支撑平台，为广大软件企业，特别是为中小软件企业提供公用技术、开发工具、软件测试与质量保障，以及协同开发、合作推广等服务，增强了福建省软件企业的自主创新能力，形成良性发展的技术与服务环境。

1．福建省软件公共技术服务平台

福建省软件公共技术服务平台包括福州软件公共技术服务平台和厦门公共技术服务平台，平台本着“公益、开放、实效”的原则，重点建设软件构件库、软件工具库、综合服务与管理平台、软件开发实验平台等数据库和平台；着手建立公共技术资源和服务的团购、交换和共享机制，会聚公共技术资源，培育、联结专业化的技术服务团队，开展资源租赁、资源交换、技术服务和咨询培训等专业化服务，充分发挥平台在技术资源的团购、交换和共享，人才资源的交流、学习和配置，以及产品资源的展示、验证和整合方面的作用，为福建省软件产业的发展提供软件公共技术支撑资源，为软件产业的服务和管理的信息化提供技术支持。

平台专注提供 IDC、协同开发、软件评测、硬件租赁和培训咨询服务，每年为全省超过数百家企业提供硬件租赁服务、软件技术服务、网络增值服务、研发环境服务、培训咨询服务和会议教室服务等专业技术支撑，例如，为福富软件提供 IBM P690、EMC、HP、路由器等组合环境，为顶点公司提供 LIVEBOS 产品的测试环境，为榕基软件提供小型机测试环境，为新东网提供网络安全测试服务等，均取得良好的社会效益。

2. 福建软件质量评测中心

福建省软件评测中心是福建省唯一一家通过国家实验室认可的从事软件、信息化工程检测的专业机构。福建省软件评测中心测试平台于2002年立项，总投资453万元，2005年年底通过验收。软件测试平台已具备软件产品登记测试、功能测试、鉴定测试、确认测试，软件及应用系统的验收测试、性能测试、压力测试能力和测试环境，现已有具有IBM Rational Suite Test Studio 2003功能和性能测试软件，Compu ware QALoad性能与压力测试软件，Logiscope for C/C++软件源代码分析、覆盖测试工具等。到2010年上半年，共完成各类软件测试1 000批次以上，并圆满完成历届福建省软件名牌测试任务。

3. 福建动漫游戏公共服务平台

福建动漫公共技术服务平台2010年3月启动，已在省发改委正式立项。平台兼具开放性、通用性、共享性，包含动漫知识库、专家人才库、动画动作库、材质贴图库、程序编码范例库、开放源码国产动漫引擎库，动漫游戏制作技术平台、测试部署平台、宣传发布平台、业务协作平台、人才培训平台等内容和功能的动漫设计公共服务平台，解决制约动漫企业发展的软硬件问题，为企业提供创作所需的基本元素和技术支援，减少制作成本和投资风险。该平台还为有意投入动漫游戏制作的中小软件企业创造条件，培育动漫游戏开发人才，提高动漫游戏制作效果，加快动漫游戏开发速度，努力实现与国际接轨。

同时还将在三坊七巷衣锦坊建设福州动漫体验馆，为闽台动漫游戏企业提供展示、推广和体验的平台，预计2011年初投入使用。这两个项目的建设，将为动漫游戏企业在生产与推广上提供全方位的服务。

4. 福州软件与信息服务产品公共检测评价中心

为了有效提高福建软件产品质量，从2009年开始，福建省以福州软件园为载体，投入6 500万元建设福州软件与信息服务产品公共检测评价中心，作为对软件和信息服务业产品测试评价服务的扶持投入。

福州软件与信息服务产品公共检测评价中心涵盖了软件专业检测评价服务平台、信息服务与数字娱乐产品检测评价服务平台、集成电路设计检测与应用评价服务平台3个专业测试平台，并建成完备的测试、评价管理服务系统。中心将为福建省每年培育2～3家信息服务产品测评服务机构，整合专业培训机构资源，推进高校信息产品测评相关专业的本科生以上的实用人才培训工作（每年1 000名以上），检验评测中心每年将至少为800家次以上信息服务业相关企业提供测评服务。

5. 海峡西岸软件产品解决方案体验与交易中心

2009年，福建省开始建设海峡西岸软件产品解决方案体验与交易中心，以其通过构建面向闽台软件产品和解决方案的功能演示、深度体验的软硬件环境，提供涵盖展示、体验和在线交易等功能的一站式解决方案，满足企业和公众对软件产品测试、质量评价、售前咨询等环节的需求，有助于让更多用户分享成熟的产品、解决方案和应用模式。中心最终目标是发展成为海峡西岸软件与信息服务产品、应用服务体验和交易集散地。

体验中心的经济和社会效益明显，中心每年可对接500个以上产品和解决方案，筛选

100 个以上新产品进入体验平台，论证和推进 10 个以上创新产品进入试运行环境，推进企业进一步的融资和发展。联合骨干企业，推广骨干在产品研发和运行维护业务的认证标准，构建新产品推广和运行维护服务外包的人才培育中心，每年可培训信息产品测评相关专业本科生以上的实用人才 1 000 名以上。

（三）构建高效的公共服务体系，组织企业抱团发展

近年来，福建省先后组织成立了省软件行业协会、福建软件国际合作联盟、省动漫游戏行业协会、省信息产业商会、省光电行业协会、省信息化协会等，旨在凝聚行业力量，帮助企业协调解决问题，深化对外交流合作，推动软件产业抱团发展等方面发挥了积极作用。

以市场和技术协作为导向，在福建省优势领域如通信、金融、电力、医疗、动漫等行业，以骨干企业为龙头，以平等、互助、互惠等为原则，以共享技术、市场、人才、管理等资源及共同发展为目标，大力培育、发展专业性“软件企业联盟”。让中小企业“抱团”闯市场，通过联盟的通力合作拓展产业链、打造产业集群，提升福建省软件企业的专业化创新和整合能力及企业产品、技术、品牌的竞争力，培育了一批重点软件骨干企业和知名品牌。

伴随着福建软件产业的快速增长，现有联盟保持稳健发展。福建软件国际合作联盟成立以来，福建软件出口从 2002 年的 200 多万美元发展到目前 9 000 多万美元，为政府主管部门提供战略咨询、产业研究调研等，服务境外企业在闽落地投资超过 12 家，在技术合作、市场开拓、上下游合作等方面取得了成效。为实现福建省软件服务外包企业的抱团发展，2010 年，泉州微软技术中心和福建南威软件工程发展有限公司发起成立“福建省软件外包产业联盟”，已吸引近 30 家企业加入，并获得来自微软公司首批总额 5 000 万元的软件外包业务。

（四）深化人才队伍建设，服务产业长远发展

十年来，福建省软件产业实现持续快速增长，产业规模逐步壮大，软件人才培养方面也取得很大的成绩，至 2010 年年底，全省软件业从业人员约为 10 万人。

1．软件适用人才培养体系初步形成

福建省已建立软件工程硕士、大学本科和高等职业教育及社会培训等多层次软件人才培养体系。截至 2009 年，全省共有高校 110 所，其中，厦门大学、福州大学、福建师范大学等已建立软件学院，开展软件高职教学改革的院校 30 多所，在校生达 4 万人。高等院校与软件企业积极联合开展实训基地建设，通过产学结合、校企合作，初步形成了“订单式”的办学模式，社会软件和信息服务培训机构积极开展岗位任职技能培训工作，大力提升毕业生的实践操作水平和就业能力。福州软件园研究生工作总站累计引进国内著名高校 11 所，开办了以计算机、电子通信等专业为主的教学班级 38 个，进站学习的学员超过 1 300 名，已获得相应证书学员达 900 多名。福建电子信息教育中心大力开展计算机技术与软件专业技术资格（水平）考试服务工作，十年来，福建省累计报考人数约 78 764 人，合格总人数近 20 000 人。

2．利用各种渠道开展人才引进工作

组织实施省委省政府新出台的人才引进培养政策，积极引进具有自主创新能力的境内

外软件高层次人才。鼓励和引导省内软件企业与有技术优势的科研院所建立合作关系，不定期组织省内软件企业到省外高校集中区开展大型招聘活动和境外招聘人才。每年利用福建 IT 人才公共服务平台举办多场大型万人招聘会。

3．营造人才创新创业的良好环境

建立健全鼓励人才创新的分配制度和激励机制，依托现有省级各类技术创新服务平台，把人才引进与人才培养结合起来，调动现有人才的积极性和创造性。从 2003 年起，福建省先后 3 次评选福建省软件杰出人才，特别是 2009 年省政府评出 30 名“2009 年福建省软件杰出人才”，由孙春兰省委书记、黄小晶省长等领导亲自颁奖，每位软件杰出人才奖励价值 30 万元的奔驰商务车。

4．举办软件设计大赛促进学生就业与企业揽才

为了进一步加强两岸计算机人才交流合作，吸引、筛选出一批高度切合福建省 IT 企业需要的人才，从 2005 年起，福建省已举办 4 届计算机软件设计大赛，近年来联合台北电脑商业同业公会，使大赛的范围更是延伸到海峡东岸的台湾，海峡两岸共同办赛已经成为闽台 IT 人才交流的一大亮点。

2010 年大赛面向海峡两岸的高校学生群体，注重实践和协作，创新性地采用企业、高校、实训机构，并联合台湾高校的方式，用实战的方式作为比赛内容，旨在通过政府协会搭建平台，骨干企业引领技术方向，重点高校承载组织推进，通过实战性的比赛方式，吸引、锻炼、筛选出一批高度切合福建省 IT 企业需要的人才，吸引 3 000 多人参赛，报名队伍达 400 多支，来自台湾高校的参赛团队每年也有 20 多支。

（五）营造良好的公共服务软环境，助推产业发展

1．宣传“海西软件”整体品牌

2009 年起，我们以“海西软件”作为统一形象，在国内外主流媒体及公共场所宣传福建省软件骨干企业和名牌软件产品。组织福州、厦门软件园及省内重点软件企业以“海西软件”品牌，统一形象参加每年的 6.18 成果交易会、9.8 投洽会、北京软博会和大连软交会，以及厦门文博会、厦门动漫节、杭州动漫节等大型展会，集中展示福建省软件企业风采，推介福建省优秀软件产品，寻找软件技术、投融资合作，积极开拓国内外市场。

2．加强闽台合作

近年来，福建省大力推动闽台软件产业的先行先试，交流合作进一步深化。建立起闽台行业协会和软件园区之间的协作机制，大批技术含量高、产业带动性强的软件、动漫等台资项目入驻福建省软件园区，福建省软件骨干企业福建新大陆公司在台湾设立了办事处。福建省还开展“台湾千名 IT 退休人才引进计划”，引进台湾 IT 界已退休但年富力强的高层次专业技术人才、管理人才到福建省开展咨询、培训、管理、技术指导等服务。

3．投融资服务

为福建省中小成长企业提供一站式综合服务，使得所有企业都可以从平台获得相应帮助，2009 年组织成立福建创业投融资专业联盟。

以福建创业投融资专业联盟为纽带，聚合境内外一流投资机构、金融机构、中介服务机构的优势资源，在政府资金、政策的引导下，打造一个服务于福建省内高技术、高成长性中小企业的、资金与产业高度对接的投融资综合服务平台，以各种金融产品引导和扶持企业成长、发展壮大，并为企业提供有关融资方面的专业服务。

目前，福建创业投融资专业联盟投融资规模达到60亿元，成为国内一流、福建省规模最大与服务最完善的专业投融资服务平台和福建省中小企业发展的资本"引擎"，已经帮助3家本地企业在创业板上市。

二、福建省软件公共服务体系建设展望

在今后的几年里，福建软件产业公共技术服务体系建设将全面贯彻落实科学发展观，紧紧围绕海西发展战略和中央"改进经济增长方式"的部署，结合福建省实际，突出特点、发挥优势，充分利用已经形成的公共技术服务体系，扩大和深化技术开发、人才培训、投融资、知识产权等服务，搭建培育产业技术联盟，推进产品推广与市场拓展服务，完善人才培养与交流环境，拓宽产业服务领域、提升外向度，主动对接，创新服务内容，软件产业公共服务总体水平力争进入国内的先进行列。

（一）发挥软件园区载体功能

建设厦门软件园三期和福州海峡软件新城，加快泉州软件园建设，鼓励其他有条件的区市建设软件园区或基地。创新园区管理机制，完善园区基础设施，增强软件园区的平台集聚功能，全面提升园区产业转移、人才转移、企业入驻的能力，完善园区的交通、生活、休闲等配套服务功能，为软件企业及从业人员提供全方位的服务，引导中小企业向福州、厦门、泉州等软件产业园区集聚。

（二）推动公共服务平台建设

继续完善和发挥省软件技术公共服务平台、省软件评测中心等已建平台作用的同时，集中资金每年重点扶持2～3个新的公共技术服务平台，建设一批面向行业的软件技术研发中心、动漫游戏研发创作中心等公共技术服务平台。为确保平台建设完成后能充分发挥作用，实现良性发展，积极支持公共服务平台不断跟踪技术和产业发展，及时进行技术改造，提升技术水平，支持产业关键共性技术、服务产品的开发及产业化。

（三）催生产业集群发展

积极探索在通信技术服务、动漫游戏、软件出口及信息技术服务外包、应用软件等5个领域成立以骨干企业为龙头的产业联盟，推动软件企业抱团发展。充分发挥福建省软件行业协会、福建省软件国际合作联盟和福建省动漫游戏行业协会等中介组织作用，抓紧实施成立省动漫产品营销联盟、省动漫衍生品研发销售中心等。

（四）深化人才队伍建设

组织实施省委省政府新出台的人才引进培养政策，建立省软件人才需求联席会议制度，有效落实相关举措，实行"柔性人才政策"，积极引进具有自主创新能力的境内外软件高层

次人才，以及给予首购自住房补贴和安排随迁子女入学等政策。引导各类高校不断完善软件人才培养体系和教学内容，建立软件及相关专业毕业生与用人单位双向选择交流对接平台，培养造就适用型人才。继续实施“万名软件实用人才培训计划”和“千企万人”企业信息化培训工程，切实改变高校软件类毕业生找不到对口接收单位和软件企业适用人才严重短缺的矛盾状况。

（五）改善产业融资环境

建立健全以政府投入为导向、企业投入为主体、社会投入和外资投入为重要渠道，与市场经济及国际惯例接轨的多元化投融资体系，鼓励民间资本和境外资本投入软件产业，形成良性发展机制。加大财政性资金扶持力度，重点支持软件人才引进培养、软件园区公共设施和软件公共服务支撑平台建设，推动和加快本省具有相对优势及发展潜力的软件产业发展。

（六）加强知识产权保护

建立健全企业知识产权管理制度，引导企业加大知识产权保护投入，鼓励企业申请国内专利、参与软件产业领域相关国家标准乃至国际标准的制定和修订，支持企业在境外申请并取得知识产权。鼓励企业依法组建知识产权联盟，构建“专利池”，提高知识产权保护能力和水平。培育一批拥有知名品牌和核心自主知识产权、熟练应用知识产权保护法律法规及政策的优势软件企业。

第八章　山东省软件公共服务体系建设十年回顾与展望

国发18号文颁布以来，山东省委、省政府强化措施，建立和完善了涵盖政策支持、公用技术和服务支撑、人才培养和引进、投融资、产业联盟等方面内容的服务体系，营造了适合产业发展的良好环境。

一、山东省软件公共服务体系建设十年回顾

（一）政策支持服务体系

山东省先后制定下发了《山东省“十五”、“十一五”软件产业发展规划》、《关于贯彻国发［2000］18号文件鼓励软件产业和集成电路产业发展的通知》、《关于促进软件产业加快发展的指导意见》、《山东省软件产品登记管理暂行办法》、《关于软件企业认定有关问题的通知》、《山东省软件企业及软件产品增值税管理暂行办法》、《山东省信息产业发展专项资金使用管理暂行办法》、《山东省软件工程技术中心认定管理办法（暂行）》、《山东省软件产业园区管理办法（试行）》，从规划引导、财税支持、载体建设等方面营造有利于软件业发展的环境。

（二）公用技术和服务支撑体系

为有效缓解软件出口手续烦琐的难题，率先在济南建立并完善了“软件出口绿色通道”，为软件外包企业提供了一整套快速、方便、简捷的软件出口业务流程，最大限度地缩短了申报时间，简化申报手续，整个业务流程由原来50天缩短到10天，并在4个方面走在了全国前列，一是报关时间最短，二是报关单填写最简洁严谨，三是报关企业可以足不出户，四是软件出口额按增量给予补贴。

投资建设了软硬件公共技术平台、动漫游戏渲染平台、嵌入式系统开发平台、CMMI过程管理平台等，累计为全省软件企业提供超过1万次服务，有效提升了产业服务能力。齐鲁软件园公共技术平台累计总投资超过1亿元，服务涵盖软件设计、开发、培训、测试、管理。为进一步提升公共服务水平和辐射范围，山东省软件和信息服务云计算平台一期工程顺利启动。平台先期重点整合、升级齐鲁软件园、东营软件园、省科学院等软硬件资源，原有与新增资源合计超过5 000万元，拥有3万亿次的计算能力和各类主流软件资源，重点面向各软件产业园区、软件企业、信息化应用企业提供软件公共开发测试工具、平台和信息化服务。“山东省软件公共服务平台”各类服务初步成型，目前共有138家软件企业、近200个软件产品、19家高等本科院校、两家科研单位注册并发布信息，初步建成了一个综合开放、服务广泛的公共平台。

（三）人才培养和引进

在人才培养方面，积极推动实训基地建设，针对软件人才培养与需求脱节的问题，注重引进国际知名培训机构和优秀课程体系，实行校企对接工程，促进大专院校、培训机构和骨干企业的交流合作与资源共享。目前全省开设 IT 学科专业的学校有 40 余所，11 个博士点、27 个硕士点，每年计算机相关专业毕业生 5 万余人。齐鲁软件学院成为国家首批 35 家示范性软件学院之一。先后成立“国家信息技术紧缺人才培养工程游戏人才烟台培训基地”“清华 CG 学院烟台分院”，为动漫人才培养提供了良好平台。浪潮学院、师创学院、清软实训、拓普信息等专业培训机构年培训规模千人以上。

经工业和信息化部、外国专家局批复同意，建立了国内首家“中日 IT 桥梁工程师交流示范基地”，引进日本高层次 IT 工程师作为高层管理人员和技术顾问，并向日本输送国内 IT 基础人才进行培养作为储备。先后举办多次基地推介会并建立了日本工作站，累计吸引日本、韩国高层次 IT 人才约 50 人，专业领域涵盖了软件开发、工业设计和动漫游戏等方面，帮助软件企业发展壮大。

（四）投融资体系

2003 年，正式设立山东省信息产业发展专项资金，累计安排资金超过 1.2 亿元支持软件和集成电路设计产业发展。专项资金项目共吸引各类资金 10.5 亿元，增加就业 8 160 人，累计新增销售收入 24.7 亿元，新增利税 5.1 亿元。协调落实了省级软件工程技术中心有关配套资金政策，可享受不超过 100 万元的奖励补助。济南、青岛、烟台、潍坊等市设立专项资金支持软件产业发展。

积极为软件企业上市融资创造条件，累计有高校软控、东方电子、法因数控、普联软件、集成电子、新北洋等 11 家软件企业成功上市，目前大陆机电、中孚科技、万博等多家企业都在筹备上市。知识产权质押贷款模式的试行，有效拓宽了软件企业融资渠道，积成电子公司以企业拥有的 25 个软件著作权作为质押物，成功融资 6 500 万元。这是省内首例知识产权质押融资业务工作，并为土地、房产、设备等有形的固定资产较少的软件企业和其他高新技术企业申请贷款融资提供了宝贵经验。

（五）产业联盟体系建设

为进一步形成规模和集群优势，山东省依托重点行业，利用龙头企业、主导产品带动上下游企业的成长，建立多个行业联盟，依靠团队的雄厚实力和个体的特色产品共同开拓国内国际市场，做到“小企业、大项目”，取得良好效果。目前，山东省已经拥有了国际合作联盟、电力企业联盟、数字信号处理系统（DSP）应用软件企业联盟、Infor 中间件产业联盟等多个联盟。联盟内企业的协作有效带动了相关产业链上更多企业的创新，促进了产业链中各个环节实现多赢的格局，完善了技术应用和产品开发等环节，并最终形成技术研究和开发的完整体系。

国际合作联盟目前共拥有成员近 30 家，已经成为山东省软件出口的主要支撑力量，占据了超过 5 成份额。山东电力企业联盟企业数量已经达到 42 家，产品与服务涉及发、配、输、用电多个环节，形成了覆盖电厂—电网—电业管理部门的完整电力信息系统软件产业链，由其共同承担的数字化电厂项目将成为我国第一个具有自主知识产权的全面解决电厂信息化的产品；以山东中创软件为核心成立的“Infor中间件产业联盟”软件企业总数超过100家，并在广州、青岛、长沙、大连等地开展了一系列的推介活动，山东省软件企业已在产品开发过程中成功应用了Infor中间件，实施效果良好，有效促进了国产Infor中间件产品的推广。动漫联盟的呀咔咔动画公司获首届“CG杯”动漫大赛金奖，并代表中国参加在日本大阪举行的“CG动漫杯”总决赛。目前，各联盟的规模不断扩大，影响力也日益提升。

二、山东省软件公共服务体系建设展望

“十二五”期间，山东省将进一步完善以政策支持、人才引进和培养、公用技术和服务支撑、投融资、产业联盟等核心的公共服务体系，推动软件产业发展。

（一）营造更加适合产业发展的政策保障体系

根据《国务院关于印发进一步鼓励软件产业和集成电路产业发展若干政策的通知》等文件精神，重点在财税政策、投融资、人才引进与培养、知识产权保护等方面研究出台更加有利于产业发展的政策措施。

（二）加快软件和信息服务云计算平台建设

建成云计算体验中心和拥有完整的主流开发平台和测试环境的软件开发云，完善电子商务云、电子政务云功能，实现200T存储能力和20万亿次计算能力，重点为工业领域和行业应用、软件和信息技术开发测试、中小企业信息化建设、电子政务、科研院校教学研发提供云服务，在创新开发、信息化应用、知识产权保护、节能降耗等方面成为国内示范。

（三）建设国产软件及行业解决方案体验中心

重点面向智能电网、重大装备、电子信息制造、海洋工程、汽车、船舶、石化、钢铁、现代物流和生产性服务领域，建设集产品设计、流程管理、生产制造和营销于一体的工业软件体验中心、解决方案验证中心和技术支持平台，面向全国提供具有自主知识产权的工业软件和服务。

（四）建设软件和信息服务外包国际数字直航通道

根据省内软件外包企业需求，进一步完善国际数字直航试点建设工作，满足企业对国外用户海量信息传输、在线沟通交流、数据交换的实时性与信息安全需求，帮助企业降低成本，提高企业开拓国际市场和承接国际业务的能力与水平。

（五）建立工业软件产业联盟

支持工业软件的开发方与应用方组建资源共享、优势互补的产业联盟，在设计研发数字化、制造装备智能化、生产过程自动化、经营管理网络化、工业软件开发与行业应用标准等方面开展关键技术研发和产业化，重点支持具有自主知识产权的国产计算机辅助设计（CAD）、辅助制造（CAM）、企业资源计划（ERP）、制造执行管理系统（MES）、过程控制系统（PCS）等软件的研究与试点应用。

（六）进一步健全中介服务体系

充分发挥软件和信息服务业协会在市场调查、信息交流、咨询评估、行业自律、知识产权保护、资质认定、政策研究方面的作用，进一步加强软件评测、企业认证、企业咨询、信息系统监理等中介机构建设，加强行业自律，促进产业有序发展。

第九章　广东省软件公共服务体系建设十年回顾与展望

一、广东省软件公共服务体系建设十年回顾

（一）相关配套设施不断完善

一是吸引央企国家院所研发中心与数据中心落户广东支撑产业发展。经过广东省各级政府的大力引进，目前已经吸引中国移动南方研发基地、中国电信亚洲最大的互联网数据中心落户广州天河软件园，中国联通国家数据中心落户广州科学城，长城科技、联想集团的技术研发中心已经落户深圳软件园，国家超级计算中心落户深圳。央企和国家院所研发中心与数据中心的进驻将进一步集聚，有效支持广东软件及相关产业发展。

二是为软件产业发展提供必要的公共技术服务体系。在广州天河软件园，集聚了广东省 Linux 公共服务技术支持中心、广州微软技术中心和广州中间件研究中心等技术支持和研发中心，并设立有 10 余家企业研发中心，为企业提供由软件评测平台、原型开发平台和软件展示交易平台组成的支撑服务体系。深圳软件园建立了软件及服务外包信息服务平台、培训平台、深圳软件园公共技术平台，该平台形成的一系列数据库资源，将成为深圳市软件企业资格认定、年检、项目申报、政府资助等各种政策优惠的基础数据源，为软件企业提供全面、综合的专业信息服务。珠海高新区南方软件园建成南方数字娱乐公共服务平台、网络检测平台、软件产品检测中心，为珠海及周边地区提供三维特效制作、网络测试、软件检测等的技术咨询服务。

三是不断完善基础设施建设。经过十年的发展，广东省各大软件园区的配套设施得到不断的完善，为园区的企业发展提供保障。例如，天河软件园高唐新建区就拥有两套独立的供电线路、双向网络，为园区提供了强大的电力和网络基础设施。

（二）"双软认定"工作机制不断优化

广东省不断规范"双软认定"管理，提高服务质量和效率，推动"双软认定"工作落实。

一是规范"双软认定"相关管理办法。2001 年原省信息产业厅制定《广东省软件企业认定标准及管理办法（试行）》（粤信厅［2001］11 号），进一步明确主管部门职责、企业认定机构条件、企业认定和年审组织流程，系统规范"双软认定"管理工作。2009 年 4 月，制定了《广东省软件产品登记检测报告规范》，要求检测机构在报告中将嵌入式软件、非嵌入式软件标识、软件产品子模块等信息列明，便于税务部门以此开展软件产品售价核算及退税额核定工作。

二是优化完善"双软认定"工作机制。成立由广东省经信委、国税局、地税局等单位组成的省"双软认定"工作小组，全面实施"双软认定"的三级审理机制，由受理机构、

认定机构、省“双软认定”工作小组逐级审定认定材料，明确职责分工。

三是加快软件产品的备案。软件产品申请登记属于行政审批事项，实行集中受理制度，每月 10 日、20 日受理，广东省经信委要求受理后的 20 个工作日内完成登记办理手续。

四是收费事项有规可依。广东省的“双软认定”的收费事项主动向省物价局申请办理合法收费的相关手续，并于 2006 年 7 月 1 日获得批复（粤价函［2006］336 号）。

五是信息化手段提升服务质量。广东省建立了“双软认定”业务网站，实现了“双软认定”工作的网上申报、预审、审批、查询、数据统计、数据分析等功能。真正体现了广东省“双软认定”工作公开、公平、公正的原则。

（三）重点企业培育机制逐步建立

一是在重点企业的选取上，实施动态管理。广东省通过软件企业统计数据库和各地市、园区推荐和企业申报的方式确定重点跟踪服务的省重点软件企业，重点企业名单实行每年动态更新。

二是对重点企业发展，建立直通车制度。在项目申报、项目推荐、政府采购和发展用地等各个方面，优先支持重点企业，同时为企业向政府部门反映情况、问题及政府为企业提供便捷服务的直接通道。各产业园区对重点企业购买园区用地和写字楼予以优先和优惠。

三是针对重点企业，提供更多的税收及相关优惠政策，广州市出台了《广州市重点软件和动漫企业认定管理办法》，深圳出台了《深圳市高新技术企业认定和考核办法》、《深圳市重点软件企业认定管理办法》。

四是积极引入风险投资机构，通过设立风险投资引导资金，对风险投资机构参与的重要项目实行配投，增强风险投资机构的信心和积极性，鼓励和支持风险投资机构投资重点企业。

五是积极推动企业上市融资，引导重点企业开展股权招商，扩大股权融资规模，增强企业实力，快速扩张。广州、深圳和珠海均制定了鼓励软件企业上市的政策，给予成功上市的软件企业资金奖励。

六是鼓励重点企业通过收购、兼并、合资、合作、参股等方式，做强、做大。引导重点企业增资扩股，吸引国内外战略投资者加盟。

（四）人才培养机制逐步发展

一是制定吸引优秀人才政策。为贯彻国发 18 号文精神，广东省人事厅转发《人事部关于软件和集成电路技术人员进入国家扶持的软件园区工作有关问题的通知》，指出要及时分析研究问题，采取切实有力措施，想方设法提供人才保证。部分地市、开发区也出台了具针对性的政策，例如，珠海高新区对软件企业经批准新设立的博士后科研工作站一次性给予 10 万元资助，对进站博士给予每人每年 5 万元补贴；对经济高新区认定的软件企业中年薪 12 万元以上且连续任职一年以上的科技人员和管理人员，每年按其上年度个人工薪收入所得税对高新区财政实际贡献额的 50%给予补贴。深圳市出台《深圳市政府关于鼓励出国留学人员来深创业的若干规定》，从 2000 年起市财政每年安排 1 000 万元；科技 3 项经费每年安排 2 000 万元，作为支持出国留学人员到深圳的创业资金。

二是改革人才培养模式，实施特色化培训。积极发挥国家级示范性软件学院和国家级示范性软件职业学院的作用，加大省级示范性软件学院和实训基地的建设力度，提升软件人才适用性。加大特色化培训建设，加快培养具有国际软件外包沟通能力的综合性软件人才。例如，珠海市努力推进政产学研合作，发挥科技创新和辖区大学资源优势，加强政产学研合作，促进自主创新技术产业化。广州与中山大学、华南理工大学合作，成立软件工程中心和软件实验基地为当地的软件产业培养人才。

（五）建立多元化投融资机制

十年来，广东省多管齐下，构建投融资服务体系支持软件服务企业发展和研发投入。联合IDG等国内外风险投资机构成功举办了系列风险投资论坛和不定期的见面交流会，促使来自国内外的风险投资机构与软件企业面对面洽谈，为广东省在内的泛珠三角区域软件企业搭建起了展示自身特色、吸纳风险投资的平台。金山、金蝶、炬力、华南资讯、广电运通等软件企业成功上市、进入资本市场，或取得IDG、英特尔、IBM等国内外风险投资机构或大企业的投资。根据广东省软件企业在投融资方面的实际情况，从有利于软件企业进行投融资出发，开展形式多样的投融资扶持工作。2005年广州建设完善了三大融资项目数据库和四大投资资金数据库构成的投融资数据库，建立了有针对性的投融资“库对库”对接机制，实现融资项目和投资资金直接对接，提高了投融资对接效率，并不定期举办同融资推介会推荐项目。2007 年深圳建立“创业投融资服务广场”，引入海内外金融投资、担保、中介服务等机构，形成为产业发展提供投融资服务的完整产业链，推动风险投资资本和企业无缝对接。2009年度珠海市设立了规模为1亿元的珠海高新区高新技术创业投资引导基金，借鉴国内外关于政府引导基金的先进经验及操作模式，积极与国内外的10多家知名创投机构进行了接触、洽谈。针对中小科技企业融资难问题，珠海市还与多家商业银行联合推出“成长之翼”融资平台，降低了融资门槛、提高企业信用。

另外，根据广东省发展改革委“创业投资企业备案管理系统”统计，自2006年以来，广东全省60家备案创业投资企业共投资软件产业1.6亿元。其中，2006年3个案例，投资金额3 411万元；2007年4个案例，投资金额2 992万元；2008年2个案例，投资金额864万元；2009年3个案例，投资金额6 340万元；2010年以来已有2个案例，投资金额3 000万元。

广东省为建立多层次的软件产业投融资体系，促进软件产业自主创新和协调发展，一是《印发关于扶持软件产业发展实施意见的通知》（粤府［2001］100 号），明确提出从政府各职能部门的科技资金倾斜投入、地方财政配套中央财政拨款、建立市场化的投融资机制和推动企业上市融资4个方面推动建立多渠道的软件产业投融资体系。

二是结合《关于加快我省现代信息服务业发展的意见》实施，在2008年省政府发布《广东省现代信息服务业发展鼓励投资指导目录（2008—2010年）》，鼓励和引导社会资本投资软件产业。

三是《广东省自主创新规划纲要》从稳定增加财政投入、引导社会化资金投向和促进科技与金融紧密结合3个方面建设加快广东自主创新发展的投融资机制。

四是通过《关于加快我省中小企业信用担保体系建设的意见》加大对中小企业信用担保机构的扶持，进一步加快广东省中小企业信用担保体系建设，解决中小企业融资担保困难问题。

五是积极推动各地市形成金融投资软件产业的环境建设。广州市2004年出台《促进风险投资业发展若干规定》，以吸引境内外风险投资资金，促进风险投资事业的发展。深圳市出台《关于加快深圳金融业改革创新发展的若干意见》，以促进深圳创业投资发展、金融与产业共同繁荣，为软件产业在内的高科技产业提供全方位、立体式的金融服务。珠海市实施《技术成果入股与提成条例》，规定技术成果持有人、职务技术成果完成人在珠海市行政区域内进行技术成果入股与提成，促进科技成果转化；2006年出台《关于提高自主创新能力，提升产业竞争力的实施意见》解决自主创新型企业融资问题；当前珠海正制定《鼓励和推动企业上市的实施意见》，将在优化环境、税费减免、资金奖励等方面对企业改制上市实施全方位的优惠扶持政策。

二、广东省软件公共服务体系建设举措

一是整合多方资源，建设较为完善的公共服务支撑体系。各级软件园区通过发挥基地聚集、示范效应，推动软件产业迅速成长。省市各级政府针对软件行业设立多项财政资金，各级园区建设通过政府推动、企业主导、市场化运作的模式不断壮大规模。例如，广州移动与天河软件园、广东软件行业协会签署三方合作协议，在天河软件园内成立广州移动信息化创新服务平台，实现"移动的软件"和"软件的移动"，推动整个广州市各行业的信息化应用发展。珠海市自2001年以来相继建立南方软件产品检测中心、珠海南方网络产品检测中心、珠海南方数字娱乐公共服务中心等公共技术服务平台。深圳市为扶持产业做大做强，鼓励中小软件企业投资发展，深圳软件园建立了创业服务中心、科技示范基地等一批专业孵化器。

二是政府引导企业主体，成立软件公共技术中心。广东省在"产学研结合重大专项"、"粤港关键领域重点突破项目"等专项中指出将软件产业列为重点领域扶持对象，鼓励各级软件园区与华南地区众多的高校、科研机构和国际知名软件企业合作成立软件公共技术中心，为软件产业的发展提供了智力保障。例如，美的与华南理工大学共同建设广东省嵌入式软件技术公共中心，中山大学与TCL合作建设广东省数字家庭公共技术中心。

三是不断深化地区和国际合作，促进软件出口和服务外包。近年来，广东省一直把推进软件出口作为重要内容来抓，采取多种措施，构建区域软件资源共享平台，拓宽出口渠道，使全省软件出口工作取得了较大进展。在2003年《内地与香港关于建立更紧密经贸关系的安排（CEPA）》框架下，粤港软件产业主管部门建立了粤港信息化联席会议制度，设立信息化专责工作小组，携手搭建粤港服务外包合作平台，共同拓展国际服务外包市场。原省信息产业厅、科技厅和外经贸厅多部门联动，成立了由粤港两地企业共同组成的广东省软件出口委员会，推进两地企业协作和联盟，共同开创软件国际化发展新局面。

三、广东省软件公共服务体系建设展望

为进一步完善信息技术服务公共服务体系的发展环境，重点支持广州、深圳、珠海等国家级软件产业基地和软件出口基地等的各类软件开发、测试、认证等公共服务平台建设。积极构建产业发展和应用联盟，引导和鼓励知识产权、投融资、产权交易、人才服务、企

业孵化和品牌推广等机构提供专业化服务。

（一）建设现代信息服务技术创新发展联盟

以推进关键技术创新为目标，以企业、高等院校、科研院所为主体，在软件、数字家庭服务、动漫游戏等重点领域建立一批现代信息服务技术创新发展联盟。通过技术创新资源集成、关键技术联合开发、知识产权互惠共享等方式，形成技术攻关合力，突破产业发展关键技术瓶颈和国外知识产权壁垒，为产业整体发展提供有力支撑。

（二）发展现代信息服务应用联盟

以行业应用和市场需求为导向，以现代信息服务业上下游纵向协作企业、传统产业横向关联企业为主体，在工业软件、行业应用解决方案、电子商务、数字设计等方面建立一批现代信息服务应用联盟，促进产业间渗透融合和市场供需双方的沟通衔接。

（三）打造珠三角软件和信息技术服务支撑平台

重点建设珠海南方数字娱乐公共服务平台和珠三角软件产品检测中心。大力提升省Linux公共技术服务中心、省嵌入式软件公共技术服务中心等机构的公共服务能力。建设一批软件公共技术服务平台、服务外包公共支撑服务平台和嵌入式软件公共服务平台。引进国家级软件相关公共技术开发、测试、集成验证平台落户珠三角。

（四）建设国际电子商务中心

依托珠三角家电、钢铁、石化等行业，建设一批在全国占据重要地位的电子商务服务平台，打造珠三角国际化产品交易指数，壮大电子商务服务业。建设安全、快捷、方便的第三方在线支付平台，发展在线支付增值服务。培育移动电子商务应用市场，构建面向中小企业的移动电子商务服务平台，促进专业市场开展移动电子商务应用，扶持中小企业移动上网和应用移动电子商务。开展粤港数字证书互认和电子商务合作，促进粤港企业和个人开展网络贸易。

（五）建设国产软件及行业解决方案体验中心

面向珠三角钢铁、汽车、船舶、电子信息、石化、纺织等产业，在相关产业集群中部署建设行业应用软件和解决方案体验中心，推广国产优秀行业应用软件和解决方案。

（六）建设高性能计算中心

在广州、深圳等具备发展条件的城市，建设高性能计算中心、网格计算平台、大型数据中心和容灾备份中心，大力发展面向华南地区的高端网络计算服务。

第十章　云南省软件公共服务体系建设十年回顾与展望

一、云南省软件公共服务体系建设十年回顾

（一）云南省软件公共服务体系发展现状

1．政策、法规体系建设情况

自国发18号文出台以来，云南省高度重视，先后颁行了6部（套）政策和法规，包括：《云南省信息化促进条例》、《云南省国民经济和社会发展信息化“十一五”专项规划》、《云南省人民政府办公厅关于加快发展现代信息服务业的实施意见》、《云南省地方税务局关于贯彻西部大开发税收优惠政策问题的通知》、《关于鼓励昆明市软件企业通过CMM正式评估的奖励意见》、《云南省电子信息产业10户重点扶持企业认定办法》。

云南省根据软件企业分布和发展的实际情况，在深入调研的基础上，由省政府信产办（后归入云南省工业和信息化委员会）牵头，指导昆明市制定了12部（套）地方法规，包括：《昆明高新技术产业开发区招商引资政策》、《昆明经济技术开发区关于进一步推动企业技术创新的意见》、《昆明经济技术开发区企业技术中心资助实施办法》、《昆明经济技术开发区科技计划项目资金配套管理办法》、《昆明经济技术开发区企业专利资助实施办法》、《昆明经济技术开发区企业标准升级资助实施办法》、《昆明经济技术开发区科技奖励实施办法》、《昆明经济技术开发区促进软件服务外包产业发展鼓励办法（试行）》、《昆明经济技术开发区高层次、高技能人才服务补充规定》、《昆明经济技术开发区关于2009年促进招商引资若干政策的规定》、《昆明市关于加快发展软件产业和服务外包产业的若干优惠政策》、《昆明市服务外包产业发展“十二五”规划》。

2．云南省软件园区和基地建设情况

云南省通过计算机信息系统集成资质认定和软件企业认定的软件企业167家，其中166家分布在昆明市辖区若干园区和基地内。鉴于软件企业实际分布集中的实际情况，积极扶持昆明高新技术创业服务中心、云南软件园、昆明高新五华科技园、国家863软件专业孵化器昆明基地、昆明信息产业基地等园区和基地重点建设项目，努力推动建设软件业服务体系的发展。

昆明高新技术创业服务中心（以下简称创业中心）和云南软件园（与创业中心合署办公）：创业中心于1992年成立，目前，孵化面积达7万平方米，入孵企业200余家，累计毕业企业130余家，累计认定高新技术企业59家，为社会提供6 000多个就业机会；累计承担国家级科技计划项目31项，省级科技计划项目60项。云南软件园成立于2000年，是全国34家“国家火炬计划软件产业基地”之一，2003年创业中心启动了云南生物技术创

新中心。目前，初步形成了一个综合孵化器为主体，两个专业孵化器为基础的服务网络体系，成功地实现了从综合孵化器向综合孵化器和专业孵化器并举的转变和提升。

昆明高新五华科技园：昆明高新技术产业开发区五华科技园是昆明高新区的一个有机组成部分。汇集了一批科技含量高、产业化程度高、市场前景好、具有自主知识产权的企业。

国家 863 软件专业孵化器昆明基地：国家 863 软件专业孵化器昆明基地是 2002 年 11 月由有关主管部门与云南省政府有关主管部门大力支持建设的全国 8 个国家 863 软件专业孵化器基地之一。由开放源码库、公共软件构件库、中间件库、基础软件集、开发工具集、质量管理工具集、测试工具集（含测试平台）等构成，其中有原创源码 700 多个、成熟源码 1.5 万多个。据不完全统计，源码下载次数共计 4 万多次；有全开放构件 3 040 多个，限制性开放构件 1 000 多个，并已面向企业及云南相关专业的高校师生提供开发应用。同时，基地进一步完善软件评测体系，以入孵企业为重点，积极开展企业 CMM、ISO、集成资质、（高级）项目经理、（高级）测试工程师、监理工程师等为主要内容的培训、咨询和认证辅导工作，促进企业提高软件开发能力及软件产品质量。入孵企业分布在以烟草、电力、电子政务、电子商务、石化、交通、物流为主的各个领域。

昆明信息产业基地：昆明信息产业基地选址在昆明经济技术开发区内，是未来昆明产业发展的重点区域。基地内“昆明光电子产业园”一期项目已投产。

3. 云南省软件业服务体系人才队伍现状

为加快软件与信息服务业的发展，提高各类 IT 人才的素质，云南省充分借助全国计算机技术与软件专业技术资格（水平）考试（简称计算机软件考试）工作的开展，提高行业从业人员整体素质。据不完全统计，参加全国计算机技术与软件专业技术资格（水平）考试（简称计算机软件考试）人数的逐年上升，截至 2009 年累计达 42 541 人，通过该项资格考试的人数达 10 293 人，通过率为 24.2%。

（二）云南省软件公共服务体系十年发展的成就和收获

1. 十年发展成就

（1）建立了有利于云南省软件业服务体系可持续发展的体制机制。在党委和政府的正确领导下，特别是在省工信委的指导下，园区和基地主管部门不断更新服务观念，在投融资、引进和留住人才、政策支持等软环境上有了较大改变，建立了 3 个工作机制。一是统一决策机制，对软件产业发展的重大问题，如规划、目标、思路、重点等，进行统一研究，对重大政策、重大项目进行统一评估决策。二是政策协调机制，对出台的各项鼓励软件产业发展优惠政策进行统筹协调，做到每一条政策都有落实、有协调、有监督、有反馈。三是项目推进机制，对每年确定的重大项目，指定责任部门，落实具体责任人，定期不定期进行专题研究和协调，及时解决项目推进过程中遇到的各种问题。

（2）以“平台”建设为重点，基本建成了服务体系支撑系统。一是把专业化作为平台建设的主要措施，与相关专业的大专院校、科研院所、企业集团及政府职能部门合作，通过社会资源的有效配置，构建为生物医药、光机电一体化、新材料创新企业提供共享资源和共性服务的专业化“平台”。二是建立了市场扶持平台。以大力开拓软件产业市场为目标，以大力推进电子政务建设为重点，加大政府对电子政务建设的投入，积极支持农业信息化、教育信息化、企业信息化和社会服务信息化建设项目，扩大云南省软件产业市场规模。三是逐步健全了综合服务平台。积极主动为软件企业搭建了公共技术服务平台，包括宽带通信网络、评测与检测系统、培训与信息服务系统等，并在土地供应、房租、水、电、通信费等方面为企业提供更加优惠的条件和更大的支持。搭建了出口服务平台，建立软件出口基地，打造软件出口绿色通道，使软件相关设备和产品便捷出关。四是在平台建设方面，把专业化作为平台建设的主要措施，与相关专业的大专院校、科研院所、企业集团及政府职能部门合作，通过社会资源的有效配置，先后构建了“生物医药专业技术平台”“中小型软件企业软件实验公共服务平台”“新材料开发专业测试平台”等为生物医药、光机电一体化、新材料创新企业提供共享资源和共性服务的专业化“平台”。

2．十年发展收获

（1）园区和基地建设初具规模，为今后软件产业和服务体系升级提供了有力支撑。一是初步建成了以应用软件、嵌入式软件、工具软件的研发生产为重点，形成发展规模与特色，基本形成了集软件研发及孵化、人才培养、产业化生产、市场营销、风险投资等软硬件配套齐全，与国际接轨，具“产、学、研”为一体的软件研究开发与产业化基地。二是以打造中小信息企业的创业摇篮为中心，突出研发、服务、流通功能，营造信息技术与产品的研发氛围，活跃了信息中介与服务市场。依托园区大专院校、科研院所及高新技术企业密集的特点，形成了云南省重要的信息技术研发，信息中介服务中心。三是服务体系作用显著，应用化发展有力促进了有关企业的发展。国家863软件专业孵化器昆明基地引进了“四方国件”网络中间件集成运行平台、北大的青鸟软件配置管理系统、中科院软件研究所的软件质量管理平台、软件测试管理与质量管理评价、北航软件所的QESAT测试工具和QESU IT软件测试管理平台，并已全部面向入孵企业开放使用。同时，充分利用现有的源代码库、软件构件库管理系统和构件库等公共技术支撑平台资源，进一步完善软件评测体系，以入孵企业为重点，积极开展企业CMM、ISO、集成资质、（高级）项目经理、（高级）测试工程师、监理工程师等为主要内容的培训、咨询和认证辅导工作，促进企业提高软件开发能力及软件产品质量，成为具有公共技术支撑体系及专业化、高水平的软件技术服务质量的专业孵化器。

（2）龙头企业发展趋势良好，数量和质量有较大发展，初步形成了一批具有较强自主创新能力的软件龙头企业，为云南省软件产业服务体系的良性发展提供了推动力。一是从数量上看，大型骨干企业数量逐年稳步增加，在昆明船舶设备集团国家级企业技术中心、昆明贵金属研究所国家贵金属工程研究中心、南天电子信息产业股份公司和昆明北方光电仪器有限公司等省级企业的带动下，云南无线电有限公司、云南天达光伏科技股份有限公司、昆明阳光基业股份有限公司相继被认定为省级企业技术中心。二是从质量上看，重点企业的核心竞争力和创新能力不断增强。大型龙头企业提供的信息内容服务、行业整体解决方案的外包服务、为制造业提供增值服务的嵌入式软件等成为云南省软件产业发展新的亮点。其中，昆明船舶设备集团有限公司物流信息产业公司紧紧围绕烟草工业、烟草商业、机场物流、军方物流和金融五大行业，已成功实施了200多项大型综合自动化物流系统和信息系统工程，合同累计金额超过40亿元。金峰软件（云南）有限公司凭借其核心产品——JReport商业智能报表工具平台成功打入国际市场，累计软件外包出口收入达到250万美元以上，企业技术产品出口年增长达到230%，连续几年占据云南软件出口创汇总量的98%以上。

（3）人才培养、储备体系基本成型，为今后发展奠定了坚实的人力资源基础。云南省31所高校开设了156个本、专科相关专业，9所高校开设了60个硕士研究生相关专业，3所高校开设了17个博士研究生相关专业。目前，云南省拥有9个国家及部委级相关重点学科、139个省级重点学科、10个国家和省部级重点实验室、5个国家和省部级工程中心、11个省级重点实验室、23个云南省高校重点实验室、9个人文社会科学重点研究基地、11个云南省高校工程研究（技术）中心。

二、云南省软件公共服务体系建设主要举措

（一）高度重视服务体系建设，把营造软件产业服务体系发展环境放在首位

云南省一方面出台相应政策和法规，鼓励和引导中小企业享用产业公共服务资源，迅速提升企业自身核心竞争力。另一方面，加强对地方有关部门和园区、基地主管单位的指导力度，加大产业公共服务专项资金扶持，不断推进支持产业公共服务资源会聚和整合，支持产业公共服务机构的建立和持续运营，对产业公共服务机构给予税收优惠，提升产业公共服务能力。

（二）以服务体系综合效能提高为出发点，突出抓好软件业公共服务体系整体水平提升

云南省始终把提升体系综合效能作为促进产业结构调整、提升软实力、增强综合竞争力的重要举措。同时充分考虑实际，以工业和信息化主管部门为主导，全方位整合各类公共服务资源，推动园区和基地形成资源共享、优势互补的网络服务能力，使之成为广大中小企业赖以发展壮大的基石，成为经济发展的重要推动力和保障，成为社会基础能力。

（三）以基础设施建设为依托，构建资源共享的产业公共服务体系

云南省依托互联网、园区和基地等基础设施，建立产业公共服务资源共享的标准和规范，促进各园区、各节点的产业公共服务资源共享与互联互通，形成公共服务网络体系。通过建立产业公共服务体系，拓展公共服务主体，促进政府、公立机构、行业协会、产业园区、科研院所、企业等相互协作，形成了政、产、学、研、用多方协作的产业公共服务体系。

（四）以完善服务体系要素为重点，带动软件产业服务体系建设成规模、上台阶

在满足园区企业个性化需求的同时，信息化主管部门牵头，协调多方力量和资源，将资源集中起来服务多个企业，提高了资源的利用效率，增强了企业的自主创新能力，提供了企业急需的技术、人才培训等服务，提升了企业开拓市场的水平，促进了区域软件产业的快速发展。在软件园区和基地布局上，始终站在全局的高度，把有关规划与省、市经济发展、生产力总体布局及电子信息产业的发展目标和重点等实际紧密结合。产业园区的交通、网络通信、水电、办公用房等硬件基础设施日趋完善，快速响应企业的服务需求。

三、云南省软件公共服务体系建设展望

充分利用国家对西部经济发展的支持和倾斜政策，集聚发展、产学研结合、错位竞争，从3个层面全面、协调地推进。

首先，以国家新一轮西部大开发和面向西南对外开放“桥头堡”建设为契机，规划建立以昆明为中心辐射全省的现代软件与信息服务业“集聚区”，初步形成结构合理，创新和服务机制较完善的软件与信息服务业体系，使软件与信息服务业成为云南省经济社会持续发展的重要推动力。培育一批软件与信息服务骨干企业和软件专业技术人才。形成一批在国内市场上有相当竞争实力的企业和软件产品。使昆明成为中国西部重要的软件与信息服务业基地，建成面向东南亚、南亚、中东小语种软件开发、出口中心。

其次，建立计算机与软件服务、网络服务、信息咨询、资产评估、会计审计、广告传媒、会展商务、教育培训等信息服务业体系，支持高新技术产业、都市工业、创意产业的发展。软件业按照“一园多区”的虚拟园区模式发展。以云南软件园为基础，加快推进云南软件产业带建设。同时，依托骨干软件企业、高校，以信息技术改造提升传统产业，运用新理念、新技术、新业态，全面提升产业和企业的信息化应用水平。建设多种专业性的现代化公共服务平台，促进平台间的互联互通。重点建设物流公共信息平台、金融服务信息平台，加快建设国际科技商务平台、科技信息平台和技术产权交易平台，突出重点领域，推进广泛应用信息技术，提高信息平台服务功能。有效整合全省科技、文化教育、社会保障与就业、医疗卫生、娱乐、旅游、公共交通、社区服务等公共信息资源，为加快发展现代服务业提供完备的城市公共信息资源服务平台。开展BPO、ITO、KPO业务，继续吸引跨国、跨省公司投资，逐步发展成为国际化的服务外包中心。

最后，重点抓好服务体系支撑建设，形成以“三园三区三基地三重点实验室”为核心的软件与信息服务业齐头并进的发展格局。

（1）三园，即云南软件园、昆明科技创新园、金鼎科技园。云南软件园和金鼎科技园发挥自身已有的各项优势，加紧完善园区周边生活设施配套和交通配套，在原有产业基础上延伸拓展，重点发展电信运营服务外包、动漫制作服务外包、嵌入式软件外包等服务外包产业。昆明科技创新园依托经济开发区已有的各类产业条件，利用中央驻昆科研机构及省级科研机构的技术优势，高起点、高规格建设，积极引进服务外包企业，重点发展电信、电子政务、烟草、物流、化工冶金、金融服务、生物医药研发等外包产业，以服务外包产业的发展，带动软件与信息服务业的全面升级。

（2）三区，即王家营国际物流园区、空港国际物流园区、高新区与经济开发区新兴产业孵化区。王家营国际物流园区、空港国际物流园区利用昆明面向东南亚、南亚的地理优势和现代物流服务业的产业优势，重点发展基于信息平台的物流外包业务。高新区与经济开发区新兴产业孵化区通过创业培训辅导、融资服务、市场营销及技术产权交易、网络技术与成果交易等多功能公共服务平台，培育新兴信息服务外包企业。

（3）三基地，即国际生态数码基地、昆明信息产业基地、国家软件人才国际培训（昆明）基地。国际生态数码基地、昆明信息产业基地通过培育引进服务外包企业，利用昆明面向东南亚的语言和人文优势，扩大产业规模，积极承接东南亚、南亚和国内市场的外包业务。国家软件人才国际培训（昆明）基地引进国际最新信息技术和产业发展理念，重点

引进先进的软件技术、操作系统、信息安全、大型主机系统与软件、嵌入式系统与软件等，与国家培训机构、研发机构合作，进行多模式的差异化培训，为软件外包提供人才支撑。

（4）三重点，即昆明理工大学云南省计算机应用重点实验室、云南大学软件学院云南省软件工程重点实验室、云南师范大学教育部民族教育信息化应用重点实验室和西部资源环境地理信息技术工程研究中心。充分发挥高校人才、设施优势，为云南软件与信息服务技术的理论研究、工程技术标准或规范的制定、软件开发技术服务平台建设、各层次技术人员实训提供常规、系统技术支持服务。

在研发与引进软件新技术、创新开发软件新产品、加速软件成果转化、推动城市信息化发展、促进云南软件产业链的形成等方面发挥重要作用。

第十一章　甘肃省软件公共服务体系建设十年回顾与展望

一、甘肃省软件公共服务体系建设十年回顾

经过十年来的改革与发展，全省软件公共服务体系建设迈上了一个新台阶。一支素质较高、能力较强的工作队伍迅速成长，软件产业得到了快速增长，涌现出了一批拥有自主知识产权和核心技术的企业，具有甘肃特色的地方性法规、规章、政策体系逐步形成。通过积极构建“创业辅导、信用担保、公共服务、技术开发、信息化、人才培训、市场开拓、管理咨询与法律、技术人员和企业基地”十大社会化服务体系，社会资源得到有效整合，各类公共服务平台不断搭建，服务软件企业的能力不断提升。

（一）公共服务平台建设

1. 平台建设深入推进，取得一定成效

十年来，全省建立完善公共服务体系，支持各类公共服务平台发展。积极创新公共服务平台运营服务体制、机制和模式，鼓励跨区域的平台资源共享和优势互补。探索开展服务能力评估，规范公共服务行为，努力提高服务能力。通过整合省级中小企业科技成果与专利技术对接平台、省级公共技术服务平台及行业协会、科研院所等社会资源，积极为软件和系统集成企业提供科技成果转化、技术难题攻关、项目论证等服务，切实解决企业的信息不畅、人才难求等问题。同时，通过引导各地利用现有园区、开发区及闲置厂房、场地、楼宇，推进创业孵化基地建设，创新创业辅导，积极为入孵企业进行创业策划、市场分析、事务代理等服务，兰州联创、南特及酒泉、张掖、天水等地建成初具规模的孵化基地 18 个，在孵企业 1 600 多家，提供就业岗位 4 万个。中小企业甘肃网与国家中小企业信息网及全省 10 市州、9 县区实现了四级互通互联，方便了企业对政策、法律、技术、市场信息的获取。甘肃省文献共享平台，按照“各自持有、各自建设，同一界面，共同服务”的建设模式，设立了平台呼叫中心，开通呼叫服务热线，通过网络、电话等开展科技咨询服务，利用科技通，实现短信服务。截至目前，文献平台注册用户数 1 867 家，访问量 61 万人次，全文下载和原文传递 40 余万篇。

2. 整合资源，内引外联

甘肃省公共服务体系平台建设遵循了资源整合、内外联合的原则，甘肃省超算中心通过与上海超算中心联合，进入中国网络环境中心；省科技情报所承担的科技文献平台，与中国信息研究所等国家大院大所联合，引进大型数据库资源，借助电子文献优势，实现与国家科学图书馆兰州分馆、兰州大学图书馆、甘肃省图书馆、兰州理工大学图书馆、甘肃

农业大学图书馆等几大图书馆的联合共建；省机械科学研究院承担的装备制造业平台通过依靠同跨国公司的合作，与广东省、云南省及中国机械研究总院联合后实现了平台的快速发展。

（二）投融资服务

1．积极拓宽投融资渠道，加大对信息产业的投入力度

十年来，全省积极落实国家鼓励软件服务业发展的投融资政策，努力建立多渠道、多层次、多元化投融资体系。推进金融服务创新，鼓励引导建立软件服务业风险投资担保公司，为软件服务业企业提供融资和担保服务，解决企业融资难问题。鼓励风险投资机构对软件服务业进行投资，积极支持软件服务业企业进入境内外资本市场进行融资。通过各级政府的不断引导和投入，全省各类企业信用担保机构发展到75家，累计为4 400多家企业提供担保贷款近105亿元。积极引导和鼓励金融机构对符合国家产业政策的软件企业予以信贷支持。目前，兰州市高新区管委会每年拿出1 000万元支持符合条件的软件企业进入境内外资本市场融资，通过股票上市、发行企业债券等多渠道筹措资金，现正积极培育兰州大成科技股份有限公司和兰州南特数码科技股份有限公司等一批有实力的企业准备上市。2010年9月28日，为寻找解决融资难问题的出路，甘肃省工信委积极贯彻落实《国务院办公厅关于进一步支持甘肃经济社会发展的若干意见》，与甘肃银隆中小企业资产管理有限公司联合成立甘肃省中小企业基金投资中心，注册资金为5.1亿元。中心将通过政府部门的政策和资金引导，搭建投融资服务平台，运用短期融资、股权融资、产权交易等直接融资形式，投资高成长、高科技及具有上市潜力的中小企业，拓宽中小企业的融资渠道；充分利用自身的投融资专家团队，为中小企业提供短期融资、股权融资等服务；在上市和非上市融资通道中为企业提供法律、会计、证券保荐等中介服务。到年底，将至少搭建1/3的市州中小企业基金投资中心的平台，力争在两三年内建成覆盖全省、实力雄厚的中小企业基金投资平台网络，影响甘肃省软件企业发展的最大瓶颈“融资难”问题将得到缓解。

2．企业信用档案建设稳步推进

2010年，启动并建立中小企业信用信息库，促进了银企合作，有效缓解了企业的融资难、担保难问题。企业档案作为企业的“经济身份证”，可以帮助金融机构和其他企业了解其信用状况，为有良好信用记录的企业创造更多的融资机会。2010年以来，甘肃省依托人民银行企业信用信息基础数据库，通过建立中小企业信用档案，征集中小企业信用信息，建立中小企业信用体系，帮助金融机构和社会融资主体了解中小企业的信用状况，扩大对中小企业的信贷支持。同时利用信用信息建立中小企业信用评价体系形成了中小企业守信激励、失信惩罚机制，全面改善了中小企业信用环境。

（三）人才培训服务

十年来，大力实施人才强企战略，加快人才培养引进，建立健全多层次、多类型的软件人才培养和服务体系。积极引进优秀软件人才和领军人物，鼓励高等院校、科研院所科技人员和海外留学人员创办软件服务业企业。对新办企业的优秀创业项目择优予以资金扶持。鼓励引导高等院校设立软件学院和软件职业技术学院，大力发展软件和动漫专业学历

教育，满足软件服务业人才需求。充分利用省内现有高等院校、中等专科学校多层次培养软件人才。

创新人才培养模式，鼓励支持企业与高等院校合作开展“订单式”人才培养，建立软件人才培养和实训基地，并给予一定数额资金补助。支持社会办学力量引进国内外软件人才培训机构和师资，开展软件业初级人员和紧缺人才培训。对高校应届毕业生和尚未就业的高校毕业生，通过软件等相关专业培训后被软件服务业企业录用，并签订两年以上《劳动合同》的，给予用人单位一定数额资金补助。甘肃科技文献共享平台建立了由甘肃省图书情报界专家组成的专家咨询队伍；在近几年的网络信息化建设与文献平台关键技术的研究开发中培养了一批信息技术开发人员；文献平台 7 家核心共建单位的强强联合，集聚了一批高素质的资源加工、整合建设人员；文献平台的运行、推广、服务锻炼了一支遍及 14 个市（州）和部分行业的检索咨询、推广培训及服务管理队伍。

积极探索兼职、定期服务等柔性流动制度，全面推行市场“猎取”、公开招聘、职场选聘等市场化人才配置方式，从而有效地解决骨干人才短缺的问题。完善人才激励机制，优化优秀人才干事创业发展环境，每 3 年组织开展一次“甘肃省软件业杰出人才”评选活动，对获奖人员给予表彰奖励。

（四）知识产权服务

保护知识产权是发展知识经济的基本条件，也是实现中央提出的“信息化带动工业化”的重要条件。全省高度重视对知识产权特别是软件知识产权的保护工作，始终把支持具有自主知识产权的创新产品作为重点工作来抓。2010 年 6 月 18 日，甘肃省人民政府出台了《甘肃省知识产权战略纲要》。为使甘肃专利申请服务步入高效、快捷、准确的轨道，甘肃发明协会在省科技厅的支持下，建立了甘肃专利申请服务平台。提高软件知识产权保护意识，推进正版软件使用工作，坚决打击侵权、盗版等违法行为。鼓励支持软件著作权、软件产品登记、发明专利申请和高新技术企业、产品认定，对所产生费用给予适当补助。同时，提升软件企业自主创新能力，鼓励骨干软件企业建立技术研发机构，构建产学研用相结合的技术创新平台和支撑体系，支持以骨干企业为龙头建立技术、标准、产业和应用联盟，提高科研成果转化能力。优先支持联合成立的软件研发机构、软件项目课题，对市场前景良好，并具有自主知识产权的软件项目，给予一定比例补助，对已取得商业贷款且市场前景看好的项目，按 1 年期银行贷款基准利率给予贴息补助。十年来，全省软件和集成电路企业共有 70 多个系列和产品获国家重大科技成果二等奖、国家科技进步一等奖、国家技术开发优秀成果奖、部科技成果一等奖、国家优质产品银奖等，登记软件产品 220 件、登记软件著作权 215 件，共申请及获得各项专利超过 100 件，有效保护了企业核心技术和自有知识产权。

二、甘肃省软件公共服务体系展望

（一）指导思想

在“十二五”期间，甘肃省将以国家和甘肃省科技基础条件平台建设纲要为指导，以全面提高甘肃软件企业科技创新能力和增强竞争力为目标，以区域科技创新为服务重点，以改革为动力，以资源整合和能力建设为主线，以建设共享机制为核心，以信息共享带动实物共享，突出重点、特色，坚持以人为本，通过观念创新、制度创新、技术创新，充分运用现代信息技术和已有条件资源，搭建具有公益性、基础性、战略性的软件公共服务体系平台，有效改善创新环境，为促进全省软件产业发展提供有效、高质的服务和强有力的支撑。

（二）主要任务

1. 构建和完善物质与信息保障系统

基于国家统一的技术标准和规范，结合甘肃实际，对现有的大型科学仪器设施、自然科技资源、科学数据、科技文献等，进行整合、重组和优化，构建网络科技环境，加快实现资源的信息化、网络化，形成适当集中与适度分布相结合的资源配置格局，并以此加快科技成果转化服务力度。

2. 建立以共享为核心的制度体系

加快修改、制定与平台建设相配套的规章、制度和办法，明确平台建设中各相关主体的责任、权利和义务，建立和完善激励机制和评估评价监测机制，推进管理方式创新，创造公共资源公平使用的制度环境。

3. 培育专业化的人才队伍和机构

深化科研机构人事制度改革，完善评价体系，建立人才凝聚机制，培育、形成一支专门从事科技基础条件管理与技术支撑的人才队伍。

（三）保障措施

1. 加强组织领导，落实组织制度

加强政府宏观调控和监管责任，建立甘肃省软件平台建设联席会议制度，由省工信委、省科技厅、省发改委和省财政厅等有关部门组成，协调解决平台建设中遇到的重大问题，共同推进平台建设。

2. 完善法规体系，强化制度创新

与国家有关的法律、法规相配套，加强软件平台建设有关规章制度的制定工作，协调平台建设的政策与其他政策的衔接。结合各类科技机构改革，按照职责明确、评价科学、开放有序和管理规范的原则，建立健全保障平台建设与运行的绩效考核机制、共享监管机制和人才评价机制，形成科学的组织管理模式和有效的运行机制。

3. 加强项目管理，推进平台建设

将软件平台建设项目作为全省信息产业项目管理的重要内容，依据规则和程序实施项目管理。平台建设采取设立项目组、分项目组、课题组方式，严格合同管理，加强跟踪调查和评估，确保各项建设内容的顺利实施。

4. 强化投资力度，调整支出结构

在建设投资和科技经费安排中，强化平台建设的投资力度，形成以中央与地方财政为

主导、条块结合的多渠道投入格局。深化资源配置方式改革，调整科技经费支出的结构，统筹安排涉及科技基础条件平台建设和相关科技计划的经费。落实平台运行经费渠道，使平台运行得到稳定的经费支持。制定相应政策，鼓励和引导社会资金参与平台建设。强化平台建设的资金管理，完善资金管理制度和资金使用的绩效考评制度，提高资金使用的规范性和有效性。

5. 建立平台评估评价监测体系

加强平台建设的科学决策和监督管理，建立评估评价监测机制和相应的保障系统，确保平台的高效运行和国有资产安全及有效使用。建立评估评价监测信息汇集与分析系统，逐步形成评估评价监测信息工作网络，开展多元化的评估评价监测活动，实现社会监督。

6. 推进公共服务信息化

采用政府引导和市场机制相结合的模式，更加重视发挥市场机制，调动各方面积极性，大力培育新兴产业，全面推动“一站式”“一网式”“一卡式”政府公共服务。

7. 营造良好的社会氛围

采取多种方式，宣传和弘扬软件平台资源共建共享的理念，提高社会公共资源的共享意识。与国家、省重大科研项目相结合，创造开放条件，全面推动软件企业使用平台资源和参与科技创新，为全省软件公共服务体系的建设与完善营造良好环境。

第十二章　宁夏回族自治区软件公共服务体系建设十年回顾与展望

国发 18 号文出台十年以来，宁夏回族自治区政府全面贯彻和执行，形成了具有地方特色的软件公共服务体系。

一、宁夏回族自治区软件产业载体建设情况

宁夏软件园建于 2006 年，是宁夏的软件和动漫开发基地。基地由银川经济技术开发区管委会投资 7 000 万元，建筑面积 15 700 平方米。它的建成为宁夏的动漫和软件开发产业搭建了一个科技创新和技术研发的平台，也让从事动漫产业和软件开发的企业和从业者有了一片可以大展宏图的天地。2009 年全园完成主营业务收入近 2 万亿元，同比增长 21.6%。其中动漫产业收入约 2 600 万元，服务外包收入约 80 万美元。企业实现利润总额近 2 500 万元，同比增长 41.8%；上缴税金总额 600 多万元，同比增长 15.5%。经认定的软件企业和软件产品，兑现了优惠政策，退税金额近百万元，软件企业享受的减免税额逐年增长。入园企业近 50 家，从业人员达到 800 多人，新增就业岗位近 200 个。

宁夏新软件园，已经开工建设。新园占地 100 亩，总建筑面积约 14.9 万平方米，总投资约 5 亿元。

二、宁夏回族自治区软件公共服务体系建设现状及展望

（一）技术开发服务情况

从 2010 年起，自治区高新技术园区建设专项资金每年安排一部分资金，对宁夏软件产业园基础设施建设给予补助。自治区财政厅会同相关部门负责向国家相关部门申请软件产业园建设资金，重点扶持园区内公共软件开发平台和软件孵化器等项目建设。

对符合高新技术条件的国内外和自治区级骨干软件企业，在园区自建办公用房或研发中心，其土地价格可享受工业用地优惠价格；根据投资额及纳税额，对办公用房租赁费用给予补贴。

（二）人才培养服务情况

海外留学人员及国内高等院校、科研院所科技人员、高校毕业生在软件园区参办或创办软件企业，自获利年度起 5 年内，企业所得税地方留成部分由市县财政通过预算列支的方式，用于支持企业发展。企业人员薪酬和新招聘员工的培训费可按实际发生额在企业所得税税前列支。

拓展人才培育模式。鼓励校企、校校合作等模式多渠道培养软件人才。加快宁夏软件

学院可行性论证步伐，条件具备时成立宁夏软件学院。鼓励在软件企业建立高校软件专业教学实习基地，缩短人才的供需路径。支持企业高中级管理人员和高中级技术人员参与国内外技术交往，企业参加自治区组织的境外考察及学术交流活动，可享受中小企业国际市场开拓资金等专项资金支持。

促进人才引进和培养。自治区人才引进与培训专项资金要支持软件企业引进、培养高层次管理人才、系统分析和设计人才。对做出突出贡献或取得重大成绩的软件行业人才，可授予自治区“新世纪313人才工程”证书，并给予适当奖励。

鼓励就业培训或职前培训。对高校应届毕业生和尚未就业的高校毕业生，经过职前实训或培训后被宁夏软件企业录用、签订2年以上《劳动合同》并按规定办理各项社会保险的，按每人不超过4 000元的标准，给予用人企业费用补助。

（三）知识产权服务情况

强化知识产权保护力度。认真落实《中华人民共和国著作权法》和《计算机软件保护条例》，净化市场，打击盗版，保护知识产权，为软件产业发展创造良好的内外环境。

（四）投融资服务情况

优化企业投融资环境。各金融机构要大力支持软件企业做强做大，对市场前景好的软件企业，要参照高新技术企业的标准，给予优惠利率信贷资金支持。宁夏担保集团、银川市中小企业担保中心等重点担保机构，要加大对软件企业技术创新和新产品产业化项目融资贷款担保支持力度。自治区对落实支持项目的金融机构和担保机构给予一定费用补贴。允许经过认定的软件企业以知识产权、股权质押等方式获得担保贷款。条件具备时，在产业园区建立软件产业风险投资绿色通道。

完善优化进出口政策环境。对企业进口所需自用软件制造设备，执行国家免征关税和进口环节增值税政策；支持软件出口及信息服务外包企业在境外设立研发和营销服务机构；金融部门要通过提供出口信贷等方式，支持软件产品出口和信息服务外包。

（五）市场开拓服务情况

以信息化带动软件产业。各地、各部门和各企事业单位信息化建设项目要坚持高标准、高质量，选择施工企业要考虑有无软件开发资质，有无持续、快捷服务能力，有无后续建设水平。信息化建设要带动软件产业健康发展，软件产业要推动信息化建设向深层次迈进。大力推进两化融合。重点推进软件与现代网络融合，与传统产业融合，与现代服务业融合。对在两化融合工作中做出突出成绩的企业，根据融合工程总费用和经济效益，给予一定奖励。

鼓励企业开拓国内外市场。凡自治区软件企业，其软件产品和服务进入区外市场的，对市场推介、展会等费用给予一定的补助；对实施国际市场开拓活动并取得实际效果的企业，除享受国家支持中小企业国际市场开拓资金支持外，自治区再给予适当补贴。

（六）品牌推广服务情况

组织企业参加区内外会议和评比，并取得成效。例如，第七届中国国际软件和信息服务交易会，宁夏6家软件公司与国内外企业签订了总价值近3 000万元的软件和外包项目，获得交易会组委会的最佳组织奖。宁夏计算机软件与技术服务有限公司的《NSSC 医疗保险管理平台解决方案》，被工业和信息化部评选为 2010 年全国 100 件计算机信息系统集成经典案例。2010 年举办的宁夏信息产业发展论坛暨产品展示会受到社会各界广泛关注。通过这些活动，企业形象和产品认可度大幅提高。

（七）技术创新鼓励情况

加大对软件的投资比例。财政性资金建设的信息化工程，用于购买软件产品的资金，原则上不得低于总投资的 25%。鼓励行政机构和企事业单位在信息化建设中，与区内软件企业合作开发软件产品或开展服务外包，对形成成果的给予一定奖励。

对具有市场前景的自主知识产权软件创新产品项目，根据实际发生费用和经济效益给予一定比例的项目补助；对已取得商业贷款且市场前景看好的项目，根据其贷款总额，按 1 年期银行贷款基准利率给予贴息补助，期限原则上为 1 年。支持企业与区内外大专院校联合成立软件研发机构和软件项目课题组，对研发机构或课题组的科研课题，科技 3 项费用给予优先支持。

今后凡通过 CMMI、CMM4、CMM5 等相关国际标准认证的企业，除按《自治区人民政府关于促进服务外包业发展的若干意见》（宁政发［2009］20 号）规定的奖励标准奖励外，对其中通过 CMM4、CMM5 以上认证的软件企业，给予适当认证费用补贴。

自 2010 年起，对获得国家部委认可并在一个行业系统内推广的优秀软件产品，给予企业不超过 10 万元的一次性奖励；对获得“中国优秀软件产品”称号的企业，给予 20 万元的一次性奖励；获得自治区经济和信息化委员会、财政厅组织评选的“优秀系统集成企业”“优秀软件企业”“优秀软件产品”荣誉的企业，给予适当奖励。

（八）软件业发展资金支持情况

自治区自 2010 年起设立软件产业发展专项资金，重点支持软件产业公共平台建设、产品研发、技术攻关、人才引进、品牌建设和市场开拓等。软件企业可申请“五优一新”产业支持资金、科技攻关资金、高科技产品出口支持资金、高科技人才引进资金等专项资金，相关部门要及时发布项目申报指南，把扶持政策落到实处。到期收回的软件产业发展专项资金继续支持发展潜力大、有市场前景的软件产业项目。十年来，自治区各级财政先后支持软件业资金累计近亿元。

宁夏回族自治区建设的软件公共服务系统，主要的依据是国发 18 号文。将来会根据新出台的文件扩展服务范围，提高服务质量，增加服务效果，促进宁夏软件服务业的发展，保障宁夏两化融合的质量，加快经济发展方式转变，实现各个行业共同繁荣。

技术创新篇

第一章　软件技术发展历程

一、全球软件技术发展现状

基于 Internet 的连通性，软件产品的形态和传播模式开始发生根本性变化。继软件作为一种产品和产业从硬件脱离出来以后，目前软件正在从由依附在存储介质（磁盘、光盘等）上的产品形式转变成无固态形态的服务形式，软件产业正在从生产产品演变成提供软件服务。软件作为服务（Software as a Service）这一崭新模式有望取代传统的基于复制的产业模式。这种新型模式不仅更加具有商业合理性，同时，客户端/Internet 形式的技术能够为用户提供低成本、强有力的计算能力，更可以在软件升级、维护等关键方面实现更为优质的服务。当今软件技术逐渐向软件+服务的方式转变，而且获得了越来越多企业和用户的认可。服务化趋势使各种软件产品以服务的方式向用户提供，这将极大地改变软件应用模式和商业模式，进而影响软件产业的格局。

除此之外，随着我国信息化的不断推进和网络的广泛普及，对软件技术和产品提出了更多需求。软件技术正朝着网络化、可信化、工程化和体系化方向发展，软件技术的不断创新和广泛应用，将促进和带动软件和软件服务的发展。其中，软件产品网络化将改变应用与技术模式，新一代软件将基本以网络为中心来实现各种复杂的分布式应用。软件的可信性越来越被人们重视，高可信技术将大大提高软件产品的可用性、安全性和可靠性，成为网络技术应用的关键，安全、高效、低成本的软件是未来企业和用户关注的重点。工程化趋势推动复用技术和构件技术发展，降低了软件开发的复杂性，提高了软件开发的效率和质量；体系化趋势促使软件平台向一体化方向发展，操作系统、数据库和中间件一体化趋势明显，软件的竞争逐渐发展成软件平台体系竞争，软件平台体系将成为网络环境下各种应用的支持基础。

如今，软件行业又面临着新的机遇和挑战。2010 年中国软件创新报告提出，物联网、三网融合、云计算、3G 等为软件行业的发展提供了新的平台，成为我国软件技术新的发展方向。物联网是通过射频识别（RFID）、红外感应器、全球定位系统、激光扫描器等信息传感设备，按约定的协议，把任何物品与互联网连接起来，进行信息交换和通信，以实现智能化识别、定位、跟踪、监控和管理的一种网络。电信网、计算机网、有线电视网传统上是 3 个互相独立的网络，数字化技术使三者相互融合成为可能，三网融合使得网络更加深入生活和生产，视频娱乐、电子商务、网络游戏等会以更多不同的方式出现，这将使得软件的研发更基于使用者，细化到更具体的方面。云计算使网络服务提供者可以在数秒之内处理数以千万计甚至亿计的信息，能在最短时间内满足用户的需要，降低成本，同时也促使数据资源更加充足和完善，大大方便了使用者。3G 业务的多样性和网络容量的增加，给网络应用带来了更为广阔的空间。

二、软件工程发展里程碑

30 多年来，软件工程的研究和实践取得了长足的发展，为软件工程化以及软件产业的发展起到了积极的推动作用。软件工程发展史上取得了具有里程碑意义的进展：① 20 世纪 70 年代：程序设计方法学、结构化分析和设计、抽象数据类型、软件工具。② 20 世纪 80 年代：软件开发方法学、软件工程环境（CASE）、面向对象技术。③ 20 世纪 90 年代：软件复用和软件构件技术、软件过程、需求工程。

当前，互联网已成为当今世界上覆盖面最广、规模最大、信息资源最丰富的计算机信息网络，深刻地改变了传统的技术及应用、业务和产业模式，为我们提供了一种全球范围的信息基础设施。这个不断延伸的网络基础设施，形成了一个资源丰富的计算平台。以互联网为主干，各类局域网或无线网为局部设施，伴随着移动通信技术的发展，再加上各种信息处理设备和嵌入设备作为终端，构成了人类社会的信息化、数字化基础，成为我们学习、生活和工作的必备环境。

三、我国软件技术创新成果

（一）操作系统

操作系统作为基础软件平台，在服务器、桌面电脑及嵌入式领域都有应用。国产操作系统软件从 1999 年开始兴起，伴随着 2001 年开始的“推进政府软件正版化”到 2006“企业软件正版化”再到原信息产业部、国家版权局、商务部联合下发了《关于计算机预装正版操作系统软件有关问题的通知》，规范计算机预装市场等重大发展机遇，国产软件厂商不断改进和完善自身产品，实现自身的蜕变。国产操作系统软件在服务器端的应用已经得到了广大国内用户的认可，在金融、电信、政府等众多领域得到了广泛的应用。国产桌面操作系统由于产品成熟度、系统的适应性、用户认知度、上下游软件环境支持等方面还不及微软 Windows 操作系统，短期内无法在桌面端与微软操作系统抗衡，但在特定行业应用定制方面潜力无限。充分发挥 Linux 桌面灵活定制的特性，可以开发出针对客户需求的优秀产品，如中标软件有限公司的中标普华数字标牌系统、地铁闸机定制系统、数字机顶盒等产品及老人 PC、农民 PC 等 OEM 解决方案，为国产桌面操作系统应用开拓了新的思路。在很多特定应用领域国产基础软件还是有其特定的优势，如在安全系统应用领域，国产操作系统由于其国产化、安全性高等特点赢得了行业客户的青睐。同时本地化的定制与开发服务支持，使得客户可以获得更快、更优质的本地化支持与服务。在嵌入式领域，随着三网融合、移动互联网和物联网的快速发展，国产操作系统将有广阔的应用前景。

OpenDesktop.net 是国内第一个以技术开发为主的大型开放源代码社区，致力于开发商品化的、与 Windows 高度兼容的、适合政府和企业商用的桌面 Linux 操作系统。OpenDesktop.net 是由国内一些大型软件企业、大学和科研院所联合成立的，得到了各级政府和众多专家的广泛支持。Open Desktop 系统，改造了 Linux 内核，设计了新的虚拟内存算法，使得 Open Office 的内存消耗下降了 3 倍，整个系统在内存只有 128MB 的系统上也能流畅地运行。安装程序简洁明了，普通用户无须了解 Linux 知识，即能轻松安装。系统解决了文档兼容性问题，可以在 Linux 下直接打开 Word 文档。浏览器和 IE 高度兼容，拥有自主的界面设计、电子邮件、资源管理器，等等。

麒麟（Kylin）操作系统是由国防科技大学、中软公司、联想公司、浪潮公司和民族恒星公司 5 家单位合作研制的服务器操作系统。麒麟（Kylin）操作系统是国家“863”计划的重大研究成果，拥有完全自主版权的内核，与 Linux 在应用上二进制兼容，并支持 64 位，是中国独立研发成功的、具有完全自主知识产权的服务器操作系统。麒麟（Kylin）操作系统在安全设计方面采用内核与应用一体化的安全机制，采用多策略与动态策略相结合的安全框架，支持以模块化方式实现安全策略，提供多种访问控制策略的统一平台。麒麟（Kylin）操作系统是目前我国通过认证的安全等级最高的操作系统，已广泛应用于军工、政府、金融、电力、教育、大型企业等众多领域，为我国的信息化建设保驾护航。

红旗 Linux 是由北京中科红旗软件技术有限公司开发的一系列 Linux 发行版，包括桌面版、工作站版、数据中心服务器版、HA 集群版和红旗嵌入式 Linux 等产品。红旗 Linux 是中国较大、较成熟的 Linux 发行版之一。红旗 Linux 提供完善的中文支持，与 Windows 相似的用户界面。通过 LSB3.0 测试认证，具备了 Linux 标准基础的一切品质。Linux 下网页嵌入式多媒体插件的支持，实现了 Windows Media Player 和 RealPlayer 的标准 JavaScript 接口，参考 Windows ASF 格式规范编写了 ASF/WMV Marker 的支持环境，保证了基于 Windows 编写的在线多媒体播放网页的支持。前台窗口优化调度功能，通过内核级资源调度和前台窗口的自动跟踪工具，保证了前台窗口在合理的范围内以最大的系统资源运行。支持 MMS/RTSP/HTTP/FTP 协议的多线程下载工具。

RelaxBSD 是一套中国大陆用户在 FreeBSD 的基础上开发的，方便中文用户使用的 BSD 系统。RelaxBSD 在 BSD 许可协议下发布，允许任何人在保留版权和许可协议信息的前提下随意使用和发行。用基于 QT 的 GUI 安装界面，使得安装过程非常简单；用 Grub 做启动管理。能自动识别其他 Windows 分区，系统第一次启动后可自动加入其他 grub（如 Linux）的启动项；直接支持多种打印机、数码相机、扫描仪、电视卡设备；可以自动识别网卡（自动设为 DHCP）、声卡、显卡；包含有 Open Office、Gimp、nvu、Glade2.mplayer、xine、stardict、recite word、kbtv、aMule、KTorrent 等优秀的软件；自动挂载 FAT32.NTFS、Ext2fs、ReiserFS、UFS 分区，其中，FAT32.NTFS 分区按选择语言编码挂载，NTFS、ReiserFS 按只读方式挂载；包括 Open Office 在内的编辑软件支持 cups 打印；自动识别并挂载移动存储设备。

十年间，在政府和业界的努力之下，国产操作系统的“星星之火”渐显燎原之势。以中标软件、中科红旗为代表的国产操作系统企业，正在羽翼日丰，其产品已经在政府、军队、教育、电信、金融等行业大范围应用。微软等国外 IT 厂商在国内操作系统市场的垄断地位，正在被一点点撼动。

操作系统是管理电脑硬件与软件资源的程序，同时也是计算机系统的内核与基石。近几十年来，随着多处理机技术、中间件技术、网络技术、嵌入式技术、多媒体技术、虚拟化技术、安全技术和可信计算技术等硬件和软件新技术的不断涌现，在传统操作系统基础上不断出现新的技术亮点。

1．微内核操作系统

为了改善现有的操作系统内核的规模过于庞大复杂以致难以控制和验证的问题，微内核操作系统应用最小特权原则，把一般内核中大部分的功能移出内核而只保留必不可少的部分。

2. 嵌入式操作系统

嵌入式操作系统是以应用为中心，软硬件可裁减的，适用于对功能、可靠性、成本、体积和功耗等综合性要求严格的专用计算机系统。

3. 分布式操作系统

分布式操作系统可以通过网络透明地访问存储在远程设备或服务器上的文件。

4. 可扩展操作系统

由于微内核技术的使用，使操作系统在保持核心功能的基础上能够灵活地集合各种服务及应用，这就是所谓的可扩展操作系统。

5. 虚拟化操作系统

虚拟化操作系统或者运行在虚拟监控层之上的操作系统比原始的系统更安全。

6. 可信操作系统

近年来可信计算技术被选择用来从根本上解决个人电脑的脆弱性，并得到快速发展，市场对高可信操作系统的理解和需求将逐步扩大。

7. 云操作系统

云操作系统，即采用云计算、云存储方式的操作系统。

（二）数据库

数据库是按照数据结构来组织、存储和管理数据的仓库，它产生于距今50年前，随着信息技术和市场的发展，特别是20世纪90年代以后，数据管理不再仅仅是存储和管理数据，而转变成用户所需要的各种数据管理的方式。

在数据库技术领域中，用户最关注的技术热点主要有以下几方面。

（1）数据库性能调整优化：配置和诊断数据库，以优化性能。

（2）数据库容灾备份：通过在异地建立和维护一个备份存储系统，利用地理上的分离来提高系统和数据对灾难性事件的抵御能力。

（3）数据库设计：对于一个给定的应用环境，构造最优的数据库模式，建立数据库及其应用系统，使之能够有效地存储数据，满足各种用户的应用需求（信息要求和处理要求）。

（4）商业智能（BI）：商业智能描述了一系列概念和方法，通过应用基于事实的支持系统来辅助商业决策的制定。

（5）数据库应用软件开发。

（6）信息集成：信息集成是指系统中各子系统和用户的信息采用统一的标准、规范和编码，实现全系统信息共享，进而可实现相关用户软件间的交互和有序工作。

（7）XML支持：如今很多数据库提供了扩展的功能，能够在XML文档和数据库之间进行数据的传输，通常是设计成为能够存储和提取以数据为中心的文档。

（8）ECM（企业内容管理）：企业内容管理是为客户提供的一种应用软件，它管理、集成和访问从音频、视频到扫描图像的各种格式的商业信息。

数据库作为信息系统底层的核心，是软件产业中最具技术含量和市场价值的部分之一，是国家发展“安全、可靠、可控”的国产基础软件的根本。中国数据库软件的研制开始于20世纪90年代初，由中软集团牵头，联合了中国人民大学和北京大学研发第一代国产数据库软件。当时在技术上采取的是跟踪策略，学习国外先进的技术，为未来中国数据库技术的产品化做好技术积累，打下基础。经过了十多年的艰苦奋斗，中国数据库软件不仅发展了起来，而且还取得了明显的进步。目前，中国数据库企业已经具备相当高的技术实力和产品提供能力，也获得越来越多行业用户的认可和信任。

达梦数据库是武汉华工达梦数据库有限公司推出的具有完全自主知识产权的高性能数据库产品。它采用“三权分立”的安全管理机制，安全级别达到B1级，采用封锁机制来进行高效的并发控制，采用单进程、多线程的“对称服务器构架”支持SMP系统，并在大数据量存储管理、数据查询优化处理、事务处理、备份与恢复等诸多方面都有突破性进展和提高。

Open BASE由东软集团有限公司开发，主要包括Open BASE多媒体数据库管理系统、Open BASE Web应用服务器、Open BASE Mini嵌入式数据库管理系统、Open BASE Secure安全数据库系统等产品。所有的这些产品涵盖了企业应用、Internet/Intranet、移动计算等不同的应用领域，具有不同的应用模式，形成了Open BASE面向各种应用的全面的解决方案。多媒体数据库管理系统Open BASE是Open BASE产品系列的核心和基础，其他的产品都是在其基础上，根据各自应用领域的不同特点发展、演变而成的。

OSCAR由北京神舟航天软件技术有限公司研发。神舟OSCAR数据库系统基于Client/Server架构实现，服务器具有通常数据库管理系统的一切常见功能，此外还包括一些有助于提高系统对工程数据支持的特别功能，而客户端则在提供了各种通用的应用开发接口的基础上，还具有丰富的连接、操作和配置服务器端的能力。

Kingmakers由北京人大金仓信息技术有限公司研发。它具有以下特点：交互式工具ISQL，图形化的数据转换工具，多种方式的数据备份与恢复，提供作业调度工具，方便的用户管理，支持事务处理，支持各种数据类型，提供各种操作函数，提供完整性约束，支持视图，支持存储过程/函数，支持触发器。

iBASE由北京国信贝斯软件有限公司研发，它包括5个部分：iBASE Reliax Server全文检索服务器，iBASE Web网上资源管理与发布系统、iBASE Index System文件管理与发布系统、iBASE Web robot 网络资源采编发系统和iBASE DMC 数据库管理中心。

GBase 是南大通用数据技术有限公司汇聚多方科研力量推出的自主品牌的数据库产品，具有稳定、实用、高效等特性。GBase通过复制、备份与恢复、双机热备、ReDo/UnDo日志等可靠性策略，保证数据的安全性与完整性，提供连续的数据管理服务。GBase从产品定义和设计思想上，抓住主流数据库用户的主流需求，以OLTP类型数据处理为实现目标，以系统的稳定性、可靠性和兼容性为基本设计原则。GBase提供全图形化管理工具集，针对国内数据库用户量身定做了极具人性化的数据库维护与管理工具。服务器和管理工具支持多种操作系统平台，包括Windows系列、Linux系列及UNIX系列。

HUABASE 华鼎数据库是由清华—广东环天数据与知识工程研究中心开发的新一代基

于列存储的关系型数据库系统。产品由归国专家领导设计，拥有行业领先的专利技术，可用来解决传统数据库中一些关键的性能问题。列存储技术的特点是数据查询效率高，读磁盘少，存储空间少，是构建数据仓库的理想架构。HUABASE 实现了多种数据压缩机制、查询优化和稀疏索引技术，在支持高效率的商业智能方面具有良好的发展前景，可以帮助企业轻松做出明智的业务经营决策。

国产数据库经过近十年的努力已成功应用在政府、军工、教育、电力、金融、农业、卫生、交通、科技等诸多行业，在安全性、易使用、可靠性等方面都取得了令人瞩目的成绩。国产数据库开始进入相对成熟的市场发展阶段，并已崭露头角。同时，经过中国软件测评中心近两年来组织的数次测评结果和在各个行业的成功应用都表明国产数据库不仅是可用的，而且是够用的，完全可以满足我国信息化发展的需要。国际人士分析，以中国目前的国力、先进的科学技术、雄厚的资本及各方面的支持，中国数据库软件不但可以满足自己的发展需要，而且还将会为全球的数据库行业贡献己力。

（三）中间件

中间件是一种独立的系统软件或服务程序，分布式应用软件借助这种软件在不同的技术之间共享资源。中间件位于客户机/ 服务器的操作系统之上，管理计算机资源和网络通信。是连接两个独立应用程序或独立系统的软件。相连接的系统，即使它们具有不同的接口，但通过中间件相互之间仍能交换信息。执行中间件的一个关键途径是信息传递。通过中间件，应用程序可以工作于多平台或 OS 环境。中间件大致可分为 6 类：终端仿真/屏幕转换中间件、数据访问中间件、远程过程调用中间件、消息中间件、交易中间件、对象中间件。中间件的发展日趋完善，为计算机软件的发展注入了新鲜的活力，是软件技术发展的潮流。目前，中间件技术发展的热点有：

（1）消息中间件。消息中间件利用高效可靠的消息传递机制进行平台无关的数据交流，并基于数据通信来进行分布式系统的集成。消息中间件以其独特的优势为各种分布式应用的开发注入了强大的动力，极大地推动了应用集成的发展。

（2）对象中间件。面向对象的中间件是由远程过程调用中间件进化而来，提供了一个标准的构件架构，使得远程的对象可以在本地被操作。

（3）Web Services 中间件。Web Services 通过通用的网络协议和数据格式来访问，如 HTTP 和 XML。用户仅仅通过创建并使用为 Web Services 接口定义的消息就可以使用任何语言在任何平台上调用 Web Services。

信息系统综合集成的水平反映了一个企业、一个部门，乃至整个国家信息化建设的水平。面对复杂多变的网络世界，中间件已经成为信息系统综合集成的利器。中间件是继操作系统和数据库管理系统之后随着网络的兴起和发展而新兴的一种基础软件，可以视为位于网络各结点操作系统之上、网络应用系统之下的一层支撑软件。如今国际巨头一统天下的格局正在被打破，一大批拥有自主知识产权的国内中间件厂商的兴起给我国中间件市场的发展带来了生机。

2000 年，金蝶发布了我国拥有自主知识产权的系统级中间件产品——Apusic 应用服务器。金蝶中间件在 Java 系统核心技术领域处于国际先进水平，是具备核心竞争力的中国中间件领导厂商。金蝶开发出国产纯 Java 中间件并通过 J2EE 标准；第一个代表中国加入 JCP

组织、制定世界 Java 技术标准；国内第一个且唯一一个获得下一代规范 Java EE 5.0 认证授权。金蝶中间件目前拥有 Apusic J2EE 应用服务器、Apusic 消息中间件、Apusic ESB、Operamasks Studio、OperaMasks SDK、Apusic Portal Suite 等产品，能够帮助客户摆脱底层困扰、快速构建、安全管理、灵活重用、有效降低系统开发复杂性与开发成本，并最大限度保护现有资源，推动企业快速实现它们的商业价值。凭借对本土环境的理解和灵活的服务实施能力，以及电子政务领域庞大的市场需求，金蝶中间件迅速成长并逐渐成熟，得到政府行业客户和业界的高度评价，目前已经发展成为电子政务领域最重要的战略合作伙伴。

在基础中间件方面，东方通科技公司提供的产品包括：消息中间件 TongLINK/Q 解决分布式系统中消息可靠传递的问题；交易中间件 TongEASY 解决联机处理类系统的问题；J2EE 应用服务器 TongWeb 提供基于 Web 的多层体系结构应用的开发；TongLINK/Q 也可以作为 TongWeb 的 JMS（JAVA 消息服务）服务器使用；安全中间件 TongSEC 提供基础的安全服务，也可以作为其他中间件和 VSP 的高层安全组件，为这些中间件和 VSP 提供强安全服务。在集成中间件方面，东方通科技公司提供的产品是 TongIntegrator，主要解决数据集成、应用集成和流程集成的问题。在 VSP 方面，东方通科技公司当前提供的主要产品包括：短信银行平台 MBP，提供用于银行开展短信业务的解决方案和平台产品，在短信银行平台基础上经过简单的二次开发可以快速实现银行短信业务。通用数据传输平台 GTP，解决各种类型数据传输和共享问题，提供数据广播，支持超大数据的传输。

中创软件也是国内最早进行中间件研发的企业之一，研发出的 Infor 系列中间件产品是国内最完善的中间件产品线。2003 年 5 月，由中创软件承担的国家电子生产发展基金“软件构件化开发和生产管理支撑平台项目——基于 CORBA 的分布式对象中间件平台 InforBus”，经专家鉴定，其总体技术达到国际先进水平，有很高的推广价值。在 2007 年，中创推出了第一个国产中间件集成化套件产品 InforSuite，这个平台提供了快速而成功地实现面向服务架构（SOA）的方法。企业可以根据自身需要，在不同的阶段应用 InforSuite 的不同组件，并且可以基于 InforSuite 扩展开发适用于自身的业务构件。Infor 系列中间件产品，不仅被中国软件行业协会评为“中国软件二十年最具应用价值的软件产品”“改革开放三十周年中国软件行业中间件信赖产品”，也在政府、金融、交通、能源、电信、科技等领域得到了广泛应用，累计创造经济效益及社会效益过百亿元。

中软国际凭借自主研发的应用整合和业务支撑中间件产品 ResourceOne（简称 R1）是基于构件及服务技术的开发、整合、项目工程化管理的支撑平台，是集支撑快速应用开发、应用整合及分发管理、业务流程控制及管理、信息集成交换及业务协同于一体的完整信息化支撑平台。ResourceOne 帮助用户实现信息化工程建设全生命周期的最佳操控，实现企业级信息系统的业务应用创建支撑、集成、管理、运维服务及业务优化，并在制造业（烟草工业及整个行业）、零售业（烟草销售）、电子政务工程（多个国家金字号工程、政府机关、经济技术开发区）中都已有广泛的应用和大量成功案例。

整体来看，国内中间件厂商的整体实力与国外厂商还存在很大差距。尽管国内中间件产品的成熟度没问题，但要市场普遍接受国产中间件产品，却还有一个相当长的过程。当然，国内中间件厂商及其产品也具有非常明显的优势，如更贴近国家信息化的现实需求，积累了丰富的中间件应用经验，国产中间件产品可以在实用性和易用性方面更加贴近本地化市场需求，在技术支持和服务方面也具有相当的优势。我们可以看到，国产中间件已经广泛成功应用于我国政府、交通、金融、证券、保险、税务、电信、移动、教育等行业或领域的信息化建设，并成为大型应用系统建设不可缺少的一环。

（四）应用软件

应用软件分为通用应用软件和行业应用软件两大部分，通用应用软件主要有办公自动化软件、媒体播放软件、即时通信软件、游戏软件、杀毒软件等。行业应用软件具有比较明显的行业特征，主要以定制软件为主。应用的主要行业有邮电、金融、能源、政府和交通等。

办公自动化是面向组织的日常运作和管理，员工及管理者使用频率最高的应用系统，是将现代化办公和计算机网络功能结合起来的一种新型的办公方式，是当前新技术革命中一个技术应用领域，属于社会信息化的产物。金山公司出品的 WPS 是国产办公软件中的杰出代表，它集编辑与打印为一体，具有丰富的全屏幕编辑功能，而且还提供了各种控制输出格式及打印功能，包括 WPS 文字、WPS 表格、WPS 演示三大功能软件，是一款跨平台的办公软件。永中公司开发的永中集成 Office 开创性地将文字处理、电子表格和简报制作三大应用集成在一套软件程序中执行，各应用具有统一的标准用户界面，各应用产生的数据都保存于一个相同格式的文件中，有效解决了 Office 各应用之间的数据集成问题。

媒体播放软件包含音频和视频播放软件。近几年来，随着网上收听、网上收视、实时音频、实时视频和 Flash 等多媒体功能和格式不断出现，多媒体已经不再是单纯的文本或简单的声音，而是包括电影、新闻剪辑电台、广播电视、网络游戏，甚至虚拟宠物多种形式，即基于网络的流媒体。中国是世界上网民最多的国家，国产的媒体播放软件也是数不胜数，最有代表性的几个有：音乐播放软件千千静听、酷狗、酷我音乐盒等，视频播放软件暴风影音、腾讯 QQ 影音、迅雷影音等，网络电视软件 PPStream、PPLive 等。国产播放软件功能越来越丰富，性能越来越出色。老牌的播放软件不断发展不断更新，新的产品也在不断出现。

即时通信软件是通过即时通信技术来实现在线聊天、交流的软件。它是一个终端服务，允许两人或多人使用网路即时的传递文字信息、档案、语音与视频交流。即时通信比传送电子邮件所需时间更短，而且比拨打电话更方便，无疑是网络年代最方便的通信方式。腾讯 QQ 无疑是国内最风靡的即时通信软件，在线用户由 1999 年的 2 人到现在已经发展到上亿名用户了，在线人数超过一亿人。腾讯 QQ 支持在线聊天、视频电话、点对点断点续传文件、共享文件、网络硬盘、自定义面板、QQ 邮箱等多种功能。除了腾讯 QQ，国内还有很多优秀的国产即时通信软件，如阿里旺旺、飞信、UC、UTalk、盛大圈圈、金山加加等。国内即时通信软件的发展突飞猛进，老软件不断更新，新力量不断涌现。

游戏软件是用各种程序和动画效果相结合起来的软件产品。从大宇公司的仙剑奇侠传系列游戏软件开始，国产游戏软件渐渐得到国民的认可，涌现出了一批经典国产游戏软件，如轩辕剑系列、金庸群侠传、古剑奇谈等。相信国产游戏软件能够再出精品，多出精品，越来越成熟。

杀毒软件也称反病毒软件或防毒软件，是用于消除电脑病毒、特洛伊木马和恶意软件的一类软件。杀毒软件通常集成监控识别、病毒扫描、清除和自动升级等功能，有的杀毒软件还带有数据恢复等功能，是计算机防御系统（包含杀毒软件、防火墙、特洛伊木马和其他恶意软件的查杀程序，入侵预防系统等）的重要组成部分。长期以来，我国自主研发的国产杀毒软件占有相当大的市场。国内反病毒软件主要有金山毒霸、瑞星、江民、东方微点、费尔托斯特和 360 等。虽然在技术上，与国外先进杀毒软件仍有差距，但是国产杀毒软件不断进取不断进步，取得了良好的市场表现。

行业应用软件是指可以在系统软件之外的所有应用软件上运行的为特定行业开发的应用软件。我国软件产业在行业应用软件开发方面成绩显著，并具有相当水平。国产软件的覆盖率较高，如能源、交通、医疗、工业控制、金融、财税等行业应用软件等。

总体来说，在应用软件市场领域，中国软件优势极大，两化融合为我国应用软件开辟了巨大的市场空间。国产软件更了解本国的需求，成本也更低。随着互联网的发展和个人电脑的普及，国产应用软件正在如火如荼地发展，百花齐放的态势已经逐步呈现。国产应用软件正在紧跟时代的步伐成为人们生活不可缺少的一部分。

四、总结

如今，软件已经成为信息技术竞争的核心，甚至成为信息时代衡量一个国家综合国力的重要指标。随着信息技术对各产业的逐渐渗透，软件已经成为带动各产业发展的催化剂，并且软件产业也关系着国家的信息安全和军事安全，是转变经济发展方式、调整产业结构中应重点支持发展的产业。通过细数这十年来国产软件的累累硕果，中国软件服务产业所取得的巨大成就可见一斑。面对国际金融危机的冲击，我国软件行业大力拓展国内市场，推进产业结构调整，总体保持平稳运行态势，产业规模继续扩大，结构和布局不断调整，行业应用水平和创新能力显著提升，在推动工业发展方式转变和经济结构调整中发挥着积极作用。业界将这十年称为中国软件服务产业的“黄金十年”。随着经济全球化的进一步推进，中国软件业将面临更加广阔的国际市场和前所未有的“走出去”的发展机会。近年来，国内的一些软件企业积极地进入国际市场，在不同程度上参与国际竞争，尤其是在软件外包方面取得一定效果，国内企业“走出去”已成大势所趋。随着“国发［2011］4 号文”的发布，国家不断推动软件行业的发展，我们有理由期待下一个更加辉煌的十年。

第二章　国产操作系统十年发展回顾与展望

2000 年，国发 18 号文引发了我国软件和集成电路产业发展的“黄金十年”。

正是在 2000 年，持续多年的“中国要不要自主开发国产操作系统”的争论开始清晰。焦点已不再是“该不该做”，而是转为“如何做”。

2000 年，恰逢开源 Linux 热潮开始席卷中国，于是中软公司（相关业务后来转入“中标软件”）、中科红旗、冲浪、蓝点等企业纷纷投身于 Linux 国产化研发，并先后发布了各自的国产 Linux 操作系统。随着 COSIX Linux、RedFlag Linux、Xteam Linux、BluePoint Linux 等国产 Linux 操作系统的出现，基于 Linux 的产品开发成为了我国开发自主可控操作系统的主流，出现在大众视野。相比我国以往在国产操作系统上探索的经验，这次大都明确了“以市场和用户需求为导向”的指导原则，并积极进行了品牌建设和市场开拓。

转眼之间，十年过去了。在国发 18 号文为代表的政策引导下，在政府和业界的共同努力下，国产操作系统风起云涌，经过市场的考验与历练，以中标软件、中科红旗为代表的国产操作系统企业，则已逐渐成长起来，国产操作系统产品日益成熟，并在政府、国防、金融、教育等关键行业用户，以及 OEM、正版化市场等领域得到广泛应用。国产操作系统厂商的技术创新实力得到大大加强，产学研合作、产业链合作不断深化，并对未来移动计算、云计算操作系统的发展打下了良好的基础。

一、国产操作系统十年发展回顾

（一）国产操作系统企业不断发展壮大

1999 年起，随着国际开源软件的商业化应用大潮的发展，以 Linux 为代表的开源软件在中国开始兴起，国内一下子涌现出数十家操作系统产品。经过市场的考验和用户的选择，许多当年知名的操作系统产品或因为资金问题，或因为产品方向等原因逐渐淡出了操作系统领域，目前国内仅剩下中标软件、中科红旗、银河麒麟等少数几家通用操作系统产品发布单位。经过过去十年的发展，这些国产操作系统产品日益成熟，中标软件、中科红旗等主流操作系统厂商不断发展壮大，开始进入快速发展时期。

1. 2000 年 6 月北京中科红旗软件技术有限公司成立

2000 年 6 月 6 日，北京中科红旗软件技术有限公司成立，并树立起了红旗 Linux 品牌。中科红旗产品涵盖 Linux 服务器操作系统、集群系统、桌面版操作系统、嵌入式系统及技术支持服务和培训等领域。

2. 2003 年 11 月上海中标软件有限公司成立

中标软件是由中软公司、中电科技集团和华东计算所三方共同投资 5 000 万元注册成立的（2010 年增资为 2.5 亿元）的专业化公司，并将原中软股份从 1999 年开始从事操作系统的业务团队、技术和市场转入中标软件进行专业化发展。中标软件的成立是国内软件企业强强联合共同打造基础软件国家队的重大举措，得到国家科技部、原信息产业部与上海市政府的大力支持。主营业务包括 Linux 桌面操作系统、服务器操作系统和 Office 办公软件，拥有“一架式”产品优势。

3. 2004 年国防科大麒麟操作系统发布

麒麟操作系统（KylinOS）又称银河麒麟操作系统，是国家“863”计划重大攻关科研项目，2002 年启动，2004 年通过验收。是由国防科技大学牵头，联合中软/中标软件、联想、浪潮等单位研发的与 Linux 兼容的服务器操作系统，突出特点在于安全性，已通过公安部信息安全产品测试认证中心 GB/T20272 第四级符合性认证及解放军信息安全产品测试认证中心 B+级认证。在国防、电力等关键领域应用较为广泛。

4. 2006 年 12 月中科方德软件有限公司成立

中科方德软件有限公司是基础软件国家工程研究中心的项目法人单位，总部设在北京，并在无锡、重庆、哈尔滨等地设分公司。中科方德作为工程中心的产业化服务实体，主要从事国产安全操作系统系列产品、嵌入式操作系统与开发环境系列产品、应用基础软件平台系列产品和软件工程工具系列产品的研制、开发与销售。

5. 2010 年统一品牌“中标麒麟”推出

操作系统作为软件的基础平台具有垄断性的竞争特质，操作系统企业需要具有一定规模才能具备较强的市场竞争力，做大做强、业内整合是国产操作系统发展的一个重要选择。在操作系统领域，中标软件（及其前身中软研发总部）一直保持与国防科大的密切交流和技术合作。国防科大推出的银河麒麟操作系统，中软股份就作为重要协作单位参与了操作系统内核之上的配套环境开发。2010 年，秉承强强联合、优势互补的共赢意愿，中标软件与国防科大在业已建立的战略合作基础上，实现了操作系统层面的统一技术研发、统一产品版本，并将操作系统产品品牌统一成“中标麒麟”。在军民市场相互支撑，共同打造高安全、高可靠、高性能的国产操作系统第一品牌。

（二）国产操作系统产品日益成熟

经过多年发展，开源软件已成为国际上主流软件开发模式之一，基于开源软件进行创新发展所具有的优势已成为产业界的共识；基于开源软件的开发与应用也成为我国缩短与国际水平差距的有效机遇与手段，基于开源 Linux 可以使得我国操作系统产品开发实现与国际最新技术保持在同一条起跑线上。经过十年的持续努力和不断创新，在行业应用、政府及企业正版化等需求的牵引下，中标软件、中科红旗、国防科大等操作系统优势单位通过持续地创新并发布升级产品，使国产操作系统产品已经实现从难用、初步可用、比较适用开始向易用、好用阶段发展。现在的国产桌面操作系统已经有了非常美观易用的中文化图形操作界面，用户日常应用操作能够方便快速地完成，操作系统自带软件已经基本满足上网、邮件及日常办公等工作要求；服务器操作系统运行稳定，安全性、可靠性、高效性能都已经可以发挥替代 Windows、UNIX 系统的作用，主流软硬件都能够适配支持。除此之外，国产操作系统还在软件研发能力、安全性、国产 CPU 适配及少数民族语言支持等方面持续进步。

1．国产操作系统自动化构造与测试、适配技术日趋成熟

操作系统功能庞大，构造过程环节繁复。为提高操作系统构造的效率和可靠性，中标软件、中科红旗等主流国产操作系统厂商在自动化编译和自动化构造工具方面做了大量工作，提高了系统构造过程的准确性、稳定性、可维护性和系统的开发效率。在保障操作系统产品质量控制方面，中标软件、中科红旗等主流国产操作系统厂商也都维护了一个统一的、高效率的自动化测试平台，包括缺陷管理工具、测试管理工具、单元测试工具和 GUI 自动测试工具等多个自动化测试工具，以进行系统的功能测试、性能测试、可靠性测试和兼容性测试。

此外，针对国产基础软件之间的相互适配要求，国内部分操作系统、数据库、中间件、办公软件厂商等也在国家科技攻关项目/支撑计划的牵引与支持下，形成了符合标准、支持国产基础软件进行集成适配的测试环境，可有效支持国产基础软件平台的认证工作。

2．国产操作系统安全性强

自主可控的安全性是国产操作系统产品的一个特点。麒麟操作系统通过了公安部信息安全产品测试认证中心 GB/T20272 第四级符合性认证以及解放军信息安全产品测试认证中心 B+级认证。中标普华高可信操作系统通过了公安部信息安全产品测试认证中心 GB/T20272 第三级符合性认证，并具有可信通路、隐蔽通道分析、形式化模型设计等功能。中科方德主要从事国产安全操作系统系列产品研发，其基于 Linux 和 FreeBSD 的产品也先后通过了公安部信息安全产品测试认证中心 GB/T20272 第三级符合性认证。国产操作系统的高安全性为其在国防、电力等行业的应用推广提供了明显的竞争力。

3．国产操作系统对国产 CPU 一体化适配支持良好

龙芯、众志等国产 CPU 的应用离不开国产操作系统的支持。中标软件、中科红旗等主流国产操作系统厂商，长期以来都十分重视对国产 CPU 的系统适配工作，实现了对龙芯、众志等 CPU 及其周围芯片的适配，并根据国产 CPU 的各自特点，构建了编译和开发环境。移植桌面应用，构建了桌面操作系统环境，同时面向行业应用，完成了对应用系统和外围设备的适配。当前基于国产 CPU 和国产操作系统的国产自主软硬件一体化解决方案已经具备一定的可用性，并在国防、教育、政务等领域有了一些的示范应用案例。

4．国产操作系统少数民族语言版本开发成果突出

少数民族语言版本操作系统产品开发是国产桌面操作系统差异化竞争的一个典型案例。面向藏、维、蒙等少数民族语言和当地用户实际需求，中标软件开发了蒙古文桌面操作系统，中科红旗开发了藏文、维文等桌面操作系统版本。这些产品不仅解决相应少数民族语言文字处理的输入和显示，符合民族语言文字习惯，同时还实现了对我国藏、维、蒙键盘布局标准、字符编码标准等的符合性，为产品的兼容性持续发展奠定了扎实的基础，受到当地少数民族广大用户的欢迎。特别重要的是，少数民族语言版本的桌面产品都各自纳入中标软件、中科红旗桌面产品系列，持续产品升级得到保障。藏、维、蒙等少数民族语言桌面操作系统的开发对于落实国家少数民族相关政策，加快藏、维、蒙语言文字信息

化进程，满足我国西藏、新疆、内蒙古等地区信息化建设的需要，促进藏、维、蒙等少数民族地区的经济社会发展和信息化建设，具有积极意义。

5. 国产操作系统应用逐步深入

随着国产操作系统产品的进步与成熟，市场推广也逐步从典型示范到规模应用，从边缘示范应用走向核心应用。目前，中标软件、中科红旗等主流国产操作系统厂商的产品已经广泛应用于政务、国防、邮政、金融、教育、物流、卫生、农业等各个行业。

1）正版化市场

随着国发18号文、47号文的发布，中央、地方各级政府积极部署。2004年起各省、市、自治区，包括二级地、市、州等都纷纷落实政府正版化工作，在满足业务需要的基础上，政府优先采购国产软件产品。国产服务器操作系统、桌面操作系统等国产基础软件产品先后中标上海、河北、湖南、广州、四川、湖北、新疆、内蒙古、江西、河南、陕西、重庆等政府采购。2006年开始，在国家版权局及各省市版权局的领导和推动下，企业正版化逐步深入。中央政府、上海等地方政府每年都选取数十家有影响力的典型企业，给予专项资金资助，以推动企业正版化进程，并对正版化推进的成效进行严格检查和考核。

在政府的大力引导和推动下，国产基础软件厂商积极改进产品功能、性能，并完善支持服务体系建设。正版化市场上国产操作系统在产品改进和应用部署上都取得明显成效。

2）行业推广

国产操作系统在行业领域的应用推广也取得了长足的进步。随着国产服务器操作系统产品的安全性、可靠性、高性能，以及对应用管理软件的兼容支持都已能够较好地满足行业应用的需求，特别是出于对系统性价比和本地及时支持服务响应能力的考虑，包括审计、安监、财税、公安、卫生、农业、邮政、交通、金融、酒店及电子政务等应用领域在内的越来越多的用户开始选择国产服务器操作系统。

近几年，国产服务器操作系统的典型应用案例包括：

（1）国产操作系统在电力领域的应用。电力行业是关系到国计民生的基础性行业，电力公司网络的安全、稳定、优质运行十分关键，因此，系统的服务器性能和可靠性方面要求非常高。国产服务器操作系统成功地进入国家电力行业并在重要位置发挥核心作用，表明国产服务器操作系统产品实现了从“边缘应用”到“核心应用”的深化。

（2）国产操作系统在审计、安监、财税等政府行业已经得到了广泛的应用。国家审计署“金审”工程是国家电子政务建设总体规划的“十二金”之一，整个项目全面采用国产操作系统作为业务系统的运行平台，目前已经在审计署、18个特派办、25个派出局得到了全面部署应用，部署范围覆盖了23个省、5个计划单列市和新疆生产建设兵团、48个地市、近500个区（县）。在安监行业，国产操作系统也被作为首选的系统平台进行部署。在国家安全生产信息系统及安全生产管理系统建设中，全面采用了国产操作系统，该项目实现覆盖国家安全监管总局（包括国家煤矿安全监察局）到省级机构（共45个）、部分地（市）机构（共116个）和区（县）机构（共900个），以及现有的煤矿监察分局（共71个）四级安全生产监管和监察部门的网络系统。随着核高基重大专项的逐步推进，国产操作系统将会在更多的关系国计民生的重大领域得到更为广泛的应用。

（3）国产操作系统在金融领域的应用示范。中国建设银行陕西省分行对其柜面核心系统的前置和前端进行了系统应用升级改造，从原来的 SCO UNIX 系统全面切换至 Linux 系统环境下运行，从而在全国建设银行形成了以 SCO UNIX 系统和国产 Linux 系统为主的核心业务系统前置和前端应用版本并行运行的局面，取得了国产操作系统在金融领域业务应用的突破。在此带动下，包括诸多城市商业银行在内的金融系统内也越来越多地选用国产操作系统支持业务的运行。

（4）国产 Linux 在卫生医疗领域的应用。我国社区卫生医疗处于蓬勃发展阶段，社区卫生医疗机构的信息化建设市场空间巨大。而基于国产基础软件平台的社区卫生应用系统仅相当于国外同类产品 1/10 左右的价格，可以大大降低社区卫生医疗信息化建设成本。上海闸北区率先应用验证基于国产操作系统、国产数据库、国产中间件的全国产基础软件解决方案，经过反复测试和适配，形成了基于国产基础软件平台的社区卫生信息系统解决方案、软件接口规范和应用规范。2009 年元旦，基于国产基础软件的社区卫生信息应用系统在闸北区大宁社区卫生服务中心正式上线运行。系统运行稳定、性能良好，广受好评。

（5）国产 Linux 在邮政系统中的应用。邮政行业是一个集物流、资金流、信息流于一体的行业，而基于国产操作系统为客户量身定制的解决方案则为中国邮政搭建了一个高效、稳定、安全的系统平台，目前已全面部署到全国 31 个省中心、201 个中心局，涵盖了邮政核心业务、邮政电子化支局、邮政金融核心业务、邮政保险业务、邮政储蓄历史数据、邮政保险速递等邮政行业的方方面面。国产操作系统产品的稳定性、可靠性得到了充分验证。

（6）国产操作系统在酒店行业的应用。酒店往往对于自身的信息系统投入较小，整个信息化管理系统对于成本敏感度很高。随着中国旅游行业的蓬勃发展，成规模的酒店业，特别是连锁酒店业其数据吞吐量逐年飞速增长，使得信息化的成本急剧上升，国产 Linux 为酒店管理系统开发商提供了具有较高性价比的国产操作系统，并提供基于操作系统层面的应用性能优化、高可用保护等高质量的方案与服务，提升了酒店行业软件开发商的竞争力，并使国产操作系统在全国各地的酒店业应用不断普及。

3）OEM 市场

在 2006 年《关于计算机预装正版操作系统软件有关问题的通知》的推动下，近几年来，面对预装正版 Windows 系统的高昂成本，大多数计算机厂商，纷纷把预装正版 Linux 系统作为降低成本、获取竞争力的一种有效手段；中标软件、中科红旗等主流国产操作系统企业一直主动保持与计算机整机厂商密切配合，针对计算机厂商不断推出的系列新款 PC 机、笔记本、上网本等终端产品，及时完成国产桌面操作系统产品对新款主版、外围设备的适配，从而稳定地占据操作系统 OEM 的大部分市场份额。国产操作系统在方正、同方、长城、海尔、浪潮、神舟、HP、DELL 的 PC 机、笔记本、上网本上的预装每年都超过数百万套。

4）应用定制

在当前市场竞争条件下，国产 Linux 桌面要真正被用户使用起来，一个可行的途径是针对行业与用户的特定需求进行定制，即充分发挥 Linux 可裁减、量身定制的优势，做出最切合客户需求的操作系统。实践证明，定制化后的国产桌面操作系统启动速度快，界面简洁易用，系统稳定，定制系统比大而全的操作系统产品更加满足用户的个性需求，是实现国产 Linux 桌面商业化的可行模式。

国产 Linux 桌面的专业化按需定制也涌现出许多成功的应用案例，例如，中标软件有限公司针对农村家庭市场推出的家家乐电脑桌面软件解决方案，针对高档酒店行业的酒店 PC 解决方案，面向老年人的老人 PC 解决方案，基于国产 Linux 的电视机顶盒解决方案，以及面向信息展示的数字标牌定制方案等众多基于国产 Linux 的面向行业应用的定制化解决方案，都取得较好的市场反应。

6. 国产操作系统企业创新实力大大加强

经过十年的持续发展，中标软件、中科红旗等主流国产操作系统厂商的企业创新实力得到大大加强，已从当初的不足百人发展到现在的数百人的研发团队，已从以往的技术跟进发展到现在的主动布局技术创新，实现产品增值。在产学研用结合、产业链深化合作，以及未来移动计算、云计算环境下的操作系统发展等方面也都打下良好的基础。

中标软件获得股东方再次增资 2 亿元，研发人员规模增长，并与北京航空航天大学、北京工业大学、解放军信息工程大学等建立联合实验室，在开源软件测试、可信计算、操作系统安全等领域展开深层次技术合作。中科红旗则不断加强红旗学院等培训体系建设，通过与科学院软件所深度合作，强化研发实力。

在产业链合作上，中标软件、中科红旗都十分重视。中标软件股东中国电子科技集团通过成立普华基础软件有限公司，控股或参股人大金仓数据库、中标软件操作系统。中标软件另一个股东中国软件参股达梦数据库，并成为其大股东。中标软件则深化与国防科技大学的战略合作，统一了产品发行版本和产品品牌。我国基础软件产业链整合开始走出了第一步。

在与数据库、中间件的认证适配上，中标软件、中科红旗等主流国产操作系统厂商都做出了巨大努力，国产操作系统与达梦、人大金仓、东方通、金蝶等国产数据库、中间件的产品适配已经十分良好。在与浪潮、曙光、联想、方正、戴尔、惠普等硬件整机厂商的适配上，中标软件、中科红旗也都一直保持积极的努力，并取得很好的成绩。

面对移动计算、云计算等计算新模式带来的发展机遇，中标软件、中科红旗等主流国产操作系统厂商也都在积极布局。中标软件在对云计算环境下端操作系统和服务器操作系统做适应性改造的同时，还将推出面向移动终端、云安全的解决方案产品。中科红旗也在 Linux 开放框架的基础上，融入云计算和虚拟化技术，推出一系列应用于云计算环境的产品和解决方案，包括企业级管理平台、虚拟机服务器、高可用集群服务器、移动终端产品等。

7. 国家政策引导效果明显

操作系统软件具有很强的自然垄断性，用户一旦习惯了某个系统，就很难改变使用习惯。在跨国巨头企业垄断的环境下市场缺乏公平竞争，政府的政策引导作用是不可或缺的。过去十年国家相关部门出台的系列政策，确实为国产操作系统的普及和推广起到了积极的作用。

1）2000 年国发 18 号文对国产操作系统厂商发展的促进作用明显

国产操作系统厂商相对国外跨国企业相比实力弱、企业竞争能力不足。国发 18 号文的出台为我国软件产业发展创造了良好的政策环境，从投融资、税收、技术、出口、收入分配、人才、装备及采购、企业认证、知识产权保护、行业管理等多方面为软件产业的发展提供了政策优惠，极大地调动了各方面的积极性。特别是在税收优惠方面，它将17%的增值税降为3%，实行“即征即退”政策。对于通过省级科技部门认证的软件企业，自获利年度起，可以享受企业所得税“两免三减半”的优惠政策。基础软件产业属于高智力行业，增加值很高，因此降低增值税对其影响很大。国发18号文颁布的十年间，软件业平均年增长速度达到38%。正是国发18号文创造的优惠环境，极大鼓励了国产基础软件企业的产品研发，对中标软件、中科红旗等国产操作系统厂商来说，虽然都已实现了企业赢利，但如果没有国发18号文增值税优惠政策的支持，企业的发展及创新投入会更加艰难。

2）2002年政府采购极大地促进了国产操作系统应用与成熟

为贯彻落实国发18号文，进一步明确发展目标，采取切实有效的措施，尽快提高我国软件产业的总体水平和国际竞争力，2002年7月24日，国务院发布了《振兴软件产业行动纲要（2002年至2005年）》（国办发［2002］47号，简称47号文）。47号文是继国发18号文之后，旨在积极促进软件产业发展的又一具有重要意义的政策性文件，并且针对优先采用国产软件产品和服务，国家加大对软件产业的投入，落实优惠政策，整顿市场等方面都做了具体规定。

中央政府的指导示范作用是非常显著的，随之带动了各级政府对政策的响应。在2002年的北京市政府正版软件采购中，中软Linux和红旗Linux双双中标，市政府采购国产操作系统桌面版软件共2 801套，并成功进入北京市44个委、办、局。在之后的中央、省、地市三级政府的正版化采购中，中标软件、中科红旗等国产操作系统产品多次中标，并获得良好的市场份额。虽然当时的国产桌面操作系统与微软Windows产品相比，在用户使用习惯、易用性上还有一定差距，但政府带头使用对于推动国产操作系统产品的成熟和应用推广还是起到极大的促进作用。也正是在用户的应用反馈中，国产桌面操作系统更加关注用户的使用习惯，更加关注对软硬件的兼容适配，更加关注已有应用的迁移，国产桌面操作系统产品逐步走向成熟，从适用走向好用。

3）2009年“核高基”力促国产操作系统企业做大做强

2006年1月，国务院发布的《国家中长期科学和技术发展规划纲要（2006—2020年）》，将“核高基”（核心电子器件、高端通用芯片及基础软件产品）项目确立为推进我国信息技术发展16个重大专项中的核心部分之一，并明确了发展基础软件的目标。2008年11月，科技部正式发布了关于“核心电子器件、高端通用芯片及基础软件产品”科技重大专项2009年课题申报的通知。按照规划，核高基重大专项将持续15年，政府对“核高基”重大专项扶持将持续至2020年以后，并强调以政府资金带动地方、企业、社会等各方资源的投入，大力发展以操作系统为重心的国产基础软件产品。

“核高基”重大专项将基础软件作为一项重要工作予以重点发展，为我国包括操作系统、数据库、中间件、办公软件在内的自主基础软件的创新与产业发展，营造了良好的发展空间，并提供了一系列政策配套措施进行扶持。“核高基”专项政府引导性投入，有利于国产操作系统企业凝聚更多资源进行技术创新和做大做强。更重要的是，通过“核高基”对自主创新的引导及配套政策的带动，包括行业用户在内的整个产业环境都将会对国产操作系统产生更多信心，这将为国产操作系统的市场应用带来更广阔的空间，对于国产操作系统的快速发展十分关键。

与此同时，地方政府不仅积极筹集项目配套资金，并主动配套产业政策推动国产基础软件的发展。以上海为例，上海市政府不仅给予"核高基"项目专项资金配套，还启动九大领域的高新技术产业化项目对接国家"核高基"。

而中标软件、中科红旗等主要国产操作系统企业也纷纷调整企业策略，提升产品创新能力，同时加大力度做好与上下游产品，包括整机硬件、数据库、中间件等适配认证工作；同时以开放的态度广泛联合有创新实力的高校、科研院所及其他创新资源，注重多方面结合的创新能力，建设围绕基础软件的创新体系，以形成差异化的竞争优势来取得市场突破，做大做强，以迎接"核高基"重大专项及相关政策带来的历史发展机遇，实现跨越式发展。

二、国产操作系统发展展望

（一）国产操作系统企业发展进入快车道

未来十年，国产操作系统企业将进入发展的快车道。首先，产业链打造的步伐将会加快，因为从国产基础软件就单个产品来说，基本上已经与国际同类产品处于同一水平。但现在的市场竞争，单一产品越来越难以发挥作用，垂直整合使得产品竞争演化成产业链竞争。在"核高基"重大专项的机遇下，国产基础软件厂商将会有更多的资源机会参与组合，建设完善产业发展环境和产业链。其次，国产操作系统旗舰企业的培育过程将会缩短，集中资源，扶持优秀国产基础软件企业，促进行业内的整合，提升基础软件企业的实力，从而形成规模性的效应，是集成商、ISV、IHV 愿意看到的，也是行业用户愿意看到的。而国产基础软件企业可以凭借规模效应来更进一步推动产品的市场应用，占领更多的市场空间，实现企业的高速成长。最后，借助"核高基"重大专项的实施，中国操作系统企业及相关资源在联合、协作、收购、整合等方面进程加速，国产操作系统企业实力将会得到进一步凝聚和增强，国产操作系统产品将更具市场竞争力。

（二）国产自主软硬件一体化解决方案将得到广泛应用

随着国产 CPU 的不断发展，基于国产自主软硬件一体化解决方案将走向成熟和丰富。在国家相关政策的积极引导下，国产自主软硬件一体化解决方案将会在国防、军工等关键领域得到进一步应用验证和规模应用。

随着国产操作系统产品市场应用的不断扩大，将会吸引越来越多的外部设备提供配套的驱动程序，也将会引发越来越多的应用程序开发基于 Linux 操作系统的运行版本，国产软、硬件协同发展的环境将会得到进一步改善。

（三）云计算等互联网应用将为国产操作系统企业提供新的发展机遇

云计算被视为信息技术的又一次发展浪潮，将带来工作方式和商业模式的根本性改变。云计算环境下的操作系统相关新技术发展和业务模式，包括虚拟技术对操作系统的应用部署，移动终端的灵活定制，基于国产安全操作系统的云安全解决方案等都为国产基础软件厂商的产品规划和市场推广带来了新的发展机遇。

国产基础软件厂商对日益增长的云计算市场十分看好，中标软件、中科红旗也相继开始云计算方面的研究投入，正在积极筹划和推出基于开源生态系统的云计算解决方案。移动计算、云计算等互联网应用将成为未来十年国产操作系统发展的一个重要机遇。

（四）“新 18 号文”等政策对促进国产操作系统的发展十分关键

经过中国软件产业“黄金十年”的蓬勃发展，国产操作系统产品日益成熟，中标软件、中科红旗等主流国产操作系统企业得到发展壮大，市场营销体系、支持服务体系走向规范成熟，国产操作系统产品，特别是国产服务器操作系统产品已经得到广泛行业应用，国产桌面操作系统产品在 OEM 市场得到普遍接受和认可。过去“黄金十年”的国家政策引导，特别是“新 18 号文”的优惠政策功不可没。

操作系统是软件产业的基础，对于推动软件产业的创新和持续健康发展、保障国家信息安全十分关键。微软“黑屏事件”不仅给我们上了一堂生动的知识产权课，更为我们上了一堂信息安全课。而当前，“新 18 号文”即“国发［2011］4 号文”又给出了政策的支持保障。通过进一步加大对国产操作系统的创新扶持力度，鼓励国产操作系统产业整合和做大做强，大力促进自主研发产品的发展，大力鼓励自主软硬件的发展和一体化应用推广，并在软件产品服务的政府采购中优先采购国产基础软件产品与服务等，均对国产操作系统的创新与产业发展具有非常重要的促进作用。

国产操作系统企业正迎来历史发展机遇，将进入一个高速发展期。

第三章　国产数据库系统十年发展回顾与展望

2000年来，我国数据库产业发展进入了一个新的时代，国产数据库得到了前所未有的发展，在国发18号文、电子信息产业发展基金、科技部"863"计划等大力支持下，形成了一批具有影响力的企业和产品，包括达梦数据库有限公司研发的达梦数据库管理系统、东软集团有限公司研发的OpenBASE、北京人大金仓信息技术有限公司研发的KingbaseES、北京神舟航天软件技术有限公司研发的神舟OSCAR，以及南大通用数据技术有限公司研发的GBase等。这些数据库管理系统产品的成功研发标志着我国已经掌握了关系数据库的核心技术，为进一步提升竞争力打下了基础。

一、国产数据库系统十年发展回顾

2000年之前，具有一定规模的国产数据库产品基本处于空白状态，是以引进、消化和吸收的模式为主，并没有形成具有完全自主知识产权的数据库产品，对于一个发展中的大国来说，基础软件的缺失势必影响国家在IT领域的整体竞争力。

2000年国发18号文颁布，我国数据库的发展迎来了一个新的时代。十年来，无论是基础理论、关键技术研究还是数据库产品的研发和应用推广都取得了丰硕成果。

（一）理论研究持续深入

随着信息管理内容的不断扩展，出现了丰富多样的数据模型，如层次模型、网状模型、关系模型、面向对象模型、半结构化模型等。新技术也层出不穷，如数据流、Web数据管理、数据挖掘等，其中以关系模型为基础的关系数据库作为数据库的主流已经持续了30年。

我国各高校、科研院所等科研机构对数据库的理论研究从来没有间断。理论上的探索成果为数据库商业化产品的研发提供了基础，同时，也为产品研发储备了高层次人才。我国数据库管理系统的几个主要产品的原型系统基本上都发源于高等学校和科研院所，这与我国多年来在数据库基础理论和关键技术的持续投入和支持是分不开的。

近年来，云计算、Web访问分析、电信计费控制等各种新的复杂应用领域，产生了新的数据处理需求，促使数据库产品向着多元化、事务密集型数据库、结构化和非结构化一体的方向发展，为我国国产数据库的发展提供了更广阔的空间。

（二）研发能力稳步增强

从2000年开始，我国开始对基础类软件进行大力投入和扶持，在国家"863"计划等项目的大力支持下，逐步攻克了数据库管理系统的核心技术。除了支持产品研发外，在国家层面以工业和信息化部为代表的政府部门在国产数据库产品的推广应用上起着十分重要的引领作用。对于基础类软件来说，任何一个国家都离不开政府部门的扶持，特别是对于后发国家，政府主导模式是数据库或者其他基础类软件产品实现跨越式发展的一条必经之路。

经过十年的探索和发展，国产数据库产品在核心技术和产品性能上已经能够与国外先进的数据库产品竞争。国产数据库无论在产品性能、可靠性、可用性、安全性等方面基本达到了国际主流数据产品水平。国产数据库产品在 SQL 符合程度上已经达到 SQL92 或 SQL99，支持 SQL92 标准的所有数据类型；在接口上支持 ODBC、JDBC、OLE DB、PHP、.NET Data Provider 等国际标准或行业标准，能够提供相应的数据库标准接口，这使得产品的通用性得以保证；国产数据库产品可以支持集群的体系结构，为产品的性能提升提供了基础，同时，采用实时故障转移集群技术保证了产品的可靠性；国产数据库产品采用分布式集群技术，使得产品在可用性上得以保证；目前，国产数据库产品已经能够全面支持 64 位计算，极大地扩展了系统支持的数据存储和内存容量，这也有利于满足大型应用对海量数据存储和管理的要求；国产数据库采用基于角色与权限的管理方法来保证产品的基本安全性，同时，还实现了包括通信加密、存储加密及资源限制等辅助安全功能，使安全级别达到 B1 级，可以满足处理保密的和要求更高敏感度的信息系统的需求。

另外，国产数据库在处理海量数据方面已经有了长足的发展。目前，已经能够支持高达百亿 TB 级的数据量，为特大型应用提供了保障。结构化数据存储及管理一直是数据库产品的一个瓶颈，全文检索是当前主流数据库产品争相支持的功能，全文检索的主要目的是实现大容量的非结构化数据的快速查询，而全文检索中核心技术是全文索引，全文索引是提高海量数据查询的关键技术。

国产数据库产品在近十年取得的成果是令人欣慰的，这是数据库领域的广大科研工作者和业界人士共同努力的结果，也是国家大力推动的结果。

（三）工程应用百花齐放

近十年来，数据库系统的工程应用在我国取得了很大成功，有力地推动了各行业的信息化建设。其中最为突出、影响最大的应用体现在电子政务、电子商务、企业 ERP、金融信息化、交通信息化、通信、多媒体等方面。据统计，我国超过 99%的省、市级政府建有网站，县级政府网站建设近两年也大幅增加，甚至一些乡镇也开始建设政府网站。随着政府政务信息公开、网上办公等功能不断完善，我国公民对于电子政务的认知度、利用率和满意度也在逐年提高。电子政务的大力发展大大加强了党与人民群众的密切联系，正日益成为人民群众了解党和政府各项方针、政策的一个窗口。

1．数据库在 ERP 系统中的应用

ERP 系统最初是面向制造企业的，后来逐步扩展到其他行业。我国生产企业实施 ERP 系统起步比较晚，发展模式具有引进与自主研发结合的特征，目前具有一定规模的企业大部分都实施了 ERP。

2．数据库在金融行业中的应用

信息化是现代金融的一个重要特征。我国金融信息化已经走过了 20 多个年头，逐步形成了较为完善的信息网络体系。但是，应该看到，我国金融信息化对国外的 IT 设备及数据库系统依赖度过高的问题非常突出，尤其是数据库系统的对外依存度过高将为国家金融安全带来隐患。

3. 数据库在交通行业中的应用

数据库为交通行业信息化建设提供了强有力的支撑，智能交通对交通服务质量的提高及缓解一些特大城市的交通压力具有积极意义。

我国的数据库工程应用之所以能够取得这样的成就，其主要原因之一是本土企业更了解本国国情，这是国外数据库厂商在我国进行工程应用中遇到的最大瓶颈，这也是国内数据库企业可以大有作为的切入点。

总之，十年来，我国在数据库领域的发展是全方位的，无论基础理论、技术研发，还是数据库系统在各行业的工程应用都取得了令人鼓舞的成绩。在这一时期，各个行业的信息化逐步走向深入。

（四）政策扶持效果明显

国内数据库厂商的发展成绩与国家的政策支持密不可分，对企业的发展起到极大的促进作用。从国发 18 号文发布以来，国家支持国产基础软件发展的力度前所未有，出台了一系列政策措施加速我国基础软件发展，其中主要政策包括以下一些。

《国家中长期科学和技术发展规划纲要（2006—2020 年）》已将基础软件（含数据库管理系统）列入国家 16 项重大专项之一。国家各部委已经出台了对应国家中长期科技发展纲要的各项配套政策。尤其公安部、国家保密局、国家密码管理局等部门制定的《信息安全等级保护管理办法》要求在安全信息系统中强制使用自主可控的数据库产品。

工业和信息化部在《加快软件服务业发展的指导意见》意见稿中明确指出了软件服务业产业发展目标：软件服务业产业结构不断优化，国产基础软件的市场占有率不断提高。到 2015 年，党政机关内网办公系统关键软件基本实现国产化，重要领域国产关键软件应用试点示范取得重大突破，基于国产 CPU 的关键硬件和国产关键软件的集成应用能力得到显著提高。

同时，工业和信息化部除了直接支持产品研发外，还发布了相当多的行业重大应用专项。这相当于除了支持国产软件的研发外，还支持国产软件能够直接应用的市场。并且这些行业重大应用专项，通常是提供带有国产数据库产品的整体解决方案。相信在“十二五”规划中，还会对数据库的市场应用给出重要的有意义的支持，促进数据库产品和应用产品的绑定。

在这一系列政策的扶持和企业自身的努力，国产数据库得到了前所未有的快速发展，为中国信息产业的发展打下了坚实的基础。

二、国产数据库发展展望

数据库领域未来发展的总趋势将是数据库与互联网、移动计算不断融合，在一些新概念、新方法、新技术不断涌现的基础上产生更为广泛的应用。数据库系统的可靠性、可用性、鲁棒性及安全性等性能指标仍然是关注热点。随着信息化程度的不断提高，海量数据的存储与处理将成为数据库系统所面临的一个挑战。同时，从形式上，数据库系统将连同终端设备走向微型化、网络化和便捷化；在应用上，数据库将不断与新型的研究领域和新技术融合，并对新应用提供数据管理上的支持。总结数据库的未来发展有以下几个趋势。

（一）数据结构异构化

随着企业系统集成的需要，企业想把电子邮件、多媒体文件、附件等都包含在一个系统中，以减少系统的重复投资。在这种趋势下，支持异构数据的数据库技术将大量涌现。从专业角度讲，在数据库技术发展中，最突出的表现就是从二维表存储方式到多维数组的存储方式的转变。通过多维数组技术，不单可以把语音、视频文件等异构数据存入到数据库中，便于统一管理，而且还可以直接实现数据仓库化。

数据库厂商如果能控制、支持和存储所有类型的数据，那么就有能力扩展自己其他产品和服务的市场空间。因此整合XML、对象数据、多媒体数据，将所有数据类型放在一个平台上将是传统的关系数据库发展的一大趋势。传统关系数据库中，管理的是结构化数据，数据是以行和列的二维表形式进行存储的，并通过标准的SQL查询语言进行查询。而随着Web时代的到来，在Web大背景下“泛数据”管理成为国内数据库厂商关注的重点。

目前 XML 标准日益成熟，并很快成为各种复杂的异构数据交换的核心技术和未来数据定义的标准格式。

（二）管理智能化

企业级数据库产品目前已经进入同质化竞争时代，在功能、性能、可靠性等方面差别已经不是很大。但是随着商业环境竞争日益加剧，目前企业面临着另外的挑战，即如何以最低的成本同时高质量地管理其IT架构。这也就带来了两方面的挑战：一方面系统功能日益强大而复杂，另一方面，对这些系统管理和维护的成本越来越昂贵。正是意识到这些需求，自我管理功能包括能自动地对数据库自身进行监控、调整和修复等已成为数据库追求的目标。目前国内主流数据库厂商人大金仓、达梦、神州通用等都开始注重数据库的智能化管理，进一步强化了易管理性，如图形化的操作界面，增加操作向导，自动执行功能，使数据库管理人员不必做很多重复性的工作。

（三）系统集群化

系统的高性能一直是数据库产品追求的一个重要指标，一般情况下，所谓高性能是指数据库系统具有较高的执行效率。衡量数据库系统性能是通过基准测试程序来度量的，常用的基准包括TPC等。TPC基准测试方法是由事务处理性能委员会（Transaction Processing Performance Council，TPC）发布的，常用的基准包括TPC-C、TPC-H和TPC-W等，其中，TPC-C 主要测试联机事务处理能力，模拟企业的 MIS 或 ERP 等系统，衡量系统每分钟对交易的处理数量；TPC-H 主要测量基于特定查询的决策支持能力，侧重于服务器在数据挖掘和分析的处理能力测试；TPC-W 主要测量服务器在电子商务中的性能表现，衡量系统在每秒内完成网络信息交换的数量。

能够提供高性能的数据库系统是并行数据库系统。并行数据库系统是数据库与并行计算技术相结合的产物，通过高速网络连接起来各个处理器，能够并行地执行任务，从而大幅度提高计算效率。但是，一般情况下并行数据库系统是昂贵的，常用于大型的科学计算或海量的数据处理。一般应用中，常采用无共享的并行体系结构来降低成本，即集群结构。并行数据库系统的可用性无法与分布式数据库相比拟，因此，很好地兼顾高性能和高可用性的数据库系统是数据库未来发展的一个重点。

（四）云数据库

云数据库具有高性能、高可用且低成本的特征，正成为下一代数据库的代表。云数据库是云计算与数据库相结合的一种新型数据库。云计算是并行计算（Parallel Computing）、分布式计算（Distributed Computing）和网格计算（Grid Computing）的新发展。

目前，云计算的理论研究工作明显滞后于应用，因此，云计算的理论模型与关键技术的深入研究已经成为目前亟须解决的问题。云数据库需要解决的理论关键是，能否有一种新型的数据模型（如云数据模型）来取代关系模型，这一问题的解决将决定云数据库是否能够成为下一代的数据库。

（五）移动数据库

移动数据库是数据库技术与移动计算技术相结合的一种新应用，随着智能手机的不断普及，数据存储设备的微型化或者说数据库系统的微型化将是数据库领域的新的发展趋势。数据库系统最终是为终端用户服务的，终端用户所持有的设备决定了数据库系统的最终选择。但是，由于存储空间、计算能力、通信信道等因素的限制，数据库系统需要解决由此带来的性能问题，移动数据库将是一个重要的发展方向。

总的来说，我国国产数据库在经历了最近十年的发展，被正式推上了快速发展的特殊通道，并开启了 IT 行业自主创新的新潮流。成熟领先的数据库产品、理性的商业模式、规范的管理流程、专注务实的态度，国产数据库软件在不断完善自身发展的同时，也将迎来大规模应用的又一个春天。

第四章 国产中间件十年发展回顾与展望

2000年是国产中间件产业发展的一个分水岭。国发18号文及由此确定的配套政策，不仅统一了中国软件产业对包括中间件在内的基础软件的发展基调，也促使资金、人才等社会资源的配置发生了倾斜。更多的企业、大学、科研院所进入了中间件领域，并最终形成了今天以东方通科技、金蝶中间件、中创、普元等为代表的中间件企业群体，形成了以北京大学、北京航空航天大学、中国科学院软件所、南京大学等为核心的科研群体，形成了以东方通科技Tong系列、中创Infor系列、金蝶Apusic、普元EOS、清华同方ezONE系列等为代表的遵循国际标准、具有自主知识产权的中间件产品，并在国家信息化建设中已发挥重要作用，形成初具规模的市场效应。

一、国产中间件十年发展回顾

“中间件”最早出现在20世纪80年代后期，是继操作系统和数据库管理系统之后随着网络的兴起和发展而新兴的一种基础软件，可以视为位于网络各节点操作系统之上、网络应用系统之下的一层支撑软件。中间件作为重要的基础软件之一，其发展历史只有近20年的时间。国外中间件起步较早，始于20世纪80年代末。而我国从20世纪90年代初才开始研究中间件，虽然比国外起步晚，但其发展非常迅速，众多厂商和研究机构纷纷关注这一领域。

早在“九五”期间，工业和信息化部（原信息产业部）电子信息产业发展基金、科技部“863”计划就开始关注中间件技术与产品的研究与发展，并进行了相应的部署。基本掌握了CORBA中间件和消息中间件等中间件的主流技术，开发出“分布计算软件平台StarBus”和“网络通信中间件ISMQ”等通用中间件产品。

随着“十五”期间研发工作的深入，我国在中间件技术和产品方面的技术水平有了进一步的提升，取得了一批研究、开发和应用成果。主要技术产品包括“基于CORBA技术的中间件软件产品Starbus系列”“基于消息中间件的中间件产品网驰（ONCE）系列”等，在中间件的关键技术、推广应用、国际标准介入等方面取得突破性进展，推动了我国中间件产业发展。在这一期间，国内中间件专业厂商也先后推出了应用服务器、集成中间件、安全中间件等各种中间件产品，使得国产中间件产品形成了可与国际公司竞争的完整产品体系。经过几年的发展，国内中间件厂商主要有深圳金蝶、中创软件、东方通科技、普元、中关村科技、点击科技等公司，以及一批国内的大学和研究机构，形成了中国中间件软件市场国内外企业的竞争格局。

目前，网络应用中间件逐渐在基础中间件、应用中间件、应用框架3个层面形成激烈的产品竞争和市场竞争格局。国内形成了包括中创软件、深圳金蝶、东方通科技、中关村科技、中和威等在内的一批中间件专业厂商，而国内一些规模较大的软件公司也开始进入此领域，东软、用友、信雅达等应用集成商也大量投入中间件产品的研发，国产中间件已经形成了比较完整的产品体系，例如，中创软件、中和威等推出了基于 CORBA 标准的通信中间件产品；中创软件、金蝶软件、东方通科技等推出了遵循 J2EE 规范的应用服务器产品；中创软件、深圳金蝶、东方通科技、中科院软件所等推出了消息中间件产品；东方通科技等推出了交易中间件；中创软件推出了集成中间件等；此外，还有大量的公司投入到中间件开发平台和构件库的建设中。国产中间件已经广泛成功应用于我国政府、交通、金融、证券、保险、税务、电信、移动、教育、军事等行业或领域的信息化建设，并成为大型应用系统建设不可缺少的一环。

二、国产中间件对国家重点工程的贡献

2000 年是国内中间件市场进入高速膨胀时期的开端。国产中间件在大量国家重点工程中打下坚实的基础，为中国信息化尽了一份应尽之力。随着市场需求的大规模开闸，中间件进入了交通、铁道、保险、电力、石油石化、财政、海关、公安、卫生、教育等几乎所有的信息化建设项目，市场规模每年保持 25%以上的增长率。市场规模的高速增长，为国内中间件产业提供了广阔的发展空间。这正是在国发 18 号文及相关政策的扶持下发展成长起来的。

（一）金融信息化

金融行业是关系到国计民生的重要行业，对网络运行环境要求十分高，在激烈的竞争中，国产中间件成功地进入金融行业并在重要位置发挥核心作用，在金融数据传输通道上构筑了中国现代化支付系统小额支付子系统、支票影像系统、电子商业汇票系统、反假币系统、人民币境外结算系统、网银跨行支付系统等核心业务。

（二）金字工程

“金字工程”是国家部委牵头建设的电子政务工程，关系国计民生，是电子政务领域最核心、最关键的一系列项目。金字工程又分成“两网一站四库十二金”，按照政府信息化的步骤逐步建设实施。早期建设的“金字工程”中，选用的都是国外的中间件产品，例如，金税工程采用了 BEA 的应用服务器，金盾工程采用了 IBM 的产品。

国产中间件在“金字工程”中的破冰之年是在 2007 年。2007 年 3 月，国产中间件中标金宏工程应用服务器中间件。这是国产中间件取得的又一次重大胜利，这标志着国家的重大项目，不再执著于非理性的技术过剩，而是关注于更重要的实施能力和服务能力。同时，这也促成了中间件厂商和上下游厂商，尤其是超大型集成商的紧密合作，集成商通过多个重大项目中与国产中间件厂商的合作，降低了实施风险和成本，取得了多赢的成果。

（三）电子政务

政务信息资源共享交换成为电子政务建设的主要任务之一。在原国信办的推动下，2010 年，已经有四川、江西、内蒙古、湖北、宁夏、青海、陕西、山西、新疆、广西 10 省的政务信息资源共享交换平台，该平台具有辐射地方政府的 50 个委办局，具有广泛的市场引导力。其中的中间件产品采用的正是国产的中间件，表明国产中间件正在成为中国省级政务

信息资源共享交换平台的标准。

随着中间件在金融、电子政务等领域的广泛应用，中间件的目标应用群体十分宽广，目前中间件在交通、证券等行业都有广泛的应用。这为中间件企业，如东方通、金蝶、中创等，提供了宽泛的市场。

三、国产中间件发展趋势

在国发 18 号文及相关国家政策和市场环境需求下，为消除信息孤岛，推动无边界信息流，支撑开放、动态、多变及难控的互联网环境中的复杂应用系统，实现对分布于互联网之上的各种自治信息资源（计算资源、数据资源、服务资源、软件资源）的简单、标准、快速、灵活、可信、高效能及低成本的集成、协同和综合利用，提高组织的 IT 基础设施的业务敏捷性，降低总体运维成本，促进 IT 与业务之间的对齐，中间件技术正在呈现出业务化、服务化、一体化、虚拟化等诸多新的重要发展趋势。

（一）业务化：中间件正在“变厚变宽”

业务化代表了中间件对复杂业务支持方面的发展趋势，即自底向上技术驱动转变为更多自顶向下的应用层的业务驱动，提供更多的应用和业务模式，支持复杂业务的开放式多方协同和按需集成。

传统中间件的基本思想是：抽取分布系统构造中的共性问题，封装这些共性问题的解决机制，对外提供简单统一的接口，从而减少开发人员在解决这些共性问题时的难度和工作量。因此，其显著特点之一就是自底向上的技术导向，它典型地是对操作系统、网络、编程语言等基础软件能力的抽象和封装，其关注主要聚焦于分布式应用构建的技术细节。

众所周知，对组织而言，通过 IT 对信息进行有效的管理及利用是其业务成功的关键因素，IT 是要为业务服务的。中间件技术作为企业计算的核心基础设施之一，仅仅关注技术本身是不够的，尤其是在当今全球化趋势之中谋求生存和发展，IT 信息系统及其基础设施对战略和业务的有效支持是至关重要的。因此，作为共性的凝练，中间件不仅要从底层的技术入手，将共性技术的特征抽象进中间层，还要更多地把目光投向业务层面，根据业务的需要，驱动自身能力的不断演进，即不断出现的新的业务需要驱动了应用模式和信息系统能力的不断演进，进而要求中间件不断地凝练更多的业务共性，提供针对性支撑机制。近年来，这一需求趋势越发明显，越来越多的业务和应用模式被不断地抽象进入中间件的层次，如工作流、业务流程管理、门户应用、报表应用等，其结果是中间件凝练的共性功能越来越多，形象地看，中间件的发展趋势之一就是变得越来越“厚”。

此外，在以互联网为代表的新技术推动下，伴随全球化的脚步及国民经济和国家信息化建设的高速发展，企业和政府的业务合作及资源共享的广度、深度和频度都在不断拓展，企业竞争本身已经从单纯的个体间行为演变为产业链层面上的激烈竞争，而电子政务的建设也呈现出从边沿向纵深的发展趋势。就企业而言，当今的扩展企业常常包含了伙伴、供应商和客户，跨行业、跨组织、跨部门的复杂业务协作往往需要将原本零散、片段的遗留业务流程（人工/自动）和信息优化进一个集成的环境，多个业务实体在互联网提供的广泛连通性基础之上进行开放、灵活、可信的信息交换和互操作，及时响应变更并有效地支持业务战略的交付，从而快速形成新的竞争力优势。因此，从支持基于互联网广泛连通性的复杂业务协同和集成的角度来看，形象地看，中间件的另一发展趋势是变得越来越“宽”。

（二）服务化：中间件将面向服务且易于集成

服务化代表了中间件在提升 IT 基础设施的业务敏捷性方面的发展趋势，即支持对基于互联网的数据存储、软件和服务资源进行标准化的抽象和能力提供，桥接不同业务平台之间的技术异构性，并提供业务按需灵活组织的能力，让 IT 与业务密切对齐，提升组织的业务敏捷性。

企业最根本的痛点在于其易变的业务和僵化的 IT 基础设施之间的尖锐矛盾。业务的易变性是企业试图通过业务差异化而谋求利益最大化的必然结果，是激烈的市场竞争的产物。问题在于，企业常常发现，业务需要改变，但 IT 却不能迅速地加以响应。根本原因就在于目前最重要的软件开发技术——软件复用和软件互操作，存在着严重问题。

软件复用的核心是软件构件技术。构件是一种细粒度的可复用实体，缺乏封装粒度的弹性，对复杂业务的封装效果不好，可复用的是零散的业务片段，完整的业务复用则需要充分了解复杂的业务规则，从而导致系统组装的困难；构件的运行支撑，严重依赖其受控环境，由于构件实现和运行支撑技术之间存在着较大的异构性，不同技术设计和实现的构件之间无法直接组装式复用。

软件互操作技术也存在问题。互联网前所未有的开放性意味着各节点可采用不同的中间件技术，对技术细节进行了私有化约束，构件模型和架构没有统一标准，从而导致中间件平台自身在构件描述、发布、发现、调用、互操作协议及数据传输等方面呈现出巨大的异构性。此外，交互的软件系统之间存在着紧密耦合的关系，难以扩展、缺乏灵活性。各种不良技术约束的结果是软件系统跨互联网进行交互变得困难重重，最终导致了跨企业/部门的业务集成和重组难以灵活快速地进行。

于是，必须针对性地解决好软件复用技术和互操作技术存在的问题，才能有效地提高 IT 基础设施对应用系统的灵活支撑能力。中间件的发展，必须支持对基于互联网的业务和信息资源进行标准化抽象和能力提供，在封装、耦合、标准等方面做出针对性的改变，具体来说，要在软件的模型、结构、互操作和开发方法 4 个方面进行调整。

模型：构件模型弹性粒度化，通过抽象层度更高的构件模型，实现具备更高结构独立性、内容自包含性和业务完整性的可复用构件，即服务。并且在细粒度服务基础上，提供了更粗粒度的服务封装方式。

结构：结构松散化，将完整分离服务描述和服务功能实现及服务的使用者和提供者，从而避免分布式应用系统构建和集成时常见的技术、组织、时间等不良约束。

互操作：交互过程标准化，将与互操作相关的内容进行标准化定义，如服务封装、描述、发布、发现、调用等契约，通信协议以及数据交换格式等。在此基础上，异构系统之间的互操作就可以通过在私有技术体系和标准技术体系之间的相互转换来完成。

开发方法：应用系统的构建方式由代码编写转为主要通过服务间的快捷组合及编排，完成更为复杂的业务逻辑的按需提供和改善，从而大大简化和加速应用系统的搭建及重构过程。

总之，服务化体现的是中间件在完整业务复用、灵活业务组织方面的发展趋势，其核心目标是提升 IT 基础设施的业务敏捷性。

（三）一体化：易于平台演化及开发管理

一体化代表了种类繁多、功能相对单一的中间件产品趋向集成和整合，形成统一的互联网计算平台的发展趋势。

传统的中间件产品以各自问题域为核心形成了多种专门的中间件产品，如应用服务器、消息中间件、流程中间件、门户中间件、事务中间件等。伴随着信息技术的发展，不同种类和厂商的中间件产品同时运行在 Internet 之上，共同组成了大规模关键网络应用系统的基础设施。这些核心关键业务应用，涉及的功能需求广泛，功能单一的中间件产品已不足以完全满足全部需求。客户需要一种开放的集成化中间件平台，更好地适应互联网计算环境的开放、动态、多变的特性。因此，种类繁多的中间件产品不可避免地需要走向整合。

在一体化的趋势中，未来集成化的统一中间件平台所包含的各类中间件子产品共同组成了一个相互关联的有机整体，这种“集成化”，绝非简单拼凑，而是一种深度整合，具体体现在以下几个方面。

1．统一内核的产品体系结构，易于演化

集成化的统一中间件平台必须具备良好的可扩展性和更加有效的应用环境。而使用微内核设计是构建中间件产品可灵活插拔的统一中间件平台的重要基础。

集成统一中间件平台需要整合多种中间件产品，因此其内部功能必然庞大而复杂，为了减少复杂性和提高可扩展性，其内部结构的微内核化将是必然趋势，微内核负责协调多个中间件产品的功能，通过微内核体系可以减少平台内部接口的复杂性，实现更加合理的结构，并提供更加稳定高效的运行期表现。使用灵活的微内核设计，新的中间件产品加入及旧的中间件产品的废弃，都可以非常方便地进行，而无须对整个平台系统进行根本性变动。

2．统一的系统管理框架，易于管理

集成化的统一中间件平台的管理必须具备全局的、系统化的观点。在一个大型网络应用中，往往会同时存在多种中间件及同一中间件的多个实例，此时，平台的管理具有典型的系统化特性，那些仅针对单个中间件实例或类型的管理，其效果可能不明显，甚至产生严重的负面影响。而只有全局考察系统，统筹分析和规划，才能制定出合理有效的管理方案。同时，平台的管理还必须兼顾中间件产品之间存在的开放、异构、动态等特性。开放性意味着不同业务需求导致各种各样中间件产品运行在开放的互联网之上，需要提供有效手段使得这些中间件产品被有效地管理起来，形成一个有机整体。异构性意味着不能指望平台中所有的中间件都是同类型的产品实例，需要一些方法来平滑地桥接异构性，降低异构性控制的复杂度和难度。动态性意味着平台中的中间件可以在任何时候被人为地增删，或者在任何时候由于意外原因而变得不可用，这就要求管理机制必须足够灵活以应对被管理的中间件及其实例的快速、持续的变化性。

3．统一的构件模型与开发方式，易于开发

众所周知，不同种类的中间件产品所提供构件模型是不同的，它们的部署机制也各有差异。这种构件模型的差异性，将会增加开发难度，提高学习与维护成本，给用户带来巨

大的困扰。因此，有必要提供一种统一的编程模型来完成用户的业务逻辑，而这种统一的编程模型能够根据不同中间件种类，发布成符合该中间件要求的格式，并具备一致的部署机制；并且，这种发布与转换对用户来说应该是透明的，这将给用户带来巨大的价值。

目前不同类型的中间件产品一般都有各自不同的开发环境，而当今大规模网络应用大都需要多种中间件产品的共同支撑，因此，开发环境的差异性导致了用户开发、管理、监控的难度大大加深。中间件在为用户提供统一运行支撑平台的同时，也需要为用户提供统一的集成开发环境。这种集成开发环境显然不能仅仅是各类中间件开发管理工具的简单拼凑，而应该是概念统一，功能互通的有机整体。

4. 统一的互操作协议

现今，越来越多的企业应用呈现出互联网化。Internet 正在完成从一个信息发布与访问平台到应用计算基础支撑平台的转变。传统中间件基于 Internet 或私有协议的通信方式变得难以适应 Internet 开放、动态、易变的环境。因此，运行于互联网环境上的各种中间件产品应提供基于 http 协议的、安全可信的、具有自适应能力的统一互操作协议。而中间件产品本身的管理、监控等互操作 API，以及部署在其上的企业应用的业务接口，则以标准服务形式基于这种统一互操作协议发布，使多个运算节点得以在互联网上形成有机整体，实现更大范围的互联互通，随需应变。

简言之，一体化代表了中间件从单一功能性产品到互联网统一平台的重要发展趋势。

（四）虚拟化：支持云计算易于应用交付

这一点代表了中间件在云计算平台方面的发展趋势。云计算代表网络计算价值的一个新的临界点，它提供更高的效率、更好的可扩展性和更容易的应用交付模式。

伴随互联网及现代服务业的发展，IT 基础能力以服务的形式提供已成为一种新的趋势，SaaS、PaaS、MaaS 等新业务模式不断涌现。然而，支撑这些 XaaS 业务模式的核心技术最终均离不开云计算。云计算平台作为一种实现计算能力动态分配的新技术平台，将构成未来数据中心大规模应用的基础，是中间件技术发展的重要趋势。

云计算需要实现软硬件资源的虚拟化管理，支持应用计算资源的动态加载和管理，提供不同应用间的实例级隔离，并且能够实现大规模应用集群及大规模事务处理。虚拟化是适用于所有云架构的一种基础性设计技术。在云计算中，它主要指平台虚拟化，或者是从使用资源的人和应用程序对物理 IT 资源的抽象作用。虚拟化允许将服务器、存储设备和其他硬件视为一个资源池，而不是离散系统，这样就可以根据需要来分配这些资源。因此，作为云计算平台的中间件，其应用的目标将是有效地统一后端的服务器的软/硬件资源。

在新一代中间件技术发展的理念中，虚拟化和服务化相结合是非常重要的特征。二者相辅相成，相互促进，结合使用，能够在组织的 IT 架构和业务转型的过程中发挥最大的优势。服务化关注的是业务驱动的 IT 基础设施的综合应用，注重业务流程的灵活性；虚拟化关注的是运行时部署的效率，注重能力提供的方便性和合理性。虚拟化有助于更快地显示部署基础设施的投资回报率（ROI）。从服务化的角度来看，虚拟化是一种把 IT 资源当做服务来提供的手段。几乎所有 IT 资源都可以作为虚拟的云服务来提供：应用程序、计算能力、存储容量、联网、编程工具，以至于通信服务和协作工具。虚拟化的基础设施能够更有效地支持大量的现有服务和资产，从而促使组织更为深刻和广泛地进行服务化转型和改造。即虚拟化可以提高服务部署环境的使用率，降低服务部署的总成本，继而通过关联效应，降低服务化建设的总成本。它提供更高的效率、巨大的可扩展性和更快、更容易的软件开发。

同时，虚拟化自身也会带来很多具体的优势，通过计算资源的动态分配，能够更加有效地利用组织的软/硬件资源，优化组织的资源模型，实现灵活敏捷的资源部署，促进计算资源的整合，提高其利用率，节约空间和能源，并为灾难恢复解决方案提供新的选项。

简言之，虚拟化着眼于计算资源运行时部署的效率，其有效利用和成本控制，注重资源提供的方便性和合理性，代表了今后相当长一段时间内中间件技术发展的重要趋势。

（五）后端平台深度融合

未来的中间件将是 Internet 时代网络计算的核心基础平台，它贴近并直接服务于应用系统，提供完整而强大的基础设施支撑能力，屏蔽了极端开放、动态、多变互联网环境中底层操作系统、编程语言、数据库系统、网络通信的多样性和差异性，凝练更多业务/应用模式的共性，桥接跨互联网的巨大技术异构性，真正建立起基于互联网的空前广泛的连通性，并实现基础设施提供方式的动态化、标准化、弹性化和最优化。

综上所述，在国发 18 号文扶持下，国产中间件的十年是自立自强的十年，是顽强拼搏的十年，是快速发展成长的十年。国产中间件产品日益成熟，以金蝶、东方通、中创等中间件厂商为代表的企业在政府的大力扶持下，同操作系统、数据库一样，支撑着国家信息化建设，以及为保障国家关键领域信息化安全做出贡献。同时，在“新 18 号”文的支持下，接下来的十年将是国产中间件继续蓬勃发展和做大做强的十年。

第五章　国产办公软件十年发展回顾与展望

2000 年以来，国发 18 号文和 47 号文相继出台，为软件产业的发展创造了良好的外部环境，我国软件产业发展步入快车道。政府对国产办公软件的扶持力度也在不断加大。从 2001 年开始，我国政府加强了对正版软件的采购，这为国产中文办公软件提供了前所未有的市场空间。总体说来，国产办公软件在近几年的发展中，在保证了与国外同类办公软件高度兼容的基础上，不断完善产品内核，在产品应用效率、二次开发、系统集成性和网络化应用等方面迈出了可喜的一步。无论在政府部门、企业内部，还是在学校、教育系统等均得到了广泛采用。

我国的办公软件产业在经历长期的低迷阶段以后，经过对自身的不断反思、对国际竞争产品的深入研究，已经开始逐步向健康、向上的方向发展。在这些年的不断磨砺中，国产办公软件虽然遭遇了空前的困难，但在不断克服困难的过程中，也让国人看到了可喜的成绩和坚实的前进步伐。国内软件厂商用远低于国外企业的成本，开发出了理念创新、性能优越的产品，国内办公软件领域的主要厂商中标软件有限公司、红旗中文贰仟公司、永中科技有限公司、金山软件股份公司、北京共创开源软件有限公司等都加快了办公软件开发的资源投入，加快步伐探索新产品的发展方向并积极面向市场发布各自的办公软件新版本。

一. 国产办公软件十年发展回顾

（一）国产办公软件企业产品不断更新

1988 年，中国第一套国产文字处理软件金山 WPS1.0 发布，在随后几年中，由于 WPS 强大的文字处理能力和平淡的市场竞争，WPS 占领了中文文字处理市场的 90%。1997 年，金山的 WPS97 发布，虽然这是第一个在 Windows 平台下运行的国产字处理软件，但由于微软 Word 97 的冲击，市场反应平淡。

2001 年，WPS 正式更名为 WPS Office，开始全面兼容 Microsoft Office 各版本。在随后的十年间，金山公司根据市场不断进行产品改进，研发出了 WPS 97、WPS2000、WPS 2005、WPS2007、WPS2009 等系列版本。

2001 年年底，红旗中文贰仟公司推出了基于 OpenOffice.Org 开源版本、支持跨平台应用、面向中文本地化的 RedOffice 1.0 版。

2002 年永中科技推出了基于 Java 语言开发的永中 OfficeV1.0 版。

2003 年 11 月，上海中标软件有限公司成立（现更名为中标软件有限公司）。推出了包括 Office 办公软件在内的一系列基础软件产品，拥有“一架式”产品优势。

在随后的 2003 年至 2007 年，各大国产办公软件厂商均推出了不断完善功能和技术的产品更新版本。

（二）国产办公软件产品成熟度显著提升

1. 兼容性和跨平台能力稳步增强

国产办公软件由于起步较晚，发展水平和国外厂商相比较来看相对滞后，导致了国外办公软件产品迅速地占领了国内市场。因此，国内软件厂商在与微软公司的长期市场竞争中，需要解决的首要问题便是自身产品所生成的文档格式和微软办公文档格式兼容的问题。

国内几个知名办公软件厂商如中标软件、金山公司、永中公司、红旗中文贰仟公司等都对兼容性问题做了大量的研究工作，对软件的体系架构做了非常大的调整。例如，金山公司曾花费 3 年时间，斥资超过 3 000 万元人民币重新编写金山 WPS Office 办公软件的代码。因此，从现在的结果来看，国内办公软件厂商大多已从技术上实现了与微软 Microsoft Office 产品的兼容，也做到与所基于操作系统平台运行上的高度兼容性。另外，经过不懈的努力，一些国产办公软件厂商还尝试在操作界面、使用习惯等用户层操作体验等方面做到与国外产品的高度相似，这样虽然从产品创新的角度来说缺乏新意，但对于用户来说的确减少了软件重复学习的困难。

依靠高度兼容国外的办公软件并不能使国产办公软件真正站稳脚跟，也不能帮助国产办公软件在市场竞争中取得优势。因此，国产办公软件厂商均试图从软件基本架构上寻找新思路，最终做到了产品的跨平台使用。如今，多家国产办公软件厂商已经通过各种方式实现了产品的跨平台：红旗中文贰仟公司以国际开源办公软件 OpenOffice.org 为基础架构经过重新设计开发出的 RedOffice，永中公司使用 Java 编程语言开发的永中 Office 现均已支持 Microsoft 和 Linux 双平台使用。

2. 应用需求得到深层次挖掘

办公软件是一个大型的、复杂的基础类软件，办公软件的系统功能、交互方式等方面的设计均需要在深入理解用户真实需求、操作习惯和主观感受的基础上才能准确把握。为了与用户在功能上、操作感受上的真实需求相吻合，国产办公软件厂商已经将设计思路有意识地向“以用户为中心”的产品发展方向转变。

对此，中标软件、红旗中文贰仟、金山等公司均已建立了比较完善的用户需求分析和产品可用性研究部门，深层次分析用户的真实需求。

举例来说，面对办公软件这个庞大复杂的应用软件，用户在使用过程中会很频繁地遇到各种困难。而这种困难往往既可能是用户在操作办公软件过程中发生的，也有可能是在处理电子文档中需要的额外支持。针对这种情况，国产办公软件在美国微软公司的 Microsoft Office 产品的基础上，逐步又制作、扩充原有帮助系统结构，利用互联网的优势，设计了一系列的联机帮助和辅助功能，为解答用户随机疑问提供了更大的灵活性。

又比如，用户在创建、处理工作文档的时候，时常因为缺乏专业的文档样式指导和文档内容模板而苦恼。对此，国产办公软件厂商纷纷在网络上建立起自己的在线办公文档资源库，向用户提供诸如各类文档样式模板、内容模板、各类图片等资源。使得办公软件不再仅仅是一个电子工具，而逐步转变成为一个分享知识、获取资源的有效途径。

通过这种更加面向用户的改进，国产办公软件在易学习性、易记忆性、易用性上已有了本质的提高，用户的整体满意度也在不断提升。国产办公软件在用户中的整体印象将会有效地从“可以用”转变成“很好用”。

3. 用户体验显著提升

办公软件经过20余年的发展，从产品功能角度来看已经高度发达，对于绝大部分用户来说，软件功能已经足以满足用户的日常需要。从产品竞争的角度来看，国外竞争性办公软件产品无论在性能上还是在功能上都胜国产办公软件一筹。因此，从办公软件的产品发展趋势来说，不断改进完善现有办公软件架构，提升软件对于用户的可用性、易用性是国产办公软件成功的必由之路。

在近几年的发展中，国产办公软件逐步实现了产品功能层面的全部可用，在软件操作效率上也有大幅提升。在此基础之上，主要国产办公软件厂商均对自身的软件产品进行了大幅的改进。

红旗中文贰仟公司的RedOffice自从2001年以来至今已发展至3.0版本，产品基于开源OpenOffice.org成熟架构。除了不断改善产品内核，提升本土化应用能力，更从最新的版本中走出了国产办公软件厂商沿用传统Office界面布局的窠臼，基于巴莱多定律将用户最经常使用的少部分功能与不常使用的大部分功能剥离开来，通过对功能对象的重新定义和布局来设计办公软件的全新人机交互界面。这是国产办公软件对软件深层次改进的一次大胆尝试。

金山公司作为我国历史最为悠久的办公软件厂商，在2010年的产品发展中，走了一条深度兼容微软Microsoft Office办公软件的路子，力图在软件操作界面、使用方式、功能设置、二次开发方式等方面做到与国外产品的高度模仿。这样为那些已形成牢固国外办公产品使用习惯的用户免去了再次培训的麻烦，为这些用户提供了高可用性、价格低廉的市场替代品。

而永中公司率先在软件集成性方面做出了重大变化：在应用方式上，将 套使用界面下集成文字处理、电子表格和简报制作三大应用；数据处理中将三大组件进行数据链接，确保数据的准确性、一致性和完整性；同时可将多个应用产生的数据保存到一个单一的文件中，便于管理与共享数据。永中科技还大力开发针对教育系统的“科教编辑”模块，为我国广大教育系统的教师和学生提供了使用方便且功能丰富的教学图示模板。

特别值得一提的是，各国产办公软件厂商均在多种语言版本上进行了开发，例如，红旗中文贰仟公司开发了蒙、藏、维、哈等多种少数民族语言版本，而金山、永中等公司也发布了如英文、日文等版本的办公软件。

总体来说，国产办公软件厂商在近些年取得了巨大的进步，均已经开始有意识、有步骤地进行产品性能、产品易用性方面的新探索、新尝试。相信在国产办公软件变得越来越好用的同时，广大用户的满意度也将不断提高，对国产办公软件的信赖感也会逐步提升。

4. 二次开发更加便捷

办公软件的二次开发，主要是将桌面办公软件移植到业务系统之中，业务系统开发商通过办公软件提供的标准的二次开发接口，在业务系统中调用办公软件模块，最终实现所需的办公需求。

我国办公软件厂商经过多年的研究，深入了解国内用户特别是政府机构和一些大型企业的真实需要，对办公软件的二次开发特性做出了积极的改进和增强。

现在，国产办公软件的多数开发版已经在众多政府电子政务系统、企业OA办公自动化系统及专业应用系统（如医疗系统）中被广泛应用，为企事业单位的集成应用创造了便利。

5．全面支持国家文档标准

“基于XML的中文办公软件文档格式”和“中文办公软件应用编程接口规范”标准，由全国信息技术标准化技术委员会提出，由中国电子技术标准化研究所归口，通过5年多的不懈努力，《中文办公软件文档格式规范》在不久以前已获得了国家标准化管理委员会正式批准。该规范以中文办公软件的普遍需求为出发点，合理解决了各国产中文办公软件间的差异性，形成了适合中文应用的涵盖了从文档逻辑内容到显现格式、合理完整、自主可控的技术体系架构，奠定了办公软件文档信息交换的基础。

“基于XML的中文办公软件文档格式”“标文通”UOF标准，定义了基于XML语言的中文办公软件文档格式的规范化描述及其物理存储方式，是国内各个办公软件实现跨平台、跨部门中文文档交换及信息共享、业务协同的重要基础（见图42）。

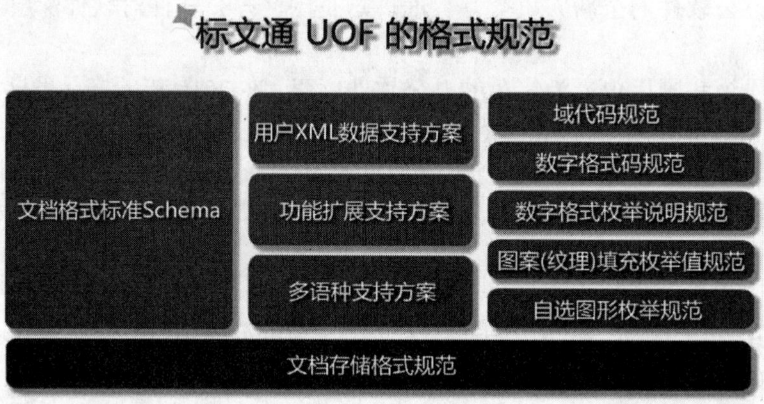

图42　国家文档格式标准“标文通”UOF格式规范

在国家文档标准正式确立并实施以后，国产办公软件厂商均迅速跟进，研究如何将自身产品实现对“标文通”格式的支持，实现了对“标文通”格式读取、存储等操作支持。统一执行国家办公软件格式标准对国产办公软件产业来说是一件大事，赋予了国产办公软件摆脱以往长期陷在兼容国外产品泥潭的能力。如果国产办公软件在文档格式方面能够统一思想和步伐，形成核心凝聚力，那么在与国外优势产品竞争的过程中，才有可能形成全面抗衡的能力。

（三）国家政策引导效果显著

办公软件具有很强的自然垄断性，用户一旦习惯了某个系统，就很难改变使用习惯。在跨国巨头企业垄断的环境下，市场缺乏公平竞争，政府的政策引导作用是不可或缺的。过去十年国家相关部门出台的系列政策，确为国产操作系统的普及和推广起到了积极的作用。

1．国产办公软件厂商实现跨越式发展

国产办公软件厂商相对国外跨国企业来说实力弱、企业竞争能力不足。国发 18 号文的出台为我国软件产业发展创造了良好的政策环境，多方面为软件产业的发展提供了政策优惠，极大地调动了各方面的积极性。特别是在税收优惠方面，将 17%的增值税降为 3%，实行“即征即退”政策。对于通过省级科技部门认证的软件企业，自获利年度起，可以享受企业所得税“两免三减半”的优惠政策。基础软件产业属于高智力行业，增加值很高，因此降低增值税对其影响很大。国发 18 号文颁布的十年间，软件业平均年增长速度达到 38%。正是国发 18 号文创造的优惠环境，极大鼓励了国产基础软件企业的产品研发，对中标、金山等国产办公软件厂商来说，虽然都已实现了企业赢利，但如果没有国发 18 号文增值税优惠政策的支持，企业的发展及创新投入会更加艰难。

2．政府采购促进了国产办公软件的普及应用

为贯彻落实国发 18 号文，进一步明确发展目标，采取切实有效的措施，尽快提高我国软件产业的总体水平和国际竞争力，2002 年 7 月 24 日，国务院发布了《振兴软件产业行动纲要（2002 年至 2005 年）》（国办发［2002］47 号，简称 47 号文）。47 号文是继国发 18 号文之后，旨在积极促进软件产业发展的又一具有重要意义的政策性文件，并且针对优先采用国产软件产品和服务、国家加大对软件产业的投入、落实优惠政策、整顿市场等方面都做了具体规定。

中央政府的指导示范作用是非常显著的，随之带动了各级政府对政策的响应，获得良好的市场份额。虽然当时的国产办公软件与 MS Office 产品相比，在用户使用习惯、易用性上还有一定差距，但政府带头使用对于推动国产办公软件产品成熟和应用推广还是起到极大的促进作用。也正是在用户的应用反馈中，国产办公软件关注用户的深层次需求，国产办公软件产品逐步走向成熟，从适用走向好用。

二、国产办公软件发展展望

（一）国家政策环境优化

总体来说，我国现行的促进国产软件的政策有两方面。

其一，国务院出台的 4 号文件，对我国境内设立的软件企业及开发生产的软件产品，在资金、人才流动和税收上予以相应扶持。

其二，政府采购软件给予的扶持。我国软件产业现有几百亿美元的规模，而政府采购的规模约占其中的 1/4，政府采购总额对于国内软件厂商来说具有至关重要的作用。另外，我国各级政府部门、机关单位将在未来几年内全面推进政府办公的信息化，这一系统化工程无疑将有力地推进国产软件的发展和壮大。

软件技术具有明显的国际化倾向，软件产业化更是一个国际化概念。而对于国产办公软件发展来说，扎根本土，放眼世界才是取得长期发展的长远目标。随着国家深化改革，政策扶持的力度加大，国产办公软件面临着一个历史新机遇。国产办公软件应该利用本地化人才资源优势，深度挖掘自身潜力，密切关注国际发展的新技术、新趋势。只有这样，

国产办公软件才能够逐步脱离国家的保护伞，向更高、更远的目标迈进。

（二）开源力量逐步壮大

由于开源软件以其代码开放，用户可以自由下载、使用，更容易进行商业开发的特性，开源软件的发展越来越受到世界各国的关注，同时对于我国民族软件产业来说也有着巨大的影响。从某种意义来说，没有开源软件就没有中国的基础软件。中国的基础软件，包括操作系统、办公软件、数据库、中间件等共性应用软件，大多是在开源软件发展的基础上取得重大进展的。

我国办公软件厂商如能积极开展与世界各国开源组织的交流、合作，共同提升在办公软件领域的核心竞争力，对于我们来说则无异于站在巨人的肩上与世界领先的厂商进行竞争。而且，加强与世界各国同行的深层次沟通有利于国产软件厂商开拓思路，更好地探求当今办公软件领域发展的新思路、新技术。因此，与国际开源社区的合作和先进开源思想的交互也是我国软件业了解世界、与世界接轨、使产品真正走向国际化的有效途径。开源力量的强大对于我国办公软件厂商，乃至整个软件行业都将起到巨大的促进作用。

近年来，办公软件领域不断涌现出许多新的发展动向：众多国内外传统办公软件厂商也在谋求办公软件新的发展趋势，从近期推出的一些测试版本可窥见一斑。

（三）办公软件将与互联网进行无缝衔接

随着网络和信息时代的发展，在我们的工作和生活中，互联网占据越来越重要的角色，企业也越来越依赖互联网开展工作，如何能将现有的工作与互联网方便衔接是厂商重点考虑的问题之一，例如，金山等国产办公软件厂商推出了网上在线的文档处理软件和电子表格软件，实现了网上办公的无缝衔接；当前国内部分办公软件已开始全面转向支持 XML 格式。

（四）办公软件将融入更多协同软件的功能

在当前激烈的市场竞争环境中，企业的管理者和员工都认识到，如何发挥团队的作用，建立知识型企业变得更加重要，人们在日常的工作中，需要彼此之间能够实时进行交流沟通的愿望越来越强烈，未来新的办公软件将会朝这个方向发展，例如，可通过即时通信软件、网络会议软件、虚拟网络工作平台、电子邮件等众多方式和办公软件进行无缝衔接，用户可随时随地与他的合作伙伴协同工作。

（五）办公软件将融入更多商业智能的功能

随着网络和信息时代的发展，用户在进行业务数据处理时，面对越来越多的数据，如果办公软件能帮助用户做一些简单的商业智能（BI）分析工作，帮助用户快速从这些数据中发现一些潜在的规律，提高用户的工作效率，将对用户产生巨大的吸引力。在一些国产办公软件版本中已经尝试提供一些简单的商业智能的功能。另外，办公软件还有一些其他的发展趋势，如软件本身将更加智能化，界面将更加绚丽、更加人性化，能与业务系统进行整合等。

国产办公软件经过中国软件产业“黄金十年”的蓬勃发展，国产办公软件产品日益成熟完善，金山软件、中标软件、中文 2000 等主流国产软件企业得到发展壮大，市场营销体系、支持服务体系日趋规范，国产办公软件已经得到市场的接受和认可。这都与过去“黄金十年”的国家政策引导，特别是国发 18 号文的优惠政策密切相关。

办公软件作为基础性软件，对于推动软件产业的创新和持续健康发展，保障国家信息安全起着十分关键的作用。当前，国产办公软件即将进入高速发展期，在这个历史机遇面前，“新 18 号文”又给出了政策的支持保障。通过进一步加大对国产办公软件的创新扶持力度，鼓励国产办公软件产业整合和做大做强，大力促进自主研发产品的发展，并在软件产品服务的政府采购中优先采购国产基础软件产品与服务等，均对国产办公软件的创新与产品发展起到了积极的促进作用。

第六章　信息安全建设的十年发展回顾与展望

一、信息安全建设十年发展回顾

中国的信息安全事业在近几年得到快速的发展，这一方面是由于从中央到地方政府的广泛重视，另一方面也是因为我国有一批积极进取的信息产业安全企业，如天融信、启明星辰、瑞星科技、东软、金山、网御等。他们不断跟进最新安全技术，不断推出满足用户需求、具有时代特色的安全产品，进一步促进了信息安全产业的发展。可以看到，在政府企业的推动下，目前我国自主研发的入侵检测、防火墙等产品取得了骄人的成绩，特别是在千兆水平和芯片技术方面，基本上达到了与国际同步的水平；在系统、网络防护技术方面、网络检测与监控技术方面同样取得了显著的进步；另外，在数据加密和加密设备研究方面也具有世界先进水平。这些都得益于国发 18 号文及相关政府政策的扶持。

我国信息安全建设，走过了 20 世纪 90 年代初的引进、消化、吸收、研仿和探索之路，又走过了近十年来的创新发展之路。十年的探索前进，十年的创新发展，形成了国内有影响力的信息安全公司，比较突出的是启明星辰公司的“天阗入侵检测与管理系统”、东软公司的“NetEye”系列产品、网御公司的“网御入侵检测系统”和中科网威公司的“网威网络入侵检测系统”。产品覆盖政府、军队、金融、电信、能源、交通、教育、中小企业等领域。

前十年在探索中前进，近十年在创新中崛起，我们已经经历了信息安全知识知之甚少到知之较多；公民信息安全意识由非常淡薄到逐步增强；信息安全法律法规体系和标准规范体系逐步建立，并日臻完善；信息安全设备从引进、研仿到自主创新，已经形成了高、中、低端配套齐全的产品系列；信息安全技术从安全芯片、多核、模块化、分布式硬件体系结构到杀毒软件、防火墙/VPN 软件、IDS/IPS 软件、信息安全管理（SOC）平台软件、安全审计软件、智能化安全软件、云安全软件等信息安全软件系列，我们的信息安全从技术水平到产品性能与世界信息安全强国的差距逐步缩小；信息安全保障能力与我国信息化发展需求基本适应，我国信息安全总体形势已经由严峻走向缓解，信息安全总体发展形势向好。

二、信息安全建设发展环境

（一）政府主导下的政策环境

2001—2005 年是我国国民经济发展第十个五年计划。“十五”是我国信息安全产业高速成长的 5 年。在此期间，随着网络技术应用的深入，信息资源共享程度的提高，信息交换速度的加快，网络病毒、网络黑客等信息安全威胁日益凸显出来。同时，在国家信息化发展战略中，人们也开始认识到信息安全的重要性。因此，国家领导人就信息安全和网络安全多次发出重要指示，把信息安全放到了与政治安全、经济安全和文化安全同重要的位置。在“十五”计划的推动下，国家通过“863”计划、国家发改委产业化基金、科技部“科技型中小企业创新基金”、原信息产业部“电子产业发展基金”和原国家经委“技术创新基金”等专项经费支持，使信息安全产业取得了突破性的发展。

（1）2000 年，为推动我国软件产业和集成电路产业的发展，增加信息产业创新能力和国际竞争力，带动传统产业改造和产品升级换代，进一步促进国民经济持续、快速、健康发展，发布了引领我国软件和集成电路发展的“黄金十年”的国发 18 号文。

（2）2001 年，“863”计划信息安全主题围绕国家信息安全基础设施关键技术、安全监管关键技术、重要应用信息安全关键技术、信息安全新技术和信息安全示范工程 5 个专题方向，共 56 项研究。2002 年又启动了 4 个专题 10 个专业方向。

（3）2001 年 8 月，为进一步加强推进我国信息化建设和维护国家信息安全工作，中共中央、国务院决定重新组建了国家信息化领导小组，由国务院总理担任组长，副组长由常务副总理担任，还有 3 位政治局委员和军委副主席，25 位成员都是部长级领导，由此可以看出我国对信息安全工作非常重视。

（4）2002 年国家科技部启动实施的 12 项重大关键技术攻关与产业化示范科技专项，其中，包括信息安全重大专项。2003 年又开展了“安全强审计技术”专题的研究。

（5）2003 年国家信息化领导小组发布了中办发 27 号文（《国家信息化领导小组关于加强信息安全保障工作的意见》），27 号文明确指出：“要重点保护基础信息网络和关系国家安全、经济命脉、社会稳定等方面的重要信息系统，抓紧建立信息安全等级保护制度，制定信息安全等级保护的管理办法和技术指南。”

（6）2004 年 1 月 9 日，国家以网络与信息安全协调小组名义召开了国家信息安全保障工作会议，提出了“积极防御，综合防范”的信息安全建设方针，制定了用 5 年左右的时间，基本建成国家信息安全保障体系的战略目标。

（7）2004 年 9 月 15 日，公安部、国家保密局、国家密码管理委员会办公室、国务院信息化工作办公室联合印发《关于信息安全等级保护工作的实施意见》；认监委等 8 部委发布了《关于建立国家信息安全产品认证许可体系的通知》，我国信息安全呈现高速发展的态势，为国家信息化建设提供了良好的信息安全保障环境。

（8）2005 年，国信办发布了 2 号文《国家信息安全战略报告》，对于怎样构筑国家信息安全保障体系提出了具体的任务和对策。

（9）2006 年，中共中央办公厅和国务院办公厅发布了 11 号文《2006—2020 年中国信息化发展战略》（以下简称《战略》）。《战略》中把建设国家信息安全保障体系作为第 8 个战略重点列出。

（10）在国家信息安全发展战略的指导下，2004 年全国人大常委会通过了《电子签名法》，2010 年全国人大常委会修订了《国家保密法》等。国家信息安全法律法规和标准规范日臻完善，为电子商务、电子政务的发展提供了法律法规体系和标准规范体系。

上述项目的实施，增强了国家信息基础设施和重点信息资源的安全保障能力，促进了信息安全基础设施关键技术、安全监管关键技术、重要应用信息安全关键技术和信息安全新技术信息的发展。推动了具有自主知识产权和创新实力的信息安全科研与产业体系的形成，推动了信息安全标准体规范体系的形成，使我国信息化建设走上了健康、快速发展的道路。5 年的快速发展，我国的信息安全产业已初具规模，基本建立了具有中国特色的信息安全技术体系、信息安全产品体系和信息安全产业管理体系。

（二）产业化基地环境建设

从 2001 年到 2010 年的十年间，国家科技部根据“863”计划的安排，分别在上海、成都、湖北和天津建成了 4 个国家级信息安全产业化基地。

1. 上海基地（东部基地）

“上海基地”是国家“863”计划的重点项目之一。2005 年 12 月，基地被国家科技部认定为国家高新技术创业服务中心。

目前已有四大国家级信息安全研究中心入驻这里。国家信息安全基础研究中心，主要瞄准电子政务等重大信息化工程，构建信息安全支撑平台和信息安全应用平台；国家信息安全工程研究中心，承担国家科技攻关电子政务和信息安全两大重大专项课题；国家“863”计划反计算机入侵和防病毒研究中心，先后承担了“网络病毒防治关键技术”和“电子物证保护及分析技术”等多个研究项目；上海交通大学信息安全工程学院，已形成一支骨干科研队伍，研制了防火墙、网页防篡改系统、内容监管系统、安全邮件系统等，人才培养和科研开发同步推进。上海信息安全产业化基地的建设，促进了上海等地信息安全生产建设快速发展。

2. 成都基地（西部基地）

“成都基地”于 2000 年 7 月由国家科技部正式批准建立，西部基地信息安全产业取得了长足进步，基地企业也得到了快速发展，形成了一批拥有自主知识产权的信息安全产品开发、生产和信息工程涉密系统集成资质的企业，涌现出了如迈普、卫士通、川大能士、信都等一批国内颇具影响的信息安全产品研发生产企业。

3. 湖北基地（中部基地）

“湖北基地”也称国家信息安全成果产业化中部基地，以市场化、公司化方式运作，由中国宝安集团等 12 家企业发起成立了湖北信息安全产业基地有限责任公司，注册资金 1040 万元。信安公司自成立以来，先后在邮政、电信、金融、能源、交通、政府、工商、医保、教育等十余个领域承接开发了网络安全、网络及网络优化、办公自动化管理系统、企业管理信息系统、Internet、Intranet 等方面的各类网络集成、系统设计工程近百项，在同行业中取得了良好的声誉和稳定的市场占有率。

4. 天津基地（北部基地）

“天津基地”于 2010 年 11 月 15 日开工建设。天津基地位于西青学府示范工业区，预计 2015 年全部建成，届时将成为我国北方最大的信息安全产业基地。

各地信息安全产业基地的完善，为我国研发具有自主知识产权的信息安全技术奠定了良好基础。

三、信息安全建设取得的成就

经过 20 多年的发展，我国信息安全建设走出了一条国家主导、政策护航、市场推动、自主创新、跨越式发展的道路。我国信息安全总体形势今非昔比，总体态势向好。主要表现在：

（1）信息安全法律法规体系基本确立，信息安全标准规范体系日臻完善。

（2）信息安全等级保护制定稳步推进，信息安全保障体系逐步建立，网络信息系统运行环境日益改善。

（3）互联网安全防护手段逐步完善，互联网安全管理有序可控，互联网空间净化效果显现。

（4）信息安全建设投资稳步增长，信息安全市场规模稳步扩大，信息安全与社会信息化同步发展。

（5）中低端产品技术已经突破，中高端产品核心技术开始突破，核心技术受制于人的局面得到改观。

（6）信息安全产品系列配套齐全，中低端产品市场竞争优势明显，中高端产品市场竞争力开始显现。

（7）电子政务工程安全运转，电子商务迅猛发展，国家重点网络信息系统信息安全产品国产化开始实现。

（8）互联网应用日新月异，移动互联网高速发展，手机安全防护能力明显提高。

（9）国家级信息安全产业基地建成运转，灾难备份中心布局在建，重点网络信息系统工作连续性逐步实现。

（10）院校培养与实践中锻炼相结合的信息安全人才培育机制形成，信息安全队伍逐渐壮大，梯次配备形态出现。

四、信息安全建设展望

（一）信息安全总体形势继续向好

保密与窃密、网络防护与网络攻击总是相伴而生，它们是“矛”与“盾”共存于一体的客观现象，它们在斗争中求得生存和发展。信息窃密、网络攻击、网站篡改、网络战争是信息时代信息安全领域出现的特殊现象和产物，是不可避免的。可以预测未来十年黑客的攻击不会比今天减弱。国内外形形色色的黑客，他们会利用网络信息系统存在的安全漏洞，采用一切可能利用的攻击工具、攻击技术、攻击方式对我国网络和信息系统实施攻击，甚至不惜发动网络战争以挽回已经不可逆转的颓势，网络与信息系统的安全风险依然存在。

但是，我们坚信未来十年我国信息安全保障体系的防护能力将比现在更加强大，坚信我们与黑客的斗争策略、斗争艺术、斗争手段将更加高超、更加精湛、更加有效。在坚固的信息安全保障体系护卫下的我国网络信息系统将更加安全。可以预测未来十年我国信息安全产业的市场空间继续保持平稳快速发展态势，更多的关键技术将被突破，我国信息安全产业将以更加辉煌的业绩在世界的东方崛起。

信息安全建设前 20 年的探索和发展为我国信息安全建设营造了很好的法律法规和政策环境，奠定了信息安全理论、技术、产品和人才基础。国发 4 号文的发布，为我国软件产业和集成电路产业新发展奠定了政策基础，也为我国信息安全产业深入发展奠定了政策基础和必要的基础技术和基础产品。

（二）信息安全产业发展的新挑战与新机遇

1．恶意软件攻击的重点目标

1）网上支付仍是恶意软件攻击的首要目标

2011年以后的一段时间，我国以网上购物、网上交易、网上支付为重点的网络经济将继续快速发展，而网上支付终端的信息安全防护能力依然薄弱，以窃取客户金钱为目的黑色产业链将更趋完善，黑客攻击成功的概率不可低估。恶意软件将攻击的首选目标瞄准以互联网为基础的网络支付是必定无疑的。与2010年以前相比，恶意软件的攻击目标会将更有针对性，攻击手段将更加隐蔽和细腻。网上支付用户既要大胆应用，又要小心谨慎。

2）电子政务系统、政府网站仍是恶意软件攻击的重要目标

随着电子政务的深化应用，涉及的政务信息种类越来越多，数量越来越大。电子政务所涉及的敏感信息、电子政务网络上传输、交换、共享的国家基础设施数据都是国内外敌对势力力图窃取的重要内容。自2008年以来世界形势发展告诉我们，在今后一个时期内，必须对国内外黑客通过电子政务系统窃取我国基础设施数据保持高度警惕。与此同时，黑客通过篡改政府网站网页而制造混乱的行为将有增无减。继续加强电子政务系统和政府网站的信息安全保障能力，加强信息安全管理制度建设是必要的。

3）“社交网站”是黑客攻击的社会化目标

社交网站发展迅猛，各大社交网站相继推出了多平台移动设备客户端，如Windows Phone和Android等。而移动设备端的安全防御能力较弱，恶意软件通过移动设备端发起对社交网站的攻击将会成为今后黑客快速发展的攻击目标。“社交网站”“微博”中存在的个人私密信息也是黑客力图窃取的重要内容。

4）“震网”类恶意病毒是黑客攻击的工业和军事目标

2010年出现的“震网”病毒对伊朗核设施实施了成功攻击，对伊朗核计划实现造成了严重影响。使用网络世界中的病毒来控制真实世界的工业控制设施，这是前所未有的重大信息安全事件。“震网”病毒被称为“网络导弹”，开始出现在网络战中。“震网”病毒虽然在我国尚未传播开来，也未造成影响，但是对“震网”病毒所开创的网络战的这种作战样式不能不引起高度重视。尤其是重要的工业控制系统、大型电站（含核电站、水电站）控制系统、高铁控制系统、航天发射控制系统、战略武器控制系统等封闭式信息系统，原来认为这些封闭信息系统是最安全的信息系统，伊朗核计划遭遇的“震网”病毒事件突破了这个结论。此外，银行信息系统、证券信息系统、电信信息系统、电子政务系统等这些信息安全管理严格的系统，也不能忽视“震网”类病毒和木马的攻击。

5）“云计算”是恶意软件攻击的新目标

“十二五”及再下一个五年计划期间，“云计算”将会快速发展。基于虚拟技术的“云计算”和基于虚拟存储的数据中心（实际上的云端）及各种类型的“云”极有可能发展成为带动IT进步的新型产业。除了已经广泛使用的“公有云”之外，如“搜索云”“安全云”“媒体云”，“私有云”或“混合云”也将获得快速发展。各种重要信息直接存储在云端，用户通过Web方式在“云端”完成各类计算，将极大地提高资源使用效率，极大地提高生产

效率。当今，“云安全”的发展已经滞后“云计算”和“虚拟存储”的发展，黑客将会乘虚而入，“云计算”必将成为恶意软件攻击的新目标。加强“云安全”的理论研究、探索“云安全”的技术路线和实现技术，研发“云安全”产品是信息安全建设刻不容缓的战略发展任务。

2. 恶意软件实施攻击的主要工具

2008—2010 年，钓鱼网站发展速度达到了惊人的速度，因为这种工具容易诱骗用户上当受骗，是窃取用户金融资产的有力工具。2011 年以后“钓鱼网站”仍将是黑客攻击所采用的主要工具之一。除了采用钓鱼网站之外，在搜索引擎上直接添加钓鱼信息将会成为黑客采用的钓鱼利器，因为搜索引擎用户群已经成为我国用户规模最大、使用率最高的互联网应用业务，诱骗用户的成功概率依然较高。

Web 应用广泛而深入，特别是 Web2.0 的应用更是如此。恶意软件通过 Web 应用攻击仍是重要的攻击手段，而防火墙无法防御的 80 端口成为攻击者主要突破口。2011 年及以后一段时间将会是黑客实施 Web 攻击的活跃期，将给信息安全界带来挑战。

3. “云计算”为信息安全带来的挑战与发展机遇

保密与窃密、网络防护与网络攻击相伴而生的特点表明信息安全面临的挑战往往孕育着信息安全的发展机遇。信息安全进步的动力第一来源于生产力发展和科技进步，第二来源于密码破译者、网络攻击者、病毒/木马编制者发起的攻击。网络与信息系统遭遇安全威胁而提出的安全需求是推动信息安全技术进步的直接动力。通信密码技术的进步是如此，计算机信息安全与网络信息安全进步也是如此。

自 1946 年世界第一台计算机诞生以来，计算机与网络技术已经经历了“集中计算”“个人计算机”和“国际互联网”3 个发展阶段。2006 年，Google 公司的高级工程师克里斯托夫 · 比希利亚提出了“云计算”概念，2008 年实现了“云搜索”。以此为标志，计算机与网络技术步入云计算时代。

云计算不仅是计算方式的改变，更是人们思维方式的改变，它把计算从在一台电脑上工作转变到在众多台电脑上协同工作。这对提高计算效率和计算机资源利用率无疑是重要的。云计算是一种新兴的 IT 共享资源架构模型，它把巨大的计算资源、数据存储资源、网络资源连接在一起，形成统一管理的资源平台，提供给各种 IT 用户服务，包括搜索、开放协作、社会网络、移动商务、电子政务等，以适应基于 Web 2.0 应用急剧增长的需要。云计算是分布处理、并行处理、网格计算、软件即服务（SaaS）、平台即服务（PaaS）、基础设施即服务（IaaS）发展的必然结果。

由于“云计算”改变了传统的 IT 架构，人们不可能知道正在进行的计算是在哪台服务器上进行，也不可能知道自己的数据存放在哪个数据库服务器中，且所有的过程都在网络支撑下完成。云计算与传统计算截然不同，云计算安全服务与传统的信息安全服务也截然不同。云计算必然给信息安全带来如下新的信息安全挑战：

实现云安全的前提是快速高效地收集用户的安全威胁信息，并及时响应用户的安全需求。如何快速准确地收集虚拟环境下用户的异常信息，并立即响应，成为云安全必须解决的首要难题。

授权与访问控制是信息安全不能回避的核心问题。云计算的基础设施又是基于虚拟化技术构建的资源平台，如何解决虚拟环境下的用户授权管理、身份验证，并实现访问控制、安全审计等成为实施云计算需要解决的关键安全难题。

提高对新型病毒或木马等恶意软件的自动分析的准确性，是杀毒软件公司当前亟待解决的问题，也是云计算必须解决的问题。使用病毒样本自动收集和处理系统可以大大提高病毒库样本收集速度，但每天从终端用户收集来的可疑文件可能并非是病毒，如何提高病毒或木马样本自动分析的准确性，防止误报与误杀是另一个难题。

云计算对信息安全提出挑战的问题远不止以上这些，但是不管问题怎么多，也阻挡不住云计算时代的到来，所有的挑战都会在云安全发展中逐一解决。

由上不难看出：云安全是信息安全一个崭新的领域，需要从云计算的信息安全保障体系入手，从法律法规、标准规范、安全技术、安全产品、安全管理、安全服务等多个层面逐一应对新的挑战。云计算时代的到来，为信息安全提出了挑战，更为信息安全提供了发展空间和发展机遇，今后的一个时期将是云安全发展的重要时期。

（三）“十二五”期间我国信息安全技术发展预测

1．可信网络与可信计算呼唤云安全快步跟进

基于虚拟技术的云计算的到来是信息时代发展的一个重要的标志性节点。虚拟化和云计算技术能够改变以往的传统IT基础架构，并以崭新、强大的计算模式实现生产效率的飞跃。我们知道“搜索云”给Google公司带来的是财源滚滚的收益，给互联网搜索的人们带来的是近乎实时的响应速度；“云查杀”带给人们的是将计算机病毒消灭在传播的原点，实现防患于未然的目标，并为个人计算机节省宝贵的数据空间资源。随着企业级云计算及虚拟设施的不断发展，云计算市场将在“十二五”期间逐渐走向成熟。今后几年有望在信息搜索、统计分析、媒体、电信、金融和政府机构等领域中出现云计算市场。基于虚拟技术的云计算时代已经到来。

RSA 总裁亚瑟这样说：“让我们设想这样一个景象，计算力来自公司之外的地方，可以随时随地大量供应；让我们设想这样一个景象，信息能够安全地存储、高效地管理和访问，同样，也是随时随地。这些云架构的规模效益、灵活性和高效率，不仅为我们节省了大量的资金和维护成本，同时让我们能够前所未有地在公司之间应用和利用信息。这是提高生产力的绝佳机会。” 由此可知，人们所需要的 “云”必须是建立在可信网络和可信计算基础上的“云”，必须是安全的“云”。所以自2008年以来，人们在热炒“云计算”概念的同时，也在疾呼“云安全”的到来。2010年出现了IT论坛无会不谈“云计算”和“云安全”的热闹场景。“十二五”期间“云安全”不仅是论坛上热议的话题，更重要的是将云计算落地，将云安全落地，进行实质性的技术研究和产品开发。“云安全”是一种挑战，更是一次发展机遇，有实力的信息安全企业应抓住机遇，在云安全建设上进行投资，提供云计算所必需的数据防泄密服务、身份认证服务、授权管理与访问控制服务、日志与安全审计服务等。

2．防范跨越数字王国和物理世界的病毒/木马是信息安全的历史要务

“震网”（Stuxnet）病毒的出现和网络战黑客利用它成功地实施了对伊朗核设施的攻击，

向世人敲响了警钟，让信息安全界看到了由虚拟走向前现实的威胁。那种认为封闭式的信息系统，病毒/木马是无能为力的结论已经被突破。“震网”（Stuxnet）病毒成为第一种跨越数字王国和物理世界的木马病毒。它通过操纵关键基础设施的控制系统达到控制物理世界的目的。“震网”（Stuxnet）病毒预示着未来的网络战争和恐怖行动的开始。

“震网”（Stuxnet）病毒的出现，对国家基础设施之一的智能电网的安全提出了严峻挑战。必须为智能电网基础架构内嵌信息安全模块，才能保障智能电网安全运行。根据 IEEE SmartGrid Comm2010 研究人员发现的数据，智能电网可能被黑客攻击的点多达 4.4 亿个。除了智能电网之外，核电站的控制系统、高铁控制系统、水电站控制系统、军事设施控制系统、银行金融系统等能否经受“震网”（Stuxnet）病毒的攻击是值得研究的问题。

今后一个历史时期，预防类似“震网”（Stuxnet）木马病毒的查杀理论、查杀技术、防御方法会提到信息安全界的议事日程。封闭信息系统的信息安全建设是一个巨大的信息安全市场，它的安全保障体系与常规的网络信息系统截然不同，从理论探讨、技术研究到产品研发、技术服务都需要较长的时间和较大的资金投入。

3．终端安全将受到重视，终端安全产品将获得快速发展。

迄今为止，世界外交史上最大规模的泄密事件在 2010 年 11 月 28 日发生在“维基解密”网站上。“维基解密”网站曝光了逾 25 万份美国国务院的机密文件，将诸多美国外交内幕和盘托出，成为影响世界的事件。连同 2010 年 7 月和 10 月曾分别公布 9 万多份阿富汗战争机密文件和近 40 万份伊拉克战争机密文件，“维基解密”网站所曝光的机密文件数量惊人。它发生在美国这样一个具有高强度保密技术水平和保密能力的国家里出乎人们的想象。“维基解密”网站所曝光的文件的获取并不是采用了什么高技术手段，仅仅是利用了内部信息安全管理上的疏漏。“维基解密”再次提醒人们信息安全建设要遵循技术与管理并重的原则。防范从内部发起的攻击是保护信息安全的重要措施之一。

内部攻击往往从攻击终端设备入手。不论是互联网终端，还是内部网终端都是系统安全的薄弱环节，是安全保障体系的“短板”。今后几年终端安全产品和技术将获得较快发展。在终端安全中，高强度的安全认证、信息存储加密、信息传输加密、信息安全审计、访问控制等技术将是发展的重点。

4．手机安全软件向多功能方向发展

随着我国移动电子商务用户规模高速发展，智能手机作为移动电子商务的主要终端，其信息安全备受关注。在现有手机安全软件所提供的功能基础上，扩充新的功能，形成功能齐全的手机安全软件将是今后几年手机安全软件发展的重点。手机安全软件应包括手机病毒/木马查杀、手机入侵防御、手机窃听软件查杀、恶意网址过滤、系统漏洞检查、扣费记录检查、短信过滤、数据加密传输与加密存储等功能。

5．交换机与安全产品的融合，促进安全交换机市场进一步扩大

安全路由器、安全交换机，特别是安全核心交换机受到越来越多中小企业、教育界、医疗卫生界等用户的青睐。以华为、华赛、华三（H3C）为代表的公司，凭借在交换机方面的技术势力，融合安全功能，实现了核心交换机的产品创新。集成 IPS 的交换机、集成准入控制的交换机、集成防火墙的交换机、集成防病毒的交换机等产品开始出现在交换机市场，今后几年这些产品将有更大的市场空间。

6．安全服务器具有广阔的市场空间

服务器是信息系统最重要设备之一。不论是网络服务器、数据库服务器、应用服务器，还是安全服务器等都担负着信息系统的计算、存储、控制等核心任务。服务器的安全强度在一定程度上代表了系统的安全强度。

2010年，浪潮公司通过持续的安全技术创新，开发出了浪潮英信安全服务器。该服务器率先将物理安全、应用安全、网络安全等功能高度集成，构成了多种安全功能联动的信息安全防御体系，开安全服务器的先河。

实现服务器安全是依靠自身的信息安全防御体系来实现，还是依靠外部专用信息安全防御体系来实现？这是一个大系统的体系结构问题，需要探讨。但是，对于众多中小企业来说，需要的是“安全服务器”，而不是“服务器＋安全设备”。将UTM的技术架构融合到服务器体系架构中，开发崭新的具有信息安全防护能力的安全服务器，具有广阔的市场。今后几年安全服务器将有较大市场发展空间。

随着政府政策的落实和信息安全建设市场需求环境的发展，可以预测我国未来十年信息安全建设将继续保持平稳较快的发展态势，展现出美好的发展前景。

第七章　工业软件十年发展回顾与展望

工业软件作为两化融合的切入点、突破口和重要抓手，在两化融合战略实施过程中处于极其重要的地位，对于推进我国工业转型升级，保持经济平稳较快发展具有重大的意义。

受益于我国国民经济的整体快速发展，我国工业软件的研发和应用呈现出快速增长的局面。我国的各大工业软件厂商在自主创新的基础上，开发出了大量适应我国工业企业特点，满足行业需求，技术先进、性能优秀的软件产品，在机械、石化、钢铁等行业中得到了广泛应用。这些软件产品围绕工业产品研发设计、流程控制、企业管理、市场营销等环节，为提升企业的数字化、自动化、网络化和管理现代化水平，促进传统产业结构调整和改造升级起到了巨大的推进作用。

一、工业软件十年发展回顾与现状

（一）工业软件分类

工业软件指专用于或主要用于工业领域，为提高工业企业研发、制造、经营管理水平和工业装备性能的软件。工业软件可以提高产品价值、降低企业成本、提高企业的核心竞争力，是现代工业装备的大脑。工业软件不包括通用的系统软件和应用软件，如计算机操作系统、通信软件、通用数据库系统、办公软件等。

工业软件可以分为以下5类。

（1）支持企业经营管理和企业间协作的软件。该类软件包括企业资源计划软件、决策支持软件、业务流程管理软件、质量管理软件、供应链管理软件、客户关系管理系统、电子商务软件、物流管理软件等。其目的是提高企业的经营管理水平，提高产品质量水平和客户满意度，提高企业间信息和物流协作的效率，降低企业管理成本，降低信息交流和物资流通成本，提升整个产品价值链的增加值。

（2）支持产品研发的软件。该类软件包括产品研发辅助设计软件、辅助分析软件、过程管理软件等。其目的是提高产品开发效率、降低开发成本、缩短开发周期、提高产品质量。

（3）支持产品生产过程管理和控制的软件。该类软件包括制造执行系统和工业自动化控制系统等。其目的是提高制造设备利用率、降低制造成本、提高产品制造质量、缩短产品制造周期、提高制造过程管理水平。

（4）支持企业内和企业间系统集成的平台类软件。该类软件包括协同软件、工作流软件、企业应用集成平台等。其目的是解决“信息孤岛”和“流程孤岛”对提高企业整体和供应链整体运作效率的制约，在降低企业内部和企业间集成成本的情况下，提高企业和供应链整体经济效益。

（5）嵌入工业装备内部的软件。该类软件的目的是提高工业装备的数字化、自动化和智能化水平，增加工业装备的功能，提升工业装备的性能和附加值。

（二）工业企业信息化回顾

工业企业的信息化可以概括为 4 个发展阶段和 6 个视图。工业企业信息化 4 个发展阶段如图 43 所示，包括自动化、成本控制、作业效率提升的第一阶段，生产力、使用者能力提升的第二阶段，价值创造、业务效能提高的第三阶段，用IT科技建立新的业务模式的第四阶段。

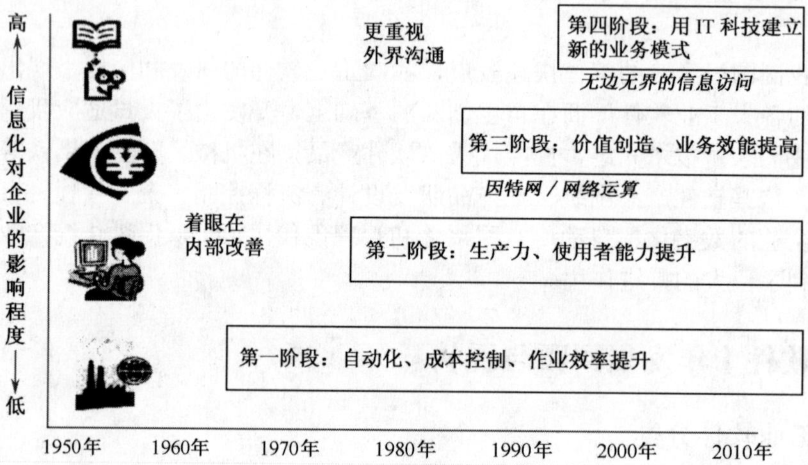

图 43　工业企业信息化阶段

6 个视图包括发展历史视图、功能视图、技术视图、方法视图、工作视图和前景视图。

1．发展历史视图

发展历史视图即前面所述的工业企业信息化的 4 个发展阶段。

2．功能视图

企业信息化系统的功能经历 PCS、MES、CIMS、ERP、PLM、SCM、CRM 等阶段。

3．技术视图

信息化技术的重点经历接口技术、支撑技术、平台化技术、共性技术、网络化技术几个阶段。

4．方法视图

信息化方法经历自主研发、定制开发、合作开发、产品化及服务化几个阶段。

5．工作视图

信息化工作经历宣传、推广、示范几个阶段。

6．前景视图

信息化的应用经历单机、网络化、云计算、物联网几个阶段。

（三）我国工业软件发展现状

从国家实施“八五”“九五”“十五”“十一五”以来，我国软件发展基本上都是技术先行，在借鉴先进技术的基础上，推进企业的信息化建设，先后经历“两甩”、4C、PDM、CIMS、ERP 等发展阶段，并处于相互融合之中，这与两化融合的趋势相一致。通过计算机硬件、软件，综合运用现代管理技术、制造技术、信息技术、自动化技术实现系统集成和优化的复杂系统，以提高工业生产的效率和效益。应用的核心就是集成与融合，今天流行的各类信息系统，包括 ERP、CRM、PLM、MES 等，大都在此框架范围之内。

为了掌握我国工业软件企业的总体现状，2010 年 2 月中国软件行业协会在全国 20 多家工业软件骨干软件企业中进行了一次调研，对我国工业软件研发情况有了较为实际的了解。

从企业规模来看，近 70%的工业软件企业年销售额超过 5 000 万元，其中软件服务收入在销售总收入中的比例为 20%～30%（见图 44）。

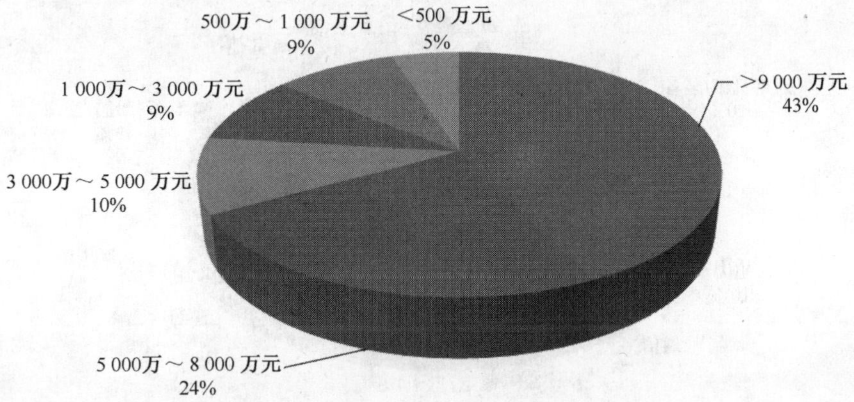

图 44　工业软件企业 2009 年企业销售收入分布

从软件企业涉及的业务领域来看，PLM/PDM、CAD、MES、ERP、SCM 等领域均是企业业务重点，越来越多的企业在发展传统业务领域的基础上向其他领域延伸，不断创新。PLM 厂商中开目、清软英泰、山大华天等企业向 MES 领域扩展，神舟软件涉及 SCM、PLM、MES 等多个领域，天喻推出了 TDM，南京新模式在其文档安全管理软件基础上推出了标准化信息平台。ERP 厂商则积极向 PLM 领域拓展，浪潮集团在 ERP、SCM、CRM 的基础上，推出了 PDM 和 PLM 产品。在 MES 领域中，超过一半的企业推出了 ERP、EAM 等产品。76%的软件厂商自主开发产品，24%的企业采取自主开发与合作开发并重的方式（见图 45）。

从行业的应用分布情况来看，通用机械、交通、家电电子及航空航天的行业应用较为广泛（见图 46）。

从整体情况来看，工业软件的应用重点有数据安全、项目和流程管理、生产过程控制、生产计划控制，这些均是客户关注和应用的重点，产品基础数据库维护和企业标准化信息管理越来越受到关注，尤其是大型客户。国内软件企业普遍把功能、品牌和服务作为自身的竞争优势，这也从另一个方面体现出国内软件企业所取得的长足进步。国内的工业软件市场呈现出 4 个特点：① 新技术融合，竞争加剧。② 行业应用拉动工业软件需求。③ 工业软件企业间合作并购加速。④ 国产工业软件占据国内市场优势。

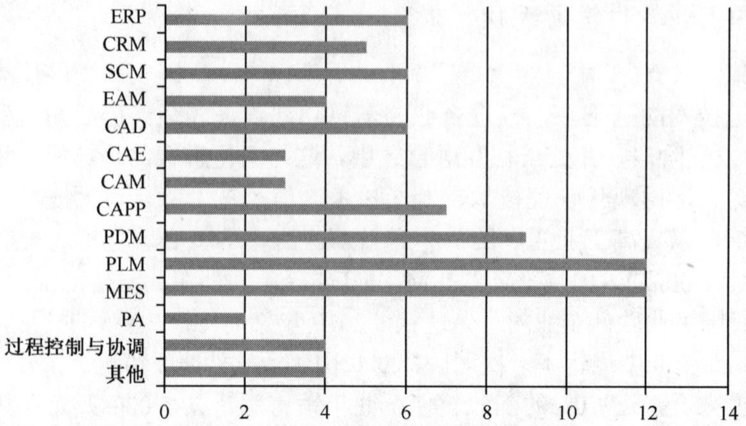

图 45　工业软件企业业务领域分布柱状图

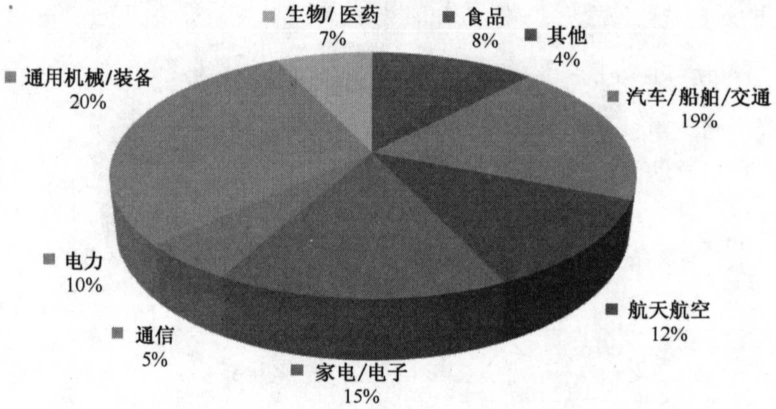

图 46　工业软件企业业务领域分布

二、工业软件发展展望

（一）经营管理类软件（ERP、CRM、SCM 等）

1. 发展概况

目前，国内经营管理类软件的高端市场应用的主要还是国外软件。国内经营管理类软件厂商在经历了学习、吸收和结合国情自主开发等几个阶段后，已逐步成熟起来，并成为国内中低端市场上的主力军。国产软件产品由于实用、易用、实施周期短、风险低、见效快等特点，已为越来越多的国内企业所青睐，一些国际著名跨国集团的在华企业也选择了中国本土的软件产品。

经营管理类软件经过多年的发展，2009 年进入“集成整合”的一年，无论是产品线之间，还是高中低端客户资源方面，无论是用户应用系统内部组成，还是厂商与合作伙伴之间，集成整合成为今后管理软件的关键点。经营管理软件与商业智能软件的融合使得企业用户业务信息对企业决策能够更好地提供支持。

敏捷咨询数据显示，2009 年经营管理软件类的市场中 ERP 软件仍主导整体市场，HRM、CRM 软件市场增速超过 20%，大型企业市场成为市场主导力量，金融、电信等服务行业增长潜力大，中小企业市场需求逐渐复苏（见图 47）。

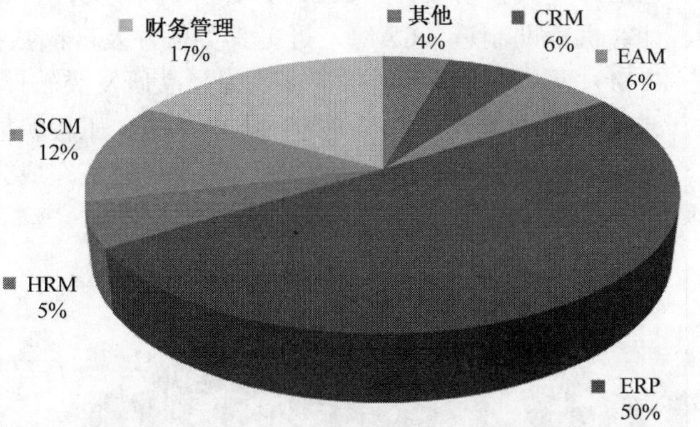

图 47　经营管理软件产品市场结构

从市场竞争来看，经营管理类软件大型厂商更加重视服务产业链的建设，尤其在集团企业用户市场，国际厂商与国内管理软件厂商的竞争愈加激烈，行业实施经验和服务能力成为厂商重要竞争焦点。国内厂商在与国际厂商的竞争中凭借本土优势，逐渐在高端市场中得到认可，如浪潮、用友、博科、金蝶，以其服务和创新优势在项目中得到了充分体现。经营管理类软件的 SaaS 模式主要面向中小企业，虽然目前市场总量尚小，其服务模式已获得广泛认可。

2．经营管理类软件展望

1）建立适合行业背景的管理模型

经营管理类软件的核心都是管理知识和行业经验。目前客户对经营管理软件解决方案的行业背景非常关注，这也促使软件厂商加强管理模型和行业背景与解决方案的融合，开发行业化、有竞争力的经营管理软件。

2）提高软件产品可配置性

目前，我国经营管理类软件产品研发中明显缺乏总体规划和管理软件的总体模型。许多软件模块和软件功能是在修补后加上去的。即使包括后加的模块和功能，其产品结构和功能也极不完善。提高产品研发体系和产品的可配置性，越来越成为产品研发工作的重点。

3）整合资源提供全面解决方案

随着客户信息化程度的不断提高，客户对于整体解决方案和现有系统的集成需求越来越高。在集团客户市场，为集团客户梳理现有信息系统，解决“信息孤岛”，从而形成围绕核心业务的整体信息系统；在中小企业用户市场，通过合作或者扩展自身产品功能等方式，为客户提供一站式服务和产品。管理软件厂商将服务和产品整合，提供从前期咨询到实施，再到日常维护与更新服务，未来管理软件厂商重心将向服务转移，提供整个生命周期的服务。

（二）产品研发类软件（CAD、CAE、PLM 等）

1．发展概况

产品研发类软件包括计算机辅助设计（CAD）、计算机辅助分析（CAE）、计算机辅助工艺规划（CAPP）、计算机辅助制造（CAM）等工具类软件及产品数据管理（PDM）、产品全生命周期管理（PLM）等。经过多年的推广，我国产品研发类软件应用领域不断拓展。目前，汽车/零部件、造船、航空航天、电子通信、电器家电、工程机械等离散制造行业仍是主要的应用领域，快速消费品、制药、钢铁等流程制造行业正在成为产品研发类软件应用的新兴市场（见图 48）。

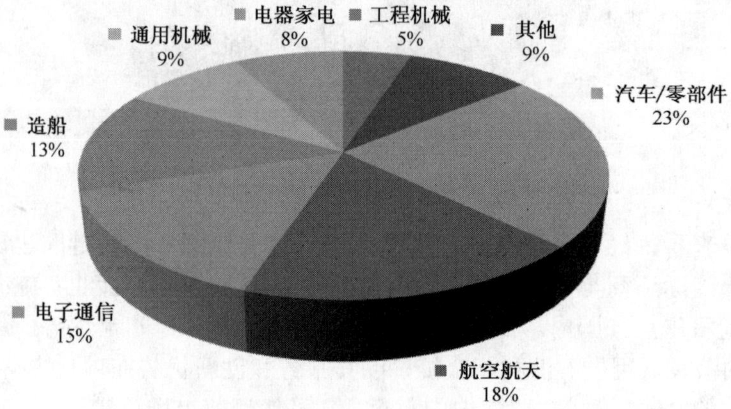

图 48　中国 PLM 市场行业应用分布

关于 CAD 软件，在用于大规模集成电路设计的 EDA 软件和计算机辅助分析（CAE）等软件的发展中，市场基本被国外软件公司所占据。计算机辅助工艺规划（CAPP）软件市场基本被国产软件厂商占据，并且也得到了较好的应用效果。在应用集成方面，国产 PDM/PLM 均较好地实现了与二维 CAD 和 Office 软件、CAPP 的集成。

从国内软件厂商 PDM/PLM 的应用情况来看，传统的 PDM 实力软件厂商占据较大的优势，这也在一定程度上左右了市场的格局，一些传统 PDM 厂商也在扩大自己产品的应用领域，例如，新模式软件就在基于 PLM 的数据资产保护领域表现抢眼，引领数据管理趋势。

2．产品研发类软件展望

1）可定制化的解决方案

支持模型、构件和工具定制，采取面向服务的开放系统体系结构。在原有 PDM/PLM 系统为支持用户个性化要求所提供的业务模型定制及系统快速建模工具集的基础上，研究面向服务的开放系统体系结构，建立面向构件的可定制业务基础平台，包括构件运行的核心平台、企业业务模型和行业构件库。

2）产品生命周期的统一数据管理

国内产品设计生产企业所实施的 PDM/PLM 系统，主要是基于产品结构模型和文档的产品数据管理，尚未形成面向行业统一的集成产品模型。

3）高效多层次协同应用

研发技术集成、研发流程集成、智力资产管理、硬件资源管理、多学科优化等协同管理技术正在成为现代产品研发技术的重要特征，以达到有效地支撑数据、模型、知识、资源及过程的统一管理。

4）快速成型技术的普及应用

快速成型技术正在朝着精密化、低成本、标准化方向发展，走向能直接生产半功能性、功能性零件为应用目标。广泛及深入集成的标准化平台建设日益纳入企业中远期信息化建设日程。

5）数据安全备受关注

随企业数据的整合，数据安全问题成为企业关注的重点，厂商也加大了安全解决方案的投入，多数国内 PLM 主流厂商，开目、天喻、清软、艾克斯特、新模式、大恒等相继推出了相应的安全产品。

6）针对我国行业特点的实施方法

对于我国各类生产企业来说，产品研发类软件 PDM/PLM 作为一种战略性的 IT 工具，系统实施还存在着缺乏适合我国行业特点完整的实施过程规范、缺乏适合我国行业特点的业务分析方法和业务参考模型、缺乏面向整个产品生命周期的通用产品数据组织模型，缺乏通用的 PDM/PLM 产品技术文档规范化等。

（三）生产过程管理和控制软件（MES、DCS 等）

以支持生产过程管理和控制为主的软件，大致分为两类：一类是制造执行系统（MES），另一类为工业自动化控制系统，包括分散型数字控制系统（DCS）、过程控制系统（PCS）和可编程逻辑控制器（PLC）等。

1．发展概况

1）MES 软件

MES 是面向工厂制造级的生产管理控制系统，它通过计划监控、生产调度，实时传递生产过程数据，对生产过程中出现的各种复杂问题进行实时处理，对生产制造起到了关键的作用。MES 处于企业信息系统 ERP/SCM 和过程控制系统 DCS/PLC 的中间位置。

MES 在发达国家已实现产业化，其应用覆盖离散与流程制造行业和领域，包括半导体、电子、机械、航空、汽车、医疗、食品、酿酒、石油、化工、冶金等行业领域，并给企业带来了巨大的经济效益。据权威咨询公司 AMR 最新完成的一项市场调查显示，MES 的标准化进程与 ERP 的成熟是 MES 市场增长的两大驱动引擎。

“十五”期间，MES 被纳入国家科技规划。在科技部“863”计划大力支持下，流程工业领域 MES 成为技术研究的突破口。重点面向钢铁和石化两个典型流程制造行业，开发完成了若干自主产权的 MES 系统，如上海宝信 MES、中国石化 MES 等。

目前，MES 已在钢铁、石化等行业得到深入应用，MES 应用效益得到用户认可，推进了企业信息化的深度，MES 成为企业信息化的主体。敏捷咨询的数据显示，MES 在各个行业中的应用逐渐得到普及（见图 49）。

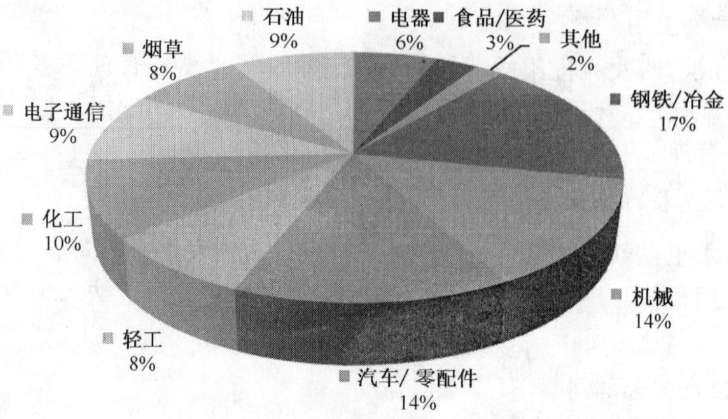

图 49　中国制造业 MES 行业应用

新一代的 MES 强调协同，支持网络化制造。通过 MES 进行实时信息和过程管理以达到协同企业所有的生产活动，通过建立过程化、敏捷化、有效的组织和级别化的管理，使企业生产经营达到同步化。中国制造业企业 MES 应用集中在生产过程管理等模块。

2）工业自动化控制系统

工业自动化控制系统涉及设备整个自动化控制流程，根据生产设备及工艺的要求，综合运用控制理论、仪器仪表、计算机和其他信息技术，选用合理优化的现场控制元件及高性能价格比的控制器，对工业生产过程实现检测、控制、优化、调度、管理和决策，目的在于提高设备自动化控制精度及生产效率，以达到增加产量、提高质量、降低消耗、节能减排、确保安全等目的，借以构筑集成、智能、高效、可靠的控制系统。随着我国千万吨级炼油、百万吨级乙烯、百万千瓦级核电与火电等重大工程的大量建设，工业自动化控制系统在国民经济中的战略地位也日益突出。

我国工业自动化控制系统的发展道路，大多是在引进成套设备的同时，相继引进了各种工控机系统，并开始自行设计控制系统和装置，然后进行消化吸收，进行二次开发和应用。也有一些厂家引进国外技术，与外商合作合资组装生产国外产品，逐步实现国产化。全球市场中 FCS、DCS、PLC、IPC、NC 及各类嵌入式控制装置正处在快速发展之中，市场规模以每年 10%～15%的速度增长，目前我国工业自动化控制系统的市场规模已经超过 200 亿元。

2. 生产过程管理和控制软件展望

1）MES 软件

与西方发达国家相比，我国无论是在 MES 技术深度与应用广度上都存在较大差距。相对设计与管理，围绕车间层的研究相对匮乏，为了缩小与国外产品的差距，必须要综合利用成熟的理论和技术，形成可适应、可重构、可集成的 MES 框架体系，为提高 MES 软件系统的跨行业通用性、适应性和协同能力提供支持。

MES 系统正朝着下一代 MES 的方向发展。下一代 MES 的主要特点是建立在 ISA95 标准上，易于配置、易于变更、易于使用、无客户化代码、良好的可集成性及提供门户功能等，其主要目标是以 MES 为引擎实现全球范围内的生产协同。新型 MES 系统的集成范围更为广泛，不仅包括制造车间本身，而且覆盖企业整个业务流程。通过建立能量流、物流、质量、设备状态的统一工厂数据模型，使数据适应企业业务流程的变更或重组，真正实现 MES 系统的网络化和集成化应用。

在现有应用的基础上，突破关键技术。通过突破关键技术，实现优化制造过程监控与管理，实现智能化生产计划调度及信息和过程可视化等。制约我国 MES 产品的重大的关键技术包括：面向工厂建模的技术架构体系，面向集团管控一体化网络环境下的异地协同制造系统的架构，面向通用 MES 架构下的可配置构件技术，高级优化排产 APS 技术，行业知识库的架构与构建技术，建立适应我国制造业的 MES 国家标准规范体系。围绕 MES 在航空航天、汽车、机车、石化、冶金等典型行业中的应用特点，形成适合其行业特点的典型 MES 应用模式，并提出相应的解决方案和技术标准。通过 MES 在上述行业的应用，最终形成支撑整个离散和流程制造业的 MES 技术体系、方法和系统，为未来 MES 系统大规模推广应用奠定基础。

2）工业自动化控制软件

国产控制系统要满足大型石化、化工、火电、核电等重大工程主装置的控制要求，必须通过整合系统、仪表及先进控制软件，促进自动化控制系统工程项目全局信息和全生命周期信息的整合，使得系统具有可靠性、开放性、灵活性，易于维护及控制功能齐全的特点。需要突破的关键技术有：

（1）综合应用技术。通过多域网络和多控制器协同等技术，使系统应用规模达到万点信号以上，实现全厂生产和管理信息集成的综合自动化。

（2）高可靠性技术。满足化工、石化等行业高温、高压、易燃、易爆工艺特点的应用需求，保障生产过程的长期正常运转。

（3）开放性技术。具备良好的开放性来支持厂级的综合自动化，具备多种现场总线接入能力，以实现异构系统互联，提高生产和管理效率。

（4）适用性技术。具备良好的环境适用性和行业适用性，达到 G3 等级和 EMC3 级的应用要求，提供行业专用软件包。

（5）先进控制技术。与工艺流程紧密结合，优化控制方案，达到节能降耗、提高产品质量的效果。

（6）智能化技术。知识库系统（KBS）和专家系统（ES）在 DCS 各级的应用，如自学习控制、远距离诊断和自寻优等，数控装置的机械智能化及诊断维修智能化等。

（四）企业内和企业间系统集成软件

1. 发展概况

企业内和企业间系统集成软件包括协同软件、工作流软件、企业应用集成平台等。此类软件是以解决企业资源和系统整合为主要目标，解决“信息孤岛”和“流程孤岛”对提高企业整体和供应链整体运作效率的制约，在降低企业内部和企业间集成成本的情况下，提高企业和供应链整体经济效益，同时加强企业管理规范化，提高工作效率。完整的协同和集成概念包含了 4 个方面的含义：面向人的协同、信息协同、应用协同和流程的协同。

据权威机构统计，国内仅 2005 年系统集成软件市场便已经达到了 38.2 亿元。而在随后的几年中，系统集成软件整体市场更是以年复合增长率 32.71%的速度高速增长，到 2009 年，整体市场规模超过 110 亿元。系统集成软件已经融入到包括 CRM、ERP、SCM 等多品类信息化应用中，系统集成软件在现代企业信息化之路上已然成为不可或缺的部分。

据计世数据统计，从协同集成软件的应用来看，协同办公软件、协同应用产品占据了最多的份额，达到 63.8%，协同平台占据 30.9%，协同工具占据 5.3%。协同应用的主流将以协同软件、协同应用为龙头，带动协同平台，甚至协同工具的发展，协同工具会越来越多地融入到协同办公或者是协同应用之中。

2. 企业内和企业间系统集成软件展望

1）“大协同”成为发展趋势

协同管理软件正处于成长后期阶段，办公软件和协同软件的融合、协同工具的融合是典型特征。在用户异地办公、集中管理的需求下，“大协同”概念备受关注，呈现以知识管理、流程管理和“人”为中心的大协同趋势，平台化产品受用户认可。厂商陆续推出融入了移动协同、WEB2.0 的解决方案，将协同集成软件的内涵不断向跨地区、跨组织与动态管理推进。

2）在线模式成为发展重点

SaaS 模式成为发展的重点方向，中小企业成为应用的重点市场。传统协同软件厂商、系统集成商、互联网服务商、电信运营商等产业链主体都在向这一方向融合发展，以期在市场发展初期占得先机。

3）数字业务生态系统成为重要方向

数字业务生态系统（Digital Business Ecosystem，DBE）是互联网环境下面向企业群的一种业务服务软件，它将实现业务运作的无缝集成，身在其中的业务人员之间或多或少要通过它进行交互，以实现交易，同时也进行竞争。协同和集成需要一个产业链提供协同，不仅包括企业内部的协同，也包括客户、合作伙伴之间的协同，也包括员工和员工之间，员工和企业之间，是一种网状或者统一的平台方式形成的一个框架，需要一个完善的生态系统。欧洲的 DBE 项目已经在欧洲的中小企业得到一定应用并取得初步成效，数字业务生态系统已经成为协同集成类软件发展的一个重要方向。

4）协同软件平台化

协同软件将在高端市场上向高应用、高易用、高兼容和高扩展性方向发展，在低端市场上在向多功能、低成本、免维护、强易用方向发展。协同平台软件逐步将协同工具软件和基本协同应用软件整合在一起，提供简单、易于安装使用的一站式套件服务。协同工具和协同应用软件，整合在协同平台之后，最大程度保证了协同应用的紧密性和灵活性。协同平台软件可能会成为其他业务软件的协同应用平台，朝着企业用户需求的方向发展，协同平台是否能满足用户多业务系统整合，协同应用等需求，是否具有整合、利用多种业务系统技术的能力，将决定整个协同产业的市场规模和发展方向。

（五）嵌入工业装备内部的软件

1. 发展概况

嵌入工业装备内部的软件主要指嵌入系统中的嵌入式软件和直接设计在芯片上的软件。信息技术对传统产业的升级改造为嵌入式系统产业提供了广阔的发展空间。我国通信、信息电器、交通、机械、医疗设备等行业产生的新一轮的智能化装备需求推动了嵌入式软件的应用。嵌入式软件已成为产品的数字化改造、智能化增值的关键性、带动性技术。

我国工业信息化建设对嵌入式系统市场产生了巨大需求，2010 年嵌入式系统产业规模产值达到 2 242.4 亿元，信息家电产品年需求量已达到几亿台，每一类数字化家电产品都有几千万台市场需求量，工业控制用嵌入式系统约有百万台（套）需求量，商用嵌入式系统需求量突破几百万台。工业和信息化部提供的数据显示，2010 年我国软件产业在世界软件市场所占份额超过 15%，嵌入式软件在中国软件产业中占有特殊地位。2010 年的销售额占整个软件产业的比例超过 16.8%。中国软件百强企业的前几名都是从事嵌入式软件的。这是中国软件产业的一个特色，与中国拥有强大的制造业是分不开的。

制造业的增长对嵌入式系统产业的发展起到了拉动作用。我国嵌入式系统的应用在计算机与网络、工业控制、消费电子、汽车电子、IC 卡等领域的应用较为广泛。2010 年，我国规模以上电子信息制造业实现主营业务收入 63 645 亿元，由于电子产品需求量的增长，对嵌入式系统的需求也随之大幅提高，嵌入式系统在通信设备、网络设备、工业自动控制、消费电子及汽车电子等各个领域的应用正在进一步扩展（见图 50）。

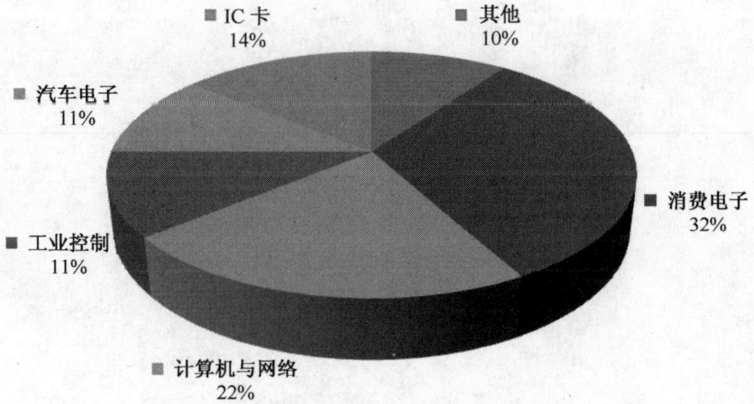

图 50　我国嵌入式系统应用分布情况

目前，中国电子信息产业规模已是世界第二，但工业增加值只有 1/4 左右，利润率也不到 4%，核心技术和关键元器件大多依赖国外，所以中国只是“信息大国”，而不是“信息强国”。为了增强制造业的自主创新能力，优化产业结构、提升竞争力，应大力发展工业装备内部的嵌入式软件和集成电路技术，这是从中国制造向中国“智”造（或中国创造）转型的关键。我国在机械、汽车、轨道交通等行业已经积累了一定的技术基础，如果重点发展，很有可能在短期内对我国的汽车、数控机床等工业装备整体水平的提升产生较大的促进作用。

2．嵌入工业装备内的软件展望

1）芯片设计领域

积极推广 IP 重用技术、可重构 SOC 创新开发平台与设计工具技术，力争在 IP、SOC、CPU、MCU、HDTV、汽车、3G 芯片等大规模集成电路设计方面取得实效，培育一批一流的设计企业。

2）软件开发领域

加大嵌入式软件基础领域的研发，深入嵌入式系统共性方面的研究，争取在以下方面取得突破：系统软件层面，如 BIOS（Boot Loader）、BSP、OSKernel、IDE、嵌入式数据库、嵌入式中间件；嵌入式开发环境，如硬件开发板、IDE 开发工具、调试工具等；关键嵌入式行业的中间支撑软件，如嵌入式数据库、GUI 支持库、多线程库、特殊行业控制应用的底层通信库等。

3）制定嵌入式系统产品和行业标准

借助两化融合、信息产业振兴规划和国发 4 号文颁布等机遇，推动 RFID、汽车电子、机床电子、医疗电子、工业控制及检测等产品和系统的开发和标准制定工作。

第八章 嵌入式软件十年发展回顾与展望

近年来，我国嵌入式软件产业仍保持了增长势头。随着制造业整体规模和技术水平的不断提高，各种电子产品功能集成度也越来越高，产品不断向高端迈进，硬件产品对软件支撑环境的稳定性和功能性要求也在进一步提高，对于我国嵌入式软件供应商也面临着新的机遇和挑战。

一、嵌入式软件市场总体发展

随着信息化的持续深入，嵌入式软件作为软件与信息服务业发展最快、应用最广的技术，继续被广泛应用于网络通信、消费电子、医疗电子、工业控制和交通系统等领域。嵌入式软件已经成为我国软件产业快速发展的强大引擎之一。由于应用领域不断拓宽，新型产品在市场中得到认可，使得其中的嵌入式软件平台产品得到了新的发展，我国嵌入式软件产品总体收入保持了良好的增长势头。据2010年全国软件产业统计公报显示，全年嵌入式软件收入2 242.4亿元，同比增长15.1%，嵌入式软件收入占整个软件产业比例约16.8%。

国外嵌入式软件产品在国内市场占有率上仍然占有明显优势，为了提升国内嵌入式软件企业的发展，2008年国家科技部、工业和信息化部正式出台“核高基”国家重大科技专项。明确在嵌入式软件及其相关行业（如移动通信、汽车电子、数字电视领域）的自主研发及产业化等进行立项，并在资金等方面给予本土企业强有力的支持。这使得国内嵌入式软件企业自2009年起得以放开手脚，全力参与实施相关科技攻关项目，开展新型产品的创新研发，大力开拓新型市场，尽早将自主核心技术应用于新型产品，有望在市场竞争中获得先发优势，较早占领市场。

二、嵌入式软件应用

（一）移动通信领域

国际方面，2009年全球手机产品销量下滑，但智能手机产品却逆势增长。主要原因是全球3G产业不断发展，网络不断完善，加上苹果、RIM等国际领先的制造商纷纷推出智能手机产品及相应的网上软件商店，极大地丰富了智能手机产品嵌入式软件应用种类，使得用户对智能手机产品的关注不断提高，智能手机产品在整个手机产业的比例也越来越大。据美国StrategyAnalytics报告显示，2009年17%的手机用户已经使用了智能手机，这一数字在2008年年底为11%，2007年年底为7%，逐年递增趋势明显。另据市场研究公司ABIResearch数据显示，2007年全球智能手机产品逆势增长，销量为1.16亿部，2008年为1.51亿部，2009年超过1.73亿部。

手机嵌入式软件平台，据Gartner市场调查公司发布的调查报告显示，苹果iPhone平台产品在2009年全球智能手机市场上的占有率已经排到了第三位。苹果iPhoneOS在全球手机操作系统市场上的占有率已达14.4%，仅次于RIM公司的19.9%和诺基亚Symbian系统的46.9%（见表43）。

表43　2008—2009年国际主流嵌入式软件销量占有率统计表

平台名称	2009年销量（万部）	2009年市场占有率
Symbian	80878.6	46.9%
RIM	34346.6	19.9%
iPhoneOS	24889.8	14.4%
Windows Mobile	15027.6	8.7%
Linux	8126.5	4.7%
Android	6798.4	3.9%
WebOS	1193.2	0.7%
其他系统	1112.4	0.6%

国内方面，易观国际发布的《2009年第四季度中国智能手机市场季度监测》数据显示，2009年全年我国智能手机市场总销量达到了2 164万部，其中仅第四季度就有724.7万部，增速非常明显。

国内软件平台市场状况基本与国际市场一致，2G/GSM手机市场中嵌入式软件产品仍为国外巨头垄断，Symbian平台仍然占据销量第一的位置。但苹果的iPhone系统及Google的Android系统由于其硬件产品及网上应用软件商店的热销，所占市场份额在2009年快速增长，对Symbian、WindowsMobile等以往占据市场优势的产品地位形成极大的挑战。

3G领域，2009年中国三大运营商，中国移动、中国电信和中国联通已经推出其3G业务品牌G3、天翼和沃。利用智能手机的开放性，运营商开始和第三方业务提供商合作推广3G数据业务。随着国内3G网络覆盖不断扩大，运营商对3G终端产业链的推动并出台了更加合理的资费套餐政策和高额的补贴方案，这些均激发了部分时尚和高端用户的需求增长。据易观国际数据显示，2009年仅第二季度国内3G手机整体销量就达到24.2万部，中国移动通过在TD网络覆盖范围、网络质量等方面的努力，不断完善用户体验，加上对TD手机产业的补贴，在TD终端产品推出较慢的情况下，TD-SCDMA手机仍然受到广泛关注。

在这种背景下，TD-SCDMA产业已经成为国内嵌入式软件厂商新的市场突破口。中国移动基于国际主流开放软件平台技术，推出了自主研发的OMS智能手机嵌入式软件平台，并推出了基于OMS平台的网上应用软件商店，同时联合本土多家嵌入式软、硬件厂商，力争建立起从系统软件、应用软件，直至终端硬件成型产品完全自主的移动通信产业链，与国外同类企业及产品展开竞争。国内一些嵌入式软件厂商（如凯思昊鹏等）也与相关硬件厂商展开合作，推出基于TD-SCDMA网络的智能手机乃至无线固话、数据卡等多类型终端产品的整体软件解决方案及成型产品，力图扩大我国自主品牌嵌入式软件在移动通信终端产品领域的应用种类与范围。

（二）移动互联网领域

2009年随着移动终端产品功能不断增强，产品多样化持续发展，网络浏览已经成为通信终端产品的一大主流特色功能，受此趋势影响，移动互联网用户数量大幅增加，移动互联网业务也成为嵌入式手机软件厂商及网络运营商数据增值业务新的市场增长点。

据易观国际数据显示，2009年移动互联网用户超过2亿名，与2008年的1.005亿名用户数相比，年增长率达111.78%（见图51）。

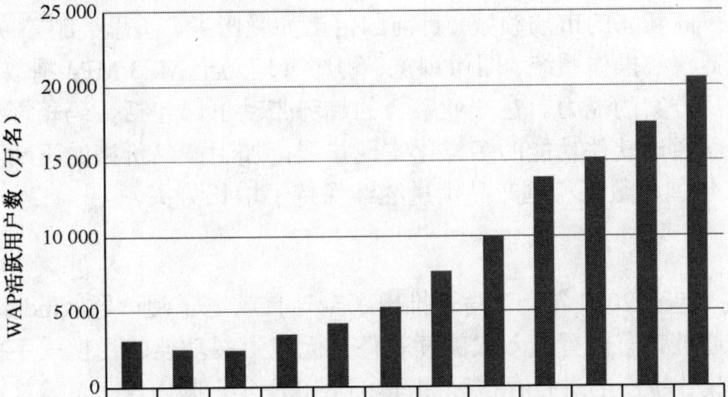

2007 Q1	2007 Q2	2007 Q3	2007 Q4	2008 Q1	2008 Q2	2008 Q3	2008 Q4	2009 Q1	2009 Q2	2009 Q3	2009 Q4
3 100	2 551	2 500	3 503	4 253	5 356	7 665	1 004	1 387	1 518	1 749	2 051

图51　2007—2009年国内移动互联网用户数量增长

用户数量增长的同时，移动互联网用户需求也日趋多样化，主要表现在手机游戏、手机阅读、手机证券等领域，用户多样化需求也刺激了移动互联网应用业务的快速发展。2009年1月，中国3G牌照正式发放，3G网络的商用大大提升中国移动互联网网络带宽，为高速浏览、下载等移动互联网服务奠定了环境基础。苹果、RIM、诺基亚及中国移动等国内外巨头纷纷推出了各自的移动互联网应用商店，极大丰富了终端嵌入式应用软件的品种和数量，使得移动互联网成为终端应用厂商及网络运行商新的利润增长点。

（三）消费电子领域

诸如MP3、MP4多媒体播放器，以及数码相机等各类消费电子产品是嵌入式软件应用最重要的搭载产品，也是出货数量最大的产品领域。目前国内嵌入式软件厂商在数码产品领域还限于应用软件的开发集成业务，产品也以国产品牌为主，核心操作系统仍主要采用国外产品及国际开源操作系统产品。由于消费电子产品出货量巨大，国产品牌以较高的性价比获得了国内市场的认可，使得本土嵌入式软件厂商在此领域获得了可观的经济效益和持续发展的资本。

1. 便携式音/视频播放终端设备

国内便携式音/视频播放终端设备类产品（MP3、MP4播放器）目前多采用诸如μCOS-II等国际开源嵌入式操作系统或其他微型专有嵌入式操作系统，本土嵌入式软件厂商多集中在应用软件的开发和产品集成方面，如清华同方、爱国者等国内厂商自主研发的MP3、MP4多媒体播放器产品在国内市场获得了较高的认可度。在操作系统层面尚未涉足。国内MP3、MP4产品在2008年受金融危机及国内山寨产品等不利因素影响，市场销售出现下滑。进入

2009 年，利润下滑致使山寨产品势头减弱，加上产品功能不断增强，强势品牌集中化趋势明显，使得该领域市场呈现温和增长势态。

2．数码相框

数码相框产品作为消费电子产品领域中的新兴产品，自 2006 年兴起以来，已逐渐成为我国嵌入式软件厂商新兴的市场领域，目前国内诸如爱国者、凯思昊鹏等嵌入式软件厂商，已经具备开发包括核心操作系统、图像浏览、程序管理乃至 MP3/MP4 播放、蓝牙等高端应用在内的完整解决方案的能力。在产业融合的趋势带动下，包括数码相框在内的各种数码产品功能都在不断通过软件功能的多样化实现扩展，加上产品价格的不断下降，市场需求不断提升。2009 年国内数码相框产品销量继续保持了增长势头。

3．电子书

电子书产品兴起于 2007 年，亚马逊推出了全球首款电子阅读器 Kindle。该类产品专为阅读图书设计，通过带有内置嵌入式阅读软件及无线上网功能的便携式手持电子设备，从互联网购买或下载数字图书进行存储和阅读。到 2009 年，国内汉王、翰林等厂商及国际上索尼、谷歌等厂商纷纷涉足该产品领域，电子书大规模生产的时代已经到来。

国内方面，据 CBIResearch 调查显示，2009 年国内电子书产品销量达 69.3 万台，同比增长 121%。

当前国内电子书市场还处于初期发展阶段，市场产品竞争格局较为简单，国内厂商占据优势明显，汉王公司凭借在嵌入式手写识别系统及相关软硬件产品领域多年的经验优势，推出的系列电子书产品在国内市场份额达到 35%以上（数据来源：ZDC），处于市场统治地位，此外还有翰林、博朗两大产品品牌，其他产品比例均在 3%（数据来源：ZDC）以下，电子书产品市场高度集中。

4．数码影像产品

2009 年，随着数码相机产品投放周期进一步缩短，以及高像素、防抖、面部优先识别等先进功能不断普及，使得中国数码相机市场规模继续扩大，但受出口国经济下滑，消费信心趋紧等因素影响，市场增长速度呈现放缓趋势。

数码摄像机领域，2009 年受国内消费需求不断增长及价格下降等因素影响，数码摄像机产品市场规模继续扩大，但增长率有所下降。

2009 年中国数码摄像机市场销售量达到 201.3 万台，同比增长 18.6%，目前我国嵌入式软件厂商鲜有涉足此类产品领域，仅华旗公司拥有自主研发的爱国者系列数码影像产品，核心操作系统软件多采用国外产品。

（四）数字电视产业领域

2009年，在扩大内需等宏观政策支持下，数字电视产业运营商及产业链上各环节的厂商融资的渠道获得了广泛拓展。2009 年启动的国家“核高基”科技重大专项就明确把数字电视产业作为重点扶持的产业领域，众多数字电视网络运营商、硬件厂商、嵌入式软件厂商均获得了政府资金的大力支持。有线数字电视整体发展状况也保持了快速发展的势头。2009 年我国数字电视用户数量已经发展至接近 8 000 万户，同比增长达到 61.9%。

伴随数字电视产业的快速发展，与之相配套的数字机顶盒产品应用范围也不断扩大。2009 年国内机顶盒市场继续保持增长势头，销量达 3 095 万台，同比增长 39.2%。

国内机顶盒厂商大多采取自行研发嵌入式软件平台及应用软件或采购与芯片捆绑的整体解决方案。在这些方案中，开发商均采用了各自的操作系统及软件平台，也有部分厂商采用开源 Linux 方案。目前国内机顶盒市场发展已经较为成熟，随着更多的数字电视行业的企业参与数字电视的转换工作及业务模式的创新，加快了数字电视应用推广的进程，从而刺激了机顶盒销量的增加。

（五）汽车电子领域

2009 年中国汽车电子市场规模继续保持增长，2008 年受金融危机影响，汽车销量减少使得汽车电子市场规模增长率产生明显下滑，由 2007 年的 40.1%下滑至 15.6%，而 2009 年受政府汽车、家电下乡政策的带动，国内需求增长显著，这一数字回升至 31.6%。

中国汽车电子市场经过多年的发展，市场规模不断扩大，产品种类持续增多，嵌入式软件应用主要体现在车载视频系统、嵌入式车载导航系统等，普及率不断提高。到 2011 年，中国汽车电子市场将接近 3 000 亿元，年均复合增长率达到 26.1%。

（六）工业控制领域

目前国内工业控制软件厂商多基于国外（如 WindowsCE 等）嵌入式操作系统进行研发，国内嵌入式操作系统产品尚未实现在工控领域的应用，在行业应用解决方案领域，我国具有一批实力雄厚的工控软件企业，包括南京南瑞继保公司、北京四方继保公司等，产品方案涉及工业实时安全监控软件平台、电力电网控制等多领域成套嵌入式工控应用软件，在电力、化工等多行业中实现应用，促进了企业的技术改造，提高了生产过程控制水平和产品质量，为企业创造了可观的经济效益。在未来，我国工业控制软件将继续向标准化、网络化、智能化方向发展。

（七）物联网领域

在中国，物联网已被正式列为国家新兴战略性产业。2009 年 3 月，温家宝总理在作政府工作报告时指出要积极推进“三网”融合取得实质性进展，加快物联网的研发应用，并于 8 月到中科院无锡高新微纳传感网工程技术研发中心考察，再次强调要大力发展传感器相关物联网核心技术。有研究机构预计，十年内物联网就可能大规模普及，发展成为一个上万亿元规模市场，其产业要比互联网大 30 倍。目前欧美发达国家都把该领域列入国家战略规划，投入巨资进行产业开发。在我国，2009 年国家科技重大专项“新一代宽带无线移动通信网”明确将无线传感器网络相关技术研发及产业化作为重点支持项目，再次显示出了我国政府大力发展物联网产业的决心。

发展物联网关键在于射频标签、传感器、嵌入式软件及传输数据等领域。目前我国嵌入式软件主要应用于传感器网络中的专用操作系统及数据采集终端设备中。由于物联网具有硬件资源受限、能源补给困难、网络带宽较窄等特点，对其中的嵌入式软件具有特殊适应性要求，这对我国嵌入式软件厂商而言又是一个机遇与挑战并存的新型领域。

三、技术进展及发展新趋势

（一）移动通信领域新趋势

移动通信、现代智能消费电子产品技术发展及产品更新速度远远超过其他领域产品。2009年，美国苹果公司iPhone平台及其在线应用商店（Appstore）这一创新模式席卷全球，基于iPhoneOS的应用已经达到27 000多款；Google公司的开源软件平台Android高调推出后，2009年基于Android平台的应用便开始成倍增长，至2009年9月，数量就超过了1万款，虽不及iPhone，但也创造了4个月增长3倍多的骄人战绩。苹果和Google公司所引领的这一将系统软件平台化、应用开发社区化的新型商业模式通过经济效益吸引全球范围内的软件开发者参与到嵌入式应用程序的开发中，极大地丰富和扩充了终端应用的种类和数量，从而有效地吸引用户的关注和使用欲望，使得厂商获得了巨大的利益。此后，国内外移动通信领域的巨头纷纷效仿。RIM针对黑莓手机用户开设网络商店，该商店主要销售娱乐、游戏、新闻和旅游程序；诺基亚宣布在线应用程序商店Ovi正式上线，超过50种诺基亚终端可以下载应用；国产智能手机厂家酷派推出Coolmart，成为国内首家推出应用程序商店的厂家；中国移动也在2009年开始针对其开源软件平台OMS推出应用软件网上社区平台和在线商店。

从以上现象可以看出，苹果公司所创造的这种新型模式改写了移动通信产业链的游戏规则，终端厂商通过这种方式可以获得手机内容的控制权，销售对象不再是运营商，而是用户。利用平台的开放性，通过网络社区形式吸引广大开发者参与应用的开发，可以突破种种限制，使得终端嵌入式应用软件的多样化得到最大程度的发挥，从而扭转了终端软件曾经的不利局面，重新成为厂商的利益增长点。

（二）新型产品应用领域的拓展

我国嵌入式软件市场在经过多年发展后，目前已经形成相对稳定、趋于饱和的市场局面，由于国内厂商在此领域起步较晚，在一些传统行业的产品市场占有率相对较低，大部分市场仍被国外企业占据。在这种背景下，我国嵌入式软件企业在继续大胆开拓既有产品市场的同时，已经开始寻找新的市场突破口。以移动通信领域为例，由于我国大力发展自主的TD-SCDMA标准，使得国内终端厂商有机会与国外厂商开展新的竞争，国内厂商为避免产品单一化带来的竞争风险，在产品开发中将TD-SCDMA通信终端产品类型不仅用在手机产品中，还扩大到无线固话、上网本、数据卡和带有TD通信功能的数码相框等新型产品，使得我国嵌入式软件厂商的自主核心技术和产品的应用范围进一步扩大，终端产品多样化趋势也将导致行业内市场竞争分化减弱，从而使厂商有机会获得更多的效益。

在物联网领域，由于物联网的特殊性，需要嵌入式系统软件能够高效地使用有限内存、低功耗的处理器、传感器、低速通信设备、有限的电源，且能够对各种特定应用提供最大的支持，需要对传统嵌入式系统软件进行有针对性的全新改造，国内厂商面临着新的市场机遇和挑战。2009年我国政府出台了针对物联网领域资金支持政策，我国嵌入式软件企业也大力开展了在此领域的技术研发及产业化合作，力争尽早将产品打入市场。

人 才 篇

第一章　软件人才培养十年回顾

一、我国高校软件人才培养回顾

（一）2009 年全国普通高校软件及相关专业在校生统计

1．在校研究生（博士生、硕士生）

2009 年全国软件专业在校研究生 6.7 万人，软件相关专业在校研究生 8.2 万人，软件及软件相关专业在校研究生总数 14.9 万人如表 44 所示。

表 44　2009 年全国软件及相关专业在校研究生数量

学　历	软件专业（人）	软件相关专业（人）	总计（人）
博士生	9 162	15 946	25 108
硕士生	57 822	65 844	123 666
合计	66 984	81 790	148 774

2．在校大学生（本、专科生）

2009 年，全国软件专业本、专科在校生为 50.4 万人，其中，软件工程专业（本、专科）26.5 万人，信息安全专业（本科）1.5 万人，集成电路设计与集成系统专业（本科）4 679 人。软件相关专业本、专科在校生为 277.7 万人。软件专业及软件相关专业在校生总数为 328 万人（见表 45）。

表 45　2009 年全国软件及软件相关专业本、专科在校生数量

学　历	软件专业（人）	软件相关专业（人）	总计（人）
本科	368011	1488318	1856329
专科	136337	1288750	1425087
合计	504348	2777068	3281416

3．软件专业在校生学历结构

计算机软件专业在校生学历结构分布情况如表 46 所示。

表 46　2009 年软件专业在校生学历结构

学　历	博 士 生	硕 士 生	本 科 生	专 科 生	合　计
人数（人）	9162	57822	368011	136337	571332
所占比例（%）	1.6	10.2	64.4	23.8	100

（二）2009年全国高校软件及相关专业毕业生统计

2009年，全国普通高校软件及相关专业毕业研究生4.01万人，其中软件专业毕业研究生2.04万人，软件相关专业毕业研究生1.97万人；软件专业及软件相关专业本、专科毕业生共84.8万人，其中软件专业本、专科毕业生15.8万人，软件相关专业本、专科毕业生69万人。

1．研究生毕业数量

2004—2009年全国软件及相关专业研究生毕业数量如表47所示。

表47　2004—2009年软件及相关专业研究生毕业数量

年　份	软件专业（人）	软件相关专业（人）	总计（人）
2004	7796	4140	11936
2005	11249	15783	27032
2006	14001	15307	29308
2007	17184	19878	37062
2008	19301	19217	38518
2009	20356	19753	40109

2．本、专科毕业生数量

2009年全国普通高校软件及相关专业本、专科毕业生数量如表48所示。

表48　2009年软件及相关专业本、专科毕业生数量

学　历	软件专业（人）	软件相关专业（人）	合计（人）
本科毕业	92018	257646	349664
专科毕业	66443	432923	498366
合计	158461	689569	848030

3．软件专业毕业生学历结构

2009年全国普通高校软件专业毕业生学历结构如表49所示。

表49　2009年软件专业毕业生学历结构

学　历	博士生	硕士生	本科生	专科生	合　计
人数（人）	1787	18569	92018	66443	178817
所占比例（%）	1.0	10	52	37	100

（三）2008年国内高校软件及相关专业在校生统计

1．在校研究生（博士生、硕士生）

2008年全国软件专业在校研究生6.6万人，比上年增长6.5%，软件相关专业在校研究生8万人，比上年增长8.1%。软件及软件相关专业在校研究生总数为14.6万人。2008年

全国软件及相关专业在校研究生数量如表 50 所示。

表 50　2008 年全国软件及相关专业在校研究生数量

学　历	软件专业	软件相关专业	总　计
博士生（人）	8878	15429	24307
硕士生（人）	56667	65232	121899
合计（人）	65545	80661	146206

2. 在校大学生（本、专科生）

2008 年，全国软件专业本、专科在校生为 49.1 万人，比上年增长 7.7%，软件相关专业本、专科在校生为 266.9 万人。软件专业及软件相关专业在校生总数为 315 万人。其中，信息安全专业在校本科生 14 533 人，集成电路设计与集成系统专业在校本科生 3 695 人。2008 年全国软件及软件相关专业本、专科在校生数量如表 51 所示。

表 51　2008 年全国软件及软件相关专业本、专科在校生数量

学　历	软件专业	软件相关专业	总　计
本科（人）	359996	1433612	1793608
专科（人）	131241	1235319	1366560
合计（人）	491237	2668931	3150168

（四）2008 年国内高校软件及相关专业毕业生统计

2008 年，全国普通高校软件及相关专业毕业研究生 3.85 万人，其中软件专业毕业研究生 1.93 万人，软件相关专业毕业研究生 1.92 万人；软件专业及软件相关专业本、专科毕业生共 82.3 万人，其中软件专业本、专科毕业生 13.4 万人，软件相关专业本、专科毕业生 68.9 万人。其中，信息安全专业本科毕业生 3 280 人，集成电路设计与集成系统专业本科毕业生 504 人。

1. 研究生毕业数量

2004—2008 年全国软件及相关专业研究生毕业数量如表 52 所示。

表 52　2004—2008 年软件及相关专业研究生毕业数量

年　份	软件专业（人）	软件相关专业（人）	总计（人）
2004	7796	4140	11936
2005	11249	15783	27032
2006	14001	15307	29308
2007	17184	19878	37062
2008	19301	19217	38518

2. 本、专科毕业生数量

2008 年全国普通高校软件及相关专业本、专科毕业生数量如表 53 所示。

表 53　2008 年软件及相关专业本、专科毕业生数量

学　　历	软件专业（人）	软件相关专业（人）	总计（人）
本科	89999	256928	389068
专科	44410	431769	432234
合　　计	134109	688997	823106

（五）2008 年国家示范性软件学院在校生人数统计

2008 年国家示范软件学院在校生人数统计如表 54 所示。

表 54　2008 年国家示范软件学院在校生人数统计

序　　号	院 校 名 称	本科（人）	单证硕士（人）	双证硕士（人）	合计（人）
1	北京大学软件与微电子学院	11	491	526	1028
2	清华大学软件学院	245	156	349	750
3	北京交通大学软件学院	450	324	237	1011
4	北京航空航天大学软件学院	639	2665	196	3500
5	北京理工大学软件学院	686	738	119	1543
6	北京工业大学软件学院	367	1475	81	1923
7	北京邮电大学软件学院	302	1964	68	2334
8	复旦大学软件学院	383	1109	101	1593
9	同济大学软件学院	813	1200	172	2185
10	西安交通大学软件学院	489	76	151	716
11	西安电子科技大学软件学院	1472	385	229	2086
12	西北工业大学软件与微电子学院	1186	350	212	1748
13	哈尔滨工业大学软件学院	874	427	111	1412
14	吉林大学软件学院	1128	669	178	1975
15	东北大学软件学院	1426	912	111	2449
16	山东大学齐鲁软件学院	1089	1109	106	2304
17	大连理工大学软件学院	3120	1410	135	4665
18	天津大学软件学院	556	304	7	867
19	武汉大学软件学院	1095	1231	65	2391
20	华中科技大学软件学院	972	1734	419	3125
21	东南大学软件学院	450	342	222	1014
22	湖南大学软件学院	591	424	223	1238
23	中南大学软件学院	428	175	47	650
24	中国科学技术大学软件学院	0	295	744	1039
25	四川大学软件学院	1022	630	14	1666
26	电子科技大学软件学院	479	3515	250	4244
27	重庆大学软件学院	819	569	170	1558
28	中山大学软件学院	1564	183	178	1925
29	华南理工大学计算机软件学院	1175	351	171	1697
30	厦门大学软件学院	1190	344	76	1610

（续表）

序　号	院 校 名 称	本科（人）	单证硕士（人）	双证硕士（人）	合计（人）
31	浙江大学软件学院	819	569	170	1558
32	云南大学软件学院	990	1068	27	2085

（六）2007 年全国各高校软件专业毕业生及在校生统计

2007 年全国各高校软件专业毕业生及在校生统计如表 55 所示。

表 55　2007 年全国各高校软件专业毕业生及在校生统计

学　历	毕业生人数（人）	在校生人数（人）
博士生	1217	8208
研究生	15967	54090
本科生	72355	334081
专科生	34759	122564
合　计	124298	518943

（七）2007 年国家示范性软件学院毕业生及在校生统计

2007 年国家示范性软件学院毕业生及在校生人数统计如表 56 所示。

表 56　2007 年国家示范性软件学院毕业生及在校生人数统计

序　号	院 校 名 称	2007 年在校生人数（人）		2007 年毕业生人数（人）	
		研 究 生	本 科 生	研 究 生	本 科 生
1	北京大学软件与微电子学院	2666	135	500	30
2	清华大学软件学院	484	223	49	0
3	北京交通大学软件学院	189	576	50	98
4	北京航空航天大学软件学院	2053	758	600	200
5	北京理工大学软件学院	759	758	330	202
6	北京工业大学软件学院	1211	268	216	67
7	北京邮电大学软件学院	102	397	50	103
8	复旦大学软件学院	111	450	40	129
9	上海交通大学软件学院	1210	429	360	102
10	同济大学软件学院	156	751	38	235
11	华东师范大学软件学院	13	756	1	270
12	西安交通大学软件学院	135	540	38	107
13	西安电子科技大学软件学院	438	1318	117	265
14	西北工业大学软件与微电子学院	570	1099	200	186
15	哈尔滨工业大学软件学院	502	858	266	230
16	吉林大学软件学院	1143	2024	461	1184
17	东北大学软件学院	1137	1648	334	381
18	山东大学齐鲁软件学院	697	822	165	139

（续表）

序　号	院校名称	2007年在校生人数（人）		2007年毕业生人数（人）	
		研究生	本科生	研究生	本科生
19	大连理工大学软件学院	1 408	2 548	476	397
20	南开大学软件学院	65	435	33	99
21	天津大学软件学院	153	634	50	153
22	武汉大学软件学院	379	1 399	139	187
23	华中科技大学软件学院	454	943	169	305
24	南京大学软件学院	157	873	80	200
25	东南大学软件学院	156	502	32	136
26	湖南大学软件学院	620	819	220	179
27	中南大学软件学院	171	152	78	49
28	国防科技大学软件学院	685	0	150	0
29	中国科学技术大学软件学院	393	0	161	0
30	四川大学软件学院	865	1 166	261	179
31	电子科技大学软件学院	2 506	894	404	532
32	重庆大学软件学院	387	617	110	110
33	中山大学软件学院	469	1 492	186	0
34	华南理工大学计算机软件学院	343	1 132	101	173
35	厦门大学软件学院	266	1 042	25	192
36	浙江大学软件学院	500	870	137	281
37	云南大学软件学院	694	1 070	100	237
合　计		24 247	30 398	6 727	7 337

二、我国社会软件人才培养回顾

专业软件技术培训机构、社会团体及企业认证等培训属于非学历教育的培训，非学历教育软件人才培训机构数量日益增加，在我国软件人才培养中扮演着越来越重要的角色，其中的一些大型优质培训机构培养出来的软件人才得到社会的普遍认可和好评，并培养了大量实用型软件人才，但与传统的院校学历教育培训部门相比，非学历教育培训在我国的软件人才培训体系中仍处于从属地位。主要软件技术培训机构如表57所示。

表57　主要软件技术培训机构

序　号	培训机构名称		
1	北大青鸟 ACCP 认证	神州数码软件工程师认证	NIIT 认证（印度）
2	东软 NCSP 认证	瑞通软件工程师认证	北京连邦软件学校
3	中科院软件所培训中心	银河网络教育中心	北京 CAI 软件培训中心
4	北大测试(BTEST)	新东方职业教育中心	中国软件行业协会培训中心

软件企业认证培训是近年来被广泛采用的一种非学历教育培训方式，其主要培训方式是由软件企业委托或联合国内外高校、科研机构及培训机构为其培养合格的软件人才，授

予本企业的认证证书，如微软认证等。企业认证的优点在于能充分利用软件企业的实践经验资源和高校科研机构的师资力量，实现“产学结合”、“定制化培养”、培训与招聘就业一体化，具有很强的实用性和针对性。

随着IT业的发展及IT业向传统行业的渗透，需要越来越多的能够应用IT技术的人才，同时仅仅掌握某个厂商的技术或者某一种IT技术已经难以适应市场的需要。因此，单一的厂商培训逐渐衰退，随之盛行的是通用型的IT职业培训，主要表现为IT知识体系的培训，如网络工程、软件开发、软件测试等，此阶段软件职业教育机构占领大部分IT职业教育市场。

另外，我国的计算机技术与软件专业技术资格（水平）考试，包括高级资格、中级资格、初级资格考试三部分，也为国家培养了一批各个领域和不同层次的软件专业技术人才。

从2005年起，随着数字娱乐行业的迅速崛起，IT职业教育市场出现市场细分，动漫、网游、手游、影视、3G等更加专业、更具针对性的职业教育，成为IT职业教育市场的后起之秀。这是IT职业培训最为活跃、最为繁荣和创新的IT职业教育时代。

第二章　软件行业人才的供需发展状况

一、软件人才供需情况回顾

（一）软件人才发展的 3 个阶段

从 2001 年到 2010 年，软件行业经历了飞速发展的黄金十年。软件人才发展大致经历了如下 3 个阶段：

第一阶段：2001—2004 年，软件人才的需求迅猛增长阶段。在这段时期里投身于软件行业的企业越来越多，职位的增长明显增加，对于人才需求量迅速扩大，人才竞争压力相对较小。

第二阶段：2005—2007 年，软件人才的平稳发展阶段。在这一阶段，软件行业呈现明显的供需两旺局面，人才供给与需求均明显上升，人才竞争压力逐步增加。

第三阶段：2008—2010 年，软件人才的激烈竞争阶段。在这一阶段，人才需求呈现稳定增长趋势，但是人才供给明显增加，人才竞争激烈，竞争指数攀升至上一阶段的 2～3 倍（见图 52）。

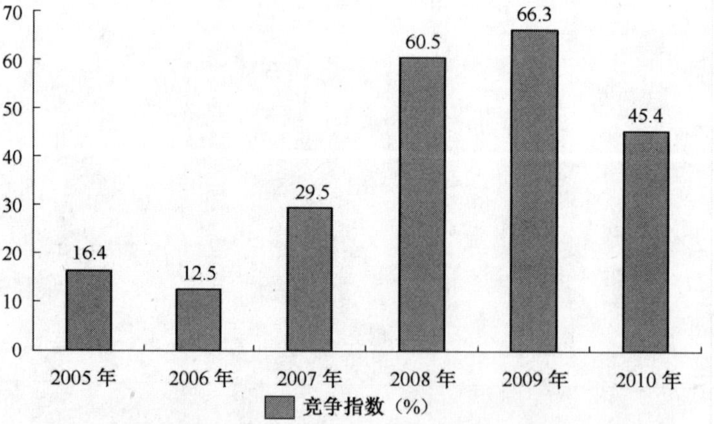

图 52　2005—2010 年软件行业年度平均竞争比

进入 2010 年后，人才竞争趋势呈现平缓趋势，软件行业人才最激烈的阶段似乎已经过去，求职压力有所缓解，竞争比明显回落。除了在 2010 年 3 月出现一高峰峰值外，竞争比明显回落，到 2010 年 9 月，基本回落至 2007 年的平均竞争水平。因而在未来几年中，软件行业人才供需将重新进入平稳阶段，但在人才竞争过程中，对于人才依然有较高的要求（见图 53）。

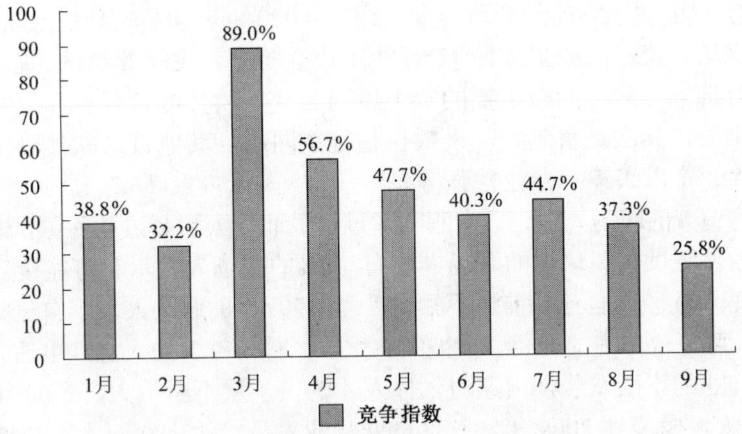

图 53　2010 年 1～9 月软件行业人才竞争比

（二）软件开发与测试人才供需情况

IT 行业是公认的高薪白领行业，成为一名 IT 工程师是大部分人向往的职业之一。软件开发工程师曾经几乎是所有进入 IT 行业者的唯一选择，但随着公众对软件质量的关注，软件测试行业及软件测试工程师职业已经逐步走入公众视野，软件测试工程师的工作也逐渐得到大部分人的认可。

随着中国经济的高速发展，中国 IT 外包的优势正持续显现，2008 年的金融危机使得更多的全球厂商将工作地点搬到中国，或将测试外包业务转向中国，带动中国软件测试人才需求的急剧增长。中国 IT 产业迅猛发展，软件测试技术日渐成熟，企业对于软件的质量要求也越来越高。

加之随着国内运营商运营支撑系统的建设，电信运营企业信息化建设开始进入一个全新的时期。但是这些 IT 应用系统建立之后，各种 IT 应用质量管理问题随即出现，运营商面临如何控制系统质量、提高管理能力等严峻问题。其实运营商面临的问题也是国内许多行业面临的问题。历经 20 余年信息化建设，中国政府、企业虽已建立众多 IT 系统，但软件质量管理水平的滞后却使这些 IT 系统在应用过程中不断告急，不断爆出有关银行储蓄系统、交通售票系统和政府服务系统出现系统瘫痪的新闻。软件质量管理水平有待提高。

企业一般通过内部培养和外部招聘的途径提升公司测试人员技能水平，然而由于当时国内高校并没有开设相关软件测试专业，国内也没有职业的软件测试培训机构，当时只有部分从事软件开发中途转型成为软件测试的人才，因此总体而言中国软件测试人才尚处起步期。

以上事实说明软件测试在工作中重要性越来越明显，软件测试人才越来越紧缺。部分高校看到了软件测试岗位的大量就业机会，并开设了软件测试相关专业，社会上也已经出现了部分职业培训机构，同时国家计算机等级考试中也加入了软件测试方向。软件测试在中国进入了发展时期。

软件测试行业的发展催生了软件测试培训行业的发展，目前的软件测试培训机构分为两大类，一类是专门的软件测试培训机构，这些机构只专注于软件测试培训，另一类培训机构的课程类别比较多，软件测试只是其中一部分课程。其中 51Testing 是国内最早开设软件测试工程师培训的机构。从2004年开班至今已经有4 000余名学员顺利迈入软件测试行业。

超过四成职场人表示，如果选择IT行业工作会首先考虑软件测试，软件测试在IT业中排在首位。首选软件测试的最主要的一个原因是认为软件测试行业前景好，选择这一原因的人超过了半数，其次是薪酬好，人数也超过了四成。其他首选软件测试行业的原因还包括发展空间大、个人兴趣和专业性强等。

尽管在参与调查的职场人中，只有刚刚超过一成职场人参与过软件测试职业培训，但是在还没有接受软件测试相关培训的职场人中有46%的职场人表示有可能接受软件测试相关培训。24.5%的职场人表示自己目前还不知道，只有29.5%的职场人表示自己完全不可能参与此方面的培训。可见软件测试已经渐渐被大家重视，越来越多的人想从事这方面的工作。

随着软件产业的不断发展，国家对软件人才的需求量不断扩大，2004年，软件产业的从业人员60万人，发展到2009年，软件产业从业人员已达180万人，在这5年内，软件产业从业人员增长速度为300%，年平均增长速度为60%，如果软件产业能够保持30%的增长速度，在未来的4年内，软件从业人员将达到432万人。

目前软件产业中，研发技术人员占总体人数的50%以上，截止到2009年，软件产业中研发技术人员为90万人，其中软件开发人员与软件测试人员的比例为5∶1，目前在职的软件测试从业人员为18万人。

预计到2013年，软件研发人员的数量将达到216万人，我们保守的假定在4年内软件开发工程师与软件测试工程师2∶1的比例（现在有些企业已经制订了这样的招聘计划），那么可以预计的软件测试人员的数量应该在108万人，去除现有的软件测试人员数量18万人，在未来的4年内，软件测试人员的需要量为90万人，2008年国内最知名的软件测试论坛51Testing只有20万名左右注册会员，2010年年底就突破了37万名，短短两年时间增长近一倍，也在一定程度上辅证了软件测试行业的发展空间和前景。

2009年，上海博为峰软件技术有限公司在软件测试公益网站51Testing上进行了软件测试从业人员调查，形成了软件公司的专职测试人员规模分布图（见图54）。

与历届数据比较，2009年调查结果中，“无专职测试人员”该项所占比例为3%，同比2008年下降3个百分点，与2007年持平；在3次调查中，测试专职人员在1～10人的均以近50%的比例占据首位；专职测试人员在50人以上的，2007年、2008年、2009年的比例依次为25%、27%、28%，呈逐年上升趋势。

由此可见，国内的软件公司对软件质量的重视程度逐年提高，并每年加大在软件测试方面的投入。

数据显示，86%的软件测试从业人员从事的测试工作类型为手工功能测试；其次是测试用例设计，比例为65%；从事测试管理、性能测试、功能自动化测试的从业人员的比例相当，分别为35%、34%%、31%；其中2%的“其他”选项中，包括如灰盒测试、配置管理等类型的工作。

目前，国内软件测试基本上以手工的功能测试为主，测试效率相对较低，相比国外的软件巨头，国内的软件测试水平还有一定的差距。

不过，国内的某些通信企业、金融企业和某些互联网公司的软件测试水平也达到了一定高度，接近甚至在某些领域超过国外的技术水平。

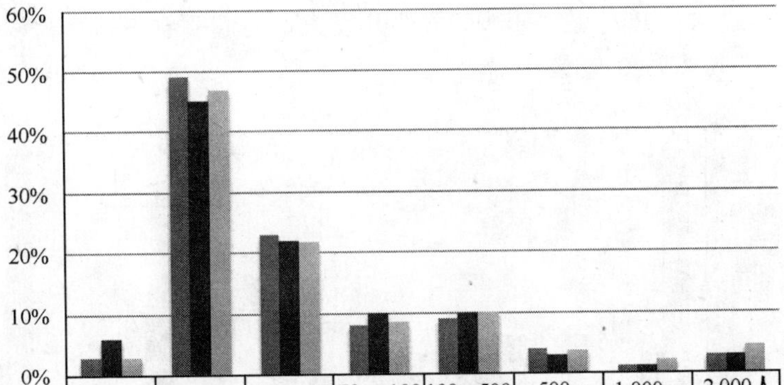

	无	1～10人	10～50人	50～100人	100～500人	500～1 000人	1 000～2 000人	2 000人以上
2007年	3%	49%	23%	8%	9%	4%	1%	3%
2008年	6%	45%	22%	10%	10%	3%	1%	3%
2009年	3%	47%	22%	8%	10%	4%	2%	4%

图 54　软件公司的专职测试人员规模分布

二、软件从业人员薪资情况

（一）IT 行业从业人员薪资优势明显

从行业来看，通信、电子类行业的职位就业起薪相对较高，其次是金融、银行、投资、基金、证券、保险等行业。在列出的 15 个行业中，IT、互联网和能源行业的薪资具有较大的优势（见图 55）。

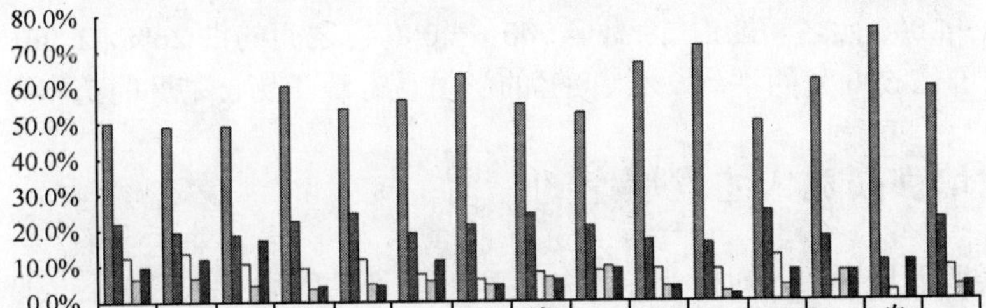

	IT、互联网	通信	金融	房地产	广告	咨询	教育	消费品	汽车	医药	酒店	能源	政府	农林牧	其他
1 500元及以下	50.0	48.9	49.1	60.2	53.8	56.2	63.3	54.9	52.4	66.1	71.0	50.0	61.3	75.7	59.2
1 500～2 000元	21.8	19.4	18.5	22.4	24.8	19.0	21.3	24.5	20.8	16.9	16.0	25.0	17.7	10.8	22.6
2 000～2 500元	12.2	13.5	10.6	9.3	11.8	7.6	6.0	8.0	8.3	8.9	8.6	12.5	4.8	2.7	9.3
2 500～3 000元	6.4	6.5	4.6	3.7	5.0	5.7	4.7	6.6	9.5	4.0	2.5	4.2	8.1	0	4.0
3 000元以上	9.6	11.8	17.1	4.3	4.6	11.4	4.7	5.9	8.9	4.0	1.9	8.3	8.1	10.8	4.9

图 55　各行业月起薪对比

（二）软件开发与软件测试职位起薪高

在各大行业起薪情况中，IT 行业起薪较高。而在 IT 行业中，软件开发的起薪排在第一位，其次是软件测试，接下来是互联网维护与应用及计算机硬件。而在相对高薪区间中，计算机软件开发与计算机软件测试也明显高于其他 IT 类职业，可见这两类工作起薪情况较为乐观。相比之下，软件开发更加乐观，软件开发人员月起薪在 3 000 元以上的达到 21.7%，而软件测试为 14.3%（见图 56）。

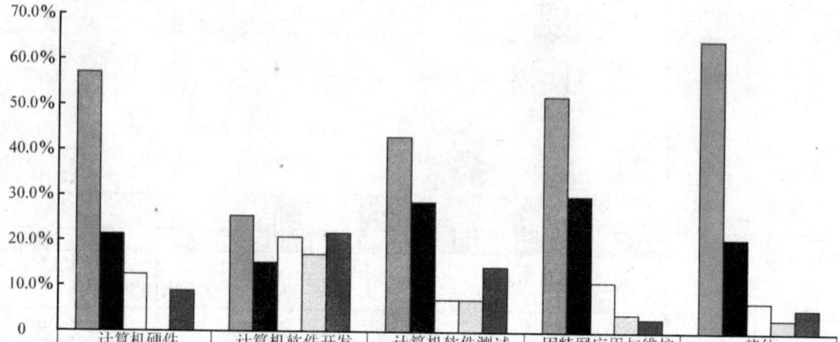

	计算机硬件	计算机软件开发	计算机软件测试	因特网应用与维护	其他
1500元及以下	57.1%	25.5%	42.9%	52.0%	64.4%
1500～2 000元	21.4%	15.1%	28.6%	30.0%	20.7%
2000～2500元	12.5%	20.8%	7.1%	11.0%	6.7%
2500～3000元	0.1%	16.9%	7.1%	4.0%	3.0%
3000元以上	8.9%	21.7%	14.3%	3.0%	5.2%

图 56　IT 行业各职业月起薪对比

（三）测试职位薪资增长幅度及上升空间较大

从增长幅度来看，软件测试要比软件开发更加乐观。在被调查者中，没有涨过薪资的软件开发人员超过 1/4，而软件测试人员刚刚超过两成。而在涨薪超过千元的比例上，软件测试所占比例比软件开发高出 10 个百分点，软件开发人员仅一成多，而软件测试人员达到了两成多。其中，月薪超过 2 000 元的软件开发人员为 2.8%，而软件测试人员为 14.3%。

据 51Testing 毕业学员的就业数据显示，超过 80%的学员的月薪在 3 000～6 000 元之间，其中 3 000～4 000 元之间的占 58%，4 000～6 000 元之间的占 26%，2 500～3 000 元之间的占 13%，小于 2 500 元的不到 2%。73%的学员是专科学历，27%的是本科学历。

三、职业培训拓宽人才发展空间

在各类职业培训中，对于尚未参加过职业培训的职场人来说，各类职业资格认证考试培训是最具吸引力的。在参与过职业培训计划的职场人中，超过四成人计划参与此类培训。其次是 IT 类培训，也超过了两成；再次是办公软件培训和外语类培训。可见，直接增加业务技能的培训对于职场人有较大的吸引力。

（一）职业培训需求旺盛

图 57 反映了未参加职业培训者计划参加各类培训的分布情况。

在 IT 类培训中，网络工程师最受“追捧”。在选择计划参加 IT 培训的职场人中，网络工程师培训占到了近四成，软件开发与软件测试不相上下，在 16%～17%，还有近三成计划参与 IT 培训的职场人选择了“其他”（见图 58）。

综上所述，对于未参加过职业培训的职场人来说，对于职业培训还是比较认可的，计划在未来真正参与到职业培训实践中的被调查者超过半数。其中，尤以各类职业资格考试培训与 IT 类培训吸引力最高。

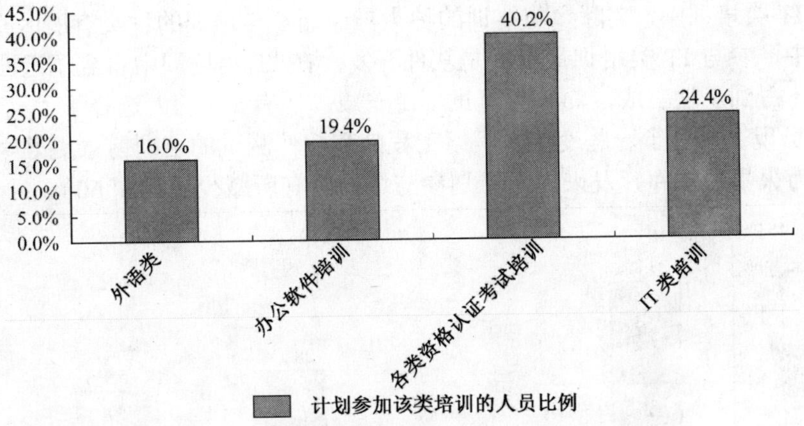

图 57　未参加职业培训者计划参加培训内容

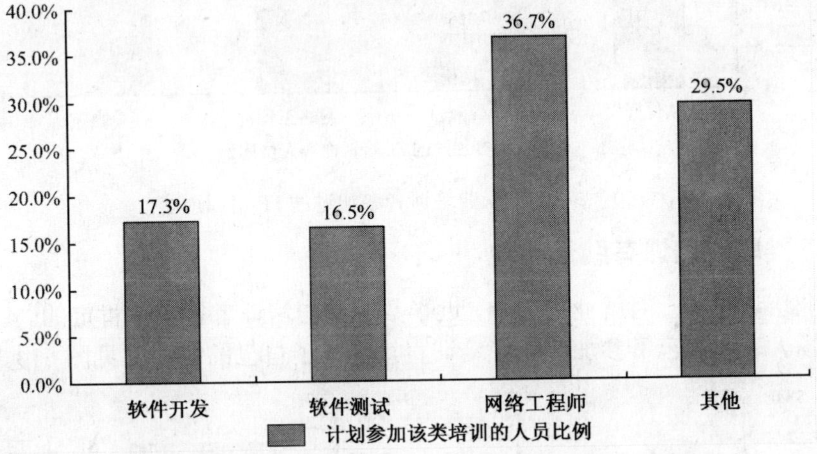

图 58　未参加职业培训者计划参加 IT 类培训内容

（二）资格认证培训较受欢迎

在对于参与过职业培训的职场人的调查中，职场人实际参与的主要培训类型与未参加者计划参与的基本一致，参与最多的是各类职业资格认证考试培训，其次是 IT 类培训（见图 59）。

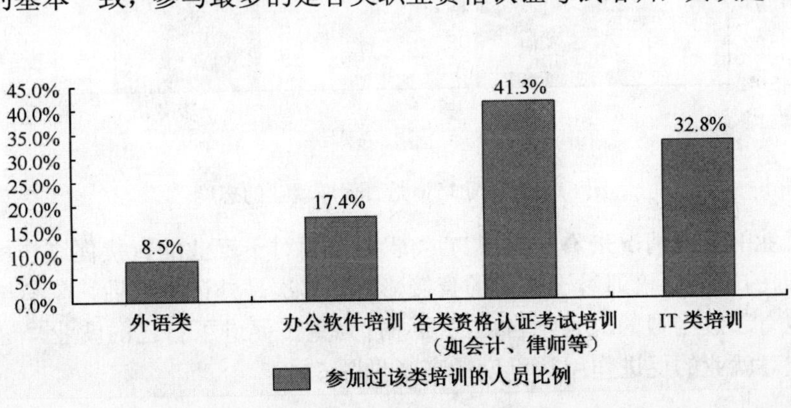

图 59　参与过职业培训者参加的职业培训内容

但是在IT类培训中，实际参与培训的种类与计划参与培训的种类有所区别。在已参与培训职场人中，参与IT类培训最多的是软件开发，在IT类培训中占到了近四成，其次是网络工程师，占到了近三成，而软件测试不足一成，还有1/4的人选择了“其他”。可见，IT类培训市场现在发生了一些变化，网络工程师和软件测试的培训前景更好，而对于过去培训市场较为火暴的软件开发来说，计划参与培训者有所减少（见图60）。

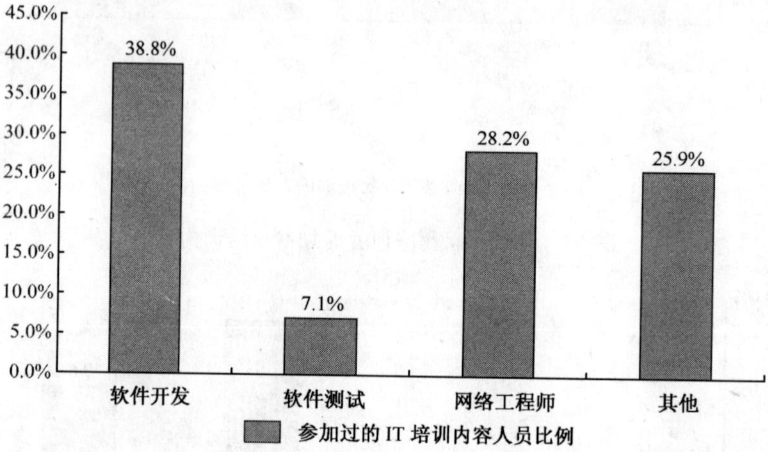

图60 参加IT职业培训者参加过的IT培训内容

（三）IT类职业培训有助于就业

对于职业培训事实上对就业的影响，近半数的参与培训者答案是肯定的。47.9%的参与过培训的职场人表示自己所参加的职业培训直接促成了自己的就业（见图61）。

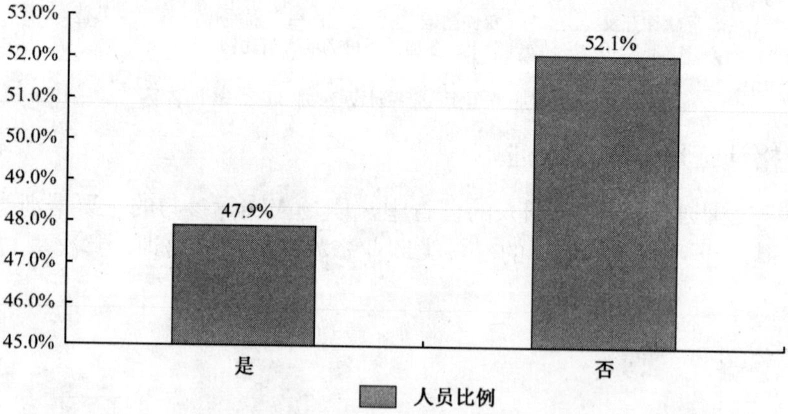

图61 对职业培训是否促成就业的态度

从促成就业的培训情况来看，参与IT类职业培训对于就业的直接促进作用最大，近六成参与IT培训的人认可培训对于就业的直接影响。其次是外语类培训，在参与外语类培训的职场人中也有超过半数的人表示自己的培训行为直接促进了自己的就业。这两类培训参与者对于培训对就业的促进作用认可度最高（见图62）。

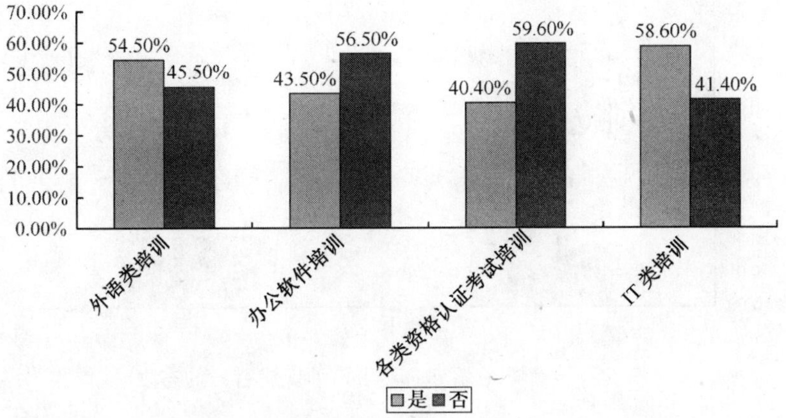

图 62　参加不同职业培训者对于培训促进就业态度

在 IT 类培训中，参与软件测试培训的职场人对于培训对就业影响的评价最高，有超过七成的软件测试培训参与者表示培训直接促进了自己的就业，其次是网络工程师和其他 IT 类培训，对就业有促进影响的选择也都超过了六成（见图 63）。

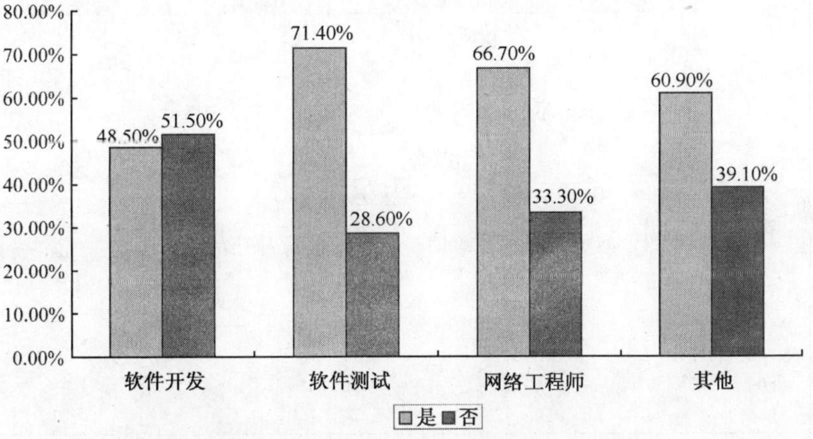

图 63　参加 IT 职业培训者对于培训促进就业态度

（四）职业培训有助于职场晋升

尽管只有超过半数的职场人表示职业培训对于就业产生促进作用，但是有近八成的参与职业培训的职场人表示职业培训对就业后的晋升发展是有帮助的（见图 64）。

在对于晋升的促进作用中，办公软件培训与各类资格认证考试培训的参与者给予培训的评价更高，而外语类和 IT 类培训相对较低（见图 65）。

在参与 IT 培训的调查者中，网络工程师培训的参与者评价最高，87.5%的网络工程师培训参与者认为培训对自己的晋升起到了直接的促进作用。其次是软件测试，认为对于晋升起到促进作用的软件测试培训参与者达到了 85.7%。这两项 IT 培训对于晋升的促进作用明显高于其他 IT 类培训（见图 66）。

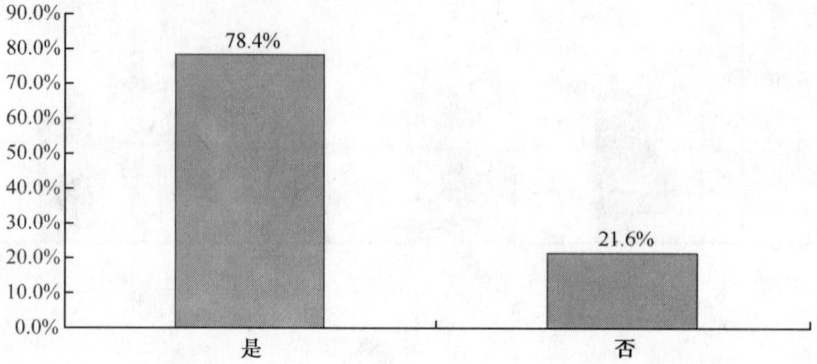

图 64　参加职业培训者对于培训促进晋升的态度

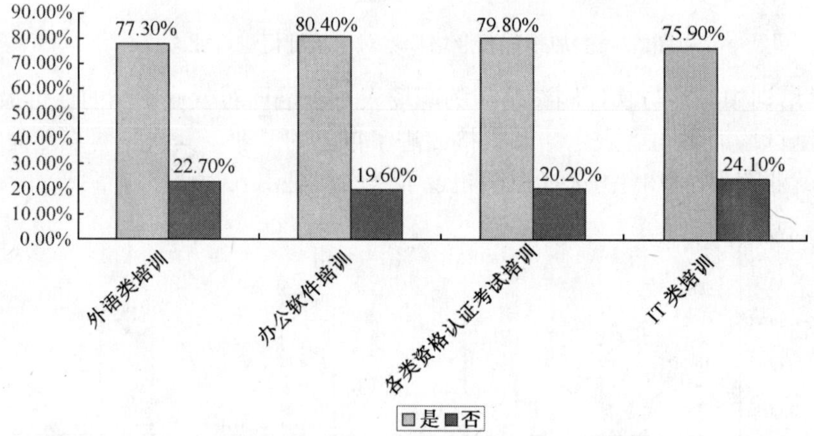

图 65　参加不同职业培训者对于培训对晋升帮助的态度

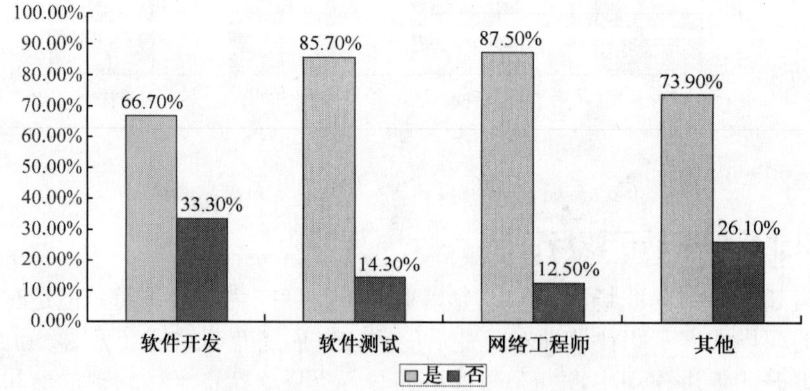

图 66　参加不同 IT 职业培训者对于晋升促进作用的态度

知识产权篇

软件知识产权在我国采取以著作权为主的方式加以保护。根据《计算机软件条例》，自软件开发完成之日起产生，软件著作权保护期为自然人终生及其死亡后50年。法人或者其他组织的软件著作权，保护期为50年。计算机软件保护条例所称计算机软件，是指计算机程序及其有关文档。计算机程序，是指为了得到某种结果而可以由计算机等具有信息处理能力的装置执行的代码化指令序列，或者可以被自动转换成代码化指令序列的符号化指令序列或者符号化语句序列。同一计算机程序的源程序和目标程序为同一作品。文档，是指用来描述程序的内容、组成、设计、功能规格、开发情况、测试结果及使用方法的文字资料和图表等，如程序设计说明书、流程图、用户手册等。

一、软件知识产权十年发展历程

2000年6月，国发18号文第十章专门对软件知识产权的保护做了规定。

（1）国务院著作权行政管理部门要规范和加强软件著作权登记制度，鼓励软件著作权登记，并依据国家法律对已经登记的软件予以重点保护。

（2）为了保护中外著作权人的合法权益，任何单位在其计算机系统中不得使用未经授权许可的软件产品。

（3）加大打击走私和盗版软件的力度，严厉查处组织制作、生产、销售盗版软件的活动。

围绕着国发18号文的上述软件知识产权保护要求，各级政府部门和司法机关积极开展各项工作，在过去的十年中，取得了骄人的成绩。中国软件业界和企业也对软件知识产权的创新、促进、管理和应用做出了重要的规定。

根据《著作权法》和《计算机软件保护条例》的规定，软件同其他作品一样，其著作权自软件创作完成之日产生，即无须进行登记即可获得法律的保护。但是，作为受著作权法保护的客体，软件作品具有不直观、不易识别和容易复制的特点，因此，在《计算机软件保护条例》中规定了软件著作权登记制度。软件著作权登记证书作为软件著作权的初步证明，为软件企业在证明权利归属、享受国家产业优惠政策提供了帮助，以及配合行政执法机关、司法机关顺利解决软件著作权纠纷等方面发挥着重要作用。

根据2002年1月1日实施的《计算机软件保护条例》，国家版权局于同年2月20日公布并实施了新的《计算机软件著作权登记办法》，该办法明确国家版权局主管全国软件著作权登记管理工作，国家版权局认定中国版权保护中心为软件登记机构。按照《计算机软件著作权登记办法》第20条的规定，中国版权保护中心应该自受理日起60日内审查完成所受理的申请。在实际操作中，为进一步方便软件权利人，中国版权保护中心已将60日缩短为30日。此外，为了方便软件权利人办理软件著作权登记，除中国版权保护中心办理全国计算机软件登记外，北京市新闻出版局还设立了北京计算机软件登记中心，作为正处级全额拨款事业单位，受北京市新闻出版局（版权局）委托，负责北京地区计算机软件著作权登记的受理、初审、代发登记证等工作。北京市人民政府对于登记费用予以全额补贴。此种背景下，全国软件登记的数量平均以每年 5 000 件的速度递增，软件著作权登记数量持续高速增长。下面以2007年和2009年的软件登记的统计数字作为说明。

2008年1月8日，中国版权保护中心公布了相关统计数字。统计数字表明，2007年经中国版权保护中心（CPCC）办理的计算机软件登记申请数量总量达 25 666 件，同比增长了15.9%。其中，软件著作权登记占95.53%企业的软件著作权登记申请量为23 224件，占软件著作权申请总量的94.72%。上述数字表明我国自主开发的软件占绝大多数，反映出我国软件业自主创新的良好发展趋势。同时，在自主创新的软件中，自主创新的软件占开发软件的绝大多数，说明我国企业是软件产业发展和自主创新的主力军，软件产业的发展处于良好的上升状态。根据登记人所在地区进行的统计表明，全国软件著作权登记申请数量排名前10的省、自治区和直辖市为北京、广东、上海、浙江、江苏、福建、山东、湖北、四川和天津，占申请总量的89.36%。其中，前7个地区均为沿海经济发达地区，且前5个地区的申请量占到了总量的3/4。

2009年，我国软件业保持了良好发展态势，全年各类申请软件登记总量70 965件，同比增长49.75%。数据显示，其中，软件著作权登记量67 912件，同比增长48.6%，占软件登记总量95.7%。办理完成软件著作权转让和专有许可合同登记182件，同比增长26.38%；变更或补充登记2 752件，同比增长91.64%；计算机软件著作权质押合同登记119件，同比增长 9.17%。全国软件著作权登记数量列前五位的省区市分别是北京市、广东省、上海市、浙江省、江苏省。同比增长较快的地区有广东省、江苏省、山东省、福建省、四川省、湖北省和湖南省，增速均超30%，湖南增幅最大进入前十名的行列。

据中国版权保护中心数据显示，2010年全国计算机软件著作权登记量突破8万件，“十一五”期间登记量翻了两番，平均增速达37%，华为、中兴等企业名列前位。同时，在2010年度国家科技进步奖评审中，中控科技、华为、中兴、恒生电子、信雅达等多家软件企业获得科技进步二等奖（见表58）。

总之，自国发18号文颁布以来，为落实国发18号文的各项优惠政策，软件权利人积极办理软件著作权登记，软件版权登记部门加强管理，认真做好版权登记工作。各方面的努力使得软件版权登记工作更加规范，软件版权的登记数量逐年飙升（见图67）。

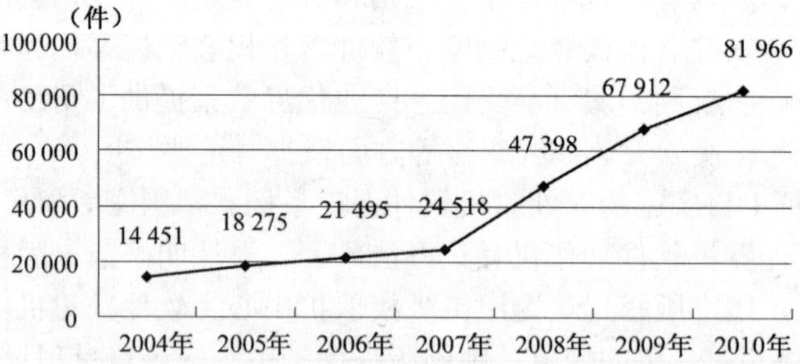

图67　2004—2010年中国软件著作权登记逐年增长情况

表58　2010年1—12月中国软件著作权登记量地区排名前十位情况

排　名	省　市	登记量（件）	同比增长率	占登记总量比例
1	北京市	24905	12.92%	30.38%
2	广东省	13534	36.34%	16.51%
3	上海市	7905	44.38%	9.64%
4	浙江省	6398	34.44%	7.81%
5	江苏省	6092	40.99%	7.43%

（续表）

排　名	省　市	登记量（件）	同比增长率	占登记总量比例
6	山东省	2790	52.13%	3.40%
7	四川省	2298	44.62%	2.80%
8	福建省	2149	25.97%	2.62%
9	陕西省	1847	49.55%	2.25%
10	湖北省	1846	35.94%	2.25%

二、政府和企业软件正版化工作成效卓著

政府机关和企业正版化工作紧紧围绕国发18号文规定的“任何单位在其计算机系统中不得使用未经授权许可的软件产品”的主题，多部门联动，从中央到地方、从政府到企业，正版化工作积极推进。

（一）政府部门带头率先实现软件正版化

2001年7月，国务院信息化工作办公室为贯彻落实国发18号文精神，制定了《振兴软件产业行动纲要（2002—2005年）》，国务院办公厅转发了该纲要。纲要强调各级单位要认真贯彻落实《中华人民共和国著作权法》和《计算机软件保护条例》，坚决打击软件走私和盗版活动。各级政府和财政拨款事业单位要为购买自用正版软件提供必要的资金支持。

2001年8月29日，为切实贯彻落实国发18号文精神，经国务院同意，国家版权局、国家计委、财政部、信息产业部联合发出《关于政府部门应带头使用正版软件的通知》，要求各级政府部门应带头使用取得软件著作权人授权的正版软件，不得使用盗版软件；要求各级政府部门应将本单位所需要使用的软件进行核定，将购买软件所需要的资金纳入预算，并保证落实用于购买软件的资金；要求各级政府部门购买的软件，对达到固定资产价值标准，符合固定资产管理要求的，应作为单位的固定资产进行核算和管理。《关于政府部门应带头使用正版软件的通知》还规定国家版权局和信息产业部应对政府部门有关人员进行软件著作权保护和软件资产管理方面的必要培训；各级政府部门购买软件都属于政府采购管理范围，应当按规定纳入本部门政府采购预算和计划，并按财政部门有关政府采购制度规定的程序执行。鼓励优先购买国产软件。《关于政府部门应带头使用正版软件的通知》还明确国家版权局及各地方版权局将会同有关部门对各级政府部门使用软件情况进行检查。各级政府部门如对本通知的规定执行不力，使用盗版软件，以至引起侵权诉讼，损害国家机关形象，除承担民事侵权责任外，主管领导和当事人还应负相应的行政责任。

《关于政府部门应带头使用正版软件的通知》的发出，拉开了中央国家机关软件正版化工作的序幕。此后，国务院办公厅接连发出《关于使用正版软件清理盗版软件的通知》（国办函［2001］57号），再次要求政府部门在计算机系统中坚持使用取得软件著作权人授权的正版软件，集中清理盗版软件，要求国务院各部委使用取得软件著作权人授权的正版软件，不得使用盗版软件，并且要求各部委从资金和预算方面给予保障。根据《国务院办公厅关于使用正版软件清理盗版软件的通知》的精神和要求，从2001年11月到2002年4月，

原信息产业部、国家版权局等部门利用半年左右的时间，推动完成了国务院各有关部门、直属机构的通用软件正版化工作。

2004年，国务院办公厅发出《关于地方人民政府使用正版软件的通知》（国办函［2004］41号），根据《关于地方人民政府使用正版软件的通知》的要求及吴仪副总理的指示精神，从2004年6月到2006年3月底，国家版权局、原信息产业部等5部门联合组成了推进地方人民政府软件正版化工作部际联席会议制度，研究制定了《关于推进地方人民政府软件正版化工作的实施方案》，建立了良好的沟通协作、密切配合的工作机制，相继开展并顺利完成了省级和地市级人民政府软件正版化工作。工作期间，原信息产业部向地方信息产业主管部门转发了《国务院办公厅关于地方人民政府使用正版软件的通知》，明确了工作目标和重点。组织编制下发了3个关于政府使用正版软件产品的指导性文件，与国家版权局等部门联合开展了多期“推进地方人民政府软件正版化培训班”，积极推动和组织向部分省区捐赠正版软件工作，组织或参与了各个督查工作组和验收工作组进行督导和验收。经过努力，全国31个省、5个计划单列市及333个地级市，分别于2004年12月和2005年12月完成了通用软件正版化工作。

在解决使用软件的正版化的同时，国家有关部门对于采购中的软件正版化问题也予以高度重视。2006年4月10日，原信息产业部、国家版权局、商务部发出《关于计算机预装正版操作系统软件有关问题的通知》，明确要求在我国境内生产的计算机，出厂时应当预装正版操作系统软件；进口计算机在国内销售，销售前应当预装正版操作系统软件；进口计算机需向原信息产业部提供与其进口计算机数量相符合的正版操作系统软件的授权文件。

为进一步巩固政府部门软件正版化工作成果，建立使用正版软件的长效工作机制，营造良好的软件知识产权保护环境，维护计算机市场和软件市场秩序，2006年4月24日，国家版权局、信息产业部、财政部、国务院机关事务管理局再次发出《关于政府部门购置计算机办公设备必须采购已预装正版操作系统软件产品的通知》，要求各级政府部门在购置计算机办公设备时，必须采购预装正版操作系统软件的计算机产品；要求各级政府部门购置计算机办公设备，必须提供必要的购买软件的配套资金；要求各级人民政府的版权、信息产业和财政等部门要根据各自的职责，认真做好购置预装正版操作系统软件的计算机产品的资金保障、政府采购和监督检查工作，确保各级政府部门使用正版软件。

（二）多部门协调配合积极推进企业软件正版化

2006年上半年，在政府正版化工作初战告捷后，软件正版化工作开始转向企业正版化阶段。

为积极推进企业使用正版软件工作，经国务院同意，2006年4月24日，国家版权局、原信息产业部、商务部、财政部、国务院国有资产监督管理委员会、中华全国工商业联合会、中国银行业监督管理委员会、中国证券监督管理委员会、中国保险监督管理委员会9部委联合发出《关于印发〈关于推进企业使用正版软件工作的实施方案〉的通知》，通知要求各地区、各有关部门要根据《关于推进企业使用正版软件工作的实施方案》精神，结合各地工作实际，制定具体的工作方案，切实做好推进企业使用正版软件工作。

《关于推进企业使用正版软件工作的实施方案》确定的指导思想是坚持科学发展观，充分认识软件产业作为国家基础性、战略性产业，在促进国民经济和社会发展中具有的重要地位和作用。鼓励和支持企业使用正版软件，加大知识产权保护力度和打击盗版，积极推进企业使用正版软件工作，增强市场主体的法制意识，为民族软件产业的健康发展营造良好的社会环境。《实施方案》确立的工作目标是认真贯彻落实《中华人民共和国著作权法》、《计算机软件保护条例》（国务院令第 339 号）和《国务院关于印发鼓励软件产业和集成电路产业发展若干政策的通知》（国发［2000］18 号）精神，全面推动企业使用正版软件工作，在全社会形成遵纪守法，诚信经营，抵制盗版软件，使用正版软件的良好社会氛围。为从组织结构上保障企业正版化的工作，《实施方案》决定建立由国务院办公厅指导协调，由国家版权局、信息产业部、商务部、财政部、国资委、工商联、银监会、证监会、保监会组成国家推进企业使用正版软件工作部际协调机制，日常工作由国家版权局承担。各地成立相应的推进企业使用正版软件工作领导小组。

各部门有明确的职责分工。国家版权局：承担国家推进企业使用正版软件工作部际协调会议的日常工作，组织协调企业使用正版软件的检查和督导工作，向部际协调会议报告推进企业使用正版软件的工作进展情况；加大对企业使用正版软件的监管力度，对使用盗版软件问题突出的企业建立"黑名单制度"，并通过媒体进行曝光，对情节严重的企业依法查处。开展软件版权保护知识培训工作。原信息产业部：负责推荐正版软件名录，组织软件技术培训，督促软件生产和供应商为企业使用正版软件工作提供优秀产品和优质服务，参加企业使用正版软件的检查和督导工作。商务部：加强对推进外商投资企业使用正版软件工作的指导，鼓励和引导外商投资企业使用正版软件，对使用正版软件成绩突出的外商投资企业予以表彰和奖励。财政部：参与企业使用正版软件的检查和督导工作。国资委：加强对推进国有大型企业使用正版软件工作的指导，对推进中央企业使用正版软件工作进行规划，并提出工作目标，加强对中央企业使用正版软件的检查督导工作。工商联：加强对推进民营企业使用正版软件工作的指导，鼓励和引导大型民营企业使用正版软件，对民营企业使用正版软件进行督导，对使用正版软件成绩突出的予以表彰。银监会：加强对推进银行业金融机构使用正版软件工作的指导，对银行业金融机构使用正版软件工作进行规划，并提出工作目标，加强对银行业金融机构使用正版软件的检查督导工作。证监会：督促上市公司及时披露涉及盗版软件的涉诉事项或重大违法违规行为等相关信息。保监会：加强对推进保险公司使用正版软件工作的指导，鼓励和引导保险公司使用正版软件。省级人民政府：按照属地原则，加强对推进本行政区划内企业使用正版软件工作的指导，对本行政区划内企业使用正版软件工作进行规划，并提出工作目标，加强对企业使用正版软件的检查督导工作。

《实施方案》对于企业正版化的工作安排是：① 摸底调查。有关行业主管部门和行业协会，以及各级人民政府对国有企业、外商投资企业和民营企业的布局和数量，以及使用软件的相关情况摸底调查，制定本行业、本辖区推进企业使用正版软件的工作目标。② 学习培训。开展软件版权知识和资产管理培训。培训对象主要是企业主管领导和信息部门主管人员，就软件版权知识、资金预算、资产管理和软件技术知识，以及推进企业使用正版软件的自查、检查等工作程序进行培训。③ 自查自纠。企业对自身使用软件情况开展自查。自查的主要内容为本单位现有的计算机的种类、数量，正版软件、盗版软件的种类、数量，所需正版软件的种类、数量等，并检查各自业务系统和办公系统的软件是否具备合法必要的授权使用文件。对使用的未经合法授权的软件，要采取有效措施及时予以更换。④ 检查督导。有关行业主管部门和行业协会，以及各级人民政府要加强对其管理的企业使用正版软件工作的检查督导。著作权行政管理部门对企业使用正版软件工作要依法进行监督。⑤ 总结表彰阶段。国家推进企业使用正版软件工作部际协调会议根据推进企业使用正版软件工作的开展情况，撰写推进企业使用正版软件工作情况报告，并上报国务院及相关部门，并对使用正版软件工作成效显著的企业进行宣传表彰。

《实施方案》颁布后，中央各有关部门、各省级人民政府推进企业使用正版软件工作领导小组办公室认真贯彻落实《实施方案》，全面规划、精心部署、分步推进、狠抓落实，积极推进企业软件正版化工作。2007 年完成 1 500 家大型企业软件正版化，2008 年全国共有 7 600 家企业列入年度完成使用正版软件的工作目标，部际联席会议和各地领导小组联合检查组对近 6 100 家企业进行了检查验收。企业软件正版化工作在中央企业、民营大型企业、外资企业，以及金融、煤炭、印刷、旅游饭店、网吧、勘察设计等重点行业取得了突破性进展。2009 年年初中央企业总部已基本实现软件正版化，另有 43 家大型保险公司也已完成软件正版化工作。

在企业正版化过程中，涌现出了一批使用正版软件的先进企业。2007 年 12 月 7 日，推进企业使用正版软件工作部际联席会议决定，授予中国移动通信集团公司、联想（北京）有限公司等 166 家企业全国软件正版化工作示范单位。在推进企业使用正版软件工作中，国务院国有资产监督管理委员会的工作卓有成效，中央企业起到了表率带头作用。国资委系统制定了"三年规划"，全面解决国资委系统下属央企的正版化问题。2010 年是国资委推进中央企业使用正版软件工作"三年规划"的最后一年，也是工作达标的关键一年。2010 年推进中央企业使用正版软件工作的年度目标是：中央企业二级企业完全实现正版化，中央企业三级企业基本实现正版化。

软件正版化工作为促进软件产业的健康发展营造了良好环境，使我国民族软件产业的振兴呈上升的良好发展态势，我国的软件产业发展环境得到很大改善。例如，金山软件公司自软件正版化工作开展以来，已经在国务院 57 个部委的政府采购中中标，该公司自主创新、独立研发的 WPS Office 软件产品被广泛使用。在 2006 年的第三轮全面采购中，金山 WPS Office 产品首次超过国外产品，一举获得了 56.2%的政府采购份额，并在国家 57 个部委及 28 个省、200 多个城市的政府办公中获得广泛应用。软件正版化工作得到了国外软件企业的普遍好评。

（三）正版化促使盗版率下降，提升产业国际形象

政府正版化和企业正版化的工作，使得我国的软件盗版率快速下降。2006 年 5 月，国家知识产权战略制定领导小组办公室组织的"2005 年度中国软件盗版情况的调查"显示，2005 年，我国按市场价格折算价值计算的软件盗版率为 26%。此次调查包含多种统计标准：按市场价格折算价值计算的软件盗版率为 26%（其中仅按软件产品计算的盗版率为 40%，仅按计算机软件产品计算的盗版率为 57%）；按当年安装的计算机软件产品套数计算的盗版率为 26%（其中单位用户盗版率为 16%，个人用户盗版率为 41%）；按当年安装的收费计算机软件产品套数计算的盗版率为 66%（其中单位用户盗版率为 48%，个人用户盗版率为 80%）。

2008 年 5 月，国家知识产权局在北京召开评审会，对“2007 年度中国软件产业盗版率调查”课题进行了评审。该课题的研究结果表明，与 2006 年相比，全行业按市值计算的盗版率由 24%下降为 20%；收费计算机软件套数盗版率由 63%下降为 56%。其中，单位用户收费计算机软件套数盗版率由 39%下降为 35%；个人用户由 78%下降为 69%。盗版率的下降证明在政府部门和企业推广的软件正版化工作取得成效，尤其是操作系统强制安装政策，使最为严重的操作系统软件盗版行为得到遏制，盗版率由 68%下降为 39%。

2010 年 5 月，“2009 年度中国软件产业盗版率调查”课题通过专家评审，并正式对外发布了 2009 年度中国软件盗版率数字。《2009 年度中国软件盗版率调查报告》的研究结果显示，2009 年相对于软件产业的价值盗版率由 2008 年的 15%下降为 12%，按当年安装的应付费计算机软件套数计算，盗版率由 2008 年的 47%下降为 45%。

国家知识产权局主持的连续 5 年的软件盗版率调查研究，清晰地揭示了软件盗版行为的动态变化，从另一个角度反映了软件正版化工作取得的成绩。根据《2009 年度中国软件盗版率调查报告》披露的数据，2005—2009 年软件盗版率呈逐年下降趋势（见表 59）：

表 59　2005—2009 年软件盗版率对比

盗版率计算口径		2005 年	2006 年	2007 年	2008 年	2009 年
按折算价值计算	软件产业	26%	24%	20%	15%	12%
	计算机软件	57%	53%	41%	29%	28%
按安装套数计算	全部软件安装	26%	20%	13%	17%	14%
	应付费软件安装	66%	63%	56%	47%	45%

三、打击软件走私和盗版，保护软件知识产权

国发 18 号文颁布后，各级政府执法部门、司法机关立即采取有效措施，严厉打击软件盗版行为。

（一）行政执法部门联合查处软件盗版行为

2003 年 6 月，国家版权局会同原信息产业部、公安部、国家工商总局，制定了《国家版权局、信息产业部、公安部和国家工商总局关于贯彻落实〈振兴软件产业行动纲要（2002 年至 2005 年）〉打击盗版软件工作安排的实施方案》。为贯彻实施方案，2003 年 8 月 26 日，国家版权局以明传电报的形式发出了《关于开展打击软件盗版专项治理行动的通知》，部署 2003 年打击软件盗版专项治理工作。2003 年 9 月 8 日，北京市版权局在北京市公安局文管处的配合下，出动执法人员突袭检查了位于方庄附近的万家吉商城三层的电子市场，当场查获盗版软件 70 000 多张，同时查获盗版 DVD、VCD 光盘 10 000 余张；上海市版权局在行动中查处了 3 个摊位，收缴了 1 500 多张盗版软件；广东省版权局联合广州市版权局及公安、文化部门，出动近 100 人的执法队伍，检查了 3 个电脑城，查缴盗版软件 33 500 余件，查处了 23 个贩卖盗版软件的摊点；四川省版权局与成都市版权局联合公安、工商部门对成都市 4 个主要的电子商城进行了检查，检查过程中主要检查了销售摊点，同时对部分硬件销售商的预装软件进行了检查，当天上午共出动 4 组执法人员，查缴

盗版软件约 10 万余件。

2004 年 6 月，美国微软公司向国家版权局投诉，北京中新联数码科技股份公司、天津天宝光碟有限公司、天津民族文化光盘有限责任公司大量生产盗版微软的软件产品。接到微软的投诉后，国家版权局立即展开了调查。2004 年 12 月 3 日，国家版权局召开新闻发布会，宣布了对此案的审理结果：根据《计算机软件保护条例》第二十四条的规定，国家版权局给予两公司罚款、没收违法所得的行政处罚。

从 2003 年开始，国家版权局会同原信息产业部、公安部、工商总局等部门，连续 3 年开展了打击软件盗版专项治理行动，取得了较好的成效；2005 年、2006 年国家版权局、原信息产业部、公安部连续开展的打击网络侵权盗版专项行动，以及 2006 年全国“扫黄”办、新闻出版总署、国家版权局等 10 部委开展的“反盗版百日行动”，都把打击软件盗版作为治理重点。

2005 年 10 月 18 日，中央宣传部、公安部、文化部、新闻出版总署、国家版权局、全国“扫黄打非”工作小组办公室 6 部门印发《严厉打击侵权盗版违法犯罪活动区域性整治行动工作方案的通知》，通知决定自 2005 年 11 月 1 日起至 2006 年 1 月底，在北京、天津、河北、山西、上海、浙江、福建、山东、河南、湖南、广东、广西、重庆、四川、陕西组织开展为期 3 个月的“严厉打击侵权盗版违法犯罪活动区域性整治行动”。专项治理 3 个月间，共查办网络侵权案件 172 件，版权执法部门共依法关闭 76 家“三无”网站，没收 39 台专门用于侵权盗版的服务器，责令 137 家网站删除侵权内容，对 29 家侵权网站予以罚款 78.9 万元，有效打击了网络侵权盗版活动。

（二）审判机关加大对软件知识产权案件查处力度，遏制盗版行为

2000 年 7 月，美国 Adobe 公司状告上海某公司未经许可非法预装 Adobe 软件产品，要求赔偿经济损失 50 万元人民币。上海市第一中级人民法院做出一审判决，要求上海某公司公司赔偿 Adobe 公司 15 万元人民币。Adobe 公司成为第一个打赢反用户盗版官司的国外软件公司。

2003 年 4 月 15 日上海市第一中级人民法院再次对未经授权使用他人软件的用户盗版案进行判决。2001 年 8 月，迪斯克瑞特公司发现上海某文化传播公司未经授权，即在电脑中安装了一套 Flame 软件，并被用于产品制作、开发设计。法院审理后认为被告的行为已经构成了对原告著作权的侵害。经综合考虑，上海第一中级人民法院判决上海某文化传播公司停止侵权，公开赔礼道歉，并赔偿迪斯克瑞特公司经济损失及为诉讼支出的合理费用共计人民币 50 万元。

2005 年 12 月 9 日，青岛市版权局依法对青岛某公司经营场所内的计算机进行了检查，抽查了被告经营场所内的部分计算机，发现这些计算机中安装了 8 套 Windows2000、6 套 Office2002、2 套 Of-fice2003、7 套 Pro/E 野火版软件、9 套 AutoCAD2002、4 套 AutoCAD2004、1 套 AutoCAD2005 软件。上述软件的版权所有人微软公司、参数技术公司、欧特克公司均未授权被告安装上述软件。青岛市中级人民法院一审受理该 3 起案件后，依法判决被告青岛市某公司立即停止对原告所享有的软件著作权的侵权行为，并立即删除未经原告许可复制在被告计算机中的相关软件，分别赔偿原告微软公司人民币 54 800 元，赔偿原告参数技术公司人民币 1 416 182.75 元，赔偿原告欧特克公司人民币 251 800 元。

（三）加大知识产权刑事保护力度，惩处知识产权犯罪

审判机关在保护软件知识产权方面起着举足轻重的作用，国发 18 号文颁布后，各地人民法院都加大了软件知识产权的刑事保护力度，对于严重侵犯软件知识产权构成犯罪的，依法处以刑罚。

2004 年 11 月 5 日，非法委托复制微软软件的一些人分别被海淀区人民法院以非法经营罪判处 6 个月拘役到 1 年有期徒刑不等的处罚，并处 5 000 元到 15 000 元不等的罚金。

2006 年 7 月，被告人徐某、姜某得知英特儿营养乳品有限公司须购买 Windows XP 等 7 种微软公司的软件，经预谋后，向上海同威数码科技有限公司购买了微软公司价值人民币 78 591 元的 Windows XP 软件 67 套，并据此取得了微软公司的开放式许可协议。被告人在未经著作权人微软公司的许可下，擅自在该份开放式许可协议上添加了微软“Office 2003 Win32 ChnSimp OLP NL”等 6 种软件。被告人共非法获利人民币 294 409 元，法院经审理认为，被告人以赢利为目的，未经著作权人许可，复制发行其计算机软件，违法所得数额巨大，其行为均已构成侵犯著作权罪，遂判处被告人徐某有期徒刑 2 年 6 个月，缓刑 2 年 6 个月，罚金人民币 15 万元，判处被告人姜某有期徒刑 3 年，缓刑 3 年，罚金人民币 144 500 元。

四、政策引导软件企业知识产权创新，促进产业发展

软件著作权的拥有量是软件企业产品自主创新能力和更新能力高低的重要标志，更是衡量国家软件产业发展状况和自主创新能力的重要指标之一。国发 18 号文发布后，政府的一系列政策措施极大地促进了中国软件知识产权的快速发展，软件著作权登记逐年递增。软件著作权高速增长态势主要得益于政府政策的引导、公共服务体系的支持和软件企业的努力创新。

国发 18 号文发布之后，国家又发布了《国家知识产权战略纲要》。该纲要发布实施之后，国务院各有关部门积极落实配套政策，各地方政府结合区域经济特点制定和出台了一系列鼓励自主创新型企业发展的措施，有力地促进了我国软件行业自主创新能力的提升。国家版权局会同有关部门采取了企业软件正版化等专项措施，有效地打击了使用盗版软件的行为。在此背景下，企业的自主创新和自主知识产权意识日益增强，通过不断加大资金投入，鼓励人才培养，增强软件研发能力，企业自主创新速度明显加快，开发的软件产品数量明显增多，从而推动了软件登记数量的快速增长。

配合《国家知识产权战略纲要》的实施，推动创新型国家建设，激励高新技术企业发展，科技部、财政部和国家税务总局联合出台了《高新技术企业认定和管理办法》及相关配套规定，通过认定的高新技术企业，可享受减 15%的税率缴纳企业所得税优惠。这一政策的有效实施，极大地激发了软件企业自主创新的积极性。在优惠政策的激励下，我国软件企业不断加大软件研发力度，并将开发完成的软件作品及时进行著作权登记，直接推动了软件登记数量的大幅提升。据中国版权保护中心统计，2008 年 6 月《国家知识产权战略纲要》颁布实施后，软件企业前来进行著作权登记的新产品数量翻番增长。

企业的发展离不开国家公共服务体系的支撑。为了贯彻落实《国家知识产权战略纲要》，新闻出版总署（国家版权局）提出了构建版权公共服务体系、创新版权公共服务方式的新

举措，作为国家版权局认定的全国唯一的计算机软件著作权登记机构，中国版权保护中心及时开发应用了著作权登记管理信息系统，全面实现了登记申请的在线填报，受理、审查、制证等登记工作的信息化管理，使登记工作效率大大提高。

随着软件企业知识产权意识的加强和提高，企业开始重视和加强软件知识产权创新和管理。软件企业的版权资源积累已经取得了丰硕成果。许多企业还积极探索软件智慧资产的专利保护，取得了一大批非常有价值的软件相关的方法发明专利。在保护软件知识产权的同时，极大地促进了软件的自主开发和创新。软件著作权作为创新型企业的核心智慧资产，日益受到企业的重视，成为软件企业重要的关注点。因此对自主研发的产品通过国家权威机构进行著作权登记，使自身的核心技术成为可识别的产权化的无形资产加以保护和运用，已经成为我国软件产业新的发展模式。也成为软件企业进行市场竞争的有力武器。

弹指十年过去，国发 18 号文的颁布，为中国软件产业的发展创造了良好的环境，也为中国软件知识产权保护创造了良好环境，对中国软件知识产权保护，起到了推进器的作用。

企　业　篇

第一章　“神州数码”——乘国家政策东风，圆数字中国之梦

回忆十年前，以信息技术为代表的高新技术突飞猛进，以信息产业发展水平为主要特征的综合国力竞争激烈。软件产业和集成电路产业作为信息产业的核心和国民经济信息化的基础，受到世界各国的高度重视。当时，在面对加入世界贸易组织的形势下，为了加快软件产业和集成电路产业发展，国务院及时颁布了18号文，各地相继制定本地区发展软件和集成电路产业的配套优惠政策，完善产业发展环境。由此引发了我国软件和集成电路产业发展的黄金十年。

神州数码控股有限公司（以下简称“神州数码”）正是在这样的背景和形势下成长起来的。神州数码是中国领先的整合IT服务提供商，2000年由原联想集团分拆而来，并于2001年6月1日在香港联合交易所有限公司主板独立上市。神州数码致力于为中国用户提供先进、适用的信息技术应用，以科技驱动工作与生活的创新，推进数字化中国进程，不仅成为国内第一的IT产品分销商、国内最大的系统集成商和知名的全线网络产品供应商，同时也是中国行业应用软件领域的生力军。鼓励政策的颁布，对于神州数码这样的高新技术企业来说，犹如久旱逢甘霖，企业的发展获得了强劲的推动力。

2011年，是国务院颁布18号文十周年，同时也是神州数码上市十周年。2011年又是国家“十二五”规划编制年，为了使我国软件产业和集成电路产业继续保持较快较好发展，国务院在2011年年初，出台了《进一步鼓励软件产业和集成电路产业发展的若干政策》，对软件产业和集成电路产业加大政策措施的扶持力度。新政策的出台，对于优化产业发展环境，增强企业科技创新能力，增强企业国际竞争力，提高产业发展质量和水平，具有非常重要的意义。

一、十年回首

回想十年前，神州数码成立之初，软件业务还只处于探索阶段，面对国外IT公司的强力竞争，艰难前行。国务院《鼓励软件产业和集成电路产业发展的若干政策》的适时出台，让神州数码看到了前进的方向，有了起跑的力量。

鼓励政策从投融资的扶持、税收的减免、产业技术的支持、人才吸引与培养，以及知识产权保护等各个方面，制定了详细的扶持细则。神州数码正式成为经国家有关部门认定的软件企业，享受国家各项鼓励政策。伴随着各项优惠政策的落实，神州数码的软件业务也逐渐步入了正轨。2009年、2010年，神州数码连续两年被《福布斯》杂志评为亚太地区最佳大型上市公司50强。2010年还被《财富》杂志评为中国500强企业第77位，信息技术领域第一名。鼓励政策的实行，让神州数码的数字化中国之梦，向前迈进了一大步。

十年里，神州数码收入增长超过了 5 倍，净利润增长超过 6 倍；

十年里，神州数码已在全国 35 个城市建立分公司，总市值增长了 9 倍；

十年前，神州数码的合作厂商只有 25 家，产品领域不超过 50 个，十年后的今天，神州数码的合作厂商已经接近 200 家，产品领域超过 400 个；

十年来，神州数码软件服务收入比公司成立初期增长了数 10 倍；

十年来，神州数码的员工队伍从 2 000 多人发展到 14 000 多人；

十年来，神州数码每年捐建 1 所希望小学，十年刚好捐建了 10 所希望小学，同时在发生汶川地震、玉树地震、西南旱灾等重大自然灾害时，迅速捐款、捐物、捐助学校，并提供 IT 基础设施建设支持，帮助灾区同胞渡过难关，重建家园。在企业发展的同时，没有忘记履行一个企业应该承担的社会责任，尽己所能，回报社会。

十年的发展，回顾神州数码走过的每一步，都离不开国家优惠政策的支持和鼓励。

二、奋斗与成长

（一）战略与业务

神州数码的发展始终紧紧围绕着国家战略。自 2000 年国务院颁布国发 18 号文以来，神州数码就强烈地意识到这一政策的出台将在未来的若干年内促进软件和集成电路行业高速发展。在国家政策精神的指引下，神州数码总结提出了电子商务发展四段论。即第一阶段是 IT 基础设施的建立；第二阶段是企业内部信息化；第三阶段是企业与上下游之间的 B2B 电子商务；第四阶段是网络化社会。

在 2004 年之后，又提出了 IT 服务的四个象限，第一个象限是产品交付服务，第二个象限是集成服务，第三个象限是解决方案服务，第四个象限是咨询服务。随后，又进一步提出了 IT 建设的体系结构，从而制定了“以客户为中心，以服务为导向”的全面转型的 IT 服务战略。2010 年，基于中国信息化的发展趋势，神州数码率先提出融合服务的观点，并据此发布神州数码独特的“数字城市”整体框架和业务发展战略。

神州数码十年的战略演变过程，都是在顺应国家战略发展的宏观指导思想下，一步一步走下来的。2011 年，神州数码更以“十二五”规划为导向，充分结合自身战略发展，倾整个神州数码之力，必将成为推进中国信息化发展的重要力量。

（二）创新与突破

神州数码过去的十年，是探索的十年，同样也是创新与突破的十年。国发 18 号文的出台，为神州数码的软件业务和网络产品业务发展提供了政策支持和保障，带来了发展的契机。

（三）软件服务的探索

十年前，神州数码经历了从最初做软件时走专业路线，到定位软件服务方向，以客户为中心，走行业路线的探索和转变。在软件服务业务的探索中，付出了巨大的代价，同样也收获了成功和喜悦。神州数码金融解决方案和 SaaS 模式已经开始向全国各级金融机构进行覆盖；CTAIS 系统的大范围推广，金税三期咨询项目的中标，确立了神州数码在税务行业的地位；电信行业从 BOSS 系统开发，到经营分析、CRM、BSS 等系统的建设，神州数码已经立足国内市场，逐步向海外电信领域拓展；在电子政务领域，神州数码承担了国家人口和计划生育委员会“人口宏观管理与决策信息系统”的建设。现在的神州数码，已经成为了一个有规模、有影响力、有很高价值的 IT 服务企业，并完成了金融行业、运营商、政府、制造等多行业覆盖的软硬件产品、解决方案、集成、服务、运维和运营业务的战略布局。

（四）自有品牌网络产品的创新

神州数码已经成为国内领先的网络设备制造商和解决方案提供商，拥有自主网络品牌和知识产权的产品及解决方案。1997 年进入网络市场，秉承“客户导向、技术驱动、服务先行”的理念，立足自主研发与持续创新。

“技术驱动”的理念引导着公司取得了一系列创新成果：在下一代互联网核心技术——IPv6 领域，神州数码是国内首家全线产品通过 IPv6 Ready 金牌增强认证的网络厂商，是 IPv6 园区网建设最多的厂商；在网络安全领域，神州数码率先推出了基于多核嵌入式处理器架构的“终结者”系列安全网关，将安全攻防拓展到超万兆领域；在内网安全和管理运行维护方面，推出了“实名制网络”创新技术方案。

目前，产品涵盖全系列交换机、路由器、网络安全、应用交付、无线网络、IP 融合通信、网络管理等；解决方案涵盖局域网、广域网、城域网、无线网及宽带接入网等领域。

三、再展宏图

面向未来，“十二五”规划明确提出，到 2015 年的时候，中国的城市人口会第一次超过农村人口。也就是说，会有一半以上的人居住在未来的城市里面，一个智慧城市、数字城市，该怎样服务于这些城市的人口成为神州数码发展的方向。

社会保障、医疗保障、教育、住房等问题，这些都是中国在城市化进程当中面临的巨大挑战。“十二五”明确提出，在城市化的进程中加强工业化和信息化，以信息化推动工业化、城市化。在这样的宏观社会背景下，决定了未来十年将是神州数码发展的重大战略机遇期。

在国家原有的鼓励政策和自身业务高速发展的基础之上，在国家“十二五”规划和《进一步鼓励软件产业和集成电路产业发展若干政策》的指引下，神州数码制定了集团的“三五”计划。未来 5 年，神州数码要在多个领域实现业务的高速发展，努力实现既定目标：

第一个领域，以数字城市为核心的融合服务。数字城市战略，是整个神州数码未来发展的重点方向，未来将围绕着数字城市，提供从企业到个人、政府、社会的全方位 IT 服务和解决方案。

第二个领域，企业级的应用服务。中国企业有上千万家，IT 需求将是巨大的。今天中国 PC 的总量已经和美国持平，手机已经超过了美国。但我们服务器的总量，按人口来计算，大约只有美国的 1/20。这说明中国企业的信息化水平，还远远低于发达国家。在美国的 IT 需求里，硬件比例只占 35%，服务接近 40%，软件占 30%左右。因此，神州数码将围绕着企业级的应用，开拓和挖掘巨大的市场空间。

第三个领域，面向大行业客户的 IT 服务。神州数码不仅仅有软件解决方案的业务，还拥有相当规模的基础设施服务业务。神州数码积极探索基于 SaaS 模式的服务，立志成为中国最大的 IT 服务解决方案供应商。

第四个领域，供应链服务。中国有幅员辽阔的国土，有非常大的市场。神州数码已经实现了为汽车、医药、电子装备等其他行业提供供应链服务。在供应链服务领域，神州数码将打造一个围绕着电子商务的后台服务系统。未来十年，中国的经济总量将会超过美国今天的经济总量。未来神州数码的供应链服务，必将会成为世界级的供应链体系。

第五个领域，基于掌控零售终端的消费业务。经过这十年的探索，在消费领域，无论从产品线的丰富，还是在零售终端的店面拓展上，神州数码已经积累了丰富的经验。未来，将面向以互联网为基础的立体组合型零售终端覆盖的大发展趋势，继续积极探索在互联网、在各种新型业态下改进在中国零售市场的服务模式。

四、结束语

在世界 IT 产业快速发展的背景下，在国家鼓励政策的引导和推动下，神州数码成功地走过了 21 世纪的第一个十年，也是我国软件和集成电路发展的黄金十年。2011 年年初，为了使我国软件产业和集成电路产业继续保持较快较好发展，国务院出台了《进一步鼓励软件产业和集成电路产业发展的若干政策》，对软件产业和集成电路产业加大政策措施的扶持力度。

新政的发布将有助于解决我国软件和集成电路产业规模小、核心技术薄弱、产业链不完善等发展瓶颈，鼓励软件产业做大做强，进而推动工业化和信息化的深度融合，推进我国国民经济和社会信息化发展。

在当前全球软件和集成电路产业朝着网络化、智能化、平台化、融合化和服务化发展，产业格局进入重大调整时期，神州数码将发挥自身优势，为提高我国软件和集成电路产业，尤其是软件服务业的国际竞争力而努力。神州数码将乘国家政策之东风，继续朝数字化中国之梦迈进。

第二章 “中企动力”——为中小企业提供基于“云平台”的信息化运营服务

1999年，中企动力在深圳成立，从事互联网行业业务。2000年，适逢互联网泡沫首次崩裂，人们对新经济普遍持怀疑态度，市场环境变得非常微妙。就在这年，国务院颁布《鼓励软件产业和集成电路产业发展的若干政策》（以下简称国发18号文），为我国软件产业和集成电路产业发展创造了良好的政策环境，在投融资、税收、出口、采购、知识产权保护等多方面给予大力支持，形成了软件产业快速发展的良好局面，由此引发了我国软件和集成电路产业发展的黄金十年，为信息产业的整体发展带来强大机遇，也为互联网的高速发展奠定了宏观基础。

正是在这样的背景和形势下，中企动力坚定不移地执行自己投身互联网、服务中小企业、通过电子商务协助中小企业成长，帮助中小企业实现IT信息化运营的企业使命，在十年里，伴随产业整体成长而迅速发展起来。

一、成长历程

（一）积跬步而至千里

2000年6月，国发18号文出台。就在这月，中企动力发起并联合《经济日报》、《北京青年报》和IBM在北京人民大会堂共同举办“第一届中国企业电子商务大会”，吹响了中国企业进军电子商务的号角；同月，中企动力和工商银行合作，首批开通企业在线支付服务。

2001年，中企动力通过ISO 9001国际质量体系认证，成为业内首家通过该认证的IT应用服务提供商。

2002年，中企动力成为中国互联网络信息中心首批认证的域名注册服务机构。

2004年4月中企动力搬入北京经济技术开发区软件园区；10月，“中企动力发展战略及IT应用平台新产品发布会”在北京召开，推出“数字商务平台1.0”，该平台拥有与国际同步、国内领先的技术水平，其按需选择、按使用付费的运营模式可使中小企业真正拥有属于自己的电子商务平台，并能轻松开展电子商务业务。

2005年5月，中企动力被中华人民共和国信息产业部正式批准为第一批域名注册服务机构。

2005年8月，中企动力成为Google在中国的首家正式授权合作伙伴，开展Google AdWords关键词广告服务业务，与Google共同推动中国中小企业电子商务的发展。

2006年5月，全球著名研究机构IDC发布的最新研究报告显示，中企动力跻身2005年度中国IT服务市场10强，位列中国IT外包服务市场第二名，与IBM、HP两位巨人比肩，是前十名中唯一专注于中小企业IT应用服务的本土企业。

2008年，中企动力推出了自己的服务水平协议（Service Level Agreement，SLA），试图首先为行业的服务提供树立统一的标准。中企动力SLA的推行靠的是自营的分支机构，由于采用的不是连锁加盟模式，而是分公司形式，在管理上更加标准划一，服务协议的执行也更加到位。

中企动力全面通过了ISO 20000（IT服务管理认证）、ISO 27001（信息安全管理体系认证）、ISO 9001国际质量管理体系认证，是业内唯一全部获取3项国际认证的企业。中企动力SLA，建立了企业信息化运营服务水平的新标杆。

到2010年年初，中企动力集团已在全国设立90多家直属分支机构，服务的企业客户超过130万家，旗下主要企业在商务网络和服务模式上相辅相成，共同构建起面向成长型企业的信息化服务体系。国际机构IDC报告显示，中企动力已经连续5年进入中国IT服务市场10强，连续6年获得中国IT外包服务市场本土企业第一名，与国际IT服务巨头IBM、HP共居中国IT外包服务市场前三位。十年来，中企动力通过自己的努力，已经成为企业信息化发展的忠实伙伴，获得了业界的认可，取得了丰硕的成果。

十年里，中企动力伴随中国软件行业，一步一步走向成熟，见证了行业的光辉与成就。而中企动力也从一个无人知晓的小企业，发展成如今在全国各地拥有近百家分公司，可以为当地的中小企业提供本地化、面对面服务的信息化运营专家，成为产业的中流砥柱，为行业推进起到了不容忽视的引领作用，也为本土企业的发展树立了典范。

、 中企动力经过多年的执著追求和不懈努力，在自身业务稳健发展的同时，也赢得了社会各界的广泛认同和赞誉，曾荣获“中国中小企业优秀信息化服务供应商”、“2007中国创意产业100强”、“2007年度中国行业电子商务优秀服务商奖”、“中国企业IT服务第一品牌奖”、“财富中国十大成长型企业奖”、“中国最佳IT业务增长企业奖”、“中国IT外包服务优秀厂商”、“中国电子商务最佳服务商”等称号，连续两年荣获“中国信息产业年度诚信企业奖”、“中国IT创新企业奖”，3年蝉联“用户最满意的IT应用服务商”等诸多奖项，并被授予“企业信用评价AAA级信用企业”。

（二）十年成就，打造中国SaaS

国发18号文带来互联网发展和使用的大规模普及，软件服务提供商和使用者的供需市场日趋繁荣，SaaS取得了飞速发展，不断变革的软件产业正经历着由传统软件向“软件即服务”的裂变。与传统软件相比，SaaS服务依托于软件和互联网，不论从技术角度还是商务角度都拥有与传统软件不同的特性，业内人士对SaaS服务模式有过广泛而深入的讨论，各种论点也层出不穷。国外的一些SaaS服务，产品功能单一，不支持个性化服务，服务体系有很大局限性。而中国中小企业数量庞杂，在信息需求方面有自己的特点。一成不变的克隆国外的SaaS服务体系，将无法满足国内用户的实际需求，本土化SaaS才能成功。

以客户为中心，提供个性化的服务，提供全面的客户服务，提供随需而变的服务，这就是中企动力所倡导的具有中国特色的SaaS。同时，中企动力在数个知名展会中向大众展示了“SaaS体验中心”，真正将SaaS从云端落到地面，而基于SaaS模式的数商Z+、Z邮局等产品多次荣获“年度金软件”“中国软件行业互联网服务软件信赖产品奖”等殊荣。

中企动力十年努力有了今天的成绩，而十年后的今天，中国企业信息化才是破冰伊始，奋进中的中企动力将与中国的企业家和管理者们一起，为中国软件与外包产业的发展而努力。

二、展望宏图

“十二五”期间，两化融合的推进工作将围绕“全面提高信息化水平，推动信息化和工业化深度融合，加快经济社会各领域信息化”展开。为了更好地助力两化融合建设，中企动力发力“成长型企业信息化服务工程”，深入传统行业，全面推进企业尤其是成长型企业信息化服务的进程。

对于众多企业来说，信息化是他们发展企业一个非常好的机遇，可以帮助所有的企业，尤其是成长型企业，跟很多大的国际化的企业站在同一起跑线上。中企动力认为，能不能够看到这个信息化给他带来的机会和价值，能不能够扎扎实实地推进自己的信息化建设，将决定了企业能否在这个新的时代获得新的商机。

中企动力“成长型企业信息化服务工程”的重要举措之一，是希望能够通过面对面的顾问式服务，深入地走进特定行业的传统企业，将信息化切实有效地与企业特点相结合，才能更好地为传统型企业提供专业信息化服务。

在国家推行两化融合的大环境下，中企动力将深入传统行业，结合企业特点，依照行业特性，提供富有特色的个性化信息化服务，全面提升成长型企业的信息化水平。

2011 年年初，在黄金十年结束的时候，我们欢喜地迎来国家为使我国软件产业和集成电路产业继续保持较快较好发展而出台的《进一步鼓励软件产业和集成电路产业发展的若干政策》，这一“新 18 号文”对软件产业和集成电路产业必将进一步加大政策措施的扶持力度。

新政的发布鼓励软件产业做大做强，进而推动工业化和信息化的深度融合，推进我国国民经济和社会信息化发展。新政对信息服务业发展提供了各项倾斜政策。

在未来新十年，中企动力将建立覆盖全国 300 个城市的本地化商务和服务网络，通过面对面的顾问式服务向企业客户提供基于 SaaS（软件即服务）模式的 站式整体解决方案，帮助企业实现全程信息化。在这个新时代到来的时候，在云计算、虚拟化、SaaS 服务越来越流行的时期，中企动力设定了自己新的使命：通过推动信息化建设，帮助中国的企业提升生产力和管理者智慧，打造智慧型企业，使之不断发展壮大，获得持久的成功。

第三章 “腾讯”——政策助力企业跨越式发展

腾讯公司成立于1998年11月，以即时通信软件QQ起家，通过软件加增值服务的独特模式，成为中国服务用户最多的互联网软件服务企业。国发18号文的发布，对当年处于发展初期的软件产业是巨大的精神鼓舞和经济支持，同时也是对发展软件产业的一种肯定，腾讯正是在相关政策的扶持下，使企业的全面发展得到了有效的保证。

一、政策支持下的快速发展

腾讯公司是目前中国最大的互联网综合服务提供商之一，也是中国服务用户最多的互联网企业之一。公司自成立以来，始终保持着稳健、高速发展状态，年均收入增长率超过60%。2010年，公司总收入已近200亿元。可以说国发18号文推动了中国高新产业的发展，对中国高科技领域的知识积累、人力储备等方面的贡献功不可没。

在税收优惠、产业支持、收益分配、软件企业认定等政策的扶持下。腾讯得到了长足的发展，主要体现如下（见图68）：腾讯于2004年6月在香港联交所主板公开上市（股票代码700）也是受到了国发18号文鼓励软件企业海外上市融资的政策支持。产学研相结合，2007年在北京、上海和深圳3地投资超过亿元设立了中国首家互联网企业研究院——腾讯研究院，进行互联网核心基础技术的自主研发。在知识产权方面，腾讯公司也在积极地申请，截至2010年，专利申请数超过3 000个，比肩谷歌；2010年11月13日，国家知识产权局和世界知识产权组织主办的第12届中国专利奖颁奖大会上，腾讯获得了中国专利金奖，是中国互联网行业内迄今为止，唯一一家获得过国家专利奖的企业。成果的获得很大程度上得益于政府政策的大力支持。

二、企业发展现状

提升人类生活品质是腾讯公司的使命。目前，腾讯把为用户提供“一站式在线生活服务”作为战略目标，提供互联网增值服务、移动及电信增值服务和网络广告服务。通过即时通信QQ、腾讯网（QQ.com）、腾讯游戏、QQ空间、无线门户、搜搜、拍拍、财付通等中国领先的网络平台，腾讯打造了中国最大的网络社区，满足互联网用户沟通、资讯、娱乐和电子商务等方面的需求。截至2010年9月30日，QQ即时通信的活跃账户数达到6.366亿个，最高同时在线账户数达到1.187亿个（见图69）。腾讯的发展深刻地影响和改变了数以亿计网民的沟通方式和生活习惯，并为中国互联网行业开创了更加广阔的应用前景。

成为最受尊敬的互联网企业是腾讯公司的远景目标。腾讯一直积极参与公益事业、努力承担企业社会责任、推动网络文明。2006年，腾讯成立了中国互联网首家慈善公益基金会——腾讯慈善公益基金会，并建立了腾讯公益网（gongyi.qq.com），专注于辅助青少年教育、贫困地区发展、关爱弱势群体和救灾扶贫工作。目前，腾讯已经在全国各地陆续开展了多项公益项目，积极践行企业公民责任，为“和谐社会”建设做出贡献。

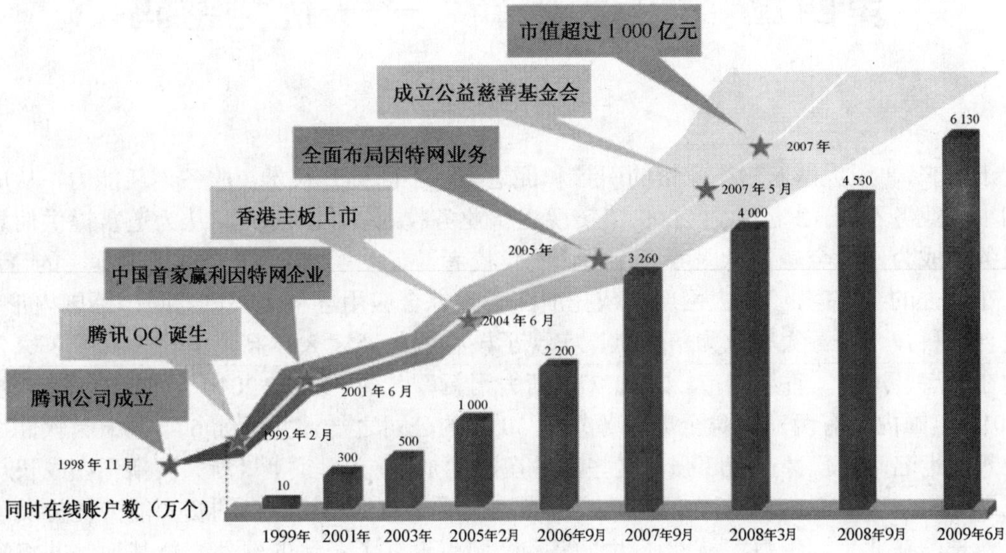

图 68　腾讯发展情况

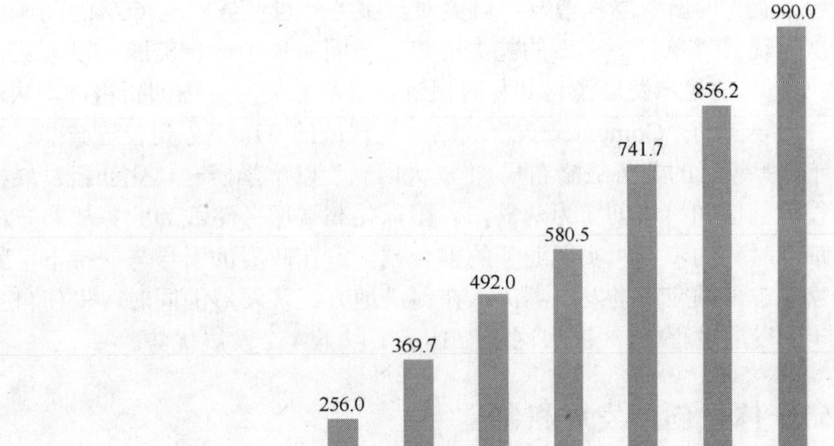

图 69　腾讯 QQ 注册账户情况（万人）

三、企业未来发展目标

面向未来，腾讯公司将乘风破浪直击民族品牌的发展前沿。腾讯的自主创新工作已经进入到企业开发、运营、销售等各个环节当中。腾讯正逐步走上自主创新的民族产业发展之路。

第四章 “浙大网新”——优势密码

十年来，“浙大网新”在政策的引导和促进下，不断提升技术、服务创新能力，从成立之初主营业务不到12亿元到2009年实现主营业务收入52.49亿元，从为道富提供信息技术服务到成为国际金融信息服务外包领域的佼佼者，证明了一个IT企业迅速腾飞的奇迹。

在过去的十年间，“浙大网新”依托浙江大学综合应用学科优势，着眼国际国内形势，以整合高科技、服务大客户为落脚点，实现了核心业务连续8年高速增长，旗下3家公司分别在上海、深圳、香港上市。2010年“浙大网新”名列“IAOP 2010全球外包前50强”，是2010年国内仅有两家跻身全球服务外包50强的公司之一，并连续6年在中国软件百强中稳入前十名，纯软件业前3强。这些都是在国发18号文引领下“浙大网新”在成长与进步上最好的体现。现在，“浙大网新”顺应国家发展潮流，利用自身的资源能力优势实现跨越式增长，在北京、上海、杭州、大连等多个城市设立了一流的软件交付基地，并将触角伸向欧美、日本等全球多个国家。

2010年，“浙大网新”厚积薄发，对美对日服务外包业务实现60%的高速增长，在业务拓展上再次显现其“单打冠军”的能力优势，全面布局中国、美国、日本三大服务外包市场。“浙大网新”的稳步发展源自其与时俱进、提前布局的开拓创新精神，从最初以“网络创新应用”为导向到“Computer+X”战略，从传统的IT服务到智慧城市、智能电网、物联网、云计算等领域的业务战略布局，“浙大网新”以产学研一体化创新发展机制为内在驱动力，以技术创新和模式创新为两翼，以国际化高端服务路线为业务战略方向，每一次战略演进都踏准时代的步伐，实现业务的整合创新。在政府的引导与扶持下，紧贴国家需求、服从国家意志，顺应市场发展潮流，在促进地方经济发展的同时，也使自身实力不断壮大。在十年的发展过程中，“浙大网新”具备了以下4个发展优势。

一、产学研一体化创新发展机制

依托浙江大学领先的学科优势为内核的产学研一体化提供了创新发展机制，是“浙大网新”与一般高科技企业根本不同的核心竞争优势所在。从创立之初就建立了以潘云鹤院士亲自领衔的浙江大学网新产学研一体化的网新中央研究院，以提升企业在软件制造等领域的自主创新能力，形成“技术+资本”的强大驱动内核，成为业务发展的重要驱动力，“浙大网新”与浙江大学共建网新金融信息工程中心，使网新在金融信息服务领域具备了国际领先的信息开发技术。

“浙大网新”产学研一体化创新机制在于将浙江大学原始创新成果与国家发展政策、市场需求紧密结合起来，以市场、客户为战略导向对原始创新进行整合，大大缩短原始创新技术走向市场的产业孵化周期。随着国家两化融合、城市化进程的深入发展，“浙大网新”与浙江大学还将在金融信息化、物联网、智能电网、食品药品监管等领域开展创新合作，积极与国家部委、中国科学院等开展合作，承接关系到国计民生的大型信息系统开发项目。在服务外包人才培育上，“浙大网新”与浙江大学国家示范性软件学院紧密结合，形成良好互动。网新在全球顶级企业与浙大软件学院之间建立桥梁，通过共同参与软件学院课程设置、教学计划设计，引进大批来自全球著名企业的高素质外教资源，促进软件学院形成了国际办学特色，并通过“网新计划”等特色办学项目，形成面向企业需求的高端软件人才培养机制，使对人才专业知识领域培训更具针对性。通过企业项目实习、企业实训、定制课程等方式大大缩短人才培养周期，浙大还为网新提供特别技术领域的短期培训项目，能够及时满足行业客户的需求。

二、“合包模式”助力跨越式成长

如何选择成功的外包策略不是件容易的事，关键在于大多数公司在可靠性、安全性、可控性、沟通问题上都遇到这样那样的困难，尤其是离岸外包过程中，还会牵涉语言、文化、距离、时差等问题。“浙大网新”独特的“合包模式”综合了在岸、离岸的优势，通过客户当地项目组和网新中国离岸开发中心的有效协同工作，能够及时准确地把握客户需求，建立与客户的业务单元、IT 项目小组、管理部门等多个部门的多层次沟通机制，并针对特定客户的业务需求，制定对接客户内部管理流程的过程控制和风险、质量等控制流程，与客户一起对项目进行协同、透明地管理。这种模式能大大降低客户项目实施成本，提升外包项目管理透明度和可控性，提高项目管理和实施效率，增加客户满意度，同时还能使客户在保留内部核心人才的基础上充分利用全球范围的优秀人才。

“浙大网新”在服务外包领域的发展和行业美誉度来源于与美国“道富”“合包联姻”的战略合作模式，在与美国“道富”长达 9 年的合作过程中，“浙大网新”通过不断探索发展完善出一套独有的“合包模式”，该模式也因此成为中国服务外包历史上的经典案例。

在与美国“道富”近 9 年的战略合作过程中，“浙大网新”承接了“道富”150 余个核心业务信息系统开发项目，在“合包”的全球协作开发模式下，“浙大网新”与美国“道富”项目团队通过紧密沟通以加深彼此之间的文化了解，及时倾听客户不断变化的业务需求，保证了“浙大网新”能够更迅速地适应不断变化的业务环境，从而提升了服务外包项目周期的可预见性和可控性，使得响应客户端需求变得更加及时有效，切实减少了信息系统开发和再造对客户业务的影响，有效节约了人才成本和部署全球资源。如果说一开始“浙大网新”与美国“道富”的成功合作还在于项目团队精湛的信息系统再造技术，那么长达 8 年多的成功合作则在于网新长期探索完善的创新“合包模式”，以及先进的项目管理理念，在“合包模式”下，美国“道富”的业务得到了前所未有的增长，核心系统再造工程项目仅对“道富”30%原系统进行保留，而核心部件得到了 100%的再造，使系统速度提高了 500%，有效提升了系统弹性和扩展性，节约人力成本达 25%以上。与此同时，“浙大网新”基于合包模式深入了解美国“道富”的业务知识、文化背景和创新技术，积累了国际顶尖的金融信息服务外包行业经验和优秀的项目管理经验，打造了涵盖国际金融服务外包专业领域知识、一流信息安全、知识产权管理、项目管理等特色的公司治理体系和项目开发和管理人才，为承接国际大型金融信息系统开发奠定基础。

三、领先的项目监管和质量控制

多年来，“浙大网新”保持着 95%以上的项目及时交付率，100%的客户满意度，在服务外包业内保持良好的品牌形象和荣誉光环。在卓越品质的背后，网新的成功更取决于在技术创新背后一套完善的、高效的、严格的项目管理系统的支撑，以及长期以来不断改进完善的合作模式、流程管理、质量监管、风险控制等项目创新管理体系。在日复一日、精益求精的管理改进过程中，使网新与客户顺利地实现了双赢。

“浙大网新”项目监管包括需求管理、资源管理、知识管理、项目计划、风险管理、问题追踪、变更管理和进度报告，通过标准化管理，采用标准的流程、工具和模板对项目的过程和流程正常运作进行监管。在促进内部交流沟通上，为提升项目透明度，“浙大网新”项目管理部门定期向高层呈递关键信息“仪表盘”提供参考。项目管理部门制定持续改进计划，定期组织最佳实践和流程优化讨论会，促进跨项目组沟通。在加强与客户端的交流沟通上，项目组在开发过程中利用多种工具与客户方业务端、项目管理部门等不同层面保持畅通无阻的交流沟通，保证项目透明度和控制风险。项目监管控制离不开对管理工具的运用，自 2006 年以来，“浙大网新”陆续开发了知识共享管理（KSS）、项目管理系统（PMS）、项目任务与工作量管理系统（TT）、技能管理系统（TMS）等工具，通过这些平台工具“浙大网新”能有效地实现项目的计划、组织、控制和监管。

“浙大网新”专门设立软件质量保证部门，提供业内一流的软件质量保证策略，分别从产品质量保证、过程质量保证和人员质量保证为客户提供高质量的软件产品，在公司内部对项目质量进行独立而全面的监控，全面提升公司的质量管理意识。

为提高公司的技术科研能力，“浙大网新”还专门成立了专家智库和知识经验分享平台。专家智库由公司内部对特定技术领域和知识的最优秀、最资深、具有丰富项目实施经验的人员组成，通过这些专家组人员对具体技术领域的深入切磋、研究，提升了公司对专项技术的高层次、高技能的技术积累和发展，在公司内部形成了良好的技术交流和分享的公司文化氛围。

四、国际化战略视野

长期以来，“浙大网新”坚持国际化、全球化发展路线，通过服务大客户步入国际高端服务市场，积累了大规模软件信息技术开发的核心技术、项目流程管理能力及各领域行业经验。通过国际合作、联合研发、引进国际人才等方式取得核心业务发展的重大突破，成功将高端技术和管理能力辐射到国内市场，推进离岸、在岸服务外包协同发展，形成跨越日本、欧美、中国 3 个服务外包市场。

从 2010 年起，“浙大网新”在注重内生性发展的同时积极实施收购、兼并等外延式发展战略。作为网新对欧美外包战略平台，网新美国公司目前正通过组建国外高端服务外包团队，直接面向外资企业建立欧美服务外包中心，积极拓展国际市场，开发行业大客户。面对日本企业，开始重新启动停滞的外包项目，“浙大网新”借力出击，通过收购 JASDAQ 上市公司株式会社 SOLXYZ 股权进军保险、汽车电子等新业务领域。

“浙大网新”通过服务外包业务体系的整合式营销，向 ITO、BPO 领域双向渗透，并通过外包团队组织架构梯度调整、资源整合等措施实现平稳过渡。

“浙大网新”在竞争激烈的服务外包领域中之所以脱颖而出，在于网新始终顺应国际的发展趋势，为社会做出贡献的同时实现业绩的稳步增长。通过学校、企业、政府等多方资源优势，以商业模式创新和技术创新共同驱动产业几何级增长，实现从产品到服务，从 IT 到非 IT，从国内到国际的跨越，这种不断超越自己、不断挑战自我的创新、健康、睿智精神，正是“浙大网新”的优势所在。

第五章 “UC 优视”——源自中国，向全球领先企业迈进

今天的“UC 优视”，已经是一家中国领先的移动互联网软件技术及应用服务提供商。其核心产品 UC 手机浏览器，是全球使用量最大的手机浏览器，在全球范围内用户超过 2 亿名，下载量累计超过 7 亿次，每月用户通过 UC 浏览器访问的互联网页面数超过 700 亿次，占据国内近 70%的市场份额。在过去 3 年中，“UC 优视”以每年 500%的速度成长。回顾这些数字的背后，技术创新是“UC 优视”成功的关键所在。

2006 年年底，“UC 优视”获得以雷军为主的 400 万元投资；2007 年 8 月，获得晨兴和联创策源的 1 000 万美元投资，半年内公司估值增加 10 余倍。之后，“UC 优视”又相继获得了阿里巴巴集团和诺基亚成长伙伴的战略投资，可以说公司的发展壮大既离不开合作伙伴的资金支持，更离不开国家对软件产业投融资政策扶持所创造的条件。

一、技术驱动，创新引领

公司创建之初，“UC 优视”就把自己定位于技术创新型企业。从 2004 年初创时的 6 个人发展到现在 800 多名员工，“UC 优视”始终保持 75%的研发人员比例。600 多人的 UC 技术团队已是目前国内最大的手机应用软件研发团队，“UC 优视”也成为首个完全掌握手机浏览器核心知识产权的中国公司。

浏览器看似普通，其实并不简单。诚如技术总裁梁捷说：“浏览器是操作平台级别的软件，很复杂，做的人少。而手机终端多种多样，硬件的计算能力参差不齐。很复杂。”通过一整套的加速技术，突破了手机浏览器支持多媒体、双核解析引擎、轻量级压缩算法、安全浏览技术等一系列移动互联网领域的全球技术难题，“UC 优视”通过持续研发做到了他们想做的——让手机上网的门槛降低。UC 采用服务器客户端混合计算技术，即用户访问的网页首先通过 UC 云计算中心的压缩、重排，然后通过 UC 浏览器的客户端自动适配技术，最终让客户得以迅速、节省流量、良好浏览体验的阅读网页。UC 这种客户端混合计算技术几乎成为后来者一致的模仿对象，Opera 一年多后推出同样架构的 Opera Mini 产品，2010 年腾讯推出的 QQ 手机浏览器也同样采用这种服务器客户端混合计算技术。

UC 浏览器能运行在 Symbian、Android、Java、Windows Mobile、MTK、iPhone、Ophone、Brew 等主流手机平台的 200 多个著名手机品牌、逾 3 000 款手机终端上。2009 年，“UC 优视”研发投入超过 4 000 万元，2010 年过亿元。“UC 优视”已申请专利超过 120 项，软件著作权超过 30 项。

二、国家大力支持

“UC 优视”的成长始终伴随着各级政府部门的关注、指导与支持。特别是在贯彻落实党中央国务院在 2000 年发布的国发 18 号文，推动我国软件产业和集成电路产业的发展，增强信息产业创新能力和国际竞争力的伟大进程中，“UC 优视”更加感受到各级政府对“UC 优视”所寄予的希望。

国发 18 号文明确指出：“支持开发重大共性软件和基础软件，国家科技经费重点支持具有基础性、战略性、前瞻性和重大关键共性软件技术的研究与开发。”正是在这样的政策背景下，科技部、工业和信息化部等多个部委联合组织实施了“核高基重大专项”，目标就是在芯片、软件和电子器件领域，追赶国际技术和产业的迅速发展。通过鼓励企业持续创新，攻克一批关键技术、研发一批战略核心产品。

“UC 优视”凭借自身在手机浏览器领域多年的技术积累，获得了领导与专家的认可，顺利承担了“核高基”专项中“新一代搜索引擎与浏览器”项目。这是“UC 优视”全体员工的一项荣誉。手机浏览器是移动互联网的核心基础软件，是“互联网应用 OS”，能承载并影响整个产业的格局。承担这样重要的国家科技专项课题，“UC 优视”感到肩上的责任重大，也是鞭策我们励精图治、变革创新的源源动力。

2010 年 11 月 1 日，在福州召开的第十二届中国科协年会上，“UC 优视”技术总裁梁捷荣获周光召基金会技术创新奖，成为互联网领域首个获此殊荣的民营企业家。这是中国学术界、科技界对“UC 优视”一直坚持技术创新、自主研发所获成绩的认可。这份荣誉不仅是各位前辈科学家对“UC 优视”所引领的移动互联网技术创新成果的表彰，更标志着“UC 优视”的创新能力正在跨越应用层，朝着基础研发领域深化、突破。

三、平台战略，共赢生态

翻开软件产业的历史发现，成大器者无不是平台型企业。软件平台对产业链具有极强的带动和辐射作用。操作系统平台的产业带动作用为 1:20 左右，Windows 每给微软创造 1 美元的利润，就给产业链上下游带来 18 美元的利润。企业应用软件平台的产业带动作用为 1:6 左右。全球与微软操作系统相关的雇员超过 1 400 万名，操作系统上的应用超过 60 万种。微软的操作系统自销售以来已创造千亿美元的利润，围绕其周边的合作伙伴利润也高达 2 万亿美元。

相对于日本移动互联网，中国移动互联网缺失了一个非常重要的“基础架构”——基于 Flash 的手机游戏技术平台，这是导致中国手机网游业务一直处于低速发展的根本原因。环顾整个产业链，由于 UC 浏览器本身是开放的手机应用平台，并承载了超过 1 亿名的手机上网用户，相对于其他封闭的应用或者小用户量的应用，“UC 优视”未来的成长需要依靠一个软件平台。经过几年的持续研发投入，“UC 优视”已经能够在多手机操作系统上实现对手机 Flash 游戏技术平台的支撑，而且这个技术平台是完全开放和标准的。“UC 优视”认为，如果在中国 2 亿台 PC 上能创造超过 300 亿元的网游市场，我们将期望在 7 亿台手机上创造更大的商业价值。

四、海外市场载誉而归

凭借在国内多年的成功经验，从2009年年底开始，“UC优视”迈出了向海外市场进军的重要一步。一年时间里，UC浏览器在海外市场已经有超过3 000万次下载，拥有超过1 000万名用户，在苹果APP Store、谷歌程序商店、微软程序商店等16家全球主流程序商店及全球最大的独立在线程序商店Get Jar里，都能看到UC浏览器的身影。

在海外除了与各大全球在线程序商店合作之外，“UC优视”还积极与产业链上的各个当地合作伙伴进行商业合作，包括与当地运营商、移动互联网服务商达成合作，进行各方面的合作推广，如推出更加本土化的UC浏览器版本，与海外终端制造商和国内的全球化终端制造商合作，进行海外产品预装等。

借鉴华为在海外的成功拓展经验，“UC优视”直接将目标锁定在了新兴市场，目前最关注的3个国家分别是印度、印度尼西亚和俄罗斯。通过市场调查分析得出结论，这3个国家的共同特征是人口众多，且互联网信息基础设施建设非常落后，手机是用户主要甚至是唯一接入互联网的终端；手机用户数庞大；用户使用习惯、市场环境和产业形态都和中国类似。“UC优视”的国际化目标是在5年之内在印度、印度尼西亚、俄罗斯市场成为市场占有率第一。

综上所述，正是因为受到了国发18号文中“鼓励企业增强国际竞争力，开拓海外市场，实现对外出口”等政策的鼓舞下，“UC优视”才获得了中国互联网企业“走出去”所最需要的勇气。回顾“十一五”，俞永福无限感激：“过去的5年，我们在中国市场上茁壮成长起来，这里有全球第一的手机生产量、移动运营商规模、手机网民数和手机应用软件，中国移动互联网产业在‘十一五’期间已经在全球占到先机。”

五、展望未来

摩根史丹利在2010年年初发布的《移动互联网报告》称，过去50年的5次新技术周期分别为：20世纪60年代的第一代主机计算、70年代的微型计算、80年代的个人计算、90年代的桌面网络计算，以及正在到来的移动互联网计算十年，移动互联网周期刚刚开始。过去的技术周期表明，新周期具有10倍的用户乘积效应，即从一个周期到下一个周期，用户数或设备数量将增加10倍，由此可以推断，未来移动互联网的规模可能达到桌面互联网的10倍，移动终端可能超过100亿台。

“UC优视”对IT历史的划分与摩根史丹利的观点不谋而合。未来十年是移动互联网的时代，国际企业肯定会出现市值超过千亿美元的企业，国内也毫无疑问将涌现若干市值超过2 000亿港元的企业，“UC优视”希望自己成为其中的一员。作为根植于中国市场的民族软件企业，帮助全世界一半以上的人通过手机享受开放、便捷的互联网服务是“UC优视”的远大理想。

展望“十二五”，俞永福无限期待：“未来的5年，中国的移动互联网企业正面临一个全球领先的机遇，‘十二五’规划鼓励新一代信息技术企业发展，并给予支持，这让中国移动互联网企业有了一个更好的集体走出去，形成领先产业集群的机会。”

在国家产业政策支持下，“UC优视”希望不仅能够在国内成为移动互联网领域最大的技术服务公司，而且在国际上也能作为全球移动互联网领域的佼佼者引领技术潮流发展，为国家的信息化建设贡献更大的力量。

第六章 “中标软件”——政策带来中国软件企业的春天

中标软件是在艰难的学习中成长起来的。2003 年 11 月，在国家科技部、原信息产业部与上海市政府的大力支持帮助下，上海中标软件有限公司成立（现更名为“中标软件有限公司”）。成立之初，就面对着极其激烈的国际和国内基础软件行业竞争压力。凭借国发 18 号文等政策的支持，公司站稳脚跟，并且实现了稳步成长。这对于一个崭新的操作系统厂商来说是非常不容易的。从 2003 年到现在，公司员工从刚成立的几十人发展到现在的 300 多人，其中研发人员规模增长，公司组织结构进一步完善。经过数年的持续努力和不断创新，在行业应用、政府及企业正版化等需求的牵引下，中标软件产品通过持续地创新、升级，以及用户功能性需求的完善。逐步形成目前公司旗下的“中标麒麟”“中标凌巧”“中标普华”三大产品品牌。总结公司这几年的经验，可以看出在政府强有力的政策支持鼓励下，公司获得了强大的发展动力。

一、在税收优惠政策方面

国家将原先的 17%增值税率降为 3%，实行“即征即退”政策。对于通过省级科技部门认证的软件企业，可以享受企业所得税“两免三减半”的优惠政策。在国发 18 号文颁布后的十年间，软件业平均年增长速度达到 38%。正是国发 18 号文创造的优惠环境，极大支持了国产基础软件企业的产品研发，对于像中标软件这样的国产操作系统厂商来说，虽然都已实现了企业赢利，但如果没有国发 18 号文增值税优惠政策的支持，企业的发展及创新投入会面临许多困难。

二、在采购政策方面

在政府大力倡导的正版化时代，随着我国信息化建设的不断深入，国发 18 号文历史性地提出，要求境内生产和销售的电脑，都应当预装正版操作系统。该规定很大程度上促进了公司的产品销售渠道拓展力度和广度。很多用户，特别是政府机关和 PC 厂商用户的正版化意识大幅度提高。而国产正版操作系统及办公软件凭借价格和产品优势获得了很多关注。凭借此政策，公司在方正、长城等国内大型 PC 厂商都获得了大量订单。每年桌面系统出货量均超过 200 万套，成为公司一大业务增长点。后续 4 号文件进一步强化规定，将大型计算机和服务器也纳入正版预装范畴。这对进一步提升国产基础软件在企业市场的竞争力和提升产品销量都起到了很大的促进作用。

（一）产业技术政策方面

开发重大共性软件和基础软件，产学研用结合，支持国内企业、科研院所、高等院校与外国企业联合设立研究与开发中心。在这些政策及市场环境的引导下，中标软件先后与INTEL、方正、曙光、中软等一系列国内外大型软硬件厂商结为战略合作关系。目前中标软件系列核心产品已经在政府、金融、教育、财税、公安、审计、交通、医疗、制造等行业得到广泛应用，地域覆盖北京、上海、山西、陕西、西藏等全国30多个省市自治区。2010年，承秉强强联合、优势互补的共赢意愿，中标软件与国防科技大学在已建立的战略合作基础上，实现了操作系统层面的统一技术研发、统一产品版本，并将操作系统产品品牌统一成“中标麒麟”。在军民市场相互支撑，共同打造高安全、高可靠、高性能的国产操作系统第一品牌。

（二）在自主创新方面

国发18号文一直将知识产权工作放在首位，鼓励软件企业自主创新，并推出了很多鼓励及优惠政策。在软件企业认定制度方面，中标软件近年来不断推出新产品，先后获得软件著作权49项、软件产品登记49项、发明专利授权2项、发明专利申请15项，通过了国家软件企业认证资格、高新技术企业认证等，并获得“国家规划布局内重点软件企业”、信息产业部“信息产业科技创新先进集体”、国家发改委“国家高技术产业化示范工程”等称号。

（三）在出口政策方面

文件鼓励软件出口型企业通过GB/T 19000—ISO 9000系列质量保证体系认证和能力成熟度模型（CMM）认证。其认证费用通过中央外贸发展基金适当予以支持，促进了企业的认证。在该政策的支持下，中标软件已经完成CMM3级认证、ISO 9001质量管理体系认证等。为企业的发展与世界软件质量标准的接轨铺平了道路。

事实证明，在国发18号文的政策引导下，中标软件在国产操作系统领域取得了快速的成长，技术创新实力大大加强，产学研合作、产业链合作不断深化，正在实现跨越式的发展。可以说，没有国发18号文的政策扶持，就不会有中标软件成功的今天。相信在政府支持和后续政策扶持下，国产基础软件将继续乘风破浪，走向更加辉煌的明天。

第七章 “达梦数据库”——乘政策东风，达世界梦想

国发18号文的适时出台，给达梦数据库有限公司指明了方向，提供了发展的动力。中央及各级部门和机构也从组织上保障了政策的实施，从转向的配套资金方面给予了企业充分的支持。在公共服务体系方面，如软件行业协会等诸多强有力的行业组织和功能性机构平台的搭建，也为软件技术的革新、市场的合作、企业与政府的沟通等起到了极大的推动作用。以政策为核心的各方综合因素，为中国软件产业的蓬勃发展起到了保驾护航的作用。

一、企业的诞生与发展

达梦数据库有限公司（以下简称“达梦公司”）成立于2000年，为国有控股的大型基础软件企业，专门从事数据库管理系统研发、销售和服务。其前身是华中科技大学数据库与多媒体研究所，是国内最早从事数据库管理系统研发的科研机构，为中国数据库标准委员会的组成单位，得到了国家各级政府的大力支持。

达梦公司是国家规划部署的省内重点软件企业，首批获得国家“双软”认证的高新技术企业，“AAA”资信企业，并通过ISO 9001—2000版国际质量管理体系认证、CMMI 3级认证、国家保密局“涉及国家秘密的计算机信息系统集成资质”认证，以及工业和信息化部“计算机信息系统集成企业二级资质”认证。

达梦公司先后完成了近60项国家级、省部级的科研开发项目，取得的50多项研究成果，均达到国际和国内领先水平，其中30多项获国家、省部级科技进步奖，在国内同行中处于领先地位。

达梦数据库在近30年的技术积累基础上，吸纳人才上千名，投资过亿元，开发源代码数千万行，秉承了当今国际领先的同类系统及开源系统的技术优点，大胆创新，取得了技术上的核心突破，形成了具有完全自主知识产权的DBMS产品系列。

达梦数据库是国内第一家通过国家安全三级认证（2001年）和10TB数据库容量测试（2005年）的数据库产品，也是唯一通过中国人民解放军B级认证的数据库产品。

达梦数据库产品已成功用于我国国防军事、公安、安全、财政金融、电力、水利、电信、审计、交通、信访、电子政务、税务、国土资源、制造业、消防、电子商务、教育等20多个行业及领域，装机量超过10万套，打破了国外数据库产品在我国一统天下的局面，取得了良好的经济效益和社会效益。

二、产品研发

达梦数据库管理系统基于成熟的关系数据模型和标准的接口，是一个跨越多种软硬件

平台、具有大型数据管理能力、高效稳定的数据库管理系统软件。它除具备一般DBMS应具有的基本功能外，还在通用性、安全性、可靠性、高性能、扩展性、易用性等数据库特性方面进行了特别的增强，完全能够支撑政府部门和大中型企业应用，是专业的企业级数据服务平台。达梦数据库的安全级别达到B1级，而这个级别的国外数据库是限制进口的，达梦数据库充分利用自身的安全优势，广泛应用于解放军、安全、保密等国家机要部门。

公司通过热情、及时、全面、优质的服务，得到越来越多用户认同和好评。经过国家重大专项的支持，达梦数据库围绕“做得出、用得上、卖得掉”和“千家万套”的目标，在功能、性能和产品成熟度等方面都取得了长足的进步，已经建立了一批国产数据库示范应用。

达梦数据库一直坚持完全自主开发的原则，学习、跟踪、借鉴国外先进的数据库技术，针对高端、关键、核心应用需求，自主完成体系结构创新和功能创新，研制具有完全自主知识产权的高可靠、高安全、高性能、易用和满足新型应用环境需求的大型通用数据库管理系统与套件。

以实际用户需求驱动产品研发，特别是面向高端、关键、核心部门应用需要开展创新，达梦数据库注重突破关键技术，尤其是电信、金融等敏感部门的需要，在实际应用中进行验证和推广。

达梦数据库在研发上采用可扩充的层次化软件系统结构，提高系统重用、扩展、配置的灵活性，以便于体系结构调整和功能扩展。系统体系结构层次清晰，积木式构建功能组件，有助于快速满足应用系统多元化需求。

与国内基础软件厂商合作，进行集成创新，为用户提供国产基础软件整体解决方案。通过实际应用推广，逐步实现基础软件的国产化。

三、产品特点

达梦数据库（DM）是公司推出的具有完全自主知识产权的高性能数据库。它采用“三权分立”的安全管理机制，安全级别达到B1级，在大数据量存储、并发控制、查询优化、事务处理、备份还原和支持SMP系统等诸多方面都有重大突破。

1. 高安全性

DM采用基于角色与权限的管理方法来实现基本安全功能，并利用三权分立的安全机制，将审计数据库管理和数据库安全管理分别处理，通过强制访问控制，使得DM安全级别达到B1级。另外，DM还实现了通信加密、存储加密和资源限制等辅助安全功能。

2. 完全自主知识产权

DM是原始创新，具有完全自主知识产权的大型通用数据库管理系统。公司拥有该产品的全部源代码和掌握全部核心技术，不存在任何知识产权纠纷，从根本上保证了系统的安全性，有利于与其他应用系统集成，可以根据具体需求扩展特殊的接口和功能。

3. 通用性

DM提供对SQL92的完全支持及SQL99的核心级别支持，同时还支持多种数据库开发接口，包括 ODBC2.X/3.X、JDBC3.0/4.0、OLE DB2.7、UNIX ODBC、PHP 及 DB Express；支持多种主流开发工具、持久层技术和中间件，包括 PowerBuilder、Hibernate、IBATIS sqlmap、Weblogic、Websphere、Tomcat、Jboss、TongWeb、Apusic 等；兼容多种硬件体系，可运行于 X86、X64 的硬件体系之上。同时支持 Windows 系列、2.4 及 2.4 以上内核的 Linux 系列(RedHat、红旗、中标)、UNIX 系列（AIX、Solaris、HP-Unix）、麒麟等国内外常用操作系统；支持 Unicode、GBK 等多种字符集。

4．高性能

DM 使用数据锁定机制来解决并发问题。系统锁定机制的封锁对象为表和元组。封锁的实施有自动和手动两种。同时，系统提供给多种语句手动上锁，用于适应用户定义的应用系统，进一步增强系统并发度，提高系统效率。DM 采用有效的基于代价的查询优化策略，其查询优化子系统能计算出最优的查询路径以保证查询的执行效率。同时，系统还对可以重复使用的语法分析结果进行了可重用处理，大大减少了对类似的 SQL 语句进行语法分析的开销，对于提高系统运行效率有显著的效果。系统对存储过程进行了优化，支持编译型存储过程，提高了数据查询速度。

5．高可靠性

为提高可靠性，DM 提供了基于脱机和联机环境下的多种备份与还原方式。物理备份主要包括完全备份和增量备份，物理还原主要包括常规还原和完全还原，同时还支持跨平台还原。除此之外，DM 还提供了更灵活的还原方式——基于时间点还原，即在归档模式下，可根据用户要求恢复到指定的时间点，使用日志进行完全还原。同时 DM 还提供对备份文件的压缩功能。

6．可扩展性

DM 能够全面支持主流 64 位处理机和操作系统，并融入了很多针对 64 位计算的优化策略和技术。从而使系统不仅能够运行在 64 位系统上，支持超过 4G 内存，还能很好地利用 64 位系统的资源（如能充分地利用更大容量的内存），在 64 位系统上表现出良好的性能。

支持对称多处理机系统。DM 服务器使用的是一个被称为“对称服务器构架”的单进程、多线程的结构。这种对称服务器构架在有效地利用了系统资源的同时，又提供了较高的可伸缩性能，因此系统的工作线程在单 CPU 和多 CPU 机器上都能很好地并行操作。

7．易用性

支持实用易操作的图形化/远程管理工具、实用的命令行工具、配套丰富的示例库，能动态缓存区管理，具备虚拟视图、类型别名、同义词、数据迁移、性能监视与分析、作业调度、自动升级、数据库重演、数据库快照等功能。

8．兼容性

为了方便用户操作和应用移植，DM 还提供了许多与国际主流数据库兼容的功能。一方面表现在内在功能上，如多版本并发控制、物化视图、虚视图、快照等；另一方面表现在外在访问接口，如 OCI 编程接口和 PL/SQL 语言等。

四、产品策略

在产品策略上，结合达梦数据库现在的实际情况，销售中所出现的问题，制定了相应的方案，主要包括 4 个方面，分别是丰富产品线、捆绑应用、做竞争对手做不了的事情、做竞争对手不愿意做的事情。

（一）丰富产品线

将产品在功能上细分，推出达梦数据库个人版、达梦数据库标准版、达梦数据库企业版和达梦数据库安全版。并将原来集成在产品中的一些工具独立出来，形成单独的产品，如数据库迁移工作等，为产品提供增值服务。

（二）捆绑应用：软件超市

通过软件超市，将达梦数据库与应用软件进行捆绑，以应用带动产品。所谓软件超市是指达梦通过和应用软件厂商合作，开发出各种类型的成品化的应用软件，不仅可以直接满足用户的某些业务需要，而且软件产品丰富多样、物美价廉，用户可以像在超市购物一样，随心所欲地挑选适合自身需要的软件产品。

（三）做竞争对手做不了的事情：以安全优势切入敏感部门

达梦数据库是国产数据库，本身就意味最大的安全性。源代码控制在自己手上就排除了病毒等攻击型破坏，也避免了从“后门”“隐通道”窃取敏感数据。同时，达梦数据库本身的安全级别高于国外进口产品。许多敏感部门都强烈要求使用国产软件，尤其是国产系统软件，例如，总参许多部队强烈要求用国产 OS 和国产 DBMS。2005 年，达梦数据库经国内第三方检测，达到了国内软件的最高安全级别——军 B 级，这为达梦数据库产品深入敏感部门创造了良好的环境与契机。

（四）做竞争对手不愿意做的事情：中小型应用

在中小型应用中，如区县级的电子政务建设，特别是中西部的电子政务建设方面，数据库的份额不是很大，技术要求不是很高，资金预算不是很宽裕，多关注这类市场，这对达梦数据库是一个机会。

“新 18 号文”发布以后，进一步优化了我国软件产业的发展环境。两化融合也创造了巨大的市场空间。依托国家产业扶持政策，达梦数据库将继续苦练内功，不断提高产品质量，扩大市场占有，坚持自主创新，确保未来在国际市场竞争中占有一席之地。

第八章 “东方通”——创造国产中间件十年惊喜

过去十年，以国发 18 号文和 47 号文为核心的国家产业扶持政策，的的确确为软件产业营造了比较系统的支持环境，吸引了大量资金进入软件产业，营造了良好的发展氛围，中间件也迎来了一个应用的小高潮。除了成立较早的东方通中间件，十年间多家科研机构或企业也先后投入力量组建了超过 30 家具有一定规模的中间件公司。数据显示，国产中间件已经占据了国内将近 1/2 的市场份额。在东方通中间件等一批知名的本土中间件厂商努力下，越来越多用户已经开始认识到国产中间件的价值，一批重量级的行业用户也纷纷开始选择国产中间件来帮助解决自身所遇到的问题。

一、国产中间件成长迅速

基础软件是软件产业体系的根本，其重要性是不言而喻的。虽然我国基础软件经历了将近 20 年的发展，技术产品越来越先进，但因国外软件先入为主，致使目前占据市场主导地位的仍然是传统的跨国软件列强。

作为基础软件三驾马车之一，中间件一直被誉为中国软件产业发展的后劲所在。据 CCID 数据显示，中国中间件产品市场整体规模即使在经济危机背景下仍然能保持近 20% 的增长势头。从市场整体来看，多年来中国中间件软件市场格局基本稳定，Oracle 收购 BEA 之后取代了其位置，与 IBM、东方通中间件三足鼎立。作为本土中间件品牌，东方通中间件的市场份额已与 IBM、Oracle 差距甚微，这在基础软件领域实属难能可贵。除此之外，处在第二梯队、第三梯队的国产中间件厂商，最近两年无论在数量总体方面还是市场份额方面都有了很大进步，产品技术也日渐成熟。

其中，在电子政务领域，国产中间件的优势最为明显。过去十年间，电子政务建设经历了“办公自动化”的单机应用阶段、“政府上网”及能力建设全面推进阶段和现在的“应用主导”等几大发展阶段。目前，电子政务建设正在逐步实现由“政绩导向”向“服务导向”的转变，力图让老百姓能够得到更广泛、更便捷的政府信息和服务。期间，中间件产品发挥了不可替代的作用，承载着诸多电子政务应用系统的数据交换与共享。反过来，这些电子政务项目也大大促进了国产软件产品的应用。

二、实现高端市场规模化应用

市场是衡量产品和企业成功与否的最终标准。除了市场份额之外，我们可以看到，中间件是目前唯一能够在电信、金融、民航等高端行业信息化核心应用系统领域站稳脚跟的基础软件。由于这些行业在信息化建设方面的投入规模较大，因此成为跨国企业的必争之地，竞争近乎惨烈。而有“中国中间件第一品牌”的东方通中间件凭借其成熟的产品和技术及卓越的服务，率先实现了突破。

在金融行业，中国人民银行过去两年组织建立了大、小额支付系统和全国支票影像交换系统，进一步完善了我国现代化支付系统功能。针对这个被认为是金融行业“头号工程”的项目，央行指定东方通中间件和 IBM 为系统提供中间件产品。东方通中间件通用数据传输平台 TongGTP 继在工商银行、华夏银行得到了成功应用之后，又连续与中国农业银行、交通银行、上海银行等进行合作，实现企业级文件高效地传输，给客户创造更多价值，带来更多收益。2009 年，基于东方通应用服务器 TongWeb 和消息中间件 TongLINK/Q 的架构，中国人民银行组织实施的电子商业汇票系统上线运行，为整个金融行业之间的互联互通实现了标准化操作，堪称我国商业汇票电子化的又一里程碑。

电信领域，由于中国电信、中国移动、中国联通等超大型用户已把中间件纳入了技术规范，加上 3G 的火热和消费群体的增长，市场呈现出井喷之状。备受关注的中国移动 2009 年新建系统数据库、中间件和备份软件集中采购，凭借在中国移动银企互联系统中表现出的卓越产品特性和优秀服务能力，东方通中间件应用服务器 TongWeb 不但成功入围集采名单，更是赢得了第一个新建系统全面预算管理系统的项目订单，实现了在全国 31 省市的普及化应用。这也是东方通中间件 TongWeb 继联通 165 门户网站、中国移动银企互联系统、福建移动 BOSS 系统之后，在电信行业获得的最大规模应用。

第九章 “协同软件”——引领自主知识产权创新

随着计算机技术的飞速发展、计算机网络的大面积普及和企业信息化建设的逐步深入，企业内外部逐渐建立起来了越来越多的业务应用系统。企业如何整合现有IT资源、使计算机“信息孤岛式”的应用向集体协作方向发展，在降低成本的同时实现资源效益最大化，正在逐渐成为各企业关注的重点问题。

现有大部分的信息化软件无法适应千奇百怪的企业个性及风云变幻的市场化需求，虽然大部分软件公司竭力鼓吹自己的产品包含了先进的管理思想和人性化的业务模式，但在个性化成为基本生存战略并需要高度灵活地进行变化的情况下，大部分企业已经发现并无法容忍市场上那些死板单一的软件产品。企业为了取得市场生存和竞争的优势，适应瞬息万变的市场环境，就需要“快速适应市场需求，灵活自如地调整自己的组织模式和业务流程，最终使高水平软件产品得以实现”。从此就可以看出，业务流程的设计、优化和管理已经成为企业竞争的重要手段，企业迫切需要支持其业务流程再造的信息系统的支持。

一、国发18号文对企业的有力推动

2000年6月24日颁布的国发18号文是为了推动我国软件产业和集成电路产业的发展，增强信息产业创新能力和国际竞争力，带动传统产业改造和产品升级换代，进一步促进国民经济持续、快速、健康发展而特别制订的。

文件中提出了两条主要的政策目标，希望通过政策引导，鼓励资金、人才等资源投向软件产业和集成电路产业，进一步促进我国信息产业快速发展，力争到2010年使我国软件产业研究开发和生产能力达到或接近国际先进水平，并使我国集成电路产业成为世界主要开发和生产基地之一。同时鼓励国内企业充分利用国际、国内两种资源，努力开拓两个市场。经过5～10年的努力，国产软件产品能够满足国内市场大部分需求，并有大量出口，并且国产集成电路产品能够满足国内市场大部分需求，并有一定数量的出口，同时进一步缩小了与发达国家在开发和生产技术上的差距。

该文件的发布无疑是国家对软件产业和集成电路产业又一次大力扶持，特别对软件企业来说，国家给予企业的大量资金扶持和人力资源扶持，都被企业进行了合理分配和科学化利用，它对软件企业产品的研发工作和推动市场化工作都起到了巨大的帮助和促进作用。作为国发18号文的受益者之一，协同软件借助国家的资金扶持，大力组建科技研发小组，联合合作单位自主研发了大批拥有奖项和自主知识产权的高科技中间件产品，并利用政府提供的国内外渠道，不断拓宽产品的市场化普及率，得到了巨大的成功。

二、“核高基”项目促进软件企业发展

随着“核高基”项目的启动，国家对国内高新技术软件企业进一步加大支持与资助，

体现了国家突破基础软件和推动信息化应用的战略的坚定决心，中间件产业再次引起了强烈的关注。自此，国产软件进入了一个高速发展阶段，国内各软件企业百家争鸣、百花齐放。在激烈的竞争和严酷的市场化考验下，国内中间件企业呈现出了诸侯割据的状态，逐渐形成了以“协同”、“中创”、“东方通”等为标杆的国内中间件厂家，使得中间件产业链不断细分，向着更专业化、更成熟化的方向发展。

“协同”软件自主研发的中间件历时 10 余年，通过与西北大学、西安交通大学、西北工业大学、西安电子科技大学等高等院校的技术合作，依托高校的技术优势使产品在各个行业取得了广泛应用。作为国产中间件的领军者，“协同”深知自主创新的技术特点、成熟的产品应用、完善的服务支持是企业获得市场认可的前提，在取得了一系列产品知识产权和行业资质认定后，“协同”软件将产品应用和行业发展有机地结合在一起，从最初的工作流到企业服务总线、企业服务器、消息中间件，“协同”软件致力于打造完整的中间件产品和解决方案，其产品在不断研发中一步步改进，更贴合中间件软件的发展趋势，面向 SOA、面向应用集成，“协同”中间件在市场上的发展空间和应用前景将会变得无限广阔。

三、“协同”软件市场化普及工作收效显著

如今，“协同”中间件产品已经遍布于全国各个行业，其中包括通信、交通、政府、金融、能源、制造、建筑业等行业。作为国家创新型高新技术企业，“协同”软件申报的“集成化中间件套件产品研发及产业化”项目，以其他国内厂商无法超越的产品性能和产品技术，成功入围国家“核高基重大专项”。与国外产品相比，“协同”中间件作为国产基础软件，其产品具有更易于国内行业人士学习与使用，完美支持国家标准、国产操作系统、数据库等诸多优越性能，逐渐成长为中国市场能够与国外厂商正面抢夺市场的国产中间件厂商之一。“‘协同’iSynchro 集成化中间件套件”拥有从底层基础系列到用户交互系列的完整产品线，值得一提的是“协同”中间件在金融、电信、交通、能源等诸多行业中占有核心业务的重要地位。

近几年通信行业飞速发展，中国电信业务需求快速攀升，网络资源数量不断膨胀，业务也不断增加，客户群不断上升。如何高效管理好这些资源，充分发挥资源的利用率，最大限度地降低网络运行成本，提高市场需求的快速响应力，已成为一个摆在决策者面前的重大问题。鉴于网络资源数量的不断增长，网络资源的管理却依然滞留在传统的手工管理模式阶段，且资源管理分散，不能准确反映整体资源的当前状态。从而给网络规划、资源调度、领导决策工作带来困难，造成资金及资源的浪费，增加电信运营开销成本。从用户角度考虑，这种分散的手工管理模式亦无法为用户提供快速的、完善的服务。因此，开发一套网络资源管理系统，将各职能部门紧密结合在一起，消除企业内部“信息孤岛”，实现全网资源的集中管理、统一调度，对数据进行统计分析，为领导提供决策信息的本地网资源管理系统已是势在必行。

2003 年 3 月，中国电信集团公司就全国 20 多个省的《中国电信本地网资源管理系统》进行集中公开招标。在此次招标中，入围厂商共有 3 家：IBM，Bea 和“协同”软件，“协同”软件是国内唯一一家工作流平台提供商，经过激烈竞争，以其 SynchroFLOW 产品一举中标，与中国电信签订了 150 余套的 SynchroFLOW 产品合同。在此次招标中，系统建设涉

及地域广，软硬件环境复杂，业务流程要求极其灵活，对于各个产品都提出了很大的挑战，SynchroFLOW通过其在产品功能的领先，良好的服务及产品的高性价比等诸多方面的优势最终很好地满足了用户的需求。2005 年 11 月“协同”软件又与中国电信达成合作协议，采用“协同”工作流最新版本 SynchroFLOW3.2 搭建中国电信本地资源网管理系统二期建设项目，将 SynchroFLOW 作为服务开通系统（ServiceFlow）的核心支撑平台。

在中国电信本地资源网管理系统建设项目中，SynchroFLOW 工作流平台发挥了巨大的作用，得到业界一致好评。做为“协同”软件的核心产品，不仅仅成功应用于电子政务领域，在电信、能源、企业的领域均有不俗的表现，SynchroFLOW 日文版成功应用于日本市场，SynchroFLOW 英文版出口国外，并取得良好的反馈。“协同”软件的工作流中间件产品 SynchroFLOW，理论、技术、产品成熟，公司掌握了独创的核心技术，同时产品拥有稳定、高质量的客户群和品牌影响力，正在逐步成为国内电信、电子政务等行业应用软件的主流支撑平台。

中国电信项目的成功，标志着“协同”软件中间件产品已走向成熟化，已经成为国产中间件行业中竞争力强，符合市场需求的中间件产品，但为了更好地解决应用系统中软件技术复杂、产品融合度不够、多个平台维护难度高等问题，“协同”软件联合了西安交通大学、西北工业大学、铁道部信息技术中心 4 家单位组成联合体，作为牵头单位的“协同”软件密切与合作单位进行课题的研究和探讨工作，共同致力于解决应用开发中诸如通信、安全、事务、流程集成、数据集成、服务集成、界面集成、应用集成等共性问题，保证研发成果做到“随需安装”和集成化，实现科研理论和实际应用的结合。

四、专注集成，持续创新

经过国发 18 号文的支持与优惠政策，“协同”软件获得了多项科技专利和自主知识产权证书，进一步扩大了企业的专业化实力。通过对“核高基”项目的承担和任务的完成，将更多的核心技术掌握在自己手中，提高国产中间件的市场占有率，进而保证我国基础软件的安全性，确保国家信息的安全。该课题不仅是对“协同”软件技术实力的一次肯定，更是公司从成果研发到产业化实现的一次突破。

“协同”软件在经历十年的发展历程中，一直秉承“专注集成”“持续创新”的发展理念，带领“核高基”项目研发小组和专业的软件研发团队不断走向新的高峰，在工作中不断分析技术难点，在攻克技术难题的基础上达到技术创新。作为国产中间件行业的领跑者，“协同”软件定将继续履行自己的责任，为国产软件的发展做出新的贡献，进一步推广国产中间件的市场化普及。

第十章 “金山软件”——WPS 十年：风雨彩虹，放飞梦想

在中国软件十年高速发展之际，对过去的历程进行回顾与反思变得非常重要。我们想要知道的是中国通用软件将会把我们引向何方，而我们的技术创新、商业应用又会将通用软件带到哪里？我们需要了解每一个趋势，解读变革的每一个细节，这样才会知道自己的现在和未来。

回顾中国办公软件产业的十年发展，我们可以以时间为中心，按年度记录重大事件；也可以以人物或事件为中心，挑选有代表性的人和事来以小见大。窥金山 WPS 而见国产办公软件的发展历程。金山的历史是中国民族软件工业在国际化大潮的冲击中、在与全球巨头真刀真枪的碰撞和历练中成长壮大的历史。金山扛民族软件大旗 20 余年，金山 WPS 是中国办公软件的一面旗帜。面临前有微软，后有盗版的产业环境，处在技术含量高，变化速度快的产业前沿，金山能够活下来并走向发展，20 几年跌宕起伏的历程是中国通用软件特别是办公软件发展的一个缩影。但凡提起中国办公软件，没有人可以不提金山。金山 WPS 发展的轨迹折射出的是中国办公软件的历程。回顾中国办公软件在新世纪黄金十年中的发展史，我们也从金山 WPS 说起。

一、背水一战的金山软件

在 21 世纪初的几年，中国办公软件经历了从峰顶到谷底的重重一跌——国产软件从超过 90%的市场占有率到几乎一夜之间销声匿迹，从创造技术标准到推倒重来，向对手的标准看齐。作为全球最大的软件企业，微软凭借其 Windows 操作系统的优势，加上海量的资金投入，使得微软 Office 文件格式成为事实标准，为大多数用户使用，微软 Office 已经占据着中国办公软件市场的绝对优势。尽管 WPS 等国产办公软件的每次新品发布都声势浩大，但对微软的反击却收效甚微。在外有强敌、内有追兵、市场混乱、盗版猖獗的通用软件市场，国产品牌作为挑战者要迅速崛起并非易事。中国办公软件企业只有两条路可走——要么改变，要么灭亡。

困则变，变则通，通则赢。纵观国内 IT 行业的发展，所有成功的企业都具备一项重要的本领——应势而变，与时俱进。为应对困局，金山 WPS 在世纪之初开始了一次“脱胎换骨”的改变。2002 年，金山投入百名研发精英、3 年开发时间和 3 500 万元人民币，彻底放弃 14 年的技术积累，重写数十万行代码。这 3 500 万元人民币是金山账上仅有的资金，一旦失败也许金山将面临倒闭的危险。当时的 WPS2000 虽然在功能上达到了国产办公软件的最高峰，但在和微软 Office 产品的竞争中还存在一定的不足。所以金山下定决心，做出了一个非商业的决定，将原来的 WPS 推倒重做，这在外界看来颇有“破釜沉舟”之感。历

经 3 年的卧薪尝胆，2005 年 9 月 12 日，WPSOffice2005 终于上市了。这款金山拥有完全自主知识产权、"形似"微软 Office 的产品，从操纵界面、文档格式、使用习惯、二次开发接口等多方面，都实现了对微软 Office 的深度兼容，用户完全可以直接上手。金山 WPS 在这次近乎"孤注一掷"的"豪赌"中取得了胜利，为金山与国际品牌正面搏杀创造出了有利的武器。这是金山的胜利，更是国产办公软件的胜利。

二、沐浴阳光的金山软件

禾苗的成长需要充足的阳光雨露，企业的壮大也需要良好政策导向和产业环境。相信所有的软件企业都对版权保护有着深刻的体会和认识。盗版猖獗让许多中国软件企业在襁褓之中就遭遇了重重的当头棒喝，盗版的推波助澜严重影响了中国民族软件工业的发展，导致大批的软件公司破产，金山 WPS 也曾深受盗版之害。而近些年来，通过政府版权行政管理部门的努力，通过多方面的促进，中国的版权保护状况有了明显的改善。像金山这类软件企业也从中受益不少。回顾金山软件的成长历程，正是在国家版权保护和自主创新政策的推动和扶持下，在国家持续推进软件正版的工作中，坚持技术立业，不断在市场竞争中取得进步。同时，正版环境的改善和每家企业都是息息相关的，金山作为软件企业的代表，对版权保护这一关系到整个民族软件工业存在基础和企业切身利益的问题也做出了不断的努力。

在过去的十年里，金山为中国企业提供了更加安全、可靠、高效的正版选择，并通过各种方法配合政府部门倡导和推动的正版运动，尽我们所能去推动企事业单位应用正版软件，推进知识产权保护。2001 年，国务院办公厅颁布《关于政府机关要带头使用正版软件清理盗版软件的通知》，WPS 开始全面参与政府首次正版普及工作，为国家政府提供正版的金山 WPS 办公软件。这一年，国务院 57 个部委采购了国产正版的金山 WPS，其中外交部、安全部、测绘局、体育总局、国土资源部、经贸委、计生委、宗教局、安监局实际使用率达到 90%。同年 12 月 28 日，在中国加入 WTO 之后，中国政府首次进行大规模正版软件采购。北京市政府采购办公套装软件 WPSOffice 共计 11 143 套，北京市政府下属的 67 个委、办、局全面应用 WPSOffice 作为日常办公软件。2003—2004 年，随着正版化推进，省级政府开始全面推进软件正版应用。WPS 在省级政府采购中获得 28 个省级政府单位采购。据 CSIP 官方统计，在此轮政府采购中，WPS 凭借品质和价格优势，以 56.12%的份额首次超过国外软件。2005—2006 年，随着省级政府正版应用的完成，地市级（及区县）政府正版化开始普及。WPS 覆盖了全国 300 多个地市。据工业和信息化部统计，金山 WPS 在政府采购的总份额超过 70%。与此同时，国内的版权保护也有了越来越大的变化和进步。2006 年 4 月，国家版权局、信息产业部（工业和信息化部）、商务部、财政部、国资委、工商联、银监会、证监会、保监会 9 部委正式联合下发《关于推进企业使用正版软件工作的实施方案》（以下简称《方案》）。《方案》要求，在中国境内的大型企业，包括国有大型企业、合资、外资和独资的大型企业使用正版软件。《方案》的下发正式揭开了企业正版化工作的序幕，金山软件等国产软件迎来新一轮大规模面向企业市场的正版化机遇！同年，金山 WPS 积极响应国家政策，全面进军企业市场，与国内外软件厂商展开了全面角逐，当年获得中国农业银行千万元级的订单，初入企业市场即奠定了国产软件服务企业正版化的坚实基础。2007 年开始，伴随着国家版权保护工作在企业市场的深化推进，金山软件也全面建立了面向中国企业市场的策略并逐步贯彻落实，金山稳步发展，不断取得进步，金山 WPS 获得越来越多的企业认可与信任，逐步具备了挑战甚至超越同类国外产品的实力。2007 年 9 月，金山 WPS 正式与国家电网公司达成采购协议，覆盖 30 个网省公司及 21 家直属各分子公司，国家电网成为中央直属企业中率先全面落实到位正版化工作的表率。日常应用情况表明，WPSOffice 完全可以满足国家电网各部门、各单位日常办公需求，已成为国家电网系统的标准办公平台。

WPS 在企业市场的捷报频频传来，不断创造新的历史。2010 年年初，金山软件与宝钢集团就采购 WPSOffice2009 办公软件签署协议。宝钢集团旗下 400 多家下属子公司（各单位）的计算机全面使用正版国产办公软件金山 WPSOffice2009。目前，宝钢集团内部用户已经有超过 10 万人日常使用 WPS。截至 2010 年 6 月，金山 WPS 产品已经成为中国政府、企业普及最为广泛的国产办公软件之一，在国务院 50 多个中央部委、28 个省政府及 300 多个地市级政府单位和众多大中型企业中得到应用，并在国务院国资委、外交部、中国人民银行、中国航天科工集团等单位获得广泛认可。在 2009 年 12 月和 2010 年 6 月，WPSOffice 成为唯一两次入围中央企业采购的办公软件产品。中央企业采购和普遍应用 WPSOffice，说明中国软件企业已经具备了挑战甚至替代国外同类产品的实力，国产软件将有可能扭转与国外办公软件的竞争局面，在市场中占据越来越有利的地位。随着国内版权环境的改善，金山 WPS 等国产软件迎来了发展的又一个春天。正是国家对版权保护造就的良好的版权保护环境，有力地支撑了企业的发展，为中国的民族软件工业注入了源源不断的自主创新动力。相信在国家持续推进软件正版化的工作中，以金山软件为代表的国内软件企业，一定会抓住机会做大做强，民族软件产业也一定会又好又快地发展起来。

三、迈向世界的金山软件

中国加入 WTO，后 WTO 时代的竞争才真正开始。对于中国企业来说，国际化不是“要不要”的问题，而是“如何进行”的问题。当个人可以与大企业竞争，大企业也可以拥有小公司的灵活与快速；当身在斗室也可以洞悉天下，远在北美地区的企业仍然如同邻居，在全球化时代，无论国家、企业或者个人，都需要调整自己的思维，以适应扁平化的世界。在过去的十多年中，尽管中国 IT 厂商的国际化路径各不相同，但都做出了各有特色的尝试。海尔、华为、中兴通讯、TCL、东软、联想等 IT 企业从承揽国际客户的外包业务，到将产品推入国际市场自建全球营销网络和品牌，再到以收购或合资方式策略性进入国际市场，中国企业的国际化层次已经从业务国际化、产品国际化升级到了运营国际化。随着联想、方正、用友等民族品牌的崛起，国际化已经成为中国企业发展的大趋势。成为一家国际化的大公司，是中国 IT 企业共同的梦想，金山也不例外。为了打开海外市场，金山一直在做着准备。“做世界一流的技术公司”一直是隐藏在市场喧嚣背后的战略目标。尽管世事瞬息万变，这个激动人心的目标却始终未变。

金山办公软件的国际化大幕从日本开始。日本之所以成为金山开拓海外市场的第一站，金山高级副总裁葛珂也给出了详细的分析：“日本是全球第二大软件市场，仅次于美国。日本也是全球范围内知识产权保护最完善的国家，软件正版率高达 92%。据 2006 年相关调查显示，在日本，仅 Office 软件就有约 20 亿美元的规模，占整体软件消费市场约 1/4。和国内办公软件市场一样，在日本国内也没有一个能够与微软 Office 产品等量抗衡的企业，微软 Office 占据了绝对的市场份额，微软 Office 日本市场销售量占了整个部门年销售额的 1/5 左右。”很明显，日本正版市场规模更加可观。2005 年 3 月 9 日，日本金山 KINGSOFT 株式会社正式成立，公司由金山 51%控股，日方负责日常运营。2006 年 9 月 21 日，金山 WPS 的日本版 KingsoftOffice2007[①]正式进军日本市场。没有了盗版的阻碍，在日本这个良好的市场环境中，WPS 凭借优越的性价比，与微软 Office 深度兼容的特性，相当于微软 Office 十几分之一的超小体积，与微软 Office 积极争夺市场空间。2008 年，金山 KingsoftOffice2007 日本销售成果显示：KingsoftOffice2007 与超便携移动个人计算机（UMPC）捆绑销售，供不应求；并在日本国内大型家电量贩店被广泛推荐，同时被日本国内大型企业等 300 个团体采用，销售量迅速递增；在教育机构也获得强烈好评，被东京大学、早稻田大学等 200 多家教育机构采用；KingsoftOffice2007 更成为日本网吧中办公软件的首选，有 302 家店铺、超过 19 000 台电脑里安装了 KingsoftOffice2007。

在进军日本走向成功之后，金山办公软件的国际化的第二步迈向了越南。在越南，蕴涵中华传统文化的中国电视、电影特别受欢迎，这说明越南与中国在语言、文字等文化方面有很深的渊源，这更加有助于双方的了解与沟通。而且，越南在十多年里 GDP 增长接近 10%，经济的快速发展不能不让人对这个市场充满遐想。同时，越南也加入了 WTO，政府采购和软件的正版化将给通用软件带来巨大的机会。2007 年 5 月，金山宣布和越南最大的互联网通信公司光明 DEC 合作，共同推出 KingsoftOffice 办公软件的英文版，开始进入英文市场。在随后的合作中，金山在越南建立研发基地，进行完全越南语产品的研发。2008 年 6 月 5 日，金山软件在越南成立合资公司，制作、加工及分销金山旗下的通用软件产品。在越南，WPS 几乎是微软唯一的对手。对于金山 WPS 在日本市场和越南市场的成功，有媒体曾评价说：“在正版率 92%的日本市场和盗版率 95%以上的越南市场，金山竟然用同样的产品打造出成功的效果，这真是不可思议。”这两次成功的经历让金山在国际化征途中小试牛刀，也积累了宝贵的经验。目前，金山软件的国际化战略已经全面展开，金山已经在北美、大洋洲、马来西亚、印度尼西亚、日本都设有分公司或分支机构，国际化硕果已遍地开花。

四、冲刺上市的金山软件

当中国互联网蓬勃兴起后，风险投资（VC）在中国市场日益活跃，他们积极寻找潜在资质好的互联网项目进行投资——这种逐利的资本进入企业后，会在企业的商业价值迅速提升后推动其上市。VC 在进入企业或公司上市后，企业内部员工持股或期权激励机制会更为灵活，更能与全球接轨，在财务、业务的高度透明度下推动企业加强管理。因此，上市对于企业而言，意义非常重大。对于中国互联网而言，赴海外上市是许多中国 IT 企业的梦想。风险投资、创新元素、先进管理理念，这些因上市所带来的机遇，驱动了中国 IT 企业跑得越来越快、越来越壮大。2000 年，中国互联网企业掀起第一轮上市热潮，新浪、网易、

① 金山办公软件在中国大陆地区称 WPS Office，大陆以外的市场统称为 KingsoftOffice。

搜狐纷纷在纳斯达克上市。2004 年，是中国互联网企业排队上市的一年，盛大网络、E 龙、空中网、51JOB、第九城市在纳斯达克上市，而腾讯则在香港主板上市。2005 年，百度、分众传媒在纳斯达克上市，其中以百度上市最为引人注目。2007 年下半年，中国互联网企业再度掀起上市热潮。金山软件也于这一年登陆香港联交所主板。2007 年 10 月 9 日上午 10 点整，金山软件成功在香港主板挂牌上市。随着代号为 3888 的金山股票开始买卖，这一刻将永久地铭记在每个金山人的心里。金山翻开了新的一页，金山人将以快乐、轻盈的步伐开始乘风破浪、大展宏图的新征程。

经过了长达 8 年的准备，金山将上市短跑变成了长跑，并最终完成了冲刺。期间，金山上市地点经历了香港创业板、深圳创业板、深圳主板、纳斯达克、香港主板的 5 次变化，终成正果。在寻求上市的过程中，金山对于上市板块和投资者的选择可谓谨小慎微，求伯君说："比如，你家里有个女儿挺漂亮，那么上门说媒的人一定很多。但是女儿只能嫁一家，所以每个人都见面，挑，好好地挑。"终于，金山完成了风风光光的"嫁女"仪式。在香港上市的这一刻，礼花、香槟酒、锣鼓声，所有喜庆的元素都无法表达金山人的万分激动。经过许久的努力跋涉，经过许久的热切期待，金山终于以焕然一新的姿态来感谢所有人的关心——这一年金山 WPS19 岁，正值弱冠的黄金年华。春华秋实，只有先前适时播种、挥汗耕耘，其后才有丰收的喜悦。葛珂至今仍记得上市这一天的情景。2007 年 10 月 9 日上午 10 点，求伯君、雷军、张玄龙等所有主礼嘉宾一同来到观礼台，与嘉宾恭贺金山成功上市，和所有走向上市的公司一样，金山的上市为公司的持续发展获得稳定的长期的融资渠道；规范了公司经营管理，为企业长远健康发展引入良好的机制；把握行业良好的发展机遇，为实现企业的超高速成长，加速推进技术立业及国际化战略创造了条件。

五、勇往无前的金山软件

1999 年，亚洲遭遇金融危机，而十年之后，历史又惊人地相似，2008 年以来，美国金融危机席卷全球，逐步从虚拟经济向实体经济蔓延，给全球软件产业带来明显冲击。市场需求大幅减弱，大公司业绩普遍下滑——Sun、SAP、甲骨文等跨国软件企业都受到一定冲击。在这场危机中，没有企业能够独善其身。站在风口浪尖上的 IT 企业，不可避免地要面对国际金融危机带来的一系列负面影响。金融危机的冲击使一部分中国软件企业倒下了，而另外一部分企业在紧缩银根的同时，积极调整产品和市场策略，迎接金融危机带来的挑战，经受住了"严冬"的考验，赢得了发展的主动权。

金山就是一家在危机中顺利"过冬"的企业。虽然遭遇了国际金融危机的冲击，金山软件 WPS 的业绩仍然保持较高速度的增长。2009 年 9 月，电监会全面采购金山 WPS，对电力系统全面正版化具有标志性意义。此次采购涉及电监会及电监会下属的所有单位的计算机设备，包括电监会各地监管局、信息中心等共 33 家下属单位，对整个电力行业的事业单位及企业带来极大的示范和带动作用。同年 12 月 29 日，中国通用集团、中钢集团、航天科工集团、普天集团、中海油集团、中国出国人员服务总公司、中国节能投资公司、长江三峡集团、乐凯集团等企业在内的 10 多家大型中央企业与金山软件签订协议，统一采购金山 WPSOffice 办公软件产品。金山 WPS 办公软件再度获得的来自中央企业的采购大单，加速了央企软件正版化的进程，在国家信息化建设中留下深刻的一笔。市场拓展捷报频传，政策机遇喜讯连连。2009 年，科技部正式发布了“核心电子器件、高端通用芯片及基础软件产品”（简称核高基）科技重大专项 2009 年课题申报的通知，为我国包括操作系统、数据库、中间件、办公软件在内的自主基础软件的创新与产业发展，营造良好的发展空间，并提供一系列政策配套措施进行扶持。作为国产办公软件的重要代表，金山 WPS 成功入围核高基专项，这不仅有利于金山做大做强，更重要的是，用户获知政府大力的支持，更会对金山 WPS 等国产软件产生坚定信心，这将为国产办公软件的应用带来更广阔的空间。金山 WPS 在金融危机中的优异表现得到了党和国家的认可。2009 年年底，中共中央总书记、国家主席、中央军委主席胡锦涛来到广东省珠海市考察工作。12 月 21 日下午，胡锦涛总书记来到金山软件股份有限公司，在金山软件董事长兼 CEO 求伯君、金山软件副董事长雷军的陪同下，总书记参观了金山 WPS 办公软件等相关部门。在软件研发区，胡锦涛总书记观看了 WPS 软件的功能演示，并同正在工作的研发人员交谈，了解这款软件的研发设计、市场份额等情况。胡锦涛总书记勉励大家：“现在国际上信息技术领域的竞争十分激烈，我也希望同志们把自主创新作为我们软件企业的生命，要努力开发具有我们自主知识产权的软件产品，为我国软件产业的发展当好排头兵。”

六、面临转型的金山软件

无论是李彦宏，还是马云，这些 IT 领域的风云人物都在反复强调一个观点：在不久的将来，中国所有的公司都将是互联网公司。理解这一点不难：根据 CNNIC 第 26 次互联网报告，我国网民继续保持增长态势，截至 2010 年 6 月，总体网民规模达到 4.2 亿人，互联网普及率攀升至 31.8%。应该说，除了不能上网的儿童，还有不方便上网的老年人，4.2 亿人占据了主流中国消费者 80%以上。通过互联网进行企业的宣传、销售、采购已经成为必然。在互联网大潮的冲击之下，传统软件营销方式所带来的种种弊端就越来越明显。卖软件类似卖百货——刻成光盘、印刷包装、寻求合作商或代理商、上货架，最后才能到用户手里，环节很多，耗费了大量的人力、物力、财力，营销成本也高。传统的软件大都是光盘安装，一次性付费，付费之后才能使用产品，如果产品不好用只能自认倒霉。面对竞争日趋激烈的软件市场，我国软件行业的商业模式势必朝互联网化进一步深入，一方面，软件开始从盒子里走出来，搭乘互联网的快车，实现网络销售；另一方面，互联网还为软件应用提供一个更加强大的服务平台，这就是软件即服务（Software as aservice，SaaS），这让软件厂商从单纯卖客户端转变为通过客户端向用户提供服务。

当软件企业的互联网化已经成为一种必然趋势，所有的主流厂商都开始借助网络平台来进行营销推广。金山办公软件也不例外。2009 年年初，金山软件实施“一二三”集团化管理模式，即一个集团、两个事业部、三个子公司，至此金山软件集团化战略布局初显雏形。新成立的金山办公软件团队秉承技术立业的信念，持续加大对于国产办公软件的研发投入，实现向互联网化的全面转型。葛珂表示：“金山对 WPS 的思路已经发生了变化，过去金山做的是 WPS 工具，是一个编辑文档的工具软件，未来金山想做的是互联网服务，为企业、个人用户提供基于互联网的办公服务。”金山 WPS 的互联网化基于金山人对创新的理解和认识。金山将互联网化的创新定义 3 个方面：第一是产品模式的改变。金山通过近两年的互联网实践，将 WPS 客户端从工具软件重新定义为互联网服务入口，并通过“客户端+互联网服务”的模式来满足用户的需求。以 WPS 在线模板为例，如果把 Office 作为文档编辑工具，就会漠视用户在文档创作过程中需要参考资料的迫切需求。互联网化的 WPS 在了解用户需求后，以 WPS 客户端为入口通过互联网服务向用户推送优质模板资源。截至 2010 年 6 月，WPS 模板频道日均访问量 300 万次，月均下载量 1 800 万次，用户用鼠标证明了对金山产品创新的肯定。类似的创新金山做了很多，WPS 在线模板、在线素材、在线存储、插件平台都收到了“用户鼠标的热烈响应”。第二是办公模式的改变，互联网的发展改变了传统的办公模式，一己之力独当一面的情况会越来越少，人与人之间、不同设备之间、不同平台之间、不同地域之间的团队协同工作将成为社会的主流，用户迫切需要安全、稳定、优质、低成本的互联网协同办公服务。金山 WPS 推出了基于云存储技术的互联网团队协同服务产品——快盘。同时，金山基于云计算技术的 WPSonWeb 产品会联合平板电脑厂商共同推出，为移动互联网用户提供基础办公服务。第三是商业模式的改变。目前全社会的正版应用工作进行得很辛苦，经过这么多年的努力，如果仍然是多数人用盗版少数人买正版，我们恐怕不应该把责任简单地推脱给版权环境，而应该反思授权商业模式。既然授权模式在一定程度上不被用户所接受，那么商业模式就应该大胆创新。WPSOffice 个人版就是互联网思维的产物，它的免费策略得到了中国网民热烈响应，5 000 万名优质的白领用户群让金山对后续的互联网增值服务有了底气，有了信心。5 000 万名用户对于软件企业来说似乎并不算少，但对于互联网企业只能算“万里长征走完了第一步”。葛珂表示，WPS 的互联网战略从 2009 年开始试水。目前来看，运营数据印证了我们的方向是对的。WPS 在从 DOS 向 Windows 平台转型的时候吃了不少亏，这次我们希望踏准商务互联网发展的节奏，完成 WPS 的互联网转型，让 WPS 品牌在互联网时代再续辉煌。

七、展翅翱翔的金山软件

十年时光，在历史的沧海中不过是弹指一挥间，但对于金山 WPS 来说，这十年时光蕴涵了太多跌宕起伏的情节，承载了太多金山人的青春与梦想、泪水与激情——从 21 世纪初在低谷中挣扎，到 2005 年的国际化，到 2007 年到香港上市，再到 2009 年掀起互联网化大幕，金山 WPS 的经历太过丰富，丰富到中国软件产业的每一个蜕变都能在她的身上找到缩影。

金山 WPS 从办公软件的主导者和标准制定者，到办公软件行业市场的追随者、模仿者，再到办公软件市场的挑战者、胜利者。有评论说金山包含了“坚持、民族自信、曲折的峰回路转”等太多元素，而只有金山人更理解这十年坚持不懈的内涵。因为，“青春和梦想”的奋斗主题一直激励着金山每一名员工不断前行。无论有过巅峰的辉煌还是低谷的挫折，金山一路走来，目标从未改变，那就是——“做一家世界一流的软件技术公司”。企业强，则中国强，我们相信金山 WPS 会在下一个十年中走向更大的辉煌，在不远的将来，金山将用中国人的软件去赢得世界的尊重——“不做中国的微软，要做世界的金山！”

第十一章　红旗 2000——自主创新，探索国产办公软件发展之路

为了加快软件产业和集成电路产业发展，国务院于 2000 年 6 月颁布了 18 号文，各地相继制定本地区发展软件和集成电路产业的配套优惠政策，完善产业发展环境。2000 年 12 月，北京红旗 2000 软件技术有限公司（简称红旗 2000 公司）诞生了，注册资本 1 000 万元人民币，主要股东中国数码集团和中科院软件所。公司专注于国产办公套件及其办公应用解决方案的研究和开发，主要为各级政府、企事业单位和个人用户提供中文办公软件服务，目前主要的产品是跨平台的 RedOffice 办公套件。

红旗 2000 公司一直秉承自主创新的原则，重视技术研发的投入和技术团队的建设，拥有一支富有创新能力的国家级科研团队，主要技术骨干来自中国科学院，是国内第一个致力于 OpenOffice.org 开放源码研究的团队。

公司自主研发的 RedOffice 产品是国内首家跨平台的办公套件，包括文字处理、电子表格、演示文稿、绘图、公式和数据库等功能，分为标准版、专业版，机构版和个人版，并且还有维文、蒙文和藏文版等少数民族语言版本，是一款直接和微软 Office 竞争的产品。

在这个大的软件发展环境下，给红旗 2000 公司及其办公软件产品 RedOffice 带来了广阔的发展空间和快速的发展机会。公司的 RedOffice 产品在 2001 年问世不久即中标我国第一次政府软件正版化采购——北京市软件正版化采购；在 2004 年全面启动的政府软件正版化采购中，RedOffice 办公套件表现突出，市场占有率名列国产软件之首。RedOffice 办公套件还针对政府办公的特点，提炼了适合系统集成的应用接口，能够完美地嵌入到各种电子政务系统中，以满足政府办公的各种需求。这种将办公套件与我国电子政务需求紧密结合的创新之路，打破了国产办公套件简单模仿微软 Office 的怪圈，第一次使国产办公套件和微软 Office 相比有了自己的特色和优势。

近年来，RedOffice 办公套件凭借优异的实用性和兼容性，超强的产品性价比，可靠的信息安全保障，丰富的二次开发功能，完善的售后服务和跨平台等优势，在市场上已经占据领先地位，开创了国产办公软件发展的新局面，同时也为打破国外软件公司的行业垄断，保障国家信息安全，推动我国电子政务发展做出了积极贡献。目前，RedOffice 办公套件已经遍布北京、广东、甘肃、安徽等全国的近百个省市政府。北京作为国内重要的国产软件试点地区，RedOffice 先后中标北京科委、北京知识产权局、北京市纪委监察局、北京信息办及丰台区、崇文区等各区县的采购，在北京市政府部门取得很好的使用效果。公司还致力于拓展行业和企业市场，RedOffice 在水利、电力、烟草、医药、钢铁、煤矿等行业得到广泛应用。

目前，红旗 2000 公司已形成 RedOffice、RedOffice Online、RedOffice Server 等产品线，在 RedOffice 上又分别推出 MID、龙芯、嵌入、智能手机等版本，极大促进了产品的多元

化。新推出的新一代办公软件 RedOffice4.5 以用户焦点为核心的全新交互设计重新诠释了办公软件的思想，充分尊重用户的使用习惯，颠覆传统办公软件行为导向的菜单式设计，将创作核心回归到使用者身上，在界面丰富性、逻辑清晰性、操作简便性和功能强大性等方面都有了较大突破，使文档办公更加高效便捷。同时公司对 RedOffice 4.5 个人版采取了免费策略，在扩大市场份额的同时取得了较好的口碑。在 SaaS 及云计算的潮流下，公司还积极推出基于浏览器的在线办公软件，其共享协作和强大的编辑功能等特性使网络办公轻松便捷。

红旗 2000 将国产软硬件协同发展作为重要的战略突破口，与中科院计算机所龙芯 CPU 开展了紧密的战略合作。2008 年 5 月，红旗 2000 公司向科技部捐赠 100 万元现金，中科院计算所向科技部赠送 1 000 台龙芯电脑，并伴随科技列车贵州行活动被赠送给贵州遵义、毕节地区的中小学。2009 年，在向江苏全省教育系统推广 15 万台龙芯教育电脑的项目中，基于龙芯 CPU 的电脑推出了共创 Linux 桌面操作系统和 RedOffice 办公套件的全国产化整体解决方案。其中 RedOffice 在项目合作中具有办公软件排他性，成为龙芯计算机办公套件预装的唯一选择；共创 Linux 成为龙芯平台操作系统的官方唯一代表。目前红旗 2000 是国内唯一一家发布龙芯操作系统和办公套件产品的厂家。红旗 2000 将在龙芯 CPU 的“龙头”引领下，以中小学信息化教育为示范点进一步加大龙芯电脑的应用，推动自主创新技术和国产软硬件产业链的形成。

在国务院 18 号文的推广实施过程中，红旗 2000 公司凭借出色的技术力量，多次承担并圆满完成国家级科研计划（“863”项目、电子基金项目等）及诸多省市级科研项目，并且获得国家级各项基金的支持。此外，RedOffice 办公套件还几乎荣获了国内各种针对办公套件的权威奖项，唯一连续 3 年获得中国软件行业协会“年度推荐优秀软件产品”奖的办公套件，唯一被国家四部委列为“国家重点新产品”的办公套件，唯一被科技部列入 2005 年国家火炬计划项目的办公套件，荣获北京市科技进步一等奖，成功入选“首批国家自主创新产品”名单，获得“中关村科技园区 20 周年突出贡献企业奖”等。

此外，红旗 2000 公司在支持文档格式国家标准的制定与实现、促进中国开源界与国际开源社区的紧密合作等方面均做出卓越贡献，在业界具备相当的影响力。2008 年通过全球票选战胜 5 个欧洲国家的申办者，以绝对优势赢得第六届 OpenOffice.org（OOo）年会主办权，吸引了来自 30 多个国家的 400 多位开源顶尖人才，为促进中国开源企业与国际社区的交流合作搭建起了良好的沟通平台，也为在中国深入普及开源文化做出了突出贡献。此次年会是 OOo 年会首次在欧洲以外的国家举办，充分表明 OOo 社区对红旗 2000 参与开源活动的高度认可。

在 RedOffice 产品创新的基础上，红旗 2000 还加大了商业模式的探索和创新，积极开展基于 IT 应用服务的推广实践，着重加强网络服务模式，深入完善在线支持体系的建设，在互联网战略中不断强化资源中心和支持中心的重要作用，切实为用户提供项目咨询、售后服务、软件培训等优质可信赖的服务支持。

十年磨一剑，铿锵岁月多豪情——走过十多年的风雨历程。2011 年年初，为了使我国软件产业和集成电路产业继续保持较快较好发展，国务院出台了《进一步鼓励软件产业和集成电路产业发展的若干政策》，对软件产业和集成电路产业加大政策措施的扶持力度。随着互联网的快速发展，软件产业的网络化、移动化、服务化的特征更加明显，将会给我们带来更多的机会和空间，未来的十年也将会是中国软件企业更快速发展的十年，红旗 2000 仍将矢志不渝地坚守中国梦想，从用户需求出发，推动办公软件的网络化和移动化的发展目标，励精图治，不断创新，真诚为用户提供“好用、易用、值得用”的国产基础软件产品！

第十二章 “中科红旗”——伴随中国软件产业成长，在变化中创新

一、中科红旗的梦想

新世纪之交，正是Linux概念风起云涌的时候，Internet的发展，让人们对这一新兴的操作系统充满了兴趣，开源并免费，拥有最广泛的互联网协议支持，最广泛的硬件平台支持，快速安全灵活，让爱好者为之疯狂。为这个1993年才出现的操作系统疯狂的不仅仅是技术爱好者，人们的热情让无孔不入的风险投资人也大为亢奋，终于在1999年秋天，一个里程碑式的事件，RedHat公司在纽约证券交易所上市，将Linux的行情推到了引爆点。当时所有人都在构画着这个操作系统无限的前景，就好像此前产业中没有操作系统存在过一样。没有一家IT咨询公司敢忽视针对Linux的产业分析，各种角度的分析预测如一夜瑞雪般铺满了所有专业网站。当时互联网淘金的狂热，毫无悬念地感染了Linux操作系统产业。

得益于Internet的普及，中国几乎同步地感受到了这股劲潮，时至2000年已经有数家以Linux操作系统作为主营业务的中国公司在运营，规模不一，风格也不一。作为一个由中国科学院软件研究所投资的公司，中科红旗更多地秉承了中国软件人在操作系统产业上的殷切希望，中国科学院软件研究所此前已经在Unix操作系统领域默默地耕耘了近20年，在中国，这些人更能切身地感受中国在操作系统领域自主的意义。而这些人，此时成为中科红旗的第一批核心骨干。2000年6月，带着多年的积累和期许，中科红旗打造民族软件脊梁的梦想就此开始起步。

操作系统远远不是操作系统产业，充其量只是产业中的一环而已。由于操作系统对硬件的依赖和对用户的兼容，操作系统产业很难在脱离计算机硬件产业和应用软件产业的前提下独自发展。但相关产业链悉数由国际寡头所操控，这是自主软件的彻心之痛。因焦急而抱怨中国软件人员无所作为的爱国人士，其实并不知中国软件人的无奈。他们也更不知，比起传统行业，软件行业缺少关税壁垒的保护，中国软件人相当于从一开始就在与全副武装的外国同行贴身肉搏。要想实现在这个产业中立足，必须遵循一套被广为接受的标准，能够兼容产业链上下游；必须有足够的技术积累，短时间内就形成可用的产品，以便在技术淘汰前（IT技术的更新周期为3～5年甚至更短）占领市场；必须有迅速通畅的用户反馈机制，保证技术和产品方向的及时调整而不出偏差。以往中国软件人的数次突围均因不满足上述条件而失败，最终能够存活下来的，是那些具备本土天然壁垒，极具本土化特色的软件产品，如汉字激光照排、中文输入法等。而操作系统领域的情况更不乐观，时至2000年，操作系统平台类软件的中国市场销售总额73.8亿元，Unix和Windows平台垄断性地占据了98.3%的份额。

中科红旗终于等到了千载难逢的历史机会，Linux操作系统的社区特点，为自主软件提

供了良好的兼容性、技术积累和用户反馈。红旗软件就在这个时候扬帆起航，乘风破浪驶向彼岸。中科红旗按照行业特点将业务方向划分为3个部分：服务器操作系统、桌面操作系统和嵌入式操作系统。在这3个方向上，除提供比普通社区版本更稳定的具备商业质量的Linux发行版之外，还提供定制开发服务及技术支持服务。后两项是用户无法在Linux社区中得到的服务，也是大部分商业用户都需要的服务。中科红旗在每个发行版本上都做了大量的优化和测试，保障产品的高性能和稳定，培育长期客户群。中科红旗以此作为价值切入点，插入到以往滴水不进的国际厂商产业链中，盼望着通过在产业链的立足，逐渐扩大自主化的服务内容，打造坚实有力的国产基础软件支撑！随后的十年，红旗则一步一个脚印地印证着自己的理念，实现着自己的梦想。

二、飞速变化的产业规则

IT产业的技术更新速度远远快于其他产业，而且还有越来越快的趋势。受硬件技术摩尔定律的驱动，软件技术必须以不低于硬件技术更新的速度发展，这为产业带来许多新的机会，同时也把很多的IT企业淹没在发展的惊涛骇浪中。在1995年以前，Windows和Unix一个在低端，一个在高端，几乎占据了全部市场，而Internet的迅速发展，很快使两个操作系统疲态尽显，Linux操作系统异军突起。互联网同时也导致了数据库、中间件等技术纷纷迈向网络化，随之Webservice的强势发展又打乱了产业格局，硝烟未散时Web2.0、网格乃至云计算又粉墨登场。每一次技术革新，都伴随着产业提升所引发的阵痛。针对规则的变化，中科红旗也不断地变换着产品策略，自2003年起始终保持着在中国Linux市场第一的成绩。

这些规则的变化，可以从不同的角度来观察。

（一）以产业需求划分发展阶段

Internet应用阶段（2000—2003年）：虽然在2000年以前Linux就已经被大量应用，但通常限于爱好者圈子或小规模实验性使用。1999年Redhat上市以后，让更多的人认识和关注Linux操作系统，Linux更多地被列入采购清单来满足商业需求。但限于当时Linux的功能特点，主要的应用方向为建设Internet服务器，恰是Internet基础设施飞速增长的时期，据统计，2000年LinuxServer的销售比例已经占到了27%，仅次于WindowsServer，名列第二位；而在Internet应用方面则占据了28%的比例，名列第一。此时的需求特点为：网络协议兼容和支持能力、网络性能、远程管理能力、集群能力、对Internet服务软件的支持能力、安全能力等。此阶段的Linux产品均以此为研发重点，中科红旗推出的相关产品包括E-mail服务器、类Windows的图形化远程配置工具等，极大地方便了系统管理员的操作。针对网站防范黑客的需求，推出了安全操作系统产品。而在桌面产品线，则面向中国用户的使用习惯，大力开发与Windows系统操作习惯相仿的产品，方便原有的Windows用户向Linux系统过渡。

一般业务应用阶段（2003—2006年）：由于Linux属于新兴操作系统，虽然可靠性和性能已经得到了一定程度的验证，但仍需要一段时间被企业的业务系统所接纳，一方面企业对Linux是否能够支撑自己的业务系统持怀疑态度，另一方面受降低成本的诱惑，开始在非关键业务系统中尝试使用 Linux 系统，同时移植业务系统也需要一定的过程，因此这一阶段成为 Linux 系统向企业业务系统逐渐过渡的阶段。与在 Internet 应用阶段不同，Linux 在这一领域比起其他操作系统不具备明显的优势，仅有的优势是低成本和灵活。低成本的理念有助于客户接受 Linux，但也给 Linux 公司带来了较大的成本压力，在这一阶段的初期，大部分的 Linux 公司财务报表都不太好看，也有相当一部分 Linux 公司在这一阶段内转型或消失。红旗公司在这一阶段适时地调整产品策略，推出面向数据库应用的数据中心服务器，面向业务系统的应用服务器，面向关键业务的高可用服务器。桌面产品方面，红旗 Linux 凭借对办公软件的良好支持，对 Windows 用户习惯的友好性获得了市场的认可。同时因应国家对计算机整机销售的相关规定要求，多种品牌机中将红旗 Linux 操作系统作为首选预装产品。红旗嵌入式 Linux 产品市场在这一阶段打开，成功进入彩票行业，成为彩票业务系统的一部分。中科红旗也是在这一阶段首次实现了财务盈余。

核心业务应用阶段（2006 年后）：Linux 操作系统已经在多个领域证实了自身的价值，同时 Linux 针对自身在大规模企业应用中的弱点推出了新的内核，随着 Intel、IBM、Oracle 等巨头对 Linux 系统支持的增强，Linux 具备了足够的能力来应对企业核心业务系统的需求。同时，一些 Unix 厂商因为市场重心的调整，逐渐停止了新产品的开发，导致原有的 Unix 客户纷纷寻找替代方案，而 Linux 恰逢其时，开始有机会进入到传统 Unix 所占据的高端核心应用市场。其中最具代表性的超级计算领域，在全球排名前 500 台的超级计算机中，自 2005 年起 Linux 开始超过 Unix 的比例达到 60%，2006 年达到 70%，2010 年更是超过 90%。红旗公司的产品这个阶段在各个行业全面开花，广泛应用到邮政、金融、保险、政府、铁路等行业。产品除了针对核心业务的负载均衡服务器、高可靠集群服务器、高可信安全服务器以外，更扩充了针对云计算需求的产品线。桌面产品则扩充到上网本的支持，而在嵌入式及移动产品领域，在 2007 年领先发布了针对新型互联网设备的 Midinux 操作系统，广泛应用于汽车电子、平板电脑和手持终端方面。

（二）以 Linux 市场划分发展阶段

狂热盲目的爆发阶段（2000—2002 年）：Linux 是一个很优秀的操作系统，但并不是全能的操作系统。可是人们总是对新事物寄予更多的期望。2000 年以前，对 Linux 的狂热仅限于爱好者当中，但随着 Redhat 的上市，广大的投资人掀起了另一轮波澜，将 Linux 推上了至高无上的位置。所有人都在尝试将 Linux 用在所有可能的地方，在客户的要求下，红旗公司也曾经将 Linux 系统运行在一款微波炉上，虽然在今天看来不可思议，可当时的情况就是这样令人兴奋。当整个产业都在不计回报地推崇一个系统时，悲剧的种子就埋下了。但无论如何，这一阶段还是为 Linux 带来了关注和创意，给 Linux 发展注入了强大的动力。在这个阶段的末期，技术狂热型的 Linux 公司因营收不理想而纷纷转行或倒闭，其他公司则在大把烧钱。无疑，这一阶段的狂热引起了政府的十分关注，一系列的支持计划和科研项目就此展开，同时大力发展自主软件的调子也逐渐形成，这些及时的政策和环境为后来的产业越冬提供了必要的积累。红旗公司在这一阶段形成了自己的核心业务概念，对用户群做了精确的划分，开始有所为，有所不为。

期望透支引发的市场回落阶段（2003—2005 年）：2003 年前后是 Linux 项目纷纷下马的高发阶段，一方面是因为 Linux 还没有成熟到可以应付复杂应用的程度，另一方面是由于许多用户并不了解 Linux 的能力，而将 Linux 应用到不适合的领域。当时 Linux 失败的项目比比皆是，很多项目无疾而终。虽然应用软件已经更加丰富，但较差的用户体验让失望情绪暴涨。在这一阶段，用户使用 Linux 的意愿迅速下滑。为了帮助系统软件产业过冬，政府开始实施国产软件政府采购计划，这一计划很好地缓解了行业的悲观情绪，在行业复苏方面起到了不可替代的带动作用。

冷静反思的调整阶段（2005—2007 年）：在比较成功的领域，如 Internet 应用，Linux 带来的好处是显而易见的。因此，各个厂商和用户开始审慎地接受 Linux，加之 IT 巨头们对 Linux 的大力支持已经初见成效，Linux 在性能和可靠性方面都已经达到行业标准的严苛要求，企业级的应用软件也足够丰富。此时的 Linux 产业不再悲观，而是清醒地寻找适合 Linux 的领域。用户也更加理智，开始逐步尝试将原有业务系统逐步向 Linux 转移。红旗公司在这一阶段着重推出了针对中小企业的业务平台产品，以出色的稳定性和及时的技术服务奠定了客户的信心。

需求成熟的稳步增长阶段（2007 年后）：上一阶段的应用为 Linux 积累了越来越多的成功案例，这使得用户对于将 Linux 用于关键业务系统的信心大为增强。多年的用户习惯也终于有所改观，用户开始接受 Linux 的应用特点而不是去比较 Windows 等其他操作系统。随着大量可复制的应用案例不断涌现，客户也终于可以在有参考的前提下规约自己的需求范围，供需终于进入了一个良性阶段。在产业规则的不断变化中，成熟的不仅仅是红旗公司，也包括用户。十年前很多用户希望 Linux 一举击败 Windows，而现在用户已经不再尝试用 Linux 去替换所有的 Windows，而是把 Linux 用在 Windows 所不能及的地方。十年中，产业规则唯一不变的就是变化，现在新的需求又带来了挑战，云计算与云终端要求更强的灵活性与联结性，新的产品形态，包括上网本、平板电脑、汽车娱乐终端，都要求 Linux 产品及服务适时地做出变化，而且，更重要的，需要与产业链同步而行。

三、企业是产业项链上的珍珠

许多对国产软件抱有殷切希望的朋友喜欢用 Redhat 来比较中科红旗公司，希望中科红旗公司能做得更好一点，尤其在技术的贡献方面。无疑，Redhat 是对 Linux 技术贡献最多的一个公司，这也是 Redhat 在业内备受尊敬的原因。实际上，中科红旗公司与 Redhat 这样的国际巨头相比，更大的差距是产业链协调能力而不是技术。而且，这不仅仅是中科红旗一家面对的问题，也是中国所有软件企业共同面对的问题。

除了少数的产业巨头拥有从硬件生产到解决方案的整条产业链，绝大部分 IT 公司是较为独立的一环。中科红旗公司是一家专业的 Linux 操作系统供应商，面对的用户却是需要整体解决方案的客户。本土企业在国际化公司形成的产业联盟中常常处于劣势，只能依靠更高的质量或更低的成本来赢得客户，一方面这降低了企业的利润率，减少了企业可用在技术方面的持续投入；另一方面，使我们的本土企业很难走出国门迈向国际市场。本土企业必须在产业链上优势互补，才能为客户提供完整的项链，而不只是一颗珍珠。

中科红旗自 2003 年以来一直傲居中国 Linux 市场第一的位置，产业链上下游的良好支持起了很大作用。但比起国际巨头的联盟强度及联盟规模，还是差得很远。中科红旗为此发起了亚洲 Linux 联盟——Asianux，联合中日韩越泰等亚洲国家的 Linux 公司，将整个亚洲市场作为产业链的互惠条件，以求与国际产业联盟形成对等的协作关系。联盟自2003年运行至今，取得了良好的效果，是中科红旗在国际化市场上一次成功的产业链尝试。

四、未来十年是收获季节

后PC时代是新世纪被提及的一个新名词，意味着传统PC的计算模式已经成为历史。随着互联网的发展，计算挣脱了计算机的禁锢，存在于整个网络之上。而3G技术的发展，进一步拓宽了计算的范围，将我们目之所及全部纳入到计算的范畴之中。云计算因应而生，而IT行业还没有为此准备好。在服务器领域Google、Amazon、VMware大幅拓展了计算的概念；终端领域，苹果公司的iPhone、iPad率先开创了一种新的产品形式。林林总总新的计算形式，已经使现有的操作系统不堪应付。所有的操作系统厂商，都不约而同地更新产品目标。变化在不断地发生，不断地提供着新的机会。

由于产业技术的飞速变化，导致战略性研发风险骤增，为降低风险和迅速占有领域优势地位，软件行业近年来出现大量的并购事件。软件巨头们通过资本的力量网罗优秀的小型软件公司，以便补足自身的短板。在这种形势下，软件企业过多地投入战略性技术研究，既无法满足现在的竞争速度，也将带来较大的经营风险。除了更加充分地利用开源软件的力量，国家部署的战略性的技术研究将会在弥补企业研发投入方面发挥重要的作用。如何有效地将企业研发需求与国家的战略科研布局有效结合，是摆在政策制定者面前的一个挑战。

中科红旗在十年的发展中，幸运地赶上了中国软件发展的黄金十年。在国家启动面向软件产业的政策伊始便乘上了产业巨舰，并在这个不断完善的产业环境中经历了从初创到成熟的蜕变。中科红旗也许不算优秀，但在这十年的探索中，以开源软件作为技术基础，立足本土，开拓国际，为中国软件公司提供了一个可参照的发展实例。在下一个十年，正是中国经济转型的重要时期，本土的需求将大幅增加，为红旗提供了更大的发展空间。而本土软硬件厂商的能力，也将进一步增强，一个更加完善成熟的产业链，必将迎来收获的季节。

第十三章 “青鸟软件”——政策引导，自主创新

从2000年到2010年，在整体规模不断扩大、产业结构日益丰富合理、竞争也愈发激烈的中国软件服务产业市场中，企业只有通过坚持自主创新，以富有竞争力的核心技术作为赢得市场先机、保持持续快速发展的动力，才能在变革中不断增加竞争力，日益发展壮大。

青鸟软件股份有限公司（以下简称“青鸟软件”）作为中国领先的信息技术与行业软件服务供应商及旗舰企业，成功实现了多项自主技术创新和成果应用；通过加强国际合作，把握行业发展脉搏，充分利用最佳的行业实践，为客户提供创新、适用、完整的信息化解决方案及端到端（End to End）的信息技术服务，成功实现了以技术和服务最大限度地为客户创造价值的企业使命。

为配合国家相关政策的完善与出台，青鸟软件积极主动地练好内功，为即将到来的一切机遇和挑战做好最充分的准备。青鸟软件针对自身发展的客观需求，将注意力集中在“自主研发，打造核心竞争力”“优化管理，提升企业软实力”“开拓市场，聚焦客户满意度”等方面。在新经济下企业转型服务领域，青鸟软件始终注重把握市场规律，深入挖掘用户需求，提供差异化产品和服务，在咨询服务、软件开发、系统集成及运维服务4个核心业务领域积累了世界领先的专业技术和服务经验，与50多家国际著名管理咨询公司和软硬件厂商结成战略合作联盟，与3 000多家国内集成商密切合作，为数万家客户提供信息技术服务和应用软件解决方案及相关服务，在金融、能源、政府及企业领域建立起了卓越的声誉和品牌，是客户最佳的信息技术发展战略合作伙伴。

目前，青鸟软件总部设在北京，并以上海（华东区）、广州（华南区）、武汉（华中区）、成都（西南区）、西安（西北区）、长春（东北区）六大区域为中心，在28个省（直辖市）分别设立了分公司或办事处，并在深圳、上海、长春、武汉成立了四大软件研发基地，已经建立了覆盖全国的软件研发、营销和服务网络体系。在2008年爆发的全球范围内的金融危机中，青鸟软件不仅依然保持着强劲的发展势头，还融合了更多的创新型优势业务，在中国IT市场中脱颖而出，赢得了业界普遍认可和赞誉。为企业未来发展赢得了先机。

回首来路，在为取得的成绩欢欣鼓舞的同时，青鸟软件也将继续立足国内，面向全球，坚持创新，不懈追求，努力成为融合国际经验、最富影响力和品牌价值的中国信息技术和软件服务供应商，着力打造民族软件服务品牌，全面深入地推动软件产业发展，为中国的信息化建设下一个“辉煌十年”做出更多积极贡献。

展 望 篇

第一章　我国软件和信息技术服务业“十二五”发展战略分析和展望

国发 18 号文发布以来，我国软件业持续快速发展，产业规模不断扩大，创新能力快速提升，应用服务水平不断提高，企业实力不断增强，已具备再上新台阶的坚实基础。在我国经济转方式、调结构的宏观背景下，我国信息化和工业化两化融合进程正在深入进行，全球软件业的产业转移在逐渐深化，产业融合转型呈现加速发展势头，这对软件业发展提出了更高的要求，产业发展面临新的机遇。“十二五”期间，需要进一步优化产业发展环境，提高产业自主创新能力，全面提高对国民经济和社会发展的支撑服务能力，推动软件业又好又快发展。

一、产业发展面临的形势

全球软件技术和产业新一轮变革的趋势，为我国带来了创新突破、同台竞技的重大机遇，也带来更加严峻的挑战。

（一）发展的机遇

从机遇看，未来 10～20 年，是我国软件和信息技术服务业打破跨国公司长期垄断核心技术的难得的“时间之窗”。

第一，全球软件产业格局重新洗牌，将为后发国家实现追赶和跨越带来更多机会。软件技术和产业格局孕育着新一轮重大调整，软件产业发展呈现出网络化、服务化、平台化、智能化和融合化等重要趋势。在技术新旧范式交替时期，一方面，跨国公司原有的技术垄断地位受到挑战，对后发国家的技术锁定效应大大降低；另一方面，以云计算为代表，网络时代商业模式创新对产业发展的影响日益突出。在此背景下，软件技术创新速度将明显加快，服务的新业态、新模式将不断涌现。

第二，推进“两化”深度融合和培育战略性新兴产业给软件产业带来巨大市场空间。我国作为后发国家拥有大国优势，庞大的市场是促进技术创新的一项宝贵的战略资源。推进“两化”深度融合、培育发展战略性新兴产业，为我国新一轮软件技术发展提供了广阔的创新和应用空间。从云计算、物联网等新兴领域发展态势看，尽管我国与美国还有一定差距，但与日本、韩国的差距不大，基本处在同一个起跑线上。

第三，工业和信息化部大部制改革迈出坚实步伐，为软件和信息技术服务业又好又快持续发展提供了难得的组织优势。工业和信息化部可以从研发、制造、应用、服务等环节，打造完整的产业链和良好的产业发展生态环境，同时可以充分发挥需求侧的牵引作用，通过推进“两化”深度融合、走新型工业化道路，为软件和信息技术服务业提供更加广阔的发展空间。

第四，以 4 号文为代表的国家政策，将为进一步加快软件产业发展营造更加完善的环境。2011 年 1 月 28 日，国务院印发《进一步鼓励软件产业和集成电路产业发展的若干政策》(国发［2011］4 号文)。国发 4 号文延续了国发 18 号文基本精神，统筹了软件产业创新、应用和服务等各个环节，针对产业发展的薄弱环节及创新能力不强、产业层级不高、始终处在价值链的中低端等问题，综合运用财税、金融、教育、市场和政府采购等多种措施，进一步完善了产业政策体系，优化了发展环境。

（二）面临的挑战

从挑战看，跨国公司围绕新一代软件技术和产业的国际竞争加剧，我国实现跨越发展的机会稍纵即逝。

第一，美国等发达国家正在加紧部署，大力支持新一代软件技术和产业发展。国际金融危机以来，美日韩等国为继续保持国际竞争优势，纷纷出台新的战略和政策，投入大量资金和资源，重点支持面向互联网的软件产业发展。跨国公司利用雄厚的资本和人才优势，加快新技术、新模式、新业态研发创新速度，频繁并购新兴企业，加速推进新一轮业务转型和产业整合。

第二，新时期软件技术创新和产业变革的空间巨大，更加凸显出我国技术创新体系的薄弱。我国迫切需要加快解决研发投入不足、以企业为主体的技术创新体系还不完善、缺乏具有国际竞争力的大企业等“短板”问题，加快形成高效的技术创新体系，否则，我们将输在新一轮竞争的起跑线上，未来 20 年将继续陷入“受制于人”的泥沼。

第三，我国软件和信息技术服务业仍属于“幼稚”产业。与世界先进水平相比较，产业占电子信息产业的比例仍很低。发达国家根据发展情况不同，软件和信息技术服务业占电子信息产业的比例在 50%～70%多之间。据统计，美国的软件业务收入在信息产业中的比例占到 72%。我国软件和信息技术服务业在电子信息产业的比例只达到 18%。产业集中度不高，与一流跨国公司同台竞技的大企业少，企业综合实力不强。由于核心技术受制于人，发达国家对我国产业进行技术封锁，跨国公司利用技术和市场优势进行不正当竞争，不断遏制国内企业发展。另外，管理层面对需求侧牵引作用重视不够，也是一个不容忽视的问题。

二、“十二五”时期产业发展趋势

从国际形势看，“十二五”期间，软件技术和产业格局孕育着新一轮重大调整。网络计算日益普及，基础硬件水平快速提升，应用需求持续深化，商业模式不断革新，推动着全球软件和信息技术服务业进入产业转型时期。

（一）网络化趋势

网络化成为软件技术发展的基本方向。计算技术的重心正在从计算机转向互联网，互联网成为软件开发、部署与运行的平台，将推动整个产业全面转型。软件即服务（SaaS）、平台即服务（PaaS）、基础设施即服务（IaaS）等不断涌现，无论是泛在网、物联网还是移动计算、云计算，都是软件网络化趋势的具体体现。

（二）服务化趋势

服务化成为软件产业转型的本质特征。软件构造技术和应用模式正在向以用户为中心转变。云计算是软件服务化的一种主流模式，它可以按照用户需要动态地提供计算资源、存储资源、软件应用等资源，具有可动态伸缩、使用成本低、可管理性好、节约能耗、安全便捷等优点。在服务化趋势下，向用户提供软件服务所带来的体验成为竞争的决定因素。

（三）智能化趋势

智能化是软件技术发展的永恒主题。智能化是在海量信息基础上实现知识的自动识别，赋予信息系统自适应能力，大幅提高资源配置效率。软件的感知范围逐步由温度、水、气、物体等物理形态向意识思维领域拓展，软件将能够从复杂多样的海量数据中自动高效地提取所需知识，软件开发语言更加高级化和开发工具更加集成化等方面。

（四）平台化趋势

平台化是软件技术和产品发展的新引擎。操作系统、数据库、中间件和应用软件相互渗透，向一体化软件平台的新体系演变。硬件与操作系统等软件整合集成，可降低IT应用的复杂度，适应用户灵活部署、协同工作和个性应用的需求。平台化趋势下，软件的竞争从单一产品的竞争发展为平台间的竞争，未来软件产业将围绕主流软件平台构造产业链。

（五）融合化趋势

融合化是软件技术和产业发展的新空间。软件技术和产业正步入高度分化基础上的高度融合阶段。一方面，软件的技术体系、业务领域越来越专业化，另一方面，软件与硬件、软件与网络、产品与业务、软件产业与其他产业之间相互融合不断深化。融合化趋势催生了大量新技术、新模式、新业态，创造了巨大的市场需求。

三、软件和信息技术服务业“十二五”规划思路

“十二五”是夺取全面建设小康社会新胜利的关键时期，也是我国软件和信息技术服务业做大做强的重要阶段。软件和信息技术服务业的发展，不仅直接关系到我国信息产业核心竞争力的提升，而且关系到建设现代产业体系，推进信息化和工业化深度融合，走新型工业化道路的进程。面对全球化的挑战和发达国家的先发优势，我国软件和信息技术服务业也面临着新的机遇和考验。当前，进一步加强政府引导，统筹各方资源和条件，促进我国软件和信息技术服务业发展变大变强，已是当务之急。

“十二五”时期，要大力实践“科学发展、率先发展”的主题，履行做大做强软件和信息技术服务业、全面支撑国民经济和社会发展的双重历史使命，发挥对经济增长的倍增器、产业升级的助推器、发展方式的转换器和新兴产业的孵化器的作用，实现为新型工业化服务、为国民经济和社会信息化服务。

根据上述思路，我们提出了“十二五”时期的发展重点。

第一，大力促进软件业和信息技术服务业变大变强。保持产业平稳快速发展，到2015年，业务收入突破3万亿元，年均增长20%以上，出口突破600亿美元。产业结构质量效益得到全面提升，创新能力显著增强，应用水平明显提高，对经济社会发展的支撑能力显

著增强。

第二，以培育龙头企业为抓手，提升行业核心竞争力。进一步优化产业发展环境，提高产业发展质量和水平，加快提升企业技术创新和自我发展能力，提高应用开发水平，完善产业链，培育一批有实力和影响力的行业领先企业。

第三，着力提升创新能力。以国家重大专项和电子发展基金为抓手，扎实提升技术能力，支持云计算、物联网、移动互联网等新兴技术研发和产业化，建立以企业为主体的高效的产业创新体系。

第四，产学研用结合成为产业发展的支撑模式。贴近国民经济和社会发展的重大需求，顺应变化拓展的市场需求，发挥政府的引导作用，以企业为主体，以技术能力、产业能力、市场能力、服务能力融合为主要方法，走出符合国情和产业特征的产学研用结合实践道路。

第五，加快完善行业规范。进一步健全政策和法律法规体系，加强知识产权保护，规范市场秩序，营造良好发展环境。坚持依法行政，做好行业管理工作。

四、软件和信息技术服务业"十二五"发展目标预测

"十二五"期间，促进软件和信息技术服务业发展的政策体系将不断完善，产业发展的外部环境将不断优化，预计我国软件和信息技术服务业仍将以较快的速度发展，产业规模持续增长，产业结构不断升级，产业布局日趋合理，推广应用水平不断提高，自主创新能力不断提升，企业竞争实力不断增强，支撑产业发展的人才队伍不断壮大。

（一）产业规模目标

"十二五"期间，据了解，北京、上海、广东等产业集聚的省市制定的发展目标都超过25%的增长率，因此软件业仍然将维持较快的发展速度。根据低中高的预测方案，2015 年，北京、上海、广东软件业的收入规模分别达到 2.5 万亿元、3 万亿元和 3.5 万亿元，2015 年软件业实现营业收入达到 3 万亿元是比较稳步的一个方案，届时占电子信息产业比例超过20%，出口将突破 600 亿美元，主要指标年均复合增长率超过 22%。

（二）产业结构目标

优化产业结构，提高结构效应，是产业发展的重要目标。服务化、网络化是产业发展的大趋势。2011 年开始，服务化趋势带来的结构效应和结构变革开始显现，服务性收入比例开始显著提高，到 2015 年预计超过 55%，软件产品比例下降到 45%。服务性收入占整个产业比例超过 50%，这是"十二五"期间软件业结构变化的一个里程碑式的指标。

（三）产业布局目标

产业集聚发展能力标志着综合发展水平。目前，我国形成了长三角、珠三角、环渤海三大东部产业集聚区，中西部、东北等老工业基地软件业发展能力显著提升，今后要根据资源优势原则实现差异化发展，加快形成利于发挥区域资源优势，能够发挥区域协同效应，实现差异化竞争的产业发展格局。同时，产业的城市化、基地化的集聚效应会进一步增强，到 2015 年，收入过千亿元的城市超过 15 个，各类专业园区主要经济指标占国内软件业比例超过 80%。

（四）应用推广目标

应用就是市场，应用是产品成熟度、竞争力的试金石，拓展应用是产业发展的关键。推广应用要以政府为突破口，进而向国民经济其他重点领域拓展，重点支持具有自主产权的创新软件产品和本土企业提供的软件服务，力争国产操作系统、数据库系统在政府、重点行业和重点领域的使用率超过60%。

（五）技术创新目标

技术创新目标涉及创新体系建设、创新能力提升等方面。目前基础软件还是瓶颈，要积极通过“核高基”和应用推广实现突破，提高产业的自主发展能力。我们要通过软件企业自身的技术改造提升软件企业创新能力，通过政策引导鼓励软件企业的技术改造。

（六）企业发展目标

软件业要达到 3 万亿元这样一个量级的规模，必须要有一定的产业集中度，大企业要起支撑作用。同时，形成中小企业协调配套、全面繁荣发展的局面。“十二五”期间，要重点培育出 10 家年销售额超过 100 亿元的骨干企业。目前，超百亿元企业已经有 3 家，10 家目标应该可以实现。

（七）人才建设目标

软件业发展依赖人才资本，人才是产业竞争的制高点，同时，产业发展依赖智力资本，专利、标准、诀窍等“智力资本”要素也是由人创造的。要实现产业持续发展，人才是关键。到 2015 年，软件服务行业从业人员预计将达到 500 万人，这需要新增就业 200 万人左右，这是个艰巨的任务。

五、“十二五”时期软件和信息技术服务业发展的主要任务

（一）突破基础性产品核心技术

尽快突破操作系统、数据库、中间件等基础软件领域关键核心技术，加快国产基础软件应用推广，提升国产基础软件产品可靠性和成熟度，提高系统集成应用能力。加快发展面向移动互联网、云计算、物联网应用的高端软件。

加强可信计算、安全防护、安全管理、安全检测/评估等关键技术的研发，提高国产信息安全产品和本土信息安全服务的市场份额，逐渐建立自主可控的信息安全保障体系。

（二）增强两化融合支撑能力

围绕工业产品研发设计、生产控制、市场流通等关键环节，加快工业软件研发和产业化，推动工业软件在交通、船舶、机械制造、汽车、石化、钢铁和轻工等主要行业和国民经济重点领域的广泛应用。

重点发展面向政府、金融、通信、交通、物流、能源、制造等领域的行业信息化集成应用解决方案，扶持信息技术相关服务业，提高国产应用软件的技术水平与集成服务能力。

面向工业装备、通信网络、汽车电子、消费电子、医疗电子、交通运输、环保监测等重点领域，积极开展嵌入式系统软件研发，进一步提高产业化水平和产品出口能力。

（三）提升信息技术服务水平

做大做强系统集成、信息技术咨询服务，加快推动信息技术服务外包业务向规模化、高端化方向发展。积极探索在三网融合、移动互联网、物联网环境下的软件服务模式创新，扶持各类新兴服务业态发展。

以集成电路（IC）设计、软件设计为重点，运用信息技术手段，提供高端化的设计开发服务，提升信息技术产品设计开发水平，增强产业竞争能力。

积极培育动漫游戏、数字出版、数字媒体、多媒体课件等数字内容加工处理业务，推动数字内容服务与网络服务一体化，促进互联网和移动增值内容服务业发展，加快文化产业与软件和信息技术服务业的创新融合。

六、推进“十二五”软件和信息技术服务业发展的重点工作

推进“十二五”软件和信息技术服务业发展的工作思路是：深入贯彻落实科学发展观，坚持走中国特色新型工业化道路，以科学发展为主题，以加快转变经济发展方式为主线，以结构调整为主攻方向的要求，转变发展思路，结合全球网络通信业发展趋势，实施差异化发展战略，营造良好环境，培育大企业，提升产业创新能力，加强行业规范管理，产学研用结合，发展和提升软件产业，推进信息技术服务业和生产性服务业，为“两化”深度融合服务。

（一）加大政策支持力度，做好国发 4 号文的贯彻落实工作

加大政策支持力度，做好国发 4 号文的贯彻落实工作。一是发挥行业主管部门的作用，进一步加强“双软认定”工作体系建设。二是加强与发改委、财政部、税务总局等相关部门的协调配合，加快推动政策落实到位。地方行业主管部门要在国家产业主管部门和各级地方政府的指导和支持下，为软件产业发展争取更大支持。① 结合地方实际，研究出台贯彻国发 4 号文的相关配套政策和实施细则。② 努力会聚资源，进一步加大资金扶持力度，推动软件和信息技术服务业更好地为地方经济社会发展重大应用服务。③ 充分发挥国发 4 号文的引导作用，加强对企业技术创新的支持，抓好人才队伍建设，规范市场秩序等产业发展的基础工作，进一步优化产业发展环境。软件行业协会、公共服务机构以及支撑机构，要按照国发 4 号文的有关精神和要求，配合行业主管部门做好“双软认定”等具体工作。

（二）不断完善行业规范，引导产业有序发展

抓紧研究解决软件价值低估，招标中不合实际的“最低价格中标”，不正当竞争，知识产权保护，软件正版化，安全可控软硬件推广应用，软件资产管理等重大问题，提出解决方案和应对措施。

扎实开展标准化工作，研究编制软件业和信息技术服务业标准体系。以标准体系为指南，及时制定和发布技术和产业发展急需的标准。推进标准验证工作和应用试点。进一步提升国际标准制定话语权。

地方主管部门、各级行业协会在完善行业规范方面负有重要责任，是做好行业规范的基础所在。一要积极参与上述重大问题研究、标准的制定及验证试点工作。二要引导企业

加强行业自律，配合相关部门规范市场竞争行为，营造公平的市场竞争环境，努力促进全国统一大市场的形成。

（三）重点培育龙头企业，发挥辐射带动作用

一是梳理重点行业，确定每个行业的龙头企业，以与世界级企业同台竞技为目标，准确定位，找出差距，制定有针对性的发展目标。二是综合运用政策、规划、标准、资金、项目和行业管理等手段措施，全方位、多角度持续支持龙头企业做大做强。三是以收入前百家企业管理为抓手，树立行业典范，总结推广企业变大变强的新鲜经验和成功做法，带动更多企业由小变大，由弱变强。

地方行业主管部门一要依托经济和社会发展重大需求，引导优势企业兼并重组整合，实施大企业战略、品牌战略、知识产权战略和标准化战略，培育龙头骨干企业。二要加强分类指导，发挥骨干企业辐射带动作用，促进中小企业协作配套发展，营造产业发展的良好生态环境。

（四）强化技术创新，加速提升产业创新发展能力

组织实施好“核高基”重大专项和电子发展基金项目，加强应用和系统带动，扩大操作系统、数据库、中间件、办公软件在政务和重要行业的应用，进一步深化电网、安监、审计、税务等领域的应用。

对重点支持的网络化操作系统、新一代搜索引擎及浏览器、智能海量数据资源中心等新型网络化基础软件和重大应用软件的研发与产业化项目，要加强监督检查，务必实现项目规定的质量和进度要求。

地方行业主管部门一要做好“核高基”重大专项和电子发展基金项目的具体组织实施工作，确保配套资金到位。二要加强对项目实施企业的指导、服务和监督，促其切实负起项目承担主体的责任，并对项目具体进展情况、存在的问题及时上报。三要通过技术能力、产业能力、市场能力、服务能力融合，推动项目成果率先在地方经济社会发展重大应用中推广，在应用中实现产业化。

（五）扶持产业基地发展，着力推进“中国软件名城”“国家软件和信息服务业示范基地”创建工作

发挥软件名城示范带动作用，促进软件和信息技术服务业在主要城市集聚发展和提升。一是与江苏省、南京市研究提出南京市“中国软件名城”发展提升计划，推进南京市软件和信息技术服务业再上新台阶。二是建立和完善部省市合作机制，发挥城市积极性，明确思路，落实配套措施，整合政策资源，加速推动济南、成都、广州、深圳做好“中国软件名城”创建工作。

启动“国家软件和信息服务业示范基地”创建工作，相关文件发布后，请地方行业主管部门积极组织符合条件的基地、园区开展申报和创建工作。

（六）加快发展信息技术服务业，大力发展生产性服务业

一是顺应基于网络的信息技术服务业发展趋势，推动系统集成企业转型升级，积极培育在线支持维护、网上支付结算、移动支付、信息技术咨询、数据处理和运营维护、游戏

动漫、云计算服务、设计与开发服务等新业态，提升承接服务外包的能力。二是启动系统集成资质企业运行维护能力评价试点，探索适合信息技术服务新模式、新业态发展的行业管理办法。三是利用国家鼓励大型企业服务外包的产业机遇，研究有效措施，大力发展服务外包（BPO、ITO）；推动政府将一般性 IT 业务外包，培育软件和信息服务内需市场；对工业和信息化部授牌的新型工业化产业示范基地提出明确的服务外包要求。

同时，大力发展生产性服务业。进一步深入调查研究，编制发展生产性服务业指导意见。整合资源，发挥大部门全产业链优势，在工业软件、现代物流、电子商务、管理咨询、信息服务等领域，大力推动服务产品与服务模式创新，促进生产性服务业与先进制造业有机融合。加强软件公共服务平台建设，开展面向中小企业的软件即服务（SaaS）。出台《加快发展高技术服务业的指导意见》，做好云计算服务创新试点示范工作。

地方行业主管部门要高度重视信息技术服务业和生产性服务业的发展，围绕经济社会发展需求制定产业发展目标、思路和措施，提出工作计划，并务实推进。

（七）明确思路和方案，做好行业管理工作

推进人才培养工作。一是制定软件和信息技术服务业领军人才培育十年计划。二是组织实施软件和信息技术服务业领军人才培育工程，从 2011 年开始每年选 50 名左右进行滚动培养。在国家重大专项和其他项目申报中，明确要求领军人才培养对象参与项目管理和技术团队。三是以中国软件名城和示范基地创建工作为依托，加快建设领军人才培育基地。以龙头企业为主体建立领军人才培育体系。四是引导鼓励地方和企业制定领军人才激励政策，创新领军人才奖励政策和分配体制，创造领军人才脱颖而出的成长环境。加大国际化人才引进力度，大力引进优秀行业领军人才。

坚持依法行政，做好行业管理工作。围绕培育大企业，加强信息系统集成资质管理工作，把系统集成资质和监理资质作为推动软件和信息技术服务业发展的关键环节，作为推动软件正版化和安全可控软硬件应用的重要抓手，在调查研究基础上，形成新的工作思路和方案。

地方主管部门要做好三、四级系统集成资质企业认定工作，做好一、二级企业认定的推荐工作。要高度重视软件正版化工作，形成推进软件正版化的长效工作机制，有效应对不正当竞争行为，完善相关制度，维护市场秩序和消费者权益。

第二章 发展专题研究

一、物联网发展的认识与思考

展望未来，在国发 4 号文政策推动下，信息产业将会迎来一个蓬勃发展的“白金十年”，而物联网技术和应用的发展将会是“白金”上镶嵌的一颗“钻石”，获得令人瞩目的快速发展。

在国民经济和社会发展“十二五”规划中明确提出，物联网将会在智能电网、智能交通、智能物流、金融与服务业、国防军事十大领域重点部署。据有关消息称，其中智能电网总投资预计达 2 万亿元，居十大领域之首，预计到 2015 年物联网的产业规模将达到 2 000 亿元。

（一）物联网的本质认识

1．物联网提出的背景

1999 年，美国麻省理工学院（MIT）研究 RFID 的 Auto-ID 中心主任 Kevin Ashton 教授最早提出了物联网（Internet of Things）的概念，当时他构想，把 RFID 技术与传感器技术应用于日常物品中形成一个网络。同年该研究中心进一步明确“物联网是成千上万的物品采用无线接入方式接入了 Internet 的网络”。2005 年国际电信联盟发布了《ITU 互联网报告 2005：物联网》，进一步描绘了物联网的时代愿景：物联网主要解决物品与物品、人与物品、人与人之间的互连。2008 年 IBM 提出了智慧地球的概念，认为智慧地球=互联网+物联网，即把传感设备安装到电网、铁路、桥梁、隧道、供水系统、大坝、油气管道等各种物体中，并且普遍连接形成网络。在国际金融危机背景下，美国奥巴马认为智慧地球是挽救危机、振兴经济，确立美国在未来竞争优势的关键所在，并将其上升为美国的国家战略。日本于 2009 年 8 月宣布了 I-Japan 计划，将物联网列为国家重点战略之一。韩国于同年 10 月通过了《基于 IP 的传感器网基础设施构建基本规划》，将传感器网作为市场发展的新动力。

2．物联网的内涵

物联网是通过射频识别（RFID）、传感器、红外感应器、全球定位系统、激光扫描器等信息传感或识别设备，基于实际应用需求，按约定的相关协议，把需要互联的物品与网络连接起来，进行信息交换和通信，以实现智能化识别、定位、跟踪、监控、控制和管理。它是在传统互联网基础上的延伸和传感网的扩展应用（见表 60）。

物联网的实质就是信息技术的高度集成和综合应用，物联网将促进信息技术在各行各业更广泛、更深入的应用，进一步拓展客观世界的信息化范围，其本质是对物理世界的“感、知、控”，实现与现实空间的高度融合，它将改进政府、公司和人们相互交互的方式，以便提高交互的明确性、效率、灵活性和响应速度，人类可以以更加精细和动态的方式管理生产和享受生活。

表 60 物联网的内涵

类 别	内 涵
互联网	人与人之间交互信息的网络，利用互联网进行信息交流，实现信息资源共享
传感网	通过传感器感知信息，不强调对物体的标识，很少涉及 RFID
	从目标特征上看，传感网探测和判断的更多是未知的人或物，RFID 是标识已知物品
	传感器是传感网的基础
物联网	物物相连，人物相连，强调的是感知和认知
	与传感网相比，物联网的范围更广，还包括通过已知的物体进行 RFID 等标识，并将相关数据进行传输及后期分析，以实现对物体的智能化控制
	物联网不仅是互联网的延伸，也可以与电信网、广电网等公网互联
泛在网	关注的是人人，人物，物物在任何时间、任何地点进行更广泛的交互，获取任何需要的信息

3. 物联网的特征

从感知、传输、应用和安全角度来看，物联网具有 4 个显著的特征。

第一，更透彻的感知性。基于泛在的传感器网络，人们可以随时随地感知、捕获和传递来自物理世界的信息，实时感知和利用经济、社会，生产、生活等各方面信息。基于电子标签，人们可以对大量、各类物品进行身份标识，可以精确地远距离识别物品，扩大了对物品的管理时间和空间范围，使人类更清醒地认识世界。

第二，更全面的连通性。物联网可以通过互联网、电信网、广电网、电网及其他专网等各种形式互联互通，将个人电子设备、组织和政府信息系统中收集和储存的分散的信息及数据连接起来，进行交互和共享。从而更好地对环境和业务状况进行实时监控，从全局的角度分析形势并及时解决问题，使得社会生产通过多方协作来更好完成。

第三，更深入的智能性。物联网的信息处理能力强大，使用先进信息技术来进行复杂的数据分析、汇总和计算，整合和分析海量的跨地域、跨行业和跨部门的信息，并将特定的知识应用到特定行业、特定的场景、特定的解决方案中以更好地支持决策和行动。

第四，更要注重安全性。物联网的广泛部署和应用，意味着将由无所不在的信息终端和智能节点构成复杂的异构网络。由于这些终端和节点的数量巨大，各种传输网络的结构千差万别，很难对所有节点和整个网络进行可靠的监控，潜在的软件、硬件、网络等漏洞缺陷将成为引发故障、灾害的不容忽视的风险源。要高度重视物联网的安全性。

4. 物联网关键技术

物联网的关键技术主要体现为信息采集、传输、处理应用、安全技术。

1）感知层关键技术

（1）统一标识技术。需要攻克的是如何处理物体的组合、合成、拆分、替代、消亡带来的标识的变化，不透明的标识与匿名机制，虚拟物体的 ID 分配等问题。

（2）RFID 技术。需要攻克超高频和微波频段的 RFID 芯片、天线技术，RFID 中间件、标签防碰撞算法、安全认证协议、应用解决方案等问题。

（3）传感器技术。需要应用新理论、新技术，采用新工艺、新结构、新材料，研发各类新型传感器，向体积小、低功耗、自供电等方面发展，提升传感器功能与性能，降低成本。

（4）传感器自组网技术。需要攻克网络体系架构、自治组网技术、协同感知技术和网络安全技术等。

2）传输层关键技术

（1）传感网与通信网的融合技术。实现各种传感网络的互联、广域的数据交互和多方共享，以及规模性的应用。

（2）大信息量传输通信网技术。需要研究物联网与现有网络混同承载、区别承载、独立承载技术，需要利用新材料研发新型传输网络，以承载海量信息传输。

（3）三网融合技术。电信网、广电网、互联网融合技术。

3）处理层关键技术

（1）中间件技术。需要解决 3 个最关键的问题：数据过滤、数据聚合和信息传递，以实现语义准确互通，以满足物联网在混合组网、异构环境下的高效运行。

（2）云计算技术。需要攻克云计算架构技术、快速部署技术、资源调度技术、多租户技术、海量数据处理技术、大规模消息通信技术、大规模分布式存储技术、安全技术等。

（3）系统集成技术。需要加强功能集成、网络集成、软硬件操作界面及智能控制、系统级软件或中间件等技术研发。

4）安全和隐私技术

需要保证物联网信息的完整性——信息和数据是不可伪造和篡改的；真实性——采集到的信息和数据应反映实际情况；机密性——传输的信息和数据对于他方是机密的；隐私性——信息和数据不泄露给他方；可用性——整个系统应该稳定可靠。

5．物联网产业链分析

物联网的产业链错综复杂，从厂商或服务商的角度，我们认为物联网产业链主要包括核心感应器件提供商、设备提供商、网络提供商、软件与系统解决方案提供商、系统集成商、运营及服务提供商六大环节。

（1）核心感应器件提供商。感应器件是物联网标识、识别及采集信息的基础和核心，感应器件主要包括 RFID、传感器、智能仪器等。拥有自主知识产权的感应器件的研发、设计和制造是当期我国物联网产业发展的重点。

（2）设备提供商。感知层的末端设备具有一定独立功能，典型设备包括射频识别设备、传感系统及设备、传感执行器、智能控制系统及设备、GPS 设备、末端网络产品设备等。

（3）网络提供商。对于物联网数据传输提供支撑和服务，包括互联网、电信网、广电网、电网、专网及其他网络等。

（4）软件与系统解决方案提供商。对传感层采集来的数据进行初步加工，使得众多采集设备得来的数据能够统一，便于信息表达与处理，使语义具有互操作性，实现共享，便于后续处理，应用和服务于各行业或各领域的系统软件企业，以及提供各种解决方案。

（5）系统集成商。根据用户需求，将实现物联网的硬件、软件和网络集成为一个完整解决方案提供给客户的厂商。

（6）运营及服务提供商。为用户提供物联网网络连接、应用平台、行业解决方案、测试认证、信息咨询、计费等服务，实现终端接入控制、终端管理、行业应用、业务运营、平台管理等服务。

（二）物联网产业发展现状

1．发展现状

1）国际发展现状

目前，全球物联网相关的技术标准、产业发展和应用服务尚处于起步阶段。为抢占经济科技制高点，欧美、日韩等发达国家纷纷将物联网产业提升到国家发展的战略高度，将其作为新一轮产业发展的重点，积极开展物联网技术研究、标准制定，加快推动物联网基础设施建设，着力推进物联网产业发展。美国提出《美国创新战略》，将物联网作为振兴经济、确立优势的关键战略；欧盟发布了下一代全欧移动宽带长期演进与超越及ICT研发与创新战略，并制定物联网行动方案，公布了涵盖标准化、研究项目、试点工程、管理机制和国际对话在内的物联网领域14条行动计划。日本提出“U-Japan”和“I-Japan”战略并将物联网作为发展重点，还出台了数字日本创新项目ICT鸠山计划行动大纲。韩国出台《物联网基础设施构建基本规划》，重点提出构建物联网基础设施、发展物联网服务、研发物联网技术、营造物联网扩散环境四大领域。澳大利亚、新加坡、法国、德国等其他发达国家也加快部署了下一代网络基础设施的步伐。

在技术标准方面：目前，国际上物联网核心技术尚不成熟，标准体系尚在建立。中国、美国、德国和韩国是世界物联网领域标准的重要制定国。ISO/IEC在传感器网络，ITU-T在泛在网络，ETSI在物联网，IEEE在近距离无线，IETF在IPv6的应用，3GPP在M2M等方面纷纷启动了相关标准研究工作，但物联网发展的关键技术标准和协议尚未统一。

在产业发展方面：一方面，产业上初步形成了传感器与RFID等感知制造、网络设备及终端、嵌入式系统等基础支撑产业在内的物联网制造业，以及通信网络服务、云计算等应用基础设施服务、软件与集成服务和应用服务在内的物联网服务业。其中，传感器、RFID等关键领域已经形成一定产业规模。2009年，全球传感器产业规模接近600亿美元。其中，美国、德国、日本的需求量最大，流量传感器、压力传感器、温度传感器的市场规模最大。全球RFID产业规模接近60亿美元。另一方面，产业关键领域竞争较激烈。美国、欧洲、日本等国意图通过掌控传感器节点核心芯片、微操作系统及智能计算等关键环节，主导物联网产业发展。大型跨国公司通过制定技术标准、控制核心技术、并购扩大规模、加强产业链整合，不断巩固在全球竞争中的领先地位。例如，飞利浦、西门子、ST、TI等半导体厂商基本垄断了RFID芯片市场；IBM、HP、微软、SAP、Sybase、Sun等国际巨头抢占了RFID中间件、系统集成研究的有利位置；美国霍尼韦尔（Honeywell）公司、福克斯波罗（Foxboro）公司、恩德福克公司（Endevco）公司、英国贝灵巧（Bell&Howell）公司、荷兰飞利浦、日本索尼、俄罗斯热工仪表所等美欧日俄厂商在传感器市场实力较强。

在应用服务方面：全球各国已经在一些领域加快应用推广，应用领域主要集中在交通物流、工业控制、环境监控、智能安防等行业领域，移动通信运营企业纷纷开发物联网业务与应用，但面向大众的应用服务刚刚起步，大多仍处于试验阶段。

2）国内发展现状

我国高度重视物联网产业的发展，将物联网作为战略性新兴产业予以重点关注和推进。国务院2006年发布的《国家中长期科学和技术发展规划纲要（2006—2020年）》中关于“重要领域及其优先主题”“重大专项”和“前沿技术”部分均有涉及物联网的内容。温家宝总理2009年11月3日在向首都科技界发表题为“让科技引领中国可持续发展”的讲话时，明确指出“要着力突破传感网、物联网关键技术，及早部署后IP时代相关技术研发，使信息网络产业成为推动产业升级、迈向信息社会的‘发动机’”。2010年两会政府工作报告提出要培育战略性新兴产业，加快物联网的研发应用。经过多年的努力，我国物联网产业起步良好，具备了一定的技术、产业和应用基础。

在技术标准方面：我国早在十多年前就开始了物联网相关领域的研究，技术和标准与国际基本同步。一方面，我国为推进物联网技术研发和标准制定提供巨大支持，一是建立了国家传感信息中心、无线传感器网络实验室、传感器产业基地等一批专业研究机构和产业化基地。二是成立了由全国11个部委下属的19个标准工作组共同组成的中国物联网标准联合工作组，组织各成员单位在已有成果的基础上，共同开展物联网技术的研究。例如，闪联IGRS国际标准已被ISO采用，重点支持构建智能家居系统；全国工业过程测量和控制标准化技术委员会重点研究制定智能传感器标准框架。另一方面，在电子信息产业发展基金、国家科技重大专项等基金和计划的重点支持下，清华大学、北京大学、北京邮电大学、中国科技大学、中国科学院等高校科研院所及华为、中兴通讯等企业在物联网及相关领域进行了科研和产业化攻关，突破了一批关键技术，并在国际标准制定中取得一定话语权。目前，我国在芯片、通信协议、网络管理、协同处理、智能计算等领域的技术攻关取得初步成果，RFID标准体系初步形成，传感网标准工作开始启动。

在产业发展方面：产业领域正在初创阶段，物联网相关设备制造业和服务产业保持快速发展，部分领域已经形成一定产业规模。一是RFID产业从无到有，产生了包括远望谷、东信和平、上海贝岭、同方微电子、大唐微电子、厦门信达、航天信息、新大陆等上市公司在内的过百家企业，形成了涵盖标签、读写器、系统集成等较为完整的产业链，近年年均增长超过20%。2009年，RFID产业规模达到85亿元人民币。其中，在低频和高频领域，企业较为集中，产品精度和性能稳定上均已达到国际水平，发展比较成熟；在超高频领域，企业为数不多，成熟产品开始出现，制造工艺在不断提升和改进，发展处于逐渐成熟阶段；在微波领域，企业多处于研发阶段，成熟产品和批量化产品比较少，与国外差距比较大，发展处于不太成熟的阶段。二是传感感应方面建立起敏感原件与传感器产业，我国在生物传感器、化学传感器、红外线传感器、图像传感器、工业传感器等领域掌握了专利，包括长电科技、华东科技、华工科技、大立科技、歌尔声学和大华股份等上市公司在内的一批传感器相关企业迅速发展。2009年，我国传感器产业规模接近600亿元人民币。三是物联网服务业正在起步，中国移动、中国电信、中国联通等电信运营商纷纷积极推广多种物联网业务与应用，M2M服务高速增长。

在应用服务方面：物联网示范应用初步展开，目前物联网已在智能电网、智能交通、智能物流、智能家居、环境保护、医疗卫生、金融服务业、公共安全、国防军事等领域得到广泛应用，示范效应初步显现。成功案例包括第二代身份证、奥运门票、世博门票、货物通关等。RFID 成为全球第三大应用市场。

2．存在的问题

1）各地发展规划雷同

物联网产业发展已成为当前热点，各地纷纷出台的物联网发展规划。我们比较分析了无锡、成都、北京、上海、杭州、江苏、福建、嘉兴、双流和佛山 10 个省市的物联网产业发展规划，发现存在以下问题：一是区域特色没能充分发挥，尽管各地的产业技术基础不同，但产业发展思路、发展重点、应用领域、保障措施等方面基本雷同；二是应用项目重复建设，各地示范应用项目大多集中在实施智能交通、智能物流、智能电网、公共安全、环保监测等方面；三是信息孤岛严重，各个区域、各个行业间，物联网采集的信息不畅通，信息资源不能共享，造成资源浪费。

2）商业模式有待探索

物联网应用成本较高，物联网的应用需求有待于进一步引导。目前物联网应用主要集中在城市应急管理、机场边界入侵等公共投资领域，多属政府投资推动。除交通、物流、电力等行业外，面向其他行业应用领域的成功案例很少，基于消费领域的需求尚未形成。行业和消费市场作为物联网的主要应用领域，其商业模式有待进一步探索。

3）核心技术有待突破

企业研发投入不足，创新能力有待提高，创新体系尚不完善。物联网产业的核心关键技术有待突破，如超高频 RFID、新型传感器、低功耗传感网核心芯片及片上系统、中高速传感网节点基带和射频芯片、专用嵌入式操作系统、协同感知、应用优化、支持物联网应用的中间件平台研发等领域。

4）标准体系尚不完善

从全球看，目前各国在标识、频谱等关键资源和核心标准上竞争激烈，造成相关标准比较分散、体系还不完善。就我国看，物品编码标准体系尚未统一，加上每个应用领域争相制定各自领域的相关标准，进一步造成物联网标准体系的混乱。

5）产业化能力还不高

我国物联网企业数量较少、规模偏小，企业能力较弱，如传感器、智能仪器仪表企业 90%以上为小型企业。整体看，目前我国物联网产业体系初步形成，但产业化能力还不高，尚未形成规模化产业优势。

3．面临的挑战

环保污染问题、信息安全问题和产业安全问题将给物联网产业发展带来挑战。

1）环保污染问题

物联网在工业、农业、城市管理、公共安全、环境监测、医疗、交通等经济和社会领域广泛应用，使得 RFID、传感器等大量部署，这些感知器件、设备等材料将带来相当程度的环境污染。卫星、遥感设备等也会造成太空污染。另外，无线、射频等将对人体形成一定程度的伤害。这些是物联网产业发展面临的重要问题之一。

2）信息安全问题

物联网承载着大量的国家经济社会活动和战略性资源，如果一旦网络和技术出现问题，如遭到病毒攻击等，也许就会出现工厂停产，社会秩序混乱，给社会带来恐慌，甚至于直接威胁人类的生命安全。另外，更多企业和个人信息都放在物联网上，隐私权也得不到保护。如果物联网核心技术、关键产品及互联网根服务器始终被国外企业掌控，将面临巨大的安全隐患和隐私侵犯。

3）产业安全问题

物联网产业涉及信息安全问题同时，还涉及产业安全问题。物联网的应用很多还处于起步阶段，所涉及的产品和技术非常之多。如果某些企业凭借信息和技术优势，在某一领域或几个领域进行垄断，将严重阻碍物联网的发展和产业安全，损害其他企业和产业的技术创新、产品创新、商业模式创新能力，给整个产业的发展带来负面影响。我国物联网应用的市场空间巨大，如果我国本土企业的技术和产品缺乏，或者发展过缓，我国物联网市场将被国外企业占领，对我国的物联网产业发展将构成威胁。

（三）物联网产业发展规律

物联网产业发展是要遵循客观规律的，需要经历过一定的发展阶段才会不断走向成熟。揠苗助长和放任自流都不利于物联网产业健康发展。因此正确、客观分析物联网产业发展阶段，掌握物联网发展规律，明确各阶段的重点任务，对促进其循序渐进、又好又快发展至关重要。通过研究分析，我们认为我国物联网产业发展要经历起步阶段、培育阶段和成熟阶段。

1．起步阶段

起步阶段（20 世纪 90 年代—2009 年），物联网在实验室开始萌芽，并从出于科研目的的研究实验阶段起步，随着技术发展，不断扩大应用范围，演进到了小规模产业化和应用阶段。在该时期，尽管我国尚未明确提出物联网定义和提出大力发展物联网，但物联网的一些相关技术标准、网络基础、产业和应用已经开始自然发展起来了。该时期感知能力还比较弱，只是基于现有网络实现一些小规模的应用。该阶段特征是自发、无意识、零散、不成体系、规模小。

在技术标准方面，针对物联网相关领域的研究早在其概念产生前十几年前就已经开始了，在此期间我国一些科研部门、高等院校和企业开始在 RFID、无线传感网等物联网相关领域进行科研及产业化攻关，突破了一批关键技术，已经在芯片、通信协议、网络管理、协同处理、智能计算等领域取得初步成果。RFID 和传感器等技术实现了小规模的应用和产业化。一些标准工作组零散地分布在各个行业领域，进行物联网相关标准工作，并取得初步进展，RFID 标准体系初步形成，传感网标准工作开始启动。我国在国际标准制定中取得一定话语权。

在网络基础方面，由于该阶段物联网应用比较零散、不成体系，并未形成规模发展的态势，而且网络仅仅作为业务管道使用，因此现有网络的剩余能力完全可以支持物联网业务，还不需要对网络进行改造，该阶段网络处于混同承载阶段。

在产业发展方面，产业领域正在初创阶段。一是初步形成了传感器与 RFID 等感知制造、网络设备及终端等物联网制造业，以及通信网络服务、软件与集成服务和应用服务在内的物联网服务业，但产业链条还不成熟，传感器及芯片、中间件应用开发及系统集成等关键环节多为国外主导，国内厂商代工居多。二是产业规模还不大，仅在部分设备制造业领域形成一定产业规模。例如，RFID 产业从无到有，在 2009 年其产业规模达到 85 亿元人民币。传感感应方面建立起敏感原件与传感器产业，传感器产业在 2009 年的规模接近 600 亿元人民币。物联网相关服务产业刚刚起步，发展尚未成规模，电信运营商开始着手规划 M2M 应用，初期主要扮演数据通道的角色。

在应用服务方面，随着无线传感网、RFID 等相关技术发展，物联网应用在第二代身份证、奥运门票、物流通关等官方领域开始出现。在该阶段，应用需求较小，因此应用主要局限于政府、军方等官方领域，应用范围较小，尚未形成成熟的商业模式和消费市场。

2．培育阶段

在培育阶段（2009—2015 年），我国明确提出着力发展物联网产业，国家及地方政府开始有意识地培育物联网产业，制定产业发展规划。政府的引导和扶持将吸引更多的科研院校、企业、组织机构积极参与进来，带动物联网技术和产业加速发展，从而带来业务和应用种类的增加，物联网应用逐渐开始走进公众生活。在这种有意识地推动下，物联网产业进入快速发展阶段，将广泛实现物与物之间的互联，通过信息的有限感知和有限传送实现更大范围特定领域的应用。该阶段的主要特征是政府驱动、企业积极参与、开展示范应用项目、突破关键技术、制定相关标准、规模快速扩大、行业性和区域性特征明显。

在技术标准方面，政府有意识地扶持重点技术研发，除了科研院所、大专院校作为核心技术研发的中坚力量外，企业也将加大技术研发的投资力度，因此该阶段是技术攻关的重要阶段，将实现大批关键核心技术的突破。同时，随着物联网的快速和大规模发展，该阶段将不断催生出新的技术，物联网安全不再是简单的防护系统能够保障的，安全技术将成为关注的焦点。该阶段开始出现统一的物联网标准组织，整合资源，在已有成果的基础上，更有方向性和目的性地共同开展物联网技术标准研究，初步建立起比较完备的物联网产业标准体系，并易于在国际上没有完全被注册和标准化的领域取得先机。

在网络基础方面，由于物联网的接入终端和业务量不断增多，网络末端将增加把物体接入网络的能力。同时，现有网络能力不足以满足物联网业务发展需求，因此要对网络实施一定改造，优化和增强现有网络。网络逐渐从混同承载阶段过渡到区别承载阶段，能够通过对通信设备的辨别，根据物联网的数据传输特征，区别处理来自人与人的传统通信和来自物联网的数据通信。该阶段以移动通信网络为主，只能实现信息的有限传送。

在产业发展方面，物联网产业处于快速成长阶段。该阶段将形成完善的产业链条，并在更多的产业领域形成较大规模。在政府驱动下，物联网相关芯片设计制造、应用设备制造、系统集成和应用服务等传统产业都将实现产业规模加速扩张。同时，也将催生出新的物联网产业链环节，例如，独立的物联网服务提供商开始出现。该阶段将培育出更多的本土龙头企业，逐渐掌握更多具有自主知识产权的高端产品。

在应用服务方面，政府示范工程是应用推广的主要驱动力。但由于受到网络覆盖、终端功耗、体积等限制，物联网应用主要在城市管理、市政管理、交通、社区、环保、安全生产监管、电网、物流、零售、农业、医疗等公共管理与服务和行业应用领域推广。并逐渐出现基于消费领域的市场需求，但市场增量需求仍旧缺乏，客户认知度不高，商业模式只是初步形成。将通信能力植入机器、以机器终端智能交互为核心、网络化的 M2M 应用与服务成为该阶段物联网的普遍应用形式。该阶段应用以垂直型的行业应用为主，各行业分别部署自己的应用系统。各地政府在各自区域内部署物联网应用，各区域间尚未形成互联互通。该阶段物联网行业性和区域性十分明显。

3．成熟阶段

在成熟阶段（2015 年以后），物联网相关技术和产业相对成熟，物联网应用开始融入公众生产生活，企业和个人普及应用，从而使应用范围更加广泛，业务种类更加丰富，市场空间更为巨大。广阔的市场成为该阶段物联网产业发展的主要动力，吸引更多商业机构踏入物联网世界，挖掘物联网巨大潜力，商业化将为物联网带来新的飞跃。该阶段将通过信息全面透彻的感知和多种通信技术相结合的自由传送，逐步实现半智能化及全智能化，形成跨行业、跨区域高度融合的生态系统，实现融合渗透到各行业、各领域的物联网应用，最终改变社会生产和生活方式。该阶段的主要特征是市场驱动、企业主体、体系完善（包括产业体系、标准体系、服务体系、保障体系、创新体系）、规模庞大、高度融合、商业模式成熟、业务种类繁多、应用领域广阔。

在技术标准方面，技术研发走向成熟，我国掌握大批关键核心技术，感知、传输、处理和应用等相关技术不再是严重瓶颈。但随着物体大规模联网走向智能化，信息安全技术成为更大难点。正如 Web2.0 带给互联网新的革命，该阶段技术演进可能给物联网带来新的飞跃。同时，我国在该时期将建立起完善的标准体系，并在某些优势领域的国际标准工作中取得一定主导地位。

在网络基础方面，随着物联网应用规模扩大，庞大的物联网接入终端和业务量需要能够融合、协同和互操作的网络，并需要独立的网络通道实现可靠传输，以保证物联网业务不影响现有的通信业务。因此，网络资源将高度协同和融合，并从区别承载阶段过渡到独立承载阶段。未来异构网络是多种接入技术并存、协同工作、支持多种移动性的可信任有保障的全 IP 融合网络，将形成无所不在的综合通信系统，从而实现信息的更自由传送。

在产业发展方面，物联网产业链上各个环节都走向成熟，产业规模达到十万亿元级，形成较为完善的产业体系。物联网运营环节开始出现大规模的物联网服务提供商，专门为客户提供物联网网络连接、应用平台、行业解决方案、测试认证等服务。该阶段将涌现出更多掌握自主知识产权的本土龙头企业，引领产业发展，它们通过资本运作、并购等方式实现更大规模的扩张，在国际上取得竞争地位。

在应用服务方面，随着技术成熟让受限范围缩小，物联网应用极大丰富，行业和消费市场成为物联网的主要应用领域，形成公众应用为主、垂直型行业应用和水平型跨行业应用并存的发展态势。公众领域日益增长的市场需求成为物联网应用发展的主要驱动力，客户认知度大幅提高，带动标准化产品增多、成熟商业模式形成和市场规模扩大。为了给物联网应用提供统一支撑，在网络层上将建立起具有通用能力、共用平台的业务控制层，共性的能力能够以比较好的容易使用的方式封装，并实现行业系统间的开放和协作，从而形成各区域、各行业、各领域高度融合的生态系统，将感知、通信、处理能力植入物体，具有全面感知、可靠传输和智能处理特征，具有真正意义的物联网应用。

（四）未来物联网产业发展的推动体系展望

一般来讲，推动物联网产业发展的主体包括政府、企业、高校和科研机构、中介和行业组织、最终用户等。当前，我国物联网产业的发展要走政府主导下的政产学研用相互配合、共同促进的发展之路，快速形成全方位、立体化、协同发展的模式。物联网产业发展各主体在产业发展中要分工明晰、相互配合，共同促进产业的良性发展。

1．政府营造良好环境引导和培育产业发展

当前，我国物联网产业处于初级阶段，政府主管部门的主要职责在于优化环境、统筹规划、做好顶层设计，引导整个产业集中力量突破瓶颈因素的限制，实现快速突破。

第一，出台法律法规，优化产业发展环境。政府有关主管部门要在影响物联网产业发展的若干关键环节和问题上，抓紧制定相关的法律法规，为产业发展提供坚实安全保障；加快研究、制定促进物联网产业发展的财政、税收、人才、资金方面的政策，为产业发展创造良好政策环境；打破行业和区域壁垒，营造内容相对开放、数据资源共享的良好环境；着重发展以公共服务平台为主要载体的社会化公共服务体系，为产学研用等各方参与者提供高效、便捷的服务。

第二，加强统筹规划，优化产业发展布局。当前物联网产业发展热情高涨，各级政府主管部门都在采取措施积极推动物联网相关产业的发展，很多地方成立产业园区、组建产业联盟，如果在国家层面上缺乏统一发展规划，将导致各个地区之间无序、重复建设现象严重，资源共享性差。所以当务之急就是加强中央政府与各级地方政府、行业主管部门之间的统筹协调，将有限的产业发展资源合理使用。国家有关主管部门要站在国家层面出台统一的产业发展规划，以基于各地产业发展基础和资源禀赋，合理规划产业区域布局，提高产业发展的经济效率。

第三，设立示范工程，带动产业快速起步。政府有关主管部门要以重点行业和领域的先导应用和典型应用为引领，设立物联网示范应用项目。积极推进物联网在社会经济发展和民生生活等方面的物联网示范应用项目，通过示范应用和大规模推广带动实现物联网技术突破和产业的快速发展。

第四，推动技术创新，确保自主安全可控。政府有关主管部门要通过政策、专项、资金等手段大力推动企业和科研院所的技术创新，充分调动产学研用各方力量的积极性，大力支持开展拥有自主知识产权的核心关键技术的研究，推进自主产品研发和产业化，提升我国物联网产业的核心竞争力，保障我国物联网产业安全。

2．企业集中精力推动技术和商业模式创新

从产业业态来看，物联网产业囊括制造业和服务业两大范畴。从产业链角度来看，物联网产业包括核心感应器件提供商、设备提供商、网络提供商、软件与系统解决方案提供商、系统集成商、运营及服务提供商六大类企业。从产业发展的角度来讲，传感标识器件和设备等电子信息制造是物联网产业发展的基础和前提，软件系统服务是物联网产业发展的核心和关键，网络传输是物联网产业普及的保障，物联网运营服务将结合各个行业应用创造出大量的新兴业务种类和新的产业，将改变现有企业的竞争格局。物联网企业首先要

找准产业链中的位置，加快实施物联网示范项目，突破自主可控的核心技术，探索新兴的商业模式，积极开拓国内外市场。

第一，实施示范应用项目。有实力的电子信息企业、电信运营商、软件与应用系统开发商等应该密切结合各个地方、行业试点项目的需求，组织力量加快研发技术性能符合要求，建设成本和运营维护费用相对低廉，性价比较高的解决方案，成功建设一批应用项目，一方面加快建设、锻炼自身的技术、实施与服务队伍，提高企业的核心竞争力；另一方面，通过试点项目的成功建设和运营起到示范作用，激发潜在客户的需求，不断拓展市场，也为物联网解决方案在全国的大面积普及推广积累成功经验。

第二，全力突破核心技术。实现核心技术的突破和自主产品的产业化，有利于占领国际产业发展制高点，为整个产业的安全可控和可持续发展打下良好基础。企业应重点关注以下几方面：在感知层面，主攻传感技术、射频识别技术（RFID）和传感器自组网技术；在传输层面，主攻传感网与通信网的融合、大信息量传输通信网和三网融合相关技术；在处理层面，主攻中间件技术、基于云计算的应用处理和系统集成技术；同时还应该加快包括物联网架构、信息安全和隐私保护，以及包括现代信息通信、计算机及网络、先进微电子、新材料、新能源等技术在内的一系列共性支撑技术的研发。

第三，积极探索商业模式。商业模式创新与技术创新对于产业发展来说具有同等的重要性。作为国民经济和社会信息化的重要组成部分，物联网相关技术的零散应用已经在工业、农业、公安、交通、医疗、水利等领域有了成功的应用案例，取得了较好的成功经验。但是迄今为止还主要是以政府公共需求为主导，企业用户和最终消费者的消费需求受到投入高、投资回收慢的制约，没有得到有效地释放。当前，物联网行业的相关企业须在商业模式创新方面有大的突破，打破行业壁垒，以此来加速市场开拓。

3．高校和科研机构着力于技术研发和人才培养

高等学校和科研机构是我国物联网理论研究、技术创新和人才培养的中坚力量。

第一，加大物联网技术研发力度。高校和科研机构不仅要加强物联网理论问题研究，还应该抓住国家和地方政府出台技术创新政策和专项资金的机遇，与物联网相关企业密切配合，加大物联网领域相关技术的研发力度，实现核心技术突破；同时积极探索产学研良性协作的最佳模式，建立以企业为主体，高校和科研机构引导技术前沿发展的技术创新体系，不断创造和保持我国在国际物联网产业领域的技术优势。

第二，开展物联网人才培养工作。物联网产业链条非常长，对于各行各业的渗透性很强，在带动相关产业发展的同时也对技术研发型人才和应用型人才在数量和质量两个方面提出了较高要求。高校和科研院所应该在人才培养工作领域内提早布局，一方面加快相关学科设置和专业的开设，培养大批专业技术人才；同时加快在职培训和社会培训的开展，培养相当数量的应用型人才。在人才培养过程中，高等院校和科研机构特别应密切结合物联网企业实际需求，以就业为导向，与用人单位共同制定所需人才的培养方案，在师资、技术、设备等方面展开全方位、深度合作，采取多种灵活有效的方式培养复合型适用人才。

4．行业组织加快标准体系和公共服务体系建设

物联网相关行业组织主要包括行业协会、标准组织和公共服务机构等。行业组织最重

要的任务一是加快物联网产业相关标准体系的制定，为整个产业的加速发展做好充分准备；二是加快建设公共服务体系，为政府、物联网企业、科研院所和用户提供全方位服务。

一是建设物联网标准体系。从全球看，目前各国在标识、频谱等关键资源和核心标准上竞争激烈，造成相关标准比较分散，体系还不完善。就我国看，物品编码标准体系尚未统一，加上每个应用领域争相制定各自领域的相关标准，进一步造成物联网标准体系的混乱。国际物联网标准体系尚不统一也为我国占领这一产业制高点提供了难得的机遇。为此，应该由政府有关管理机构出面加强统筹协调，以标准组织为载体，积极参与物联网产业领域相关国际标准的制定工作。行业标准组织应该以物联网关键资源、体系架构和核心技术标准为重点，全面参与物联网技术、资源、标准化和治理方面的国际合作，保障在标准制定、资源分配和国际治理中的国家利益。同时，应该加快探索在政府主管机构统筹下的跨行业、跨领域的标准化协作机制，加快制定物联网发展的相关技术规范。

二是建设物联网公共服务体系。物联网产业发展初期，产业链不健全，须建立各级各类公共服务平台，加强为企业、用户、高校和科研机构在产业运行各个环节上的服务。政府要大力支持物联网公共服务体系建设，围绕物联网企业技术创新共性需求，建设集研发、中试、小批量生产和测试于一体的物联网公共技术服务平台、公共测试服务平台、综合信息咨询服务平台；建设完善人才培养、投融资、成果转化、品牌建设和市场开拓等公共服务平台；建设物联网知识产权公共服务平台，开展知识产权预警分析等工作；建立决策咨询服务平台，为政府和行业物联网产业发展规划、示范应用项目确定、产品和解决方案的选型、实施、运营维护等全过程提供决策咨询和技术支持服务，以保障物联网产业与应用的健康发展。

5. 用户要提出需求并逐步培养供给能力

我国物联网的用户主要包括3类，一是政府，二是企业，三是个体消费者。当前阶段，政府对于产业的发展，技术领域的突破，应用方案的成熟和供给能力的不断提高，应用成本的不断下降，社会资本对物联网产业投资力度的加大等，都具有决定性的培育作用和先导作用。政府用户的最重要任务就是通过实施应用示范项目来带动物联网市场的启动。同时，在应用示范项目实施和推广过程中一定要着力打破行业壁垒，加强广电、电信、交通公安、医疗、金融等各行业主管部门的统筹协调，为物联网产业的进一步发展和行业应用市场的拓展开辟道路。

在当前发展阶段，作为最终用户的行业主管部门和各类企业也应该着眼于提高公共服务质量和效率、提高企业生产经营效率、提高产业附加值、推动企业和产业升级，大力培育自身对于物联网产业发展和相关技术应用的需求，一方面可以为物联网产业的发展直接提供市场，另一方面可以刺激物联网相关企业的良性竞争，以竞争来推动整个产业的高效发展。同时，在这一过程中，还能够促进核心技术研发的迅猛发展，技术标准体系的迅速成熟和公共服务平台体系的加速建设。

目前，我国物联网产业发展主要以公共管理和公共事业领域的应用为先导，通过政府的公共采购资金来发挥“汲水效应”，一方面快速培育供给能力，另一方面也能够带动大量的社会资本迅速进入物联网应用领域，待到相关企业有了一定的发展之后，产业链逐步完整、分工不断细化、技术不断成熟、应用成本不断下降，企业和行业应用市场将逐步成为主体。随着产业的持续快速发展和技术的不断普及，物联网核心技术领域将不断实现新的突破，新的商业模式不断出现，应用范围不断拓展，新的业务种类层出不穷，企业、行业应用，以及个人、家庭市场将逐步成为物联网产业发展的主要拉动力量。政府的作用将逐步转向营造良好的产业发展环境，保障产业高效、有序运行；企业和最终用户将最终成为决定产业发展的核心力量。物联网运营环节将出现大规模的物联网运营服务商，专门为广大用户提供物联网网络连接、应用平台、行业解决方案、测试认证、信息咨询等服务。物联网应用极大丰富，行业和消费市场成为物联网的主要应用领域，形成公众应用、垂直型行业应用和水平型跨行业应用并存的发展态势。公众领域日益增长的市场需求成为物联网应用发展的主要驱动力，用户认知度将大幅提高，成熟商业模式将快速形成，物联网产业市场规模将迅速扩大。

（五）物联网对工业发展推动的展望

物联网的本质是信息技术的高度集成和综合应用。物联网是企业在生产经营领域实现深度信息化的重要手段，它将加速工业化进程，推进两化深度融合。物联网融入到工业研发设计、生产、控制、经营、管理、销售等各个环节，大幅提高设计和生产效率，改善产品质量，降低产品成本，促进节能减排。我国工业领域行业众多，要加大力度推进物联网应用，尤其在需求迫切、技术成熟、效益明显、带动性强的工业领域，围绕关键环节开展物联网应用，推进工业智慧化发展。

第一，实现生产过程智能控制。把物联网技术应用于提高生产线过程检测、实时参数采集、生产设备监控、材料消耗监测的能力和水平，实现传统产业技术改造。使生产过程的智能监控、智能控制、智能诊断、智能决策、智能维护水平不断提高，从而提高产品质量，优化生产流程，提高安全生产。

第二，实现产品设备监控管理。各种传感技术、智能控制技术与制造技术融合，实现智能产品，实现对产品设备操作使用记录、设备故障诊断的远程监控。通过传感器网络对产品和设备进行在线监测和实时监控，提供设备维护和故障诊断的解决方案。

第三，实现环保监测节能减排。物联网与环保设备的融合实现对工业生产过程中产生的各种污染源及污染治理各环节关键指标的实时监控。在石油、化工等重点高污染企业排污口安装无线传感设备，不仅可以实时监测企业排污数据，而且可以远程关闭排污口，防止突发性环境污染事故的发生。电信运营商已开始推广基于物联网的污染治理实时监测解决方案。

第四，实现工业安全生产管理。把传感器网络嵌入和装备到矿山设备、石化设备、油气管道、矿工设备中，可以智能监控危险环境中工作人员、设备机器、周边环境等方面的安全状态信息，将现有分散、独立、单一的网络监管平台提升为系统、开放、多元的综合网络监管平台，实现实时感知、准确辨识、快捷响应、有效控制。促进安全生产和科学管理。

第五，实现制造业供应链管理。把物联网应用于企业原材料采购、库存、销售等领域，通过完善和优化供应链管理体系，提高供应链效率，降低成本。对于装备制造业，借助射频识别等物联网技术实现对装备产品的数字化物流管理，推动上下游协作厂商共同应用先进物流管理技术，建设一个相互支持的装备制造现代物流群，提高整个供应链的协调性，实现现代物流与装备制造的联动发展。

（六）物联网产业未来发展策略

（1）加快出台全国物联网产业发展指导意见。做好物联网产业发展战略研究工作，在全国范围内，依据区域特色，因地制宜，引导各地走特色发展、差异化发展之路。选择产业基础好、技术相当成熟、应用市场空间大等有条件的区域做好战略布局，建立一批国家物联网产业示范基地，给予重点支持，形成有特色的产业集群。指导各地整合资源，建立长效机制，可持续发展。

（2）设立国家物联网产业专项资金。重点支持技术创新和标准制定，突破一批核心关键技术，实现自主可控，形成创新体系；支持物联网产业化，促进物联网产业上规模；注重推广示范项目避免重复建设，在各地设立的应用项目原则上不重复建设，在一个地方建好的示范项目解决方案，要在其他地方推广，形成应用体系；大力支持物联网公共服务平台建设，形成产业公共服务体系，助力企业创新，促进产业发展。

（3）整合资源，大力培育消费市场。打破行业壁垒和条块分割，实现物联网采集信息资源共享，提高资源利用率，使信息资源被广大消费者使用，产生巨大的市场需求。示范推广项目不能完全依赖政府买单，应更多地通过市场手段，加强行业和消费领域示范应用，培育和挖掘商业模式，引导物联网产业走上可持续发展之路。

二、云计算发展的思考与展望

云计算是引领新一代信息技术创新的战略性新兴产业。云计算能力代表了国家信息技术领域科技能力。当前美国、欧盟、日本等世界发达国家和地区都在云计算领域积极进行布局和产业扩张，试图引领第三次信息产业浪潮。

我国政府也把云计算作为国家战略性新兴产业的重要组成部分，陆续出台相关政策予以大力推动。2010 年 9 月 8 日温家宝总理主持召开国务院常务会议，审议并原则通过《国务院关于加快培育和发展战略性新兴产业的决定》，指出我国要“着力突破传感网、物联网关键技术，及早部署后 IP 时代相关技术研发，使信息网络产业成为推动产业升级、迈向信息社会的‘发动机’”，而云计算正是物联网应用的支撑服务平台。为加快我国云计算服务创新发展，推进云计算产业建设，工业和信息化部联合发改委于 2010 年 10 月 18 日联合印发《关于做好云计算服务创新发展试点示范工作的通知》，确定在北京、上海、深圳、杭州、无锡 5 个城市先行开展云计算服务创新发展试点示范工作。我国在国民经济和社会发展“十二五”规划纲要中提出，我国要“加快建设宽带、融合、安全、泛在的下一代国家信息基础设施，推动信息化和工业化深度融合，推进经济社会各领域信息化……加强云计算服务平台建设”，在《国务院关于印发〈进一步鼓励软件产业和集成电路产业发展若干政策〉的通知》（国发［2011］4 号）文件中明确指出：“鼓励软件企业和集成电路企业建立产学研用结合的产业技术创新战略联盟，促进产业链协同发展。”

（一）云计算的本质认识

1．云计算提出的背景

云计算是信息技术进步和互联网应用等进一步演进的结果，是商业模式的一种创新。

从20世纪60年代的大型机，20世纪70年代的小型机，到20世纪80年代的个人电脑和局域网，再到20世纪90年代对人类生产和生活产生了深刻影响的桌面互联网，以及目前大家所高度关注的移动互联网、泛在网络，计算设施不断地由单机向网络化方面发展。通信和网络的发展速度比以摩尔速度为代表的计算速度发展更快，这种变化是云计算能够生根发芽的土壤。

在20世纪末，分布式计算（Distributed Computing）、并行处理（Parallel Computing）、效能计算、网格计算（Grid Computing）和信息安全技术已取得相当程度的进步。它们是云计算发展的技术基础。

第一，软件工程40年来也发生了很大变化。20世纪70年代，人们把程序设计中的流程图看得很重要，80年代开始面向对象，90年代面向构件，现在我们面向领域、面向服务。软件工程一改长期以来面向机器、面向语言和面向中间件等面向主机的形态，转为面向需求和服务等面向网络的形态，真正实现了软件即服务（Software as a Service，SaaS），这是软件工程的大转身，服务将会成为云计算下软件研发的基本样式。

第二，人机交互方式也在逐渐发生改变。半个世纪以来，从主要以键盘的字符界面交互为主，发展到后来鼠标的图形界面，再到后来触摸、语音、手势等，各种各样便捷的交互方式使以计算机为中心的时代已经过去，现在，计算机应用是以用户为中心，用户越来越只需要关注于核心业务，并不需要成为计算机或IT的“业余工程师”，这也正是云计算给用户在利用IT设施的方式上所带来的重要改变。

第三，计算技术的演进。20世纪80年代末，由于计算机性能比较低，不能满足大规模的科学计算及超速计算，于是出现了应用大量系统来解决单一问题的网格计算。网格计算是伴随着互联网技术而迅速发展起来的，专门针对复杂科学计算的新型计算模式。这种计算模式是利用互联网把分散在不同地理位置的电脑组织成一个“虚拟的超级计算机”，其中每一台参与计算的计算机就是一个“节点”，而整个计算是由成千上万个“节点”组成的“一张网格”。网络公司通过部署数以万计的服务器构成庞大的计算资源，得以提供此前无法完成的新服务。而由此，这种分布式计算的概念将IT计算世界推向了资源与服务。

到了20世纪90年代，虚拟化一步步由概念走向了应用层次，这时公用计算应运而生。它利用虚拟化的发展将网格计算统领的计算机集群作为虚拟平台，采用可计量的业务模型进行计算，它的关键组成部分包括存储、服务配置、性能与可用性、配置管理、自动化和安全等IT技术。简单来讲，一项公用计算服务是指客户从一个服务供应商（可能是硬件服务或软件服务）那里获得计算资源，然后按实际使用的资源量来付费，不再需要建立自己的IT系统，包括硬件、软件在内的所有计算资源都由服务提供商提供，客户只须通过专有网络或者Internet访问所需资源并按照实际使用的时间付费就可以了，计费的项目包括CPU时间、存储容量、软件使用等。

这一阶段，公用计算将计算机资源当做可计量的服务提供，无疑打开了提供向外资源的窗口。这种类型服务通过浏览器把程序传给成千上万的用户。在用户眼中看来，这样会省去在服务器和软件授权上的开支；从供应商角度来看，这样只需要维持一个程序就够了，这样能够减少成本。

云计算的概念源于公用计算和SaaS概念。“云”的优势在于其基础架构管理，虚拟化技术的日益成熟和不断进步为这种管理提供了强大的支持，使“云”能够通过自动部署、重新构建映像、重新均衡工作负载、监控并系统地处理变更请求，以便管理并更好地利用底层资源。

云计算是一种新兴的共享基础架构的方法，可以将巨大的系统池连接在一起以提供各种 IT 服务。很多因素推动了对这类环境的需求，其中包括连接设备、实时数据流、SOA 的采用及搜索、开放协作、社会网络和移动商务等应用的急剧增长。另外，数字元器件性能的提升也使 IT 环境的规模大幅度提高，从而进一步加强了对一个由统一的云进行管理的需求。

云计算是信息技术进步、应用需求拓展、服务模式创新等融合发展的产物，它将改变生产、生活方式和服务模式，为信息技术产业发展开创一种全新的商业模式，成为全球信息技术产业发展的主流趋势。云计算将加速信息基础设施服务化过程，催生大量信息技术服务，带动信息技术产业格局的变革。

2．云计算的内涵和特征

关于云计算，业界从技术领域和商业领域给出不同定义。维基百科认为："云计算是一种基于互联网的计算新方式，通过互联网上异构、自治的服务为个人和企业用户提供按需即取的计算"；Gartner 将云计算定义为："云计算是利用互联网技术来将庞大且可伸缩的 IT 能力集合起来作为服务提供给多个客户的技术"；IBM 则认为："云计算是一种新兴的 IT 服务交付方式、应用，数据和计算资源能够通过网络作为标准服务在灵活的价格下快速地提供最终用户"。国内通常认为："云计算是一种基于互联网的、大众参与的计算模式，其计算资源（计算能力、存储能力、交互能力）是动态、可伸缩、被虚拟化的，以服务的方式提供，这种新型的计算机资源组织、分配和使用方式，有利于合理配置计算资源并提高其利用率，促进节能减排，实现绿色计算。"

从服务的角度来分析，云计算又可定义为狭义云计算和广义云计算。狭义云计算是一种 IT 基础设施的交付和使用的模式，通常是指通过网络以按需、易扩展的方式获得所需的资源（硬件、平台、软件）。提供资源的网络被称为"云"。"云"中的资源在使用者看来是可以无限扩展的，并且可以随时获取，按需使用，按使用付费，随时扩展。这种特性经常被称为像水电一样使用 IT 基础设施和软件服务。广义云计算是服务的交付和使用模式，指通过网络以按需、易扩展的方式获得所需的服务。这种服务可以是基于互联网的软件服务、带宽服务，也可以是任意其他的服务。所有这些网络服务我们可以理解为网络资源，众多资源形成所谓"资源池"。我们把这种资源池称为"云"。"云"是一些可以自我维护和管理的虚拟计算资源，通常为一些大型服务器集群，包括计算服务器、存储服务器、宽带资源，等等。

从微观上来看，我们认为云计算是随着处理器技术、虚拟化技术、分布式存储技术、宽带互联网技术和自动化管理技术的发展应运而生，是在之前互联网应用服务和整合运算技术基础上发展而来的新一代数据处理和应用服务技术的整合应用。云计算是基于互联网网络，向多种用户提供的虚拟的、丰富的、按需获取的，包括数据存储池、软件下载和维护池、计算能力池、多媒体信息资源池、客户服务池在内的广泛数据和运算处理服务。

从宏观上来看，我们认为云计算是信息时代生产工具的一次历史性飞跃，代表着先进生产力。云计算所创造的随时、随地、随需的信息服务模式，是新型生产关系的集中体现。

具体来说，随着信息技术的进步，信息的生产、存储、管理和使用都具有明显的商品化属性，因此基于信息产品和服务，形成了一个完整的产业链。由于信息更新换代速度加快，所以信息的生命周期和有效期进一步变短。简单地说，信息既是可消费的产品也是生产资料，因此所有者权益尤其重要。在云计算出现之前，信息的集中管理和灵活应用是一个难题。信息与所有者、生产者和使用者（消费者）之间很难形成紧耦合关系。信息本身的价值得不到充分体现。随着云计算的出现，人们基于信息基础设施服务化（包含计算能力和数据服务化）、平台服务化、软件服务化，彻底打通了信息的生产、标识、存储、管控、消费和共享等各个产业环节，同时也定义了新的信息技术服务模式。所以云计算是一种新型生产工具，是先进生产力的集中体现。云计算能力既代表了国家科技能力，也代表了人类社会的科技能力。

从技术层面看，云计算具有超大规模、虚拟化、高可靠性、通用性、高可扩展性等特点；从应用层面看，具有内耗小、功效大、配置灵活、使用便捷等特点；从用户层面看，云计算真正实现了按需计算，从而有效地提高了对软硬件资源的利用效率，降低了成本，这就意味着计算能力也可以作为一种商品进行流通，就像水电煤气一样，取用方便，费用低廉，不同之处只是在于它是使用互联网进行传输的。

具体来说，云计算具有以下几方面的典型特征。

（1）超大规模。“云”具有相当的规模，Google 云计算已经拥有 100 多万台服务器，Amazon、IBM、微软、Yahoo 等的“云”均拥有几十万台服务器。企业私有云一般拥有数百上千台服务器。“云”能赋予用户前所未有的计算能力。

（2）虚拟化。云计算支持用户在任意位置使用各种终端获取应用服务。所请求的资源来自“云”，而不是固定的有形的实体。应用在“云”中某处运行，但实际上用户无须了解，也不用担心应用运行的具体位置。只需要一台笔记本电脑或者一部手机，就可以通过网络服务来实现我们需要的一切，甚至包括超级计算这样的任务。

（3）高可靠性。“云”使用了数据多副本容错，计算节点同构可互换等措施来保障服务的高可靠性，使用云计算比使用本地计算机可靠。

（4）通用性。云计算不针对特定的应用，在“云”的支撑下可以构造出千变万化的应用，同一个“云”可以同时支撑不同的应用运行。

（5）高可扩展性。“云”的规模可以动态伸缩，满足应用和用户规模增长的需要。

（6）高度兼容性。能够兼容不同硬件厂商的产品，兼容低配置机器和外设而获得高性能计算。

（7）按需服务。“云”是一个庞大的资源池，你按需购买；云可以像自来水、电、煤气那样计费。

（8）成本低廉。由于“云”的特殊容错措施可以采用极其廉价的节点来构成云，“云”的自动化集中式管理使大量企业无须负担日益高昂的数据中心管理成本，“云”的通用性使资源的利用率较之传统系统大幅提升，因此用户可以充分享受“云”的低成本优势，经常只要花费几百美元、几天时间就能完成以前需要数万美元、数月时间才能完成的任务。

3. 云计算支撑技术

云计算是分布式处理、并行计算和网格计算等概念的发展和商业实现，其技术实质是计算、存储、信息交换、应用软件等IT软硬件资源的虚拟化。云计算在数据存储与管理、编程模式、分布式协作与管理、信息安全等方面具有自身独特的技术。

1）虚拟化技术

虚拟机，即服务器虚拟化，是云计算底层架构的重要基石，可以有效简化云计算数据中心。虚拟化技术实现了资源的逻辑抽象和统一表示，在服务器、网络及存储管理等方面都有着突出的优势，大幅降低了管理复杂度，提高了资源利用率和运营效率，从而有效地控制了云计算成本。虚拟化技术在云计算中心管理和基于云计算的解决方案运营方面有着巨大的价值，相信虚拟化将成为未来云计算数据中心的重要组成部分。

2）海量数据存储和管理技术

信息高度聚集是云计算时代的标志，而信息在社会和经济的各个方面起到越来越重要的作用。如何有效及时地存储并处理这些随时产生的海量数据是云计算技术要解决的关键问题。无论是以文件系统呈现的非结构化数据，或是以数据库呈现的结构化数据，以及处理海量数据必需的分布式计算框架，都是组成云计算平台不可或缺的首要元素。

3）分布式编程模式

为了使用户能更轻松地享受云计算带来的服务，让用户能利用该编程模式编写简单的程序来实现特定的目的，云计算上的编程模型必须十分简单，运行时能高效地调度和执行任务，保证后台复杂的并行执行和任务调度向用户和编程人员透明。

4）大规模分布式系统的协作和管理技术

云计算资源规模庞大，服务器数量众多并分布在不同的地点，同时运行着数百上千种应用，如何有效地管理这些服务器，保证整个系统提供不间断的服务是巨大的挑战。大规模分布式系统的协作和管理技术能够使大量服务器协同工作，方便进行业务部署和开通，快速发现和恢复系统故障，结合事件驱动及协同合作机制，实现对大规模计算机集群进行自动化智能管理。

5）云计算安全技术

云安全问题是目前用户使用云计算服务时首要考虑的问题，云安全问题不仅存在于云服务的定制与交互两个出口中，也存在于中间交互过程中。云计算安全策略直接关系到云计算的商业运作和普及问题。新型网络计算操作系统所要管控的是大规模的计算资源集群，在这样一个跨域异构的分布式环境里，需要一种全新的安全控制机制，使得在保证数据安全性和可靠性的同时还能充分保证用户数据的私密性和可自由移植性。与此同时，这种新型的安全控制机制还将在一个资源动态调配的环境里保证对系统和用户状态的紧密跟踪和全面监管。另外，当系统的某一部分出现问题或遭受攻击时，该安全控制机制还能及时地进行定位并控制影响范围。云计算可以改变人们未来的生活，但同时也应重视云中管理和安全问题，这样才能真正为人类进步做出贡献，而不是简单的技术提升。

6）多模式全覆盖的服务交付方式

区别于传统的系统交付和运营方式，云计算服务模式把各种软硬件功能推到基础设施层面，并支持用户以“使用而不拥有”的方式消费和利用。为了实现并支持这一服务模式，并满足用户随时随地按需访问的要求，高效率的多租户架构，跨平台的应用展现环境，以及自动化的大规模系统运维都是保证服务高质量交付的重要手段。

4．云计算商业服务模式

1）云计算集成

云计算集成是整合云计算基础设施和服务能力，为用户提供完整的信息化解决方案。该服务模式刚刚起步，还在探索阶段，但发展前景很好。

2）平台即服务

平台即服务（Platform as a Service，PaaS）是软件即服务（SaaS）的变种，这种形式的云计算将开发环境作为服务来提供给用户。也就是说，用户可以在供应商的基础架构上创建自己的应用软件来运行，然后通过网络直接从供应商的服务器上传递给其他用户（如Legos）。然而，这类服务会受到厂商的设计规定与容量限制，用户也因此没有足够的自由。

3）公用/效用计算

Amazon 的 AWS、Sun 的存储云、IBM 的“蓝云”及其他厂商所共同倡导的云计算，就是公用/效用计算， 正在为整个业界提供所需要的存储资源和虚拟化服务器等应用。有些人把公用/效用计算归结为基础设施服务化（IaaS）。

4）SaaS 软件即服务

这类云计算是通过 Web 浏览器来向成千上万个用户提供某种单一的软件应用。在用户看来，这样他们不需要事先购买服务器设备或软件授权；而对于厂商来说，与常规的软件服务模式相比，仅提供一项应用的成本也要低得多。一个典型的针对企业级应用的例子就是 Salesforce.com 的 CRM。

5）网络服务

网络服务与软件即服务（SaaS）是密切相关的，网络服务供应商提供 API 能帮助开发商通过网络拓展功能性，而不只是提供成熟的应用软件。他们的服务范围从提供分散的商业服务（如 Strike Iron 和 Xignite）到涉及 Google Maps、ADP 薪资处理流程、美国邮电服务、Bloomberg 和常规的信用卡处理服务等的全套 API 服务。

6）管理服务供应

管理服务是云计算最普遍的服务内容之一，管理服务是面向 IT 厂商，而并非最终用户的一种应用软件，如用于电子邮件的病毒扫描服务或者应用软件监控服务。由 SecureWorks、IBM 和 Verizon 公司提供的管理安全服务就归为此类，还有目前被 Google 收购的 Postini 以云为基础的反垃圾邮件服务。其他的产品还包含桌面系统管理服务，如 CenterBeam 和 Everdream 提供的产品。

7）服务商业平台

服务商业平台是软件即服务（SaaS）和管理服务供应商（MSP）的混合体，这种云计算服务提供了一种与用户相结合的服务采集器。在贸易领域中应用最为普遍，例如，费用管理系统能允许用户在用户设定的规格范围内从普通平台上订购与所要求的服务和价格相符的旅游产品或者秘书台服务，就好比一个自动化服务局，知名公司包括 Rearden Commerce

和 Ariba。

5．云计算产业链

云计算是在整个 IT 行业中孕育而生的，是产业链上下游通力协作的结果，产业链上相关主体在自己传统业务基础上，充分利用自身擅长的技术，适应云计算的潮流转型而提供相关云计算服务。目前云计算产业链主要有十大关键环节：硬件设备制造商、云平台开发商、系统集成商、云应用开发商、云资源服务提供商、云平台服务提供商、云应用服务提供商、网络运营商、终端供应商、最终用户。各环节相互协作，组成云计算特有产业链特点。

其中硬件设备制造商是云计算市场的积极参与者和基础设备提供商，众多的服务器、存储硬件厂商及网络设备厂商都希望通过云计算平台将 IT 环境锁定在自己的设备上，主要包括服务器制造商、储存设备制造商、芯片制造商、嵌入式设备制造商和云平台开发商；系统集成商将软硬件设施相连接，提供云计算平台建设的解决方案；云应用开发商为云应用服务商开发并提供云计算应用软件及解决方案；云资源服务提供商是指从设备提供商处获得硬件资源，并通过云计算支撑软件生成资源池，实现资源动态调配，为云平台服务商、云应用服务商和用户提供及时、稳定、安全、顺畅的基础资源服务；云平台服务提供商提供灵活的、通用的、可扩展的云计算平台服务，满足用户的个性化需要，同时也为云应用服务提供商提供平台服务；云应用服务提供商为用户提供丰富的、个性化的各类应用，可以将云资源服务提供商、云平台服务提供商、云应用服务提供商统称为云服务提供商，是云计算服务的最上层，也是获利最丰厚、话语权最高的提供商；网络运营商为云计算服务到达最终用户提供了接入手段，网络运营商提供的带宽能力将直接影响用户的体验和满意度，网络运营商是云计算服务的一个通道。主要的网络运营商包括电信运营商、移动运营商和终端供应商；最终用户是云服务的最终归属地，价值链的最终环节，主要包括政府用户、企业用户和个人用户。

（二）国内外云计算产业发展现状

1．国外

云计算是多种技术混合演进的结果，其成熟度较高，又有大公司推动，发展极为迅速。Amazon、Google、IBM、微软和 Yahoo 等大公司是云计算的先行者。云计算领域的众多成功公司还包括 Salesforce、Facebook、Youtube、Myspace 等。

Amazon 使用弹性计算云（EC2）和简单存储服务（S3）为企业提供计算和存储服务。收费的服务项目包括存储服务器、带宽、CPU 资源和月租费。月租费与电话月租费类似，存储服务器、带宽按容量收费，CPU 根据时长（小时）运算量收费。Amazon 把云计算做成一个大生意没有花太长的时间，不到两年时间，Amazon 上的注册开发人员达 44 万人，还有为数众多的企业级用户。有第三方统计机构提供的数据显示，Amazon 与云计算相关的业务收入已达 1 亿美元。云计算是 Amazon 增长最快的业务之一。

Google 当数最大的云计算的使用者。Google 搜索引擎就建立在分布在 200 多个地点、超过 100 万台服务器的支撑之上，这些设施的数量正在迅猛增长。Google 地球、地图、Gmail、Docs 等也同样使用了这些基础设施。采用 Google Docs 之类的应用，用户数据会保存在互联网上的某个位置，可以通过任何一个与互联网相连的系统十分便利地访问这些数据。目前，Google 已经允许第三方在 Google 的云计算中通过 Google App Engine 运行大型并行应用程序。Google 值得称颂的是它不保守。它早已以发表学术论文的形式公开其云计算三大法宝：GFS、MapReduce 和 BigTable，并在美国、中国等高校开设如何进行云计算编程的课程。

IBM 在 2007 年 11 月推出了“改变游戏规则”的“蓝云”计算平台，为客户带来即买即用的云计算平台。它包括一系列的自动化、自我管理和自我修复的虚拟化云计算软件，使来自全球的应用可以访问分布式的大型服务器池。使得数据中心在类似于互联网的环境下运行计算。IBM 正在与 17 个欧洲组织合作开展云计算项目。欧盟提供了 1.7 亿欧元作为部分资金。该计划名为 RESERVOIR，以“无障碍的资源和服务虚拟化”为口号。2008 年 8 月，IBM 宣布将投资约 4 亿美元用于其设在北卡罗来纳州和日本东京的云计算数据中心改造。IBM 计划在 2009 年在 10 个国家投资 3 亿美元建 13 个云计算中心。

微软紧跟云计算步伐，于 2008 年 10 月推出了 Windows Azure 操作系统。Azure（译为“蓝天”）是继 Windows 取代 DOS 之后，微软的又一次颠覆性转型——通过在互联网架构上打造新云计算平台，让 Windows 真正由 PC 延伸到“蓝天”上。微软拥有全世界数以亿计的 Windows 用户桌面和浏览器，现在它将它们连接到“蓝天”上。Azure 的底层是微软全球基础服务系统，由遍布全球的第四代数据中心构成。

云计算的新颖之处在于它几乎可以提供无限的廉价存储和计算能力。纽约一家名为 Animoto 的创业企业已证明云计算的强大能力。Animoto 允许用户上传图片和音乐，自动生成基于网络的视频演讲稿，并且能够与好友分享。该网站目前向注册用户提供免费服务。2008 年年初，网站每天用户数约为 5 000 人。4 月中旬，由于 Facebook 用户开始使用 Animoto 服务，该网站在 3 天内的用户数大幅上升至 75 万人。Animoto 联合创始人 Stevie Clifton 表示，为了满足用户需求的上升，该公司需要将服务器能力提高 100 倍，但是该网站既没有资金，也没有能力建立规模如此巨大的计算能力。因此，该网站与云计算服务公司 RightScale 合作，设计能够在亚马逊的网云中使用的应用程序。通过这一举措，该网站大大提高了计算能力，而费用只有每服务器每小时 10 美分。这样的方式也加强创业企业的灵活性。当需求下降时，Animoto 只须减少所使用的服务器数量就可以降低服务器支出。

2．国内

当前，我国把云计算、物联网等新兴战略性产业纳入到“十二五”规划之中，并首批确定了北京、上海、深圳、杭州和无锡为云计算服务创新示范试点城市。这 5 个城市纷纷出台了产业发展规划和支持政策，投入巨资建设云计算项目。北京提出“祥云工程”，上海提出“云海计划”，深圳提出“深圳云”。在国家政策的带动下，我国各地方政府、IT 企业对云计算产业热情高涨。地方政府纷纷制定云计算产业发展规划，投入巨资建立云计算中心、云计算数据中心或云计算平台。江苏省无锡市联手 IBM 创建了商业云计算中心，广东东莞和佛山以政府为主导搭建本地化的云计算平台，山东省东营市与 IBM 签署协议，准备筹建黄河三角洲云计算中心。北京市计算中心与国外软件公司共同建设“北京云”计算平台。天津市制定云计算产业发展规划，提出“云集滨海、智慧天津”战略，重点发展云感知、云计算、云存储、云安全、云方案、云灾备“六云”产业，推广政府云、公共云、行业云“三云”应用，建设十大公共云平台，实施十大行业云工程。重庆提出建立离岸云计算数据中心。广东、南京、成都等省市都宣布要建立大规模云计算中心。国内一些企业开始关注云计算市场，进行积极布局。世纪互联公司推出商用云计算服务平台，阿里巴巴公司提出商业云概念，百度提出“框计算”的概念，中国移动发布“大云”计划，中国电信推出“e 云”服务，中国联通推出“互联云”战略。近日，IBM 与润泽科技发展有限公司合作，在河北廊坊建设亚洲最大的云计算中心，占地面积达 62 万平方米，总投资额度 98 亿元，预计将于 2016 年完成。很多软、硬件企业都声称自己是云计算企业。

我国企业创造的“云安全”概念，在国际云计算领域独树一帜。云安全通过网状的大量客户端对网络中软件行为的异常监测，获取互联网中木马、恶意程序的最新信息，推送到服务端进行自动分析和处理，再把病毒和木马的解决方案分发到每一个客户端。云安全的策略构想是：使用者越多，每个使用者就越安全，因为如此庞大的用户群，足以覆盖互联网的每个角落，只要某个网站被挂马或某个新木马病毒出现，就会立刻被截获。云安全的发展像一阵风，瑞星、趋势、卡巴斯基、MCAFEE、SYMANTEC、江民科技、PANDA、金山、360 安全卫士、卡卡上网安全助手等都推出了云安全解决方案。瑞星基于云安全策略开发的 2009 新品，每天拦截数百万次木马攻击，其中 2009 年 1 月 8 日更是达到了 765 万余次。趋势科技云安全已经在全球建立了五大数据中心，几万部在线服务器。据悉，云安全可以支持平均每天 55 亿条点击查询，每天收集分析 2.5 亿个样本，资料库第一次命中率就可以达到 99%。借助云安全，趋势科技现在每天阻断的病毒感染最高达 1 000 万次。

我国云计算正处于发展之初，云计算在核心技术、标准体系、商业模式、安全隐私、政策环境和典型应用等方面还面临很多需要解决的问题。

1）自主知识产权核心技术有待突破

我国在云计算产业处于起步阶段，信息产业所开辟的大部分市场空间中，国内软硬件厂商占有率较低，国内厂商处于被支配的地位，云计算核心技术大都被国外企业所掌控，国内自主知识产权的技术和产品相对较少，国内云计算厂商在市场竞争中处于较被动的困境。

2）标准体系亟待建立

各家厂商纷纷制定自己的云计算标准，国内国际的各种标准化组织和协会也在努力地制定相应的标准，各家独树一帜，使得云计算缺乏公认的、统一的标准，导致兼容性不强，从而严重影响了云计算在全球范围内的应用与发展。

3）软件许可模式亟待革新

当前的软件许可通常限定在运行软件的机器上，用户使用模式通常是购买软件并按年支付使用费用，因此目前商业软件的许可模式并不适合云计算业务开展，需要国内外云计算运营商和软件提供商共同协商，提出适合云计算的软件销售模式。

4）安全隐私面临挑战

当前，安全性问题仍然是云计算潜在用户的最大顾虑。用户将庞大数据交给在云计算提供商处理，云计算提供商如何提供高可靠和可用的服务，以及高水准的灾难恢复服务，一直令云计算企业和用户非常担忧。如何做好数据加密、用户授权、身份验证、访问控制和审查，都是国内外云计算企业和政府值得深入研究的问题。我们认为，随着云计算不断发展，应该首先在法律上和制度上提供安全保障体系。

5）政策环境尚不健全，缺乏全局谋划

当前，国内对云计算的研究还处于一个起步阶段，法律制度、市场环境、生态环境不够完善，不利于云计算健康发展。云计算会将大量数据集中存储管理，会牵扯广大用户的利益，涉及到信息安全、服务可用性、持续性方面存在很多问题，需要有效的法律法规和完善的环境解决信息质量。目前我国在个人信息安全、隐私保护方面的法规尚未健全，在信用水平等监管力度相对滞后，市场环境不完善一定程度上阻碍了云计算的发展，政府及有关部门应予以重视，加强政策环境建设，做好全局性统筹规划。

6）缺乏有效的应用实践，用户信心尚且不足

虽然国内各地区政府推进云计算的活动，但缺乏比较成功、有影响力的应用实践案例。用户对云计算缺乏足够的信心，对于拓展内需市场带来较大影响。

（三）云计算对促进信息化和工业化融合的启示与展望

云计算开创了软件服务化、平台服务化和基础设施服务化等全新IT服务模式，其中软件服务化模式提供低廉的在线软件租用服务，平台服务化模式提供快速的从技术开发到服务运营的能力，基础设施服务化模式提供低成本和可靠性高的基础设施托管服务。云计算大幅度降低了传统产业特别是工业企业部署实施信息化的成本，同时极大地促进了信息技术在传统产业中的应用广度和深度。云计算服务模式不仅给信息产业创造了深远的变革机会，同时也给工业企业等传统产业带来了新的发展机遇。

云计算模式在技术上和应用上比传统集中式的IT模型具有更好的性能价格比。用户不需要花更多的费用就能获得高效能计算。随着全球经济一体化和企业国际化进程的加快，大多数的应用场景需要分布式的工作模式，如跨国集团公司，它们的管理部门和工业现场可能不在同一个地理区域。这些分散的应用环境和工作模式都使得云计算成为一种广受欢迎的IT服务模型，在工业研发设计、流程控制、制造、管理、运营、服务等产业链的应用上发挥重要作用，逐渐形成以云计算应用为核心的“工业云”，并成为未来发展的趋势。我国的工业企业一定要迎合这一趋势，不断发展和壮大，全面提升自身的核心竞争能力。

绿色经济成为未来两化融合的主旋律，推动着工业的可持续发展。信息技术融入节能、降耗、减排、治污、安全生产等方面，逐步构建起科技含量高、能源消耗低、环境污染少的新工业体系，实现工业集约化发展。云计算给传统工业节能降耗减排带来了希望，对促进我国信息产业和传统工业持续、快速发展具有重要的战略和现实意义。

云计算受到政府与企业的高度关注，其原因不仅是新技术和服务模式的综合运用，更重要的一点是，云计算在产业发展方面发挥着不可替代的推动作用。很多企业不用重复地建设信息系统、基础设施，而是可以运用云计算，又快、又好、又省地把信息化建设起来。云计算信息化对于我国的企业非常适合，并且很多中小企业信息化刚刚起步，不存在原有系统切换这种问题，若采用云计算解决方案，对于推进中国信息化进程是很有利的。在提升信息化服务能力方面，用户可以基于软件即服务、平台即服务及基础设施即服务模式获得低廉的企业信息化解决方案及服务。基于上述服务，工业用户可进行快速有效的仿真模拟，降低产品研发成本、提高原料的利用率，从而大幅缩短企业产品升级换代周期、提高产品性能、提升企业信息化能力、大幅提升工业企业的自主创新效率，推动企业核心竞争

优势的提升。

两化融合发展是以信息化带动工业化，以工业化促进信息化。当前，我们抓住云计算发展的战略机遇期，以云计算推动两化融合创新能力的发展，可以说是一条可行之路，也是一条希望之路。

（四）我国应对云计算发展的策略

1．审时度势，加强对云计算的全面认识和深刻理解

鼓励研究机构、咨询机构等开展基础性、前瞻性、战略性的云计算产业发展研究。编制国家云计算产业发展规划，明确发展目标和阶段性重点任务，务实推进。各地区要结合本地区域特色和优势制定本地区规划，各有关部门要制定相关行业规划和专项规划，突出发展重点，避免盲目发展和重复建设。要认清云计算存在的必然性、本质特征、产业价值及战略意义，提前布局、统筹规划、协调发展，同时又要克服一蹴而就，急于求成的思想，要从应用着手，勇于实践，实现对我国云计算的全盘把握和有效促进。

2．政府引导，加快建设云计算政策法规体系

研究制定相关法律、法规、制度，加快促进云计算健康有序发展。一是把云计算纳入到国家鼓励发展的重点领域，出台云计算技术研究和应用推广的指导意见；二是出台具有针对性的财政税收政策，加快资金、人才等要素向云计算领域的集聚，促进产业和企业的发展壮大；三是加快立法研究，为云计算发展中的数据保护、网络隐私、商业机密等方面问题提供法律依据和保障。

3．立足高远，加强自主知识产权核心技术创新

围绕安全、可靠、低耗、高效要求，大力支持云计算关键技术研发，大力支持重大产品研究开发，加快推进自主可控的软件、硬件、网络等资源的创新，提升我国云计算产业核心竞争力。鼓励企业加大云计算技术创新投入，支持建立技术研发中心，包括云计算研发平台、重点实验室、工程中心、技术中心等，加强对满足条件的技术研发中心给予认定。鼓励建立运行高效的云计算产业技术联盟，集中各方面的技术力量和资源，形成合力，加大云计算技术的研发。充分发挥高等院校和科研院所在人才和技术方面的优势，促进形成以企业为主体，产学研用相结合的云计算技术创新体系。

4．抢占先机，加快制定云计算标准体系

目前国际化的云计算标准尚未推出，我国应抓住机遇，加快对云计算整个产业链条标准的研究与制定，并针对不同的云计算构架和应用领域制定不同的云计算标准，尤其是云计算核心技术标准、API 接口标准、术语标准、跨平台支撑标准、服务模式标准、信息与网络安全评测标准、信用等级标准等。要综合把握云计算标准体系的松紧度，既不能限制也不能放任云计算快速发展。

5．统筹规划，加强云计算产业安全意识与监管力度

加强云计算的安全意识，从网络设备商、移动通信运营商、服务器提供商、应用程序开发商、云计算服务提供商和用户各个环节做好安全技术研究和实施工作。另外，政府方

面，应加大互联网基础设施建设，落实主管单位权责，积极借鉴欧美等发达国家经验，结合行业自律和政府立法的方式来实施个人隐私和数据保护，使得对云计算的监管工作做到有法可依，同时规范市场行为，避免垄断和恶性竞争。

6．加快整合，加快云计算公共服务平台建设

大力支持公共服务机构整合资源建设云计算产业公共服务平台，为中小企业提供共性技术、知识产权、人才培训、投融资咨询、品牌建设、市场推广、成果转化、信息共享、综合配套等服务，提高公共服务能力。支持有条件的地区建立公共服务平台，支持相关行业建立行业公共服务平台。鼓励跨区域、跨行业的平台资源共享、互联互通，逐步建立网络化、专业化、分布式的云计算公共服务体系，规范云计算服务提供商的服务内容、服务方式，使中小企业享受到高质量、低费用的服务。

7．突出应用，加强自主可控的优秀云计算解决方案推广应用

支持设立云计算应用示范工程，建立云计算服务应用中心，结合移动互联网、物联网、两化融合、三网融合等应用，逐步推进政府云、行业云、公共云应用，推动云计算在电子政务、智能交通、智能电网、公共安全、医疗、教育、环保、商务、社区、数字家庭等方面的示范应用。鼓励重点行业设立云计算应用示范项目，选择在战略性基础设施、振兴行业、民生服务等示范效应突出、技术产业带动性强、关联性高的领域，积极开展先导应用示范，促进云计算与关键行业领域的渗透和融合。加大云计算示范应用的推广力度，选择一批自主可控关键软硬件云计算整体解决方案，给予重点推广。加强区域间和行业间的资源整合和协调，打破地区和行业壁垒，推动云计算在经济社会主要领域和行业中的广泛应用，形成重点覆盖、逐步渗透、全面推进的格局，通过大规模应用带动云计算产业快速发展，促进应用与产业协调发展。

8．强化科教，构建全方位人才支撑体系

制定和落实相关人才引进和配套服务政策，实施人才优先战略，多层次、多渠道、多形式地引进人才。完善人才培养模式，积极推进分层次、分类别的人才教育和培训，加大紧缺人才培养力度，满足产业不断发展的需要。支持建立云计算课程体系、师资体系和认证体系，推动建立健全多层次多类型的人才培养和服务体系。鼓励有条件的院校增加云计算相关专业，支持院校、企业、培训机构深入合作，培育云计算人才队伍。鼓励有条件的地区建立人才实训基地。研究制定云计算人才培养和引进计划，积极引进和用好海外人才。完善人才激励机制，为优秀人才创造良好发展环境。

三、“核高基”将进一步促进软件产业的发展

在过去的5年间，“核高基”重大专项共部署课题220个，全国300多家企业和高校院所、3.7万多名科技人员参与了专项的实施；截至2010年12月，专项已申报专利2 247项，其中发明专利申请2 123项，已授权专利220项，其中发明专利220项。专项增强了我国电子信息产业的自主创新能力和国际竞争力，促进了相关产业的快速发展，缩小了与国际先进水平的差距，提升了电子整机和国防装备自主可控发展的保障能力。

“十二五”期间，“核高基”专项将继续发挥作用，进一步促进我国核心电子器件、高端通用芯片及基础软件产品的发展，为我国电子信息产业由大到强的战略转变提供支撑。

（一）“十二五”重大专项实施展望

1．突破关键技术，提升核心竞争力

“十二五”期间，“核高基”重大专项将进一步加大高端通用芯片与基础软件产品的结合力度，抓住网络化带来的机遇，以重大应用为切入点，以突破核心关键技术、实现产业化为中心任务，以提高市场占有率为目标，统筹规划、整体推进，加大企业的参与力度，推动产业核心竞争力的提升。

同时“核高基”专项将进一步落实企业为主体的技术创新体系建设，力争做到“国家定目标，市场提需求，企业提方案，专家做综合，机关做决策，企业去执行”，加大市场作用。“十二五”将探索实行专项实施的技术成熟度管理，对处于不同技术阶段的项目给予差别化的支持和管理方式。

在专项支持下，预计到“十二五”末，我国集成电路设计业占全球比例进一步提升，基础软件产品的市场占有率进一步扩大，电子信息产业的利润率有明显提升，为2020年建立具有国际竞争力的高端通用芯片和基础软件产品研发与产业化体系，并在国际集成电路与软件产业链中占据重要位置打下基础。

2．转变发展思路，取得突破性发展

“核高基”重大专项的实施，中心任务是研究与开发面向高性能计算的中央处理器芯片、面向网络化时代的操作系统软件和各类重大电子装备所需要的核心电子器件。我国在芯片、软件、电子器件领域上追赶国际技术和产业的迅速发展，取得了丰富的成果。在未来的“十二五”期间，“核高基”专项的实施要结合产业发展的最新进展，适时改变发展思路，抓住计算机、通信和消费电子融合带来的发展机遇，通过持续创新，攻克一批关键技术、研发一批战略新核心产品，形成自主的研发体系与产业化体系，使得我国电子信息产业和现代服务业取得突破性进展。

（二）对我国基础软件未来发展的思考

全球计算模式正在跨入云计算时代，在此背景下，全球软件巨头包括IBM、甲骨文、SAP、谷歌和微软等都在不断研发、并购、整合，寻找下一个时代的“杀手”型基础软件，在网络化、智能化、“云”化等需求下，中国应该改变“填补型”“替代型”“人有我有”的基础软件发展思路，利用中国是全球最大基础软件需求市场的有利条件，抓住面向未来计算的基础软件产业发展的契机。

1．采用新型的运营模式和整合方式来推动基础软件企业的发展

目前以微软为代表的企业，以“云+端”的模式向谷歌等互联网软件服务提供商发起挑战。甲骨文、IBM、SAP等老牌软件巨头则通过“硬件+软件+应用”的垂直整合，强化和凸显整体解决方案的重要性。中国基础软件企业处于起步发展的阶段，完全可以建立起灵活轻巧的互联网运营与服务模式。而且，国家为基础软件进行垂直整合提供了很多便利。

“十一五”期间，国家大力推动基础软件企业联合、并购整合取得了一定效果，如果在“十二五”期间，进一步加大在垂直整合方面的力度，提升一体化服务的能力，将为中国基础软件在市场上获得突破提供更多的帮助。

2. 需要构建新的基础软件产业生态链

现在的企业竞争是生态链的竞争，谁能拥有最大产业生态链谁就可以赢得最大的市场。在过去，基础软件产业的生态链主要由硬件系统厂商、应用软件开发商、系统集成商构成，而现在用户越来越多的问题需要基础软件企业与其共同携手，共同发展，以定制化为方向使中国的基础软件突出重围。如果我们的基础软件企业能够与龙头企业、典型用户结成战略联盟，在“十二五”期间，进一步深度互动，拉长并拓展产业生态链，中国的基础软件产业将能加快实现突破。企业不是学术机构，企业应该在应用的过程中不断发现问题，通过找问题牵引研发，实现创新。

3. 加大对中间件的投入

国家在“十二五”期间应加大对中间件的投入。中间件是基础软件的核心，在互联网、云计算等新的计算模式下更是如此。国外软件巨头微软、IBM、甲骨文、SAP 等，都把目光聚焦于中间件和数据库。面对全球计算模式的变化，我们首先要从战略上重视中间件、数据库的发展，其次要在推广和使用上给予更多的支持，鼓励中国的用户采用国产中间件，并对使用国产中间件的用户给予资金支持、补贴和表彰等。

4. 寻找云计算互联网领域的发展机会

在“十二五”期间，基础软件发展的重点应该集中于推动市场化和产业化，集中于推动基础软件“用”起来。要达到这样的目的，需要在政府采购和政府项目上向国产基础软件倾斜，鼓励基础软件产业在云计算、互联网等方向上寻求机会。云计算、互联网等带来的新计算模式、新运营模式和技术变迁，为中国基础软件产业与国外软件产业提供了站在同一起跑线上的机会。我们应该用新的思路去发展基础软件产业，鼓励中国的互联网运营企业与基础软件企业做更多的对接，创造更多更好的合作机会。

同时还需要提高国产基础软件在兼容性、相互匹配及提供整体解决方案方面的能力。虽然目前中国的基础软件在操作系统、数据库、中间件和办公软件等各个领域都可以胜任和满足用户的需求，但是在彼此的兼容性上还做得不够，国产基础软件与应用和硬件系统之间还无法深入融合。国产基础软件企业缺乏提供一站式、一体化解决方案的能力。

附　　录

附录 A　国务院关于印发《鼓励软件产业和集成电路产业发展的若干政策》的通知（国发［2000］18 号）

各省、自治区、直辖市人民政府、国务院各部委、各直属机构：

现将《鼓励软件产业和集成电路产业发展的若干政策》印发给你们，请认真贯彻执行。

当前，以信息技术为代表的高新技术突飞猛进，以信息产业发展水平为主要特征的综合国力竞争日趋激烈，信息技术和信息网络的结合与应用，孕育了大量的新兴产业，并为传统产业注入新的活力。软件产业和集成电路产业作为信息产业的核心和国民经济信息化的基础，越来越受到世界各国的高度重视。我国拥有发展软件产业和集成电路产业最重要的人力、智力资源，在面对加入世界贸易组织的形势下，通过制定鼓励政策，加快软件产业和集成电路产业发展，是一项紧迫而长期的任务，意义十分重大。各地人民政府和国务院有关部门要根据《鼓励软件产业和集成电路产业发展的若干政策》的要求，抓紧研究制定相应的实施细则和配套政策，尽快组织实施。

中华人民共和国国务院

二〇〇〇年六月二十四日

鼓励软件产业和集成电路产业发展的若干政策

为推动我国软件产业和集成电路产业的发展，增加信息产业创新能力和国际竞争力，带动传统产业改造和产品升级换代，进一步促进国民经济持续、快速、健康发展，制定以下政策。

第一章　政策目标

第一条　通过政策引导，鼓励资金、人才等资源投向软件产业和集成电路产业，进一步促进我国信息产业快速发展，力争到 2010 年使我国软件产业研究开发和生产能力达到或接近国际先进水平，并使我国集成电路产业成为世界主要开发和生产基地之一。

第二条　鼓励国内企业充分利用国际、国内两种资源，努力开拓两个市场。经过五到十年的努力，国产软件产品能够满足国内市场大部分需求，并有大量出口；国产集成电路产品能够满足国内市场大部分需求，并有一定数量的出口，同时进一步缩小与发达国家在开发和生产技术上的差距。

第二章　投融资政策

第三条　多方筹措资金，加大对软件产业的投入。

（一）建立软件产业风险投资机制，鼓励对软件产业的风险投资。由国家扶持，成立风险投资公司，设立风险投资基金。初期国家可安排部分种子资金，同时通过社会定向募股和吸收国内外风险投资基金等方式筹措资金。风险投资公司按风险投资的运作规律，以企业化方式运作和管理，其持有的软件企业股份在该软件企业上市交易的当日即进入市场流通，但风险投资公司为该软件企业发起人的，按有关法律规定办理。

（二）"十五"计划中适当安排一部分预算内基本建设资金，用于软件产业和集成电路产业的基础设施建设和产业化项目。在高等院校、科研院所等科研力量集中的地区，建立若干个国家扶持的软件园区。国家计委、财政部、科技部、信息产业部在安排年度计划时，应从其掌握的科技发展资金中各拿出一部分，用于支持基础软件开发，或作为软件产业的孵化开办资金。

第四条　为软件企业在国内外上市融资创造条件。

（一）尽快开辟证券市场创业板。软件企业不分所有制性质，凡符合证券市场创业板上市条件的，应优先予以安排。

（二）对具有良好市场前景及人才优势的软件企业，在资产评估中无形资产占净资产的比例可由投资方自行商定。

（三）支持软件企业到境外上市融资。经审核符合境外上市资格的软件企业，均可允许到境外申请上市筹资。

第三章　税收政策

第五条　国家鼓励在我国境内开发生产软件产品。对增值税一般纳税人销售其自行开发生产的软件产品，2010 年前按 17%的法定税率征收增值税，对实际税负超过 3%的部分即征即退，由企业用于研究开发软件产品和扩大再生产。

第六条　在我国境内设立的软件企业可享受企业所得税优惠政策。新创办软件企业经认定后，自获利年度起，享受企业所得税"两免三减半"的优惠政策。

第七条　对国家规划布局内的重点软件企业，当年未享受免税优惠的减按 10%的税率征收企业所得税。国家规划布局内的重点软件企业名单由国家计委、信息产业部、外经贸部和国家税务总局共同确定。

第八条　对软件企业进口所需的自用设备，以及按照合同随设备进口的技术（含软件）及配套件、备件，除列入《外商投资项目不予免税的进口商品目录》和《国内投资项目不予免税的进口商品目录》的商品外，均可免征关税和进口环节增值税。

第九条　软件企业人员薪酬和培训费用可按实际发生额在企业所得税税前列支。

第四章　产业技术政策

第十条　支持开发重大共性软件和基础软件。国家科技经费重点支持具有基础性、战略性、前瞻性和重大关键共性软件技术的研究与开发，主要包括操作系统、大型数据库管理系统、网络平台、开发平台、信息安全、嵌入式系统、大型应用软件系统等基础软件和共性软件。属于国家支持的上述软件研究开发项目，应以企业为主，产学研结合，通过公开招标方式，择优选定项目承担者。

第十一条　支持国内企业、科研院所、高等院校与外国企业联合设立研究与开发中心。

第五章　出口政策

第十二条　软件出口纳入中国进出口银行业务范围，并享受优惠利率的信贷支持；同时，国家出口信用保险机构应提供出口信用保险。

第十三条　软件产品年出口额超过100万美元的软件企业，可享有软件自营出口权。

第十四条　海关要为软件的生产开发业务提供便捷的服务。在国家扶持的软件园区内为承接国外客户软件设计与服务而建立研究开发中心时，对用于仿真用户环境的设备采取保税措施。

第十五条　根据重点软件企业参与国际交往的实际需要，对企业高中级管理人员和高中级技术人员简化出入境审批手续，适当延长有效期。具体办法由外交部会同有关部门另行制定。

第十六条　采取适应软件贸易特点的外汇管理办法。根据软件产品交易（含软件外包加工）的特点，对软件产品出口实行不同于其他产品的外贸、海关和外汇管理办法，以适应软件企业从事国际商务活动的需要。

第十七条　鼓励软件出口型企业通过GB/T19000—ISO 9000系列质量保证体系认证和CMM（能力成熟度模型）认证。其认证费用通过中央外贸发展基金适当予以支持。

第六章　收入分配政策

第十八条　软件企业可依照国家有关法律法规，根据本企业经济效益和社会平均工资，自主决定企业工资总额和工资水平。

第十九条　建立软件企业科技人员收入分配激励机制，鼓励企业对做出突出贡献的科技人员给予重奖。

第二十条　软件企业可允许技术专利和科技成果作价入股，并将该股份给予发明者和贡献者。由本企业形成的科技成果，可根据《中华人民共和国促进科技成果转化法》规定，将过去3～5年科技成果转化所形成的利润按规定的比例折股分配。群体或个人从企业外带入的专利技术和非专利技术，可直接在企业作价折股分配。

第二十一条　在创业板上市的软件企业，如实行企业内部高级管理人员和技术骨干认股权的，应在招股说明书中详细披露，并按创业板上市规划的要求向证券交易所提供必要的说明材料。上述认股权在公开发行的股份中所占的比例由公司董事会决定。

第七章　人才吸引与培养政策

第二十二条　国家教育部门要根据市场需求进一步扩大软件人才培养规模，并依托高等院校、科研院所建立一批软件人才培养基地。

（一）发挥国内教育资源的优势，在现有高等院校、中等专科学校中扩大软件专业招生规模，多层次培养软件人才。当前要尽快扩大硕士、博士、博士后等高级软件人才的培养规模，鼓励有条件的高等院校设立软件学院；理工科院校的非计算机专业应设置软件应用课程，培养复合型人才。

（二）成人教育和业余教育（电大等）应设立或加强软件专业教学，积极支持企业、科研院所和社会力量开展各种软件技术培训，加强在职员工的知识更新与再教育。在有条件的部门和地区，积极推行现代远程教育。在工程技术人员技术职称评定工作中，应逐步将软件和计算机应用知识纳入考核范围。

（三）由国家外国专家局和教育部共同设立专项基金，支持高层次软件科研人员出国进修，聘请外国软件专家来华讲学和工作。

第二十三条　进入国家扶持的软件园区的软件系统分析员和系统工程师，凡具有中级以上技术职称，或有重大发明创造的，由本单位推荐并经有关部门考核合格，应准予本人和配偶及未成年子女在该软件园区所在地落户。

第二十四条　实施全球化人才战略，吸引国内外软件技术人员在国内创办软件企业。国内高等院校、科研院所的科技人员创办软件企业，有关部门应给予一定的资金扶持，在人员流动方面也应放宽条件；国外留学生和外籍人员在国内创办软件企业的，享受国家对软件企业的各项优惠政策。

第八章　采购政策

第二十五条　国家投资的重大工程和重点应用系统，应优先由国内企业承担，在同等性能价格比条件下应优先采用国产软件系统。编制工程预算时，应将软件与技术服务作为单独的预算项目，并确保经费到位。

第二十六条　企事业单位所购软件，凡购置成本达到固定资产标准或构成无形资产的，可以按固定资产或无形资产进行核算，经税务部门批准，其折旧或摊销年限可以适当缩短，最短可为两年。

第二十七条 政府机构购买的软件、涉及国家主权和经济安全的软件，应当采用政府采购的方式进行。

第九章 软件企业认定制度

第二十八条 软件企业的认定标准由信息产业部会同教育部、科技部、国家税务总局等有关部门制定。

第二十九条 软件企业实行年审制度。年审不合格的企业，即取消其软件企业的资格，并不再享受有关优惠政策。

第三十条 软件企业的认定和年审的组织工作由经上级信息产业主管部门授权的地（市）级以上软件行业协会或相关协会具体负责。软件企业的名单由行业协会初选，报经同级信息产业主管部门审核，并会签同级税务部门批准后正式公布。

第三十一条 信息产业部、国家质量技术监督局负责拟定软件产品国家标准。

第十章 知识产权保护

第三十二条 国务院著作权行政管理部门要规范和加强软件著作权登记制度，鼓励软件著作权登记，并依据国家法律对已经登记的软件予以重点保护。

第三十三条 为了保护中外著作权人的合法权益，任何单位在其计算机系统中不得使用未经授权许可的软件产品。

第三十四条 加大打击走私和盗版软件的力度，严厉查处组织制作、生产、销售盗版软件的活动。自2000年下半年起，公安部、信息产业部、国家工商局、国家知识产权局、国家版权局和国家税务总局要定期开展联合打击盗版软件的专项斗争。

第十一章 行业组织和行业管理

第三十五条 各级信息产业主管部门对软件产业实行行业管理和监督。

第三十六条 信息产业主管部门要充分发挥软件行业协会在市场调查、信息交流、咨询评估行业自律、知识产权保护、资质认定、政策研究等方面的作用，促进软件产业的健康发展。

第三十七条 软件行业协会开展活动所需经费主要由协会成员共同承担，经主管部门申请，财政也可适当予以支持。

第三十八条　软件行业协会必须按照公开、公正、公平的原则，履行其所承担的软件企业认定职能。

第三十九条　将软件产品产值和出口额纳入国家有关统计范围，并在信息产业目录中单独列出。

第十二章　集成电路产业政策

第四十条　鼓励境内外企业在中国境内设立合资和独资的集成电路生产企业，凡符合条件的，有关部门应按程序抓紧审批。

第四十一条　对增值税一般纳税人销售其自产的集成电路产品（含单晶硅片），2010年前按17%的法定税率征收增值税，对实际税负超过6%的部分即征即退，由企业用于研究开发新的集成电路和扩大再生产。

第四十二条　符合下列条件之一的集成电路生产企业，按鼓励外商对能源、交通投资的税收优惠政策执行。

（一）投资额超过80亿元人民币。

（二）集成电路线宽小于0.25μm的。

第四十三条　符合第四十二条规定的生产企业，海关应为其提供通关便利。具体办法由海关总署制定。

第四十四条　符合第四十二条规定的生产企业进口自用生产原材料、消耗品，免征关税和进口环节增值税。由信息产业部会同国家计委、外经贸部、海关总署等有关部门负责，拟定集成电路免税商品目录，报经国务院批准后执行。

第四十五条　为规避汇率风险，允许符合第四十二条规定的企业将准备用于在中国境内再投资的税后利润以外币方式存入专用账户，由外汇管理部门监管。

第四十六条　集成电路生产企业的生产性设备的折旧年限最短可为3年。

第四十七条　集成电路生产企业引进集成电路技术和成套生产设备，单项进口的集成电路专用设备与仪器，按《外商投资产业指导目录》和《当前国家重点鼓励发展的产业、产品和技术目录》的有关规定办理，免征进口关税和进口环节增值税。

第四十八条　境内集成电路设计企业设计的集成电路，如在境内确实无法生产，可在国外生产芯片，其加工合同（包括规格、数量）经行业主管部门认定后，进口时按优惠暂定税率征收关税。

第四十九条　集成电路企业的认定，由集成电路项目审批部门征求同级税务部门意见后确定。

第五十条　集成电路设计产品视同软件产品，受知识产权方面的法律保护。国家鼓励对集成电路设计产品进行评测和登记。

第五十一条　集成电路设计业视同软件产业，适用软件产业有关政策。

第十三章　附则

第五十二条　凡在我国境内设立的软件企业和集成电路企业，不分所有制性质，均可享受本政策。

第五十三条　本政策自发布之日起实施。

2000 年 6 月 27 日印发

附录 B　国务院振兴软件产业行动纲要（2002 年至 2005 年）（国办发［2002］47 号）

国务院信息化工作办公室

软件产业是国民经济和社会信息化的基础性、战略性产业。近年来，我国软件产业的政策环境不断改善，增长速度明显加快，软件产业对经济社会发展的作用逐步增强。但总体上看，我国软件产业规模偏小、技术创新能力不强、缺乏国际竞争力。为认真贯彻落实《国务院关于印发〈鼓励软件产业和集成电路产业发展若干政策〉的通知》（国发［2000］18 号，以下简称《通知》），进一步明确发展目标，采取切实有效措施，尽快提高我国软件产业的总体水平和国际竞争力，特制定《振兴软件产业行动纲要（2002 年至 2005 年）》（以下简称《行动纲要》）。

一、指导思想和目标

振兴软件产业指导思想：贯彻“以信息化带动工业化”的方针，以市场为导向，以企业为主体，充分利用国内外两种资源，两个市场，优化产业发展环境，努力满足国内市场需求，积极扩大出口。依靠体制创新和技术创新，加大人才培养力度，推进结构调整，壮大产业规模，提升国际竞争力，逐步形成具有自主知识产权的软件产业体系，实现我国软件产业的跨越式发展。

发展目标：到 2005 年，软件市场销售额达到 2 500 亿元，国产软件和服务的国内市场占有率达到 60%；软件出口额达到 50 亿美元；培育一批具有国际竞争力的软件产品，形成若干家销售额超过 50 亿元的软件骨干企业；软件专业技术人才达到 80 万人，人才结构得到优化；在国民经济和社会发展的关键领域大力发展具有自主知识产权的软件产品和系统。

二、发展思路和工作重点

实现 2005 年软件产业发展目标，要针对我国软件产业发展的制约瓶颈，采取有效措施，把政府的引导、扶持作用与市场在资源配置中的基础性作用结合起来，把满足国内市场需求与积极扩大出口结合起来，把培养人才、完善人才激励机制与引进国外高层人才结合起来，推进软件产业更快更好地发展。

（一）鼓励应用，内需拉动，促进软件产业发展

发展软件产业必须坚持以应用为主导。我国国内市场潜力巨大，随着信息化进程的不断加快，这一优势将更加明显。在国民经济和社会发展的各个领域广泛应用信息技术，是拉动软件产业发展的重要动力，也是促进软件产业发展的着力点。

充分发挥政府的带头、引导和组织作用。政府部门要率先垂范，带动企事业单位和全社会使用正版软件和国产软件。对使用财政性资金的软件产品和信息化系统工程实施政府采购。通过电子政务、现代远程教育、农业信息化、制造业信息化、数字电视、数字奥运等一批国家重大信息化应用工程，组织实施软件产业化示范项目。

通过制定利用信息技术提升传统产业的鼓励政策和技术装备政策，促进传统行业、骨干企业在结构调整和产品升级中积极采用信息技术。在机械、化工、冶金、有色、石油、电力、造船、轻工、纺织、汽车、制药等行业中，选择一批重点企业，建立信息技术应用示范工程和示范生产线。鼓励和引导软件企业与应用行业建立长期合作关系，重点开发大型行业应用软件、待业应用中间件、工业自动化软件、嵌入式软件等产品。

促进服务业大力采用软件产品和服务。金融、旅游、商贸、社区服务等行业要通过采用软件产品和服务，丰富服务内容、提高服务质量。培育和发展文化、娱乐软件市场，用健康向上的娱乐软件占领文化阵地，满足城乡居民不同层次文化生活需求，促进社会主义精神文明建设。

（二）坚持开放，扩大出口，积极参与国际合作与竞争

要充分利用我国加入世界贸易组织的机遇，以更加积极的姿态，扩大开放，大胆吸收和借鉴符合国际惯例的生产经营方式和管理方法，增强软件产业创新能力和国际竞争力。

完善政策，促进出口。利用国家软件产业基地和其他软件园区的现有条件，建立若干个软件出口基地。实施适合软件交易特点的出口管理办法，为软件企业扩大出口创造条件。支持软件企业承担委托加工项目，逐步提高出口软件的技术含量和附加值，逐步把我国软件出口拓展到应用服务、系统工程承包和自主知识产权的软件产品。推行软件工程过程管理，提高软件产品质量和企业管理水平，增强开拓国际市场的能力。加快软件出口服务体系建设，研究建立与重点市场国家和地区的相关行业组织的信息交换机制，研究分析国际软件市场和技术发展动态，为企业提供市场信息服务。

改善投资环境，加大利用外资力度。吸引海外创业投资基金投资于我国软件产业。鼓励跨国公司在我国设立软件研究开发机构和生产企业。通过与国际著名信息企业合资、合作，壮大我国软件产业规模，培养高层次的系统分析、设计和管理人才，提高我国软件企业的管理水平和出口能力。

把“引进来”和“走出去”结合起来，在鼓励有条件的软件企业对外投资的同时，支持有竞争力的企业跨国经营，到境外设立研究开发、市场营销和服务机构。

（三）深化改革，鼓励竞争，形成一批软件骨干企业

发展壮大软件企业特别是骨干企业，是满足国内市场需求的基础，也是开拓国际市场、提高国际竞争力的关键。要在体制创新、技术创新和市场体系建设等方面，为软件企业发展创造条件。

深化体制改革，整合软件产业资源，形成符合市场经济要求和软件产业发展规律的企业成长机制。充分发挥市场在资源配置中的基础性作用，规范软件行业竞争秩序，打破部门、行业垄断和地区封锁，为企业发展创造良好的市场环境。以行业应用为重点，引导软件企业通过改组、联合、兼并及上市发行股票等多种方式，发展专业性产品和增值服务，加快形成一批具有行业特色、产业优势、规模效应和品牌形象的龙头企业。支持和发展系统集成、集成电路设计、网络服务、信息系统咨询和维护、外包等信息服务业，逐步完善软件产业体系，培育专业化的软件服务企业。鼓励各行业内的软件开发部门转变经营机制，走社会化、专业化、企业化的发展道路。

加强技术创新和管理创新，增强企业发展后劲。加强产学研用结合，研究开发具有自主知识产权的软件产品与技术，提高软件骨干企业的研究开发能力，力争在关系国民经济命脉和信息安全的关键技术领域取得突破。推行软件开发过程管理、项目管理、人力资源管理，重视标准化和质量体系建设，推广应用软件构件和复用技术，提高企业工程化管理能力，实现软件工业化生产。

（四）面向市场，培养人才，为软件产业发展提供智力支持

要把人才队伍建设，营造用好人才、吸引人才和培养人才的良好环境，作为发展软件产业工作的重中之重。加强制度创新，完善人才激励机制，稳定和扩大高级管理人才队伍，造就一批技术骨干和项目管理人才。面向企业和市场需求，通过学历教育、职业教育、继续教育和培训等多种形式，加快培养软件经营管理人才、国际市场开拓人才、精通行业应用的高级软件人才，改善软件人才结构。大规模培养软件初级编程人员，满足软件工业化生产的需要，扩大就业。加强国际合作，采取多种措施吸引海外高层次人才。

三、主要政策措施

继续全国深入贯彻落实《通知》精神，认真解决制约我国软件产业发展的矛盾和问题，营造良好的发展环境。各有关方面要充分发挥作用，通力合作，加大对软件产业发展的支持力度。

（一）提高企业技术创新能力

以软件产业化为目标，以重大软件技术创新为重点，以骨干企业为主体，建立一批国家软件工程中心，继续加强软件产业基地建设。国家科技经费向软件产业倾斜，重点支持面向产业化的基础性、战略性、前瞻性和重大关键共性软件技术研究开发，主要包括操作系统、大型数据管理系统、网络平台、开发平台、信息安全、嵌入式系统、大型应用软件系统、构件库等基础软件和共性软件。鼓励跨国公司与我国企业、大学、科研机构等联合设立研究开发机构，共同研究开发基础软件、工具软件标准的研究与制定，逐步完善软件标准化体系，重视软件评测工作，促进企业提高质量管理能力。

（二）优先采用国产软件产品和服务

制定政府采购软件产品和服务的目录及标准，政府采购应当采购本国的软件产品和服务。利用财政性资金建设的信息化工程，用于购买软件产品和服务的资金原则上不得低于总投资的 30%。国家重大信息化工程实行招标制、工程监理制，承担单位实行资质认证。鼓励企事业单位在信息化建设中，与软件企业合作开发或积极采购国产软件产品和服务。

（三）加大对软件出口的扶持力度

针对软件贸易特点，进一步完善软件出口管理办法，为软件企业出口提供更便捷服务。

软件出口基地内的软件出口企业可以开立经常项目项下的外汇账户，账户的收入范围为经常项目项下的外汇收入，支出为经常项目项下的外汇支出及经批准的资本项下的外汇支出。支持符合条件的软件出口企业在境外设立研究开发、市场营销及服务机构，并在用汇上给予支持。中国进出口银行通过提供出口信贷方式，支持软件产品出口，开拓国际市场。把软件工程国际合作纳入我国同有关国家的双边合作谈判，发挥双边经贸联委会的作用，推动形成软件产业双边合作框架协议。发挥软件行业协会和进出口商会等中介组织的作用，支持软件出口企业在境外开展宣传、推介和参展活动。

（四）落实投融资政策，加大对软件产业的投入

以软件产业为试点，逐步建立健全产权交易市场，实现非上市软件企业的资本流动，吸引社会资本增加对软件产业的投入。通过多种方式拓宽软件产业融资渠道，促进建立软件产业风险投资机制，鼓励对软件产业的风险投资。经审核符合境外上市资格的软件企业，均可允许到境外申请上市筹资。为保证资金来源，“十五”期间，中央财政预算内资金向软件产业的投入不少于 40 亿元。其中，电子信息产业发展基金、“863”专项经费、国家科技攻关计划经费、产业技术研究与开发奖金、科技型中小企业技术创新基金等可用于软件产业发展的资料，通过调整结构，向软件产业倾斜，集中不少于 30 亿元的资金专项用于软件产业；同时，为了确保软件产业发展目标的实现，体现国家政策的导向和扶持作用，2003 年至 2005 年，中央政府再安排 10 亿元，专项用于支持软件产业；同时，为了确保软件产业发展目标的实现，体现国家政策的导向和扶持作用，2003 年至 2005 年，中央政府再安排 10 亿元，专项用于支持软件产业发展。

（五）落实软件税收优惠政策

对增值税一般纳税人销售其自行开发生产的软件产品，按 17%的法定税率征收增值税，对实际税负超过 3%的部分即征即退，由企业用于研究开发软件产品和扩大再生产。在我国境内新创办的软件企业经认定后，自获利年度起，享受企业所得税“两免三减半”的优惠政策。加快国家规划布局内的重点企业认定，切实保证软件企业所得税退税工作的顺利进行。软件企业人员薪酬和培训费用可按实际发生额在企业所得税税前列支。

（六）整顿软件市场秩序，加强行业管理

认真贯彻落实《中华人民共和国著作权法》和《计算机软件保护条例》，坚决打击软件走私和盗版活动。各级政府和财政拨款事业单位要为购买自用正版软件提供必要的资金支持。发挥行业协会在行业自律和规范市场秩序中的作用，协助政府加强反垄断、反倾销、反盗版工作、制止不正当竞争。加强软件产业统计指标体系研究，尽快建立软件产业统计指标体系，为宏观管理和科学决策提供依据。建立软件产业相关政策执行情况的定期评估机制，对软件产业运行情况和相关产业政策执行情况进行定期评估，引导软件产业发展。

（七）加速软件人才队伍建设

加快国家示范性软件学院和职业技术学院建设，扩大招生规模，改善办学条件，加强师资队伍、课程和教材建设。积极开展与国外教学机构、国际著名软件企业和国内软件企业的联合办学，多模式、多渠道培养软件人才。做好智力引进工作，重点引进软件高级管理人才、系统分析和设计人才。通过简化出入境审批手续，适当延长有效期等方式，方便企业高中级管理人员和高中级技术人员参与国际交往。大量吸收海外优秀留学人员回国。鼓励国外留学生和外籍人员在国内创办软件企业。

（八）进一步做好《通知》的落实工作。

各部门、各地区要认真履行职责，狠抓落实，相互配合，增强合力，推动我国软件产业持续、快速、健康发展。

附录C　国务院关于印发《进一步鼓励软件产业和集成电路产业发展的若干政策》的通知（国发［2011］4号）

各省、自治区、直辖市人民政府，国务院各部委、各直属机构：

现将《进一步鼓励软件产业和集成电路产业发展的若干政策》印发给你们，请认真贯彻执行。

软件产业和集成电路产业是国家战略性新兴产业，是国民经济和社会信息化的重要基础。近年来，在国家一系列政策措施的扶持下，经过各方面共同努力，我国软件产业和集成电路产业获得较快发展。制定实施《进一步鼓励软件产业和集成电路产业发展的若干政策》，继续完善激励措施，明确政策导向，对于优化产业发展环境，增强科技创新能力，提高产业发展质量和水平，具有重要意义。各地区、各有关部门要高度重视，加强组织领导和协调配合，抓紧制定实施细则和配套措施，切实抓好落实工作。发展改革委要会同有关部门及时跟踪了解政策执行情况，加强督促指导，确保取得实效。

国务院

二〇一一年一月二十八日

进一步鼓励软件产业和集成电路产业发展的若干政策

《国务院关于印发〈鼓励软件产业和集成电路产业发展的若干政策〉的通知》（国发［2000］18号，以下简称国发18号文）印发以来，我国软件产业和集成电路产业快速发展，产业规模迅速扩大，技术水平显著提升，有力推动了国家信息化建设。但与国际先进水平相比，我国软件产业和集成电路产业还存在发展基础较为薄弱，企业科技创新和自我发展能力不强，应用开发水平有待提高，产业链有待完善等问题。为进一步优化软件产业和集成电路产业发展环境，提高产业发展质量和水平，培育一批有实力和影响力的行业领先企业，制定以下政策。

一、财税政策

（一）继续实施软件增值税优惠政策。

（二）进一步落实和完善相关营业税优惠政策，对符合条件的软件企业和集成电路设计企业从事软件开发与测试，信息系统集成、咨询和运营维护，集成电路设计等业务，免征营业税，并简化相关程序。具体办法由财政部、税务总局会同有关部门制定。

（三）对集成电路线宽小于 0.8 微米（含）的集成电路生产企业，经认定后，自获利年度起，第一年至第二年免征企业所得税，第三年至第五年按照 25%的法定税率减半征收企业所得税（以下简称企业所得税“两免三减半”优惠政策）。

（四）对集成电路线宽小于 0.25 微米或投资额超过 80 亿元的集成电路生产企业，经认定后，减按 15%的税率征收企业所得税，其中经营期在 15 年以上的，自获利年度起，第一年至第五年免征企业所得税，第六年至第十年按照 25%的法定税率减半征收企业所得税（以下简称企业所得税“五免五减半”优惠政策）。

（五）对国家批准的集成电路重大项目，因集中采购产生短期内难以抵扣的增值税进项税额占用资金问题，采取专项措施予以妥善解决。具体办法由财政部会同有关部门制定。

（六）对我国境内新办集成电路设计企业和符合条件的软件企业，经认定后，自获利年度起，享受企业所得税“两免三减半”优惠政策。经认定的集成电路设计企业和符合条件的软件企业的进口料件，符合现行法律法规规定的，可享受保税政策。

（七）国家规划布局内的集成电路设计企业符合相关条件的，可比照国发 18 号文享受国家规划布局内重点软件企业所得税优惠政策。具体办法由发展改革委会同有关部门制定。

（八）为完善集成电路产业链，对符合条件的集成电路封装、测试、关键专用材料企业及集成电路专用设备相关企业给予企业所得税优惠。具体办法由财政部、税务总局会同有关部门制定。

（九）国家对集成电路企业实施的所得税优惠政策，根据产业技术进步情况实行动态调整。符合条件的软件企业和集成电路企业享受企业所得税“两免三减半”、“五免五减半”优惠政策，在 2017 年 12 月 31 日前自获利年度起计算优惠期，并享受至期满为止。符合条件的软件企业和集成电路企业所得税优惠政策与企业所得税其他优惠政策存在交叉的，由企业选择一项最优惠政策执行，不叠加享受。

二、投融资政策

（十）国家大力支持重要的软件和集成电路项目建设。对符合条件的集成电路企业技术进步和技术改造项目，中央预算内投资给予适当支持。鼓励软件企业加强技术开发综合能力建设。

（十一）国家鼓励、支持软件企业和集成电路企业加强产业资源整合。对软件企业和集成电路企业为实现资源整合和做大做强进行的跨地区重组并购，国务院有关部门和地方各级人民政府要积极支持引导，防止设置各种形式的障碍。

（十二）通过现有的创业投资引导基金等资金和政策渠道，引导社会资本设立创业投资基金，支持中小软件企业和集成电路企业创业。有条件的地方政府可按照国家有关规定设立主要支持软件企业和集成电路企业发展的股权投资基金或创业投资基金，引导社会资金投资软件产业和集成电路产业。积极支持符合条件的软件企业和集成电路企业采取发行股票、债券等多种方式筹集资金，拓宽直接融资渠道。

（十三）支持和引导地方政府建立贷款风险补偿机制，健全知识产权质押登记制度，积极推动软件企业和集成电路企业利用知识产权等无形资产进行质押贷款。充分发挥融资性担保机构和融资担保补助资金的作用，积极为中小软件企业和集成电路企业提供各种形式的贷款担保服务。

（十四）政策性金融机构在批准的业务范围内，可对符合国家重大科技项目范围、条件的软件和集成电路项目给予重点支持。

（十五）商业性金融机构应进一步改善金融服务，积极创新适合软件产业和集成电路产业发展的信贷品种，为符合条件的软件企业和集成电路企业提供融资支持。

三、研究开发政策

（十六）充分利用多种资金渠道，进一步加大对科技创新的支持力度。发挥国家科技重大专项的引导作用，大力支持软件和集成电路重大关键技术的研发，努力实现关键技术的整体突破，加快具有自主知识产权技术的产业化和推广应用。紧紧围绕培育战略性新兴产业的目标，重点支持基础软件、面向新一代信息网络的高端软件、工业软件、数字内容相关软件、高端芯片、集成电路装备和工艺技术、集成电路关键材料、关键应用系统的研发以及重要技术标准的制定。科技部、发展改革委、财政部、工业和信息化部等部门要做好有关专项的组织实施工作。

（十七）在基础软件、高性能计算和通用计算平台、集成电路工艺研发、关键材料、关键应用软件和芯片设计等领域，推动国家重点实验室、国家工程实验室、国家工程中心和企业技术中心建设，有关部门要优先安排研发项目。鼓励软件企业和集成电路企业建立产学研用结合的产业技术创新战略联盟，促进产业链协同发展。

（十八）鼓励软件企业大力开发软件测试和评价技术，完善相关标准，提升软件研发能力，提高软件质量，加强品牌建设，增强产品竞争力。

四、进出口政策

（十九）对软件企业和集成电路设计企业需要临时进口的自用设备（包括开发测试设备、软硬件环境、样机及部件、元器件等），经地市级商务主管部门确认，可以向海关申请按暂时进境货物监管，其进口税收按照现行法规执行。对符合条件的软件企业和集成电路企业，质检部门可提供提前预约报检服务，海关根据企业要求提供提前预约通关服务。

（二十）对软件企业与国外资信等级较高的企业签订的软件出口合同，政策性金融机构可按照独立审贷和风险可控的原则，在批准的业务范围内提供融资和保险支持。

（二十一）支持企业“走出去”建立境外营销网络和研发中心，推动集成电路、软件和信息服务出口。大力发展国际服务外包业务。商务部要会同有关部门与重点国家和地区建立长效合作机制，采取综合措施为企业拓展新兴市场创造条件。

五、人才政策

（二十二）加快完善期权、技术入股、股权、分红权等多种形式的激励机制，充分发挥研发人员和管理人员的积极性和创造性。各级人民政府可对有突出贡献的软件和集成电路高级人才给予重奖。对国家有关部门批准建立的产业基地（园区）、高校软件学院和微电子学院引进的软件、集成电路人才，优先安排本人及其配偶、未成年子女在所在地落户。加强人才市场管理，积极为软件企业和集成电路企业招聘人才提供服务。

（二十三）高校要进一步深化改革，加强软件工程和微电子专业建设，紧密结合产业发展需求及时调整课程设置、教学计划和教学方式，努力培养国际化、复合型、实用性人才。加强软件工程和微电子专业师资队伍、教学实验室和实习实训基地建设。教育部要会同有关部门加强督促和指导。

（二十四）鼓励有条件的高校采取与集成电路企业联合办学等方式建立微电子学院，经批准设立的示范性微电子学院可以享受示范性软件学院相关政策。支持建立校企结合的人才综合培训和实践基地，支持示范性软件学院和微电子学院与国际知名大学、跨国公司合作，引进国外师资和优质资源，联合培养软件和集成电路人才。

（二十五）按照引进海外高层次人才的有关要求，加快软件与集成电路海外高层次人才的引进，落实好相关政策。制定落实软件与集成电路人才引进和出国培训年度计划，办好国家软件和集成电路人才国际培训基地，积极开辟国外培训渠道。

六、知识产权政策

（二十六）鼓励软件企业进行著作权登记。支持软件和集成电路企业依法到国外申请知识产权，对符合有关规定的，可申请财政资金支持。加大政策扶持力度，大力发展知识产权服务业。

（二十七）严格落实软件和集成电路知识产权保护制度，依法打击各类侵权行为。加大对网络环境下软件著作权、集成电路布图设计专有权的保护力度，积极开发和应用正版软件网络版权保护技术，有效保护软件和集成电路知识产权。

（二十八）进一步推进软件正版化工作，探索建立长效机制。凡在我国境内销售的计算机（大型计算机、服务器、微型计算机和笔记本电脑）所预装软件必须为正版软件，禁止预装非正版软件的计算机上市销售。全面落实政府机关使用正版软件的政策措施，将软件购置经费纳入财政预算，对通用软件实行政府集中采购，加强对软件资产的管理。大力引导企业和社会公众使用正版软件。

七、市场政策

（二十九）积极引导企业将信息技术研发应用业务外包给专业企业。鼓励政府部门通过购买服务的方式将电子政务建设和数据处理工作中的一般性业务发包给专业软件和信息服务企业，有关部门要抓紧建立和完善相应的安全审查和保密管理规定。

鼓励大中型企业将其信息技术研发应用业务机构剥离，成立专业软件和信息服务企业，为全行业和全社会提供服务。

（三十）进一步规范软件和集成电路市场秩序，加强反垄断工作，依法打击各种滥用知识产权排除、限制竞争及滥用市场支配地位进行不正当竞争的行为，充分发挥行业协会的作用，创造良好的产业发展环境。加快制定相关技术和服务标准，促进软件市场公平竞争，维护消费者合法权益。

（三十一）完善网络环境下消费者隐私及企业秘密保护制度，促进软件和信息服务网络化发展。逐步在各级政府机关和事业单位推广符合安全要求的软件产品。

八、政策落实

（三十二）凡在我国境内设立的符合条件的软件企业和集成电路企业，不分所有制性质，均可享受本政策。

（三十三）继续实施国发 18 号文件明确的政策，相关政策与本政策不一致的，以本政策为准。本政策由发展改革委会同财政部、税务总局、工业和信息化部、商务部、海关总署等部门负责解释。

（三十四）本政策自发布之日起实施。

附录D 工业和信息化部软件与集成电路促进中心简介

工业和信息化部软件与集成电路促进中心（CSIP）是工业和信息化部的直属事业单位，负责国家软件与集成电路公共服务平台的建设，为我国软件与集成电路产业和企业发展提供公益、公共、开放的服务。

国家软件与集成电路公共服务平台是工业和信息化部领导建设的引导产业发展，能对国家软件与集成电路产业和企业的发展起支撑和服务作用的公益、公共、开放的服务平台。解决单个企业想做而无法（无力）解决的问题，为企业创新和产业发展提供解决共性问题的环境，减少竞争前的企业技术基础投入，实现共性基础技术资源共享，降低企业在研发和质量保证方面的资金风险和技术门槛。从而促进遵从市场经济规律的软件与集成电路产业链的快速形成，让众多的软件和集成电路设计企业借其成长壮大，推动我国软件和集成电路产业做强、做大。

一、CSIP 定位

（1）在软件与集成电路领域，国家级的决策支撑、技术支持公共服务机构。

（2）为政府主管部门决策咨询提供“第一支撑”。

（3）为产业发展和企业创新提供共性技术基础、知识产权服务、人才培训、战略咨询、市场拓展与品牌推广 5 个大的方面专业、公益、开放的服务。

二、任务与使命

（一）IT 产业战略研究体系建设

加强 IT 产业战略研究体系建设是工业和信息化部推进产业发展、引领行业规划、促进企业创新的战略举措。它是根据科学发展观的要求，在“两化融合”的大背景下，在建设“智慧工业”的进程中，实现 IT 产业全面、协调、可持续发展的必然选择。

其主要任务是通过全方位、多层次、系统化的深入研究，构建起涵盖整个 IT 产业发展的理论研究体系，为政府决策、产业布局、企业创新，提供前瞻性、战略性、全局性的理论依据和思想支撑。

（1）方针——坚持服务于国家 IT 产业可持续发展和企业可持续创新的方针。

（2）方向——坚持国家需求、政府目标导向与自主选题相结合。

（3）方法——坚持理论研究和深入实际调研相结合。

（二）国家软件服务业公共服务体系建设

1．国产软硬件应用推广体系——“华夏擎”工程

建设国产软硬件应用推广体系，可以有效地整合和协调产业资源，解决国产软硬件间的适配性、兼容性、互操作性、可靠性、安全性等问题，系统地解决国产软硬件在实际应用中可能出现的问题，对于推动国产软硬件的广泛应用会起到极大的促进作用。同时建设国家软件产业公共品牌“华夏擎”，推进具有自主知识产权最优软硬件产品及其解决方案的应用，以此提升用户使用国产软硬件的信心，促进民族软硬件产业融合发展。

（1）建设国产软硬件集成测试验证平台，提供国产软硬件集成测试验证服务，提升国产软硬件产品之间的兼容性、互操作性、可靠性、安全性，形成“能用、够用、易用”的基于国产软硬件产品的集成解决方案，满足信息化建设的需要。

（2）建设国产软硬件应用解决方案模拟部署与体验平台，提供模拟部署、现场演示、网络体验等服务，让用户实际感受到国产软硬件是可用、够用、易用的，树立用户对国产软硬件的信心。

（3）建设国产软硬件应用推广平台，建设覆盖全国的国产软硬件应用推广体系，提供人才培训、品牌建设、技术支持、顶层设计、咨询规划、市场推广等服务，在企业与用户之间搭建沟通桥梁，促进国产软硬件的应用推广。

2．国家软件与信息服务外包公共服务体系建设

推进国家软件与信息服务外包公共服务体系建设，是我国抓住当前世界外包产业格局发生变化的机遇，推动我国软件与信息服务外包产业发展迈上新台阶、继续发展壮大的战略举措。国家软件与信息服务外包公共服务体系主要内容包括：中国软件与信息服务外包产业联盟（中国软件行业协会软件与信息服务业外包工作委员会）的建设、国家外包行业公共品牌 ChinaSourcing 的建设、国家软件与信息服务外包公共支撑平台的建设、国家信息技术服务系列标准的建设等。

（1）建设中国软件与信息服务外包产业联盟，依托联盟打造中国外包的国家品牌 China Sourcing，提升中国外包的国际影响力，实现外包找中国、外包到中国的目标；依托联盟建设欧、美、日等中国外包的海外接包分支机构，为中国外包企业拓展海外市场搭建有效的接包平台，促进中国离岸外包、在岸外包产业的快速发展。

（2）建设覆盖 20 个外包示范城市、辐射全国的国家软件和信息服务外包公共支撑平台，有效降低外包企业的技术门槛和资金风险，为外包企业提供共性技术支撑服务、人才培训服务、知识产权服务、企业品牌建设和市场拓展服务，支撑国家外包产业做强做大。

（3）抓住“两化融合”的战略机遇，实施促进软件和信息服务外包产业发展行动计划，扩大有效的内需市场，夯实国家外包产业的基础，实现中国外包产业跨越式发展。

3．开源软件公共服务体系建设

未来开源软件将成为主流，这在基础软件领域会表现得更加充分。知识共享是人类进步的重要动力，也是开源软件必将成为主流的主要驱动力。现在，无论是操作系统、数据库还是中间件，都有开源软件的身影。事实上，开源软件正给软件产业带来巨大的变化。开源软件所带来的商业模式变革，将会对软件产业产生重大影响。因此加快开源软件公共

服务体系建设意义重大。

1）“开源中国”社区建设

健康的开源产业需要一个健康有序的生态。为中国开源软件的发展提供一个良好的生态环境，探索开源软件发展的新模式，组织建设以“开源中国”社区为载体的开源支撑环境，包括开源应用推广、技术研发支撑平台、开源国际合作三项核心内容，并利用网络化的平台针对开源爱好者、开源的用户和中小企业提供公共服务，支撑开源软件的开发、应用、商业运作、人才培训等活动。

2）Linux 参考平台建设

Linux 操作系统发展的过程中，面临着不同 Linux 系统厂商产品间的兼容性问题、Linux 操作系统上应用软件少和硬件支持差、能够参与开发的人员少等一系列制约产业发展的瓶颈问题。为了解决上述问题，组织实施 Linux 参考平台的建设就十分紧迫和必要。该项目主要的目标就是借鉴国际开源社区的成功运营模式，通过政府引导，相关企业和机构参与组建产业战略联盟，建设基于联盟的“开源中国”社区，并形成以此社区为支撑的开放式软件开发机制和产业化机制；依托联盟内企业的技术联合及社区的力量，研发国产操作系统接口规范，从而解决目前国产操作系统的兼容性、硬件适配性、应用软件少的共性问题，并突破单个企业无法克服的前沿关键技术。在实施的过程中，最终探索出“产业联盟+社区+参考实现”的软件开发与服务的创新模式，提升我国操作系统技术竞争力，实现我国软件产业可持续发展。

4．云计算研究中心建设

CSIP 云计算研究中心（CSIP Cloud Computing Research Center，C^3RC）主要负责云计算关键技术、安全可控云计算集成解决方案及其推广应用研究，支撑工业和信息化部相关司局开展云计算相关产业发展工作，推动安全可控关键软硬件产品在国家重大工程、政府项目以及社会生产生活中的广泛普及应用。

云计算研究中心主要工作内容如下。

1）云计算关键技术研究，承担国家或企业科研项目

充分发挥整合优势，确定云计算关键技术研究方向，并联合产业界知名专家学者、国内高校和科研机构共同开展技术创新和高新技术转化应用，实现云计算关键技术突破。积极联合各方资源，共同申请国家或企业相关支持资金项目。

2）云计算标准体系、产业政策、发展报告等研究工作

在政策法规、战略规划、产业发展调研和公共服务平台建设咨询等方面，C^3RC 面向社会企业、专业社团组织和政府机构等提供相关咨询服务。开展如下工作：

（1）参与开展云计算产业战略研究规划工作。

（2）参与开展安全可控云计算标准体系的制定和推广。

（3）开展云计算技术架构及服务质量评估评测。

（4）开展云计算产业热点问题的分析与数据挖掘。

3）安全可控云计算典型示范项目的建设与推广应用

C^3RC 将云计算技术和云计算解决方案引入实际应用的云计算项目中去，积极推动安全

可控云计算研究成果的产业化、社会化、市场化，向国家政府机关、重点行业及关键领域进行重点推广应用。

4）广泛开展国际交流活动

积极开展国际交流工作，包括由各方组织中国台湾云计算产业相关主管部门、科研单位、金融机构以及重点企业资源与CSIP进行深入友好的沟通交流，推动并建立两岸云计算合作项目。并积极联合美国、英国、德国、法国、日本、韩国、中国台湾、新加坡等国家和地区的云计算厂商、科研机构进入联合实验室，开展研究工作。

5）工业和信息化部云计算的支撑工作

C^3RC为工业和信息化部提供云计算产业最前沿技术支持和产业发展研究报告，引领云计算技术及产业发展方向，为工业和信息化部制定相关政策、战略规划、标准体系等提供充分的理论依据和应用参考。

（三）国家集成电路公共服务体系建设

1. 集成电路IP核标准、评测体系建设

集成电路IP核是IC设计业的基础。规范、加快集成电路IP核产业的发展，是实现IC设计业跨越式发展的重要战略性举措。依托集成电路IP核标准工作组和中国硅知识产权产业联盟，开展集成电路IP核标准研究，建设集成电路IP核评测体系，指导IP核的规范化设计，开展IP核评测服务，推进适合中国国情的IP核商业模式的建立，进而促进IP核市场的繁荣。

（1）制定集成电路IP核标准，指导IP核设计企业对IP核进行规范化设计，提高IP核的可复用性。

（2）开展集成电路IP核评测，通过完善的IP核评测环境，对IP核进行科学评测，保障IP核的质量。

（3）实施国家IP核开发计划，建设国家IP核库。

2. 国产集成电路芯片应用推广体系建设——“中国芯”工程

“中国芯”是集成电路行业的公共品牌，是国产优秀集成电路芯片的代表。加强“中国芯”应用推广体系建设，是我国集成电路产业掌握自主可控能力、提高国际竞争力的必由之路，是践行国务院发布18号文（即《鼓励软件产业和集成电路产业发展的若干政策》）的重要举措，是我国集成电路产业在当前国际信息产业格局复杂形势下抓住机遇、发展壮大的必然选择。树立“中国芯”在相关应用领域的品牌形象，推进“中国芯”在整机中的广泛应用，有利于集成电路产业技术创新、产品创新，为我国集成电路产业的发展和壮大注入活力。

（1）方针——坚持服务于集成电路产业可持续发展和企业可持续创新的方针。

（2）策略——加强集成电路设计企业与整机企业的联动。

（3）目标——推动“中国芯”的应用和产业化，促进集成电路设计企业做大做强。

3. 嵌入式系统公共服务平台建设

嵌入式技术是实现传统制造业转型与提升的关键技术，对整体提升我国制造业的竞争

能力、大幅度地增强我国软件自主创新能力意义重大。建设嵌入式系统公共服务平台能够提升我国嵌入式系统厂商的整体实力，提升整机制造行业的核心竞争力，能够推动重大装备和产品制造方面将先进的计算机技术、半导体技术和通信技术通过嵌入技术与各个行业的具体应用相融合，有利于提高我国的整体工业化水平，实现信息化与工业化融合。

（1）制定应用领域标准，联合上下游企业打造产业链。围绕行业，突出重点区域，建设上下配合、左右互动的战略性产业合作和产品技术标准，增强嵌入式系统与网络通信、工业装备、数字家庭、汽车电子、办公自动化、医疗电子、新型元器件等企业的合作。

（2）建立产业公共资源库，整合嵌入式系统开发环境。发展关键性、共性化的嵌入式操作系统平台与嵌入式软件库，面向电子整机企业和集成电路设计企业，为其提供全方位的技术支撑和服务，提供全面的嵌入式技术解决方案。

（3）创新合作开发模式，促进国产嵌入式高端芯片推广。参考国外先进的嵌入式系统开发经验，联合国内具有自主知识产权的嵌入式操作系统、国产IP核及行业专用应用软件企业，推动国产专用系统级芯片的研制，并广泛应用于传统产业中，带动相关产业发展，打造国内系统解决方案龙头企业。

（四）IT领域知识产权预警体系建设

加强国家IT领域知识产权预警体系建设，有利于防范和化解侵权纠纷等知识产权潜在风险，在知识产权竞争日益激烈的国际环境下，建设国家IT知识产权预警体系势在必行。该预警体系以特定领域专利数据库为基础，以专利深度技术分析和司法鉴定能力为支撑，以建设一整套科学的、操作性强的预警机制为目标。可以为国家重大投入进行知识产权风险论证和知识产权成果评估服务，可以为企业提供发现知识产权侵权风险，完善其知识产权布局规划服务。

（1）突出重点领域，优先部署高端通用芯片、RFID（射频识别）、光电显示（LED、OLED等）、数字音视频、数控机床等核心领域。

（2）加强基础建设，以相关专业领域的专题专利库和智能专利信息管理系统为平台。

（3）坚持公共原则，立足于国家需求与产业实际需要，填补政府与企业的决策情报空白。

（五）国家信息技术紧缺人才培养体系建设

推进国家信息技术紧缺人才培养体系建设，其目的是解决大学生就业难、企业找人难的问题，其培养对象是刚毕业的大学生或者即将毕业的大学生、研究生、企业在职的需要提升的员工，其培养特点是通过实训强化理论与实践的结合，提升学员实际动手能力，满足企业用人的需要，其培养方式是短期线下培训和利用互联网长期线上培训。通过信息技术紧缺人才培养体系建设，以期建设一支适应产业发展的高素质人才队伍，推动信息产业持续、健康、快速发展。

（1）覆盖重点领域。建立软件与信息服务外包、动漫、游戏、嵌入式系统、集成电路设计、第三代移动通信、软件开发、信息安全8个领域人才培养标准。

（2）建设完备的线上线下教学体系，包括完善的标准化教材、讲义、视频课件、实训案例及评测试题五大教学体系。

（3）利用云计算技术建设三大支撑平台，包括 E-Learning 在线学习平台、在线考试平台和人才服务平台，覆盖从学习到就业的全过程。

（4）建设教育培训实施网络。依托“国家信息技术紧缺人才培养工程（NITE）”，在全国范围内形成以人才实训基地、项目管理中心、培训中心、远程教育中心等为核心的信息技术紧缺人才培养实施体系。

（六）两化融合推进体系建设

党的十七大提出大力推进信息化和工业化融合，走新兴工业化道路。两化融合对信息产业提出了全新要求，是全行业未来长期发展的重大战略任务；它要求发挥信息技术的创新作用与倍增效应，促进信息技术与制造业产业链各环节的融合，大力推进工业化的进程。因此两化融合推进体系建设具有非常重要的意义。

（1）专注两化融合的战略研究，为政府决策及标准制定提供支撑。

（2）建立两化融合服务体系。

（3）两化融合试验区建设，设计并引导建设一批重大两化融合项目。

三、基础与保障

（一）与国内外知名企业合作共建了 12 个实验室

（1）MIIT_CSIP-Sun 开放/开源技术创新实验室。

（2）MIIT-HP Linux 软件实验室。

（3）MIIT-MS Windows 技术与平台实验室。

（4）MIIT-MS 嵌入式系统与硬件平台实验室。

（5）MIIT-MS 普适计算实验室。

（6）MIIT_MSwindous/.net 平台软件实验室。

（7）MIIT-MS 技术培训实验室。

（8）MIIT-Synopsys 先进集成电路验证实验室。

（9）MIIT-Synopsys IP/SoC 平台实验室。

（10）MIIT-Freescale Linux 系统实验室。

（11）MIIT-THOMSON 知识产权实验室。

（12）MIIT-Tensilica 可配置处理器实验室。

（二）与国内外知名企业合作共建了 9 个技术中心

（1）赛普评测中心（赛普实验室）。

（2）中国开源软件研究中心。

（3）开源软件技术支持中心。

（4）IP/SoC 设计验证中心。

（5）MIIT-MS 应用创新中心。

（6）MIIT-MS 创新体验与推广中心。

（7）先进集成电路设计技术研究中心。

（8）MIIT_CSIP—爱国者企业创新中心。

（9）MIIT_CSIP—中石油物联网创新与应用推广中心。

（三）云计算联合实验室

1．C³RC-宝德云计算联合实验室

CSIP 与宝德共建 C³RC-宝德联合实验室。通过双方优势资源的共同输入，使 C³RC-宝德联合实验室成为国产服务器及云计算应用研究创新机构，夯实宝德自主知识产权的创新基础，保障创新环境，共同孕育新的创新产品。尤其针对重点行业应用领域，开展“自主可控”的国产云计算整合方案研发及推广应用研究，推动国产软硬件产品在工业企业等各领域的移植、测评和推广，提升服务能力。

2．C³RC-华美宏大云计算联合实验室

CSIP 与华美宏大共建 C³RC-华美宏大联合实验室。开展国产云计算整合方案及推广应用研究，共建典型示范试点应用项目，共同推动中国云计算产业的发展。实验室采用多种运作模式，促进华美宏大在产品技术创新、市场应用推广、品牌和服务推广等环节全方面提升。重点开发以明晰谷 PaaS 为基础，以 CSIP 中小企业征信为核心的 AppStore 企业应用平台，展示贸易融资应用生态链，包括金融保理、银行贷款、退货物流等业务。

（四）独立建设了 5 个资源库

（1）国家 IP 核库。

（2）国产软件完整解决方案库。

（3）开源软件资源库。

（4）深度标引的 IT 领域知识产权库。

（5）IT 领域 E-Learning 课件库。

（五）发起成立了 8 个产业联盟

（1）国产电子政务软件产业化联盟。

（2）中国 Linux 产业战略联盟。

（3）国家集成电路产业公共服务联盟。

（4）中国开源软件推进联盟。

（5）安全可控软硬件应用推进联盟（筹）。

（6）中国硅知识产权产业战略联盟。

（7）中国软件与信息服务外包产业联盟。

（8）中小企业知识产权投融资公共服务联盟。

（六）获得了 4 项认证资质

（1）获得“质量管理体系与信息安全管理体系认证”。

（2）获得“国家认可委实验室认可、计量认证”。

（3）获得“知识产权司法鉴定许可”（工业和信息化领域唯一）。

（4）获得“国家武器装备科研生产单位保密资格二级认证”。

（七）建设了行业四大公共品牌

（1）具有自主知识产权软件公共品牌——“华夏擎”。

（2）具有自主知识产权芯片公共品牌——“中国芯”。

（3）中国软件与信息服务外包公共品牌——“ChinaSourcing”。

（4）国家信息技术紧缺人才培养工程——“NITE”。

（八）打造了行业四大品牌会议

（1）中国软件质量年会。

（2）集成电路产业促进大会暨“中国芯”颁奖典礼。

（3）ChinaSourcing 软件与信息服务外包系列峰会。

（4）China 知识产权年会。

（九）建设了 17 个地方分中心

建设了上海、青岛、重庆、福建、江苏、广西、南方、天津、浙江、广州、新疆、沈阳、厦门、东莞、成都、西安、河南分中心。

国家软件与集成电路公共服务平台布局图如图 70 所示。

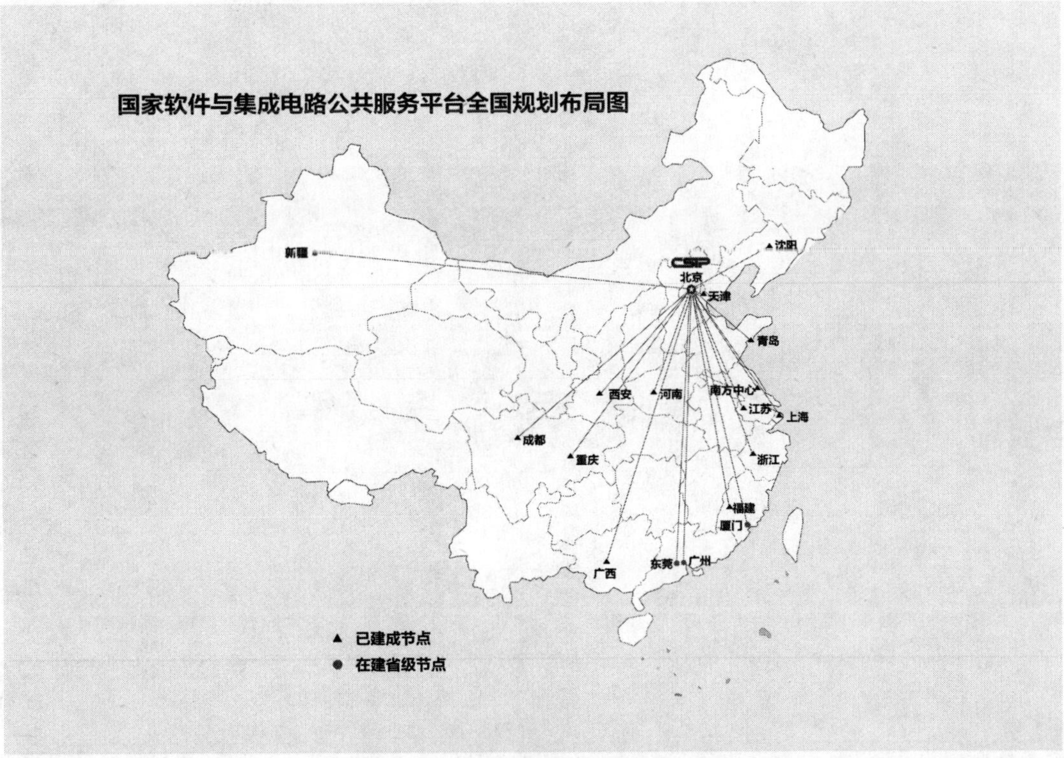

图 70　国家软件与集成电路公共服务平台布局图

反侵权盗版声明

举报电话：（010）88254396；（010）88258888

传　　真：（010）88254397

E-mail：　dbqq@phei.com.cn

通信地址：北京市万寿路 173 信箱

电子工业出版社总编办公室

邮　　编：100036